京都・寺町 三月書房

東京・千駄木 往来堂書店

書店

フランス大革命
死の懺悔
大逆事件の言説空間
辻まこと全集
山と森は私に語った
アニマの鳥
巴里物語
放浪のダダイスト辻潤
エコール・ド・パリの日本人野郎
大正アウトロー奇譚
アナキズム思想史
今日泊亜蘭

犬と鬼
歌舞伎 型の真髄
遺稿
おみやげと鉄道
お茶の歴史
日本酒は世界一である
キッチンの歴史
飼い喰い
捨てる女
竹取物語
空也上人がいた

撮影・李 宗和（2014年4月）

Alternative Small Bookstore
千駄木
往来堂書店
BOOKS
毎週月曜と水曜
明治・大正・昭和
文京区の
350枚の写真を収録。
本日発売
週刊文春
TOKYO 2020
CANDIDATE CITY

山口百恵「赤いシリーズ」DVD

歴史雑誌
囲碁講座
将棋講座
なごみ
茶道雑誌
歴史街道
日経おとなの
OFF
碁ワールド
大法輪
歴史読本
将棋世界

進撃の巨人
巨人中学校
アルスラーン戦記

たくさんのふしぎ
のりものいっぱい
だいすきなおばあちゃん
プリンセス

中村うさぎ
死からの生還
民よ、女王様は死の淵から蘇った！
西原理恵子
おんなのけものみち
あるこーる白書
ナンシー関

Player
JAPAN Jazz
Cut
Switch
JAZZ 100年
JAPAN
レコード芸術
悲劇喜劇
日本人とショパン
ボブ・ディラン自伝
WiNK UP
オリ・スタ
LIFE-mag.
少し金を貸してくれないか
SoWhat

世界の名酒事典
東京酒場
目利きが

OPERA

出産準備
Letters

撮影・齊藤正（2014年4月）

「当たり前」に客がつく本屋 〜三月書房、往来堂書店

□永江 朗

どうして三月書房と往来堂が本好きに愛されるのか。答えは簡単だ。「仕入れて売る」という、小売業ならしごく真っ当なことをやっているからである。しかも、「仕入れて売っている」ものが、本好きにぴったりのものが多い。アタリが多くてハズレが少ない。

「仕入れて売る」という部分を除くと、三月書房も往来堂も、いまどきの繁盛しそうな本屋の条件から外れている。

まず、立地。両店ともあまり便利な場所ではない。三月書房は地下鉄の京都市役所前駅から歩いて数分のところにある。寺町通は週末こそ観光客が歩いているけれども、ふだんは人通りもまばらだ。往来堂も東京メトロ千駄木駅から歩いてちょっとある。はじめて行った人が「このまま歩いていって、ほんとうに本屋さんがあるんだろうか、地図が間違っているんじゃないか」と不安に思ったと言っていた。

二つ目。どちらも店舗が狭い。往来堂はたしか25坪ぐらい。三月書房は10坪もないのではないか。昔ながらの「街の本屋」のサイズである。1000坪超のメガストアが珍しくなくなったいま、両店は狭小書店といってもいい。しかも店舗のデザインがとりたててかっこいいわけでもない。三月書房のある寺町通は骨董屋や茶道具屋や古本屋が並んでいて、三月書房もすっかりそれに溶け込んでいるから気にならないけれども、本屋の店舗としてあらためて見るとかなり古い。往来堂は三月書房ほどじゃないが、「お店のデザインに惹かれて……」という店じゃない。

三つ目は、基本的に本しか売ってない。コーヒーを出すわけでも、ビールを飲ませるわけでも、しゃれた雑貨を売るわけでもない。

それでも本好きは三月書房に行き、往来堂に足を運ぶ。なぜなら、ほかの書店にはないような本があるからだ。

いや、ほかの書店にないというのは厳密には間違いで、たとえばメガストアに行けば往来堂に並んでいる本のほとんどは手に入るだろうし、三月書房にあるアウトレット本だってネットを使えば手に入る

往来堂書店

〒113-0022
東京都文京区千駄木2丁目47-11
電話　03-5685-0807
http://www.ohraido.com

三月書房

〒604-0916
京都市中京区寺町通二条上ル西側
電話　075-231-1924
http://web.kyoto-inet.or.jp/people/sangatu/

だろう、たぶん。でも同じ本がメガストアやネット書店にあっても、それは目立たず光らず気づかれることもない。往来堂や三月書房の独特の選びと陳列のなかにあるからこそ、それらの本が生きる。そして、棚の中でそれらの本を発見したときのぼくたちの喜びは大きい。

どうしてそういうことが可能なのかというと、冒頭に書いたように三月書房も往来堂も「仕入れて売って」いるからだ。

本屋というのは大変な商売だ、とはいうものの、じつはお金さえあれば経験ゼロの素人でもすぐにできる。取次を核とした流通システムがしっかりできているから、経験ゼロ、知識ゼロでも、新刊は入ってくるし、立地がよくて規模が大きければそれなりに客も来て売れる。もっとも、それで利益が上げられるか、長期にわたって売上を維持できるかどうかは、また別の問題だけど。

取次は規模と立地と実績によって配本する。効率を求めれば当然そうなる。でも、取次まかせにした本屋はつまらない。どの店の平台も売れている本と話題の本ばかり並んでいる。三月書房や往来堂は、仕入れて売る。置きたい本や、売りたい本や、「うちなら売れる」という本や、「この本はあの人とあの人が買う」と客の顔が目にうかぶような本を、取次や出版社に注文する。だからほかの本屋と品ぞろえが違っている。

三月書房も往来堂も、専門書店ではない。あらゆるジャンルの中から、置きたい本を選んで並べている。専門書店ではないけれども、核になっているのは広義の人文書だと思う。文芸・言語・歴史・社会・政治・経済などについての読み物で、ときには自然科学についての本なども含む。そして、本好きの多くは人文書が好きだ。もちろんコミックが好きな本好き、ラノベが好きな本好き、自己啓発書が好きな本好き、理工書が好きな本好きもいると思うけれども、多いのは人文書が好きな本好きだ。

本の並べ方もほかの本屋と違っている。大型店のように厳密なジャンル分類が必要な規模でもないし。三月書房はたぶん店主の宍戸さんの好みや考え方が棚に反映されている（あえてそれを「表現」とはいわない）。往来堂の笈入店長はわりとスタッフの自由に任せるようなところがあり、若い人たちが考えながら楽しく並べている。

こうなるとあばたもえくぼというか、欠点だった「不便・狭小・本しかない」が、かえって長所に思えてくる。わざわざメガストアの前を通り過ぎて三月書房や往来堂に行くのがひとつのイベントみたいで楽しくなってくる。

別冊本の雑誌⑰

本屋の雑誌

本の雑誌は一九七六年の創刊以来三十九年、ずっと書店に言及し続けてきた。青木まりこ現象を始め、書店をめぐる悲喜こもごもの出来事、書店員の喜びと苦労を様々な角度から取り上げてきたのである。本書はこれまで本の雑誌に掲載した膨大な書店関係の記事から選りすぐった一部を再録し、新企画の原稿と合わせた「新・本屋さん読本」である。この三十九年の間に書店はどう変わったのか、あるいはどこが変わらなかったのか。書店の表側から裏側までのすべてを網羅した、この一冊で確認していただきたい。

本文カット／沢野ひとし

おじさん三人組＋マドンナ＋

京都のあこがれ書店へ行く

　二〇一四年の現在、日本でいちばんの人気書店といえば、京都市左京区の恵文社一乗寺店だろう。新刊書以外に古本と雑貨も取り揃え、イベントスペースもある「本にまつわるセレクトショップ」としてつとに有名だが、なんといっても『ハリー・ポッター』の第二弾を発売日に並べたのに一冊も売れなかったという伝説の書店でもある。京都の街はずれにありながら、京都ばかりか全国から恵文社一乗寺店を目指してクウネル系の女子が引きも切らずにやってくるという噂だ。

　では、恵文社一乗寺店はどこがすごいのか。おじさん三人組がその目で確認してこよう！

　というわけで、宮里潤、杉江由次、浜本茂（若い順）の本の雑誌おじさん三人組は朝イチの新幹線で京都へ向かった。かつて三人で九州まで初出張した際には飛行機（浜本）、新幹線（杉江）、夜行バス（宮里）と社内の力関係を反映した三者三様の交通手段を使ったが、今回は三人揃ってのぞみでGO！

　京都駅から恵文社一乗寺店のある左京区一乗寺までは、地下鉄烏丸線、東西線、京阪電車と乗り継いで、出町柳から叡山電鉄に乗り換えれば四十分程度なのだが、電車賃だけで六百六十円もかかるうえ、三回も乗り換えするのは面倒くさい。今回は六十分二百八十円、乗り換えなしで一乗寺まで行けるバスで向かうことに。

　京都タワーの前で名古屋精文館書店の久田かおりさんと待ち合わせ。久田さんも恵文社一乗寺店に行くのは本日が初めてだ。実は京都の移動はバスがメインとなるはずだからと、杉江のたっての希望で女性ゲストを迎えることにしたのである。なにを隠そう杉江はテレビ東京の「ローカル路線バス乗り継ぎの旅」にはまっていて、何度も録画を見なおしているほど。自分のことを「ルイルイ」（太川陽介ね）と呼んでくれとうるさいのだ。潤が蛭子さんで、久田さんがマドンナ。浜本さんは、町のいい人？　うーん、いい人じゃないな……じゃあ、浜本さんが「ルイ一号」で俺は「ルイ二号」でいいや、と一人で合点しているのである。

　駅北口のバスロータリーにはものすごい人があふれていて、いくつかのバス停には長い行列ができている。おお、あれに乗るのか、と思ったら、バス待ちの人が多いのは清水寺方面のようで、我々が乗る銀閣寺・岩倉方面の5番のバスは、ええとA1乗り場か。なんだ、けっこう空いてるじゃん。早く並べば座れそう。おい、急ごうぜ。

杉　A1乗り場ってどうやって行くの？

宮　そこの横断歩道を渡ればいいみたいです。

浜　やった、五番目！

杉　九時三十七分発か。もうす

ぐ来るぞ。みんな、整理券を取るのを忘れないように！

　二分ほどの待ち時間でバスが到着。ルイ二号、マドンナ、蛭子さん、ルイ一号の順で整理券を取って乗車。後ろは酔うからなるべく前に座ろうよ、という浜本を無視して、杉江はずんずんとバスの奥へ進み、後ろから二列目の席を確保。マドンナと並んで座るのである。

杉　ここが、太川陽介ゾーンなんですよ。

浜　終点まで乗っていくの？

宮　いえ、一乗寺下り松町ってところで降ります。

杉　ちゃんと教えろよ。俺たち話していてわからなくなるかもしれないから。

久　太川陽介というより蛭子さんになってる（笑）。

　いざ、出発進行。観光客が多いのか、車内は地図を広げたり大声で窓外の景色を語り合ったりしている人たちでいっぱい。車内アナウンスも聞こえないほどだが、降りるところが潤にわかるのか……ドキドキだ。

浜　うー気持ち悪い。俺はバスは酔うんだよ。窓が開くのが救いだな。外の空気、外の空気。

杉　あ、東本願寺！

　烏丸五条で停車。四月中旬だというのに、外国人が半袖のTシャツ姿でバスを待っている。

浜　すごいな、半袖だよ。

宮　その後ろにダウンジャケット着た人が立ってる（笑）。

浜　季節感がばらばらだね。欧米の人は暑がりなのかね。

杉　サッカーのプレミアリーグを見てても、冬でも半袖。白人のほうが寒さに強い。

　観光バスに乗った気分で外の景色に一喜一憂。四条河原町を過ぎて、気がついたら満員になっている。英語の車内アナウンスがあるのが京都らしい。東山三条で十時に。ちょうど半分来た感じですと宮里が報告。平安神宮でどっと人が降りる。バス停の前はしゃれた図書館だ。

久　いい感じですねえ。

杉　川もきれいだなあ。観光で来たい。

＊＊＊

　バスに揺られること五十分。ルイ一号の気持ち悪さが限界に達しようかというタイミングで一乗寺下り松町に到着。ここまで来るとバスはがらがらで、降りたのは三人組＋マドンナと車中で地図とにらめっこしていた無印系の女性二人組だけ。

浜　あの人たち、それっぽいね。恵文社に行くんじゃない？

杉　クウネルとか読んでいそうだもんね。絶対、恵文社に向かってるよ。迷いがない。

浜　バス停から七分だっけ。

杉　けっこう遠いな。叡山電鉄の一乗寺駅の向こうだから、こっちかな。ほら、無印系も同じ方向（笑）。

浜　潤は恵文社に行ったことあるんだろ？

宮　あります。

浜　こういうときは先頭を歩くもんだろう、普通。

杉　そうそう。今日のセッティ

ング、潤が全部してるわけじゃん。どうしてお前がいつもいちばん後ろにいるわけ?

宮 いや、しんがりを務めようかと（笑）。

浜 しょうがないな。無印系二人組についていこう（笑）。あ、古本屋がある。

宮 まだ開店前みたいですね。

杉 萩書房か。看板のシェーおじさんと記念撮影オッケーだって（笑）。

久 無印系の二人は古本屋には目もくれませんでしたね。

杉 古本者ではない（笑）。

萩書房の先に叡山電鉄一乗寺駅があり、ホームの脇に「恵文社一乗寺店まで徒歩三分」の大きな看板が出ている。踏切の警報機が鳴って、電車が来たと思ったら、なんと一両編成。

久 かわいい電車。

杉 東京でいうと西荻窪みたいなとこなのかな。住宅地で。

浜 下北沢みたいだって話も聞いたけど。そこまでおしゃれな街並みって感じじゃないよね。家の前で体操してるおばさんがいるし（笑）。

杉 でも、無印二人組は銀閣寺にも行かないで、まっすぐ恵文社を目指してるわけでしょ。すごいよね、ある種の聖地だよ。

久 あ、あれですか。

宮 そうです。着きました。

杉 えっ、これ?

浜 ここか。俺、ダメかも。ちょっとおしゃれ過ぎるな。

「けいぶんしゃ」というひらがなの白抜き文字が浮かぶイラストまじりの青い看板。レンガの壁に深緑の木製のドア。パリの街並みに似合いそうなシックなサンシェードが広い間口を覆っていて、どうみてもおじさんにはおしゃれ過ぎ。うーん、これはこれは、と腰が引けているルイ一号とルイ二号の横で「久田さん、入りましょう」と宮里蛭子さんがさっとドアを開けているから、ありゃりゃ。

杉 仕方ない。入りますか。

浜 うん。頑張ろう。お、枕カバーだ。

杉 本はあっちみたいですね。

入店した右端のドアは生活館の入口だったようで、枕カバーから器まで、様々な雑貨と関連する本が展示されている。クウネル系の女子と女性店員がなにやら熱心に話し込んでいる横を通りぬけて、隣の本の売場に移動。火曜日の午前十時半だというのに、客がいっぱいだ。茶色のフローリングの床に茶系の木製本棚、ゆったりした通路に並ぶ木製テーブルや机を使った平

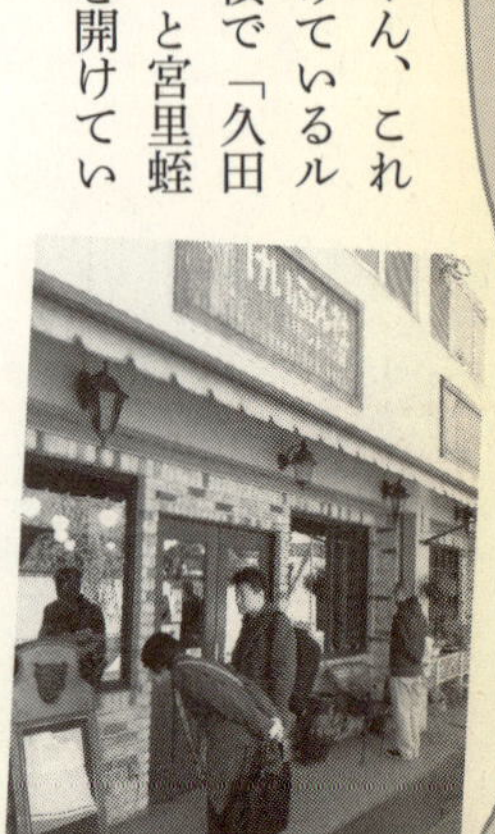

台も茶系だ。何本かあるガラス扉がついた棚を、窓から差し込む日差しと天井からぶら下がったぼんぼりのような照明がほのかに照らしている、大変おしゃれな空間なのである。

マドンナはともかく、おしゃれスポット嫌いのおじさん三人組とは相いれない空間なのではないか。と思ったら、さにあらず。それぞれが、デザインの棚を凝視し、建築の棚の前で微動だにせず、評判の澁澤龍彦の棚を見入ってしまいと、三人が三人ともじっくり棚を眺めているのである。

本の売場の奥には南の島の家屋を思わせるような石張りの中

庭があり、コテージと名づけられた十坪くらいのイベントスペースに続いている。コテージにはキッチンもあって、一日カフェなど、いろんなイベントに対応できるそうだ。中庭にはトイレもあって、長居をしても大丈夫。コテージからはギャラリーアンフェールに直接入れ、企画展のほか、しゃれた雑貨が並べられている。

浜　いい店だなあ。これは遠くから来るよ。

杉　すばらしい。もう特別な場所ですよ。ここにあると本が本じゃないんだ。ここで買ったらブックオフに売ろうなんて思わないよ。

宮　気がついたら、もう一時間以上経ってますよ。

浜　ほんとだ。時間が経つのが速いや、ここにいると。

空間がおしゃれだとか雰囲気のある雑貨が並んでいるとか、CDのコーナーがあるとか、恵文社一乗寺店に惹かれる理由はいろいろあげられるだろう。しかし、いちばんの魅力は本のセレクトであり、選ばれた本の並びにあるのではないか。既存のジャンルを取っ払って新たなテーマで棚を作っているので、どこになにがあるのかわからない。しかも文庫や漫画、古本が混在しているから、ますます宝探し気分が増してくるのである。本屋として純粋に魅力的なのだ。ちなみにマドンナは、古本ながら平積みで大展開されていた保育社のカラーブックスから『日本の民家』を一冊と、堀部篤史店長の『街を変える小さな店』を購入。

杉　棚に隙がないよね。それでいていやらしさがない。作り込み過ぎてない感じがする。

浜　節度が感じられる。この感じの店だと当然あるだろうという人文系の定番の本がなかったりね。その代わり源氏鶏太が何冊もあった（笑）。

恵文社
一乗寺店

久　棚がぜんぜん乱れてないんですよ。本がきれいだった。

浜　そうそう。しかも文庫とか高さがばらばらの本を一緒くたに並べているのにぜんぜん汚くない。背の色を選んで並べてるように見えるくらいきれい。

宮　ああいう店って狭いところならできそうですけど。

杉　あの広さでできるのがすごいよね。百五十坪くらいあるでしょ。

＊＊＊

　全員感動のうちに恵文社一乗寺店ツアーは終了。ライターの新元良一氏が教授を務めている京都造形芸術大学がバス停ふたつ戻ったところにあるというので、顔を見ていくことに。途中、来るときに開店前だった古本屋・萩書房が営業中だったので、シェーおじさんと記念撮影（笑）。均一棚で何冊か拾ってから店内を冷やかし、白川通を徒歩で南へ向かう。

杉　宮里蛭子さんが無口になり始めた（笑）。

宮　先が長いから。

浜　しゃべると疲れるってことね（笑）。

久　体力ないんですか。

杉　食欲はあるけど体力はないんです（笑）。

　十分ほど歩いて大学に到着。六十段の急な階段を全員無言で上り、新元先生と再会。学食で遅めのランチをごちそうになりながら、恵文社一乗寺店の話をすると、先生はガケ書房のほうがお気に入りだという。

　そういえば、この界隈にはガケ書房という恵文社一乗寺店と並び称されるセレクトショップがあるのであった。店名のとおり、崖を模した外壁から車が飛び出した外観で知られる個性的な店だが、マドンナが買った堀部店長の『街を変える小さな店』によると、恵文社の店頭でもガケ書房への道のりを尋ねられることが増え、ガケ書房の買い物袋をぶら下げて来店する客もちらほらいるらしい。「競争ではなく共存を意識」しているというから、おお、これは両方行かねばなるまい！

　さっそく新元先生の案内でガケ書房へ。百メートルほど手前からでもわかる車が飛び出した外観はインパクト抜群。入口横には黒板にチョークで最近入荷した本の書名が書かれていて、こじゃれたイタメシ屋みたい。黒一色の棚に面陳で本がずらっと置かれている。棚差しになっているのは主に古本で、シマウマ書房、文壇高円寺、古書善行堂など、一段ごとに名前が入っているところをみると、棚貸しのようだ。（本）ぽんぽんぽんの棚に小林信彦の『監禁』（角川文庫）が並んでいて、おっと手に取るが、五千円。うーむ、ちょっと高いかも。

　暮しの手帖のバックナンバーがずらっと並んでいたり、リトルプレスがいっぱい揃っていたり、マニアックなコミックが充実していたり、奥にはインディーズCDのコーナーがあったり、雑貨が置いてあったりと、商品構成は恵文社一乗寺店と重なる部分も多そうだが、ずいぶん異なった印象を受ける。

杉　ちょっと高円寺っぽいよね（笑）。

久　大人のヴィレッジヴァンガードっていうのかな。ヴィレヴァンはがちゃがちゃしすぎて苦手という人にはちょうどいいんじゃないですかね。

杉　なるほど。ヴィレヴァンは情報量が多すぎるって人向きなのかも。
久　ちょっと変わった、あまり人が持っていないようなものを買って、それどこで買ったの？って聞かれたい人とか。
杉　ガケ書房でしか売ってないんですよと。
浜　それじゃ、本は売れないんじゃない？
久　それがあるんですよ。

と、マドンナが購入したのはBOOKSOUNDSの「何者からかの手紙」シリーズのうち『ジンジャーエールハウスからの手紙』『ロボットからの手紙』『つちのこからの手紙』の三冊（各百五十円）。たしかにこのシリーズは全国で四店舗しか売っていない。

久　ガケ書房によく行くことがステータスになるみたいな。そういう人がいても面白いかも。
浜　恵文社によく行くっていうのは恥ずかしいけど（笑）。
杉　恵文社は無印良品でガケ書房は下北沢の古着屋って感じだよね。どっちで服を買うか。

　店主の山下賢二さんによるとガケ書房では十周年を機に、和歌山のブックカフェに本を卸したり、新レーベルを作って編集の仕事を始めたり、本を売ることから少し違う方向へシフトすることを検討しているらしい。いわゆるサブカル書店でやっていくのは時代に合わないとも考えているそうだ。

　ふたり連れの女性が店から出てきて自転車で白川通を北へ向かった。恵文社一乗寺店に行くのだろう。レンタサイクルを見送りながら、三人組＋マドンナは再び5番のバスで京都駅へ。新幹線の改札内の書店で週刊誌のラックを目撃し、思わず買ってしまうのであった。

杉　ライフスタイル提案型の本屋が二〇一〇年代の本屋だと思うし、恵文社のような店があったら通いたいとも思うけど、結局は駅構内にあるブックスキヨスクのような店が俺としてはいちばんホッとする（笑）。
久　それはおじさんだからじゃないですか（笑）。

　久田さんとはここでお別れ。おじさん三人組は缶ビールと駅弁を買って、新幹線に乗り込んだのである。さらば、京都！

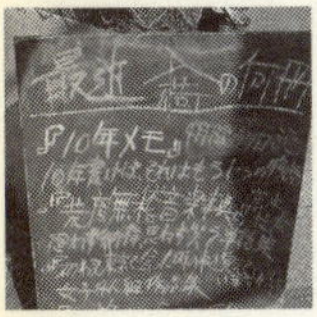

ガケ書房

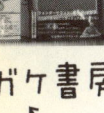

語られて来なかった本屋について語るとき

～福井武生市の本屋と地域の共生～

紀伊國屋書店福井店◉大矢靖之

はじめに

これから、さほど語られてきたことがなかったであろう地域の、町の本屋のことを語ることになる。具体的に言えば、福井県の、人口十万にも満たない地域、越前市（旧武生市）に存するいくつかの「町の本屋」と、本屋にまつわる人々の物語を書いていく。

「町の本屋」という言葉は色々な意味を持つし、持たされてしまうけれども、あえて厳密な定義は避けておく。というのも、この言葉は「町」と「本屋」というそれぞれの規模や、個人店か否かで内実は変わるし、多義的で、多様で、端的に説明できない言葉なのだから。語を定義する代わりに、人口が多いとは言えない地域における、個人が営む本屋に絞って「町の本屋」を語りたい。

語る対象をここまで絞る理由のひとつめは、とてもささやかなものだ――最寄の町の本屋が少ないなか、大型チェーン店で書籍を購入するような読者の方々に、それとは大分趣の異なる購書空間を紹介してみたい、と思った。ふたつめの理由は、結論を先取りして言うなら、小規模な町の本屋のありようが、本屋の存在意義、影響力、そして可能性について考えるための起点となりうるように思われたからだ。

岩波文庫がずらりと並ぶ銀泉書店の棚

前置きはこのくらいにして本論に進み、本屋のことを語り始めたい。

① 武生駅前商店街

JR福井駅から北陸本線京都方面に乗車し、普通電車で約20分かけたところに武生駅がある。これから言及していく書店は、全てこの地域が舞台となる。ちなみに、武生駅が存する越前市（旧武生市）とは、いわさきちひろ、加古里子、池上遼一の出身地であり、俵万智が育った場所でもあって、古い町並みを残す歴史の厚みを持った地域だ。とはいえ、繰り返しになるが、人口十万に満たない地域である。駅待合室にいる人も、駅前の通りを歩く人もまばらな武生駅。それでも、この駅前周辺には三軒の書店が存在する。

駅出口前にはアルプラザというショッピングセンターがあり、ABCブックセンターがテナントに入っている（大変誠実な品揃えをしている店だが、言及するにとどめたい）。そこから西へ商店街が真っ直ぐ続いており、駅から歩いて十分もかからないところに二軒の書店がある。まず右手に見えるのは「銀泉書店」、そこから進んですぐ右手に「竹香堂書店」がある。この二つの書店、品揃えは対照的だ。銀泉書店には岩波文庫・岩波新書がたっぷりと並んでおり、棚を埋める郷土史や古典芸能の書籍も存在感を放っている。雑誌や文庫も扱っているとはいえ、教養書の分量が圧倒的だ。対して竹香堂書店は明るい店内に雑誌とコミック、文庫に実用書が並ぶ。売れ筋の文芸単行本やDVDマガジンも置いていて、明るい雰囲気をたたえる町の書店という印象を受けた。コミック平台やレジ周りの商品を見るに、おそらく近所の小中学生から年配の方までが頻繁にこの店へ立ち寄っているのだろうと想像する。どの地域においても、駅前にこんな書店があれば大変便利であることだろう。

それにしても、初めて武生を訪れたとき、町の書店が岩波書店の刊行物を扱っていることに驚いた（あくまで一般論だが、岩波書店の刊行物は原則として買切制で安易に返品できず、十分に品揃えできる店は多くない）。銀泉書店店主、亀谷泰造さんにお会いして正直にそのことを話すと、「それは私の趣味ですから」と笑顔を浮かべながら答えてくださった。元々は古書店をやりたかったのだ、とも。

銀泉書店で手にした一冊で人生が…

明るい店内につい引き寄せられる竹香堂書店

その言葉を受けて銀泉書店内を見渡せば、書籍一冊一冊がその位置に並ぶ理由を備えて陳列されており、棚が古書店の風情をたたえていることに気付かされる。店の奥には原付自転車が控えており、近隣地域への配達販売をしていることが伺えた。しかし、店主は近年大病を患ったそうで、店頭に復帰されてはいるものの、昔ほどには顧客への配達もできなくなったそうだ。「どうしても、という方にだけ。四十軒くらいかな」とも。亀谷さんの笑顔と店の棚には、言明しがたい、厚みを持った不思議な魅力を感じ、この店にはまた立ち戻りたいと思わせる何かがあった。そして、この小論でもまた立ち戻ってくることになる。

② 武生駅郊外　ひしだい書店

多少武生駅から離れた場所にも、いくつかの個人経営店がある。そのうち一つに焦点を当てよう。

武生駅から北東、車で約5分。名門校武生高校そばに、「ひしだい書店」がある。年中無休、朝10時から夜10時までの営業体制。雑誌、文庫、コミックは当然のことながら、文芸書、実用書、学参なども扱うバランスに富んだ品揃え。徐々に品揃えを減らすそうだがＤＶＤも扱っている。店の品揃えを眺めていると、地域の個人書店では配本で入荷しにくい商品も意識して商品確保し、売場作りを実施しているように見受けられた。路面店として郊外からも車で多くの方が訪れているようで、店舗駐車場における車の出入りも多い。

とはいえ、ひしだい書店は立地や品揃えによって顧客の来店をただ構えているだけではない。他の地域書店と同じように、周辺地域のいくつかの学校において教科書販売を請け負っており、さらには地域住民への配達販売も行っている。店主の京藤敏実さんによれば、かつては半径数キロ圏内、雑誌中心に二千軒ほどのお宅へと配達を行ってきたそうだが、今は四百軒ほどに減ってしまっているそうだ。顧客の高齢化が進んでいることが原因だと聞く。目が見えなくなってくると本を読むのが難しくなり、あるとき購入が途絶えてしまうそうだ。それでも、四百という数字に驚かされた。書店が地域で担っている役割を、直接的に示すものではなかろうか。

なお、ひしだい書店の創業が１８９９年（明治三十二年）までさかのぼることは、こ

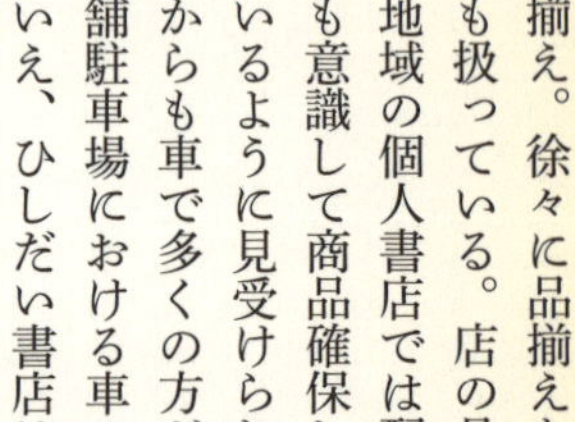

創業115年のひしだい書店

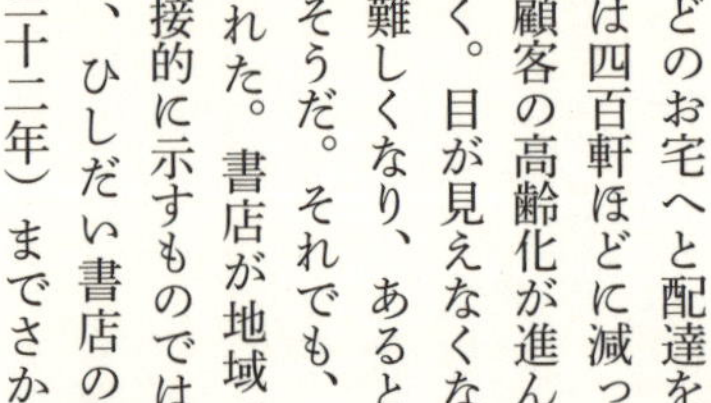
店売りだけでなく400軒の家に本を配達

こに住まう福井の人々にもあまり知られてはいない。現在の店舗と異なった場所ではあるが、福井の武生が創業地となる。今の店主、京藤さんは四代目。かつては複数の店舗を運営しており、武生駅そば、蓬莱町という場所の商店街にも平成2年まで店を構えていたそうだ。武生に住まう年上の知人達に最寄の書店がどこだったかと聞くと、この商店街のひしだい書店の名を返してきた方が多かった。昔も今も、地域の人々に愛され、共に生きてきた店だったのだろう、と想像する。

人から、「かつてあった」店の話を聞くのは、少し、さびしい。けれども、もっと聞きたくなる。

③「町の書店」の語られざる逸話

町の書店の生き証人を求めて、武生駅前で「ブックカフェ ゴドー」を運営している栗波和夫さんに話を聞いた。

この街で生まれ育った栗波さんは、蓬莱町にあった頃のひしだい書店に通い、あるとき小林秀雄の本を見つけた。そこから小林秀雄の本を読みふけり、その批評家の言葉と思考が、栗波さんの人生に影響を及ぼしたそうだ。その頃、商店街の書店は輝いていた、という言葉も聞いた。「こんな小さい町の小さい本屋でも硬質な批評家の作品を置いていて、町の人々が影響を受けることができたんだ」と。そんな体験をあたかも移し絵にするかのごとく、栗波さんはクラフトセンターとしての機能を併せ持つブックカフェを運営しており、地域住民の交流の機会を提供しつつ、外部講師を招いた講演イベントや武生をよりよく知るための研究会を主催されている。

銀泉書店のことに話を向けると、栗波さんは銀泉書店店主の魅力的な話を嬉しそうに続けた。今でも「地元郷土史の本はそこで買う」そうだ。そして、銀泉書店によって人生を一変させた方の逸話を聞いた。

福井の詩人、津田幸男という人のことだ。彼は地域の書生の面倒をみるような裕福な医師の家に生まれた。しかしある日、津田は銀泉書店で作庭の本を手に取り、読後猛烈に感動し、医師の息子という立場もあったようだが福井を出て著者のところへ押しかけ、弟子になってしまう。そのとき津田の人生を大きく変えてしまった著者の名は、日本を代表する造園家であり、のちにＮＨＫ放送センター

ブックカフェ ゴドーの「斗う」という名のコーヒーは一杯450円

中庭やＷＨＯ本部の日本庭園を設計した斉藤勝雄。津田は斉藤のもとで修行を積んで造園家となったわけだが、その仕事のかたわらでいくつかの詩集を編んだ。その詩集たちは、斉藤の推薦文を受けながら地域で出版されて、かつて自分を導くことになった銀泉書店にも置かれることになる。

この逸話が示すのは、本と書店とが持つ喚起力とメディア性であるように思われた。町の本屋が、本を通じて、外部に存在する文化・技術を福井に住んでいた津田に伝え喚起させたことは、改めて指摘しておきたい。本と書店とが持つ喚起力は、人との巡り合わせによって爆発し、あらゆるところへ有機的に影響していくのではないだろうか。

④「町の書店」の後継者たち

逸話はまだ別の場所にも残されている。武生駅の隣、鯖江駅南西郊外に位置する「空中ＢＯＯＫＳ」という書店がある。雑貨と書籍を扱うセレクトショップなのだが、そのセレクトや併売法、ディスプレイは特筆すべきレベルに達しており、より全国的に知られて然るべき店でないかと思う。

武生出身の店主、朔晦載欣《たつこりのりよし》さんは、ヴィレッジヴァンガードで長年勤務されたあと、福井に戻り、当初は福井駅南西の下馬という地域に店を構えた。２００７年当時、福井にはヴィレッジヴァンガードが存在しなかったため、「そんな書店を作りたい」という思いがあったそうだ。大変好評を博していたが、ヴィレッジヴァンガードが福井にも出店したことを機に、一定の役目を果たした思いもあって、今の鯖江郊外に店を移転している。そして、「来店客へのプレゼン」というイメージで売場を運営し、新たな書店の有り様を作るべく日々挑戦を続けているそうだ。

そんな空中ＢＯＯＫＳは、町の本屋という自覚があるのだろうか？　問いを朔晦さんに投げかけると、「その感覚はある」と応えた上で、子供の頃武生の商店街にあった店に日頃から通っていた話を始めた。前述の、ひしだい書店のことだ。町の本屋で育った彼は、様々な遍歴を重ねつつも、こうして本屋になり、町の本屋という自覚を持っている。店主の言及をつなぎ合わせれば、空中ＢＯＯＫＳの存在は「町の書店の挑戦」と解することもできるだろう。

店内にはカラフルな雑貨も並ぶ

営業時間は11時から21時。金曜定休

彼の挑戦は、更なる精神的後継者を生んだ。大阪で新刊書、古書、雑貨すべてを扱い注目されている「本は人生のおやつです!!」店主・坂上友紀さんの紹介があって、筆者はこの小論の執筆にとりかかる前に福井で一人の若い女性と知り合った。彼女は「古本屋を開業したいと思っています」と、ためらいがちに自分の決意を語った。このご時勢に、何故? 返ってきた答えは、「下馬にあったときの空中ＢＯＯＫＳに通い続け影響を受けて、こんな仕事が古本屋でもできたら、と思ったんです」。今、彼女は「町の古本屋」を目指そうと準備を始めている。

人と書店が周囲に及ぼす影響は、当事者の意図の遥か彼方まで、連綿と続いていくのだろう。きっと、本と書店の喚起力は、地域に住まう人々にとっても同じように働くに違いない。

⑤暫定的なまとめ

書店をめぐる様々な論点を本論に組み込むことも可能だが、それはごく容易なことであろうし、狙いはそこではない。ここまで語ってきたのは町の本屋のありようと影響の一側面でしかなく、網羅的な書店紹介や一般論を展開する余裕も残されてはいない。それでも、町の本屋が持つ可能性を——もくろみが成功しているかどうかは読み手に判断をゆだねるとして——素朴ながら提示したはずであった。それらが僅かでも伝わったとすれば、本稿の目的は十分に達せられたのである。

そんな町の本屋は、著名人や雑誌に取り上げられて人が殺到するような場所ではなく、カリスマ書店員と呼ばれる人がいるとも限らず、新しい試みで業界的に注目されるようなこともない場所なのかもしれない。けれどもこうした店には、「なくなる」「なくならない」、「有名だ」「無名だ」、「独自だ」「ありきたりだ」という一連の指摘だけでは、うまく言い当てられないものがあるように思う。本論が示そうとしたのは、その言い当てられなさ——つまり、あるがままに語られることなく何かしらの論調の陰へと退きがちで、時に乱暴かつ不当な批判を受けがちな「町の本屋」の実在する／実在した姿であり、本屋が地域と共生しつつ人を強烈に喚起した場面であり、そこから生まれた逸話の持つ大きな示唆性なのであった。

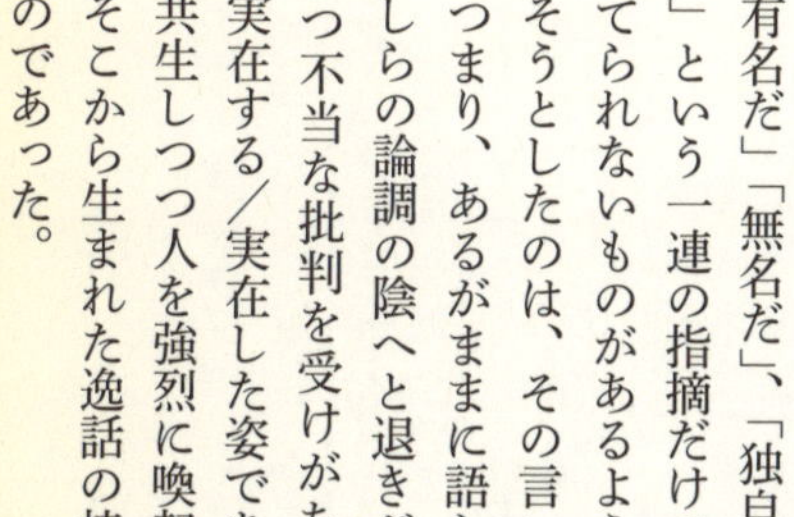

JR北陸本線武生駅。「町の本屋」がある町だ

図解

書店の裏側

幸福書房【渋谷区上原】

文・絵◎鈴木先輩

今回は小田急線代々木上原駅前にある幸福書房南口店に、本屋さんの舞台裏というべきバックヤードを見せてもらったのでご紹介しよう。

幸福書房南口店は二〇坪でバックヤードは大体二畳ぐらいの広さだろうか。入って最初に目に飛び込んできたのは床に広げられた寝袋。店主の岩楯さん夫妻が交代で休憩を取る際に使っているが、あまり広いと言えないスペースの中、この寝袋で休むのは少々きゅうくつそうだ。中を見渡すと壁のあちこちに取次や出版社の営業マンの名刺、新刊のチラシ、取次への返品の手順が書かれたポスターが貼られ、床には今日入

〜バックヤード〈1〉〜

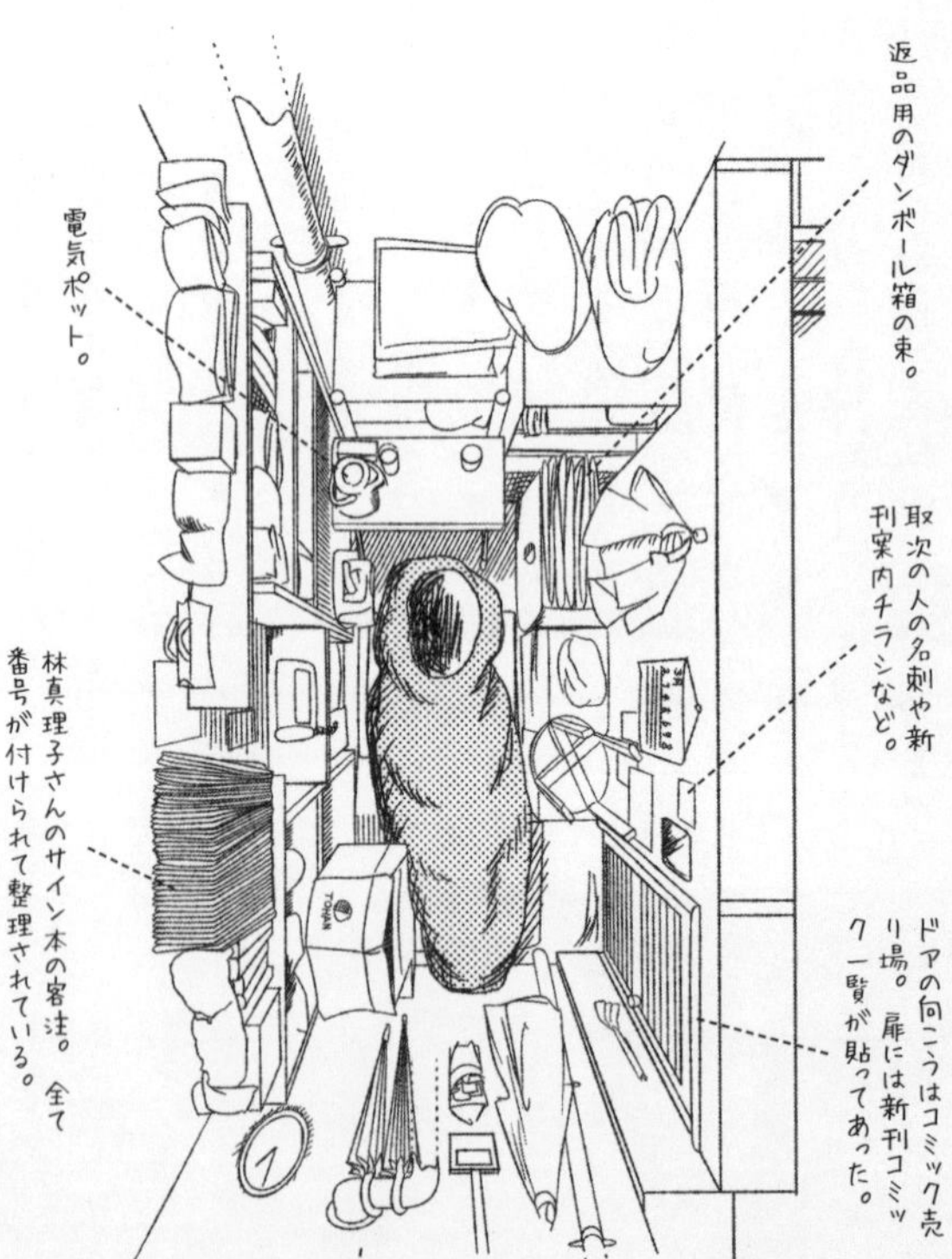
空調の配管にかけられた忘れものと思しき傘。

ったらしい梱包されたままの雑誌、取次店の段ボール、棚には電話機、印字されたレシートの束が入ったカゴ、様々な大きさのファイルなどお店の運営に必要そうなありとあらゆるものが所狭しと置かれている。

そんな中で目を引いたのが扉の向かい側の棚に並べられたクリアファイルの束。どのファイルも中身がパンパンにふくらんでおり、今にも下の電話の上へとなだれ落ちそうになっている。このファイルの中身はなんと、全国から届いた林真理子さんのサイン本の注文メモだという。林真理子さんは実はこの辺りにお住まいで、去年とあるTV番組に出演した際には幸福書房でロケを行う程ごひいきにされているそうだ。その番組でお店の応援も兼ねて『ここで私の本を買って下さったお客様にはサインします』と言ったところ全国からおよそ一三〇〇人、冊数にして二〇〇〇冊以上もの注文があったという。注文メモにはその一件一件についての情報が丁寧な字で記録されており、岩楯さんの人柄が伺われた。

もう一つ、店の一番奥にある方のバックヤードも見せてもらう。こちらは物置として利用しているらしく、商品を入れるビニール袋や在庫の本が積まれている奥にトイレがあった。聞けばやはりトイレを借りていくお客さんは結構多いらしい。青木まりこ現象か？　開けてみるとトイレの四方の壁には新潮文庫の前マスコットキャラクター、Yonda?くんのポスターが貼ってあり、これならトイレも気軽に借りられそう。

幸福書房さんは古き良き街の本屋さんといった感じの店内と相まって、ついつい長居したくなるお店でありました。

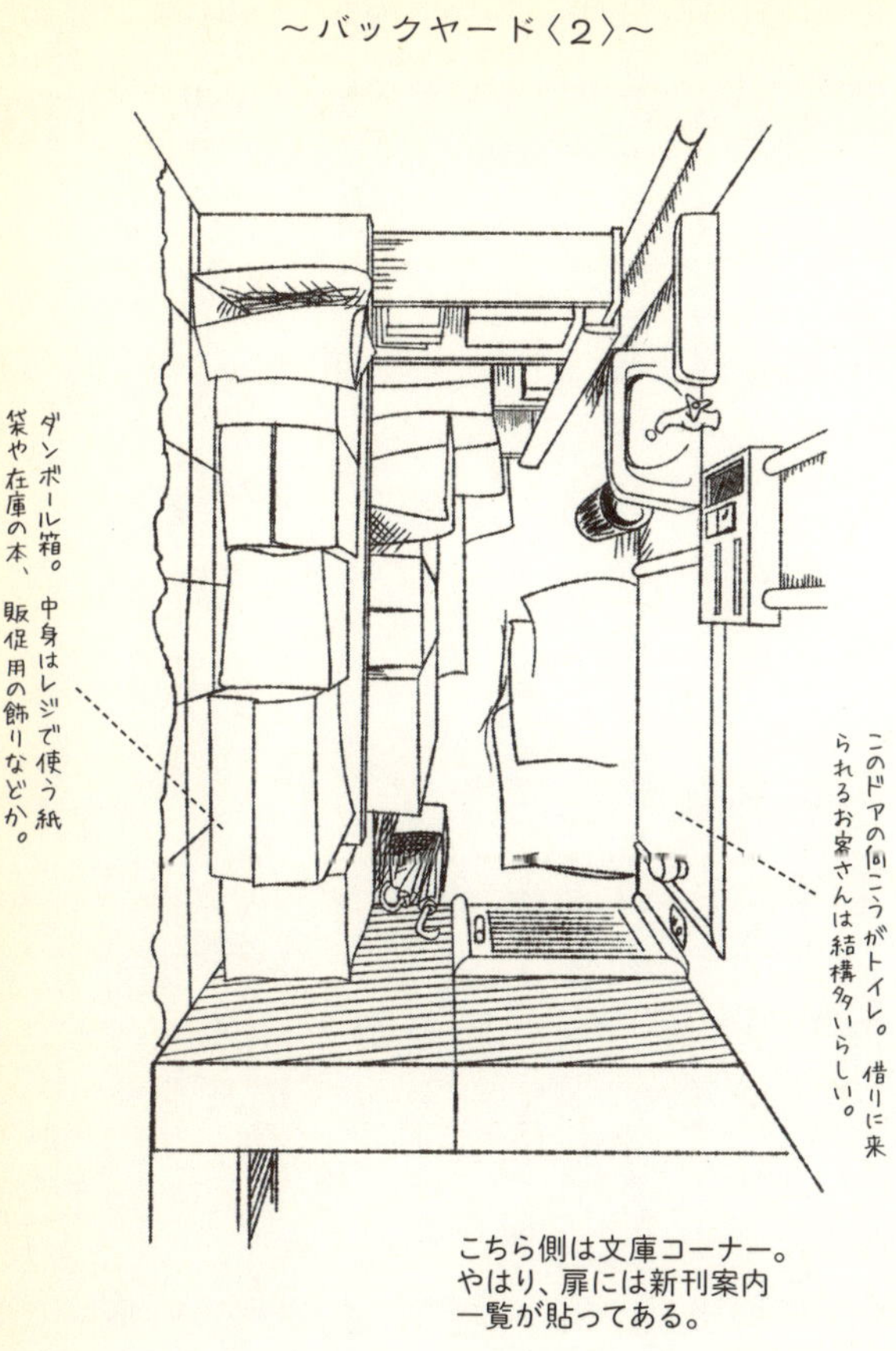

〜バックヤード〈2〉〜
ダンボール箱。中身はレジで使う紙袋や在庫の本、販促用の飾りなどか。

こちら側は文庫コーナー。

やはり、扉には新刊案内一覧が貼ってある。

2014年カバー折り板の旅

杉江由次

「バサ、バサ、バサ」

「サーー、サーー」

　開店直後やお客さんの少ない時間帯の本屋さんで、このような音を聞いたことがないだろうか。大きな音ではないから本選びに集中していては気づかない。立ち読みしていた雑誌から、ふと顔を上げたとき耳に入ってくるかもしれない。

　その音の発信源を探してみるとたいていレジあたりから聞こえてくるはずだ。そこでは書店員さんが下を向いて何やら作業していることだろう。鳥が羽ばたく音に似ているけれど鶴の恩返しではない。それは書店員さんがカバー折りをしている音である。

　ここで言う「**カバー折り**」とは、お客さんが購入した本にカバーを掛けることではない。私たちが普段レジで目にしているのは「カバー折り」ではなく「**カバー掛け**」であり、そのカバー掛けについては「本の雑誌」二〇一〇年六月号にて「2010年カバー掛けの旅」と題して四つの方法を紹介しているので、そちらを見てみて欲しい（当別冊にも収録）。

　では「**カバー折り**」とはなんぞや？　それは本を購入し、書店員さんから「カバーをお掛けしますか？」と訊ねられ、「ハイ」と答えたときに、カウンターの下からおもむろに取り出された紙に注目すればわかる。一見なんの変哲もない一枚の紙に見えるだろうが、実は、一枚の紙の天地が数センチずつ折られているのだ。

　そうなのである。本屋さんではレジでお客さんを待たせないために、文庫や新書、あるいは四六判など、それぞれ本の縦のサイズに合わせて天地を折った紙を用意しているのだ。

　で「カバー折り」とは、その実際にカバーを掛ける前に天地を折っておく作業のことを言うのである。書店員さんの仕事といえば棚や平台に本を並べることや、お客さんの問い合わせに答え本を探し出したり、レジで本を売ることだと思われているだろうが、実はこのカバー折りも重要な仕事なのである。

　ただし、紙を折るだけだろうと侮ってはならない。迅速に折らなければ本の販売量に追いつかず、丁寧に作らなければ本の大きさに合わず不格好なカバーになってしまう。

　ではどんな技術が必要なのか？　文庫と新書を除いた本に掛けられるカバーの元々の紙は、縦三十センチ×横四十五センチ程度のものが多く、カバーにするにはその天地を五センチほど折る必要がある。しかしそれは折る幅の話であって、一直線に折る長さは、紙の横の長さと同じである。すなわち四十五センチ間を同じ幅を保って折らなければならない。

　これがもし斜めになってしまえば、本にかけたときに表側はピッタリなのに裏側は表紙がはみ出したりする情けないカバーになってしまう。ならば大きめに用意しておけばいいではないかと思うだろうが、本にピッタリなサイズでないカバーは鞄やバッグのなかでぐにょぐにょと折れ、とても汚い姿になってしまうのだ。だから本よりも若干大きめのサイズで（じゃないと表紙が入らない）幅を均一に折る必要があるのだ。

　書店員さんはどんな風にカバーを折っていくのか。一枚ずつやっていたのでは量産できないため、まず、まだ折られていない紙を十枚程度カウンターの下から取り出す。そしてトントンと紙のズレを整えると、まず天なら天を束ねたまま折る。この段階ではまだゆるく折っただけで、次にお札を数えるときのように親指で一枚一枚剥がし、改めてきちんと折り目をつけるために強く擦る。

　この強く擦るとき、折り紙のように指先や手のひらで擦っていたのでは強く折り目がつかない。そこで登場するのが「**折り板**」と呼ばれる書店員七つ道具のひとつだ。折り板を使って書店員さんは力を込めてカバーを擦っているのである。

　ああ、長かった。実はここまですべてが前置きなのだ。今回の主役は「カバー折り」ではなく、カバー折りに欠かせぬ道具である「折り板」なのである。折り板という名称もお店によってそれぞれで、たんに「折るやつ」なんて呼ばれていたりするけれど、実はこの道具が本屋さんによって違うということを聞きつけ、ではおのおのどんな「折り板」が使われているのか調査してみたのが本記事である。

　題して「**2014年カバー折り板の旅**」！　いざ出発！

①ハンドクリームの容器＝教文館

　まず訪問したのは「2010年カバー掛けの旅」でもお世話になった創業百二十年を越える銀座の老舗書店教文館である。平台に本を並べていた吉江美香さんに話を伺うと、「うちは、これなのよ」とレジの裏の棚から取り出したのが、円筒形をしたハンドクリームの容器ふたつ。えっ、これでカバー折りしているんですか？

「もうね、20年以上使っているわ。これに辿りつくまで十五センチくらいのものさしを使っていたんだけど、やっぱり角が引っかかって紙が切れちゃったりするのよ。それでなんかいいものないかなあと考えていたときに閃いて家から持ってきたの」

　そう言って吉江さんは実際にカバー折りをしてくれたのだが、容器を鷲掴みにしてぎゅっと押している。確かに腕の力がしっかり伝わるし、握りやすいから使い勝手もよさそうだ。何よりも容器は最初から角が取れているので紙を切る心配もない。

　大きい方の容器はすでにラベルが読めないほど擦れており、年季が入っているのがよくわか

る。試しにふたをあけてみると、なんとクリップが詰まっていた。

「ちょうどいい重さにするのに入れているの。小さい方の容器は手の小さい人用ね」

ちなみにカバー折りは、やはりレジの空いているときに行うそうで、特に担当は決まっていないという。ただ人によって上手い下手はあり、下手な人が作ったものは折り幅が均一でなく、お客さんに掛ける際に折り直したりしなければならず、二度手間になってしまう。またクリスマスにはたくさんカバーが必要になるため、十月くらいから折りためているらしい。

②マッキーとレジペーパーの芯＝八重洲ブックセンター

次に訪れたのは東京駅八重洲南口から三百十六歩の八重洲ブックセンター本店だ。何を隠そう私が24年前にアルバイトをしていた本屋さんである。

八重洲ブックセンター本店にはカバー折りの秘密兵器があるのだ。アルバイト当時、私は、いつもその秘密兵器にお世話になっていた。フロア長や主任から「ちょっとカバーが足りなくなってきたから折ってきて」と頼まれると、文庫売り場のバックヤードに置かれていたその秘密兵器に紙をセットしたものだ。

そうなのである。八重洲ブックセンター本店には、紙をセットするだけで、天と地を自動で折ってくれるカバー折り機があるのだ！　秘密兵器にして我が青春のアイテムと再会すべく、さっそく店長の細田英俊さんを訪ねると、なんと数年前に処分してしまったという衝撃の事実。

「懐かしいねえ。紙詰まりが多かったよね。ずいぶん前から故障して修理できないまま放置されてたんだけど、大掃除のときに処分しちゃったんだよ」

うう、一歩遅かった。他のお店で見たことがないので、もしや八重洲ブックセンター特製だったのではなかろうか。

「確か新聞のチラシを折る機械作っているところに頼んだんじゃないかなあ。うちはオープン当初近隣の書店との話し合いで文庫が置けなかったのね。それが八周年で解禁になって、〝文庫の宝島〟という売り場を五階に作ったときにカバー折りが手で間に合わなくて導入されたんだよね」

せめて写真でも残っていないかと探してもらったが見つからず。後の調査で書泉グランデでも自動カバー折り機が使用されていたことが判明したが、こちらも数年前に廃棄されていた。残念無念。

自動カバー折り機がなくなった今、八重洲ブックセンター本店では、どのようにしてカバーを折っているのか。一階へ向かいレジにいた内田俊明さんに声をかけると、取り出してきたのはマッキーと何やら紙にテープが巻かれたもの。

「これレジロールの芯なんですが、それにテープを巻いて使ってます」

確かに厚紙を圧縮したロールの芯は、力を入れても潰れることなく、また表面が丸いので折り板として最適かもしれない。

それよりも内田さんが一緒に持ってきてくれたものが気にかかる。一枚の板に線が何本かじかに引かれ、そこに「A5ハード」「46ソフト」「B6ソフト」などと記されているのだ。

「型です、型」ちょうどそのとき通りかかった平井真美さんが教えてくれた。

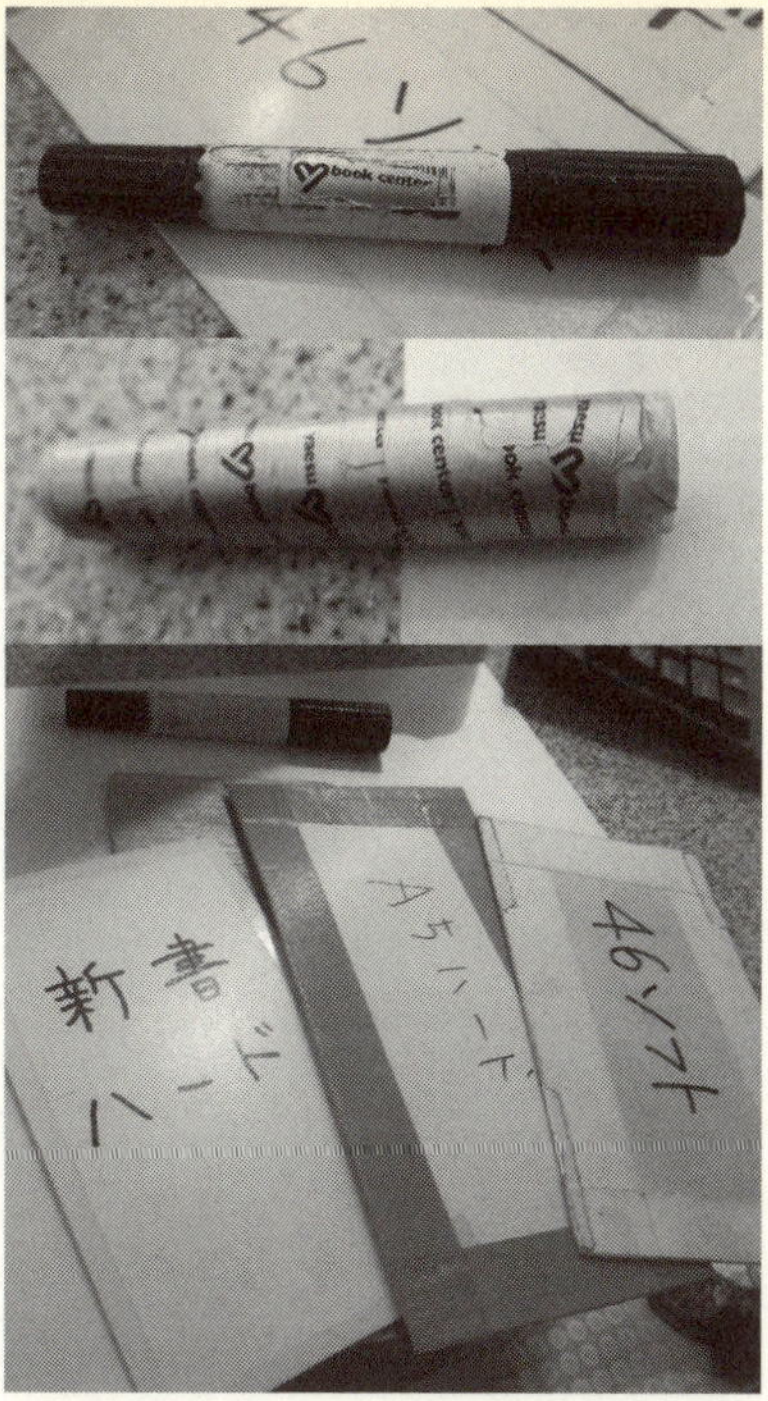

カバー折りの際、手近にある本に合わせて折ってもいいのだが、それだと本を傷めてしまう可能性もあるため、本屋さんではそれぞれいつも作るカバーのサイズを示した「折り型」を用意していたりする。たいていはその大きさの板や厚紙なのだが、平井さんが教えてくれた板は全部のサイズが一枚で折れる万能型なのだった。

「支店の上大岡店のアルバイトさんが発明してくれたんですけど、あまりに便利なんで本店に取り寄せちゃいました」

なるほどこの型が一枚あればすべてのサイズのカバーができるのか。相当な優れものではないか。「王様のアイディア」で売り出してみたらどうだろう。

③かまぼこ板
＝紀伊國屋書店新宿本店

ハンドクリーム、マッキー、レジロールの芯と様々な「折り板」が登場したものの、最もポピュラーだと噂されていた「かまぼこ板」にはなかなか出会えずにいた。以前はかまぼこ板を使っていたというお店も今ではマッキーを使っていたりして、もはや存在しないのかとあきらめかけていたとき、営業で訪問した紀伊國屋書店新宿本店で小出和代さんに話を振ると、「あっ、うち、今でもかまぼこ板使っているよ！」とレジから持ってきてくれたのだった。

ついに正真正銘の折り「板」と対面。うれしい！　けど、これ本当にかまぼこ板なのでしょうか。食卓で目にするかまぼこ板はまさに四角四面の角張ったものだが、小出さんが持ってきたかまぼこ板は角がすべて丸くなっており、まるで砂浜にあがった流木のようだ。

「使っているうちにどんどん角が取れていって、それでちょうど使いやすくなっていくんですよ。これはまだ新人ですね」

おお、これでもまだ新人なのか!?

かつてはお正月を過ぎると先輩社員から「かまぼこ板があったら持ってきてください」と呼びかけがあったそうだが、最近は使用済み図書カードを束ねたものを利用している店員さんも多く、かまぼこ板の出番は減っているらしい。

減っているといえば「折り板」自体の出番も減っていて、

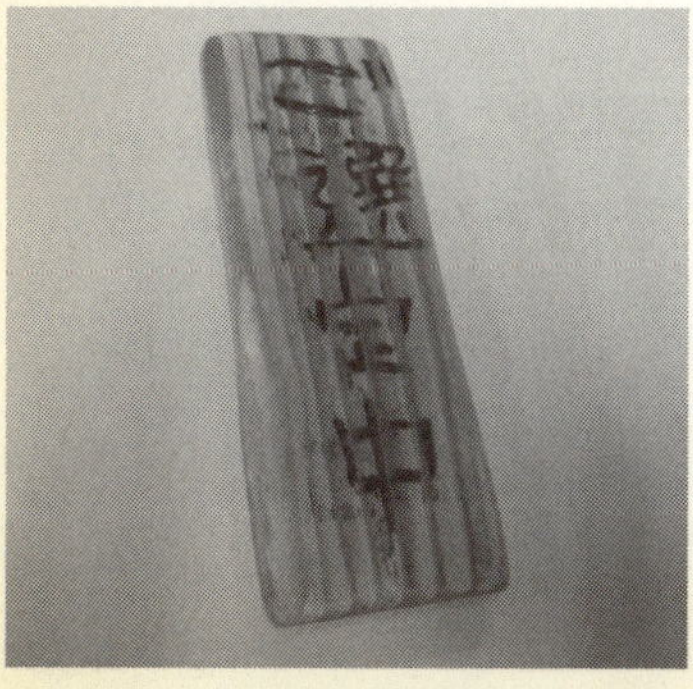

文庫や新書のカバーはすでに折られたものがお店に届くようになっているそうだ。支店によっては全サイズ折られたものが届いており、そういうお店では、もはや「折り板」は不要になっている。

時代に合わせて書店七つ道具も変化していくものなのだ。

④最強の折り板登場＝芳林堂書店

ついに「かまぼこ板」まで発見できたので、「2014年カバー折り板の旅」も終了かと思いきや、不思議な噂を耳にしたのである。

それは丸善ジュンク堂書店渋谷店でのことだった。棚整理をしていた村尾啓子さんにこれまで見つけた折り板を報告。ジュンク堂書店ではかなり以前からそれぞれのサイズに折られた紙が納品されており、しかも文庫と新書は片側の袖の部分が糊付けされたものを用意、表紙を差し込むだけであとは反対側を折ればいいようになっているそうだ。

やはり「カバー折り」自体も効率化の前に消えていく運命なのかとうつむいていると、村尾さんは続いてこんな告白をするのであった。

「私、今まで三軒の書店で働いてきたんですけど、芳林堂書店池袋店にいたときに使っていたカバー折り専用の道具が一番使いやすかったですよ。片側に金属が付いていて、確か書店員が作っていると聞きましたけど」

代用品でなく、カバー折り専用の道具を本屋さんが製作している？　すぐさま確かめに行きたいところだったが、芳林堂書店池袋店は二〇〇三年に惜しまれつつ閉店。これでは確かめようがないかと思っていると、翌日、営業で訪問した松戸の良文堂書店高坂浩一さんも同じ道具の話をするのであった。

「昔、大井町の芳林堂書店でアルバイトしていたんだけど、そのときカバー折り専用の道具があってね。それがめちゃくちゃ使いやすかったですよ」

ふたりの書店員が証言するとは、これはもはやＵＭＡ（未確認動物）ではなく実在するものなのだろう。いざ大井町店へと突撃したいところだが、なんとこちらも一ヶ月ほど前に閉店しているではないか。おおお。折り板の旅、一歩遅かったか…。それでも一縷の望みをかけて高田馬場店を訪問してみることにした。

というわけで、さっそく新刊を並べていた中岡徹尚さんに話を伺うが、「うーん…」と首をひねられてしまう。高田馬場店ではそのような専用の道具は使っておらず、使用済み図書カードを束ねたものを折り板として利用しているというのだ。レジにいる店員さんにも確認してもらったが、やはり特製折り板の存在は知らなかった。

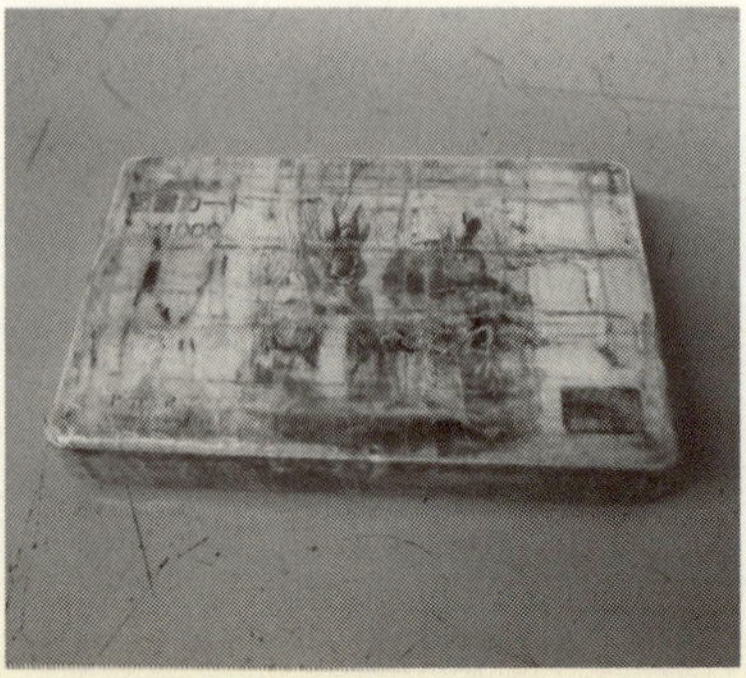

ＵＭＡというよりは絶滅種だったのかと落ち込んでいたとき、勤続三十八年の店長森田敏司さんがやってきた。森田さんなら朱鷺が空を羽ばたくように特製折り板が芳林堂書店のカウ

ンターで活躍していた姿を知っているのではなかろうかと詰め寄ると、しばらく考えた後、「あった！　あった！」と手を叩き、突然どこかへ電話しだすではないか。

「あっ、ある？　じゃあ、こんど店舗間移動の便に乗せてよ。うん？　使ってる？　すぐ戻すから」

電話の相手は所沢駅ビル店で、そちらではなんと未だに特製折り板が現役で使われているというのだ。

数日後、森田さんから「届いた」と連絡を受け、喜び勇んで芳林堂書店高田馬場店へ向かう。

そこで目にしたのはタバコのケースを一回りほど小さくしたサイズの木片。反対側には丸善ジュンク堂の村尾さんや良文堂の高坂さんが証言したように鉄板がネジでしっかりとめられていた。しかも紙を傷めないよう角が丸く加工されているではないか。確かにこの折り板なら、握りやすいし、すり減ることなく永年使用に耐えられるだろう。

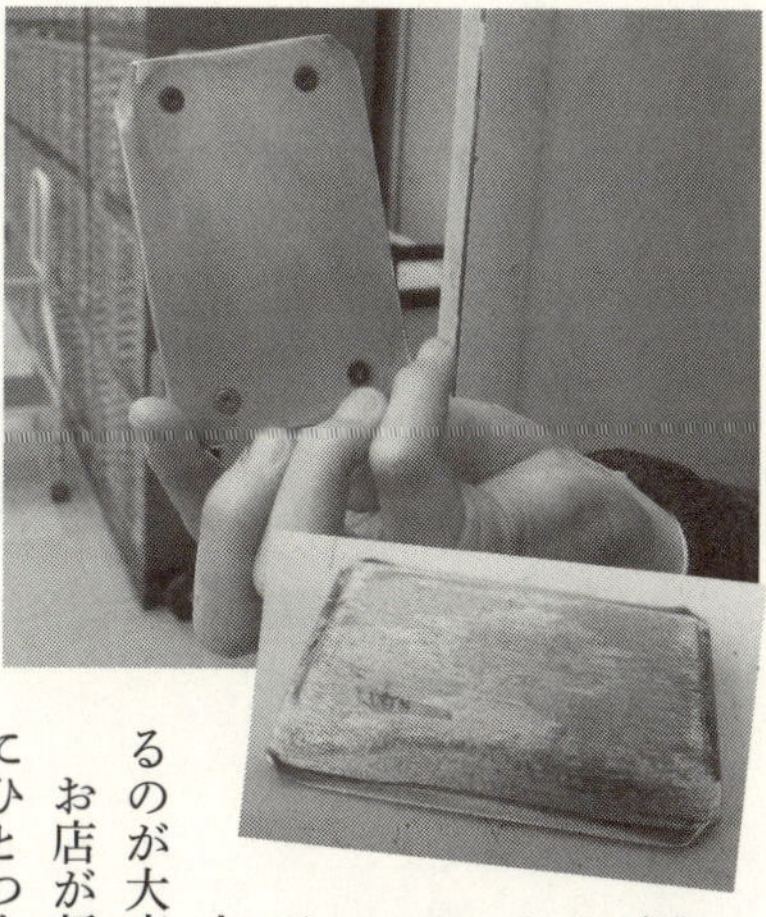

話を伺うとこの特製折り板は二十年以上前に木次利秋さん（現在営業本部所属）が開発したもので、当時、スタンプ台や板を利用してカバー折りしていたもののボロボロになるのを見かねて作り始めたそうだ。

木片部分は、ちょうど女性の手に馴染む大きさのものを東急ハンズで見つけ、反対側の鉄板は真鍮を加工しているのだが、ネジどめする部分の皿ネジの頭が外に出てしまってはカバーを擦ることができないため、ネジ穴をすり鉢状に加工するのが大変だという。

お店が新規オープンするたびにひとつ作り、持っていっていたそうで、今も要望があれば作るのだが、使用済み図書カードなどで事足りているのかここ最近は作っていない。ただ現在も所沢駅ビル店や航空公園店では日夜カバーを折るのに使われているという。

長い旅は終わった。たかが折り板、されど折り板。ただ、カバーを折るだけの道具なのだが、そこにも平台やPOPのように本屋さんのこだわりと工夫があった。

「バサ、バサ、バサ」
「サーー、サーー」

その音は、やはり鶴の恩返しだった。本屋さんから本を買ってくれたお客さんへの想いを込めてカバーは折られているのだ。

ただしこちらは手元を覗いても鶴になって消えていくことはないだろう。もし音が聞こえてきたときには、その職人技に注目して欲しい。

私の本屋履歴書

辻村深月■「岡島」の本屋さん

もう時効だと思うから告白するけれど、高校時代、私は好きな本の発売日によく学校をサボった。「病院に寄っていきます」と嘘をついて、書店が開くのを待っていたのだ。

私が開店を待ち侘びたのは、県庁所在地・甲府にあるデパート「岡島百貨店」(通称・岡島)に入っていた紀伊國屋書店。

駐車場を探すのが大変、という理由で甲府の市街地には、子供の頃、ほとんど連れて行ってもらえなかった。けれど、映画を観に行く時や、習い事の発表会など、特別な用がある時に寄ったデパートの中の書店は、なんだか特別な感じがして、私がその頃よく利用していた町の書店さんとは少し違って感じた。

「本がたくさんある」というそのままの感想を口にすると、父が笑ってこう言った。「そりゃそうさ。東京にもある大きな書店だから」。全国チェーン、という言葉すら知らなかった私は、素朴に、そうか、東京にもあるのか、すごいな、と父の言葉に圧倒された。

ネットもまだ普及していなかった時代だ。今はそんなことはないのだろうけど、山梨に住む私のもとに、発売日当日に本が届くことはまずなかった。「東京にもある大きな書店さんならば」という単純な理由で、私は新刊の発売日、学校をサボってデパートの開店を待った。

進学校と呼ばれる学校に通い、遊びに奥手だった私には、大袈裟ではなく、好きな作家の新刊が読める、ということはその頃、一番の楽しみだった。

もし大人に見つかったら、「病院に行った帰りなんです」と言おう。小心者の私は、制服姿のまま、びくびくしながらデパートの前のミスタードーナツでコーヒーをおかわりして時間をつぶし、ようやく開店したデパートで顔を伏せながら紀伊國屋書店に向かう。——売り場で、待ち侘びた本の姿を見た時の喜び。あるいは、見つからず、店員さんに尋ねた時に「うちに入るのは明日です」と言われた時の絶望。その両方を、今も色濃く覚えている。

新刊を手に、みんなより遅れて学校に行くと、事情を知るクラスメートたちが「買えた?」と声をかけてくる。「買えなかった」と答えた時は、「明日の放課後、また一緒に岡島に行こうよ」と慰めてくれた。

私が制服姿であっても、目をつぶってくれたあの頃の書店員さんたちに、今でも感謝している。好きな本の宣伝ポスターやPOPが欲しくて、「不要になったらくれませんか?」と言う私に、彼らは律儀にもしっかり対応してくれて、その後、掲示が終わった頃にきちんと連絡してきて、ゆずってくれた。

大好きだった「岡島の紀伊國屋さん」が町から消えたのは、私が大学生の時だった。他のデパートに入っていた書店も次々と姿を消し、デパートそのものも思い出の町から撤退していくような状況を、私は郷里から離れた土地でもどかしく見つめていた。帰ってきた時に迎えてくれる大事な場所がひとつ、またひとつとなくなっていく気がした。

思ったのは、あの頃の私のように本を愛する後輩たちは、どこであの思いをするのだろうか、ということだった。学校をサボり、後ろめたい気持ちでドキドキしながら、書店の開店を待つような思いを、彼らにも経験してほしかった。

紀伊國屋さんが去ってからしばらくして、岡島に三省堂書店が入った。

私はその頃、大学を卒業して再び山梨に戻り、OLをしていた。嬉しくて、仕事帰りに立ち寄った三省堂さんで、そして私は懐かしい再会を果たす。なんと、高校時代の同級生がそこで書店員をしていたのだ。学校をサボって新刊を買い、戻った教室で私に「買えた？」と聞いてきてくれたうちの一人。私はその頃、作家になったばかりで、彼が作ったPOPが私のデビュー作の前に飾られていた。「山梨県出身作家・辻村深月」と書かれた文章の下に、「売り場から支えます」と彼が書いてくれているのを見て、胸が熱くなった。

その後、三省堂さんは「岡島」から姿を消し、そこで書店員をしていた私の同級生も、県内の別の書店に移った。

市街地のデパートにある書店さんというのはなかなか難しい面もあるのかもしれない、と心を痛めていた私のもとに、今度は岡島にジュンク堂書店さんが来る、という情報がもたらされた。

この時の私の喜びは計り知れない。もう山梨には住んでいない私だけど、思わず「ありがとうございます」と声が出た。私の後輩たちが通える場所が、地元のデパートにきちんとある。それは、私自身の、本を読むのが楽しくてたまらなかった頃の思い出と共鳴し、とても他人事とは思えないくらい、嬉しかった。

そして、「岡島」にジュンク堂さんがオープンしてしばらくして、店長さんから『辻村深月書店』をやってみませんか」と声をかけてもらった。私が影響を受けてきた本を並べ、薦める棚を作ってもよい、と言われたのだ。嬉しく、二つ返事で「ぜひ！」と答えた私の選書は、かつて高校の時にデパートが開くのを待ち侘びて買ったタイトルも多く並んだ。岡島のジュンク堂さんには、三省堂さん時代に働いていた書店員さんも何人かいて、「郷里の後輩たちをお願いしますね！」と思わず、彼らの手を取った。

今、幸運なことに作家になり、地方のデパートに入る書店さんに足を運ぶことも増えた。

いろんな県のデパートに入る書店さんの前を通ると、棚の感じやお店のロゴに、それぞれの、私の思い出が響き合う。

そこで立ち読みをする制服姿の子たちを見ると、まるで、その子たちが自分の兄弟か何かみたいに愛おしい。この場所から旅立っていく本は幸せだ、と心底感じる。

私の本屋履歴書

大森 望 ■ 高知〜京都〜西葛西の書店道

生まれて初めて自分で本を買った店は、高知市帯屋町2丁目の島内《しまのうち》書店。同じアーケード街で今も営業する、間口がせまくて奥行きのある小さな本屋さんだ。

高知の本屋と言えば、すぐそばの中の橋通りにある金高堂本店が有名で、サイン会やイベントをしょっちゅうやってますが、うちの母親が島内書店の奥さんと昔から懇意にしていたため、本を買うのはいつも島内書店だった。小学校に入る前からしじゅう出入りしていたはずだが、自分の意志で最初に買った本は、新潮文庫の星新一『ボッコちゃん』。197１年の夏だったと思う（そこから星新一にハマり、以後は新刊が出るたびに、島内書店で単行本を買うようになる）。二番めに買ったのは、創元推理文庫の『クリスチィ短編全集1』（「死の猟犬」にいたく衝撃を受けたが、いま読み返しても、どこにどう感動したのかさっぱりわからない）。ＳＦマガジンを初めて買ったのもこの店（１９７2年8月号）

坪数の小さい店なので品揃えがいいわけではなかったが、なにしろこの店はツケがきいた。ほしい本があれば棚から抜いてレジに持っていけば、奥さんが「わかった。ほんならツケちょくきねえ」とスリップをとって渡してくれる。ここならなんでも買い放題。だから、店頭にない本はしじゅう注文していたし、中学校になってからは客注伝票まで自分で書いていた（字が汚くて題名を誤読され、注文が通らなかったこともある）。

母親が買う大量の本は定期的に配達されてくるのだが、ある日、その段ボールを開けたら、第二期〈奇想天外〉の復刊1号（１９７6年4月号）が入っててびっくり仰天。ＳＦマガジンを毎月買ってるので、どうせコレ（表紙に〝ＳＦ専門誌〟と書いてあった）も買うだろうと、島内の奥さんが注文品といっしょに入れてくれたらしい。第一期のバックナンバーは古本屋で見つけて何冊か買ってたんですが、復刊されるなんて全然知らなかったんで驚いた。昔の地元リアル書店は、Ａｍａｚｏｎのおすすめ以上に気がきいたのである。

もちろん、高知の本屋は島内書店だけじゃない。西澤保彦『異邦人』の主人公は、富士書房から島内書店、金高堂を経由して片桐書店、明文堂とまわるコースをとりますが、中学・高校時代の大森は、学校帰りに同じ書店を逆コースでまわっていた。明文堂には70年代末まで銀背（ハヤカワ・ＳＦ・シリーズ）が残っていたし、片桐書店には洋書コーナーがあった。その片桐書店が、おびさんロード（帯屋町の一本南の商店街）にオープンしたパームスビルに若者向けの支店を出すことになり、ペーパーバックを置きたいから注文する本を好きに選んでくれと言われて狂喜乱舞、リストをつくって渡したところ、取次にほとんど在庫がなかったらしく、けっきょく届いたのは、CorgiやPANのイギリス版、それも翻訳のある定番作品がほとんどで、思いきり肩すかしを食った……というのは77年か78年か。

大学に入って京都に引っ越したのは79年。学生時代にいちばん通ったのは、たぶん（いまみたいにセレクトショップ化する前の）恵文社一乗寺店。ここは漫画の品揃えが左京区一（推定）で、入荷も早く、花とゆめコミックスやりぼんマスコットコミックス、けいせい出版や奇想天外社や青林堂の本をせっせとここで買っていた。橋本治や村上知彦に憧れて漫画評論家になりたいと思ってた時期ですね。

四条河原町近辺の新刊書店も、週に一度は巡回していた。理工学書に強いオーム社書店、アートと人文系の京都書院と、その斜め向かいの地下にあった京都書院イシズミ店、当時京都府最大の売り場面積（推定）を誇った駸々堂京宝店（駸々堂グループが00年に破産したあと、同じ場所にブックファースト河原町店が入ったが06年に閉店）と駸々堂河原町店、梶井基次郎「檸檬」でおなじみの（夕方五時に閉まる）丸善京都店……。

いまはもう一軒も残っていないが、70年代後半から80年代にかけて、河原町通三条〜四条のせまい範囲にこれだけの書店が集まり、きちんと棲み分けしていた（ように見えた）のだから、京都の書店黄金時代だったのかもしれない。

京都書院は組合が強かったらしく、あるとき本店の二階で晶文社の本を一心に立ち読みしていたところ、店内がしーんと静かに。ふと顔を上げて見まわすと、客はおろか、店員の姿もない。書店版マリー・セレスト号か！　と思いつつ外に出たら、店の前にはロープが張られて、店員が演説している。いつの間にか、バリスト（バリケード・ストライキ）が始まってたんですね。店内アナウンスしないのは親切なのか不親切なのか。

学生時代は、大阪の書店もよく利用していた。毎週日曜日は、安田均、水鏡子、大野万紀、岡本俊弥、古沢嘉通など各氏が集まる関西海外ＳＦ研究会（ＫＳＦＡ）の例会だったので、四条河原町から阪急京都線で梅田に行くと、まず紀伊國屋書店梅田本店を巡回。阪急ファイブの横にあった喫茶店「れい」（関西では有名なタレントの大久保怜が経営者だった）に集合して夕方までしゃべったあと、全員でぞろぞろ地下街を歩き、曾根崎警察方面の階段を上がって旭屋書店本店に入り、六階だか七階だかの洋書売り場から順番に各フロアをまわる……というのが定例コースだった（そのあとは阪急東通りの中華料理屋で夕食）。

おお、もう紙幅がない。83年に上京して数年は（西武新宿線沿線に住んで神楽坂の新潮社に通ってたので）芳林堂書店高田馬場店がいちばんの贔屓店。89年に西葛西に越してからは、メトロセンターの明和書店に寄って店主や奥さんと無駄話をするのが日課だったんですが、その明和書店西葛西店もすでにない（池袋店と練馬店は健在）。

あとは、今も高知に帰るたびに立ち寄る島内書店が、いつまでも営業を続けてくれることを祈りたい。

大矢博子■棚をおぼえている

私の故郷は海と山と温泉しかない大分県の田舎で、書店といえば個人経営の小さな店ばっかりだったけど、文芸書との出会いには恵まれていたように思う。

小学生時代に通っていたのは、自転車で5分走って橋を渡ったところにある児島書店。左手の入口から入って三つ目の棚、中段あたりに、鶴書房のSFベストセラーズが並んでいた。『なぞの転校生』も『夕ばえ作戦』もここで買いましたよ。

中学一年のとき、ブックス・メイという書店が、児島書店から更に自転車で5分の場所に開店した。おりしも時代は角川の横溝映画全盛期。ご多分に漏れず私も『獄門島』だの『犬神家の一族』だのを読んだけど、「もうちょっと普通の人が出てくる推理小説はないものか」と思っていたところに、この書店で仁木悦子に出会ったわけだ。そりゃハマるでしょ。文庫コーナーの背の低い棚の上段にあった、角川文庫の『黒いリボン』。

……この「棚の記憶」って何だろう。あらためて考えると不思議。なぜ買った本だけでなく、その棚まで覚えてるんだろう。

児島書店の奥まった場所、本棚の上の方に並んでた庄司薫の薫クン四部作。店の人が踏み台を持ってきて取ってくれた。中央の文庫棚にずらり並んでた『竜馬がゆく』全8巻。この文庫棚は漫画棚と向かい合わせで、漫画を立ち読みする人が『竜馬がゆく』のところに寄りかかってるのが邪魔で、大分弁で「どいちゃり」と睨《ね》め付けたのが、今にして思えば私の初メンチ切り。

ブックス・メイではつきあたりが文芸書コーナー。下段にあった栗本薫『ぼくらの時代』、その隣に小峰元『ヒポクラテスの初恋処方箋』。仁木悦子クエストのためにカバー折り返しの著作一覧を見て、店頭にない本を「注文する」ってのを初めてやったのも、ここだった。平台に積まれた百恵ちゃんの『蒼い時』。そうそう、当時のカレと待ち合わせに使ったのもこの店で、入ってすぐの漫画コーナーで『750ライダー』を、そっちが先に見ていいよ、いやいやそっちから先に、あはは、うふふ、といちゃいちゃしてたもんですよ。店主にしてみりゃ「どっちが先でもいいから買ってから読めや」と思ったことであろう。

大学に入ってからは、小倉北区の魚町銀天街にあったナガリ書店に通い詰めた。三階建てのウナギの寝床で、両脇の壁と中央の書棚にみっちりと本が詰まってた。東野圭吾『放課後』、岡嶋二人『チョコレートゲーム』、辻真先『急行エトロフ殺人事件』……ぜんぶここで買って、小倉駅前の美国という喫茶店で読んだもんです。今はもう、ナガリ書店も美国もなくなっちゃった。

就職先は東京。巨大書店には圧倒されましたよ。もちろん通った神保町。でもいちばん新刊書を多く買ったのは八重洲ブックセンターかな。早川のミステリワールド、東京創元社の〈鮎川哲也と十三の謎〉といった当時のミステリ系の叢書は、八重洲ブックセンターでぜんぶ揃えた。買った本は中二階の喫茶室で読む。こうしてみると買い物後に寄る喫茶店もそれぞれ決まってたんだなあ。

庄司薫ファンとしては、薫クンが少女に足を踏まれた書店を探しに銀座に行ったことは言うまでもない。そして銀座数寄屋橋の旭屋書店で、面陳されていたシャーロット・マクラウド『蹄鉄ころんだ』に会った。棚差しのジル・チャーチル『ゴミと罰』に会った。完全なジャケ買い&タイトル買い。けれどこの二冊に出会ってなければ、今、この仕事はしていない。

大阪に転勤になって、梅田の旭屋書店本店や阪急梅田駅の紀伊國屋にもよく行ったが、日参したのは勤務先のテレビ局内にある小さな書店。早朝からのシフト勤務で夜に遊べなかったので、仕事終わりに一冊買い、隣のうどん屋で昼ビールとともに読むのが日々の潤いだったなあ。パソコン通信を始めたのがこの頃で、推理小説フォーラムで新刊情報をゲットしてはこの店に注文してた。阪神淡路大震災のあと、平積みされてた地震関連書には目もくれず、森雅裕の『鉄の花を挿す者』の入荷に欣喜雀躍したっけ。

名古屋に嫁いでからは、移転前の丸善栄店がお気に入りに。コミックスを扱わないので立ち読み客が少ないのが好きだった。買った本は、文芸書売り場と同じ二階のコーヒーショップで読む。何の恨みかと思うほど、熱いコーヒーを淹れる店だった。

最もよく利用していた池下三洋堂が閉店したのと、ネット書店が即日発送を始めたのが同じ頃。既に本を読むことが仕事になっていた私は、リアル書店を探し歩く手間を惜しんで、ネットに頼るようになっていた。昔は通学・通勤の途中で毎日のように書店に寄っていたのに、故郷の田舎とは比べ物にならないほど大きな書店がたくさんあるのに、在宅ワークの現在では足を運ぶのは多くても週に二度。それに反比例するように、書籍購入費に電子書籍の占める率が急増している。

電子書籍は品切れもないし、いつでもどこでも買える。老眼の目にはフォントサイズが変えられるのもありがたいし、仕事読書に便利な機能も満載。しかも嵩張らず、蔵書がリスト化されてダブる心配もない。いいことづくめだが、マーカーや検索、メモの機能、対応デバイスはプラットフォームで違うので、それこそ紙の本以上に書店選びが肝要。どこで買うかで使い勝手がまったく異なるのだ。幾つか試した結果、和書は紀伊國屋書店のkinoppyに、洋書はkindleに落ち着いた。

今では、新刊が紙と電子で同時発売されたら、迷わず電子で買う。紙が先に出ても、ひとまず電子を待つ。それくらい私は電子派だ。だが。

そこに、「棚の記憶」は、ない。

このコラムを書いて初めてそのことに気付き、今、少し呆然としている。

私の本屋履歴書

鏡　明■本屋へ行くという日常について

本屋が好きだ。嫌いな本屋なんてある筈がない。

一間程の幅しかない本屋でも、何フロアもあるビルの本屋でも、本棚が隙間だらけの本屋でも、本屋であるならば、みんな好きだ。タイ語であろうと、中国語、フランス語、イタリア語、ドイツ語、スペイン語、トルコ語、アラビア語、読めなくてもかまわない、とりあえず、本屋を見かけたら、入ってしまう。神保町に行こうとして、それでも、まず近所の本屋に寄ってしまう。本屋中毒かも知れない。活字中毒というと、ちょっと知的だけれども、本屋中毒というのは、バカみたいな気がするが、ま、仕方がない。

初めての本屋は、大阪から数駅離れた小さな街の本屋だった。私はその街から子供の足で数十分かかる集落で、4歳から10歳までを過ごした。小学校に入学する時に、好きな本を買いなさいと連れて行かれたのが、その小さな本屋だった。いや、その時はそれが大きな本屋か小さな本屋か、私にわかるわけがない。初めての経験だったからね。何十年も経って、その駅の近くに行くことがあって、途中下車して、その本屋がまだあるかどうか確かめに行ったことがある。たぶん同じ本屋だろうな、左右と中央に書棚があるものすごく小さな本屋があった。そこで、買ってもらったのは「天体と宇宙」という子供向けの科学書だったと思う。なぜ、その本を選んだのか、記憶にはないが、たぶん、その頃火星が大接近するというようなことがあって、その影響だったように思う。その本が、初めての自分の本だった。ぼろぼろになるまで、何度も読んだ。

駅の反対側には、映画館があって、友達の母親が映画好きで、月に一回か二回、その友達と一緒に映画に連れて行かれた。ほとんど東映の時代劇か、多羅尾伴内のようなものばかりで「ゴジラvsアンギラス」を除けば、SF的なものやアニメーションは、おばさん、興味なかったんだろうな、まったく見せてもらえなかった。でも、感謝している。本と映画、私の趣味のかなりの部分は、この小さな街で始まったわけだ。

それでも、こんな中毒状況になるなんて、思いもしなかった。本が並んでいるのを見ると、ほっとするのだ。それなら図書館でもいいのかというとそういうわけではない。買えなければ、いやなのだ。どう考えても、今現在でも、自分の部屋に積んである本を読みきるのは、残された時間を考えると、不可能なのだが、やっぱり、本屋に行ってしまう。

それでも、絶対行きたい本屋というものはある。新刊本屋限定でそのベスト10を考えてみると、まず、ニューヨーク。古本屋ならストランドなんだけれども、新刊ということなら、「ST.MARK'S BOOKSHOP」だろうな。ポップ・カルチャーとアナキズム、シチェーショニズム系の本がかつては多かったので、結構通った。5、6年前かな、本のセレクトが弱くなったような気がして、その頃、SOHOで見つけた「MCNALLY JACKSON」に行くようになった。カフェが併設された1階は新刊とサブカルチャー系の本、地下がSFやミステリー、それに、「アイディア」だったっけ、そんなタイトルの書棚があって、哲学系の本が並んでいるのだけれども、この本屋の良さは、そういったセンスの面白さなんだと思う。

もう「ST.MARK'S」には行かなくてもいいかなと思っていたのだけれども、2年程前に、久しぶりに見に行ったら、ちょっと元に戻っていて、うーん、あなどれないぞ。後は「BARNES & NOBLE」のユニオン・スクエア店。新刊のチェックと探し物には便利。

サンフランシスコの「CITY LIGHTS」は、定番過ぎるけれども、やっぱり、落とせない。地下に下りて行く階段には、いつもわくわくするものがある。もう一軒「FANTASY, ETC.」があるんだけれども、もう十年も行ってないから、まだやっているかどうかわからない。

ロンドンだったら、「HOUSMANS」。左翼系の本屋なんだけれども、AKプレスの本が揃っていて、うれしい。

突然シンガポールに飛ぶけれども、「BOOKS ACTUALLY」。ここは外せない。シンガポールや、それ以外のアジアのローカルの本のセレクションが素晴らしい。やっぱり、本屋はセンスだなぁ、ここに来るたびに思う。この本を読んでほしいというメッセージを強く感じるのだが、押し付けがましくない。アマゾンの推奨本システムは、腹が立つことがあるものね。「紀伊國屋書店」も悪くないのだけれども、センスという意味では、落ちる。でも、それは大型店の宿命なんだろう。それを要求する方が間違っている。

東京では、どうしても、大型書店に行くことが多くなる。本屋の個性が見えにくいので、量を期待してしまうのかも知れないが、もしかすると、かつて「八重洲ブックセンター」ができた時の感動が私のどこかに残っているのかも知れない。あの本の量を見た時は、何だか日本中の本がここにあるんじゃないか、そんな感動があったのだ。

今は、結局神保町の「東京堂書店」、セレクションが以前のものに近づいてきたように思う。ほっとするね。センスということなら代官山の「蔦屋書店」を選ぶんだけれども、それは、あの建物全体、カフェや閲覧室を含めた全体像のセンスということで、私の思う本屋のセンスとは若干違うところがある。本が買いたくなるかどうか、その辺りのことなんだけれども、何となく図書館感があるように思ってしまうのだ。小さな本屋では、30年前の神保町の「十字屋書店」なら、絶対選ぶ。ここで初めて「本の雑誌」を買ったのだ。でも今はなぁ、残念。そうなると、結局、最寄りの用賀駅の「優文堂書店」になるのか。少なくとも、世界中で最も足を運んでいる本屋だからね。それと、こんな本を仕入れています、という主張がほのかに感じられて、心地よい。

うーん、ここに挙げた本屋が全部、家の近くにあったらなぁ。夢のようですね。いや、ただの夢か。

二代目本屋の記録

～15年目になりました～

伊野尾書店◆伊野尾宏之

「7年ごとの記録」というNHKのドキュメンタリー番組をご存知だろうか。東京のサラリーマン家庭の子、東北の米作農家の長男、瀬戸内海の過疎の小島で育った子、イギリスからの帰国子女…といったように日本中の地域も環境も違う子供たち13人を7年おきに取材し、その変化を見るドキュメンタリー番組だ。昨年、その第四回「28歳になりました」が放送された。

番組で登場する子供たちは7歳のインタビューから始まる。農家の子供に「夢は？」と聞くと「お父さんの畑を継いで、お米をいっぱい作る！」と天真爛漫な笑顔で言う。7年後、14歳になった彼に同じ質問を向けると「農家は継ぎたくないです」下を向きながら答える。さらに7年後、21歳になった彼は畑で農作業をしている。「両親手伝ってますけど…農業って報われるのかなって。正直、長男は重い」。28歳になった彼は地元企業に就職している。

その番組では13人の子供がそれぞれに将来の夢を語る。その後の人生はさまざまだ。ただ、見ていて一つのことに気づいた。サラリーマン家庭の子供は良くも悪くも「家業」がないので、ストレートに自分の夢に向かって進む。裏返せば、自分自身でどこかに生きていく道を作らないと、寄る辺が何もない。対して、家が何かしらの商売をやっている子供（農家、民宿経営、小さな小島の連絡船、歌舞伎役者）は良くも悪くもそれに引きずられた人生を歩む。

東京の中井という小さな商店街の本屋の長男として生まれて、大学を出て2年ほどフラフラしてから私は家業を継いで働き出した。年にして1999年。すでに書籍の売上のピークは過ぎ去っていて、その時点で街の本屋はバタバタと閉店していた。そんな時代になぜ二代目になったかというと「他に仕事がなかった」という一語に尽きる。もちろん探せば無くはなかったのだろうが、生まれてこの方両親が目の前で働いているのに接していると、よほど「俺はこれをやるんだ」という大きな意思がないと避けることは難しい。頭の後ろに糸のようなものがついていて、それをずっと引っ張られている感覚に似ている。誰だって生まれ育った場所から動かずに長年いれば、否でも応でも故郷の祭りに参加するようになる。そんな感じと似ている。

すっかり書店が衰退産業として認識された最近でも、あちこちから「息子がうちの店で働き出した」という声を聞く。息子さんは20代半ばだ。偉いな、と思うと同時に「まあなかなか逃れられないよな」という思いを抱く。何を言われたところで目の前で両親が働いている光景は重い。

15年経って思うのは「とにかく人に救われていかないとここまでたどり着くことができなかっただろう」ということだ。最初の3年はとにかくもがき続けていた。どうしたら新刊が入るのか。何をしたら現状が改善されるのか。父は答えを持っていなかった。では誰に聞いたらいいのか？　たとえば他の書店に行って「あのバーコードみたいなのでピッと会計してくれるレジはどこに行ったら売っていて、いくらぐらいするのか」ということを聞く人がいなかった。あとから考えれば取次の担当者に相談すれば少しはヒントくらいもらえたのだろうが、そのときの担当者とは毎月の支払い以外では完全にディスコミュニケーションの状態だった。おそらく取次担当者も当時のうちのような時間の問題で消えゆく個人書店に細かく手をかける余裕がなかったのだと思う。

　なんやかやともがいているうちに同業者の他の書店の人と知り合うようになり、組合活動に参加してみたり、書店グループに加盟して活動したりしているうちに段々とそういう相談ができる人が増えてきた。出版社の人とも知り合うようになった。そういう人たちにいろいろ聞いたり助けられたりして、今の店があると思ってる。「支えてくれたみなさんのおかげです」という感謝の言葉はいろんなところで耳にするのでつい社交辞令に思ってしまうが、いざ自分でやってみると驚くほど自分一人では何もできない。何もわからない。本当に助けてくれる人がいないと、ここまでもたなかった。

　家業は親の遺産だ。もちろんいいとこばかりでなく負の部分も含めて、先代が築き上げたものを二代目はそのまま継承する。自分では何もしていないんじゃないか？という気後れが常にあった。だがあるとき、「考えてみればサラリーマンは会社の遺産で食ってるものだし、漁師にしたって海の遺産で食べている。それは彼らが自分で何かしたわけじゃない。だったら自分もあまり気にしなくていいのでは？」と思うようになり、以来あまり気にならなくなった。

　すでにインターネットが登場して本の売上が落ちていた00年代前半、店の運営に関して「ここは直した方がいいんじゃないか」と目に付いた部分をテコ入れすればなんやかやで売上が伸びていた。が、この何年かは「ここ直したらいいんじゃないか」という部分を直しても売上が伸びず苦しい時期が続いている。経営者の側面で考えれば、よほどコンビニだのマクドナルドだのに場所を貸して家賃をもらった方がいいのだろう。

　そんなことを考えるとき、常に頭の後ろの糸を引っ張る人がいる。それが誰かはわからない。ただ引っ張られてる間は本屋を続けないといけないんだろう、と思っている。売上が減少したら在庫と経費を減らせばいい。それでも間に合わなければ人手を減らせばいい。ここは自分の店なのだ。最後は自分一人で切り盛りできる範囲でやればいいじゃないか。そうやって考えると、まあもうちょっと続けるか、という風に思ってしまう。

　「7年ごとの記録」の中で、窯元の家に生まれ、紆余曲折の末に父親の元で働く28歳の男性が「この道以外は自分で選ぶことはできなかったんだなぁと思うことがありますね」と語っていた。大丈夫だよ、とテレビに向かって言いたくなった。そういうのはあんただけじゃないよ。

　伊野尾書店は今年2月に改装した。あと5年は頑張らないと信用金庫に借りたお金が返せない。

本屋のランチはカレーだろ！

三省堂書店有楽町店◆新井見枝香

新たな1週間が始まる月曜日。と言っても、火・木定休の俺は、超絶忙しい金土日の疲労が蓄積されて、爽やかさのかけらもない。開店までに、荒れ放題の売り場を整えるだけで息も絶え絶えだ。

午前中はレジに入りつつ発注、午後は入荷した新刊を並べて、昼休憩はいつも、14時30分から。14時を過ぎたあたりからは、空腹でほとんど気を失うことになる。

脳内には「飲ーまず食わずーにー7時間ーもう最後かと思うとき〜」という、絶望感漂う「勇気の歌」の替え歌が流れる。

12時を過ぎたあたりから、近所のオフィスで働くサラリーマンが押し寄せる。

「クラブ三省堂カードはお持ちですか？」

「あぁ、ちょっと待ちたまえ」

この独特なスパイスの香り……間違いなく目の前の「C&C」（カレーのチェーン店）だ。脇の下に汗染みができているから、ソースは辛口。安価なチェーン店で昼飯を済ませたにもかかわらず、この王様のような振る舞いは、トッピングを最も高いヒレカツにしたからだろう。

「いらっしゃいませ」

「袋いらないよ」

ムッ、これは東京方面へ行くガード下の「ふくてい」（カレーのチェーン店）だ。ルーに特徴はないが、ほとんどの客が「ステーキカレー」を注文する。（火曜日はカツカレーが安いので、例外）カウンターにあるおろし入りステーキソースをたっぷりとかけるため、すっきりとした醤油の香りがした。まだ20代と思しきサラリーマンは、塊肉を摂取した雄独特のフェロモンを放出している。ムラムラッ。

「いらっしゃいませ」

「この本、どこにあんの？」

「お持ちいたします。少々お待ちくださいませ」

受け取った新聞の切り抜きを片手に、階段をヨロヨロと上りつつ思う。

カレーの向こうに、和出汁がいた。あれは晴海通りとJRが交差する高架下にある「慶屋」のカレーうどん。おまけのライスを汁に投入して、最期の一滴まで飲み干すべし。

「あーやっぱインディアン理事長はキツイわぁ！」

階段ですれ違った男性2人組は、ベルトを緩めながら、ラードで炒めた炭水化物の匂いを撒き散らしていた。

（ジャポネ、キター！）

いつも行列ができている「ジャポネ」は、ぶっといスパゲティをラードでガシガシ炒めた、アルデンテとはほど遠い食感の、ロメスパ屋である。店名を冠した醤油味のジャポネや、粉チーズを山盛りにして食べるナポリタンが絶品だ。インディアンとは、上からたっぷりとカレーのルーがかけられ、さらに足りなくなれば追加でどんどんかけてくれる、隠れた人気メニュー。サイズはレギュラーの上がジャンボ、そして横綱。さらに横綱をクリアすると親方、親方をクリアすると理事長が注文できるというシステムだ。ちなみに理事長の麺の量は、1、１００グラムだという。

「大変お待たせいたしました。こちらでございます」

カレーうどんを食べた男性の会計が終わると、大きな紙袋を抱えたお客様が、俺の前に立った。

「フガッ」

おじさんたちの口から漂う香りとは比べ物にならない、殺人的な加齢臭、ではなくて、カレー臭が鼻腔を直撃し、思わず仰け反った。

緊急事態発生！　緊急事態発生！

お客様がカレーを店内にお持ち込みです。それもアッツアツの、香りが立ち上るカレーです。

このイーストとスパイスの合わさった香りは、イトシア地下にあるパン屋「タンドレス」で販売している、カレーパン。それも焼きたてほやほや。パン生地は間違いなく美味しいのだが、その美味しい生地を惜しげもなく薄ーくして、カレーをたっぷり詰め込んだ逸品だ。もう、気が遠くなってきた。「もう最後かと思うとき～」だ。

「みーちゃん」

ん？みーちゃん、だと？それは俺の幼少期の呼び名ではないか。歴代の彼氏にも絶対に呼ばせなかった、その恥ずかしい名前を、一体誰が……

「みーちゃん」

遠ざかるタンドレスの紙袋に目を奪われていたが、レジ行列の先頭には、俺の母親が並んでいた。なぜよりにもよって超絶混んでいる時間にやってくるのだ！　ＫＹな「かよ子」よ！

「お弁当、持ってきたわよ」

さすが栄養士と調理師の免許を持つ、我が聖母・かよ子！　空気読め過ぎ！

これで14時30分になったらすぐ昼ごはんが食べられる。着替えて出かけて提供まで待つ外食を予定していただけに、生きる勇気が湧いてきた。

カウンター越しに袋を受け取ると、ずっしりと重たい。ホクホク。

脳内ＢＧＭはやはり、勇気の歌。だけどさっきの絶望感は完璧に消え去り、今や希望に満ち溢れている。

「もう最後かと思うとき～かよ子ーが俺にーささや～いたー　倒れちゃダメーだ　がんばれと～」

おまけ

お弁当に入っていたカレーおにぎりのレシピです。

①　デリーで販売している瓶詰めのペーストでドライカレーを作る

②　Ｋｉｒｉのクリームチーズと酒悦の福神漬を混ぜる

③　②をたっぷりと中央に入れておにぎりを握る

新井家定番のドライカレーおにぎりのできあがり！おいしいよ！　かよ子より

ウキウキ本屋さん

紀伊國屋書店浦和パルコ店◆長島千尋

おはようございます。本屋一番乗りは仕入れのスタッフの皆さん！　なんと八時前に出勤！　はやっ！　鍵をあけ〜、前日の興奮と充実の余韻を残す（要するにとっ散らかってる）仕入れ室を整理し、朝一の荷受けに備えます。ダンボールの梱包を積んで、台車に載せ、エレヴェーター上がってお店到着。**ドカドカ降ろしてガツガツ開封、**ジャンル毎に分け、お客様のご注文分は担当に受け渡します。この頃に朝番スタッフ到着。朝礼です。元気かつ笑顔で接客用語をその日の朝スタッフ全員で復唱よ！イエイ。今日も気合い入れてゴー！　パルコの開店音楽（なんかパン屋さんみたいな）と共に立礼。本日一発目のいらっしゃいませ。カウンタースタッフの出番だ！　本をお預かりして、ご要望あらば光の速さで（気持ちは）カバーをおかけし、駐車券あらばササっと対応。袋に入れて、**ありがとうございました、またどうぞお越し下さいませ。**と、お客様の背中を見送った次の瞬間！　先頭でお待ちのお客様〜コチラへどうぞ〜と閉店まで、中番、遅番スタッフ経由してノンストップで営業です。その頃棚担当者は自分のジャンルの本を出していまっす。大体の書店では全体をジャンル分けし（文庫・新書・コミック・雑誌・ビジネス書・小説等々）それぞれに担当が付いて品出し、発注、返品、季節商品の入替えを行なっていることと思われ。前日の盛り上がりを見せる棚（要するに荒れている。特に児童書。若いって容赦がないぜ…）を整理しつつ、目算で、**おっと・この本減っとるで！**　というスリップ（立読みしてる時、超・邪魔な本に挟まってるアレ。短冊ともいう。通常は販売時に抜く。その後、販売数の目安に、そのまま問屋さんにまわして注文、使い勝手色々の、実はエライ子。プロは本から見える半円形で出版社を判別できる。かも。最近集英社は★、白泉社は白と表示されていたり。文藝春秋はウグイス色。ちょっと前までは小学館、マガジンハウス、光文社、の順に黄色の彩度があがっていったり。多分。本の一番後ろのページに挟むと安定する。**この作業をマメにしてスリップが飛び出てこないようにしている書店さんを心から尊敬。**アレが出てると差してる本が乱れて見えるのよ）の半券（ちぎった半分。半分は本に挟んで戻す）を回収し、売行きをチェックや！　その間、お客様のお取り寄せの本の入荷連絡、直商品（問屋を通さず出版社から直接書店に入ってくるもの）の受取で、各運送会社さんに**パタパタハンコ**を押して仕入れ君がさばきます。書店の仕入れ室はプチロジスティックセンター。そうこうするうち、中番スタッフが出勤。おは。午後の荷物も届きます。コチラは新刊中心。雑誌の付録付けもこの際行ないます。なう、付録全盛時代。箱もの（むしろ

本より付録がデカイ。いやもう本がおまけ？みたいなステーショナリーセット、美容スリッパ等）当店では中番スタッフ二人位で梱包開けて！　付録付けて（この作業、職場体験に来る中学生が一様に各書店でやってることにビックリしていきます）雑誌ジャンル毎に見事な速さで（なんと**世間話すら**しながら！手は千手観音のように！）台車に積み上げながら〜の合間にコミックをシュリンク（ビニール入れて熱入れてピシっとさせること。これも各書店小さい冷蔵庫位の機器を使ってやっています）して品出ししやすいように分けます。そんな間にも。今度は出版社の営業さんが！　直接！　電話で！　バンバンやってきます。月の中頃平日が多いですね。運がない営業さんはことごとく担当者不在だったりして。**ごめんよ！　また来て！　再見☆ウフ。**んで。夕方位になんとな〜く品出しも一段落。本日の売上げをデータで見つつ（この辺は各書店さん様々なやり方でやっているところ）発注しようかな〜もう、自然に任せようかな〜とかツラツラ考えていると電話が。殆どがお客様からの本の在庫のお問い合わせです。もちろん店頭でも色々なお問い合わせを受けます。今日は店長が猛スピードで走っていたので、すわ！何事？と思いきや雑誌を持って去ってった。お問い合わせだったのね。ちなみに店長はいれば何でも聞かれてます。**何でも知ってますから。店長だもの。**みつを。言ってない。結局、どんなに検索端末が発達しても記憶が一番速いんですよね。お客様に本の場所を聞かれて、コチラで〜す！　と、何も見ず案内できる時。それはさっきも聞かれたからなんですけど。アラ〜すごいわね〜全部場所覚えているの?、と、感心された日にはいえいえ〜なんつって**やっぱりとても**嬉しいです。そんなこんなであっという間にお店も閉店。入口閉めて〜。まだ終わらんよ！　明日のための品出しがワッセワッセと始まります。レジも閉めて精算作業（数字だらけでとっても大変そう☆）。全ての電源消して〜、戸締りして〜また明日もウキウキ本屋さんです！

＊＊＊

最近入った新人君に本屋どう？と聞いてみたところ、時間が経つのが速く感じるそうな。充実してるのね。それ以上聞かず前へ前へ解釈する所存。

一日、ひと月、一年の積み重ねが、自分の中にデータベースになって、クラウドより速く、今向き合っている相手に応えられる、そういう喜びが、いつか、**本屋で働き始めた人全てにあるように。そして本屋はそういう出会いが沢山ある場所であるように。**

最後に最近一番の私の素敵体験を。

あるお客様に本のお問い合わせを頂いたのですが、なかなか見つけられず、随分お待たせしてしまったお詫びを申し上げたところ、いやいや大丈夫〜、こちらこそ探してくれてありがとう〜。これ探してくれたお駄賃ね〜と言って五フラン硬貨（チョコ）を下さいました。その洒落たお心遣いと、輝く様な笑顔（一瞬で胸が満たされていくような。生涯で数えるほどしか見られないような）を頂きました。もしかして、あの人が**本屋の神様**だったのじゃないかしらん。

女子書店員の理想の制服とは!?

★T頭S子

先日、私の勤める店で制服を巡り大きな決定がありました。なんと、女子スタッフの制服が廃止になったんです！　今までは、ブラウスにベストとスカートというOLっぽい制服だったんだけど、白シャツを基調とした私服に会社支給のエプロンということに。常日頃から、書店員の正装はエプロンってことにしてほしいと願い続けてきた私。決定を聞いた瞬間は、ここ数年の中で最も清々しい気分だったわ。

そんな気持ちにちょっぴり変化が起きたのは、制服を会社に返す時のこと。惜しげもなく脱ぎ捨てた制服を、返却前に改めて見直してみると、ベストの中心付近のちょうど本を抱え持つあたりがこすれているのを発見したわ。制服も私と一緒にがんばってくれていたのね…。好きじゃなかったはずの制服に、なんだか親近感のようなものが湧いてきました。というわけで今日は、書店員の制服について考えてみたいと思います。

私が最初に勤めた書店は、私服にエプロンの書店でした。服装規定はほとんどなく、かなり個性的なファッションの先輩もいたけれど、問題になることはなかったわ。制服苦手な私も、エプロンのことは好きだったの。後ろで結ぶと気分がビシッと仕事モードになるし、外せばリラックスできるのもよかったわ。小道具をいろいろ携帯している書店員には、ポケット付きのエプロンはとっても便利。でも、問題もいろいろあったわね。経営が厳しくなると新しいエプロンをなかなか買ってもらえず、色あせたり、あちこち擦り切れているものを使い続けるハメになります。退職する人のエプロンがきれいだったりすると争奪戦に…。

今は経費節減が大変だから、同じような問題を抱えている書店は多いんじゃないかしら。支給されるのはもちろん一人一枚なので、なかなか洗濯をしないのよねー。半年以上使い続けた後に洗ったら、ものすごく黒い水が出てギョッとしたわ。本屋の埃、バカにならないわね。確かに、仕事が終わると手が真っ黒だものね。書店員の皆さん、エプロンは定期的に持ち帰って洗いましょう！

そんな私の経験から思いついた理想の書店エプロンはこんな感じです。色、素材は洗濯しても色落ちしにくくしわや汚れが目立たなければなんでもいい。でも、ポケットは大中小いろいろついていないとダメ。整理整頓が苦手な書店員（私のこと）は、四次元ポケットのように大きいものが一個だと、中がごちゃごちゃしてしまって肝心な時に必要なモノが取り出せません。ペンさし、スリップ、メモ帳やヒモ切りなどの道具を分けて入れられるポケットの他、破れた帯やビニール、不要メモなどのゴミを入れる専用のポケットも欲しいところです。

でも何より大事なのは、貧乏臭くないことだと思うの。経費節減に努める状況ではなかなか大変だと思うけれど、ぜひとも贅沢に一人二枚支給していただきたいわね。エプロンは店の看板のようなもの。汚れたり破れたらエプロン担当部長が強制的に交換するくらいのこだわりがあってもいいと思うんだけど、いかがでしょう？

長らくエプロン系書店で働いてきた私ですが、数年前、いろいろあって制服のある会社に転職することになりました。制服は何だか面倒だし、スタイルの良い女子と同じ服を着て並んだりするのも嫌だなー、とは思っていたんだけど…。一番違和感があるのは、脚立に乗ったりしゃがんだりすることも多い仕事なのに、膝丈タイトスカートしか選択できないってこと。高い棚を担当する女子が盗撮犯に狙われたりしたら…と心配になります。こういう時代なので、気軽にパンツが選択できるようになるといいわね。夏はベストが暑苦しく、冬は足元が寒いのも悩みのタネ。着心地の良さについても、もう少し追求したいわね。

そんな制服にも良いところが。それはポケットが多いこと。ベストに四つ、スカートに二つ。エプロンにも真似できない充実ぶりです。一箇所をゴミ専用にしたら、ポケットのゴミストレスからも解放されました。（どんだけゴミ問題に悩まされてるんだ？）本屋の仕事には、何よりポケットが必要と私は思います。制服派の意見として結構聞かれたのが「お客様は制服に安定感を見出しているのではないか」という意見。確かに制服書店には、より丁寧な接客を求めてわざわざご来店くださるお客様がいらっしゃいます。エプロンと私服の白シャツ方向にいく書店が増える中、今後はむしろクラシカルな制服女子書店員の存在価値が高まっていくのかも。

お客様に接客の良さをアピールしつつ、いろんな体型の人に対応できて、傷みにくく、着替えが楽でポケット多め…。さらには着心地よく誇りに思えるような素敵な制服はないものかしら？

考えた結果、私が思いついたのは、オーバーオールです。エプロンと制服の良さを兼ね備える服は、これしかないと思う！

有名ブランドに依頼して、ハイレベルな接客にもふさわしい洗練された雰囲気にデザインしてもらえたらいいんじゃないかしら。パンツタイプとスカートタイプを用意して、業務に合わせて好きな方を着られるようにするとなお良いかと。STAP細胞の小保方さんが着ていた割烹着を超えるインパクトもあるし、案外いろいろな年齢、体型にフィットしそうな気がするわ。そしてポケット、これも好きなだけつけられそう！

早速、何人かの女子書店員に提案してみましたが…、

「トイレに行きにくいと思いますけど？」

「そんな本屋は嫌だ。迷走しているね」

と大不評。…がっかりです。

ここまでいろいろ考えておいてなんですが、実は制服が変わっても、ほとんど反響がありません。お客様からも特にご意見はなく、よく来る出版社の人からも「気づかなかった」とまで言われる始末。結局、書店員の服装なんて、だーれも見てないってことなのかも。だったら、しつこいようだけどオーバーオール、一度どこかの書店に試してみてほしいな…。

本屋さんのカバー・カタログ

～書皮にまつわるエトセトラ

◉どむか（本屋さんウォッチャー／書皮友好協会会員）

「『書皮』をテーマに」という本項の依頼を「本の雑誌」編集部より頂いた。何の疑問もなく本屋さんで掛けてくれるカバーのことを「書皮」と呼んでいる。そのことに、少々の気恥ずかしさを感じてしまうのは、そのカバーのことを「書皮」と呼び始めた初期の人種であったことによるのかもしれない。

後の「書皮」の語源となる「書皮友好協会」結成につながるみさきたまゑ氏の「『書店カバー友の会』（仮称）の結成の呼びかけ」が「本の雑誌」に掲載されたのが一九八三年の三十一号の「三角窓口」。その前に、長谷川卓也氏の「カバーにカバーをかけるバカ」（二十九号）という文章が伏線としてあった。私が会に入ったのは大学生の時で、会員の中では一番の若手であった。協会としては、機関誌「書皮報」の発行と、年に一度の全国大会の開催がメインイベント。大会では、優れた「書皮」に贈る大賞を（勝手に）選び、（有無を言わさず）表彰状を進呈する、という活動をおよそ四半世紀以上（時々休みながら）続けている。随分と昔になるが、神保町で「書皮」の展覧会を開いたこともあった。会員が協力して「カバー、おかけしますか？」（出版ニュース社）という本を作り世にも出した。このような地道な活動が実って（かどうかは分からないが）最近、「書皮」

が本屋のカバーの一般名詞のように使われるようになり、冒頭のような「気分」につながっていくのである。

個人的な「書皮」への興味は、おそらく一九七〇年代後半からか。年代は、その頃八重洲ブックセンターがオープンし、その時に入手した包装紙片（書皮かどうか不明）が手元に残っていることからの推測による。二つのパンチ穴が開いているので、紐で綴じていたのだろう。他に、立川のオリオン書房の包装紙片（同）にも二つのパンチ穴が開いているが、本屋さん以外の包装紙も残っており、その頃は、包装紙全般を集める趣味があり、それがやがて「書皮」に対象が絞り込まれていった、と考えられる。それゆえ、「本の雑誌」の投稿を見て、「同じような人がいるのだなぁ」と思い、みさき氏に連絡を取ったのだろう。毎年の大会では大賞の選定以外にコレクションの交換も行われる。学生時代は精力的に「書皮」蒐集の旅を敢行していたが、社会人になるとなかなかそれも適わず、大会での交換が新たな「書皮」を得る貴重な機会となっていった。

会の活動の中でも記憶に残っているのは、前述した展覧会「本屋さんのカバー展」である。一九八八年十一月二十八・二十九日の二日間、神田神保町の東京堂書店六階の文化サロンで行った。当時、「本屋をめぐる井戸端会議マガジン」を標榜する「本屋さんか」というリトルマガジンを作っていたが、その第十号で、同協会の協力を得て、「本屋のカバー大特集」を組んだ。その特集部分を切り出して、本屋さんか別冊「本屋さんのカバー読本」を作り、同展のガイドブックとした。内容は巻頭エッセイ（長谷川卓也氏、みさき氏、榎胡蝶氏）、誌上書皮展（「デザイナーズブランド」「切絵・版画」「建物・風景」「地図」「文字」「本」「宣伝」「韓国」「今昔」というカテゴリーに分類し八十七枚を紹介）、カバーの名句（カバーに印刷されているフレーズをピックアップ）、榎氏の「書皮学入門」（歴史、分類法、装着法、蒐集法、保存法、取扱法、判別法など）などなど、いま読み返しても、マニアックで読み応えのある内容であ

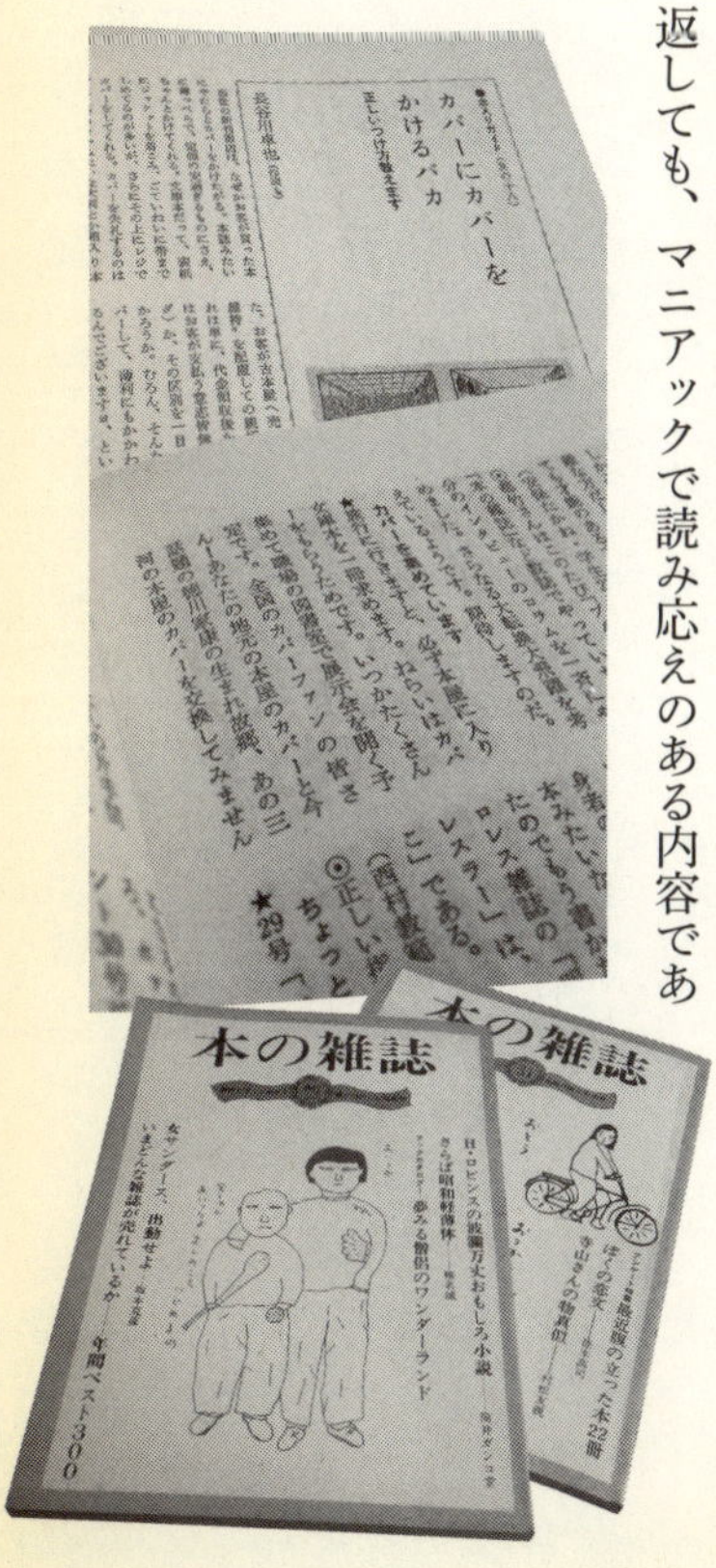

る…。みさき氏の「書皮友好協会概説」の項もあり、そこで「書皮」の由来に触れている。「中国語を勉強中の一会員から、『書皮』という言葉を教わり、ほとんど無関係の日中友好協会にあやかって『書皮友好協会』は誕生した」「最近では死語と化していたショヒという言葉をわれわれがよみがえらせた感があって、むふふふ、楽しいわ」「本来は読んで字のごとく本の皮、つまり本の表紙、もともと本についているカバー…中国の本屋には包装紙によるブックカバーそのものが存在しないので、われわれが勝手に拡大解釈しているわけだ」というのが、今日の一般名詞化した「書皮」の語源の真相なのであった。協会が一九八三年八月に設立されて以来の歳月を経て、雑誌などでも本の特集などがあると、そこにしばしば「書皮」も取り上げられ、本や周辺の一分野であるという認識が深まっていったのである。喜ばしい限りである。

しかしながら、現実に目を向けると、喜んでばかりいられない状況も浮上している。一九八〇年代の終わり頃を境に、本屋さんの数は減り続けている。なかでも、各地の老舗や独立系の本屋さんがお店を畳むケースが多い。コレクターにとっては、オリジナルの「書皮」を入手するのが楽しみなのだが、チェーン店の場合、デザインはどこも同じことが多い（店舗一覧部分の印刷内容が異なると、蒐集対象にはなるのだが）。地方に出かけた時に、そこで地元の本屋に入り一冊手にしてレジで「書皮」を掛けてもらい、その「書皮」がオリジナルであったときこそが至福の時なのだ！しかし、初めて行く街で目にするのはチェーン店ばかり、というケースが増えてきた。うーん。

新たな動きとしては、本屋に紐付かない書皮、架空の書皮の出現がある。布やビニール製のカバーは以前より商品として広く販売されてきたが、紙製の「書皮」の形態をとる商品の出現、具体的には架空の本屋さんのカバー展、フェア付帯のオリジナル・カバー展などが行われるようになってきた。作品としての「書皮」デザインであり、展示即売的な意味合いもある。もちろん、それらのイベントにも足を運び「大人買い」をしてしまうのではあるが、本来の「書皮」蒐集とは区別して、年度ごとの収穫ファイルには入れず、別ファイルとしている。もちろんイベントとしてでも「書皮」に注目が集まることは好ましいことであるが、それらが本屋さんへの応援につながっていけばなお良いな、と思う。何と言ってもリアルな本屋さんが好きで、本屋さんがなければ「書皮」だけを語っても意味がない、からなのである。

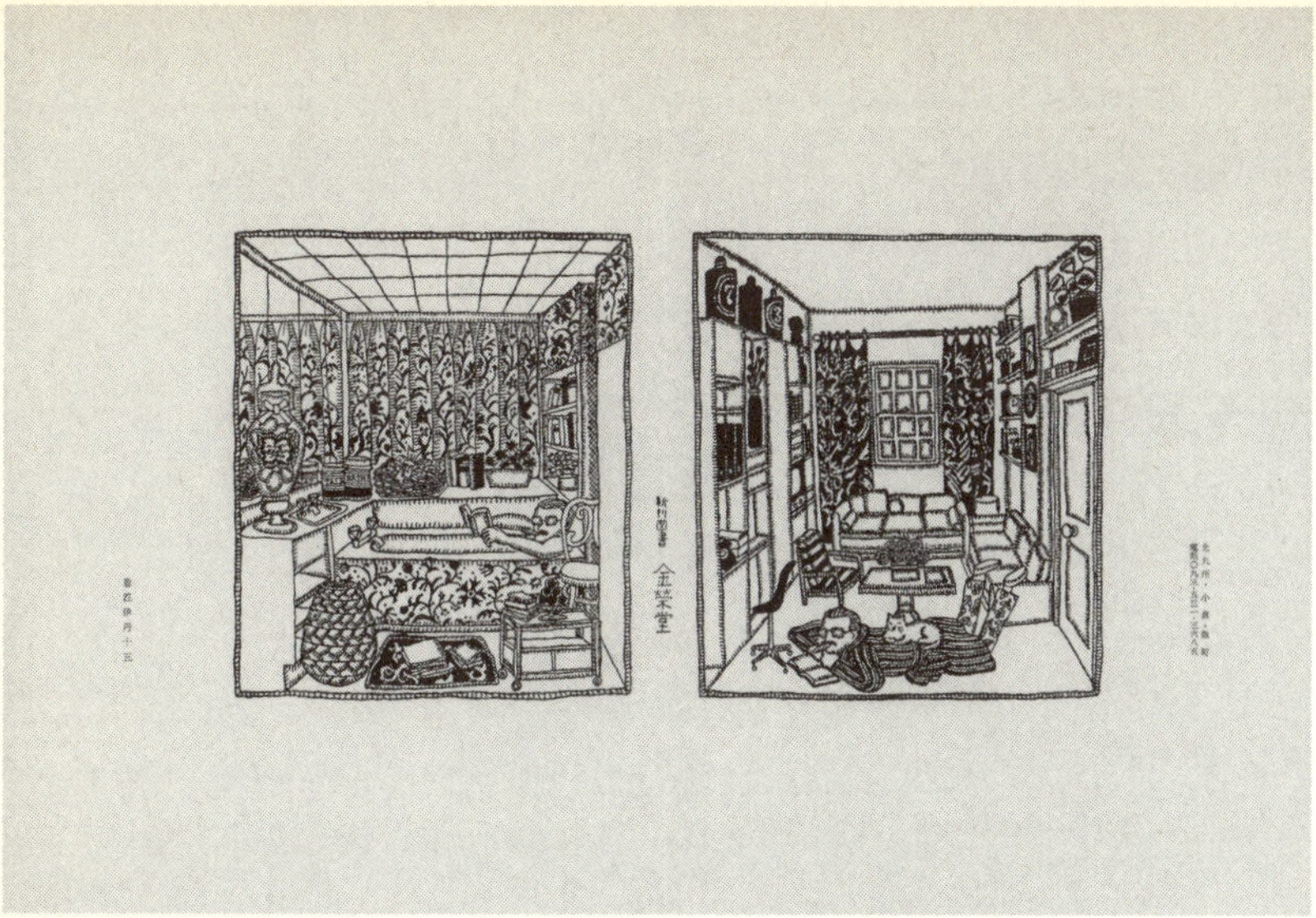

第3回書皮大賞受賞（1986年）は伊丹十三デザインの今はなき「金栄堂」。現在は伊丹十三記念館で復刻版が入手できる、とか。

pick-up #1 作家もの

第10回書皮大賞受賞（1993年）は安野光雅デザインの「自由書房」。今井書店グループの書皮も同氏のデザイン。

第20回書皮大賞受賞（2003年）の「文祥堂書店」のデザインは長新太でした。

「茗溪堂」といえばもちろん沢野ひとし画伯！栞も同氏のイラストでした。

今はなき銀座の「光書房」は岡本太郎！

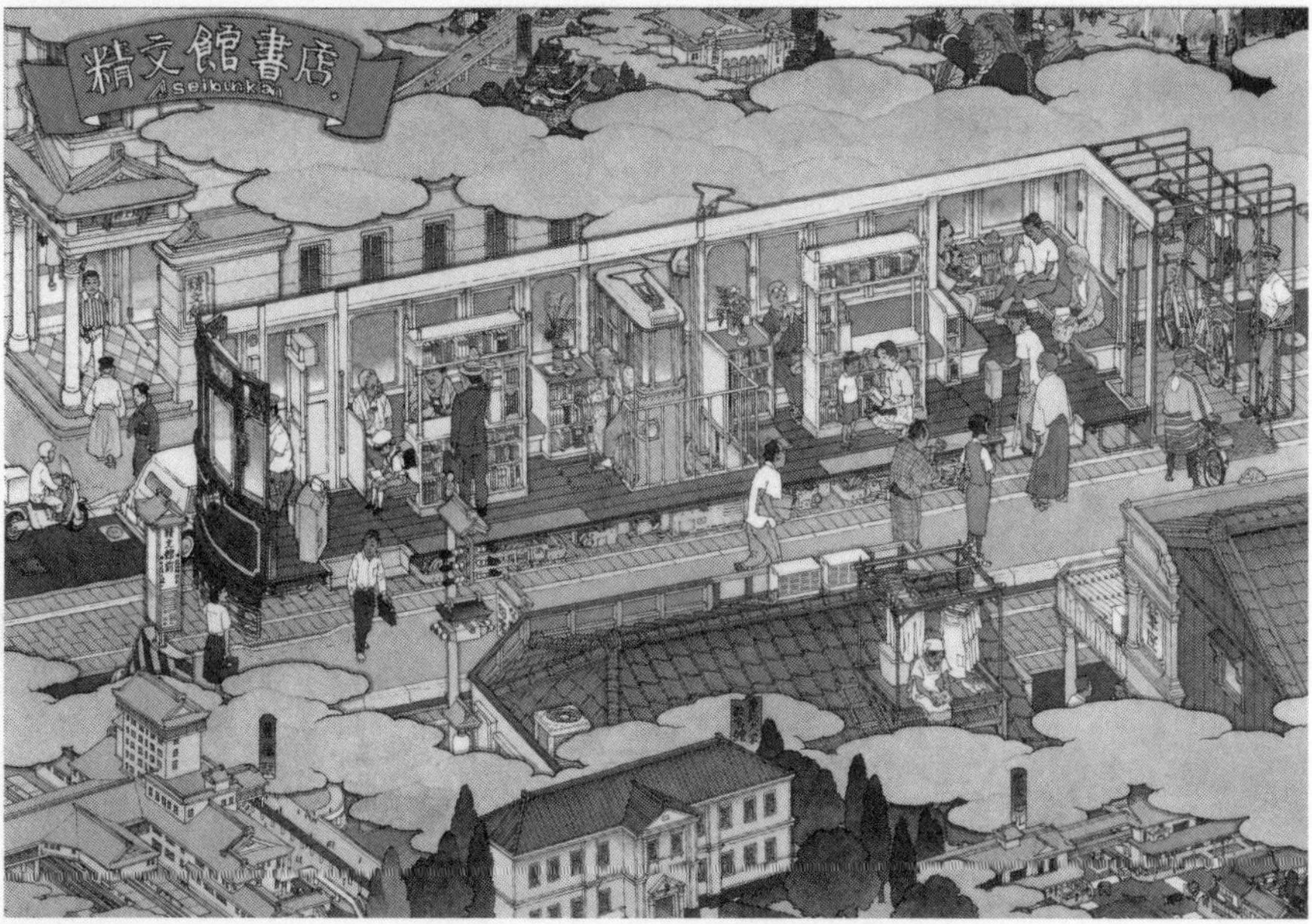

画・山口晃

もはや作品！精文館書店は山口晃画伯の限定版書皮（第28回書皮特別賞・2011年）。

額に入れて飾っています。

「あゆみBOOKS」の書皮は、イラスト：永井一正、デザイン：原研哉
という最強コンビの作。

pick-up #2
歴史あるカバー

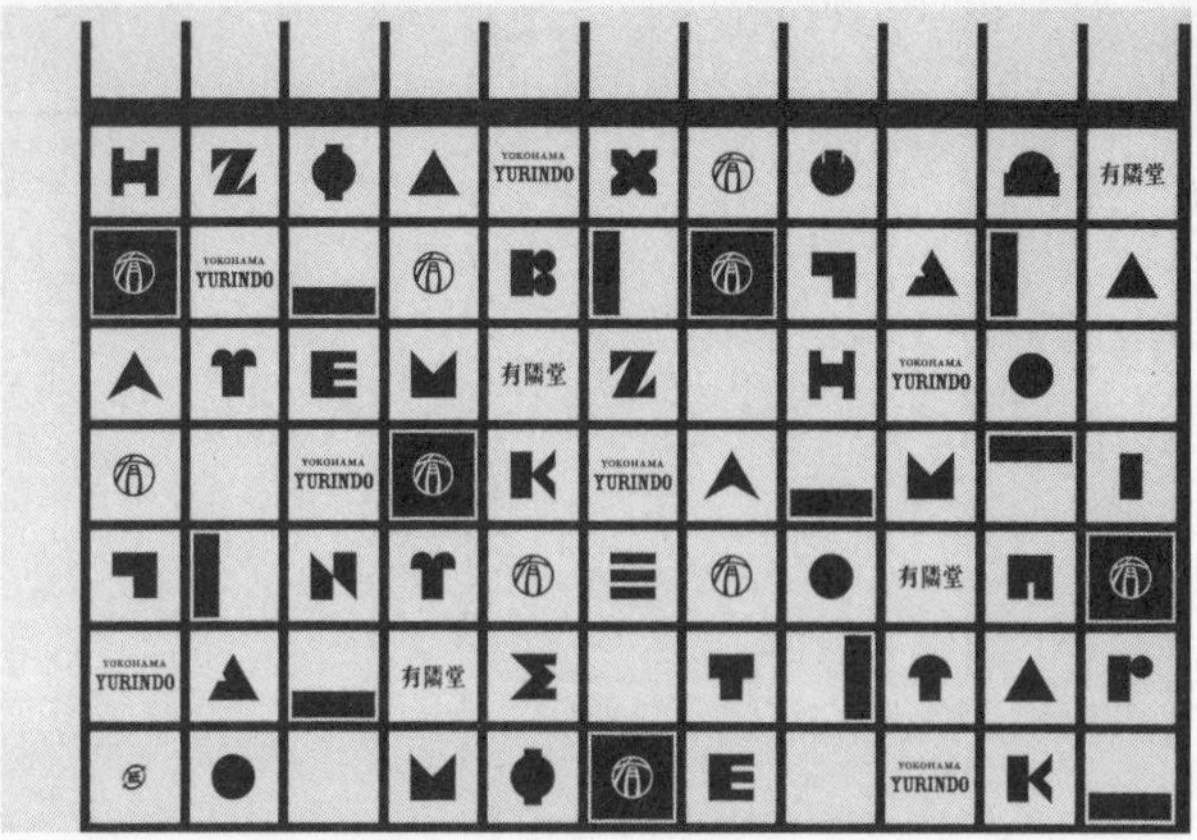

「有隣堂」は100周年を記念して昭和40年代の図案を復刻。

昔から変わらぬデザインの「改造社書店」。成田空港のお店の書皮に同店名はないが、「改造社」ってことはお見通しだ！

手元にある、一番古そうな書皮は「文光堂書店」。

pick-up #3 本棚カバー

本棚と店名のデザインが絶妙の「ふたば書房」と「長崎書店」。

pick-up #4 キャラクター

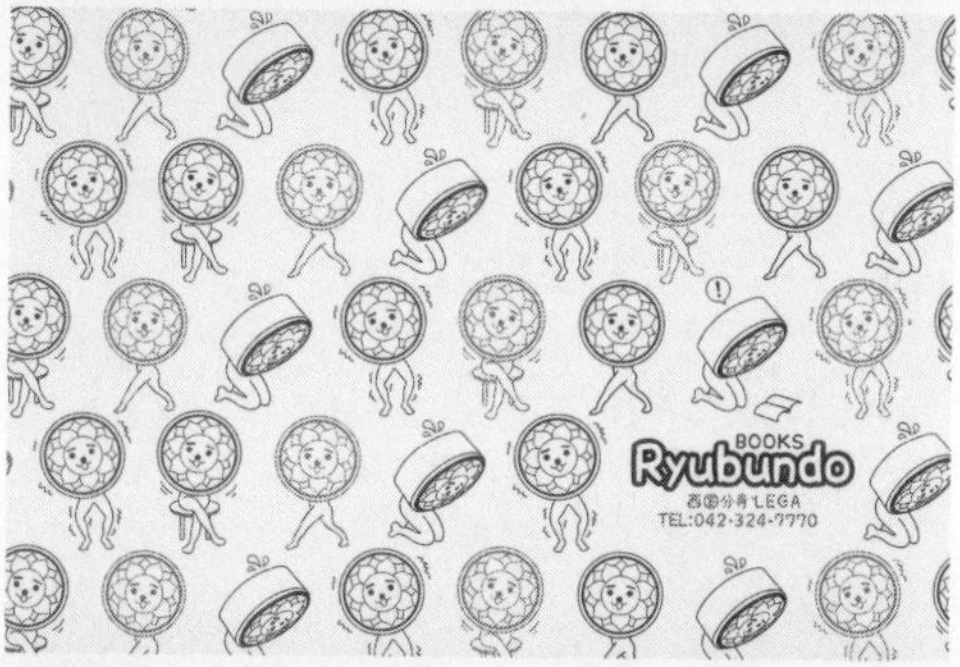

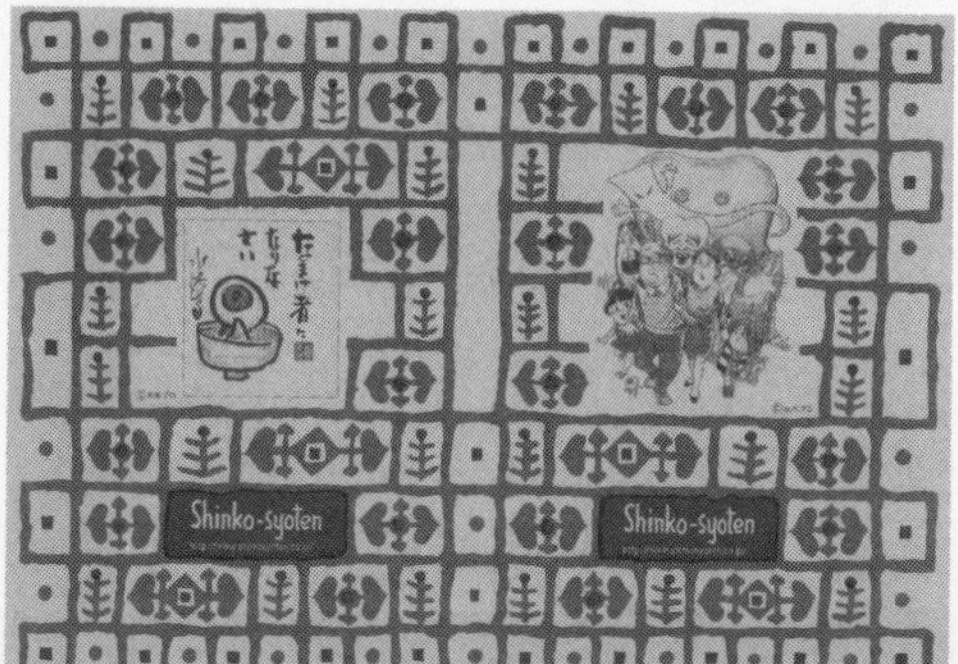

ご当地キャラも頑張る！ 西国分寺の「BOOKS隆文堂」は「にしこくん」、調布の「真光書店」はゲゲゲだ！

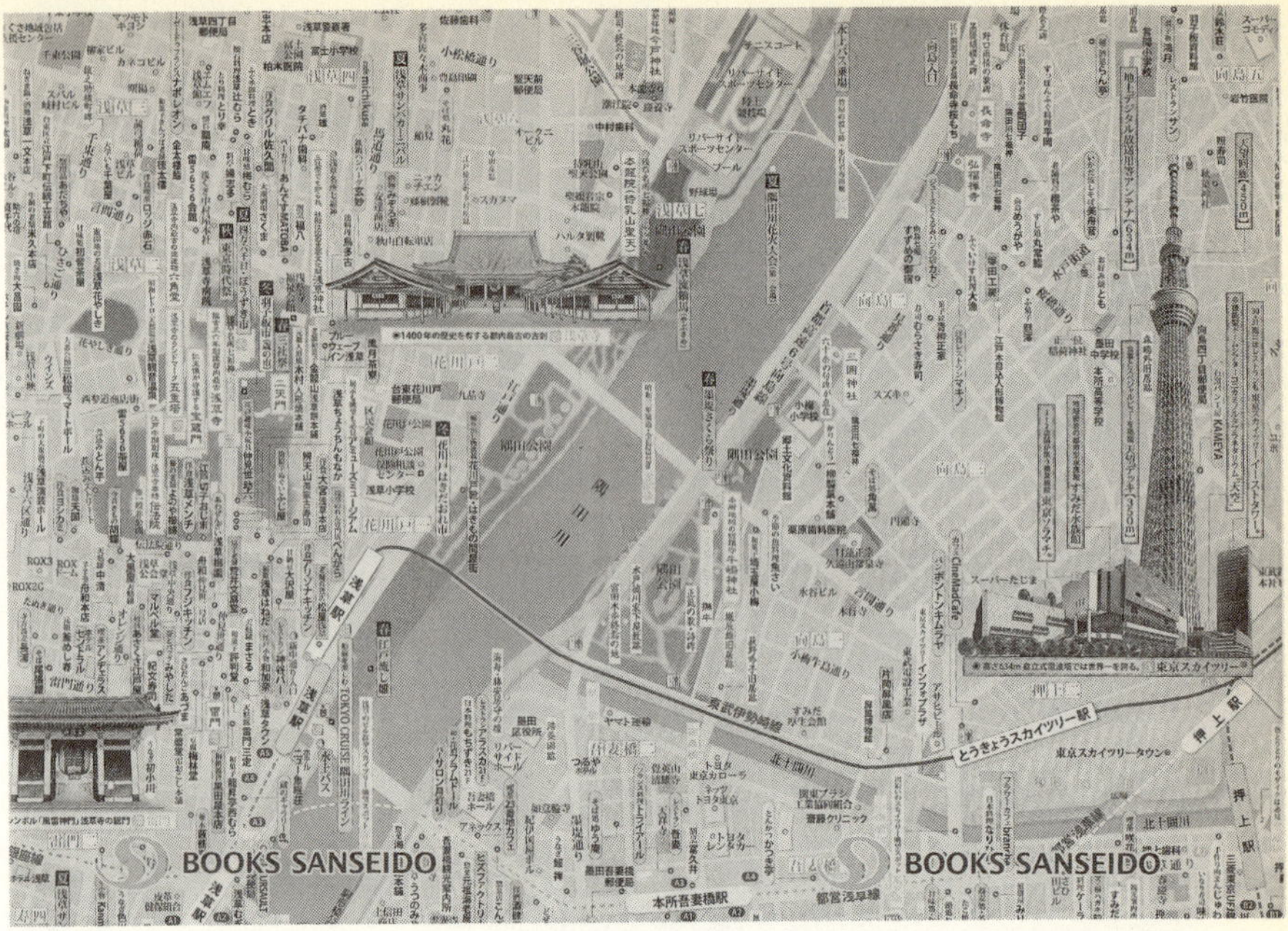

三省堂書店の「浅草〜東京スカイツリー周辺」バージョン。地図も書皮のモチーフによく用いられる。

pick-up #5 地図もの

「スタンダードブックストア」は心斎橋、茶屋町、あべのの3店の場所を地図に図示。

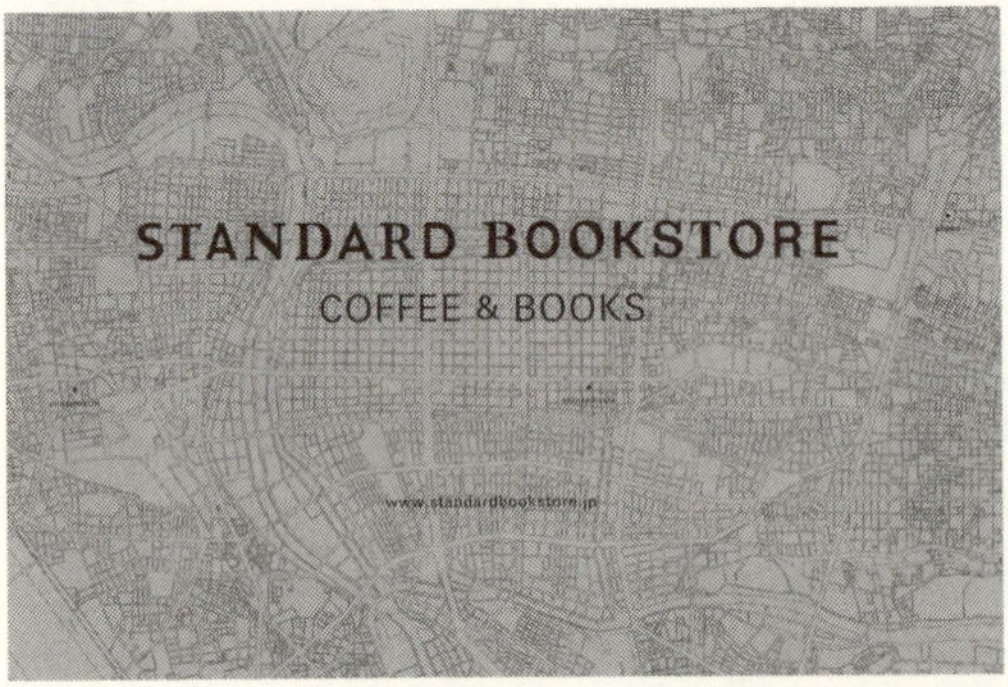

丸善といえば日本地図。店舗の増減のたびに微妙にバージョンが変わる。

本の雑誌傑作選

商店街の一日は
シャッターの音で始まる

●インタビュー構成

いま書店界を震撼させる「青木まりこ現象」の謎と真実を追う!!

本誌独占!

(本の雑誌特別ガニマタ取材班)

☆いま書店界を震撼させ、多くの活字中毒者の下腹部を怪しく切なくふるわせる「青木まりこ現象」とは何か。蒼白脂汁をしたたらせ本誌特別取材班がガニマタ状に走り回ってつかんだこれだけの恐怖的真実!

▼85年41号

★続々と〝隠れ書便派《しょべんは》〟が名乗りをあげた

本誌の前号に載った青木まりこさんの読者ハガキがちょっとした反響を呼んだ。青木さんのハガキは「書店に行くと便意を催すのでこまる」という内容のものだった。読みおとしたヒト、初めて本誌を読んだヒトのためにその一文を再録しよう。

青木まりこさんのハガキ

私はなぜか長時間本屋にいると便意をもよおします。三島由紀夫著の格調高き文芸書を手にしているときも、高橋春男のマンガを立ち読みしているときも、それは突然容赦なく私を襲ってくるのです。これは二、三年前に始まった現象なのですが、未だに理由がわかりません。私の身体がこんなになる前、親友の一人が同じ症状を訴えました。そのときは「へ～っ、どうして？変なの！」なんて思っていた私が、その後まもなく同病になってしまいました。長時間新しい本の匂いをかいでいると、森林浴のように細胞の働きが活発になり、排便作用を促すのでしょうか。それとも本の背を目で追うだけで脳が酷使され消化が進むのでしょうか？　わからない！　誰か教えて下さい。

最近、私はこの現象を利用するようになりました。便秘気味のときは寝酒をした翌朝本屋へ行くのです。でも成功しても、街の小さな本屋にトイレはありません。だから本屋から十メートルほどの駅構内のトイレを使うため、定期券とチリ紙は必ず携帯するように心がけています。（会社員29歳・杉並区）

書店の中では我々の知らないうちにひそかな現象が蔓延していたのだ

このコラムを読んで「ハッ」としたり「うーむ」と唸ったりした人が沢山いたようだ。発売数日後に全国からそれについての感想や同感の声といったものが本誌編集部に寄せられた。

どんな意見があったか、そのいくつかをまず紹介しよう。

四～五年前から

40号、青木まりこサンの「発言」を読んで、おもわずワタクシもペンをとりました。なにを隠そう、実は、私も本屋にゆくと、便意をもよおす症状の人なのです。もう、こうなってから4～5年になりますけど、大きい書店で、特にその症状がでるようです。私の場合、広島市ならば、そごうデパート内の紀伊國屋書店や、福屋デパート前のフタバ図書が鬼門です。（でもデパートが近いので、トイレの心配がナイのがうれしい…）外気に近いところで立ち読みしている分には、大丈夫なのですが、つい忘れて中に入りこんで熱中して本を読んでいると急に症状におそわれ、ハッ、ここは、本屋だったー、しまったーっ!! と気づくのですが、もう遅いのです。青木サマは、新刊本の匂いが原因では……とおっしゃってますが、私は、古本屋や図書館でもなります。(もっとヒドイ位)あの薄暗い古本屋の、人気のない2階などにゆくとテキメンですし、図書館で自由閲覧の本を選んでいる時などにも、必ずおきます。本の古い新しいは、あまり関係ないようです。きわめつけは、東京の国会図書館に行った時で、あの地下何階地上何階という巨大な書庫から立ちのぼる本の妖気は、あっという間にもよおさせ、本かしだしの呼びだしで1時間待つ間、トイレにゆきたくてもゆけず、地獄であった。いったいこの症状は何なのでしょうか。

(高月峰子・会社員29歳・広島市)

私は図書館専門です

40号発言コーナー青木まりこさんの本屋にいると便意をもよおすという意見には同感です。もっとも私は本屋ではなく図書館です。ぜったいにはげしい便意をもよおすのです。

(平本幸恵・主婦32歳・豊明市)

背表紙を見ていると…

本屋へ行って便意をもよおすという話が出ていましたが、私も同じです。いつでもというわけではありませんが、本の背表紙をながめていると直腸につきあげてくるものがあります。これは、ワクワクという気分が関係していると思います。楽しいとかっていうのと同じに感じます。そうなるともうその場にはいてられませんのでそこを出ます。するとすぐそれは引いていきます。大きい本屋に限るようですが、会社の人にも本好きの人がいて同じと言ってます。それから高校の時の友達でSLが好きで雪の北海道に行った奴が、汽車が近づいてくる、ワクワクする、するととつぜんウンコに行きたくなったという話もあります。休みの日にこれから出かけるという時になって、トイレにかけこむ時がよくあります。

(定道隆文・会社員27歳・京都市)

便秘の時にいい

吉行淳之介氏もこの病気? だという事を高2の時、はじめて知り、以来わたしも発病してしまいました。(角川文庫『軽薄のすすめ』による)一時は本屋に行くのが、恐かったものですが、短大2年の時、本屋でバイトをするようになって治ったような気がします。おなじ場所でも、仕事とぶらりとのちがいがあるようです。最近顕著な症状は出ていませんが、それでも便秘気味の時、本屋の書棚をのぞいていると、てきめんに効果があります。

(松好隆子・アルバイト24歳・大和郡山市)

安心しました！

本誌40号P55の発言・青木まりこさんの文章を読んでびっくりしました。実は、私も幾度となくこういう状況に陥ったことがあるのです。しかし、あまり人に言えるというか、言いたくなるような事ではないので、黙っておりましたが、世の中には似たような経験の持ち主がいらっしゃるようで、安心いたしました。青木さんも書いておられましたが、なぜでしょうね。立ち読みなんてしていると、お店の人に注意なんかされないかなと、つい緊張してしまうのでしょうか…。いーえ、決してそんなヤワな神経は持ち合わせていませんよ。逆に安心してしまうのでしょうか…。41号では、同じ経験の持ち主から、ドッと葉書が寄せられ、思わぬところから人間の自然現象の原理が追求されるかもしれません。期待しております。

（三木久美子・ピアノ教師26歳・大野城市）

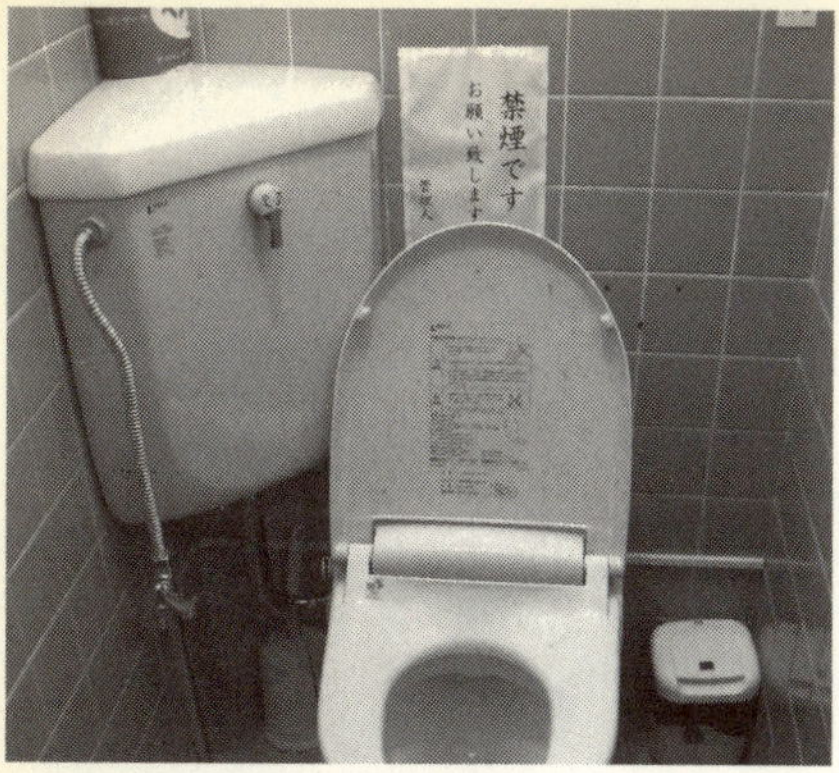

催した便意を我慢する完璧な解決法はいまだ発見されていない

★過激な下痢便者もいた！

と、まあざっとこんな具合。寄せられたハガキの住所は全国にまたがっているが八対二の割合で女性の方が多いようだ。しかし、話が話だから、住所氏名を名乗って同意見を書いてくる人がこれだけいる、ということは、実際には同じ症状を催す人がものすごく多いのではあるまいか、と編集部は考えたわけである。

　そこで急遽この現象の背後にある問題をもうすこし多角的に追求していこう、ということになった。ハガキの中にはテレビキャスターの須田さんという人が「週刊平凡」で似たような体験を話している、というタレコミがあった。そこで早速しらべてみるとそれは一九八四年八月三十一日号だった。コラムは「須田哲夫さんの本の買い方」となっていてそこに次のような一文がある。

お腹がヒクヒクと…

汚ない話ですが、僕は本屋に行くと必ず下痢しちゃいましてね。もうむかしから店に入るとおなかがヒクヒクと痛くなってダメなんです。紙アレルギーとでもいうのかな。だから必要な本はスタッフにお願いして買ってきてもらっています。

　単なる便意の段階ではなく下痢をしてしまう、というこの過激反応に編集部は色めきたった。この現象はいつの間にか男女を問わず地域を問わず、日本の書店を舞台にして確実に拡がりつつあるのではないか。我々はとりあえずこの「本屋にいくとクソがしたくなる現象」を『青木まりこ現象』と名付けることにした。

★共通特徴は〝入ってすぐには催さない〟

編集部はもうすこしナマの証言を集めることにした。五人の取材班はまず手っとり早いところから本の雑誌に出入りしている沢山の人々（ライター、編集者、手伝いの学生たち）に「その現象ありやなしや」ということからデータを集めにかかった。

立川末広（競馬ライター）

自分にはその気《け》はないけれど聞いたことはありますよ。大きな会社の重役さんなんですが、本屋に行くと催すから絶対に近づかないようにしているっていうんです。本は嫌いだ、っていうからどうしてですか？とたずねたらそう言ってました。

風元正（雑誌編集者）

古本屋でときどきありますね。古本屋ってのはだいたい寒いんですよね。ダンボーけちってるから。で長くいるとだんだん腹が冷えてくるんでしょうね。だから本と便意は関係ないが本屋と便意というのは何か関係ありそうですね、はい。

福井若恵（イラストレーター）

本屋に行って催すということはそんなにないけどある特定の本を見てるとにわかにっていうことがあります。三一新書の告発シリーズとかいうので『うそつき食品』っていうのがあるでしょう。その四〇頁ぐらいのところにコーラの写真があるんだけどアレみてるとだめですねわたし……。

村松弘二（学生）

大きい本屋に行くと人が大勢いて胃が痛くなる。そうすると大便所に行って、用は足さずに一服する。狭いとこいくと安心するんですね。

群ようこ（エッセイスト）

いまのところはありませんね。本屋に行く時は身を清めてから行くので。常にベストの状態でのぞみます。大型書店で端から端まで見るから長丁場になるでしょ。そんなことに時間さくのはもったいないから。

東海林さだお（漫画家）

ありますねえ、往々にして。アレいったい何なんでしょうかねえ。ぼくの場合ふだん行きつけの店だとわりあい平気なんですがはじめて行くような書店だともう駄目ですねえ。それと、ぼくは書店とは関係なしに家でもどこでも地図帖見てると催すんですね。だからはじめて行く書店で地図見たらもういけませんね。

坂本克彦（書店員）

ぼくが本屋に行くたんびに便意催してたら大変だよ。でも、よそ行くとしたくなる。ジーパン買いに行ったりするとね。

高橋良平（フリーライター）

新刊書店に行くとぼくも便意を催します。古本屋と図書館ではありません。何なんでしょう、匂いなのかもしれませんね。神田によく行くんですけど本屋のトイレっ

東海林さだお氏は地図帖を見ると催してしまうという

て場所を明示していないところが多いでしょう。だからわかりやすい書店を何軒もあたりをつけてましたね。たとえばお茶の水・丸善はわかりやすいのでよく行ってました。昔あったアネックスもわかりやすかったですね。だからよその書店で催すとさっさと歩いてこの二軒に行ってました。というのは本屋のトイレは混んでいるんですよ。だから空いているトイレを探すなら、勝手知ったるこの二軒まで行ったほうが早いんです。母校中大が神田にあった頃は、書店で催すと、中大の生協や校舎のトイレに行ってしていました。書店に入って、

すぐは催さない。

ぼくは書店内をくまなく廻るんだけど、下から順々に階上へのぼっていって、いちばん上の階でよく催しました。アネックスの上のほうに洋書売場があったんだけど、この洋書を見ていると、よく催しましたね。書店のトイレが混雑しているのはトイレに行く人が多いからでしょう。だから本を見て便意を催すってのは多いんじゃないかな。

かなり行きあたりバッタリに聞いたのだが、意外に書便派が多いのにおどろいた。やはりこれまであまり明るみには出なかったが書店でひそかに内面的に悶絶している人はけっこう多いようなのだ。

証言者との会話では、何が原因で便意を催すことになるのか——ということがかならず最後のテーマとなった。しかし取材した人々からは明確な因果関係を引き出すことはできなかった。

日本とニューヨークで半々ずつ暮らしている天野昭さんにアメリカの状況はどうか、ということについて聞いてみた。

神田にはたくさんの書店があるが書便派は行きつけのトイレを持っている

「アメリカの場合は本屋に便所はないから便意がおきるとつらいことになるね。だからスーパーマーケットのトイレなんかはよく利用されているみたいだね。アメリカの場合はカッパライがものすごく多いからね、カッパライは一仕事するとすぐトイレに行くんだ。密室にかけこもうっていう心理が働くんだな。日本でも本屋に入ってすぐ便所に行くようなやつは盗癖があるやつだよ」

と、この人は過激なことを言うのだ。

しかしこの天野さんの意見で気がついたのは、日本でも書店にトイレがあるところは非常に少ない、ということであった。

取材班のスタッフで、自分たちがよく行く書店をいくつかあげて、その店のトイレに入ったことを思いうかべてみると、あまりそういう経験がない、ということがあきらかにされた。

トイレがある店というとターミナルの大きな書店とか、デパートやショッピングビルの中に入っている書店で、街の中の書店にはあまりトイレがない、という現実がわ

かった。「書店にトイレがあまりない」ということは何故なのか、そして「書店にトイレがあまりない」ということがこの「青木まりこ現象」に何か大きく関係しているのではあるまいか——ということが取材班の次の大きなテーマとなってきた。

★書店はトイレを隠したがっている…!?

そこでまず都内のさまざまな書店に出かけて、目下の書店におけるトイレの実情とその利用状況といったものを体験的に調べてみよう、ということになった。以下はその報告である。

紀伊國屋本店（新宿）

全館案内板にトイレの表示はないが、B階段の〝新売場ご案内〟と四階エスカレーター正面のポスターにそれぞれ表示あり。三、五、六階のトイレ入口には突き出たプレート表示がある。男子トイレの場合大一〜二、小三〜四の規模で大は旧式のしゃがみスタイル。六階だけ洋式トイレになっていた。おやっと思ってよく見たら六階は洋書売場だった。何となく納得。客の数のわりには利用者は少ないように感じられた。一時間ほどの観察時間だったが、急な便意のためにあわててかけ込んでくる、という人はいなかった。

新栄堂（池袋東口）

男女共用のが二階にあるがトイレ前に案内表示板があるだけで探しにくい。二階のレジの店員サンに聞くと「このスミにあるんですけど」と教えたくなさそうな態度だった。入ってみるとあまり使われていないようである。デパートが近くなので、お客さんはそっちの方を利用しているのだろうか。

近藤書店（銀座）

店内案内板には表示がない。その二階レジ横、トイレ近くに天井から吊した案内板はあったが、わかりづらい。聞くと事務所入口の前にあった。奥の階段にも案内表示はあるものの控え目だ。ここもあまり客に安易に使ってほしくないな、というかんじだった。

福家書店（銀座）

一階にはまったくなし。二階にはビデオコーナーや喫茶店などがあるにもかかわらずトイレの表示がない。しかも喫茶店の中にもトイレがない。聞いてみると「事務所」と書かれたドアが二つありそのうちのひとつがトイレであった。全体のたたずまいは〝隠しトイレ〟というかんじである。大二（和式一、洋式一）、小二。

旭屋書店（渋谷）

第一勧銀ビルの地下一〜二階がこの店である。店員サンに聞いたところトイレはこのビルの六階以上にしかないという。六、七、八階は〝渋谷味の八番街〟という食堂

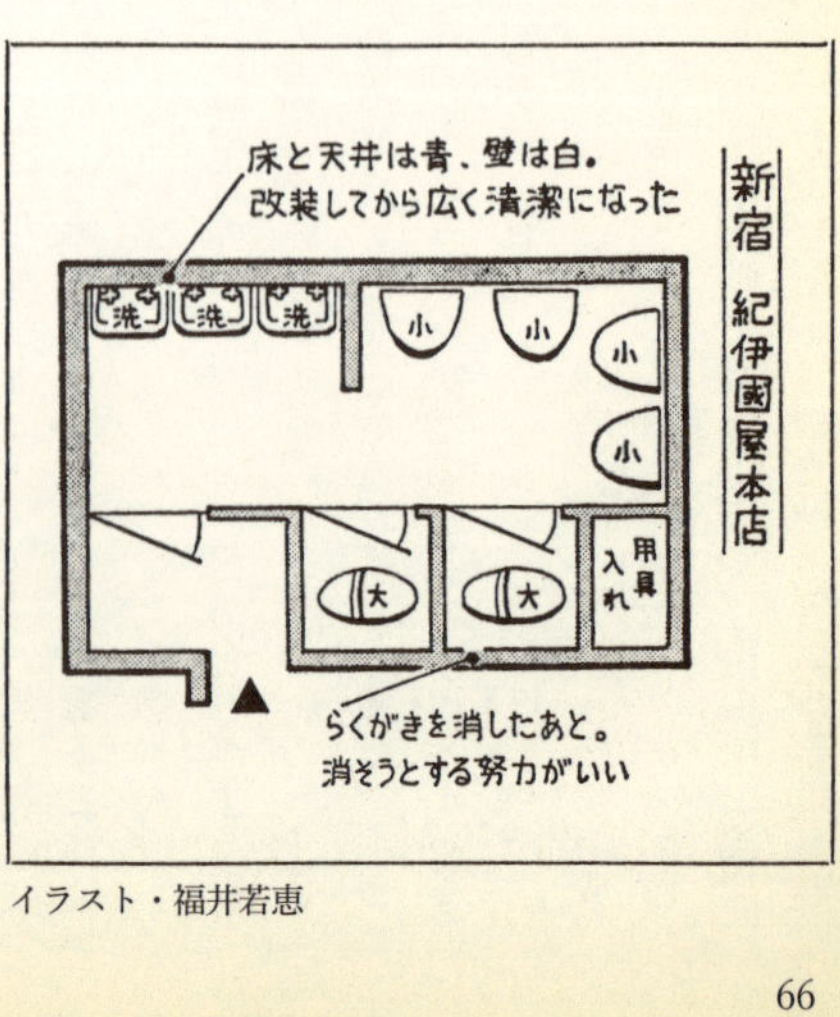

新宿 紀伊國屋本店
床と天井は青、壁は白。
改装してから広く清潔になった
洗
洗
洗
小
小
小
小
大
大
用具入れ
らくがきを消したあと。
消そうとする努力がいい

イラスト・福井若恵

街である。しかし旭屋の店員サンがいつも地下から六階のトイレに通っているとは思えないので店員用のトイレが地下のどこかにあるのではないか、という疑惑を強くした。

東京堂（神田神保町）

全館の案内板にトイレのマークがついているので、なんとか探せる。昼の一時に行ったので少々混んでいた。まず二階の大便所に先客あり。五階も入っていた。二階にもどって三分ほど待つと空いた。男子便所は大一、小二だがＴＯＴＯのクリーム色の便器を使っていてとてもきれいだった。大型書店の客用トイレとしてはなかなか立派である。

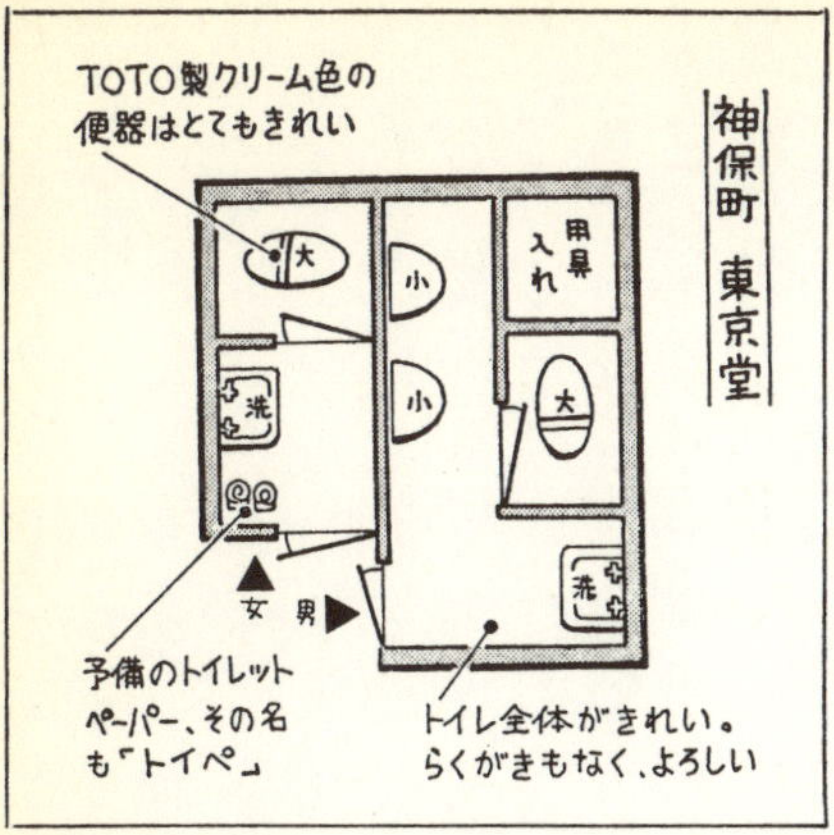

書泉グランデ（神保町）

売場案内に四階男子トイレ、五階女子トイレの表示あり。男子トイレは大一、小一で、狭い。使用中で学生ふうの男が一人待っていた。七分待った。入ると中は暗くてわびしいかんじだった。しかし待っている人がいなければその分落ち着いて用を足せるようである。いかにも書店の便所ふうだった。

芳林堂（池袋）

女子トイレは五階、男子トイレは六階。どちらも非常階段の途中にある。女子トイレに入る。五階にあるため見はらしがよく西口公園から駅まで見わたせる。ＴＯＴＯの便器でシパハトイレットペーパーを使用。清潔で流れ具合もよかった。男子トイレには入れなかったが（調査員女子のため）ドアの前に「まずノックしてお入り下さい。おまちになる方はここより（階段を）一段上っておまち下さい」と書いてあった。やさしい心づかいである。

★本屋と便意のリアルドキュメント関係とは

一部の書店を除いてどうもやはり書店というのはなるべくならトイレを使わせないようにしたい、という考えをもっているようである。知りあいの書店の人に聞くと「特にそのようには考えていないとおもうけれど、たしかにトイレの中で万引きの処理などされるケースも多いのであまり頻繁に利用されたくない、と考えている店は多いでしょうね」という話だった。

我々はそこで書店の人が「トイレ」とその利用客をどう考えているのか、そしてさらに書店の人々にも「本屋と便意の関係」について聞いてみることにした。

ぽるとぱろうる（渋谷西武）**小林雅俊氏**

「あまり言っちゃいけないんでしょうが、実はトイレに本のスリップが捨ててあることが多いんですよ。つまり、書店内にトイレを設置すると、万引きした本をトイレの中でスリップだけ抜いてカバンに入れられてしまう、そういうことがあり得るんですね。だからお客さんサービスでトイレを作る必要はあるかもしれないけど、歓迎はしたくないってことなんじゃないですか。それがトイレはあっても探しにくいって現状とどこかつながっているように思いますよ。本と便意の関係？ わかるような気がしますね。**紙の匂いって**トイレの匂いと似ているような気がしませんか？」

渋谷西武ブックセンター　田口久美子さん

「うちはデパートの地下一階にあるので、書籍売場専用のトイレではなく、デパートのトイレということになりますが、一日必ず2、3回はトイレの場所を聞かれますね。デパートのトイレってだいたい一階にないのをご存知ですか。一階にあると、トイレだけを借りに来ちゃうんですよ。一階にトイレのあるデパートもありますけどね。本と便意の関係？ あまり考えたことないですねえ。小さな喫茶店にトイレはあっても小さな書店にトイレがないのは、書店は**長居するところではない**という前提があるんじゃないでしょうか」

教文館（銀座）**鯨岡照一氏**

「店内にはありませんが、ビルのトイレが各階の階段の所に一つずつあります。ですからお客さんに聞かれた場合そちらにご案内しています。うちの場合銀座通りに面しているので問い合わせは多いですね。私なんかあまり店にいないけど、それでも**一日10回**は聞かれますから、他の店員の分を合わせたら、相当な数でしょう。銀座通りに公衆便所がないもんだから、トイレ借りるだけのために来る人も多いみたいですよ。だいぶ前に寺島純子さんが、子供さんのトイレを借りに店の前にタクシーを横づけして来たこともありました。書店と便意の関係といわれてもちょっとねえ。私自身は喫茶店行くとトイレにかならず入りますけど」

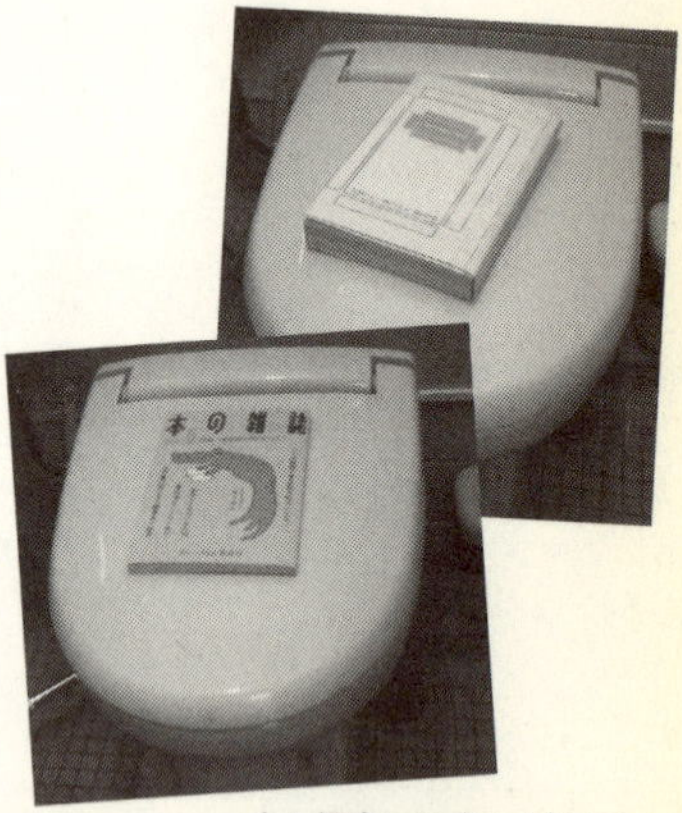

本と便意には我々の知らない
深い関係があるのだろうか

冨山房（神田）**柿内俊次氏**

「うちの場合、店内にトイレはないんですよ。お客さんの問い合わせがあれば地下の売場の奥にあるトイレをご利用いただいてます。ビル自体一階にトイレがないんですよね。本当は地下のトイレもつぶすつもりだったらしいんですけど、喫茶店があるでしょ。トイレのない喫茶店なんてないですからね」

「ビルが非常に古いですから、トイレも故障がちで…。地下の男子トイレも大の方がこわれてて、使用禁止になってるんです。ドアに**ガムテープで封印**して。それをはがして無理に使用したお客さんがいたんですよね。よほどガマンできなかったんでしょうけど、地下の廊下が水びたしになっちゃってとても大変でした。場所がら、男子トイレの個室は使用禁止の方が良いんです。エロ雑誌持ち込まれる方とかいるみたいで、ビニールが捨ててあったりとかありますから。うちのトイレは静かで落ち着くらしいんですよ。そういう意味でもあるわけです。あれは」

三省堂本店（神田）森雅夫氏

「トイレは一階から六階までの売場に男女各三ケ所、地下一階のレストランに一ケ所ございます。各階にそれぞれ案内板がありますが、まだまだわかりづらいようでお客さんからの問い合わせは非常に多いですね。特に一階の売場で聞かれることが多くて、従業員からも不満の声があがっている次第です。うちでは女性だけの研究会というのがありまして、お客さんの立場でいろいろ店内を改善しようという会なんですが、そこでもトイレの案内表示の問題がトップにあがりました。これから改善していくつもりです。うちの店は一日二万人のお客さんがいらっしゃいますからトイレの数という点ではちょっと少ないかもしれないですね。常時混雑してるのが現状です。**神保町はトイレ地獄だ**という落書きがあったぐらいですから。理想を言えば、これからのこういった集合ビルはトイレをメイクアップの空間と考えなきゃいけないでしょうね。キレイなのはもちろん、スペースもゆったりとって、大きい鏡を置く。女性に来ていただくためには特にそうですね。その点西武球場とかディズニーランドのトイレは勉強になります。トイレ利用だけのお客さんも歓迎してます。店がにぎわうのはいいことですよ」

★銀座教文館一日八十人の切迫した事実！

書店には書店の事情があってサービスの一環としてトイレの充実を図りたい、と考えているところと、書店は本来長居するところではないからトイレ機能は考えなくてもいいのではないか、と割り切ってしまっているところの両極がまずあるようだ。

しかし教文館の鯨岡氏が話していたように一人一日10回はトイレの場所を聞かれるのだから全店員のそれを合計したらものすごい数の人が書店でトイレを求めている、という現実がある。そこで多くの書店はまったくトイレ問題に眼をつぶってしまう、ということができないようだ。

「一応あるけれどあまりはっきりとはわからせないようにする」という**あいまいな姿勢**が目下の書店界のトイレに対する考え方のようである。

ではこのあいまいな姿勢が「青木まりこ現象」の誘発要因になっているのだろうか。

もうすこし「書店」と「便意」の因果関係について考えていこう。

我々は教文館の一人一日10回という証言に新たな力を得た。教文館の書店員は十五人である。交代制だからそのうち八人ぐらいが普通売場にいる人数ということだったが、それでも単純計算してこの店では一日八十人の人がかなりあせって「トイレどこ？」とやってきているわけである。しかもトイレを聞くというのは人が混みあっている書店ではけっこう聞きにくいものである。たいていは自分で独自に店のコーナーコーナーなどに重点的に行ってトイレを捜そうとするものである。だからこの店では実際には店員にトイレの場所を聞く人よりも自力派のトイレ利用者が相当数いるものと思っていい。

この中には教文館が銀座通りに面している、という立地的なところから単純トイレ利用者というのもふくまれているのだろうが、しかし主流は「書店便意派」ということなのではあるまいか。

銀座の教文館というのは一階が雑誌売場でスペースが狭くて、下の店だけ見たらトイレがある店とはあまり思えない構造になっている。したがって単純な便所利用者にしてもかなりこの辺の事情にくわしい、内部事情に精通したものではないかという推論がなりたつ。すると教文館の内部をよく知っている人は果してトイレの場所を聞くだろうか、という疑問が出てくる。

すなわち、教文館の一日八十人のトイレ探訪者の多くはやはり「書店便意派」がその主なものということになるのではないか。

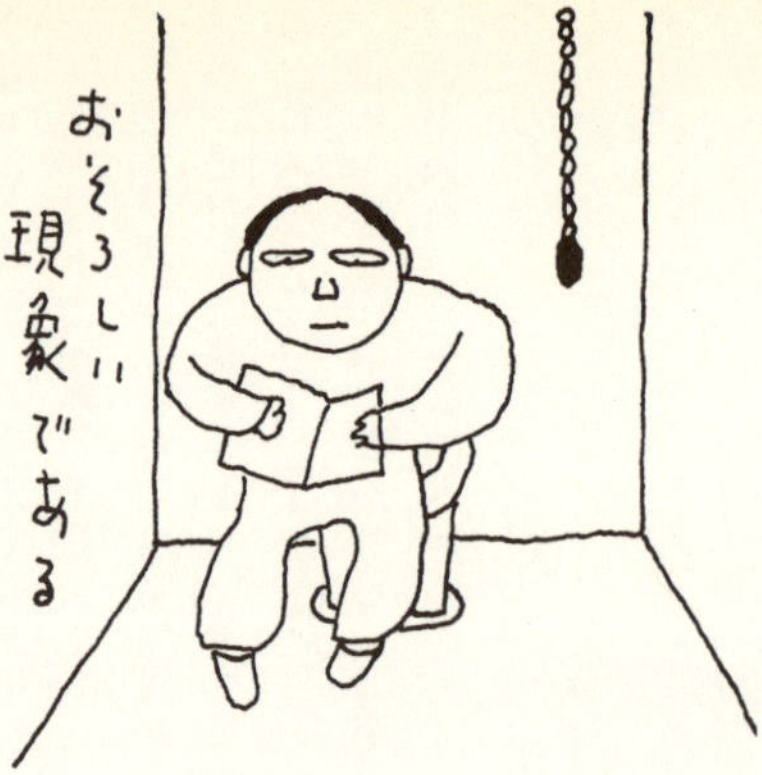

我々はこのおびただしい書店便意派の存在に激しくこころを打たれた。

「隠れ〝書便派〟は相当数いるようだ!」

しかし、それからもまだ我々は、なぜ「書店で便意なのか?」ということの解答は何ひとつ得ていない。果していったい何が青木まりこをそうさせているのだろうか?

★〝紙〟への疑惑?

我々はそこでぽるとぱろうるの小林店長が「紙の匂いってトイレの匂いと似ていませんか」と発言していたことに目をつけた。

取材チームによってまた討論が行なわれた。聞いてみると五人の取材チーム全員が小さい頃からトイレに入るときにかならず本を読んでいた、という共通体験の持ち主だった。

何か読まないと便が出ない、と少し頬をあからめながらも女子調査員が語った。

「そうそう。オレは昔はトイレに行くときプロレス週刊誌『ファイト』を持っていくとものすごく具合がよかった。最近は『フォーカス』だな。だから電車の中で『フォーカス』を見るときあきらかに便意を感じるね」

と、編集長椎名誠が言った。

イラストレーターの沢野ひとしは、

「ぼくむかしは『リーダーズダイジェスト』いま『PHP』ね」と言った。これをきっかけに取材スタッフ陣が口々に自分のトイレ愛読誌をわめきはじめたので編集室はしばし怒号と嬌声にあふれてしまった。

しかしこれによってやはり便意のカギを握るのは「何かを読む」ということとそれに深くつながる「紙の匂い」というようなものではあるまいか——と我々はひとつの方向を得た。

その秘密は「紙の刺激」にあるのではあるまいか。

ところがそれから数日後、この騒動の発端となった青木まりこさんが本誌編集室にやってきて、

「図書館も古本屋も大好きなんですが、本屋さんの本棚の間をグルグル回っているう

ちに行きたくなってくるのです」と言ったのだ。紙の匂いといったら新刊書の一般書店よりも古本屋とか図書館の方がもっと何か心のヒダヒダにぐっとくる強烈なものを持っているように思えたので、我々の推理は張本人のこのひと言でもろくも崩れてしまった。紙の匂い以外のナニモノかがあるようなのだ。我々は青木まりこさんの話をもっとくわしく聞いていくことにした。

聞き手はその日編集室にいた沢野ひとしである。

青木まりこさんにもっとくわしく聞く

サワノ　いただいた投書の中に、マンガでも文学でも、とあったんですが、つまり内容には関係がないんですか。
青木　関係ないみたいですね。
サワノ　図書館ではどうですか?
青木　図書館は大丈夫です。古本屋さんも大丈夫です。
サワノ　小さい頃からなんですか。
青木　いえ、最近ですよ。私は、以前に印刷所に勤めていたんですけど……。
サワノ　えっ。
青木　でも製本以前の紙の匂いとか、インクの匂いを嗅いでも、別にどうということはなかったんですよね。
サワノ　紙でもインクの匂いでもないとすると、逆に以前働いていたところと深層心理的に何か関係がある、というようなことはどうでしょうかね。
青木　それほど職場に愛着はなかったです(笑)、でもまぁ、職場を変わったことと、書店に行くと便意を催すようになったのとは、時期的にはわりと一致してますね。
サワノ　家族の方には、同じような人はいないんですか。
青木　いませんね。家族にその話をしたら大笑いされました。
サワノ　じゃあ遺伝はないと……。
青木　ええ。それに、家族の中で、私のように、長時間本屋にいるという人はいませんね。
サワノ　それはやはり、長時間いた場合に、そうなるんですか。
青木　そうです。一時間以上いた場合ですね。
サワノ　どういう本を見ている時、よくそうなるんですか?
青木　特定の本というのではないんですね。
サワノ　本はたくさん持っているんですか?
青木　本棚では四つと、あと文庫は吊り棚に置いています。

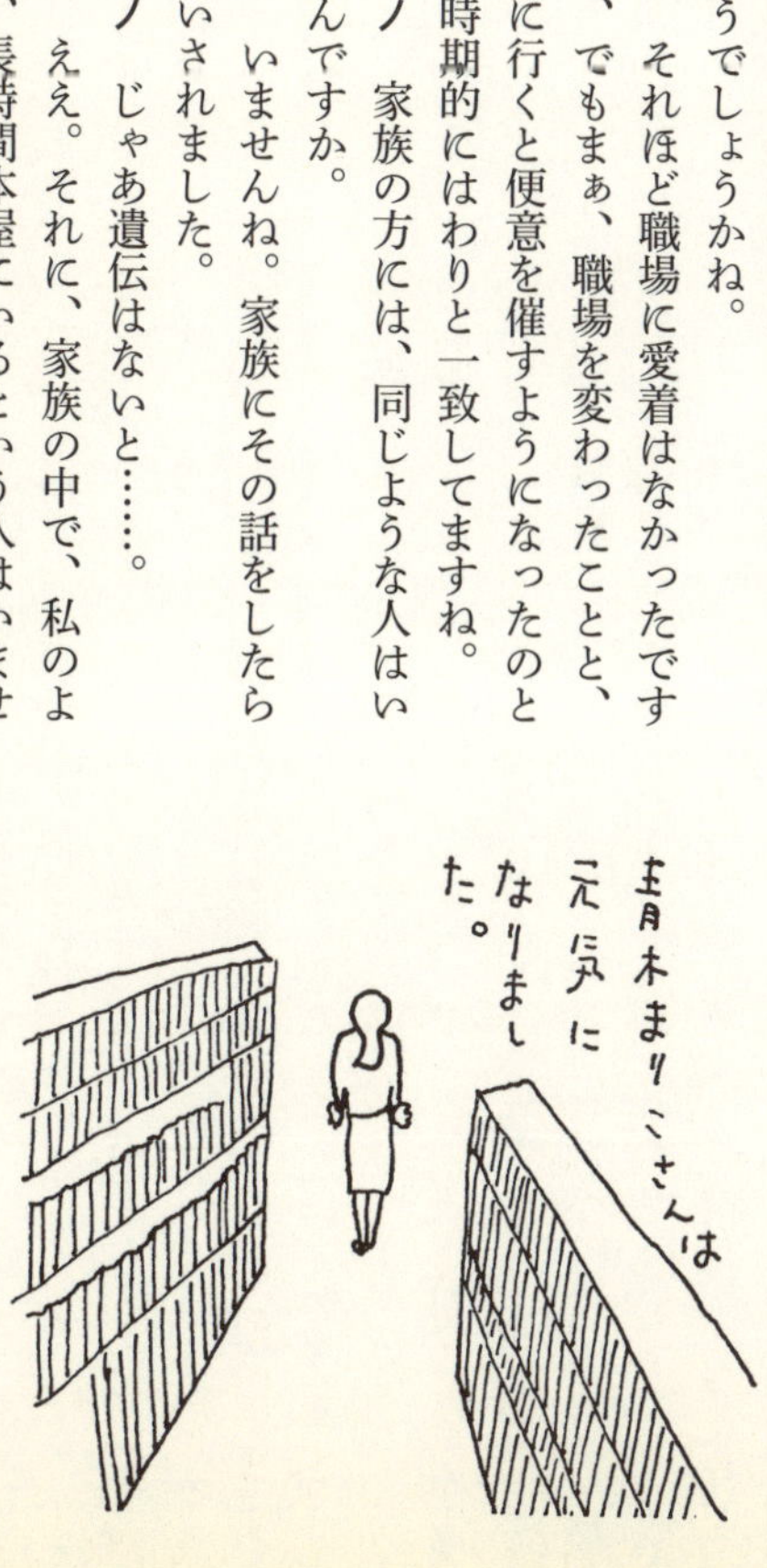

サワノ　個人としては多い方ですよね。ということは、本の量が原因というわけでもなさそうですね。地区でいうと、どの辺の本屋さんを利用するんですか?
青木　会社が神保町にあるので、神田界隈

ですね。あとは、住まいが西武新宿線沿線にあるので、新宿や高田馬場も、会社を離れた場合は利用します。
サワノ　安心して行ける本屋さんはあるんですか？
青木　やっぱりトイレの場所がはっきりわかってる所は安心ですね（笑）。
サワノ　青木さんのまわりにはそういう人はいるんですか？
青木　同じような症状の人は二〜三人います。以前私がまだこんなふうにならない

★愛すべき〝過敏〟の部分

青木まりこさんの話を聞いてもその根源的なものは引き出せなかった。

しかし青木さんはひとつの大きなキイワードを与えてくれた。

「書店の本棚のまわりをグルグル歩いているうちに突然トイレに行きたくなる」というものだ。この「突然」というあたりに何か便意の秘密が隠されていないだろうか。

取材班はさきに得た書店便意派の何人かに再取材を行なった。

頃、友達からそういう話を聞いてそんなバカなって笑っていたんですけどねえ。
サワノ　そういう同じ症状を持った人と助けあって闘病サークルなんか作ろうなんて動きはないんですか？
青木　別にいまのところそういうことはないですね。特に嫁入り前に克服しておきたいとは思わないですが、ただ何となく気持悪いんですよね。何か本のタタリのようなものなんだろか、なんて思ったりして……。

今度は「何によって便意がおこるか」ということを重点的に聞いたのだ。

イラストレーターの福井若恵さんは『うそつき食品』の四〇頁ぐらいにあるコーラの写真を見るとタマラナクなる、と言っていた。どうしてコーラなのか、ということを改めて聞いてみた。

「あそこに出ているコーラはですね、タダのフツウのコーラなんです。でもひと頃チクロだとかがいろいろ騒がれていたでしょう。あのコーラの写真を見ると、チクロが入っているのだなあと思って、しだいに下腹のあたりが充実してくるんですね」（福井さんの話）

漫画家の東海林さだおさんは「地図を見ていると催す」と言っていた。地図のどこに便意のササヤキがあるのだろうか。

「自分でもあまりよくわからないけど地図というのはどこかに出かける、ということにつながるでしょう。お出かけの前にはトイレへ行ってちゃんとすませておかないと、という緊張感があっちの方に伝達されるみたいなんですね、ぼくの場合……」（東海林さんの話）

よく聞いてみるとただ意味もなく便意が襲ってくるのではなくて、きっかけとなるものにはそれぞれ個人的な何かの誘発要因があるようだ。しかし、それでもまだ青木まりこさんのようにただ何となく書店を歩いていると催してくる、という純粋書店便意派の人々の謎は解き明かされないままだ。

そこで我々はこの問題を人間のもうすこし深い精神や心理学的な分野に求めてみることにした。

取材に応えてくれたのは『あなたが家族

を愛せるのなら』(情報センター出版局)などの著書のある分裂病の権威、代々木病院の中沢正夫先生である。(聞き手は椎名誠)

中沢正夫先生の話

中沢　うーん、それは非常に面白い問題ですね。

――こういう症例というのは、いままであったんでしょうか?

中沢　ああ、過敏反応ということなのでしょうが、私の知っているケースでは何かに反応して逆に出なくなってしまう、というケースの方が多いですね。これは一種のストレスによるもので精神的にエキサイトしてしまうのです。

――するとその逆の便意というのは新しい現代的症状ということになるのでしょうか?

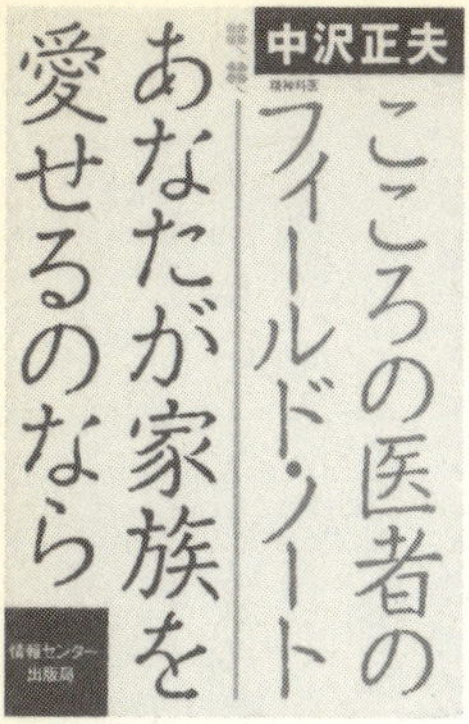

中沢正夫著
情報センター出版局

中沢　もっとよく調べてみなければいけませんが自律神経による反応でしょうね。病気という意味ではなくて、学問的な意味でこういうのが本当のノイローゼといえるのかもしれません。

――便意というのは自律神経からくるのですか?

中沢　人間の体の中にはオートマチックに動いているものが沢山ありますね。心臓とか腸の蠕動《ぜんどう》運動とか内臓の働きとかいろいろありますね。それらは人間の意志で止めようと思っても止められないわけです。

　ところがそれとは別に随意運動による器官があって、これは普段はオートマチックに動いているけれど、人間の意志で止めようと思ったら止められるという部分です。肛門の括約筋がこの随意筋運動による器官ですね。

――その運動体系を神経とか精神が故意に乱していく、ということが……

中沢　不意の便意ということになるのでしょうね。たとえば子供が遠足の前とか、大人でもマラソンの前とかに便意を催すということがよくあるでしょう。あれは緊張感が便意の催しにつながっているわけですね。

――何か特定のモノを見ると便意につながってしまう、ということはありますか。

中沢　ありますね。たとえば冷たい牛乳を見ると神経が興奮して腸を活発にさせ、その結果……というような経験のある人はけっこう多いと思いますよ。過敏な条件反射なわけですね。人間の体というのはさっきも言ったようにメンタルなところでコーフンするとさまざまに物理的な反応を示すわけで、肛門など特にこういうことに敏感なかわいいやつなんですよ。私が以前担当した患者さんに「恐怖のトイレ人間」という

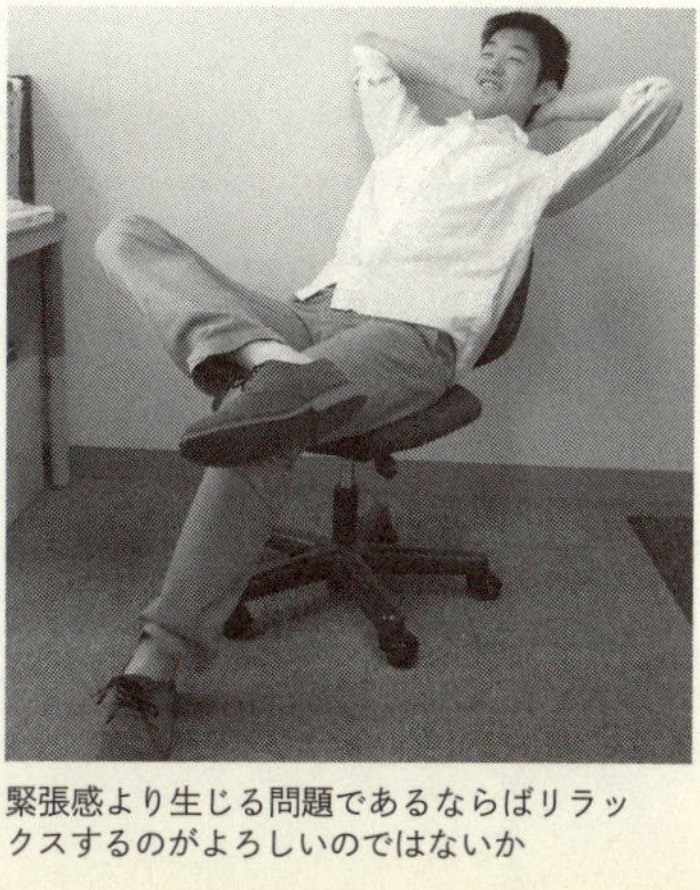

緊張感より生じる問題であるならばリラックスするのがよろしいのではないか

のがいましてね、朝出勤するときに電車に乗ると便意を催してしまうので通勤できない、という人でした。この人などはもともとトイレによくかようタイプだったところにたびたび駅の便所が「掃除中」という状況に出っくわしてこのような恐怖症になっていってしまったのですね。

――「書店で便意」というのもそういうことにつながるものなのでしょうか。

中沢　いやこの場合は病気とかいったものではなくてさっきも言ったように特殊な過敏反応が獲得されたといった方がいいのじゃないかと思います。メンタルなところで敏感な人なのですね。

――そうするといつもボーっとしている沢野ひとしなどはこういうことになりませんね。

中沢　まあそういうことでしょうね。

★恐るべき真実とは何か

少しずつ青木まりこ現象の謎と真実が解明されてきたようである。中沢先生も言っていたようにこれは病気ではない。そして青木まりこさんも言っていたように、本人も特に治そうというようなことはしていない。何となくさしたる原因もないまま始まったのだからそのうちに何とかなるだろう、というようなところだろう。

しかし我々はこのケースを取材しているうちに、取材メンバーの中のちょっとした異変に気がついてきた。ひと言でいうと、取材チームの中にいつの間にか青木まりこさんと同じような現象――つまり書店に入るとにわかに便意を催す――が増えてきたのである。最初は自分一人だけかと思っていたメンバーが取材内容を報告しあっているうちに、メンバー五人中三人までがいつの間にかかなり確率の高い「書店便意派」になっていることがわかったのである。

そして我々は青木まりこさんのインタビュー記事（使用しなかった部分も含めて）を読みかえしていささか複雑な気分になった。

青木まりこさん自身もこう言っている、ということに気がついたのである。

「友達に同じような症状の人が二～三人います。以前私がまだこんなふうにならない頃、友達からそういう話を聞いてそんなバカなって笑っていたんですけどねえ……」

そして中沢先生はこう言っていた。

「メンタルな過敏症状……」

こういう症状を持った人がいる、ということを知らなければ何でもなかったものを、ひとたびそういうことがあるのだ、と知ってしまい、同じ状況の中に入っていくと、いつの間にか自分もそうなっている……。

この「青木まりこ現象」というのはもしかすると一度知ってしまったら最後、かなりの確率でもって深くひそかに浸透していく新手の現代活字中毒者の精神的デンセン病であるのかもしれない。そしてこのインタビュー構成を読んでこういうヤマイのあることを知ってしまったあなたも我々と同様にすでに「青木まりこ現象」の切なくも甘美な魔手の中にからめとられてしまっているのかもしれないのだ！　ふふふふふ。

ウソかマコトか。では勇気を出してあなたも試しに書店に行ってみようではないか。

書店はとてもエライのだ

椎名 誠

▼79年13号

暑くてこれはもうまいったなあ、などと思いながら、おれは銀座八丁目からヤマハホールの前を通り、ライオンビアホールの入口を「む、むむむ」と、のどをうならせながら通過していく、ということがよくある。

あそこは午後三時あたりになると夏の西陽がモロに舗道に照りつけ、さらに周囲のビルの照りかえしも強烈で、東海林さだおふうに言えば「アジアジアジ」という状況になっているのである。しかしそれでもおれは銀座松坂屋やコアから出てくる人々と激しくまじりあいながら四丁目の交叉点を足早に突破し、とにかく松屋の前の信号までひたすらそのアジアジ街道をつきすすむことにしている。

そうして、松屋の前からにわかに直角に左折し、むかいの教文館書店の二階へツツツーッとのぼっていく、という行動を日頃のよしとしているのである。

この教文館書店というのは、一階が間口二間ほどで、表には週刊誌やマンガ雑誌などがズラリとならんでおり、ちょっと見、そのへんの私鉄沿線駅前書店といった程度の風体でしかない。しかし中に入ってよくみると、入口のすぐ左側に階段があり、ここをさっき言ったようにツツツーッとのぼっていくと、にわかに広大な書籍売場が眼前に広がり、そのSF的な時空間の広がりに思わずヒザがガクガクしてくるほどなのである。ちょっと大ゲサだけどよ。

ま、しかしいずれにしてもそういうわけで、おれは銀座八丁目のオフィスに勤めだしてもうかれこれ十年になるが、銀座にある数々の書店のなかで、この教文館が一番好きなのである。

どうしてかと言うと、この店は一階がそのように駅のキヨスクをちょっと大きくした程度のたたずまいなので、フラリと入ってきた人もよもやこの上に広大な書籍売場が広がっている、などとはとても思わないのであろう。したがってその階段をツツツーッとのぼっていく、という人も五人のうち一人ぐらいのもので、おかげさまで、と言っては教文館には悪いけれど、何時行ってもここの二階は決定的にガランとしていて、たいへんに静かにゆったりと本を眺めたり読んだりすることができるのである。

　そうなのである。やっぱり書店というのはあんまり混んでいると「何か面白い本はないかなあ」という気分で本を捜す、というような状況にほど遠く、むしろ「てめえさっさと買ってその前どけろ、ケッ、くだらねえ本ひっぱりだしやがって……」などと、たいへん粗野でランボウな「今日のぼくってすこしよくないみたい」という反省とイラダチの午後三時、というような状況になっていってしまうのである。

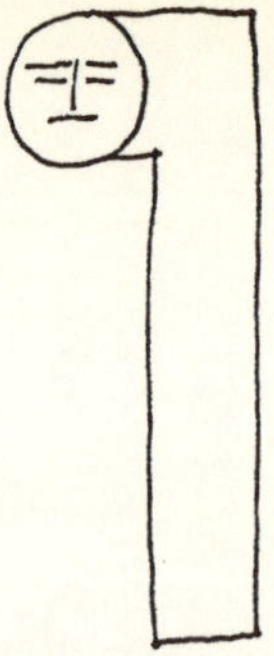

　たとえば、同じく銀座四丁目にある近藤書店などでひょいと雑誌など買おうと思っても、入ってすぐ右側の雑誌の棚のところには何時行っても栃木県産シティボーイふうから花の中年管理職ふうまで雑多な人々が雑多なかっこうでとりついており、あせってうしろから無理に見たい本をひっぱり出そうとすると、「うっせいなあ……」というタイドをかなり露骨にして長髪のむさいのが「16マガジン」かなにかを手にしてふりむきカブト虫みたいな眼を血走らせたりしているのである。

　しかしそれでもこのごろ、フトそういうふうに混んだ書店でフトメのO・Lのオケツにエイヤッと押しのけられたりしながらも思うことは、

「でも本屋サンというのはえらいなあ」ということなのである。

　どうしてエライなあ、と思うかというと、これはまた例によって単純本ナマ的な思考なのだが、本屋サンというのはたいていどんなところでもキチンと「ありがとうございます」というふうな『お礼』を言ってくれるからなのである。これは今まで慣れっこになってしまっていてあまり気がつかなかったことなんだけれど、ようく考えてみると、これはかなり大変なことなのである。

　たとえばわしらは駅のキヨスクなんかではなぜかいつもたいへんお腹だちのようすのオバハンから「ん」というようなかんじでマイルドセブンや報知新聞を売ってもらっている。あるいは家の近所の「まるとく共栄スーパー」の場合でいえば、ここで商品を購入するのがときとしてオソロシ的キョーフ的でありさえする。

　このまるとくスーパーでは毎月一のつく日に二千六百円以上の買物をすると『まるとく一の日特別サービスデー』によって、ブルーチップスタンプをいっぺんに五十枚もおまけしてくれることになっているのだが、見事に二千六百円をクリヤーしてこの五十枚シートを貰うときの緊迫感といったらないのだ。

　とくにこのスーパーの経営者の遠縁すじ、とみられる年の

ころなら五十四、五、ひっつめ髪にコメカミバンソーコーのおばさんがレジに立っている場合は、二千六百円をクリヤーしてもたいてい気がつかないフリをしているのである。

ある日曜日、おれは昼間からオンザロックなどをのんでくたびれてしまい、二階の納戸へ行って死んだまねをしていると、オフクロがやってきてカンタンにおれを発見し、

「今日は一の日デーだからまるとくスーパーへ行き二千六百円以上の物品をこのメモの通り購入してくるべし」という一方的通達を残して去っていった。

そこでおれは仕方なく山口自転車の四段ギヤをぶんまわして、まるとく共栄スーパーに行ったのであった。

指令どおり、おれはスバヤク二千六百円以上の食料品・雑貨等を購入し、レジへ向ったのである。ところが、イヤな予感は的中しその日のレジはまさにぴったりコメカミバンソーコーの担当なのであった。

コメカミバンソーコーは胃弱の人特有のオウド色の顔をヒクつかせ、そのわりにはカシャカシャカシャとかろやかにレジをたたくのである。そして間もなく、トータルガシャンでみごと二千八百七十五円と、規定額を二百七十五円も上回る好成績がレジスターに表示された。

しかし、コメカミバンソーコーは例によってここでも実にあっけなく堂々としらばっくれているのである。

そこでおれは、またしらばっくられたらイヤだなあ、と思っていた矢先なので、ついついウロタエて、

「あの、えと、あのう……」などと口ごもっているうちに、おれのうしろにいたライトヘビー級クラスのおばはんに、ぐっぐぐぐっとプラスチックのカゴで押され、あれれれれと思う間にレジの外につきだされてしまったのである。

「あの、えと、あのう……」と、おれは再び口のなかでモゴモゴ言いながら、あわててふりかえると、すでにコメカミバンソーコーは早くもつぎのライトヘビー級オバハンのカゴの中に手をつっこんでおり、レジスターもかしゃかしゃと鳴りはじめているのである。

ボーゼンとして立ちつくすおれの脳裏にオフクロの三角形状の眼がチラつきはじめ、

「取り返しのつかない事をしてしまった!」

というショーゲキに満ちた悔恨と苦悩がしだいに逆上気味におれの足もとをかけめぐり胸をゆすぶっていったのである。

その後しばらくして、また一の日サービスデーに、今度は二千六百円以上などという大それた野望も何もなしに、静かにお茶ッ葉とスパゲティを買いに行ったことがあるが、おれの並んでいる列の数人前に「輝け!二千六百円以上!」のお客さんがいたようで、レジ打ちの音がしばし止まったのである。

高速道路でにわかに車の流れがストップして、前方に何ごとかあらん、と首をのばしてみるように、おれはいくらか緊

張してコトの進展をうかがった。

その「二千六百円以上！」の客はときおり道で見かける色の黒い安産型の体軀をしたオバはんで、いかにもタフな必殺買物人というかんじであり、さしものコメカミバンソーコーも色黒タフの「狙い撃ち」を簡単にはのがれることができなかったようなのだ。

じっとみているとコメカミバンソーコーは何事か色黒タフに話しかけたようだ。色黒タフが背すじをシャンとのばして何かうなずいている。そのわずかなヤリトリですべての勝負は決まったようだった。その一刹那のうちにまぎれもなく、「プロ対プロ」のきびしい峻烈の火花がかわされたのだった。

「ザマアみろ！」

おれは列のうしろの方で一人ひそやかな拍手をその色黒タフのオバはんに贈り、くやしそうにブルーチップスタンプ五十枚つづりを渡すコメカミバンソーコーのほつれ髪などを片頰でニヒルにつめたく笑いながらみつめていたのである。

えーとそれで、なんでおれはこんな話を書いているのであるか、というと、そうなのである。おれは近頃、本屋さんの客に対するタイドというものはとにかく全般的にヒジョーによろしいのではないか、もしかすると、いま世の中のあらゆる販売・サービス業のなかで、本屋さんの客に対する態度というものはもっとも〝立派〟なのではなかろうか——と真剣に考えはじめているからなのである。

思いだしてくれ。本屋というのは紀伊國屋級の大クラスのところから、日曜日にゲタバキで行く近所の〝おばちゃん書店〟まで、大中小の区別なく、たいていどこでもレジのところへ本をもっていけば「いらっしゃいませ」「ありがとうございます」ぐらいのことは言ってくれる。

紀伊國屋や旭屋など大手の場合はそれなりに厳しい社員教育というものがほどこされているのだろうからそれはまあまあわかるとしても、そのへんの小さな町の小さな書店のオジジやオババまでも、笑って「ありがとうございます」と言ってくれるのである。

すると「うるせい小僧、そのくらいのことなら本屋じゃなくてもほかでいくらでもやってるじゃねえか。化粧品屋だって、寿司屋だって肉屋だってみんなそのくらいのことは言ってるんだよ、ケッ」

と言いつつなぜか左ジャブからのワンツー攻撃を仕掛けてくるやつが出てくるかもしれない。

だまれ！痴れものめ。そうじゃあないんだ。

化粧品屋で売ってるものというのはだいたいが高いものばかりなのである。カネボウオードトアレが一八〇〇円もする。燃えろいい女の口紅が一ケ二五〇〇円もするのである。

寿司屋だって高い。上寿司が一八〇〇円、鉄火丼で一二〇〇円もするのである。

したがってこういうところは「ありがとう」ぐらい言って

あげなくちゃお客サンに申しわけがたたないのである。

そしてだよ、本屋サンではあの「ぴあ」や「シティロード」の一五〇円でも「読書新聞」の一二〇円でも笑って有難う、と言ってくれるのである。

中央競馬会では特券を五万円買っても何も言やあしないのだ。どころか「クソして寝ろ」というようなインビ爆烈型の眼つきさえ投げかけるのに―である。

するとたぶんこのあたりまで読んできたわけ知り顔のお兄ちゃんがこのようなことを言うであろう。

「だけどアンタ、近頃の書店の連中ときたら何も知らんぜ。知らなすぎるぜ。たとえばどこそこから出ているなになにの本ありますか?と聞いたって、たいていのやつはキョトンとして、それからろくに調べもしないで『ウチにはあいにく入っていません』なんていうのがせいぜいだよ。ケッなにが書店の連中がスバらしいもんか」とかなんとか―。

しかし、静まれギエロン星獣よ。

たしかにそういうふうなかんじで近頃は何を聞いてもシャキッとシャープになんでも答えてくれる、何でも知っている、というような〝書店の人〟は少なくなってしまった。

でも、それは大正ノスタルジアみたいなもので、望む方が無理というものなのだ。第一、ひと昔前と今では書籍の出版点数が違いすぎるではないか。

今では一日新刊が平均八十冊、月にして二千冊という具合だ。それも新刊、再刊、復刻、文庫などなど、大手からゴミのようなところまでマゼコゼになってどぴゅうバスンバリバリバリと連日連日ガトリング銃をぶっぱなしているようなあんばいで新刊が発射されているのだ。

しかも、書店へ行って「どこそこから出ているなになにの本は入ってるか」なんて聞くのはたいていなにがしかの読書通、もしくは読書人とか称するもので、そういう人々はたいていが何の部類の本なのか聞いたこともないようなのを聞いてくる、なんていうのが多いんじゃないのだろうか。

角川の金田一サンの話とかオトコ寿行の本でも聞いてごらんなさい。どこの店のどんな山だしでも即座に笑っておしえてくれるだろうと思うけど。

しかしなんですね。どうしておれはこんなふうに急にギンギラギンとムキになってきたのだろうか。

そうなのだ、言いたいことは実にこれからなのである。しかし、ここまで頁をついやしてきて、ちょっとこのテのお話というのはあまりに別冊PHP的、もしくは月刊宝島感動の特集的であり、いささかコソバユ的であるかもしれないが、しかし最近つとにマジメに考えてきていることなんだから言

ってしまう。

それは、オレたちは書店で本を買うとき、ちょっとあまりにも無愛想的すぎるんではないか?!ということなのだ。

おれたちは、あの書店のレジのところへたいてい無言で本をもっていく。

すると書店の人は、たとえその本が『近代中国外交史研究上下巻』であろうとも『緊縛大全』であろうともとにかくどんな系統のものでも、どんなネダンのものでも声の調子ひとつ変えず「いらっしゃいませ」と、まず明るい声で言ってくれるのである（あたり前かな）。

しかしおれたちはそれでも無言で千円札のシワをのばしたり、折りたたんだりしながら仏頂面で立っているのだ。

すると「カバーをおかけしますか?」もしくは「○○○円です」というような声がきこえてくる。

おれたちはそれでいよいよおもむろにお金を出すのである。もちろん相変らず陰気におしだまったままだ。

根性の悪いやつはこのヒマな時間を使って意味なく「キッ」とレジの人をにらみつけたりしているのである。

やがて求める本がカバーやフクロにくるまって手元に渡され、

「○○○円のおかえしです」

「ありがとうございました」

レジの人はそう言って、一切の手続きをおえる。そしておれたちはさらに重くおしだまり、なぜかますます沈鬱な表情となって陰気にレジからはなれていく――と、まあおおむねこのような具合になっているのである。

この「ひらすら無言の人」と「常に礼儀正しい人」とのやりとりによって、全国の書店は毎日店を開け、店を閉め、川は今日も流れていく――と、まあこのような具合にもなっているのである。

がしかし、とはいうものの、おれたちも別に何かに怒って、いつもブスッとだまりこくっているわけではない。

よく考えると、どうもあの場合、あまり店の人に何かしゃべる、というのもおかしなような具合なのである。

たとえば、こいつを買おう、と思って本を差しだし「コレ、面白いですか?」などと聞くのもうまくないだろう、と思うのである。

たぶん書店の人はそんなものいちいち読んでいないだろうし、万が一読んでいて「ああ、それつまんないですよ」などという返事がかえってきたら、おれたちはそこでどうしたらいいのだろう。

逆に「面白いですよ、それは…」なんて言われて、ウチへ帰って読んでみたらまるでつまらなかった、などという場合の双方のその後の身のふりかた、というのもちょっとムズカシイではないか。

かといってどうも書店では本の話をするのは具合が悪そう

だから、というので、レジの女の子に「ねえちゃんキレイだね」などと言うのもあまりいい結果を生みそうにない。

やはりあそこは、よく考えてみると「ん」とか「ツウ」とか、あたりさわりのない声を発して、なるたけ静かに物品の授受を行なっていたほうがよさそうなようである。

そこまで考えてきて、フト、また思ったのは、書店の方も、やはりあの程度のセリフでとどめておく、というふうな状況でいた方がよろしいようだ、ということである。

というのは、世の中すべて過当競争時代、サービス競争時代になってきているなかで、なにかやたらめったらサービス精神過剰な書店がでてきたらコマルだろうな、などということを唐突に思いうかべたからなのである。

たとえばサ、その書店に入っていくとするでしょう、すると入口のところにバニーガールみたいなのが何人か立っていて、書店に入ってくる客一人一人にサッと近よってすばやく腕なんか組んでしまうのである。もちろん女の客にはトラボルタとか三浦友和ふうとかのがサ。

そうしてバニーガールはささやくわけだ。

「アラ、あなた学生サン。今日は何をおさがしかしら。どんなゴホンかな? 今日はあたしがお手伝いするわネ、よろしくネ。あたしケイコよ、十七番なの。この次来たときもおぼえててねえん」などとしなだれかかって、度のつよい眼鏡などツツンと鼻の上におしあげたりするのである。

そしてこのバニーガール、書店の買物ガイドをするだけあってやたらくわしく、お客が棚からひっぱりだした本をみつめて即座に、

「アラ、女流ミステリーね、それ翻訳がまるでダメなのよネ。アラ、そっちのノンフィクションに興味あるのネ、だったらこちらのこんなのはいかがかしら『飛行船の分子言語』新刊よ。発想のしくみがバツグンで面白かったわあ。アラ、さわってもいいのよお。全2巻ワンセットで三千六百円ポッキリよ。安いでしょお。アラ、ちゃんとサワってみなきゃダメよ」

若い学生ドギマギし「あの、それとこれとそれらとこれらとあっちとこっちは売ります買います。もひょっとこっちはそちらもみましたらんららん」などと、まさか昭和末期のニッポンにこんなウブな学生いるわけはないけど……。

がともかく、おれはこんなふうにいつでも気軽に世の中の雑多で騒々しい話題と夢想に満ちている〝書店の中〟というのが好きである。そこをフラフラ歩き、目下しだいにのしあがりつつある本、消えていく老兵のような本、どこからなんのためにでてきたのかわからないフシギ的ブキミ的な本、そういうものの数々を眺めながらこの炎熱の午後のひとときをすごす、というのが好きである。

そして、この数ページに支離滅裂に書きまくったように、書店の中でさまざま雑多なウスバカ的想いを駆けめぐらす、という日々がおれはたまらなく好きなのである。

「本の新聞」は面白かったと思う。どんな人たちがいかなる思いで作っていたのだろうか。

▼85年40号

◉那波かおり

☆「本の新聞」は東京、横浜、川崎、首都圏五店の店長や若い書店主が共同して発行していた新聞である。書店のPR誌は数多いが、経営母体の違う書店が共同して発行したことは友人どうしということがあったにせよ、異色の試みであった。
　1981年3月に創刊して昨年3月まで3年間続いた。今はない。なくなってみると、大事なものをなくしたようでどこか淋しい、という言い方は彼らに失礼になるかもしれないが、読者としての正直な気持である。終刊号が出てから早くも1年が過ぎた。今一度、振り返ってみたい。「本の新聞」とは何であったのか――。

神田村の立ち話、暮れの酒盛り、編集部の南京豆。

　寒かったことだけ覚えているが、それが一九八〇年の何月何日だったか、もう二人とも忘れてしまった。二人――というのは、川崎・武蔵新城「早川書店」の早川義夫さん、東京・四谷「文鳥堂四谷支店」の木戸幹夫さんである。場所は、大小取次店が軒を並べる東京の本の問屋街、通称「神田村」。友人どうしの早川さんと木戸さんは仕入れに来た折り、その神田村でバッタリ会ったのだ。

　このバッタリの立ち話が、『本の新聞』誕生の直接のきっかけだった。

　その頃、早川さんは『読書手帖』という早川書店だけの季刊のPR誌を発行しており、それがやがて『ぼくは本屋のオヤジさん』（晶文社刊）として一冊の本にまとまるのだが、当時の早川さんの心には、『読書手帖』とは少し違う何かを作りたいという考えが芽生え始めていた。

「『読書手帖』は全然ニュース性がないやつだったでしょう。だから、こんな本が出たとかこんな本がありますとか、そういう情報も入れた何かがあったらいいなと思ってたの。この武蔵新城の地域だけに、新聞のチラシにしてそんなものを配れないかなあ、なんてことも考えてた。神田村でバッタリ会った木戸さんにそういうのやりたいんだって言ったんだね」（早川さん）

　木戸さんは、即座に賛成だった。本の情報だったら、店は違ってもみんな一緒だ。共同で作れる！

「うれしかった。その新しい雑誌をこんなふうに作りたいっていう気持ちより、早川さんととにかく何かを一緒にやりたいって思いの方が強かったね」

　と、木戸さんはふり返る。

　一旦、二人が動き始めると話はぽんぽん

と進んだ。早川さんは横浜・菊名「ポラーノ書林」の細井利弘さんを誘い、木戸さんは以前一号だけの共同PR誌を発行した東京・お茶の水「茗溪堂」の坂本克彦さんを誘った。

「早川さんとは神田村で会えば、昼めし食べたり喫茶店に行ったりする仲だった。『読書手帖』のことも知ってたけど、僕自身はネ、そういうこと企画したりするの面倒くさいからいやっていうか、のり気がなくてあんまり考えなかったんですよね。でも、この『本の新聞』に誘われたときは、あとから早川さんも言ったんだけどえらくのり気だった（笑）」（細井さん）

八〇年十二月三十日、武蔵新城の早川書店の二階自宅に、木戸さんと細井さんがやって来た。とりあえずその日は三人、炬燵を囲んで酒を飲み、新雑誌のアイデアを話し合う。タブロイド判がいい、いや文庫判もおもしろいんじゃないか、いろんな話が出た。

「そうやって夜明けまで木戸さんと――ポラーノ（細井）さん、途中で寝ちゃったから――喋って別れたのはいいんだけど、そのあと何だか憂うつな気分になっちゃったのね。いつどこで集まるかという連絡だとか編集のことだとか、大変だろうなあ、疲れるだろうなあ、やだなあ、という気分になっちゃって……」（早川さん）

そこで、知り合いの『新文化』の加賀美さんに相談を持ちかけた。

「あ、それはいいね、タイアップでやろう！」

これが加賀美さんの返事だった。早川さん、一瞬何やらさっぱりわからなくて問い返す。

つまり、こういうことだった。月一回、その月発行の『本の新聞』が『新文化』の紙面に掲載される。そうすれば、同じ活字組版が使える。そこで、その組版代を『新文化』が負担、早川さんたちは『本の新聞』用の紙代と印刷費用を出すだけでいいというわけだ。悪くない条件だった。

「加賀美さんは印刷のことや連絡はやる。原稿を約束どおりの期日に入れるのなら、協力してもやぶさかではない。確か、そういう言い方をしていたと思う」（早川さん）

木戸さんも同意した。木戸さんと加賀美さんは、昔からの知り合いだった。他のメンバーも賛成し、木戸さんはもう一人、同じ「文鳥堂」の飯田橋支店の斎藤考良さんを誘った。

こうして、五人の本屋さんと一人の編集者が揃った。第一回編集会議は東京・お茶の水にある『新文化』の編集室。

「誰かが、うん木戸さんだっけ、ビールを買ってきたんだ。おつまみも。そう、南京豆があったな。そういうの机の上にバラバラ並べてネ、編集会議っていうから一体な～にするんだと思ってきたから、これはちょっとわびしいって感じもあったけどね」（細井さん）

やがてそれから二カ月後、『本の新聞』創刊号が、ちょっと酒くさい産ぶ声をあげた。

酒は楽し。されど仕事の合い間の執筆は苦し。

「何が楽しかったって？　そりゃ飲むことでしょう」

ニコニコしながら、斎藤さんは言う。

「本屋っていうのは新しい本が入ってくる

のが唯一の楽しみで、あとはもうほとんど毎日同じことの繰り返しでしょ。月一回の編集会議に集まることですごく気持ちが救われてる部分、あったと思いますよ」

『新文化』の加賀美さんも言う。

「本屋さんはある部分お客をダブリながら商売をやってるわけで、本屋さんどうしが本音でつきあうってことは少ないんです。近所の本屋さんが同業のよしみで仲良くなって酒飲むなんてことはまずない。だから、ある意味では『本の新聞』を出すってことより、五人の本屋さんが集まるってことに意義を見い出してたんじゃないのかな……」

月一回の編集会議は、今はない四谷の「ぴったん」や新宿の「五十鈴」で開かれた。よく飲んだ。河岸をかえ、「池林房」で朝まで飲み明かしたことも。

早川さんは、八一年七月発行、第五号の「ぼくらは本屋のオヤジさん」という文章で、編集会議の弾んだ楽しげな様子を伝えている。創刊にあたって初めて会った人や、四、五回それまでに会ったけどまだ他人行儀になってしまう人もいるけど、そして編集の知識がなくて原稿用紙のます目の埋め方を失敗したりもするけど……でも、うん、この調子は悪くないぞ。そんな早川さんの心持ちが伝わってくる一文だ。冗談に沸く「五十鈴」の情景を書き、ちょっと居ずまいをただすように、こう締めくくる。

『本の新聞』の発行目的は、二つある。一、売り上げを伸ばすため、二、仕事を面白くするため」と。

本屋さんが作った雑誌、ということで注目されたのだろうか、新聞、雑誌からの取材があいついだ。お客さんからの反応は……まずまずだった。最初からあまり期待していなかったという人もいれば、お客さんよりマスコミや出版社の営業の人からの反応が大きいのが寂しかった、という人もいる。みんな心のうちは、それぞれだったが、ともかく月一回土曜日の夜を選んで集まる編集会議は続いた。

酒の弊害もあったという。酒を飲むと、どうも会議の進行がビシッといかないようだ。〈今月の言葉〉なんかのアイデアが酔った勢いで次々飛び出してくるのはいいことだが、会議としてはけじめが今一つ足りない。

「何回か酒飲んで編集会議やったあとで、こりゃ、最初から酒飲むのはまずいんじゃないのって話になった。酒飲むと、まあ、どうしても、そんなこといーからってムードになっちゃうわけでしょう」（細井さん）

そこで誰からともなく、編集会議はコーヒーで始めようという提案が出された。以来、まず新宿駅・東口の喫茶店「滝沢」に集まるのが恒例となった。そこで、各自最低一本、仕上げてきた原稿をまわし読みするわけである。雑誌が出たときに、読んだことのない文章がのっていない状態をつくろう。みんな黙々と読んだ。しかし、もちろんそのあとは酒、これに変わりはない。月一回、集まって飲むのが楽しかった、気の合う仲間が偶然揃ってしまった――これがほぼメンバー全員に一致する意見である。そして、集まるのは楽しかった。だけど原稿を書くのは苦しかった。――これもまた共通している。

「締切が近づいてくるとネ、何か読まなきゃ、何か読んで書かなきゃって焦って来る。読書量は変わらないんだけど、読む本の傾向が変わってくる。これを読んでおいた方がいいかなってふうにね」(細井さん)

「しんどかった。原稿が書けないしんどさ。落ちつかないんだよね」(木戸さん)

「原稿書くのって、恥かくみたいなものだからねえ」(坂本さん)

みんな店に出ながら、締切が近づいたことにやきもきする姿が見えるようだ。なかでも木戸さんは、しんどかったけれど、だんだん文章を書くことが面白くなってきたという。

実際、『本の新聞』第一面には、とても素敵なカバー・ストーリーが多かったように思う。先の早川さんの編集会議の様子を伝える文章もそうだし、他にもいろいろあった。ときに本屋の客のマナーの悪さを嘆き、ときに出版元を叩き、飲み屋で隣り合せた居丈高な編集者をちゃかし、かと思えば「ある書店員の日記」や「うちの家族」のように、さりげない日々の断片があった。「日本国憲法」は、例のベストセラーになった当時の、こっちは本のための八章二一箇条。ミステリーやギャンブル小説の勧め。アンケート特集「もっとも面白かった本」。そして、「(み)はいかにしてなりしか」! これは4回に渡って連載された執筆者(み)氏が、本屋という職につくまでの青春風雲録である。カバー・ストーリーだけではない。本の情報をつめた小さなコラムにも時々、きらりと光るものがあった。

「熱中してた。原稿をもらってああ面白いと思うと、面白いものはみんなに分けてあげたいって思うから、割付けの仕方もあれこれ考えあぐねて、結局三日もかかっちゃったこともあった。そうだね、仕事の流れの上では『本の新聞』は目の上のタンコブだったけれど、そりゃ、熱中してましたよ」(加賀美さん)

三年と一カ月目の休刊。それぞれのその後。

署名記事は一本もなかったが、(み)も(は)も(ぽ)も(さ)も(た)も、好きなことを好きなように書き、ともすればそれぞれがあらぬ方へ飛んで行って収拾がつかなくなりそうな一歩手前で、それでも不思議と、三年と一カ月続いた。

休刊。八四年三月発行の第三七号、

> おことわり『本の新聞』は本号をもって休刊します。長らくご愛読いただきありがとうございました。
> 一同

編集後記にあたる各書店の通信欄には、「休刊」「終刊」「廃刊」「また、いつか」「ありがとう」「ごめんなさい」……さまざまな言葉が舞っていた。それはまるで宮沢賢治の童話「猫の事務所」のような、突然の解散だった。少なくともハタ目にはそう見えたのだが……

「いや、やめようって話はしょっちゅう。創刊から一年もたたないうちに言い出したこともあった」(加賀美さん)

「ぼくの悪い性格なんだけど、始めるときは元気ハツラツでも、そのうち出来上がったのを潰したくなっちゃうようなところがある」（早川さん）

（作っていて楽しかったですか、という質問に）「うーん、それが一番キツイ質問なんだよね。最初は楽しかった。とても、楽しかった……」（坂本さん）

号を追うごとに原稿の集まりが悪くなる傾向はあった。まわし読みをしても、批評が少なくなった。集まりの日に間に合わず、加賀美さんのところへ原稿を直接持ってゆくケースも出て来た――しかし、それでも三年は続いた。

「最後のとき、やめようって切り出したのはぼくだった。紙面のマンネリ化だけでなく、何回か集まりにやって来ない人もいたし、はっきり言って意欲が湧かなくなっていた」（加賀美さん）

木戸さん、斎藤さんは「内容はともかく、十年続けよう」という意見、残るメンバーには、憶測でしかないが、ちょっと疲れたという空気が流れていたようだ。

話し合いの結果、休刊が決まった。

「続けたかった。何でもとりあえず十年は続けようと思う方なのね。本音言って、（休刊で）ほっとした部分は……ないな。やっぱりないな。スピリット出したい。自分のものを何か出したいって気持ちはずーっとあったんだよね」（木戸さん）

木戸さんは、『本の新聞』休刊の後、『ファイティング版／本の新聞』という「文鳥堂四谷支店」だけの手書きのPR誌を創刊し、今も何と週一回のペースを守って刊行中。

「『本の新聞』をやめたらお客さんに渡すものが何もなくなった。あー、すっきりした。これで正常な本屋さんになったと思った」と言う早川さんも、そう言いながら、壁新聞『本のベストセラー』を作り、早川書店版『本の週刊誌』を創刊し、16号で休刊した。これで今度こそ本当におしまいかと思っていたら「今度出すときは不定期刊でやろうと思ってます」と、全然へこたれていない。早川さんは早川さんのペースで、書店のPR誌にこだわり続けている。

「『本の週刊誌』を作る前に、ポラーノ（細井）さんと自家製の作家の著作リストや店のベストセラーの交換を何回かしたのね。それを木戸さんに見せたら『これ、お客さんに配ったらどうかなあ』『これだけじゃ寂しいから他のニュースも入れて三、四人で』……そんな話は出たんだけれど、また同じことになるんじゃないかって気持ちもあってネ、やっぱり一人ずつでやろうって話になったよね」（早川さん）

木戸さんの中にも、早川さんの中にも、細井さんの中にも『本の新聞』休刊へのこだわりは残り続けている。斎藤さんも坂本さんも今年、店オリジナルのPR誌を創刊する予定でいると聞いた。

ああ、何だかんだ言っても、みんな結局、日々の糧である仕事を少しでも楽しくしたいんだな、そんなことを考え、妙に納得した。五人で雑誌を作ることの意義は正直言ってわからないままだが、楽しかった日々のことは十分に想像できる。そして時折歯切れが悪くなる、あるいは言い淀む言葉の底に、みんなで何かを作り出すことの難しさやまだ胸のうちに残るわだかまりを少なからず感じた。離婚した友人に別れた理由を尋ねるような、そんな気分に時々陥ってしまう取材だった。

〜ぶらりドキュメント〜

小田急線玉川学園前徒歩10秒 大塚書店を訪れる

◉藤代三郎

地元の書店がいいのだ

玉川学園には3軒の新刊書店と1軒の古書店がある。いちばん駅に近いのが改札口の前にある雄峰堂書店だ。ブックカバーを見ると首都圏に21店舗を持つチェーン店である。郊外書店にしては春日井建の歌集『青葦』（書肆風の薔薇）などもきちんと入荷するので重宝している。

駅からやや離れたところにあるのが富士美堂。文学、コミック、文庫、学参と一応棚は揃っているが、雑誌と文具がメイン。ちなみに私はこの店で文具を買う。隣りが毎日新聞の専売所で、そこの内気な犬がいつも路上で陽なたぼっこしています。

玉川学園は新宿から小田急線に乗って各駅停車で50分。町田の一つ前だ。だから日曜日などは町田に出る人が多いのだろう。商店の数は少ない。

いつだったか、町田の久美堂で山本恵三の小説をずらっと並べてミニ・フェアしていたことがある。御存知ない方のために説明すると、山本恵三は『熱き狼たちの標的』『赤き悪魔の喉笛』『狼は闇に血を流す』『蒼き獣たちの挽歌』『標的は闇の霊獣』と、やたらに「狼」とか「闇」が好きな作家なのだ。

10点ぐらい並ぶと異様な感じである。おやおやどうしたんだと近づいたら、小さな立て札があり、そこにマジックで〝町田在住のハードボイルド作家〟とあった。そうか、地元の人か、と途端にこの作家のファンになりました。玉川学園には片岡義男も山田正紀も遠藤周作も住んでいるのに、彼らのフェアをやったところを見たことがない。地元の書店に愛される（のかどうか知らないが）山本恵三さんを見習いなさい。あ、そうか。私は数年前にこの町に来たばかりなので、ずっと前にはやったことがあるのかもしれないな。ま、いいか。昨年末には赤瀬川原平さんも引っ越してきたので、赤瀬川原平フェアなんかどうでしょう

か、雄峰堂書店さん。

たった1軒の古本屋は小野田書店で、こちらは経営にもお店がある。なかなか品揃えもいい店だが、1年以上気になっていることがある。入って左の棚の中ほどに川内康範『虫けら』（昭和45年刊・講談社・430円）があり、この値段がわからないのだ。100となっていて、その次にもう一つ0が付いているのだが、最後の0が半分欠けているのである。これは1000円なのだろうか、それとも100円なのだろうか。定価430円の本だから1000円ということもないだろうが、わざわざ初版とボールペンで書いているところを見ると、うーむと判断できなくなる。店主に尋ねればいいのだろうが、もし1000円だったら引っ込みがつかなくなるし、行くたびに手にとっては考え込んでいるのだ。

で、大塚書店である。

こちらは駅を降りてすぐのところにある本屋さんだ。駅からソバ屋、ケーキ屋、化粧品屋、靴屋、米屋、化粧品屋ときて7軒目である。向いが酒屋、斜め前がスーパー。駅前商店街であるから立地はいい。それに閉店時間が遅いのも通勤客には便利だ。何坪ぐらいなのだろう、正確にはわからないが、見たところ20坪か。典型的な郊外駅前書店である。

雑誌、文学、地図、コミック、新書、家庭医学、学参、絵本と整理され、よほど特殊な本でない限り用が足りるように品揃えされている。店員が感じがいいのもいい。

週に二度は顔を出しているので店内の様子も頭に入っている。入ってすぐ左が地図。その隣りが文学の棚だが、そのいちばん上に読売新聞社から昭和47〜48年に刊行

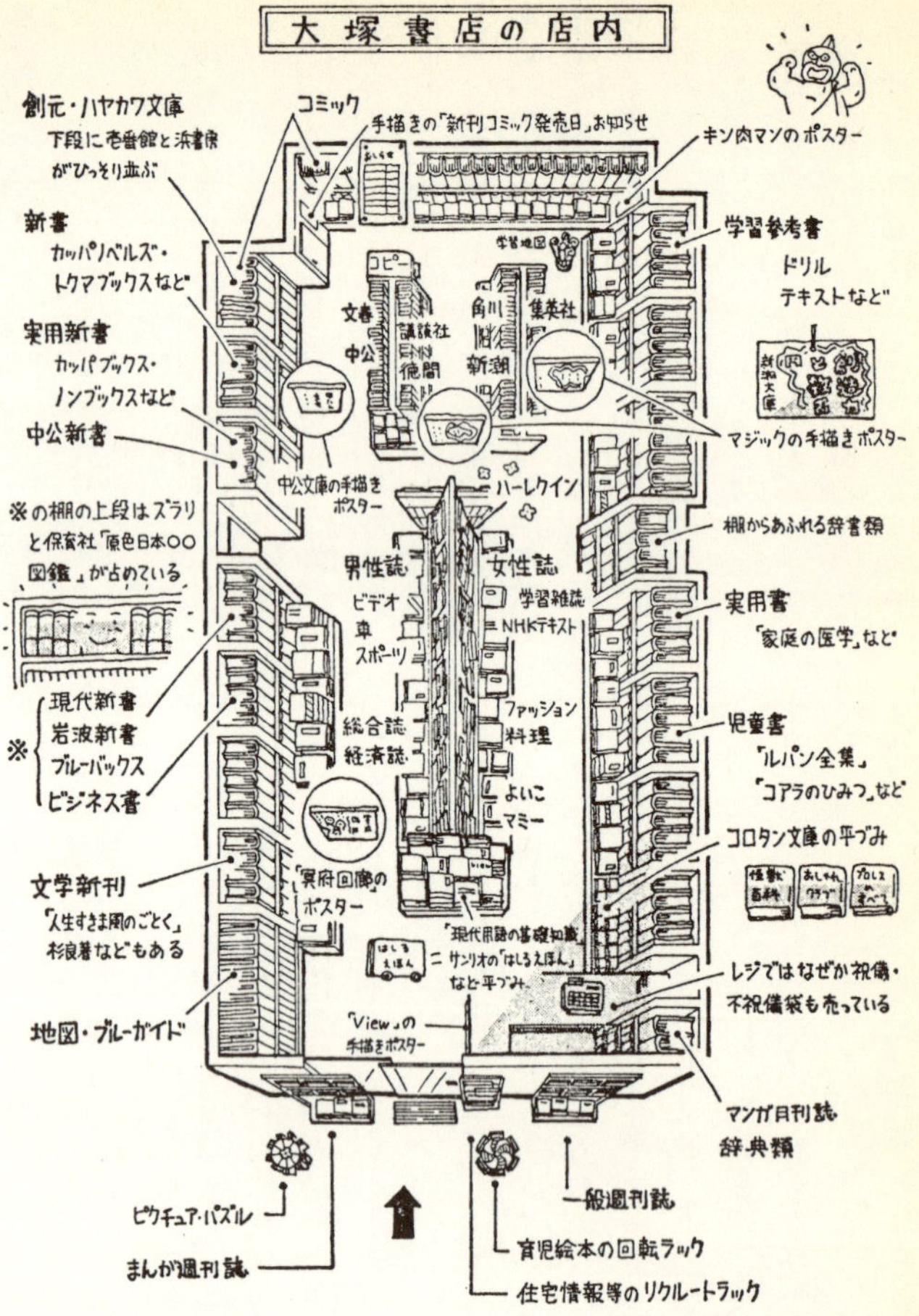

イラスト・福井若恵

された〝今東光代表作選集〟が置いてある。10年以上前の本だから、46ハードカバー箱入りだというのに、一冊950円だ。今なら1500円か2000円はつけるだろう。これが気になっているのは全6巻のうち第4巻だけ欠けているからである。誰がいつ買って行ったのか知らないが、半端な買い方をするな。揃っていれば買うのに、迷うじゃないか。

これも行くたびに手にとり、また棚に戻す繰り返しだ。今東光の本は手に入れづらいから買いたいんだけどね、揃いじゃないしな。

棚の上の発見

昔、池袋に住んでいるとき、小さな新刊書店の棚の上に埃にまみれた三島由紀夫の本を見つけたことがある。定価280円だったと思う。書名は忘れてしまったが、古書店で1万円ぐらいの値段が付いていた本だ。あわててポケットを探したが、50円足りない。ま、ずっと置いてあったんだ、すぐなくならないだろうと、一度家に帰り、数時間後に行ったら売れていて涙を呑んだ。まだ初版本幻想にとりつかれていた頃の話だ。おそらく10年ぐらい棚の上で眠っていたのだろうが、同じ日に見つけタッチの差で買っていった奴がいたのだ。それ以来、小さな本屋さんを覗くと必ずいちばん上の棚を見るようにしている。返品期限切れで眠っている本のなかには意外な本があったりするのである。本は新刊だけじゃない。こういう愉しみ方もある。もっとも最近では小さな本屋さんを覗いてもこういう愉しみは少なくなった。返品期限切れやその他の理由で棚の上に眠っている本をショタレ本と言うが、そういう本が棚の上にたくさんあるようでは書店は困ってしまうのである。こっちは勝手に愉しみなんて言うが向うは苦しみなのだ。ごめんなさい。しかし無責任に言うと、大塚書店の棚に今東光代表作選集を見るたびにホッとするのも事実なのだ。

ところで文学の隣りはビジネス書、その隣りが新書コーナー。その前の平台に笹沢左保『美貌の影』と豊田行二『ラブ・エアライン』の2点が数冊ずつ平積みになっている。青樹社のビッグ・ブックスだ。失礼ながらマイナー新書である。郊外駅前書店にはこの手の本が意外に平積みされている。察するところ、版元営業マン氏が場所を確保するために精力的に歩きまわっている成果だろうと思う。

その奥はずっと新書の棚が続いている。向い側が文庫だ。手前に文庫新刊コーナーがある。あれ、以前からこのコーナー、あったかな。ちょいと記憶にない。

ぐるっとまわると、学参、実用書のコーナーである。『バレーボール上達法』もあれば『おなかをへこます法』もある。何にもすることがなく、時間をもてあましている時は、こういう棚がいちばん愉しめる。立ち読みするなら実用書が何といってもベスト、というのは私の持論である。それも全然興味のない実用書がよろしい。ふむふむ、なるほどと時間のたつのを忘れます。

あれ、紙数がない。最後に一つ、リクルートのスタンド、ラック、垂れ幕などが目立ちます。あそこの営業は活発だからな。他社のもいくつかあったが、リクルートの怒濤のような攻勢が目についた一日ではあった。

書店開店ごたごた顛末記

◎木戸幹夫

▼「1」86年46号、「2」48号、「3」47号

1

自分で本屋をやろうと思ったのは、かれこれ八年ぐらい前になる。なにかを思いたつと友人達に吹きまくる癖が僕にはあり、結婚しようと思った時も相手になにもしてないのに友人には話が決まったかのように話し、それも一人や二人どころの数ではないから随分バカにされたが、独立の話も件数は少なかったとはいえ（三件ぐらいだったかな）吹きまくり、また狼中年になりかけていたのだ。僕だってやる時はやります。

まだあの頃は八〇〇〇万円ぐらいの借金だったらすぐできると錯覚していた。親・兄弟・親戚はもとより、国民金融公庫（従業員独立貸付という制度があり二八〇〇万円も貸してくれるのだ、上限では）、奥さんの実家、文鳥堂書店、銀行、友人、知人、先輩後輩、飲み屋さんの顔見知り、中学の先生、生命保険の解約（以上可能性が大きい順）等、すべてを動員すればチョロイものに思えた。誰にいくら借りようかと金額を考えることはとても楽しい作業だった。一億円ぐらいはすぐに突破してしまうんだよね。

僕が吹いた三件の物件もちょっといい線にいったのは最後の中目黒の三〇〇坪だけで、後は一人で力んでいただけだった。初めの物件はピロティが広くお金を払わなくても使えるスペースがあっていいなと気にいり、大好きな四谷の地ということもあって、かなり執着した。二件目は吉本隆明さんのお宅に近いのと、ビルのオーナー夫妻にここら辺は本屋さんがないから是非やってくださいと強く言われ、その気になった。よく調べたら隆明さん御用達の創文堂さんが近くにあるじゃないですか。

三件とも取次のマーケティング・セクションの方にみていただいた。僕を担当してくれた方は四人いるマーケティング係の方々の中でも一番のベテランで、宮本武蔵みたいにひと睨みですべてを見通す方だった。武蔵さんは四谷、千駄木の物件はあっさりバツ、中目黒で初めて合格だった。しかし物件の坪数が広いこともあり、文鳥堂書店の経営陣の方々に反対され、あきらめた。この方々の賛成がないと僕は身動きがとれない。ちなみに経営陣は四谷、千駄木がマルだった。

中目黒のビルのオーナーはハンコ屋さんも兼業しており、代官山の話が決まった時に挨拶に行ったら、りっぱな会社印や代表者印を格安でつくってくれた。

今回の話が始まったのは八四年三月だ。本屋のお仲間の紹介だった。住んでもいるマンションを建て直し、駅前であるから店舗として使いたい、店ならやっぱり本屋さんというわけで（大要ですが）、保証金なしでスペースを提供するから、その他はこちら負担で本屋を共同経営しないかという、とんでもない話だった。テナントの保証金はアパートを借りる時とは桁が違い、新築ビルの場合は数十万円、時には数百万円も（一坪で、ですよ）とられる。これがゼロなら、もう僕の本屋はできたようなもんです。世の中って甘いもんだね。

すぐに、すぐにでもないんだ、まだいつビルを新築するか決まってもいない時だったからノンビリしていて、八月に武蔵さんに立地条件をみてもらった。ちょうどお盆の時で、それでなくても通行量は少ないのにその時は全く人影がなく、ひと電車につき二、三人がぱらっと降りてくるだけで、武蔵さんは即座に顔をしかめた。二谷英明をしぶくしたような声で「売れても坪で二〇〇〇円でしょう」と言った。ちなみに本屋の全国平均一坪当りの売上は一日七〇〇〇円ぐらいです。いつもであればここであっさりあきらめる。しかしよく考えてみると、僕が借金できるだろうと考えていることは、とらぬ狸ですから小心で口べた者にできるわけがない。それまで「どのくらい資金を準備できるの?」と聞かれたら、でも遠慮して「五〇〇〇万円ぐらい」とお答えしていたが、それだってどうだか。理想に生きるつもりはないけれど、やっぱり自分でやる時は三〇坪前後がいいという一念があり、どこでやるにせよ六〇〇〇万円以上はかかる。僕には今回の話しかないように思う。「でも保証金はないですから……」と力なく反論した。武蔵さんは「もっといい物件があるよ」と慰めてくれた。すぐその気になって他の物件を探そうと思ったんですよね、やっぱり。

本当は僕のもっている条件では本屋をつくることなど無理だった。僕はそんなことも気づかず、楽観的に、いえ単にヌケてるだけの話ですが、もっといい物件を探しながら、ビルのオーナー（といっても僕と同年代。イヤン・クリアキンに似てるからイヤンさん）と数回逢い、「これまでにはなかったような本屋をつくります」なんて吹いていた。他の物件を探していることは隠しちゃって。

僕がまだ夢から醒めない間にビル建築の話はどんどん進み、設計の段階から参加させてもらえる話はいつの間にかどこかにいき、設計図はとどけられ、悪いことに柱が店の中に残る設計なのになにも言わず、着工日も決まり、ビルを壊し始め、イヤンさんに店の入口をどこにするか決めてくださいと言われても僕はじっとしていた。六年ぶりにウツ状態に陥ってしまっていたのだ。前の時に行った斎藤茂太先生の病院にまた行こうかと思ったけれど、ゆっくり話を聞いてもらえないと治らないことは分っていたから気がすすまず、偶然薬局で目についた精神安定剤を飲んでしまったから、よけいおかしくなり（頭をとにかくボンヤリさせる薬だったらしい）、油汗ばかり流していた。

それでも、僕の病気におかまいなしに話はどんどん進み、とりあえず内装のうちでも大きなものは決めておきましょうとイヤンさんに連れられ、ビル全体の設計と施工管理をしているジンギス汗さんに逢った時など、なぜか本屋も廃業しようと思っていた時で、ほとんど上の空、なんどか奥さんにつつかれた。質問を聞き流してしまったらしい。イヤンさんは事前に話のテーマを教えてくれず、その場で急に判断をせまる方でウツ状人間はとても困った。その場主義は普通のときだって、判断力のにぶい人間には困ることだ。

あの時、なにか決まったのかしらん。そうだ、僕は一時、今やめれば八〇万円の損だけと思っていたから、空調機だけは決めたはずだ。

同じころ、八月だったから、あのマーケティングから一年もたっていたんですが、初めて資本獲得運動をした。国民金融公庫に融資の申し込みをしに行ったのだ。僕は本格派になりたいほうだから、やっぱり金融公庫本店に電話をした。相談課というのがあった。まるで取次みたいだ。電話の相手をしてくれた方が感じのよい方だったので、ウツのことも忘れ、大手町に行った。想像と違い相談課は隅のほうにあった。相談はほんの三分で終った。僕の二八〇〇万円はどこかにいってしまった。国民金融公庫がだめなら、以下全滅で一億円は一挙に五〇〇万円になった。その日ヤケになり昼間からパチンコに行き、一発逆転の台で四〇〇〇発、一万二〇〇〇円も稼いだが、ちっともうれしくなかった。一億円に比べたら小さいもんです。一万円もって東金《とうがね》に逃げた。どうやって四谷店に残るか、経営者にあやまってしまおうか、そんなことばかり考え

ていた。あのころは仕事も手を抜いてばかりいた。

僕がボンヤリしていられなくなったのは九月十三日をすぎてからだ。イヤンさんから入居の条件も本屋さんの経営状態にあわせて考えてあげるから具体的な数字をもってきてくださいと言われた時からだ。基礎工事が終り外壁のコンクリートが次第に高くなっていく時期だった。借金もできない。仕事にも自信なし、こんな僕でも本屋をさせてくれるんでしょうかと聞きたかった。

おそるおそる再び取次に行った。油汗を隠して。武蔵さんはご病気で入院中。営業に長くいる女性（この方だけがやさしくしてくれるの）にお願いして他のマーケティング担当の方を紹介してもらった。今度の方（なぜかミッテランさん）はいそがしい方で仲々物件をみてくれない。本来四人でする仕事を三人でしてるんだから大変だろうけど、こちらもアセッている。今度は〆切日つきの話だ。過去に結論のでた話を蒸し返しにきたと思われたかと僻《ひが》んだ。一人で物件をみに行くなんて……、本当は行ってないんじゃない？　実はミッテランさんは書斎派で「報告書」をつくっていたのだ。レポート用紙三枚から成る報告書と商圏（半径五〇〇メートルに丸がしてある）地図、そして「出店採算計算表」がついていた。

「報告書」は全五章から成りたっていた。一章の概況では「商圏は極めて狭く」とか「車の通行も少ない、一時間当り二〇台前後か」とか、あまりいいことは書かれてなかった。商圏の人口（九〇五一人）。出版物全国年間総販売額を全人口で割り、渋谷区の民力をかけてでてくる渋谷区住民一人当り図書購買額（月額一七七二円）に商圏人口をかけ、書店ルート割合（駅の売店ルート等もあるでしょ）をかけると商圏内月間図書購買力がでてくる。一一二二六八六〇円。すっごい。これが全部うちで買ってくれればうれしいがそうはならない。結局うちで売れるのは月で四一九四九〇五円だけという予測になった。

「出店採算計算表」は武蔵さんの時からおなじみで、白紙のものを沢山もらい、自分でも数字を動かしてみたりしていた。でも、ついつい人件費を多目に考えてしまい（だって自分の給料だもん）客観性を失ないがちで、ミッテランさんにつくってもらったのだ。当初仕入八五〇万円、内装と棚で五五〇万円、広告宣伝一〇〇万円と数字が並び、しめて一五〇〇万円の資本投下。人件費は男と女各一名使用で男が年三〇〇万円、女が一五〇万円。つまり夫婦合計四五〇万円、大幅な収入ダウン。それで計算しても月に四六八二〇〇〇円の売上がなければダメとの数字がでた。予測との差、わずか四八七〇九五円。なんとかなるんじゃない？

イヤンさん用に「報告書」と売上を一〇〇万円単位で変えた「出店採算計算書」をつくり、入居条件のお願いを書いた。代官山としては格安でも本屋とすればシンドイ金額になった。イヤンさん、あまり安いので怒るかな。試験の答案をさしだす気持ちでイヤンさんの引越し先のオクションの郵便ポストにおとした。合格したいよ。

　取次からは早く会議にかけたいから、文鳥堂書店から独立してやるのか、文鳥堂でやるのか、はっきりしてほしいと言われていた。そんなこと、言われても困る。経営陣のお母上様（僕は会長さんと呼んでいた）がご病気のこともあり、なにも話していない。またもやバツだったらどうしよう。資金繰りだってそうだ。自己資金五〇〇万円、あとは銀行から借金の予定なんて言ったけど、そんなのどこにあるの。

　思いきって文鳥堂書店の経理担当重役に話を聞いてもらった。経理担当重役・三浦さんは言い方のきつい方で、随分傷つかせてもらったけれど、もう俺だって言うぞ。ダメならダメで死んでやる（なんで興奮しなきゃいけないんだろ）。三浦さんは話を聞いてくれた。その時に言われたこと。今月の十五日までに自分で集められる金をもってこい。残りは面倒みてやる。ただし今までみたいに甘い考えでは本屋の経営はできないぞ。初めの一年は本当にきついぞ。お前にできるか？

　気合いがはいった。やるっきゃないじゃない。大急ぎで親・兄弟・親戚用に「報告書」「出店採算計算表」の解説と明るい展望にシビアな話（取次を悪者にしちゃったりして）を添えた「代官山・文鳥堂書店建設企画書」、つまり借金申込書を作成。先輩・友人関係にも郵送。すぐに反応があった。全員ＯＫだった。貧乏自慢のおじさんも希望額を貸してくれた。長男は保険関係にいるためか、その方面に明るい。国民金融公庫はだめだったと話したら、知り合いに問い合せてくれた。翌日が申し込みで、その時、金融公庫本店での話をしたら、担当者は首をかしげるばかりだった。本店での僕の印象はよほど悪かったのだろうか。六〇〇万円が復活した。お金は思い煩っただけに簡単に揃った。文鳥堂さんに迷惑をかけなくて済んだ。

　同じころイヤンさんから合格の通知がきた。いつの間に決まっていた十二月十二日の開店日にはすでに一ケ月を切っていた。

　しかし内装をどこに頼むか、棚は？　そしてなにより取次の取引部という、これまで全く無縁だったセクションとの交渉がまちうけていた。取引部のＯＫがなければ本屋は開けない。イヤンさんとの共同経営は？　本屋の名前は？

　問題は山のようにつまれたままだった。

2

取次の

マーケティング・セクションからは一応開店ＯＫの返事をもらったが、肝心の取引部からはなんの音沙汰もなかった。取引部というのは、営業部が本の配給をつかさどる仕事とすれば、集金をする所で（大雑把に言えばですが）、それに付随して本屋が倒産した時の処理とか新規開店の最終的判断をする部署だった。うちの場合は文鳥堂の名前を使わせてもらい支店扱いとして出店するのだが、実際には僕の独立で経営が違い、その取扱いでいろいろ条件が考えられているらしかった。

取引部はエレベーターホールを降り、営業部関係のデスクが300以上もずらーっと並んだ活気のある所をすぎ、計算室とでも言うのだろうか女性ばかり100人以上が伝票の計算をしている所の奥にひっそりとある。男性ばかりで骨太にざわついている所だった。ずっと僕はここがなんのセクションか分らなかった所だ。なんのお呼びもないのに、出かけていくのは変な話かもしれないが、勝手に決めた開店日はせまっている。とりあえず渋谷区担当の片岡千恵蔵さんに逢いにいった。片岡さんはずっと新宿区の担当だったこともあり文鳥堂のことはよくご存知だった。片岡さんのむかい側に坐っていた渋谷天外さんも「先代の社長には随分お世話になった」と声をかけてくれた。なにか取引部というのは恐い所という印象があったが、そんなことは全然なかった。いいおじさんという感じの方ばかりで安心した。片岡さんに課長さんを紹介してもらった。なんとそのむかし「本の新聞」をつくっていた時、取次で唯一声をかけてくれた方だった。「本の新聞」のファンの方はめぐまれない方が多かったので、てっきり閑職の方と思いこんでいたのでビックリした。御三方は僕がつぶれる心配ばかりしているのを笑った。「なーに、すぐに別荘がたつよ」なんて軽く言われて、すぐその気には……ならなかったけれど、随分気は楽になった。もうひとつ「本屋がつぶれる原因はギャンブルと小指だから気をつけるように」。はーい。そのうちに「資金はどのくらい用意しているか」「奥さんはどれくらい経験があるか」「不動産の有無」などの肝心の質問があった。新規店は必ず保証金か担保を提出する。

特に最近は本屋さんもつぶれるようになり、万一にそなえて、ここら辺はきちんととられる。保証金だと在庫分ぐらい、担保だと在庫プラス一ケ月の売上分ぐらいが必要ということだったが、僕の担保は住宅ローンがあり、残りはわずかなものだった。「なにも心配しないでいいから、どんどん準備をすすめなさい」。はっきり言われたわけではないけれど、そんなニュアンスが伝わってきた。「お前の準備した資金では少ないけれど、面倒みてやるよ」。そんなニュアンスがあった。もう何事も自分のいいほうに考えるしかない。クヨクヨしても始まらない。11月21日に文鳥堂の経営陣といっしょにまたおいでということになった。

棚の設計は取次の相談室の方が初めの図面を書いてくれた。中央にどーんと雑誌の島。それでも足りずにレジ横と入口右手の一番いい所にも雑誌。左手の小島に文庫。左手の壁面にコミックスがズラリ。面積の割合からすると雑誌が60パーセント、コミックス15パーセント、文庫も15パーセント、残りのわずかなスペースが書籍だった。20坪ぐらいの新規店では平均的な構成かもしれないが、やや不満だった。やっぱり本を売りたいじゃない。別に雑誌やコミックスが嫌いなわけではないけれど、バランスをよくしたかった。それにストックを置くスペースが少なかった。きいたら「ストックにも請求はくるのだから、ストックなしにして効率のよい商売をしたほうがいいよ」ということだった。でもイヤだよ。ストックがないと不安で仕方ない。どうせ返品できない本も徐々にたまるのだ。ストックは棚の下に目いっぱい作ってもらおう。

とりあえず図面をもって取次が紹介してくれた棚製作会社にいった。普通は二、三の会社で見つもりをしてもらい、一番安い所に決めるそうだが、時間もなし、わずか20坪の本屋でそんな大層なことをしてはいけないと思った。事務所にはスチールから合板、ホントの木をつかった棚までいろいろな見本があった。スチールではちょっと寒そう、木は当然使えない、あっさり合板に化粧板をはる方式に決まった。化粧板の色見本を色々みせてもらい、流行の白なら安くできると言われたけれど、やはりイヤで、オーソドックスに茶色に決定。それで見つもりと設計図を書いてもらった。

二、三日後、りっぱな設計図がとどいた。平面図と立体図つきだ。四谷店で一度だけ改装をしたことがあった。設計図をもとに、自分でも実測したりして、あれこれ変更したが失敗が数ケ所あった。その教訓をいかし、今回はより慎重にした。

見つもりは300万円ちょっと。こちらの予算は坪15万円で270万円だった。これ以下なら即OKだけれど、以上だと困ったことになる。設計の変更と合わせ考えてくれることになった。

内装も棚の製作会社でやってあげてもいいという話だったが、ビル全体の工事は1月下旬まで終らず、なんとなくやりづらそうだから、できればそちらに頼んだらということになった。ビルの設計、施工管理をしているジンギス汗さんに相談しにいった。「そのほうがやっぱりいいでしょ」ということだった。棚は普段見なれているものだから、設計図や見本をみてもイメージがわくが、内装は全く分らず、すべてジンギス汗さんにおまかせだった。一応施工主として、建築をうけおっているジャンプ工業の現場の事務所を訪れて、希望を言わなければいけないのだが、全然儲かる話ではないらしく、所長以下誰も相手にしてくれない感じだった。所長は言った「棚屋さんでも内装やってくれるんなら、そっちに頼んだら。うちは高いよー」。ビル全体の工事が大詰に近づいて、余計な仕事をしたくなかったらしい。再度、棚製作会社に連絡したけど、工事の区分がつけづらいというので、やっぱり頼みこんだ。設計はジンギス汗さんが面倒みてくれて、訳の分らないうちに見つもり書もできてきた。すでに決まっていた冷暖房機や自動ドアも入って420万。こちらは少しでも安くしたいから、材料のおとせる所、物をしつこくきいた。ジンギス汗さんもつきあってくれて、現場事務所でしつこく話しをしていたら、所長は「じゃ、一割びきでいいよ」とあっさり言ってくれた。どうもありがと。グッスン。

いよいよ棚だった。僕の変更は十数ケ所。こちらも材料の手抜きを積極的にたのみ、なんとか270万円でおさえてもらいたいとしか言えなかった。延々3時間、お願いだけは充分にした。次の日、275万という返事がきた。わずか5万円。でもダメだった。

困ったことになった。どこにも声をかけていない。またもジンギス汗さんのお世話になった。以前から「棚をつくっている所を知ってますよ。よかったら紹介しますよ」と言ってくれていたのだ。なぜか気がすすまず、「大丈夫です」なんて言っていたのに、すぐ紹介してもらった。もう時間もない。その棚製作会社はベラボウに安かった。ジンギス汗さんの顔がきいて〈トモダチ・プライス〉にしてくれたのかもしれない。僕の設計変更をふくめて、化粧板ではなく「ヌリ」で予算ぴったりでいいということになった。やった！

取引部からの返事は担保に根抵当を設定、集金は月1回という新規店としては上々の条件だった。

やっともらった取次のOKの報告をイヤンさんにしにいった。とても喜んでくれた。その時、開店祝いのパーティでもやろうみたいな話になった。イヤンさんの知っているフランス料理屋さんだったら紹介してくれるという話になった。それまでは全然そんなことを考えていなかった。予算もないことだし、何事も地味にやるつもりだった。しかし「一生に一度のことなんだから」という言葉がしみた。もともと嫌いなほうではない。スポンサー各位（兄弟なんですけど）の同意もあり、ハデにすることになった。僕はどんな形でも四谷をやめる時は四谷店でお世話になった方々を招待して同窓会をやるのが夢だった。どうも他人《ひと》に迷惑をかける体質があり、僕とケンカしてやめた方も2、3人はいるのだ。いつかあやまりたいと思っていた。結局、同窓会のほうは準備ができなく、今回の開店でお世話になった方々を招待して開店披露宴をおこなうことにした。フランス料理ではどうも僕のセンスではないので、やはりお寿司屋さんの二階だった。代官山近辺では適当な所がなく、恵比寿の駅前のお寿司屋さんにたのみにいった。その店はとても高いところだった。寄せ鍋が一人前3800円もするのだ。こちらの予算は一人2500円。どう考えても無理な話だった。調場のおじさんは「あんた、となりの店にたのんであげるよ」と言ってくれたが、どうしてもお寿司屋さんでやりたい。祝い事はお寿司屋さんの二階なのだ。おかみさんがでてきて、やっとOKしてくれた。ここでもやはり〈トモダチ・プライス〉みたいなものだった。「ご商売、成功してくださいね」なんて暖かい言葉をかけてくれた。

「一生に一度」ということで考えたことはもうひとつあっ

た。宣伝だった。ひっそりと開店したのでは浸透するまでに時間がかかる。ハデにしようということになった。取次でつくってくれた予算表にも宣伝費100万円という項目があった（あとで聞いたら間違いらしかった）。その予算でチラシと代官山マップをつくりたかった。チラシは二種類、「開店準備お知らせ号」と「本日開店号」。〝沢野ひとし〟さんと〝いしいひさいち〟さんにイラストとマンガをお願いした。印刷は以前からことあるごとにお世話になっている山上たつひこさんだ。ここはいつも〈トモダチ・プライス〉だった。しかしいつもレイアウト、紙の手配まで面倒みてくれる土屋さんはやめていなかった。版下をつくってくれる方、デザインの面倒をみてくれる方が必要になった。おおあわてで福田さんとちあきなおみさんに電話をした。2人とも年末でいそがしいのにつきあってくれた。ちあきさんは「こういうもんは時間がなくてパッとつくっちゃったほうが、いいもの、できるんですよー」と名言を言った。しかしもう2週間もないんですよ。翌日からマップづくりに専念。僕はすべてのチェック関係で一日何十本と電話をかけまくることになる。

これですべての準備が終ったわけではない。本の手配がまだなのだ。普通は新規開店の時はすべて取次におまかせで、自分が仕入れなどしないらしいが、本屋も立地条件や坪数だけでなく、仕入れで勝負したいじゃない、すべて自分でやるつもりだった。しかしもう開店まで10日、1社ずつ出版社を回る時間もなく、わずか4社を回り、電話でお願いした出版社が10社をこえた所でタイム・リミットだった。取次からも出品依頼書をまわしてもらったから、本が大幅に少ないということはなかったけれど、やはり平凡な品揃えしかできなかった。

お店の名前も仲々決まらなかった。文鳥堂ののれん分けなのだから文鳥堂という名前は使わせてもらうが、なにかもう一言独自の名前がほしかった。結局名案はひとつでてきりで、それを使うことになった。「ペイジ・ワン」音感ではピンとこなかったが英語で書くとそれらしくなった。会社の登記にいった時に英語が使えないことが分り、正式名はカタカナ表記となった。

さあ、いよいよ棚のはいる日がきた。その日は4トンのトラック1台と2トンが1台なんていわれていたので、うまく店の前に駐められるか心配したが、ビル工事の現場のおじさんがうまく車を整理してくれた。ここまでくればもうやることはなかった。棚が次々に設置されるのを感心してみていればよかった。

次の日が本の到着だった。この日も2トントラック1台。応援が取次から5人の方だった。文庫は著者名のアイウエオ順に入れてとか、分類がうるさかったので仲々はかどらず予定の6時すぎても終らなかった。取次の方は責任を感じて仕事続行を主張したが、宴会がまってます。ひきはがすようにして、宴会場におつれした。今回お世話になった方々が次々に「おめでとう」と言ってくれた。お礼を言わなければならないのはこちらなのにと、不思議な気持ちだった。とにかく準備のすべては終った。後は商売をするだけだった。

3

十二月十五日、

快晴。はれてこの日より有限会社文鳥堂書店Ｐａｇｅ１の取締役会長となったイヤンさんの特別休暇の最終日。レジをやりたいというイヤンさんの希望をいれ本日から試運転営業の予定。しかし前日の棚入れが開店披露宴のため中断し、通路がないぐらいにダンボール箱は積まれ、棚はスキマだらけ。僕の美意識が「汚い所をみせてはいけない」と言ったが、やらねばならぬ。一日営業すればどんな本が売れるか大概がつかめる。開店日までに仕入れた本は当初商品といい、支払い条件が楽になるという話もあったので（実は十二月いっぱいまでに仕入れた本が「楽」になった）、開店までに売れそうな本だけを仕入れたかった。十八日が正式オープン（だって大安の日なんだもん）というエクスキューズもあった。午後二時までかかりダンボールを整理し通路をつくり本を大雑把に棚入れし、「開店準備中につき混乱していますが一応営業中」とハリ紙をだした。お客様がパラパラと入ってきた。僕の気持ちはまだ〝準備中〟だったのでさしたる感慨もなかった。

　出先から僕は一時間おきに電話をいれた。売上の小計を聞くためだった。一時間で約二万円づつ上っていた。ちょっと安心した。少なくても配達をしなくて済む。最低の生活でもいい。あの屈辱を味わうのはイヤだ。

　夕方、店に帰り再び本の整理を開始。全然はかどらない。なにから手をつけたらよいかも分らない。夫婦二人でできる仕事量ではとうていなかった。急遽、四年前に四谷店の社員だった松田聖子さんに電話。子連れでもいいからと応援をたのむ。できるだけタダの人材と考えても僕の友人関係ではもう歳で、自由に動けず、お金にもうるさくなる年代で、あーあ、これが十年前ならヒマをもて余した奴ばかりだったのになー。とにかく人手は多くほしい。各方面に電話。決まらず。次の日、本の雑誌社に電話。配本部隊の余り人をうちに廻してもらうべく懇願。本の雑誌社の配本部隊はノマスだけがお礼と目黒さんの本で知ったので、うちはタベルだけで使わせてもらおうと思う。十六日午後、森さんが手伝い人となった。

　十六日は半日、取次の店売にいて本を抜いた。まだまだ足りない。十七日も午後からあせって取次へ。予想に反して売れる児童書を大幅に増やすためだった。児童書方面は暗いのだが、さわってみて福音館の本はやっぱりいいと思えた。五時十分取次の終業時刻。パリッとした本が揃えられなく悔いが残る。

　営業時間は全然決めていなかった。朝は十時出勤で決まり、終りは売上目標額を達成できたらだった。十五日は十時半、十六日十一時半、十七日は十一時に閉店した。

十七日の晩はさすがに眠れなかった。開店日のジンクスを計算していたのだ。開店日の売上の半分がその後の平均日商となるという説だ。その式で考えると明日は七〇万円の売上が必要だった。いったい何時になったら閉店できるのだろう。

十八日、快晴。朝一番でチラシに開店サービス品として宣伝した「代官山マップ」を製本屋さんにとりにいく。道を間違え時間がかかる。十時半店着。祝電が届いていた。早速プレゼント展示コーナーに飾る。いけねえ、今日だけはスーツを着るつもりだったのに、やっぱり作業着だ。お客様が「本屋さんができてよかったね」と言って入ってくる。「いいニオイだね」という声もあった。棚の薫がまだ新鮮だ。なにかとってもいい感じだった。森さんがずっとレジをしてくれた。マップの渡し方が上手だった。一週間後〝ビギナーより〟というファンレターが森さん宛に届いた。駅前にあるため道を尋ねる方が多い。こちらも不案内でマップをみながら首をかしげるばかりだった。午後になっても花輪がどこからもこない。仕方なく一週間早く開店した、お隣のブティックから借りて店の前に並べた。リップサービスはいっぱいあったのにツベテエもんだと思う。三時ごろから満員盛況という入りになるがレジは余りいそがしくない。僕はレジにいるのがイヤで四谷店でもあまりやらなかったが（自称「人みしりな本屋さん」）、今度はそうも言ってられない。平気でお客様に声をかける森さんを見習おう。夕方一瞬レジがラッシュとなる。九時半ごろからお酒の匂いが店内に充満する。好きなのに飲めないこのツラサ。深夜営業店ではどこでも売れるイヤラシ本が全く売れない。「代官山住民無性欲説」をすぐに立てる。この四日間毎日きてくれた方もいる。やっとサービス品をあげられてうれしい。「何時まで営業ですか」という問い合せが多い。「目標額が売れたら閉店です。早く四、五万買ってください」とも言えず困った。結局午前零時半閉店。目標額の七分の四。明日からマーケティングの数字より少々良い二〇万円か――。きびしい。疲れ果て、車で金町に帰るチカラがでない。仕方なく渋谷のラブホテルへ。そこで本日の売上の集計をする。以降塒《ねぐら》探しが急務となる。

一応開店はしたが事前にやりたいことは沢山あった。チラシ裏面の出版社協賛広告の集金案内状の発送。これは二月下旬にやっと発送。すでに、入金がある。送ってくれた方々、どうもありがとう。〈色紙展示会〉のお願い手紙はまだ発送できない。作家の方々にも色紙を書いてもらうのだ（その数

約三〇〇名）。四月中にはお送りしますゆえ、手紙が届いた方々はよろしくお願いね。

あれからもう三ケ月、やっと落ち着いたかなという感じ。どういうわけか奥さんは実家に帰って一ケ月になる。代官山駅は四月一日から仮ホームへ移転する。もう今の所に戻らないという話もある。移転反対運動をやろうと思うが燃えあがらない。僕はむかしから住民運動があまり好きでなく、エゴで運動をやることをケーベツしていた。自分が変な立場に立たされてツライ。自分をケーベツしなくてはいけないんだもん。開店前後はとても元気がよかったが、またもとのイバラの日々である。でも希望はすてないぞ。五年後にはPage2もつくるんだ。場所も決まってるぞ。〈いつも心に太陽を！〉だーい。

発作的座談会

本屋入場料30円説

椎名誠・沢野ひとし
木村晋介・目黒考二

▼86年49号

沢　本屋さんに行くでしょ、新聞広告で見た面白そうな本を買いにね。ところがそのまま読まないでホコリをかぶっちゃう本ってない？

椎　あるある。

沢　あるだろ、そういう本。どうしてなのかな。

目　やっぱり買うと安心感を持っちゃうんじゃないの。いつでも読めるって。

椎　そうだな、買った本を読むより借りた本を読む率のほうが高いだろうし、安心感か。

木　でもね、図書館から借りて読まなければならないと思ってるだろ。ところが貸し出しの期限がきちゃう。そこでぶ厚いコピーを取って返却する。そういうコピーがファイルされて何冊もあるよ。

目　それも自分のものになったという安心感じゃないの。だからインキが消えちゃえばいいんだよ。買った本が一週間で真っ白になるってことだったら、あせって読むよ。だけど、ずっと活字は残ってるし、いつでも読めるわけだからつい安心しちゃう。

木　いつでも読める本と、いつでも寝れる女はよくない（笑）。

沢　本の話だよ、本。

椎　だからお前は何が言いたいんだよ。

沢　キミたちは、買ったけど読まなかったっていう本はどのくらいありますか？

椎　沢野は？

沢　オレは10分の7ぐらいは読むよ。というのは、もともとあまり買わないから。目黒君は?

目　10分の5。全部読む気でいるけど時間が追いつかない。

椎　目黒の量は普通じゃないからな。異常だよ。オレは10分の9。

目　読むの?

椎　いや、読まないほう(笑)。

木　どうしてキミたちは、読まないのに買うの?

目　自分の買った本を全部読んじゃったらつまらないでしょう。読めない本がいつもあって気になるほうがいい。

沢　異常なんだよ、読書人というのは。木村君は?

木　ぼくは読まない本は買わないから。

沢　あんたの付き合い方は渋いねえ。

木　声をかけたら手を出さなくちゃいけない(笑)。

椎　わかりやすいねえ。じゃあ、キミたちは女のいない国と本のない国のどっちを選ぶか(笑)。

沢　お中元にはどうして本が来ないんですか。

椎　お前、話をとばすなよ。

目　本は多様性があるから選びにくいってことはあるんじゃない。

沢　じゃあね、キミたちは自分で選んで本を買ってるわけだろ。それなのにどうして読まないの。

木　なるほど。

沢　それを反省しなさい(笑)。

目　考えてみるとさ、読まれる本と読まれない本って、かなりはっきりわけられるだろうね。売れてても読まれない本。

沢　ぼくがいま持ってる本、『ゴルフ入門書』ね。これは何刷だかわかる?

椎　変な質問する奴だねえ、沢野君は。

目　そういうのは売れてるよ、きっと。30刷くらいかな。

沢　そう、ちょうど30刷。これは売れてるだけじゃなくて、読まれてると思うね。それなのに文学作品はどうして売れない、読まれないのか……。

目　生活の基本に必要ないからじゃないの、多くの人には。

木　オレの『サラ金トラブルうまい解決法』って本ね、あれ、初刷で終っちゃったよ。

椎　生活に必要ないんだよ(笑)。一部の人たちだけで。

沢　でもね、入門書が全部売れてるかっていうとそうでもない。この本は特に読まれてるんだよ。

椎　だから何が言いたいんだよ。

沢　書店の中に10分の9コーナーをつくる。一階の本は10人中9人が読む本とかさ。わけちゃう。

椎　どこでわけるの?

目　毎週送られてくる本を書店員がわけるしかないだろうね。これは絶対に読まれない本だって五階に上げて、これは半分ぐらいは読まれるなって三階ぐらい。絶対に全員読むって自信のある本は一階というぐあいにさ。

木　そうすると、出版社は審査する書店の担当者に中元は送るわ、酒は飲ませるわ……。

目　一階に置いてある本は一週間でインキが消えちゃうってのはどお。だから読みたかったらすぐに買って読まなくちゃならない。二階の本は一カ月。五階の本は十年もつ。

椎　目黒はインキが消えるの、好きだねえ。

沢　そうなると立ち読みがふえて本屋さんが困るんじゃないか。映画館なら入っただけで金とられるだろ。でも書店はタダだから。

目　じゃ、金をとればいい。

沢　本屋が？

椎　いいねえ。本屋30円説。突然30円だけど。

木　そうなると入ったら買わないと損になる。

椎　よし、本日の議題は本屋定価制。

目　途中で議題が決まる座談会ってのも珍しいんじゃないの。

沢　オレがここまで話を持ってきたんだよ（笑）。

木　そうすると、たとえ30円でも入場料を払うのがイヤな奴はどうするの？

目　入り口に立っててさ、出てくる人に「すいません、今日はいいの入ってましたか」って聞くんだよ。

木　「いいコいました」なんて。

目　「今日はイイのいっぱいあるよ入ったほうがいいよ」なんてさ。

椎　ショーウインドーに本の写真をズラズラッて貼るのもいいな。

木　お、今日はいいコいっぱいいるな（笑）。

椎　右から三番目がいい（笑）。

沢　大きい書店はいつも混んでるじゃない。うっとうしいから入場料とるっての、いいかもしれないなあ。

椎　でも、みんな30円払って入るわけだろ。肘で押されたって威張ってるんじゃないか。「30円！」なんて（笑）。

目　じゃあ、指定席つくろう。１００円。ゆっくり出来る。

沢　おしぼり付き！

目　となると、高級クラブ風の本屋も出現する。入会金１万円、一日入ると千円。ブランデーなんかが出てくる。

木　手をサッと上げるだけで、バニーガールが本をスーッと持ってくる。本を買うならやっぱりこういう店じゃなきゃあ、なんてゆったりパイプくわえたりして（笑）。

椎　バカだねえ、お前ら（笑）。

沢　小さい本屋さんはどうしようか。同じ入場料じゃ客は大きい本屋に行っちゃうよ。

椎　じゃあ、５円。

目　偏屈なおやじがいたりしてさ「うちは郊外だけど１００円だ、来たくなけりゃ来なけりゃいい、けっ」なんて。

木　「この週刊新潮、古いんじゃないの」なんて言おうものなら、「ウルサイ、バカヤロ、入場料返すからすぐケエれ」。

椎　いそうだねえ。そんな偏屈おやじ。

沢　花売り娘っているんだから、本売り娘がいてもいいとは思わないか？

椎　またお前はすぐ話をとばすんだから。

目　本は重いから花みたいには持てないの。

沢　じゃあ屋台でいい。

椎　よし、もう飲みに行こう。本日の座談会は終り（笑）。

中野区59書店とかどか駆け歩きルポ

本屋さんは入ってみなければわからない！

▼93年7月号

☆久々の本屋さん特集。今月は町の本屋さんにスポットを当ててみた。町の本屋さんといえば、雑誌とコミック中心で欲しい本がない、どこに行っても同じ本ばっかりで、まるで金太郎アメだ。そんな批判をよく耳にする。たしかに都心の大型店のようにたくさんの本はないが、町の本屋さんには町の本屋さんならではの楽しさがある。そんな町の本屋さんへもっともっと行こう！という応援特集だ。

まず最初は町の本屋さんがいまどうなっているか、に激しく迫る観察レポートでスタート。町の本屋さんは本当に金太郎アメ書店ばかりなのか。本の雑誌探検隊が中野区内の59書店を回ってその実態を徹底調査してみたぞ！

アルメディア発行『ブックストア全ガイド92年版』によると東京・中野区にある新刊書店は全部で59店。そのうち売場面積が明記されている書店が23店あるが、１００坪を越える大型店はなんとたったの1店のみ。30坪以上の書店を数えても6店しかなく、20坪〜30坪が5店。残る11店は20坪未満。売場面積不明の書店が36店あるが、公表していないということは規模が小さいのでしょうか。つまり中野区にある書店の大半は20坪未満の町の本屋さんということになる。

町の本屋さんは一般によろず本屋さんだ。雑誌に始まり、文芸書、ビジネス書、実用書、地図、学参、辞書、絵本、児童書、文庫、新書、コミック、と何でもある。町の本屋さんは手軽な町の図書館としての役割を要求されているから、よほど特殊な本でない限り用が足りるようにひととおり品揃えされているのが特徴なのである。

専門書がない。売れ筋の新刊がない。どこに行っても同じ本ばかりで欲しい本がない。町の本屋さんに対してそういう批判の声をよく聞くが、それにはこういう事情がある。限られたスペースにいろんなジャンルの本を置くのだから、いきおいジャンルごとの品揃えは浅くならざるを得ないのだ。しかも小さな書店には売れる本、売りたい本が自在に入荷しない、という流通上の問題もある。どの店も好きで同じ本ばかり並べているわけではないのである。

しかし町の本屋さんはどこへ行っても同じ品揃えなのか。本当に金太郎アメ書店ば

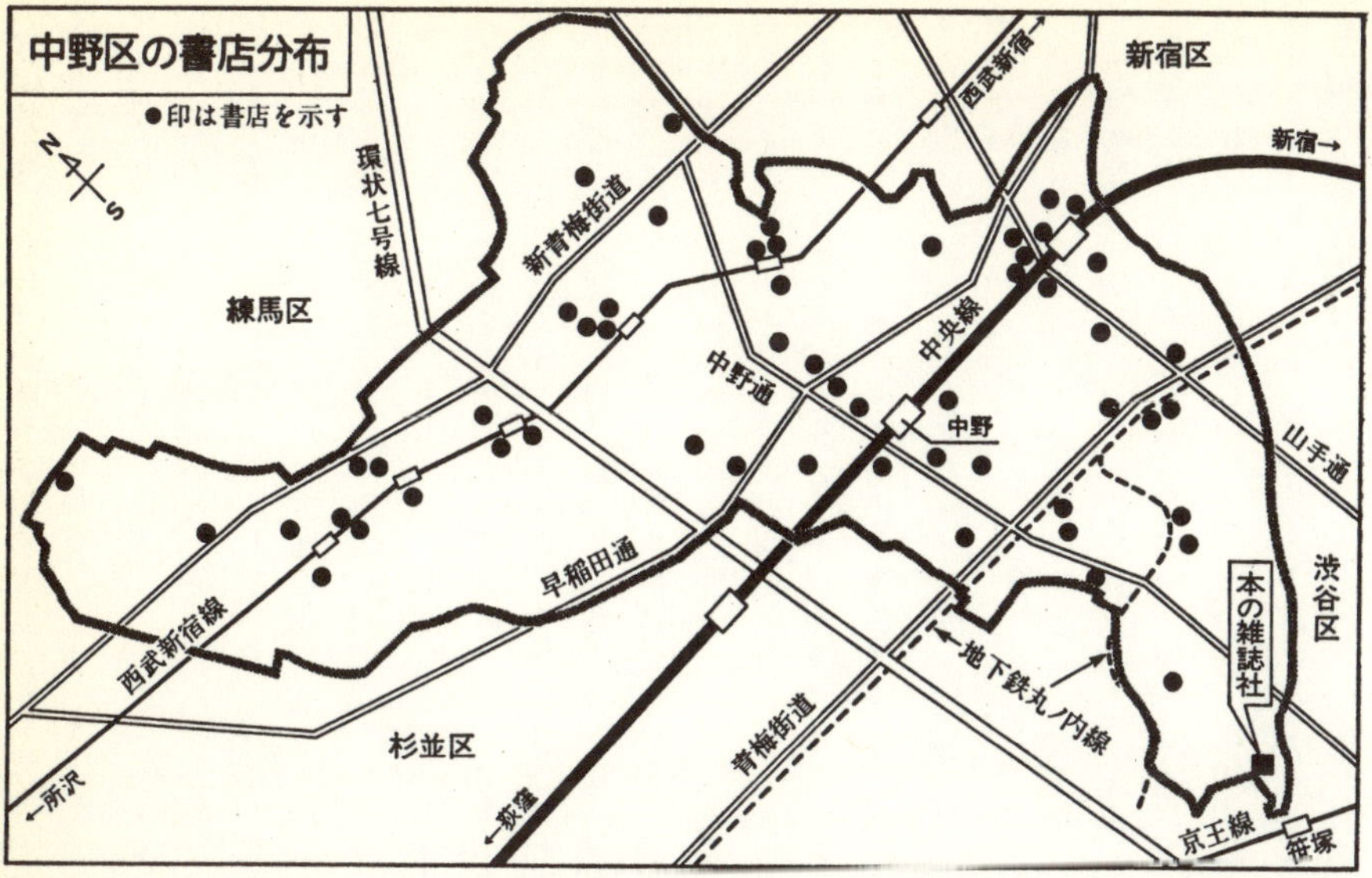

かりなのか。

というわけで、本の雑誌探検隊は町の本屋さんの実態を探索すべく地元・中野区内の書店59店を回ってみることにしたのである。

まず最初に探検隊が向かったのは新宿から中央線で三駅のJR中野駅周辺。コンサート会場として名高い中野サンプラザがある中野区の中心地であり、中野区一のショッピングゾーンでもある。中野区最大142坪の売場面積を誇る**明屋書店**があるのもここ中野駅の北口、某ショッピングセンターの3階だ。

明屋書店は四国・松山に本店を持つチェーン書店で、店内の至るところに手書きのポップがつり下げられているので有名。とにかく「あらゆる恐さのニュージャンル／角川ホラー文庫創刊！」とか「カルトでメジャーなエログロワールド／寺山修司メモリアル」とか「さらに深まる『サザエさん』一家の謎／磯野家の謎おかわり」とか書かれたポップが棚の隙間という隙間にこれでもか！とつり下げられているのである。いやあ、何度見てもこの光景はすごいすごい。しかしこの店の規模はとても町の本屋さんとはいえないので、早々に退散する。

中野駅近辺にはこの明屋書店のほか11店の書店があるが、南口の丸井裏にある**大谷書店**の22坪がいちばん広く、あとは軒並み10坪台。小さな本屋さんが林立している激戦地なのであった。

もっとも近くに何軒も書店があるということは、反対に個性が出しやすいということにもなる。町の図書館としての役割は明屋書店にまかせてしまえばいい、だからウチは全ジャンルを揃える必要はないんだ、という考え方もできるからだ。

たとえば駅からちょっと離れた商店街にある**泉屋書店**はタバコも売っている兼業書店で、一見すると何でもある典型的な町の本屋さん。ところが、レジ横の文芸書の棚を見ると、おっと、中野区発行の『中野戦災記録写真集』とか中野教育委員会発行の『手仕事なかの』といった地元の本がずらーっと並んでいるではないか。「記録」「辺境」というちょっと硬派な雑誌のバックナンバーまで揃っているので、どうしてかなあ、と見ると、地元中野区の出版社の発行なのであった。地元と密着した書店なのである。

泉屋書店の北にある**ブックス・アオイ**も小さな町の本屋さんだが、こちらは入口横の大きな棚が成人男性向けになっているのが目を引いた。上の方からアダルトビデオ、ポルノ文庫、写真集とそっち関係を一本の棚にまとめているのだ。この店は一方でコミックに力を入れているようで、店の奥には手書きのコミックベスト15の表がどおーんと貼ってあった。いろいろやっているではないの。

駅の反対、南口本通り丸井の向かい側にある**宮園書房**は映画化・ビデオ化された本のコーナーがあり、点数もかなり多い。映画好きの店員がいるのでしょうか。この店は手書きの案内紙が多いのも特徴で、イラスト・図入りもあり、やたら凝っているし、レタリング、レイアウトもきれいなのである。美大出身の者でもいるのかも。

さらにお散歩気分で南に下ると、おっとアール・デコ風（違うかな）の歴史的建造物が目に飛び込んで来た。なんとこれが**ブックスユーズ**と看板が出ている書店なのだ！

へーっと思って入ってみたらまたまた驚いた。10坪ほどの小さな店で文芸書とプレートが付いた棚も隅の方に一本あるだけなのに、並んでいるのは青土社、青弓社、工作舎、晶文社といった人文系の本ばかりなのである。それもどういうわけかコリン・ウィルソンの本が多い。ふーん、コリン・ウィルソンってアール・デコなんでしょうか。雑誌「夜想」のバックナンバーがけっこう揃っていたりするところも、それっぽい。

というわけで、中野駅周辺を回っただけでも、小さい書店はよそとの違いを出そうと工夫しているように見えたのである。

同じことは隣の東中野でも伺えた。

東中野には駅前に**あかつき書店**という地域一番店があり、周辺に5店の書店が点在しているが、店内の半分を文具売場にしていたり（**青林堂**）、青年誌・風俗誌を豊富に揃え、アダルト専門のビデオレンタルを併業するなど、そちら方面の専門店化していたり（**博洋堂書店**）、売場の半分をコミックにしていたり（**藤田書店**）と、各書店がそれぞれに独自の道を歩んでいたのである。町の本屋さんも頑張っているではないか。

さらに西武新宿線、丸ノ内線と中野区内の本屋さんを尋ねて歩いたら、一筋縄ではいかない町の本屋さんがあるわあるわ。

例えば**鷺乃書房**。西武新宿線・鷺宮駅前にあるこの小さな書店は、なんと古本兼業なのである。ちょっと見には雑誌に文庫、コミック中心の町の普通の本屋さんにしか見えないが、奥の三分の一ぐらいが古本の部となっているのだ。

しかも古本の部には文庫を除くと現代小説のようなものはほとんどなく、全集類や日本史、江戸文化関連等のカタイ本が多い。新書も岩波新書がメーンで、手前半分とはまるで異空間のよう。ふーん、こんな書店もあるのね。

鷺宮から新宿方向に二駅戻った野方の商店街にある**はた書店**は絵を販売していた。

それもただの絵ではない。地元・野方駅周辺の風景画である。作者は岩部政雄さんという人で、壁の説明文には〝大阪生まれ。野方に在住して8年。会社勤務の傍ら、水彩画を趣味として、主に古い建造物、家並みなどの風景を描き続けている〟とある。地元の画家が描いた地元の風景の絵を売っているなんて、いかにも町の本屋さんらしいではないか。

店主の奥さん、秦マス子さんによると、2年前、常連のお客さんに岩部さんの奥さんを紹介されたのがきっかけで、絵を置いてみようということになった、とのこと。岩部さんは夫婦で時々はた書店に来るお客さんだったそうだ。絵は回廊のようになっている2階に通じる階段の横に5点を展示。淡彩できれいな絵である。

続いて入った新井薬師前の**小林書店**は入口を開けた途端、昭和30年代にタイムスリップしたかのような錯覚を覚えさせる不思議な店。棚に並んだ本が古い本ばっかりなのである。一瞬、古本屋かと思ったが、そうではなく古い新刊を売る書店なのであった。

なぜか家に上巻だけある『子母澤寛全集8　勝海舟（下）』があったので喜んで購入。定価どおりの1200円+消費税。奥付を見ると昭和48年9月30日第3刷発行とあった。しかし、これはどういう事情なのだろうか。うーむ、と複雑な気持になる。

ところが、もっと複雑な気持になったのが小林書店から10分ほど歩いた商店街にある**たけや書店**の前に着いたときのことだ。なんとシャッターが下りたままで、その横に「本棚差し上げます　希望の方は裏の大竹まで」と貼り紙がしてあったのである。

窓の隙間から中を覗くと、がらーんとした空間にからっぽの本棚が、たぶん営業していたときのままなのだろう、壁に寄せて並んでいる。事情はわからないが、閉店してしまったのだ。

実は今回訪れた59書店のうち、このたけや書店のほかにも3店が所在不明となっていた。『ブックストア全ガイド92年版』に掲載されている住所を頼りに探したのだが、あるはずの場所になかったのである。たぶん閉店してしまったのだろう。一説によれば昨年一年間に全国でおよそ千店の書店が閉店したという。町の本屋さんはラクではないのだ。

もっとも閉店する店ばかりでもない。探検隊が中野区の書店を回っていた5月15日には新中野駅前に**書原**という書店がオープンしている。この店もすぐに町の本屋さんとして地元の人たちに親しまれていくのだろう。

たしかに町の小さな本屋さんは都心の大型書店に比べると並んでいる本の数は少ない。しかし本が少なくても頑張っている書店はたくさんあるのだ。今回中野区内の書店を回ってみて、外からは同じに見えても、入ってみるとそれぞれがそれなりの個性を持っていることを改めて実感した。そして、そういう町の本屋さんを育てるのは、本を買う読者なのである！

本の雑誌傑作選

ダンボール箱は宝の山だ

座談会

「書店員王」選考基準をつくる

☆出版流通の最前線で頑張っている書店員の中から、これぞ日本一という書店員を選びだし、その栄誉を長く讃えるために「書店員王」と名付けて表彰しよう。報われないまま埋もれてしまうのでは、幾ら何でもあんまりだ。そこで、いつの日か必ず来るだろう全国大会のために選考基準を作ってみた。この条件を満たすのは誰だ?!

▼95年2月号

司会　いつの日か「書店員王」を表彰する時のために、まず基準を作ろうという座談会です。「書店員王」たる資格、条件とは何なのか。

A　それは賞金とか賞品とか出るの？

司会　それは先の話なんで、わからないけど、すごく出ると思う。

C　本の雑誌で表彰するんですか？

司会　日書連がやるかもしれないし、業界四団体がやるかもしれないし、主催者がどこかはわからないけど、とにかく出版流通の最前線にいる報われない書店員の仕事を讃えようという意義ある賞だよ。

B　ようするに、日本一の書店員を選べばいいんだろ？

司会　簡単に言えばそうだね。まず、ノミネートの基準から作ろうか。

A　最初は勤続年数だろうな。最低五年。

B　そう。なぜ五年かというと、三年ぐらいで仕事のイロハがわかって、面白さもわかってくる。同時に不満もいっぱい出てくる。それでも書店員をしているのが重要なんだよ。

A　給料が安いとか本が入らないとか、不満を言っているやつは五年もたないで辞めちゃうからね。

B　その次はすべてのジャンルの仕事に携わってきたこと。

C　すべて、ですか？

B　いや、三つだな。雑誌、文庫、コミック、文芸、ビジネス、実用書とジャンルはたくさんあるけど、この中の最低三つは担当していること。

司会　幅広い知識を持っていないとダメということか。
B　そうだね。勤続五年以上でも、ずっと一つのジャンルしか担当していないのはダメ。
C　学歴・性別・年齢は問わないんでしょ。
A　もちろん。
C　でも、健康じゃなくちゃダメですよね。
司会　その場合の健康というのは具体的に言うと、何？
A　休まないことだな。
B　五年間皆勤の人は無条件でパスだよ。
司会　健康というのは、体力を問うているわけではないのね。
B　そう。腰痛とかの持病があっても精神力で休まなければいいわけ。
司会　あとの条件は何？
C　本は読んでいなくていいんですか？
A　必要ないよ。おれたちは本を売るのが商売なんだから。
B　でも情報には強くなければな。いま何が売れているのか情報として知っておかないとまずい。
A　新聞・雑誌の書評欄を三つ以上読んでいること、という条件は必要だよ。
B　常にアンテナを張ってないやつに書店員王の資格はないと。
A　あとは雑用の経験があること。
司会　それはどうして必要なの？
A　だって、書店員王ともなると部下がいるだろ。床掃除とかスリップ整理とか自分が経験していないと人の上には立てないぜ。
司会　でも書店員王は店長を選ぶわけじゃないからねえ。
B　汚れ仕事の経験があること、ってことでいいんじゃないの。
C　いちばん重要なのは接客態度ですよね。
B　それはもう基本中の基本。
A　客に喧嘩を売らないこと（笑）。
B　君だけだよ、そんな書店員は。
司会　ポイントは丁寧な対応か？
B　怒る時も丁寧に怒る（笑）。
A　ようするに我慢強いことだよ。
司会　それだな、条件は。ほかにある？
B　あとは本を売ることに喜びを感じること、管理能力があること。
A　業界に三人以上の知人がいることも重要だよ。つまり人脈。
司会　情報交換の場を持っているということか。
B　そればっかりやっているバカがいるぜ。

ノミネート基準

❶勤続五年以上であること
❷学歴・性別・年齢不問
❸担当分野を三つ以上こなしていること
❹健康であること
❺雑誌等の書評欄を三つ以上読んでいること
❻我慢強いこと
❼売ることが喜びであること
❽汚れ仕事の経験のある人
❾ストックの管理能力のある人
❿取次・出版社・書店に三人以上友達がいること

●「書店員王」選考基準をつくる●

○×式テスト

- **●「週刊朝日」の発売日は水曜日である**
- **●文春文庫の発売日は毎月十五日である**
- **●『イミダス』『知恵蔵』『現代用語の基礎知識』は毎年十一月発売である**
- **●『遺書』の版元は朝日新聞社である**
- **●『銀河英雄伝説』正編は全十巻である**
- **●「スラム・ダンク」は「週刊サンデー」に連載である**
- **●九四年度山本周五郎賞を受賞したのは志水辰夫『いまひとたびの』である**
- **●直木賞と芥川賞の発表は一月と六月である**
- **●福武書店の社名は九四年十月からバネッサと変更した**
- **●ナポレオン文庫の版元はフランス書院である**

A　商品を調達する時に誰に電話すればいいか、情報を聞き出す時に自分なりのルートを持っているか、ということは大事だよ。

司会　よし、以上をノミネートの条件にしよう。この条件を満たした人が全国から自薦他薦含めて選抜されてくる。千人は来ると仮定して、最初は○×式テスト。

B　二回間違えたら、その場で失格。

司会　ということで、はい、この問題を見てください。Aさん作成です。

C　「週刊朝日」の発売日がどうして問題になるんですか?

A　これは引っかけ問題だよ。水曜日だったのが火曜発売にかわっただろう。だから昔の知識しかないと間違える。

C　文春文庫の発売日とか『遺書』の版元とか「スラム・ダンク」を連載している雑誌とか、そんなの誰でも知っているんじゃないですか?

A　いやいや、担当していないと意外に知らないよ。

司会　でも志水辰夫が山本周五郎賞を取ったなんて問題、あまりにバカにしていないか?

B　いやいや、書店員で志水辰夫を知らないやつがいるんだよ。

司会　えっ。

B　本当なんだよ。

C　あのお、福武書店の社名変更は九四年じゃなくて九五年ですよ。

A　いいんだよ、そんなのは。だって、どっちみち「バネッサ」じゃないんだから（笑）。

B　いいかげんだなあ（笑）。

司会　ええと、正解は順に「××○○○××××○」ということで。

A　これで百人くらいは落ちる。

司会　で、Bさん作成の最終試験。

B　完璧な問題だね（笑）。

司会　この問1は何がポイントなの?

B　まずいちばん大切なのは、書店員本人が不愉快かどうかではなくて、商品をいかに大事にするかなんだよ。つまり、濡れた傘を立てかけるのは一冊だけじゃなくて、ことによると何冊もダメになるかもしれないから、即座に注意しなければならない。立ち読みしながら本に折り込みをいれるのも本がダメになるけど、数多くの本をダメにするほうが大変だから、これは二番目。情報をメモしているやつは不愉快だけど、それ自体は本を傷めているわけではないから三番目でいいと。そういうことだな。

司会　これは何の試験？

B　いかに商品を大事にするかだよ。

A　傘を立てかけたのが、可愛い女の子だったら注意するのは後まわしでいい？

B　あんたはどうせノミネートされないんだから関係ないの。

司会　じゃあ、問1は「イ」を選ばないとダメなのね。

B　その場で失格。

A　でもな、二百円の情報誌に傘を立てかけて十冊ダメにしても二千円だろ。五千円の本に折り込みをいれられたら、そっちのほうが痛いぜ。

B　それはケースバイケースだよ。ここで問うているのは的確な判断が出来るかどうかだから。

C　問2の万引きの問題は、「ロ」の警察に通報する、が正解ですか。

B　まず、書店員は万引きにそんなに時間を取られていてはいけないんだ。うちは未成年ならその場で親に電話する。

A　電話番号を聞き出すだけでずいぶん時間がかかるぜ。

司会　親に電話しても、うちの子に限ってそんなことするわけありませんとか、また揉めたりしない？

B　ポイントは万引きに長い時間をさいてるべきではないということなんだよ。その

最終試験

問1　雨の日に三人の客がいます。この三人のうちでいちばん初めに注意をしなければいけないのは次のどれか

イ　濡れた傘を平台に立てかける者
ロ　情報誌をめくりながらメモしている客
ハ　二時間立ち読みしながら本に折り込みをいれている客

問2　二十歳以下の万引きを捕まえたら、どうするか

イ　いかに万引きが悪いことかを説教する
ロ　ただちに警察に通報する
ハ　親に連絡する

問3　在庫のない本を聞かれた時にはどうするか

イ　ありませんと明確に言う
ロ　ほかの本をすすめる
ハ　次の入荷日を伝える

場でいくら延々説教したって、頭ン中には入らないし、時間の無駄なんだから。
C　みんな自分の仕事があるから忙しいですもんね。
A　警察に通報するのはどう？
B　それも一つの方法だよ。
司会　とにかく素早い処理が大切であると。
B　そうそう。だから「イ」を選んだやつは失格。「ロ」と「ハ」が正解。
司会　問3は、接客態度の問題だろ。
B　店に在庫のない本を客に聞かれた時「すみません、いまありません」と言うだけじゃなくて、「いま切れてますけど、来週頭には恐らく入るはずですので、よろしくお願いします」とフォロー出来るかどうか。これが問3のポイントだね。いくら丁寧に「切れています」と言ってもダメ。
A　でも入荷日のわかる本なんて少ないぞ。
B　違うんだよ。客を逃がさないようにするというのがポイントなんだよ。また店に来てもらうにはどうしたらいいのか。それを常に考えるということだよ。
A　ほかの本をすすめるというのはどう？
C　そんなのダメでしょ。
A　いいよお、これ。阿佐田哲也の『麻雀放浪記』を買いに来た客に、西原理恵子の『まあじゃんほうろうき』をすすめてごらんよ。喜ばれるぜ。書店員にかぎらず、来たお客さんになにがしかの金を使って帰ってもらうというのは販売業としては基本なんだから。
司会　じゃあ、問3は「イ」だけが×。あとの二つを選べば合格と。
B　そうだね。
C　問4の正解は何ですか？　全部この対応でいいような気がするなあ。
B　お前はまだ甘い。この問4は引っかけで、どれを選んでも失格。
司会　えっ、どうして？
B　状況を説明するのは、こっちは悪くないんですという言い逃れだろ。版元や取次に電話するのも、責任の転嫁だよな。
司会　じゃあ、どうするの？
A　「こんな手に入りにくい本を注文するお前が悪い」と客のせいにする（笑）。
C　「この本も面白いですよ」とほかの本をすすめる（笑）。
B　そうじゃなくて、事情が許せばほかの本屋に買いに行くのも一つの手だし、都内ならば版元に取りに行ったり、親しい営業社員がいれば持ってきてもらったり、方法はいろいろある。つまり、何の行動も起こさずに不平不満を言っていても何の解決にもならないんだよ。
司会　なるほど。じゃあ、次は大詰めの問5か。
B　正解を先に言うと、百部以上と答えたやつはバツ。だってそれは見込み注文にすぎないんだよ。累計で百部売れたということは、三カ月や半年で売れたわけだから、それを初回注文で百五十部とか注文するやつは論外。もっと細かく正解を言うと、初回注文数は前の作品が一カ月間に売れた部数。
司会　この部数は累計なのね。
B　そう。
A　おれは前回百部売れたなら、次は百二十部注文出すな。だって重版のたびに注文出すのは面倒くさい。それに、前作をしのぐ売れ行きの場合もあるんだから。
B　その場合は追っ掛け注文を出せばいい。
A　それで間に合うか？

B　一カ月あれば動きが見えるだろ。いや、二週間あれば動きはわかるし、それから追っ掛け注文を出せばいいんだよ。

司会　つまり、過剰在庫を持たないことをポイントにしているわけ？

A　その時に注文出しても、版元品切れだったりしたらどうするんだよ。

司会　Bさんはとりあえず三十日間はもつ数字を注文して、三十一日目にはまた売れる部数を絶対仕入れる自信があるわけだ。

B　業界全体のためにはそのほうがムダがなくていいんだ。書店員の理想はぴったり売り切ることだもの。

A　おれ、反論あるな。五百部頼むとほかの店にいかないだろ。でもうちの店にはあるから売れるじゃないか。そういう考え方もあるよ。隣りの店が一週間で売り切れになっても、うちにはありますよと。

B　それはコミックにしか当てはまらないと思う。この場合は文芸書だから。

司会　つまり、Aさんの言っているのは現実論で、Bさんの言ってるのは理想論だと思うけど、ここは書店員王を決める場なので、とりあえずBさんの考えに従おう。

B　いや、おれのも現実論なんだよ。過剰在庫を持って、もし半分が売れ残ったらどうするの？　返品になるんだよ。

A　いいんじゃない。ほかの店でそのぶん売れないんだから（笑）。

B　そういう考え方が書店員王じゃないっていうの。

C　最後の問6は正解は「ロ」以外にあるんですか？

B　これはなんでもいいな（笑）。

司会　おいおい、それじゃあ書店員王が決まらないよ。

B　ここまで残っているのは七人くらいだろうから、最後はジャンケンで決めようか。ジャンケンの強いやつが書店員王に決定（笑）。

最終試験

問4　**客注品が未着でクレームが来た場合、どうするか**
イ　状況を説明して理解してもらう
ロ　その場で版元に電話をかけて抗議する
ハ　その場で取次に電話をかけて抗議する

問5　**高村薫『照柿』が自分の店で百部売れた場合、次作の書き下ろし長編の初回注文部数を何部にするか**

問6　**酒場で版元の営業と取次の人間が本をめぐって喧嘩になった場合、あなたの取る行動を示せ**
イ　じっと黙っている
ロ　まあまあと言って仲裁に入る
ハ　この際だからと煽る
ニ　席を変えて放っておく
ホ　黙って帰る

前代未聞！深夜10時のサイン会に客は来るか

▼93年10月号

飯田橋のブックスサカイ深夜プラス1で夜の10時から井崎脩五郎氏のサイン会をやる、という情報が編集部に飛び込んできた。

えー、本当？　夜の10時ってそんな時間に人が来るの。

そもそも書店のサイン会というのはそれほど客が来るものではないのである。たまに読者が長蛇の列を作っているサイン会を見ることがあるが、そういうのはほんとの例外。圧倒的多数のサイン会は客もバラバラ。一時間を予定していても客が少ないために、あっという間に終ってしまい、作家も書店も気まずい思いで時間が過ぎるのを待つ、というケースの方が多いのだ。

サイン会が土曜日の午後や平日の夕方に行なわれることが多いのはそのためで、ようするにできるだけ客が集まりやすい時間にやろうというわけである。それが夜の10時からだって⁉　うーむ、はたしてお客さんが来るんでしょうか。

というわけで7月27日午後9時30分、サイン会の会場となる、ブックスサカイ深夜プラス1へと向かったのであった。

すると、おお、なんと店頭は黒山の人だかり……、ではなかった。立ち読みに熱中している人が店内に10人ほどいるばかり。入口の横に「前代未聞／深夜10時のサイン会」「脩五郎の事故除けお守り付き」と書かれた手書きのポスターがでーんと貼ってあるが、気にとめる人もあまりいないみたい。それにしても「事故除けお守り」って何なんでしょう。

ちなみに本日のサイン会には井崎脩五郎氏のほかテレビ「スーパー競馬」でおなじみの鈴木淑子さんも来店。もっともサイン対象本の『幸運は駿馬のたてがみ』は二人の共著ではなく、井崎氏単独の著書で、鈴木さんは「ファンクラブ代表として」付き添いに来るらしい。なんでも本日のサイン会自体、一週間前に井崎、鈴木両氏が版元である双葉社の担当者と飲んでいるときに「酔った勢いで」決まったそうで、ようするにシャレなのでしょう。

だからなのか何なのか、サインをする当事者がいっこうに現れない。もう10分前だというのにどうしたのかなあ。酒の席だけの話で実は冗談だったんじゃないの。などと笑っているうちに10時直前、双葉社の一行とともにどやどやっと登場。いよいよ前代未聞の深夜サイン会がスタートである。

と同時に、おお、なんとサイン待ちの列ができるではないか。その数ざっと20人。いったいどこにこれだけの人がいたの？　しかし20人じゃ、すぐ終っちゃうよねえ。

ところがすぐには終らないのであった。サインをした後、握手したりお話ししたりと井崎氏の対応が丁寧な上、隣に座った鈴木さんまでサインしたり握手したりするものだから、一人一人に時間がかかるのである。しかも列が短くなった、と思うと、どういうわけかぽつぽつと人がやって来る。

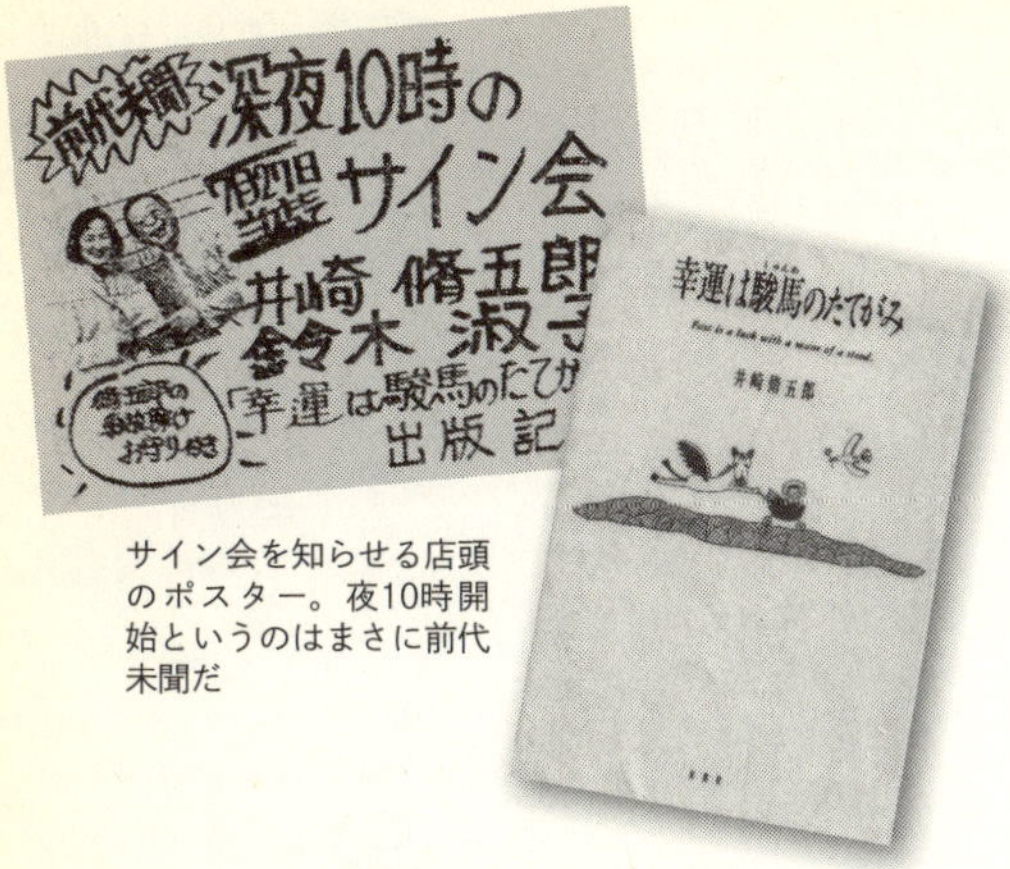

サイン会を知らせる店頭のポスター。夜10時開始というのはまさに前代未聞だ

列の最後尾についた23歳の女子大生は競馬歴1年の井崎ファン。ほのかに顔が赤いので実物に会えて嬉しいのかなあ、と思ったらサイン会が始まるまで「外で飲んで待っていた」とのこと。「井崎さんの本は競馬の役に立たないところが好きです」といいながら、握手をしてもらい、跳ねるように店を出ていった。

始まって30分たってから、仲間5人と大声で「おお、いるいる」と話しながら入ってきたのは31歳の会社員・橋本宏明さん。会社が飯田橋で「行き帰りにポスターを見て、たまたま飲み会の日だったから、来られると思った」とのこと。埼玉県に住んでいる橋本さんはいつもは早く帰るそうで、サインをもらうと慌ただしく帰っていくのであった。

勤め帰りに通りがかってたまたまサイン会をやっているのを知った、という真野玲子さんは60歳。サイン本を手にし、「これでテレビを観るときに親近感が湧きます」と嬉しそう。

というわけで、飲んでる人、勤め帰りの人、たまたま通りかかった人が続々とやって来て、11時にはなんと用意した50冊を完売。前代未聞のサイン会は成功裡に終了したのであった。うーむ、夜遅くても来る人は来るのねえ。

ちなみにこの本が36冊めの著書になるという井崎氏は、今回が初のサイン会。これまでは「サイン会をやってもお客さんが来ないんじゃないか心配で」断っていたそうで、今回、夜の10時からにしたのには「来なくても言い訳できるから」という理由もあったとのこと。いやいや夜の10時でこれだけ人が集まるのはすごいですよ。

ところでポスターにあった「事故除けお守り」とは、なんと井崎脩五郎氏が買った馬券。井崎脩五郎氏の馬券は絶対当たらないことで有名なんだそうだ。ははは。しかし、そういうお守りなら、うちの編集部にもたくさんあるんだよなあ。

丸善には今もレモンが置かれているか

横浜市の秋葉郁美さんから「丸善には今まで何個のレモンが置かれたのか（今も置く人はいるのか）。また、やはり梶井基次郎の本の側にあるのか」という質問がきた。

なるほど、丸善にレモンねえ。今さら説明するまでもないと思うが、梶井基次郎の短編「檸檬」をまだお読みでない方は、新潮文庫版でたったの八ページ足らずなので、ぜひお読みいただきたい。日本文学の名作とされている短編である。

ようするに、主人公が丸善に行き、本の上にレモンを置いて「爆弾だあ」とわけのわからないことを呟いて去る、というだけの短編だが、考えてみると、棚から取り出した画集を積み上げて、その上にレモンを一個置いたままどこかへ行っちゃうんだから、とんでもない男である。今そんなことしたら、書店員が怒ります。後始末ってもんがあるでしょうが。棚から出した本は棚に戻すように。わかりましたね。

しかし日本文学の名作でありますから、これを真似する読者がいても不思議ではない。なるほど丸善には今もレモンが人知れず置かれているのかもしれない。

そこで早速、丸善に尋ねてみた。

丸善お茶の水店の金子和美さん（学参・語学書担当）によると、今でも毎年三個ほどレモンが発見されるというから、びっくり。やっぱりいるんですねえ。「檸檬」の主人公は画集の上にレモンを置いたのだが、真似する読者は、そのものずばり、文庫版『檸檬』の上に置くケースが多いという。それも、もっとも多いのは新潮文庫版の上。文庫は岩波も角川も集英社も出しているんだけど、どういうわけか新潮版が狙われるらしい。発見されたレモンはどうするか、というと、ゴミとして処分するという。

しかし、よく考えてみると、「檸檬」の主人公が画集の上にレモンを置いたのは、丸善は丸善でも、東京ではなく、丸善の京都店である。そのモデルとなった店なら、発見されるレモンの数はもっと多いのかもしれないと気づいて、京都河原町店の店長・山岡敏郎さんに話を聞いてみると、なんと本場では月に数個発見されると言うのだ。ほほお、やっぱりレモンは京都なのである。

さらに本場で発見されるレモンは、原作通りに美術書の棚が多いという。京都の読者はちゃんと原作を読んでいるのである。もっとも京都店で文庫売り場にレ

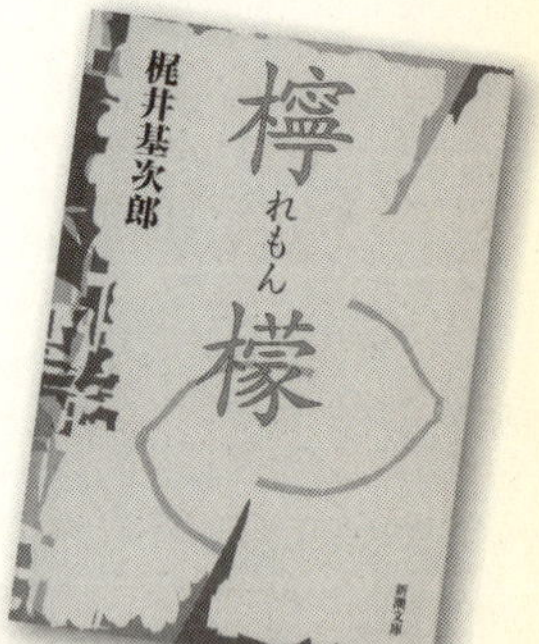

▼94年8月号

モンが置かれることが少ないのは、ここの文庫売り場は棚が百六十センチと低いので、見通しがよすぎるせいかもしれない。つまり置きづらいのね。

　山岡店長の話によると、夏休みになるとレモンの数はふえるらしいが、これは京都府下の高校で、丸善の洋書売り場に行って、レモンを置くか、店員と一緒に写真を撮ってこいと先生が生徒に指令を出すためらしく、一緒に写真を撮っていいですかとか、レモンを置いて写真を撮っていいですかと、よく聞かれるらしい。京都ではそのくらい丸善とレモンの関係はポピュラーなのである。

　発見されたレモンはここでもその場で片づけて廃棄処分にするが、腐っていて本に汁がついたりするのは困るものの、普通のレモンなら、文学好きな読者の行為だろうと現場では黙認しているという。

レモンの丸善は京都名所としても有名なのである

　山岡店長は三十年前に大阪店に入社、京都店にレモンを置いていく読者がいるという話は、当時から先輩に聞いていたが、京都店にきてからの二十七年間で相当数のレモンを発見している。ちなみに梶井基次郎「檸檬」を読んだのは入社してからで、これは丸善の伝統であるらしい。

　この丸善とレモンの関係は古くから知られていて、広報宣伝部宣伝制作課長・遠藤良三氏によると、昭和三十七～三十八年頃、新聞の半七段企業広告にも「レモンの爆弾」というコピーを使った例があり、また五年前にはテレビにも取り上げられたという。

　さらにさらに、昨年、京都河原町店が新装オープンした時には「梶井基次郎と丸善展」を開店時の十一月十五日から一週間開催。なんとなんと、作中で主人公がレモンを購入した寺町通りの果実店「八百卯」の協力を得て、レモンを来店者二千人に配布したというのである。おお、レモンと丸善は切り離してはいけないくらい有名な話なのであった。

　ただし、丸善は百二十五年の歴史があり、丸善が登場するのは梶井基次郎の「檸檬」だけでなく、漱石、鷗外、啄木、宮沢賢治などの作品にもしばしば登場するので、けっして梶井基次郎だけの書店ではないと遠藤さんは話している。

　一つだけ補足しておくと、丸善の河原町店は昭和二十年代に現在地に引っ越してきたもので、昭和三年に書かれた梶井基次郎「檸檬」の主人公が訪れた店と同じ場所にあるわけではない。つまり、厳密な意味でいえば、すでに同じ店は存在しないのである。「檸檬」の主人公の行動を真似する読者にとっては、関係ないかもしれないが、念のため。

　というわけで、これまで丸善に置かれたレモンの総数は集計不可能ということと、今も京都店では月に数個置かれているということ、以上をもって秋葉さんの質問に対する答えとします。よろしいですか。

取次の店売で「サルまん」を取り放題の午後

A　いやあ、まいったなあ。
B　どうしたの?
A　だって「サルまん」が取り放題だったんだぜ。
B　「サルまん」って、ビッグコミックスピリッツ連載の『サルでも描けるまんが教室』か。
A　そうそう。あれが単行本になったんだけど、普通ああいう商品は俺の店みたいに小さい書店には来ないからね。
B　まったく来ないわけじゃないだろ。
A　黙ってれば配本は3～5冊だよ。
B　へーっ、そうなの。
A　普通の新書コミックならそんなこともないけど、書籍版のコミックは手に入らないんだ。『アキラ』とか『コージ苑』とか『傷だらけの天使たち』とか『いまどきのコドモ』とか、最近では『伝染《うつ》るんです。』もそうだけど、あの手の書籍扱いのコミック本にはいつも泣かされている。だって、うちの店で最低百冊は売れるんだぜ。それを配本3冊じゃな。
B　全然足りないね。
A　最近は諦めてるから、客が来たら「売り切れです」と言えばいいやと思っちゃう。まあ、その本が出ていないと思えば腹も立たないし。
B　達観の境地なわけだ。で、取り放題って?
A　「サルまん」の配本の前日に、取次に他の商品を仕入れに行って、そのあと神田村をまわって取次に夕方帰ってきたのさ、荷物を取りにね。
B　うんうん。
A　そしたら、店売の担当者が台車を山盛りにしてやってきた。
B　その日の新刊を運んできたわけだ。
A　うん。午前中とか昼前後なら混んでいるから、台車が来ると、何が出てきたんだってみんなワッと寄っていくんだけど、その日は妙に空いていてね、しかも時間が夕方だったから。
B　誰も近づかなかったと。
A　そう。ところがさ、遠くから見ていると、それが「サルまん」に似ているんだ。
B　ふんふん。
A　で、近寄ったら本当にそうなの。
B　でも、そういう売れ筋商品なら冊数制限があるだろ。
A　ところが、一書店○冊までという紙が付いてない。
B　ありゃりゃ。
A　最初に20冊取って、次に

▼91年1月号

これが話題沸騰
相原コージ＆竹熊健太郎の本

10冊取って、見つからないように（笑）分散して置いたんだけど、それでもまだ誰も気付かない。

B　どうして気付かないんだろ。

A　普通なら大変な騒ぎだよ。この前も朝10時頃に一服していたら誰かがコミックの『カメレオン』と『オフサイド』が入ったらしいと言うもんだから、書店のおやじさんたちが飲みかけのコーヒーをドドドッと置いて店売に駆けていったもの。

取次では書店員の悲喜こもごものドラマが毎日たくさん起こっているのである

B　なるほど。でも、その日はとにかく誰も「サルまん」に気付かなかったと。

A　うん。

B　台車には「サルまん」が何冊あったの？

A　全部で二百冊くらいかな。で、こわくなったから店に電話して、どうしようと言ったら「そんなの、全部取ってこい」と言うんだな。

B　そりゃそうだろうね。

A　で、30冊取ったあと、しばらく待っていたんだけど、いつまで待っても冊数制限の紙を持ってこないから、ええいっと10冊持っていって、あと50冊は送りのカウンターに置いて。

B　当日持ち帰りじゃなくて、後日配送の手続きをしたわけだ。

A　「サルまん」が取り放題というのは、店に持って帰れば絶対すぐ右から左に売れる商品だから、俺たちにとってはまるで金が落ちているみたいなもんなんだよ。

B　落ちている金は拾いたいと。

A　玉が出放題のパチンコ台に当たったみたいな気分でもあった（笑）。

B　で、結局どうしたの？

A　二百部全部取っちゃった。

B　最後まで誰も気付かなかったの？

A　いや、本当にいいんだろうかとこわくなったから、もう一度店に電話したんだ。そしたら横にいたおじさんが「サルまんですか」って顔を乗り出してきてさ。

B　もう驚いてるわけだ。

A　だから仕方なく10冊渡したけど（笑）。

B　口止料だね（笑）。

A　でも取次を出るまでが心配で心配で。冊数制限の紙を付け忘れたんですよ。これが取り放題なわけないですよ。なんて言われたらどうしようとかさ。

B　冊数制限の紙を本当に忘れたのかな。

A　あれ、表紙が小学館の学習まんがに似ているから担当者が勘違いしたんだと思う。発売後に行ったら冊数制限の紙が付いていたから。

B　発売前で、担当者が気付かなかったと。

A　バイクに積んでもまだ心配でさ、うしろから「お客さん、すみません、それ全部持っていかれたら困るんです」なんて追いかけてくるんじゃないかって（笑）、いやあ、まいっちゃったよ。

海外文学棚今昔

◎田口久美子

▼09年6月号

ジュンク堂書店池袋本店の文芸書は大きく2つのジャンル、小説（フィクション）部門と、それ以外（ノンフィクション中心）に分かれている。小説は日本と海外。それ以外も大きく2つに、エッセイ・サブカルチャー（タレント、テレビ関連も含む）部門と、古典文学・詩歌（俳句・短歌を含む）・文芸評論・日本語学部門、である。

売上が年を追って下落している文芸書で、唯一元気なのがサブカルチャーなのだ。まあ、これが文芸か？と詰め寄られると、うっ、とつまるのだが。毎日入荷してくる本の山を、まずわれわれは4つに分けている。一番高い山が、この「これが文芸か？〈芸〉といえば芸なんだろうが、じゃあ〈文〉をつけてもいいのか」ジャンルで、一番低い山は海外文学、ということになる。

海外文学の棚は7段×54本で、量的にいっても他の「文芸書」と比べて少ない。だが、「目いっぱい」かき集めて商売しています、というのが正直なところだ。つまり新刊の点数が棚に比較して少ない。ということは購買三角形の裾野が狭い、趣味で読む一般読者が少ない。手っ取り早く言えば活気がない。しかしそれは片方の日本文学と比較しているだけで、その日本文学に活気があるかといえば、新刊の点数は溢れるようには出ているが「活気、うーんどうなんだろう？」という状況なのだが、それはそれとして。

「目いっぱい」のふたつ目の原因は海外文学棚のサブカル化なのだ。先に書いた「これが文芸か？」ジャンルである。ジュンク堂開店（1997年）以来の海外文学ベストをご覧あれ。エンターテインメントと現代文学を抽出したのだが、ノン小説ジャンルをまぜると、『世界がもし100人の村だったら』（『ダ・ヴィンチ―』を押さえて堂々の1位）とか『グッドラック』（A・ロビラ　4位）『ギャシュリークラムのちびっ子たち』（E・ゴーリー　9位）となる。

そして「海外ライトノベル」も殴り込みをかけている。日本ラノベがこんなに大きい市場なのだから、柳の下にどじょうが？現在の先鋒は吸血鬼・ステファニー・メイヤーで、映画化される前から、中学から大学、独身職業ご婦人までの幅広い女子たちが中毒症状を呈している。海外ラノベは別名を「若年版ハーレクイン」と呼びたい。

それで、「皆さんが考える海外文学」である。いやその前に海外エンターテインメントを。

〈ジュンク堂書店池袋本店海外文学ベスト10　1997年9月～2009年3月〉

書名	著者名	版元名	売上冊数
①ダ・ヴィンチ・コード　上	ダン・ブラウン	角川書店	1618
②ダ・ヴィンチ・コード　下	ダン・ブラウン	角川書店	1470
③キャッチャー・イン・ザ・ライ	J・D・サリンジャー	白水社	1071
④百年の孤独	G・ガルシア＝マルケス	新潮社	605
⑤朗読者	ベルンハルト・シュリンク	新潮社	593
⑥あなたに不利な証拠として	ローリー・リン・ドラモンド	早川書房	473
⑦ロング・グッドバイ	レイモンド・チャンドラー	早川書房	451
⑧天使と悪魔　上	ダン・ブラウン	角川書店	435
⑨わたしを離さないで	カズオ・イシグロ	早川書房	415
⑩国のない男	カート・ヴォネガット	NHK出版	412

＊③、⑦は村上春樹訳

海外ミステリーは日本の現状そのままである、格差社会。売れる本はドーンと売れる、主にマスコミや映画化にあおられて。主人公のキャラが立ち、長年の読者をつかまえているシリーズ・ミステリーが中堅層としてかろうじて持ちこたえているが、あくまでもかろうじて。たいていの新刊は不振、重版がかかるケースは極めて少ない、このジャンルは新刊が生命線のジャンルなのだ。むしろSFの方がコアだが堅実な客層をつかまえて健康体。

なにはともあれ、海外ミステリーは長期低迷期にある。そして昨今、ミステリー、SF、ファンタジーの境がますます曖昧、ついに「ノンフィクションノベル」と銘打つ新刊までが現れる。もうなにがなんだか──。

そして、海外文学。ここは売場中で一番静まり返っている。ときどき活気を呈するのが、村上春樹や柴田元幸の新訳書が出たとき、ノーベル賞が発表になったとき。しかし意外に書評に強いジャンルなのだ。しかも「純文学度の高い本」ほど書評に強い。ここから日本人のどんな読書傾向が読み取れるのだろうか。

日本の読者は一般に「外国への興味」を失いつつあるような気がする。例えば、娯楽小説としてのミステリー。ミステリーとは事件が起きる小説。事件というのは登場人物の家庭、そして家庭を取り巻く社会と深く関わる。だから優れたミステリーは必ず優れた社会表現を伴っているはず。ミステリーは手近で楽しい各国事情分析ツールである、そんな読み方をしていた日本の読者も多かったはず。ミステリーだけではない、各国の文学はその国を知る情報源としても機能していたと思う。戦後、いや維新以来、日本は欧米に追いつき追い越せ、ではなかったのか。もう追いついた、と思ったのか、自分たちのことだけで精一杯なのか。とはいえ、こんなに翻訳文学が読まれる国も珍しい、といわれているから、世界基準はまだ下にあるのかもしれない。

先日『柴田さんと高橋さんの小説の読み方、書き方、訳し方』(柴田元幸・高橋源一郎)を読んだ。聞き手の源一郎さんが白人低所得階級を描いたカーヴァーを引き合いに出して、現在のアメリカ文学状況を柴田先生に聞く章があった。先生は「個人的な妄想に根ざした幻想文学が主流」と答える。日本の読者だけではない、海の向こうの書き手も閉ざしているのだ。

カーヴァーは、アメリカ文学が日本に一気に入ってきた80〜90年代を象徴する作家のひとりであった。アメリカに生きる市井の人々の息遣いが伝わるこんな地味な小説が売れたのだ、もしかすると作風が日本の近代文学に似ているからかもしれない。紹介者が村上春樹だったことも要因で、サリンジャーもフィッツジェラルドも村上春樹なしにはあれほどもてはやされなかったろう。村上現象は今でも変わらない。

東京でもちょっと田舎の匂いのする池袋の街で、90年前後に私が勤務していたリブロは、アメリカ文学を中心に10坪ほどのコーナーを作っていた。映画、音楽、風俗、ファッション、精神世界、アメリカに関わる雑多な本をゴチャッと混ぜて、はいこれが文化の先端です、ちょっとはったり気味だったけれど。私たちは結構本気でアメリカ本を集めた。

ジョン・アーヴィング、ジョン・バース、トマス・ピンチョン、ジェイ・マキナニー、次から次へと翻訳され、若者たちが、わざわざ買いに来てくれた、池袋まで。アメリカ発の新しい文学作法に熱気があった。ポストモダンやらメタフィクションやらと、私たちは未消化なまま浮かれたように情報を発信していた。そしてサリンジャーを筆頭とした既刊本も、例えば『路上』(ジャック・ケルアック)、『カッコーの巣の上で』(ケン・キージー)等々等々、絶対切らしてはいけない、という至上命令が担当者に出ていた。

そしてアメリカ発のエンターテインメントもこの頃は隆盛だったのだ。ロバート・B・パーカー、H・F・セイント(『透明人間の告白』)、トマス・ハリス、パトリシア・コーンウェル等々、文庫も参入してベストセラーが相次いだ。

今考えれば、グローバル・英語文化が翻訳文学という形で日本に侵入してきたのだ。水村美苗氏は、小さい頃から国際郵便にはPar Avionと書いていた、Air Mailに自然に変わったのが1980年代半ばであった、と書く(『日本語が亡びるとき』)。そして今ジュンク堂では、各国文学の棚の中で「アメリカ」が一番大きな顔をしている。伝統の文学を持たない国が。

こんなところが私が海外文学に関わったほぼ20年間の「始まりと今」の点景である。

書店員匿名座談会

こんな本はキライだ！

▼92年11月号

A　キライな本というとやっぱり判型の大きい本だね。B4判とかA4判とか。棚に入らないから困るんだ。

B　横長の変型判なんか棚に入っても、はみ出しちゃってるからすぐ落ちるんだよね。

C　おれはあんまり気にならないけどなあ。写真集なんかは棚があるし、大きい本は定価が高いから売れる本なら嬉しいぐらいだよ。

A　そりゃ、おたくは大手だから棚もあるだろうけど、うちなんか入る棚がないんだもん。平積みして売れなかったら、即、返品。さよなら（笑）だよ。

C　おれは大きい本よりブ厚い本の方がイヤだな。

B　すぐ棚がいっぱいになっちゃうからね。

C　そう。一冊ものならまだいいんだけど、シリーズとか巻数ものだと、それだけで棚が埋まっちゃって、他の置きたい本が置けなくなるんだよ。

A　そんなの全部置かなければいいじゃない。

C　そうもいかないんだ。うち、大手だからさ（笑）。揃えないわけにはいかないの。

B　そもそもシリーズ化というのは版元にとって、棚を確保するという狙いがあるわけでしょ。背を統一したから全部並べてくれみたいな無言の圧力があるよね。

A　ようするに中身じゃなくて器で勝負という発想でしょう。弱気の表われだよね。

C　そうそう。企画の前に器で棚を確保しようという、その心根がイヤなんだ。

A　でも、揃えてしまう（笑）。

C　強制力きついから（笑）。まあ、売れてるシリーズは負担じゃないからいいけど。

B　売れればシリーズものはラクだよね。順番に並べておけばいいわけだから。

A　器に頼っていても、売れる本ならそんなにイヤでもない、と。

C　そりゃ、売れない本よりはいいよ（笑）。

B　でも、今は売れてる本の真似して二番煎じ三番煎じで出してくるのが多いでしょ。ああいう企画力のない本は売れてもイヤだね。

C　類書が多すぎるよな。

A　企画といえば、ある書店の人が企画段階でこんなの売れないって言ったせいで、没になった本があるんだって。別にコードに引っかかったとかじゃないんだよ。

B　書店にそんな力があるの？

C　それはおかしいな。

A　そう。出したいんなら、そんな意見なんて関係ないわけじゃない。本来、出版は志だよ。

C　売れる売れないじゃなく、売る売らないだもんね。一旦出すと決めた企画をそんな理由で没にするのはよくない。

A　まあ、版元もそこまで切実に出したかったわけでもないんだろうけど（笑）。

C　そこがよくないよな。出版をやるんならもっとポリシーを持って欲しい。

B　そういうのだったら、出る

出るって言って、なかなか出ない本ってのがおれはキライだね。

C　うん、いつごろ出るのかはっきりしない本が一番困る。お客さんに何て言えばいいのよ。

A　重版の遅い本もイヤだね。

B　注文してもいつ入ってくるかわからないような本もダメ。

C　でも、ほとんどの本がそうじゃない？

B　そういえば、そうか（笑）。

A　入ってこないというなら、売れてる本が一番だよ。よその店にはあるのにうちには全然入ってこないの。注文しても注文しても。

B　うちもそうだよ。小さな書店はベストセラーに限って入らないことが多いからね。

A　そう。売れてる間は入らないで、売れ行きが鈍ったころになるとようやく入る。

B　そういう意味じゃ、売れてる本はおれもイヤだな。

C　まあまあ（笑）。全然売れない本よりはいいじゃない。立ち読みだけで済まされる本とかあるでしょ。あんなのムダだよな。

A　立ち読みされる本はまだいいよ。せっかく並べても一度も手にとられない本さえあるもん。

C　手にとられると困る本っていうのもあるな。パラフィン付きの本なんて、お客さんが一回見たら破けてダメになっちゃう（笑）。

B　箱入りの本で、箱の上にカバーみたいなのがかかってる本も困るね。あれも棚からとる時にちょっと指が引っかかっただけで破けちゃうんだ。

A　帯もさ、下四分の一ぐらいの幅ならいいんだけど、最近二分の一ぐらいの幅のやつとか斜めに巻いたやつとかあるでしょ。あれもイヤだね。

B　手に引っかける可能性が高いから切れやすいんだよね。

C　装丁が凝ってるというか複雑なやつもイヤだね。パラフィンじゃなくてへんちくりんなカバーがあるんだ。ナイロンコートみたいなやつが。

A　あれ、置いているうちに皺がよってくるんだよね。本屋って乾燥してるから。

B　装丁でいえば、白っぽい装丁の本がイヤだな。

A　丁寧に扱っても客が触るだけで汚くなるからなあ。

B　白くてもビニールコーティングしてあればいいんだ。消しゴムかければ綺麗になるから。コーティングしていないと、消しゴムかけても落ちないんだよね。砂消しゴムじゃないとダメなの。で、砂消しかけると破れちゃう（笑）。

A　商品として気を遣っていないんだろうね。

B　もっと現場のことを考えて装丁して欲しい。

A　あとさ、１２３６円とか１円単位の定価があるでしょ。あれはイヤじゃない？

C　うーん、あれはもう仕方ないんじゃないの。棚下ろしの時なんかは面倒だけど。

B　そうだね。週刊誌が２０６円とか、全部が全部そうなるのは勘弁して欲しいけど、たまにあるぐらいは我慢できるよ。それよりもイヤなのは異常に定価の安い本！

C　うん。値段相応の形をしてるならいいけど、不当に安い本ってあるからな。

B　安くても飛ぶように売れるならまだしも、そんな本はめったに出ない（笑）。

C　どうせ売れないんなら不当に高い方がまだましだ（笑）。

B　いや、それは言い過ぎだけどさ（笑）。せめて造りに見合った定価にして欲しいよね。

【ミステリー専門店6カ月奮闘記】

◉茶木則雄

▼86年51号

できてから三年目の本屋であった。場所は東京飯田橋、店は二十坪弱と小さいが、国電飯田橋駅から徒歩一分、神楽坂という繁華街の入口にあり、この辺は、オフィス街であると同時に、法政・理科大という大学もひかえた学生街でもある。書店としては最高の立地といっていいが、逆に競合店も多い。商圏内（本屋の場合は半径五百メートルといわれている）に、七軒の本屋がひしめくという激戦区である。特に一年ほど前、駅ビルに百坪を越す大型店が出店してからは、状況はいっそう厳しくなってきた。

その本屋をまかせるからやってみないかと言われたとき、これは並大抵のことでは勝ち目がないと思った。競合店の中ではうちが一番小さい。しかも飯田橋には、文芸書の鬼、文鳥堂の斎藤さんがいる。今まで文芸書の担当だった私にとって、相手が悪いのである。

しかし、ミステリの専門店をやってみたいというのが私のかねてからの夢であった。

高校時代、高木彬光の『人形はなぜ殺される』を読んで以来、横溝正史、土屋隆夫などの日本の推理小説を読み始め、大学時代は推理小説研究会に属しながら、ハメット、チャンドラー、ロス・マクを読みふけり、興味は徐々にヒギンズ、ライアルなどの作家に移っていった。特にディック・フランシスは何度も読み返したほど、お気に入りの作家である。

豆腐料理専門店やランジェリ専門店まである時代である。どうして本屋だけが、どこへいっても同じ品揃えの金太郎飴本屋なのか、ミステリ専門店があってもいいじゃないか、とまあ、なまいきに考えていた。出版流通や書店経営を少しかじれば、専門店が難しいことはわかる。しかし、やってやれないことはない。要はやり方次第だろう。

私が考えていたミステリ専門店の立地条件が三つある。都心であること、客層の中心が学生、サラリーマンであること、そして、近くに大きな書店があること。飯田橋の店はまさにピッタリの場所であった。

すでに岡崎に日本で最初のミステリ専門店『ネバーランド』がオープンしていた。やるなら今しかない。日本初という夢は果せなかったが、東京で最初のというやつがある。よーし、やってやろじゃないか、私は決心した。

ミステリオンリーという専門店は、最初から無理だと思っていた。経営的な面からいうと、道楽でやるのじゃない限り、食べていけるはずがない。現に、当店ではミステリ関係だけの売り上げは三割弱

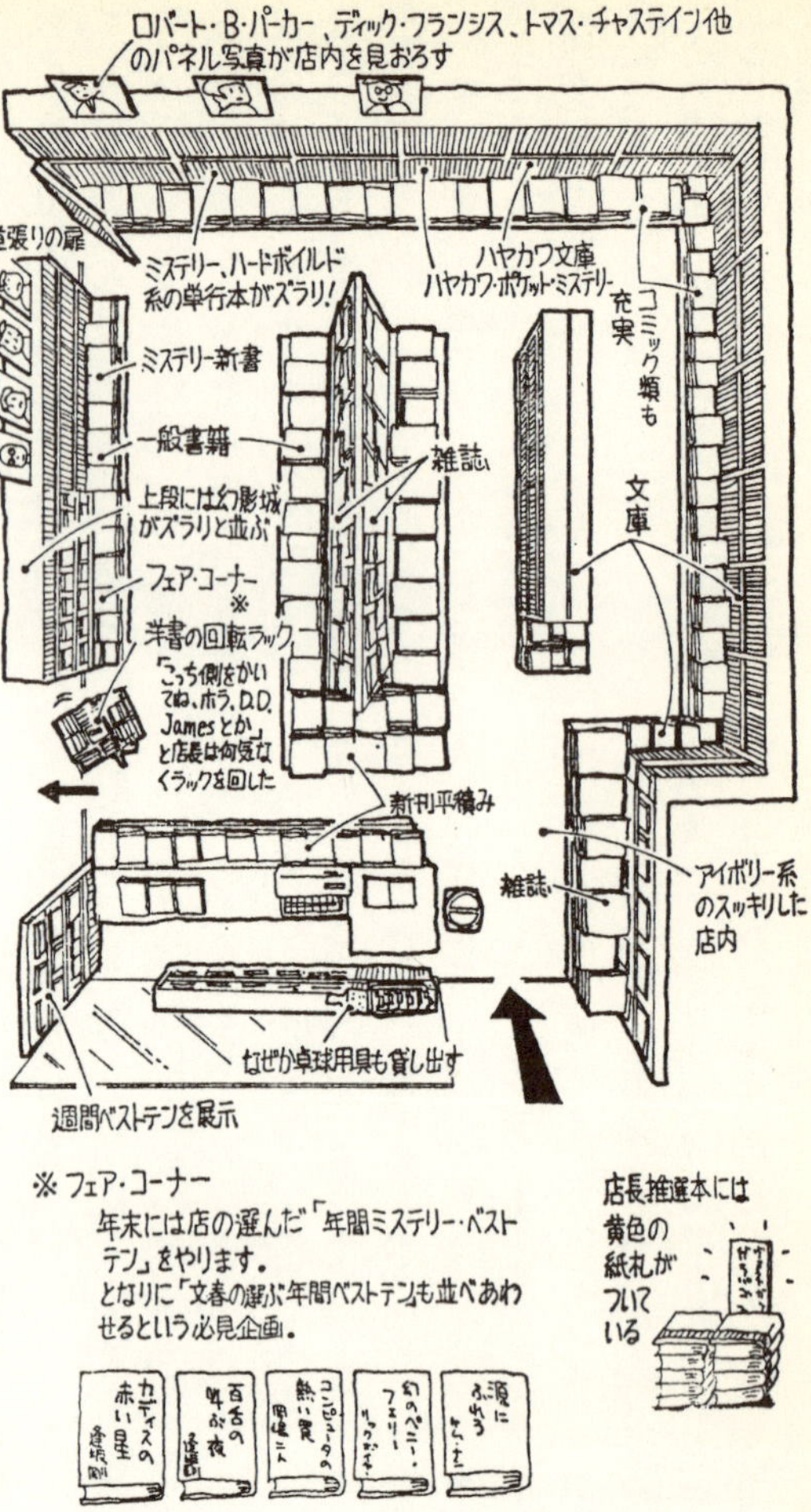

イラスト・福井若恵

■ブックスサカイ深夜プラス１の店内■

である。出版流通の面からいっても、たかだか二十坪弱の店とはいえ、ミステリだけでは、棚を埋める商品が集まらないだろう。

ミステリ専門店というよりは、ミステリを中心とした面白本《エンターテインメント》専門店にしたいというのが私の構想であった。では具体的にどういう店作りをすればいいのか、基本的には、私自身がいってみたくなるような本屋にしたい。

営業時間は、一杯やった後でも開いている時間ということで夜十二時半まで、朝は、徹マン明けにも寄れる八時半からに決めた。

商品構成の面では、雑誌、コミック、文庫は絶対にはずせない。駅前書店ではこの三つで売り上げの七割をしめる。そのなかで、必要のないもの、私自身が興味のないものはすべてカットして、ミステリ、特に翻訳ものに関しては、集められるだけ集めてやろうと思った。

雑誌では、幼年誌や学年誌、それに年齢層の高い『主婦の友』や『ミセス』などは置かないが、同人誌、直販雑誌はできるだけ揃える。

コミックは、『ドラえもん』『キン肉マン』は必要ないが、マニアックなものや、

大人の鑑賞に耐えるもの、たとえば、かわぐちかいじの『ハード&ルーズ』などは置く。

文庫・新書・文芸書にいたっては、ミステリ・リーグのものを除くと、全て私の好みで決めた。阿佐田哲也をはじめ、椎名誠、東海林さだお、村上春樹や宮本輝、山口瞳、諸井薫というところは、全点揃える。もちろん、日本軍では、志水辰夫、船戸与一、森詠、北方謙三（最近チョットうなってしまいますが）などの面々は絶対にきらさない。

どんなベストセラーであろうと、渡辺淳一やタレント本は一切置かない。地図・実用書のたぐいは、もともと本だと思っていないので、問題外である。

とにかく、「ない本はない！」――ある分野・作家に関しては全てあるという自負と、最初から置いてないものはないというひらき直り――をモットーに単純明快な品揃えをした。そういうことができるのも、近くに本屋があるからである。道路地図は、と尋ねられても、うちにはないけど文鳥堂さんにいけば揃っていますという受け答えができる。不親切にはならないと考えた。

最後まで悩んだのは屋号である。ミステリの題名や主人公の名前をとって、一目でそれとわかる屋号にしたい。私は自分の本棚をながめながらいろいろ考えてみた。

ブックス『長いお別れ』（水商売にはいいかもしれない）、ブックショップ『大穴』（誤解されるか）、『ホームズ堂書店』（チョット好みのリーグじゃない）。結局、営業時間とのかねあいもあって、ブックス『深夜プラス１』しかないと思った。そこで、日本冒険小説協会員のたまり場である新宿ゴールデン街の酒場『深夜プラス１』の内藤陳会長を訪ねたところ、快諾を得た。

新装オープンまでの一カ月、私は取次に日参した。取次といえば親も同然、取次なくしてはこの商売はできないのである。取次の協力が得られるか否か、ミステリ専門店の成否はこの点にかかっている。

取次でも、中小書店の専門店化ということは以前から考えていたらしく、モデル店として注目したいとのことであった。総論においてはそういうことで賛同を得たが、各論になると新刊の配本はあくまで実績であるから、ミステリ関係だからといって特別に部数をふやしたり、優遇することは出来ないとのこと。予想はしていたが、少し落胆したことは事実である。

しかし地図や実用書、児童書など最初から置くつもりのない分野の配本をカットしてもらえるだけでも有難かった。いくら半年後の支払いだとはいえ、注文していないセットを送品されても、限られたスペースなのだから置く場所がない。すぐ返品せざるを得ないが、その手間を考えるだけで嘆息が出てくる。朝、新刊のダンボールを開けて「よい子の絵本セット」なんて入っていると、勤労意欲もなくなるというものである。

新規店の場合、書店はジャンル別の商品構成を決めるだけで、具体的な商品の発注は取次がおこなう。一般的には、棚のスペースにあわせて、新潮社Ｂセット、角川のAセットというように決めていくものだが、専門店の場合、そうはいかない。

文庫とコミックは各出版社の注文書を全て集め、文芸書は私の指定した作家の作品リストを取次のコンピューターで打ち出した。これは莫大な量であった。両方合わせると、電話帳くらいの厚さである。そのなかから、一点一点チェックし、注文短冊に書きうつしていく。作業は大変だが、私にとっては楽しいものであった。いいものができそうだ。そんな気がした。

ブックカバーのデザインや内装の問題などやるべきことは山積していたが、出版社を訪ね、協力を求めることが先である。

ミステリといえば早川なくしてはかたれない。以前からお世話になってる営業の方を通じて、ミステリマガジンの編集長を紹介してもらう。ニューヨークのミステリショップの話など参考になることが多かったが、ミステリマガジンに広告を載せてもらえることになったのが、なによりも嬉しかった。早川書房の本に関しては、どんな汚れているものでも在庫のあるものは全点出庫してくれるようお願いする。ちなみに開店したときいちばん最初に売れたのが、箱に入っていないミステリ全集であった。

東京創元社の紹介で、元「幻影城」編集部の方から、幸運にも本誌バックナンバーや「別冊幻影城」を入手できるめどがつく。「幻影城」で出版していた天藤真の単行本などは、懐しいフランス装アンカット本で、これは「深夜プラス1」独自の目玉になると思った。

ミステリ関係の本を出している出版社を訪ねて、美本でなくてもいいということで注文書を渡した。大手になるほど色よい返事はもらえなかったが、商品についてはなんとかなるだろうとタカをくくっていた。

ところが新装開店の前日、取次からどっと送られてきた二百五十箱のダンボールを開けて、愕然とした。注文した本の約五分の一がなんと品切絶版であったのだ。

ジョバンニの『穴』あたりはないかもしれないとひそかに予想していたが、チャンドラー『高い窓』（これは最近重版されたが）、クィネル『メッカを撃て』など、まさかないとは考えてもいなかった。こんなことでミステリ専門店といえるのだろうか。私はガタガタの棚を見ながら暗澹たる気分に陥った。

六月二日、開店初日だというのに私は暗い気分でレジに立っていた。

何も買わないで帰る人の背中が、「なんだ専門店てこんなもんか」と言っているように思えた。まわりの会話がいやでも耳に入ってくる。

「逢坂剛の新刊、たしか出てるよな」

「ああ、昨日、紀伊國屋で見かけたよ。ここは置いてないのかな」

講談社から逢坂剛の新刊『カディスの赤い星』が出ることは知っていた。去年が船戸与一なら今年は逢坂剛だと思っていた。集英社の『百舌の叫ぶ夜』もさることながら、今度のは大作だという噂であった。

なぜ、その新刊がうちに入ってこなか

ったのか。たとえば初版一万部の本があったとする。全国に本屋は約二万五千軒ある。一部づつまいても全国の本屋に行きわたらないが、一部づつの配本なんてことは現実にあり得ない。当然、紀伊國屋のような大型店が何十部という部数を確保し、出版社も手持ち在庫分を残す。そうなると、うちぐらいの規模の書店は、取次からの配本がゼロになるのだ。

　そういう事情がある。

「いつ行ってもいないけど、サボっているんじゃないの」と友人から言われることがあるが、決してそうではない。取次からの配本を待っていてはミステリ専門店として体裁をなさないので、一日中仕入れに出かけているのである。

　売れ行き良好書が出るときは、朝七時半から取次の店売に並ぶ。そこで手に入るのは約三割で、あとは神田村と出版社の店売を頼るしかない。そこで百パーセント満足に仕入れができればいいのだが、運の悪いときはまったく手に入らない本もある。『カディスの赤い星』のときがそうであった。

　神田村というのは、小さな取次が集まっているところで、講談社に強い店、新聞社系出版社に強い店とそれぞれ特徴がある。書店はそこで現金で商品を調達するわけだが、一書店三冊までしか売らない取次もあるし、売れ行きのいいものはなじみの店にしか売らないところもある。ちょっと信じられないかもしれないが、現に私は目の前に積んであるケン・フォレット『獅子とともに横たわれ』を買おうとして、断わられたのである。

　神田村でもないと、出版社の店売へ行く。現金で、しかも取次より高い掛で買うのだが、ここでも部数制限はついてまわる。

　売りたい本が手に入らないというのは、中小書店の最大の悩みであるが、ミステリ専門店としては、どんなつまらない作品であろうと乱歩賞の『花園の迷宮』が売り切れではすまないだろう。

　しかし、それよりもミステリ専門店にとって最大の悩みは、出版社に在庫のない本は手に入らないということにつきる。問い合せは、やはり早川のポケミスや文庫の品切本に集中している。マッキヴァーンの『明日に賭ける』を注文されたときは、よほど探した人らしく、自分のでよければ貸してあげたくなってしまった。ミステリ専門店ならあるだろうという期待がわかるだけに、よけいつらい。

　翻訳ミステリに関しては日本で一番そろっているはずだが、それでもまだ勉強不足の為、入れ忘れている本もあるかと思う。つい最近も、自分の本棚を見ていて、新潮選書のフリーマントル3部作『CIA』『KGB』『FIX』がぬけていることに気がついた。

　開店以来6カ月、常連の人に「旦那、いい娘が入りましたぜ」と逸早く仕入れた新刊を渡せるときが、一番嬉しい。「深夜プラス1」週間ベストセラーやミステリの新刊・重版情報に目をとめる人もふえてきた。少しづつではあるが着実にいい店にしていきたい。

「深夜プラス1」オリジナルフェアでは、開店記念の〈早川文庫稀少本フェア〉を始め、〈幻の幻影城フェア〉〈旅と夜汽車とミステリフェア〉〈角川文庫絶版フェア〉といろいろ企画してきたが、十二月は、〈文春ミステリベストテンフェア〉と同時に私の選んだ〈ミステリ年間ベストテンフェア〉を開催する。

どちらが面白いか、負けない自信はある。

【書店員の読んだフリ術】

◉梅田　勝

▼09年9月号

書店員は読んだフリをしているか？

してます。してます。読んだフリするのが仕事のようなものです。年間八万冊出る本をすべて読むわけにはいかないし、もちろん読めません。

　では、どのように読んだフリをしているのか？　あくまで個人的なものですが、情報収集法など書店員「フリ術」としてお話します。

　まず、書店員の読んだフリということですが、愛読家のみなさんのフリとは、ちょっと事情が異なると思うわけです。たとえば、作品の出来やテーマなどについて、ついつい読んだフリしてしまう。よくあることですが、書店員の場合、それは主ではありません。ですので、ここは、仕事柄求められる「読んだフリ」（以下、フリと略）に限って進めましょう。

　書店員はどんな時にフリを求められるのか？　あるいは、フリをしてしまうのか。それは、①お客様からのお問い合わせに応える時。②書籍を棚に収める時。この二つに大別できるのではないか。

　まず、①の場合。「あぁ、あの本ですね」と、店頭あるいは、電話でのお問い合わせに、商品を確定させる時です。ここで多くの書店員は、少なからずフリしています。特に商品に見当が付くほど、さも読んだかのような口ぶりで応えているはずです。昨日も、「ヨシノゲンザブロウという人の『君たちはどう生きるか』ありますか？」とプリントを手にした女子高生から問い合わせを受けました。「あぁ、吉野源三郎。岩波文庫ですね」。言外には「もちろん私も以前読みました」。そして私の口ぶりは旧友の名を挙げるかのようだったはずです。実際のところは、その本を知っている、店のどこに置いてあるか覚えている、すぐ持ってくるので待っててください、ということなのですが、多くの商品の中から特定（しかも即答）できた喜びは、ついついフリを呼び込みます。この感じは、クイズに正解する喜びに近いものです。またこの場合のフリには、万事お任せあれと安心感を与える意味合いもあります。いわば、接客業として求められる演技（フリ）です。問い合わせに、「ヨシノゲンザブロウ？？？　聞いたことありませんねぇ……」なんて、本当に分かって探しているのか不安ですものね。

　では、なぜ書店員は商品を特定できることがそんなに嬉しいのか？　そして、なぜ在庫の問い合わせはクイズのようになってしまうのか？　それは、ある本について、一般の人が記憶することと、書店員の覚えに大きな隔たりがあるからです。経験から順に挙げていきますと、書店員は、書名、いつ・どこの出版社から出た（る）か、誰が書いたか、どれくらい売れているか。お客様は、誰それの本で（必ずしもその著者とは限らない）、どこで見聞して、こんな内容だった。書店員では筆頭にくる書名も正確な場合はまれですし、出版社に至っては二の次、三の次であります（時に書名・著者・出版社、さらにはＩＳＢＮコードと立て板に水な人もいて、そんな場合は関係者かしら、なぞと思ったりします）。

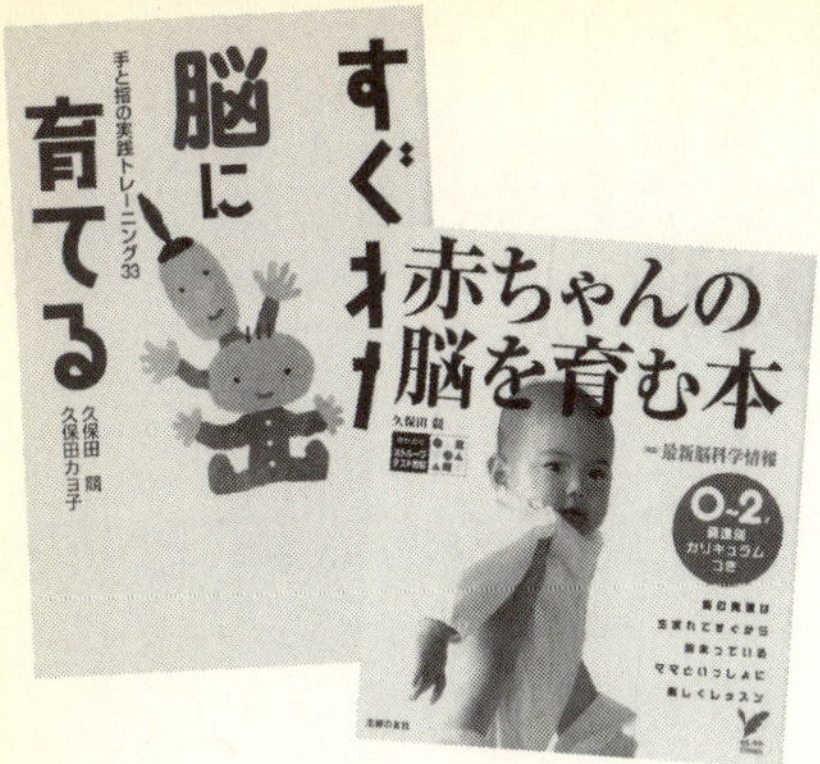

「脳科学ばあちゃん」関連書籍。
すぐに答えがわかったかな？

　さて、この隔たりを埋めるべく、職業的フリ術「備え」の巻が始まります。「この本は一般の人にはどのように記憶されるかしら」。店頭でどのような問い合わせに換わるかを考えるわけです。最初に、知るきっかけになる場をチェックして、可能性が出てくる本を押さえます。筆頭は何といってもテレビです。ワイドショーや情報番組の影響力は大きいものです。今ですと、番組での呼び名「天才児を育てる脳科学ばあちゃん」といわれて誰のことかピンときて、関連書籍はご主人の著作で育児書コーナーに展開中、と備えておきます。

　また、以前ほどではありませんが新聞も欠かせません。広告や書評です。残念ながら雑誌はなぜかあまりありません。ブログもありますが、ネット書店との親和性が高いのでしょうか、店頭ではあまり聞かれません。次に、それぞれの場で使われたキーワードの収集です。書名のかわりに、印象に残った宣伝文句で問われるようなことがよくあるからです。これは伝言ゲームや連想ゲームの要領ですね。要は、世に紹介された本を、予想される反応を基準に頭の中に入れとくことであります。

　このような確認作業は、あらかじめ商品情報を知っておくことで効果を増します。この点で、各出版社のＰＲ誌はフリ術の強い味方です。たとえば、新潮社『波』、文藝春秋『本の話』など、その月の新刊を案内した小冊子が発行されています。読者の関心を惹くように、作品や著者を紹介していますので、ただの注文書や新刊リストよりはるかに印象づきます。

　では次に、②書籍を棚に収める時、に移りましょう。ご承知の通り書店の棚はたいていジャンルごとに分かれています。ですので、どの棚に収めるかは、本の内容が理解《わか》っていなければいけません。分類作業です。分類で思い出すのは、植木枝盛の本が園芸の棚にあったという話です。書店版都市伝説の類でしょうが、我が身を振り返ると笑えません。早とちりな分類判断にはこうした誤りがつきものです。フリ術が足りません。では読まずにどうやって内容を把握するのか。仕事として現物にあたれるのが書店員の強みですので、本自体をパラパラ見ます。書名、著者略歴、目次、まえがき、あとがき。そこから判断します。

分類と並んで、棚作りには選書も重要な要素です。どの本を棚に残し並べるかです。基準は売れ行きなどいろいろありますが、ここではフリに大きく関わる評価や評判に絞ります。読まずに本の評価や評判を知るにはやはり書評に依ります。特に専門書は、そのテーマの今日的意味や課題、これまでの研究史がまとめられたうえで、その本や著者の位置づけを知ることができるので棚作りに欠かせません。いまは書評は新聞・雑誌からブログ・メルマガまで様々な媒体にたくさん載っていますので、個人的に参考にしているものを挙げておきますと、新聞では朝日と日経、週刊誌では『週刊文春』、雑誌では『SIGHT』、メルマガでは『ビジネスブックマラソン』『「本」のメルマガ』、身贔屓のようですが弊社HPの『本の泉』などです。また著名人や作家がテーマに沿って愛読書や古典を紹介する読書特集号の雑誌も定番書を知る上で有用です。この類では、東京大学出版会のPR誌『UP』が毎年四月号で組む「東大教師が新入生にすすめる本」がおすすめです。執筆教授の専攻分野と推薦書の組み合わせを見ているだけでも楽しい（文春新書で書籍化されています）。

こうしてみますと、書店員は本の周辺情報を仕入れることで読んだフリし、よく言えばそれは、あまたの「商品」を一冊一冊の「本」へ変えようとする試みではないか、と思います。

●乙女派書店員レポート

【『星のあらびき』ってなんの本!?】

◎高頭佐和子

▼11年5月号

店頭に立っていると、毎日たくさんのお問い合わせを受けます。書名、著者名、出版社名、正しい方ばかりではありません。ビミョーに違っていたり、確信に満ちた表情で全然違うことをおっしゃる方が結構多いです。間違った情報に振り回されたこと、書店員なら皆経験あるわよね。でも、そういうお問い合わせって、私は結構好きだったりするの。わかった時の達成感はもちろんだけど、驚きと照れの混じったようなお客様の素の表情を見るのが楽しいんです（お客様、ごめんなさい）。というわけで今回は、私が今までに体験した間違い書名をご紹介します。

まずはベストセラー編。売れれば売れるほど、間違われるのが書名というものですが、ロングセラー小説『朗読者』（ベルンハルト・シュリンク著　新潮社）はひどかった。「労働者」「読書家」「購読者」。惜しいけど意味がぜんぜん違う…。三字で「ろ」か「ど」が入ってるの何でもありって感じでした。先日あるお客様からお問い合わせいただいた「武田トキさんの詩集」。正解は、『くじけないで』（柴田トヨ著　飛鳥新社）。確かに似た名前ですが。いくら検索してもわかるはずありません。

次は、間違ってないけどなんか違う編。品のいいおばあさんが持って来たメモには、見事な達筆で『崖ップチ大将』とありました。崖っぷちに立つ笑顔の加山雄三が目に浮かびました。みうらじゅん氏らの爆笑対談集、『日本崖っぷち大賞』（毎日新聞社）だと気がついたときには、必死で笑いをこらえたわ。お孫さんに頼まれたのかしら。お年寄りにサブカル本を頼むのは危険かも…。

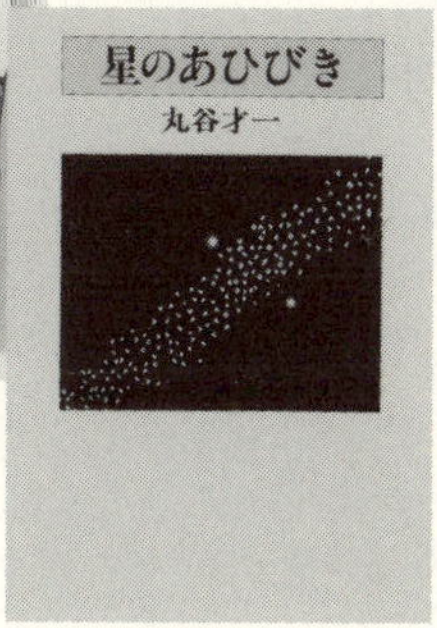

危険といえば雑誌のタイトルです。かわいい女子高生が、探していた雑誌のタイトルは『エロ』。いやらしい雑誌と決め付けてしまいましたが、正解は健全な男子ファッション誌『Samurai ELO（イーエルオー）』でした。ああ、紛らわしい…。『ニジュウゴエイエヌエス』っていう雑誌、わかりますか」と同僚に聞かれたのはつい最近の出来事。その場にいた全員が、「フリーペーパーの『アール25』じゃない？」と答えたけど、よく考えてみれば「25ans」って女性誌の『ヴァンサンカン』じゃん。ローマ字の雑誌は、要注意です！

次は、似てるっちゃ似てるけど全然違う編。「金井美恵子さんが書いたミラノの小説」というお問い合わせ。記憶にないなあ、と思いつつ棚を見ると、トスカーナを舞台にした河野多恵子氏の小説『後日の話』（文藝春秋）が目に入りました。もしや…と思ったらまさかの正解！偶然とは言え、わかった自分にびっくりです。

脱力系間違いといえば、同期のTちゃん。『月刊大相撲』を『月刊大相模』と書いて皆を凍らせた前科がありましたが、ある日お客様のメモを手に「マークスことぶきっていう作家の本はある？」と聞いてきました。しりあがり寿の弟子か？と思ってメモを見たら「マークス寿子」ってちゃんと書いてあるじゃん！

以来、マークス氏の本を見ると、反射的にゆるゆるおやじとひげのOLが頭に浮かびます。イギリスの貴族に嫁いだ学者さんなのに、あんまりだ……。最近だと、上司S氏の間違えた『星のあらびき』が印象的です。丸谷才一氏の『星のあひびき』（集英社）のことでした。美しいタイトルだけど、私の中ではもうひき肉だよ…。

最後は、新米書店員時代に受けたもっとも思い出深い間違いです。支店に手伝いに行っていた時に接客した女性のお客様。お探しなのは『ナイン』と言うタイトルの文庫本でした。文庫総目録（当時はパソコンで検索なんてできなかったのよ！）で調べると、井上ひさし氏の本が講談社から出ていましたが、これじゃないのだそうです。電車の中で人が読んでいた本を後ろから覗き見して読みたくなったそうで、「字の感じが講談社っぽくないし、ワニが出てきた記憶もある」とか。これはもう、一人の読者として気になります！

意気投合した我々は、二人して各社文庫のページをチェックしまくり、最後に長年文庫を担当しているM先輩に電話をすることに。さすがベテラン！　一発で正解が出ました。重松清氏の『ナイフ』（新潮文庫）。「ワニとハブとひょうたん池で」という短編が！　たった一字違うだけなのに、気がつかなかった…。お客様と二人、手を取り合って喜びました。

その程度もわからなかった自分に少々落ち込みましたが、「お問い合わせに手間を惜しまない書店員はえらい！」と後日M先輩がほめてくれたのも嬉しかったなあ。あのお客様に出会わなかったら…、M先輩が不在だったら…、私はこういう仕事の楽しさを知ることができなかったかも。M先輩、そしてあのお客様、ありがとう！

今はたいていの書店にパソコンがあって、キーワードを入れればたいていのことはわかるような気がしているけれど、検索ではわからないことがたくさんあるってことを忘れないようにしたいわね。明日も、お客様の間違ったお問い合わせをおびえつつも楽しみたいと思います。

【棚卸しは書店の〝お祭り〟である】

◉柴田良一（小倉・金榮堂）

▼90年9月号

原稿の締切日が店の棚卸しだった。

編集のYさんに一寸待ってね、これ終わんないと落ち着かないから、と言って待ってもらう。

そして、結局はこの棚卸しのことを書いてしまうことにする。

教科書販売や学参の販売時期の三月・四月をずらして、店は六月決算になっている。

僕も知らない昔は全商品の書名と定価を書き出していたというから、今考えると気の遠くなる話である。

それでも、一冊一冊定価と冊数を記録していかなくてはならないので、一日仕事には変わりないのだが。

朝から入る電話は留守番コールで、

「毎度ありがとうございます。本日は棚卸しのため休業させていただきます。明日は十時より営業したします……」

とシャッターアウトである。

相手さんには悪いけど、電話を取らないでいいのは、とっても気分がいいものだ。

キツイ作業ではあるが……

棚卸しは最近ではそれ専用の業者がいて、短時間の内にやってくれ、営業に差し支えなく、またいろんな集計をやれるツールとノウ・ハウが売り物になっている。

また、そこまで経費をかけなくても、棚卸しが終わり次第開店というのも今では至極当然になっている。

しかし、どうも僕らはそうはできない。

棚卸しは僕たちにとっては一種のお祭り気分なのだから（尤もこんなキツイお祭りもないんだけど）。弁当手配して、おやつを買って、休憩には店の中で弁当を囲む。

地べたに座り込んで定価を読み上げたり、キャンディーほおばりながら記録したり。

僕も一冊づつ定価を読みあげながら、「なんだ、まだこの本あったのか、三年位売れてないんじゃあない？」「きたねえなあ、この棚の奥ほこりだらけだよ。バケツと雑巾持ってこいよ」とか言って大掃除を始めたりしてる。

何時間か集中してやってると、生きてる本の中から、眠ってる本や、死んでる本の選別が始まる。

一冊づつ丁寧に考えながら棚を触ることも久し振りだなあ、なんて思って、ふと昔人伝てに聞いた話をおもい浮かべた。

それは某大書店の偉い人が良く繁盛している書店を評して、

「あそこは売れてるけど、店をちょっと休ませてやんないとなあ」

と言われたという話なのだ。

そうだ、『店』の休ませ方ってのこんなことだな、と思ったのだ。そこで働く人たちはとにかく何とか休みを取っているけど、『店』は年中無休でやっている。

お客のいない店で存在を確認されながら記録され、綺麗にならべ替えられ、『本たち』が店員たちだけとの話をする。『店』が生き物のように見えてくる。

休むってこういうことだな。

やっぱり棚卸しは棚の本たちと僕らのお祭りなんだ。こんな楽しいことを他人にさせられるか。

書店員匿名座談会

21世紀の書店は古本屋との複合化だ！

▼99年11月号

☆出版不況の中で流通最前線の書店は苦しい経営を強いられている。この状況を打破するためにはどうすればいいのか。現役書店員三氏がこれからの書店像を提案する！

A　再販制がなくなった時のことを、ちょっと検証してみようか。

B　興味ないよ、もう。正直言って、再販制は論議することに飽きちゃってる。

A　オレも本当言えばどっちでもいいんだけどさ（笑）。なくなったらしょうがない。

C　どうせ、書店には何の決定権もないんだしね。

A　いきなり「安さ爆発！」って看板を出したらどう？

C　拡声器で「安いよ安いよ」って、叫んだりして（笑）。

A　でも、値引率がせいぜい二%、三%、四%引き。せこいの（笑）。

C　二割、三割引きにはならないのね、再販制がなくなっても。

B　再販制がなくなったら、二割、三割という言い方はないんだよ。

C　そうか、定価がないんだもんな。

A　でも、希望小売り価格を付けるんじゃないの。

B　いや、再販制がなくなったら、オープンプライスの本が出なきゃ、おかしいよ。

A　企画ものとかはオープンプライスになるかもしれないな。

C　でも、出版社だって、ある一線は崩したくないでしょう。大手だって報奨金は出しても正味は下げないんじゃないの。

B　正味は下げないだろうなあ。

A　買切りになるわけじゃないからね。小学館も集英社も講談社も、返品条件付きでやるというんだもん。その方が都合がいいから。

C　請求はどうなるのかな。

A　それは現金決済で先に払うようになるかもしれない。

C　じゃ、今とあんまり変わらない（笑）。

A　でもさ、大手書店の決算書を見ると、ああいう状況で、再販がなくなったからといって、はたして値引きができるのかな、と思うんだよ。

B　原価を下げればできるよ。

C　希望小売り価格をどんどん上げるか。

A　そもそも日本の場合、本の定価が安すぎるからね。原価率が高いじゃない。アメリカなんか三千円する本だって、中身は五百円ぐらいのもんでしょう。

C　定価が安いのがいけない。

A　文春と岩波のせいだ（笑）。雑誌は「文藝春秋」、書籍は岩波が定価を決めてきたようなもんだからさ。

B　物価水準の年表みたいなやつで、岩波文庫を物差しにしたりするじゃない。あれが間違いだよね。

A　電車賃が十倍になっているのに、岩波文庫は二・何倍だとか。だから本は安いって。何言ってるんだ！　こっちはそのせいで、こんなに困っているのに。

C　「文藝春秋」なんか、せめて四倍にはしてほしい。

B　雑誌の場合、広告があるからいけないんだよ。一冊も売らなくてもペイする雑誌があるんだから。

C　今は少ないだろうけどね。

A　そんなの値段を付けて売るのが間違ってる。フリーペーパーだよ。

B　フリーペーパーなら、マージンじゃなくて手数料よこしゃいいんだ。コミッション。

A　通販雑誌でそういうのあるな。

B　二百円、三百円の雑誌とかさ、どうでもいいんだよ。あれは、たとえば新宿の一等地のここに置くから、年間百五十万とか。それが本来の姿だ。

C　場所代をよこせと。

A　雑誌は今のマージンじゃ、売ってもしょうがないもん。コンビニだって、本当は雑誌売るのやめたいんじゃないかな。

B　雑誌は、言ってみれば、人が店の中に入っているというアリバイづくりだったわけでしょう。で、今は人が入るようになった。そうなると、棚一本減らしてお弁当売った方がよっぽどいいよね。

C　コンビニにしてみれば、雑誌もお弁当もアイスクリームもおんなじ商品だからね。

B　そうやって考えると、コンビニにとっては雑誌のマージンはやっぱり四十%とか四十五%はないと合わないだろ。

A　セブン-イレブンは、ロイヤリティが四十五%なんだから。粗利の四十五%取られちゃうんだよ。雑誌のマージンが二十二%じゃ、売ってる方だって馬鹿らしい。

C　実はうちの隣の酒屋がローソンになる予定だったんだけど、そのロイヤリティを聞いてやめたらしい。やってらんないって。

A　ローソンは三十五%だよ。ampmが二十五だったかな。でもね、セブン-イレブンは十年やると再契約のときにロイヤリティが安くなるらしいんだよね。

C　詳しいなあ。

A　だって、僕、やろうと思って、全部聞いたんだもん（笑）。

B　ほお。

A　すごいよ。セブン-イレブンが概算出すじゃない。今の給料の三倍ぐらいもらえちゃうわけ。三倍になるなら、今オレがもらってる給料分で店長雇って、「Bさん、今日ゴルフ行こうよ」って（笑）。

B　シミュレーションしてみたの？

A　うん、動向調査とか全部やってくれるの。セブン-イレブンはそういうシステムがすごいんだ。プラスマイナスの誤差が〇・五%とか、調子のいいこと言うわけ（笑）。

B　それは見込みだって。

A　もちろん見込みだけどさ。でも、いちばん儲かるのはampmなの。ロイヤリティが二十五%だから。しかも、ampmはセブン-イレブンみたいに、こういうものをやらなきゃいけないですよ、というんじゃなくて、本屋さんだったら、本屋さんをやってコンビニもやっていいですよ、と言うわけ。

C　検討してるの？

A　ここ七、八年検討中。

C　でも、コンビニも飽和状態だよね。

A　爆発でしょう。今、日本で飽和してない業界はないよね。うちの近所の古本屋もどんどんつぶれていくしさ。

B　いわゆる古本屋ね。

A　いや、古本屋、新古書店、両方ともダメ。だってさ、坪数でいえば、うちの周り、新刊書店の三倍ぐらいあるんだもん。新刊書店が百坪あると古本屋が三百坪ぐらいある。工事してるから、何ができるんだろうって、什器見ると、本屋の什器。それで開店すると必ず古本屋なんだよ。

C　でも、つぶれていく。
A　厳しいみたいだね。
B　新刊書店やるよりはいいかもしれないけど（笑）。
A　ランニングコストが少ないからね。
B　新刊書店もね、これからはブックオフのフランチャイズになって、新刊本屋やって、ａｍｐｍもやる。そういう複合化をしないとダメなんじゃないの。
A　オレ、ブックオフの説明会も聞きに行った（笑）。で、実際、古本も売ってみたけど、なかなか難しいね。古本と新刊とフロアを変えなきゃ、無理だね、やっぱり。
B　古本屋の看板だけつけときゃいいんだよ（笑）。古物商の看板取って、「うちの本、古本混ざってるんですよ。実はこのへん古本なんですよね、ちょっと価値があるから高いですけど」って（笑）。
C　おれ、古本屋やろう（笑）。
A　古物鑑札は簡単に取れるから、あとは古本屋を始めましたって言えばいい。
B　古本を扱わなくてもいいんだよ。旧定価本とかあるじゃない。たとえば旧定価で千円の本があるとするよね。ところが今、出回っているやつは二千円になっている、と。そしたら千五百円って値段付ければいい。今より安いんだよ。でも旧定価で仕入れているから儲かっちゃう（笑）。これが勝手にできるんだよ。つまり安くするだけじゃなく、高くすることもできる。
A　倒産した出版社の文庫を二百円で仕入れてきて、三千円で売ってもいいわけだ。
B　これからの書店の生きる道は、新刊と古本屋を兼業でやる（笑）。
A　おれ、マンガ喫茶も合うような気がするな。マンガ売場はなくてもいいけど（笑）。
C　マンガ喫茶も兼業する（笑）。
A　複合化するとしたら、取次の勧めてる百円ショップなんかよりよっぽどいいよ。
B　今、取次が問題視してるじゃない。マンガ喫茶をやっている書店があってさ。
A　ああ、あるねえ。
B　書店からマンガ喫茶に横流ししているわけだよ。で、ある程度読む人が減ったら、返品して……。
C　うわー。
A　でも、考えてみれば、本屋で立ち読みされるのもマンガ喫茶で読まれるのも一緒だからな。
B　そうなんだ。ほんとは立ち読みするやつから五百円取りたい。
C　池袋の方に座り読みができる大型書店があるけど。
A　あれは元々そういう意図があるわけよ。
B　そうそう。座って千円（笑）。
A　そのうちタクシーメーターみたいなものがつくんだよ（笑）。読んでるとカチカチいう。夜になると深夜料金になってさ（笑）。
C　いろんなビジネスができる（笑）。
B　委託制度を最大限に利用して（笑）。
A　まあ、委託といっても返品条件付きという意味だからね。他の業界の人が勘違いしちゃといけないから。
B　他の商売やった人は絶対、本屋やっちゃいけないよ。ほんとに儲かんないし、ばかばかしいだけだから。
A　よく他業種からきましたって、堂々と言う人がいるけどさ、「ああ、君、見る目がなかったね」

って（笑）。オレはそう思うな。

C　これほどマヌケな商売もないよね。

B　要するに出版社の社外在庫で商売してるようなもんだからな。で、社外在庫なのに、出版社には先にカネ払わなきゃいけない。

A　しかも要らない本が多すぎる。毎日、検品してると、要らないと思う本がダンボールで平均七箱ぐらいあるんだよ。

B　たしかにね。文春、講談社、新潮あたりの本でも要らないのあるもん。

C　だから書店がある意味、責任持ってというか、意識して仕入れをすれば返品は減るんだよ、絶対に。一日七箱なんていうのは、それはやっぱり取次が勝手に送ってくるから、そうなるんでさ。

A　再販がなくなれば返品は確実に減るね、少なくとも。

B　でもね、オレは再販制というのはあってもいいと思ってる。ただ、認可制にすべきだと思うわけ。どこが認可するかというのは問題だけどさ。つまり、何十年もかけてシコシコ作った本がやっぱりあるわけよ。そういう本がすぐダンピングされるのはかわいそうだという気はするわけ。ただし、再販制というのは特例事項なんだから、義務があっていいと思う。再販商品は絶版にできないという。

A　それはあるね。絶版とか品切れ重版未定でずっと刷らないというのはさ、ちょっと再販に対する責任が出版社に無さすぎるよ。

B　だから再販は認可制にして、車の部品じゃないけど、十年間製造義務があるとか、そういう義務を負わせることが必要だと思う。

A　そうだな。だから反対に、すぐブームが終わるような本を再販で売る必要があるのかっていう疑問はある。

B　ほとんどそうでしょ。でも、たまにあるんだ。これは再販でもいいっていうのが。

A　そうすると出版社でおのずと決まってくるな。まあ、言いづらいけど（笑）。ただ、困るのは小学館とか講談社が罪滅ぼしみたいな本を時々出すことがある。

B　大手の出版社って、やっぱり贖罪意識みたいのがあるんだろうな。ほんとにいい本を出すことがある。

C　だけど、出版社も将来は暗いと思うよ。

A　だんだん読者と著者の距離が近くなってるからな。たとえばスティーヴン・キングが自分でホームページ開いて、小説の一部を掲載して、アクセス数が全世界で百万とかいうじゃない。で、百万人の人たちがアクセスして読もうといってる本を、おたくはいくらで買ってくれるのって、出版社並べてるみたいな、そういう世界になりつつある。

B　作家が個人出版社になり得るよね。自費出版しますって、インターネットかなんかで書店からの申し込みとか読者からの申し込みを受ければいい。

A　オレが著者だったら絶対考えちゃうな。簡単だもん。ホームページ作って、自分の新しい作品を掲載して、買いたい人集まれって。全部現金ですぐ入ってくるしね。

C　出版社はなくなってもいいと。

B　いや、それはないですよ。

A　そうだよ、出版社が本を出さなきゃ我々商売成り立たないもんね。

C　ちゃんとした本をね（笑）。

前代未聞

『本屋プロレス』の全貌

◎伊野尾書店 伊野尾宏之

▼08年7月号

書店は本を売るために、また宣伝のために作家のプロモーションイベントを行うことがある。

多いのはサイン会である。有名作家が自分の本を買ったお客さんにサインをしたり、会話を交わしたりする。絵本だと子供を集めて読み聞かせをやったりする。アイドルなんかだと「握手会」なんてものもある。ではプロレスラーが本を出した場合、どんなイベントをすればいいのか。

そんなの、本屋でプロレスをやればいいじゃないか。

そんな突拍子もないことを考えたレスラーがいた。そしてそのどうかしている考えを止めるどころか、実行に移そうと考えた編集者がいた。さらにそれを面白がってやらせてしまった本屋がいた。これは著者と出版社と書店の三者が三者とも普通でない人たちばかりだった場合、いかに馬鹿なことが起きてしまうかを証明した『阿呆者たちの祭り』の記録である。

それは四月八日、伊坂幸太郎が「ゴールデンスランバー」で第五回本屋大賞を受賞した、その日の夜にかかってきた一本の電話から始まった。電話の主は仕事よりも飲み会や神宮球場で顔を合わすことの多い、太田出版の営業主任・モリ氏。

「実は今度DDTプロレスの高木三四郎の『俺たち文化系プロレスDDT』という本を弊社から出すことになったんですが、これを作ったウチの編集者が何かこの本のイベントをできる書店を探してまして。それでプロレスといったら伊野尾さんかと思いまして」

モリ氏は私が骨の髄までプロレス馬鹿であると思い込んでいる業界関係者の一人である。私はせいぜい学生時代に年間五十試合を観戦し、東京から岩手県の外れまで車でプロレスを見に行ったり、あげく大学卒業後に『週刊ゴング』という専門誌で働こうとしたぐらいで、それくらいのファンはその辺にざらにいると思うのだが、彼から

リング上で“本屋プロレス”堂々旗揚げ！

するとそうでもないらしい。私はともかく「仕事でプロレスラーとイベントができる」という事実に浮かれ、イベントの内容がよくわからないにもかかわらず快諾した。

　そして数日後、店に来た『俺たち文化系プロレスDDT』の担当編集者であるウメヤマ氏は挨拶を交わすと、一枚の写真を差し出した。そこにはDDT、いや日本プロレス界の期待のホープである飯伏幸太がコンビニのレジカウンターからムーンサルトプレスを決める写真があった。ウメヤマ氏はクルマをぶつけてしまった運転手のように自信なさげに、そして遠慮がちに切り出した。

「こういうのが本屋でできないかと考えてるんですが…」

　DDT、いや飯伏幸太を知らない普通の人であれば間違いなく「はぁ?」というレスポンスが出てくるだろう。しかし、日頃から書店の業務にかける何倍ものエネルギーをプロレス情報の収集につぎ込んでいる私からすれば「ついにきたか」という思いだった。

　飯伏幸太は大手プロレス団体の日本武道館大会にゲスト出場して一万六千人の大歓声を浴びたりアメリカのプロレス団体に遠征して現地ファンから大絶賛を浴びたりする一方、〝どインディー〟と呼ばれる素人同然のレスラーが手がける大会や学生プロレスに自分から進んで出場したりする、これまでのプロレス界の価値基準ではまるで測りきれない活動をするレスラーである。

　その飯伏が昨年、公園でプロレスを行う「公園プロレス」というものをやり、「次はスーパーでプロレスがやりたい」と発言していたのを私は知っていた。その流れから言うと飯伏が、いやDDTが「本屋でプロレスをやる」という発想を出してくることは遠からず予想されるものだったのだ。

　とはいえ、一応私も本屋の店主である。店内で好き放題暴れられて売り物の本や本棚がボロボロになってしまったらどうするのか。いや、彼らもプロなんだからそこまですることはないか…。けど、見にきたお客さんがエキサイトして店内で暴走してしまったら店はどうなってしまうだろう? そもそも、ろくにイベントなどやったことがないウチの店でこんな誰もやったことがない、どうなるかもわからないイベントができるんだろうか。葛藤は尽きることがなかった。

　だがここで沸きあがってきたのが、「プロレスファンなら、プロレスをやらなきゃダメじゃないか」という思いである。ちょっとでも格闘技が好きな人は誰でも知っている話であるが、プロレスと総合格闘技の最大の違いは「技を受けるか、受けないか」である。これは言い換えれば「観客の満足を優先させるか、勝負を優先させるか」というプロスポーツすべてに共通する問題なのであるが、ともかくプロレスという競技はお客さんに満足してもらうために「技を受ける」ものなのである。

〝ミスター・プロレス〟天龍源一郎が本の中でこう言っていた。

「何事も逃げたらダメだというのとね。きついけど、ハンセンのラリアットもブロディのニー・ドロップも、思いっきり真正面から受け止めてしまえば、後はもう怖いものはないよって」(『七勝八敗で生きよ』天龍源一郎、東邦出版)

よし、ここは受けよう。受身をとろう。やってダメだったら…いい経験になるだろう。「ウメヤマさん、やりますよ。やってみましょう」

その瞬間、ウメヤマ氏の顔がパアッと明るくなった。

「本当ですか！　ありがとうございます」

ウメヤマ氏との打ち合わせが始まった。

もっとも難しかったのは、日時の設定である。いくらなんでもお客さんがいる営業時間内にプロレスをやっては支障が出てくるし、ある程度人が集まることを考えると、同じ商店街の店舗・近隣の住民になるべく迷惑がかからない時間を選ばなくてはならない。しかも試合を行うのは『俺たち文化系プロレスＤＤＴ』の著者であるＤＤＴ代表の高木三四郎と飯伏幸太の二人。売れっ子レスラーである両選手のハードスケジュールにも合わせなければならない。

かくして間に入ったウメヤマ氏の尽力の結果、四月二十七日日曜日の夜九時スタート、ということで話がまとまった。

それから数日後、ウメヤマ氏から「来週ＤＤＴのリングで発表記者会見をやるので伊野尾さんも出てください」と連絡がきた。当初「『俺たち文化系プロレスＤＤＴ』発売記念イベント」だった企画名はいつのまにか「本屋プロレス」という名前に変わっていた。

もう引き返せないな、と思いながら私は四月二十三日に行われたＤＤＴプロレス新木場大会の試合前に高木三四郎、飯伏幸太、ウメヤマ氏とともにリング上から「『本屋プロレス』を旗揚げします！」という記者会見を行った。三人に続き、私もリングアナウンサーからコメントを求められたので、「翌日普通に営業できるか心配です」と答えた。半分は煽りだが、半分は本気だ。それにしてもまさかこういう形でリングに上がるとは思いもしなかった。

試合の二日前、高木・飯伏両選手、当日のレフリーを務める安部選手、ウメヤマ氏、モリ氏、そして私で打ち合わせを行った。

ここで当店のことについて説明したい。

伊野尾書店は東京都新宿区と中野区の境にある、中井という小さな町の十七坪の本屋である。小さい店であるゆえ、通路はさほど広くない。人二人が背中合わせになればいっぱいいっぱいになる。狭い敷地に少しでも本を並べるため什器（店用の本棚）はギリギリまで設置してあり、店内にゆとりあるスペースなど存在しない。こんなところでプロレスをやる、なんて言ったら誰が考えても頭がおかしくなったと思われる。

ところが高木選手も飯伏選手も真顔で店内を確認している。高木選手は時々鉄製の什器をトントンと叩いたり、外に出している絵本塔（絵本が入っている回転式のラック）を見て飯伏選手に「行けるか？」と聞いたりしている。狭い店ですみません、と謝る私に「大丈夫です。全然問題ないです」と答えてくれたが、表情は硬い。

当たり前だ。いくらプロレスラーでもこんなところで試合をすることなど初めてなのだから、どうなるかわからないはずだ…と思っていたら、飯伏選手は中学時代に本屋でプロレスをやったことがあるらしい。やっぱりどうかしている。

この日の打ち合わせで、

・観戦は無料

・観客は書店の外から店内での試合を観る

・試合中、店内に観客は入れない

といった当日の観戦ルールを決めた。

また、店の前の道路の通行に支障がないよう、観戦するお客さんの誘導を徹底するようお願いをした。

私としては当日のある程度の進行をまとめておきたかったのだが、高木選手からは「それは現場判断で」「その時の流れで」という回答が多く、結局NG行為の確認と試合を終えたら即サイン会に移行するというおおまかな流れを決めるに留まった。こんな適当で大丈夫かなあ、と思ったが、高木選手のこの判断がまったく正しかったことを知るのは当日になってからである。

それとどれだけ集まるかわからないが、日曜夜の商店街でイベントやるわけだから一応警察には言っておいた方がいいだろう、という判断でウメヤマ氏と所轄の警察に顔を出した。しかし対応した交通課の警察官は「挨拶って何ですか。道路使用許可の申請でしたら書類を出してください」と書いてある紙を読むような対応で、では道路使用許可を取ればいいのかと確認すると「道路使用許可と取り締まりは別ですか。警察は問題が出て周辺住民から苦情が出るようでしたら取り締まりますし、問題がなければ特に関知しません」。

なんだか杓子定規な対応だなあ、と期待外れな気持ちで警察署を出たものの、「ってことは〃周辺住民から苦情が出なければ〃いいんじゃん」と警察の裏の言葉を勝手に読むことにし、帰ってから近隣の住人向けに案内文を五十枚作って翌日挨拶に回った。直接話して回ると「いいんじゃない」「面白いんじゃない」と好意的な反応も多く、中井の人たちの温かさを改めて知った。

このころになるとネットではちょっとした話題になっていた。「本屋でプロレスって…どうやるの⁉」「売り物にならなくなった本はどうするんだろう？」など。どちらかというとプロレス業界よりも出版業界の方で話題になっているようだった。ウチの店でも記者会見をやった日から店頭に自作のポスターを出して告知していたのだが「本当にプロレスなんかやるの？」とお客さんに聞かれたりして、なんだかあまり信じられてない様子だった。

そして迎えた試合当日。

心配していた天気も無事晴れてあとは開始を待つだけとなると、夜までの時間がずいぶん長く感じられた。夜九時開始というのに夕方六時半くらいには〃それらしい人々〃がチラホラ店の周囲に現れ始め、また電話での問い合わせも多くなっていた。一旦閉店となる夜八時前には太田出版、DDT関係者が集まり、少しずつ増えてきたファンへの案内と整理に回った。このとき私は店内でラックを片づけたり什器をどこに移動させるか指示したりしていたのだが、通常大人四人くらいで運ぶ重い重い鉄製の什器を若手レスラーの人たちは二人で「ヨッと」と軽く持ち上げたりして、改めてレスラーの偉大さを知った。同時に外では本日の観戦料代わりの『俺たち文化系プロレスDDT』を販売しつつ、プロレス関連の本をいくつか並べて売ったりしていた。

いよいよ夜九時。店の前の道路はおろか、店の周りにはすごい数の人が集まっていた。「五十人くらいきてくれれば」と、ウメヤマ氏とは話していたのだが、あとから聞いた話では二百人以上の人がわずか十七坪の伊野尾書店を取り囲んでいたということだった。（あまりに人が多すぎて数えられなかった）

「本屋プロレス」開始を告げる指示がスタッフから飛ぶ。ウメヤマ氏が用意したラジカセで「本屋プロレスのテーマ」を流す。私は降ろしていた店のシャッターを上げる。

鈴なりの、鈴なりの、鈴なりくらいに集まったたくさんのお客さんからワァー！という歓声と万雷の拍手が沸き起こった。このときの快感というか、込み上げてきた気持ちを私は一生忘れないだろう。

「大変長らくお待たせいたしました。ただいまより、本屋プロレス旗揚げ戦・伊野尾書店大会を開催いたします！」とリングアナウンサーが宣言すると、観衆がドッと沸いた。

ウメヤマ氏と私の開会宣言に続いて、「場外、反則カウントなし、ギブアップ、3カウントのみ、エニィウェア方式（※）」という〝本屋プロレスルール〟が発表されると客席からはどよめきが起きた。（※リ

九時前から店の周囲にすごい人が…

高木・飯伏両選手入場！

本棚の前で試合開始！

ング以外でもレフリーがフォールカウントをとることのできるプロレスの試合ルール）

リングアナウンサーの紹介に続き店外のラジカセから飯伏選手の入場テーマが流れる。

「STAFF　ONLY」と書かれた本屋のバックヤードから、通常の上半身裸・下はタイツとニーパッドの試合スタイルの上に「REINA」という女性誌のエプロンを着用して飯伏選手が登場。「うぉぉぉ！」「裸エプロン！」「何やってんだ飯伏！」と沸きまくる観客。

続いて登場の高木選手は同じく上半身裸のタイツ姿に「レタスクラブ」のエプロン。やっぱり沸く観客。

そして日曜夜の商店街に響くゴング。ここはもはや書店ではなく、異空間である。

開始からしばらくは互いの出方を見るように静かに組み合っていた両選手だが、高木選手のエルボーを皮切りに殴り合い、さらには投げ合う。いつ二人の身体が本棚に激突してもおかしくない極めてスリリングな（店主からすれば）攻防であったが、両選手は狭い店内を抜群の距離感覚を取って器用に闘う。間もなく高木選手が飯伏選手をとらえ、店の隅にあった某マンガ雑誌の立て看板にぶつけると、観客からはブーイング。良識あるお客さんばかりである。

さらにボディスラムで飯伏選手を床に叩きつけた高木選手はレジカウンターに上がって、ダウンしている飯伏選手に落下。ダイビングフットスタンプだ。予想もつかない攻撃が次から次に出てくる。

ここで試合は場外戦へ。つまり、店の外へ。時折クルマが通行する中、大勢の人垣の中で二人は闘い続ける。高木選手が店頭

書店エプロン姿でにらみ合う二人

レジの上から
ダイビングフットスタンプ炸裂！

にあったテーブルの上に飯伏選手を寝かせると、店の前の自販機によじのぼり、そこから飯伏選手めがけてダイブ！　取り囲む観客からは大歓声が起こる。しかし飯伏選手もここから反撃。高木選手の大技を切り返すとムーンサルトプレス！　路上でカウントを数えるレフリー。高木選手が肩を上げると大勢の観客にわかるように飛び上がって「ツー!!」。

これ以降も両選手は店内ではなく、下がアスファルトの店外で闘い続ける。これは予想以上に大勢の人が集まったため、前の方の人しか見えない店内よりもなるべく大勢の人に見てもらえる店外での攻防中心にその場の機転で対応したと思われる。この期に及んで私は高木選手が「現場判断」にした理由を理解した。アドリブができなければ、一流のプロレスラーではないのだ。

息つく間もない攻防を制した飯伏選手が、店外にある絵本塔の上に飛び乗る。「いくぞー！」とお客さんにアピールしたあと、飯伏選手がにこやかにほほ笑むドラえもんの絵本塔からムーンサルトアタック！

そして高木選手のバックに回り、後方に投げるジャーマンスープレックス！　レフリーがアスファルトを3回たたき、「スリー!!　ゴング！ゴング！」と試合が終了したことを知らせる。

こうして史上初の本屋でのプロレスが決着した。

イベントはそのままサイン会へ。路上でのジャーマンスープレックスを食らった高木選手は首を押えながら、自らの著書にサインし続けた。事前に用意した五十五冊はあっという間に完売。こうして無事（闘った両選手はかなりダメージが残ってしまったが）、「本屋プロレス」は終了した。

翌日、CSのプロレス専門チャンネル「サムライ」に出演してこの本屋プロレスについて聞かれた高木選手の言葉がすばらしかったので紹介したい。

「これは我々レスラー、見に来たお客さん、関係するスタッフ全員で共同で作り上げた、犯罪ですね」

同時に高木選手は「自著のプロモーションイベントの意味合いもあったが、暗い話題が多い出版業界を少しでも明るくできればという思いもあった」と語った。

伊野尾書店は翌日、普通に営業することができた。

写真提供／新文化通信社

※「本屋プロレス」の試合は動画サイトYouTubeで見ることができます
http://youtube.com/watch?v=bWqvJRupCYg
http://youtube.com/watch?v=wqkGW3evBwI

〈特集〉
本屋さんが捨てるもの

今月の特集はいつもと趣向を変えて、本屋さんが捨てるものを拾ってくるというもの。実は本屋さんは毎日さまざまなものを捨てているのだ。この大半は出版社から送られてくる拡材だが、ではどういう拡材が捨てられているのか。その現物を点検してみよう。という特集なのである！

イラスト／高橋知江

▼92年9月号

今から五年前に「本屋さん読本」という別冊を作ったことがある。

全国の本屋さんが直面している諸問題から面白話までスコーンと一冊にまとめたもので、これ一冊で本屋さんに関することがすべてわかってしまうという、それはもう前代未聞空前絶後の画期的な別冊だった。

こういうことはいくらなんでも当事者が言うことではないが、現在では絶版なのでどうせ誰も確認できないだろうから、オーバーに書いちゃおう。とにかく当時の本誌編集部が総力を挙げて作成した名企画であった、と当事者が申しているのである。

その冒頭の記事が「本屋さんが捨てるものを拾う」という特集で、ようするに出版社から送られてきたグッズの中から書店がどんどん捨てちゃうものを「これ下さいこれも下さい」と拾ってくるというもの。

実は、書店には毎日さまざまなものが出版社から送られてくる。チラシ、ポスター、新刊案内など、それはもう大変な量だ。必要なものはもちろん書店も目を通したり使ったりするが、不必要なものが多いので、そういうものはどんどん処分していかないとすぐたまってしまう。そこで、いらないなら下さいと貰ってきたものを誌上で紹介したのが前記の記事であった。

あれから五年。今も書店には出版社からさまざまなものが送られてくるのだろうか。そしてバシバシ捨てられているのだろうか。五年もたっているのだから、事態は少しは変化しているかもしれない。よおし、その実態を調べてみよう。

というわけで、知り合いの書店五〜六店に「捨てるものがあったら取りに来るから絶対下さいね」と声をかけておいて、数週間後に受取りに行くと、あるわあるわ、たちまちダンボールが山のようになってしまった。

品別にいちばん多かったのがポスター、ポップ、チラシの三種類。それはもう大変な数である。おやおや、これでは五年前と変わっていないではないか。

たまたま調査時期が小学館の新雑誌「デニム」の創刊と一致したので、この雑誌の店頭宣伝物セットを各書店とも放出。おかげで同じものが何セットも編集部に来てしまった。

この中身がふーん、五年前とあまり変わっていない。たとえば、この「デニム」拡材セットは①ポップ②平積み販売台③幟④ステッカー⑤文庫用カバー⑥雑誌用オビ⑦ポスター⑧ビラ⑨ティッシュが、コンパクトにダンボールに入ったもので、仕様説明書付き。

しかしねえ、路面店ならともかく、ビルの中の書店にまで幟を送ってどうするの？　郊外店なら店の外に立てて幟がひらひらして風情もあるが、ビルの中の書店では幟を立てるスペースもない。

五年前にも日本放送出版協会の拡材の中に幟が入っていて、これもビルの中の書店はバシバシ捨てていたが、五年もたっているというのに事態は少しも変わっていないようだ。

ようするに、送る側は書店別に考えて送っているわけではないのである。そんな手間はかけられないというのも五年前と同様。なるほどね。かくて五年たっても同じものが捨てられることになる。

ところで、書店に送られてくるものは大別して三つにわけられる。

①書店に飾るもの――ポスター、ポップなど
②客に進呈するもの――ハガキ、バッジなど
③書店が使うもの――鉛筆、エプロン、軍手

このうち、①と②の物が捨てられることが多いのは五年前に報告済みだ。

ところが五年たっても、この①と②の物は減るどころかますます多くなっているのである。うーむ、各出版社は五年前のわが別冊レポートを読んでいないのだろうか。今度はしっかり読んでほしい。

あんたらの作った物の大半はバシバシ捨てられているのだ！

文庫カバーとか雑誌袋とか、書店が本当に必要とするものは捨てられないことを考えると、書店の実情を無視してとにかくドシドシ送りつけるという出版界の〈壮大な無駄〉の構造が浮かび上がってくる。五年たってもこの構造がまったく変わっていないということがすごい。

五年前には「週刊住宅情報」の容器つきキャンディにグッズ大賞を差し上げたが、今回はそういうアイディア賞もののグッズはなかった。というよりも、今回は文字通り「捨てるもの」を拾ってきたので、書店が重宝して使っているものは入手しなかったのである。出版社が書店に送りつけているものの中には、もちろん書店が喜んで使っているものもあるかもしれない。

一般に書店が喜んで使うものは、一に軍手、二にエプロン、三に文房具（鉛筆、ボールペン、セロテープなど）で、つまりは先に紹介した分類の③に属するもの。

この中にはバンドエイドや裁縫セット、コップ、目覚まし時計などの小物から、コーヒーメーカー、書棚などの大物（つまり高価なもの）までさまざまあるが、こういうものは捨てられることなく使われることが多い。

雑誌袋や文庫カバーが今回少なかったのも、書店で使われているので捨てられなかったためだろう。

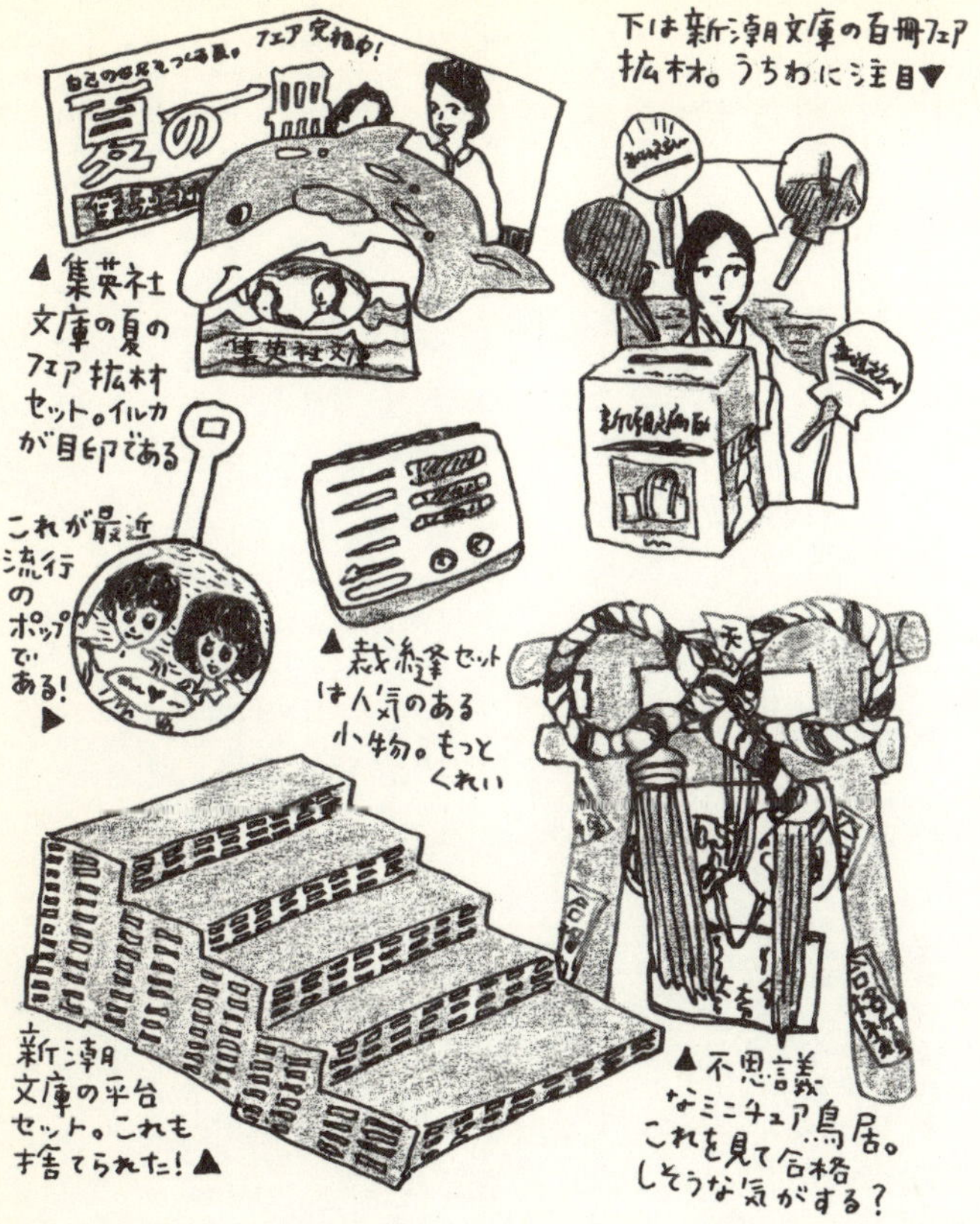
下は新潮文庫の百冊フェア拡材。うちわに注目♥
夏の一冊
▲集英社文庫の夏のフェア拡材セット。イルカが目印である
これが最近流行のポップである！▶
▲裁縫セットは人気のある小物。もっとくれい
新潮文庫の平台セット。これも捨てられた！▲
▲不思議なミニチュア鳥居。これを見て合格しそうな気がする？

今回多かったのはポスター、ポップ、チラシ類の御三家を除くと、意外にも壁かけである。ポップにしても平台の上に立てるという形のものは少なく、店内に吊り下げるものが増えているところを見ると、書店内の空間を有効に使おうという版元の考えがあるのだろうか。壁かけは書店空間を立体的に使おうというその表れであるような気もする。

もっとも書店にしてみれば、各社から送られてきた壁かけを全部吊るすと店内がゴチャゴチャになってしまい、とても飾れるものではない。かくてこれも捨てられることになる。

雑誌ラックも同様だろう。ひとつなら場合によっては便利でいいが、送られる側は各社から集中するので膨大な量になる。そのすべてを使いきれる書店はおそらく皆無だ。版元がせっかく知恵を絞って作製した物も、そうして捨てられるのである。

今回目立ったもうひとつの特徴は、夏休み直前という時期もあり、各社の文庫フェア拡材セットが多かったこと。もちろん、これらも捨てられたのである。で、せっせと拾ってきたというわけ。

　書店に送られてくる拡材セットは、大型企画、新雑誌創刊、文庫フェアなどの時で、この時期にどっと送られてくる。しかしこれも書店側からすると、各社から送られてくるわけだから大変。

　その文庫フェアは、集英社スーパーファンタジー文庫の夏休みスーパーフェア'92に、講談社X文庫のうぴうぴサマーデート'92、さらに新潮文庫の百冊に、集英社文庫夏の一冊と角川文庫の名作１００。今回集まったものだけでもこれだけあるのだから、実際に書店に送られてきたものはもっと多いに違いない。

　イルカを吊るしたり、うちわを使ったりと販元も違いを出すのに工夫しているが、飾る書店も大変で、いっそのこと、えーい全部捨てちまおう、ということにもなる。

　書店の事務室の隅にはこういう残骸がいつもひっそりと捨てられていて、本誌のような物好きが現れるまで、けなげに待っているのである。おお可哀そうに！

　今回の変わり種ベスト1は、三省堂のミニチュア鳥居。「合格祈願」というお札が付いているのが、いかにも受験雑誌と書籍の版元らしい。

　しかし、これ、どこに置くんでしょうか。アイディアはよくても実際は困ってしまう。こういうのは他にもあって、新潮文庫の百冊についていた文庫平台セット。紙製の箱を組み立てて台にし、その上にフェア百冊の文庫を置いてくださいというものだが、こんなものを使う書店があるんでしょうか。企画倒れの感は免れない。

　もっとも版元側もまったく考えないわけではなく、たとえば新潮文庫百冊フェアの拡材に付いているポップは二種類あって、ひとつは普通のものだが、もうひとつは何も書いていないもの。つまり、書店側が独自に書き込めるようになっているポップなのだ。うすく新潮文庫の文字が入っているので他社の本のポップには使いづらいものの、これは意外と重宝しそう。

捨てる側の弁

五年前と比べて、出版社から送られてくるものは、ほとんど変わってないですよ。やっぱりポップとかポスターが多い。それも毎日毎日たくさん来る。だからほとんどゴミ箱行きです。全部使ったら、店中ポップだらけになっちゃうからね（笑）。で、一応選んでみるけど、どれもあんまり代わり映えしない。ポップの場合、立体的にしたり、見た目を工夫したものが増えてきたような気はするけど、ポスターなんか10も20も貼ったって、目立たなくなるだけだし、よそと同じもの貼っても仕様がない、という気もあるしね。

　だからポップも2種類か3種類作って、選択できるようにしてくれればいいなあ、と思ってるんですよ。どこの書店も同じ、というふうにならないようにね。本当は書店にとって、一番効果があるのは手書きのポップとかポスターなんです。でも、作るのは面倒でしょ（笑）。だから一枚ずつ全部違うのを手書きで作って送ってくれれば捨てることはない、と思うんだけどね（笑）。

（都内某書店長・談）

今回目立ったものの中で最近の流行りだと思われるのは、棚に貼り付けるポップ。

今回は文庫フェアの拡材にすべて入っていたが、シールの先端に細く長い棒状のものが付いていて、その先を棚に取りつけるもの。

ポップは今回の調査でもかなり多く、空気を入れて膨らませる「カミユ文庫」のポップなどもあったが、実際の書店の現場で本の上に置くこういうポップがあまり使われることが多くないのは、目立つにしても結局は邪魔になるからだ。

このシール状の貼りポップは、では棚に取りつけてしまえば邪魔にはなるまい、という版元側の考えで作製されたものと思われる。

しかし、これもよく考えてみると、邪魔くさい。実際にこの貼りポップを棚に取りつけて使っている書店を見たが、なんだかひらひらして落ち着かない。

版元側も実際の書店の現場を知らないわけではなく、捨てられることが多い拡材をなんとかして使って貰おうと創意工夫をこらして努力しているが、現実はこのように企画倒れに終わっているのが実情のようだ。

そういえば、本誌もずいぶん昔、まだヒトケタ号の頃に書店向けに雑誌ラックを作ったことがある。

突然思い出した。

なんとか雑誌を置いてもらおうと営業

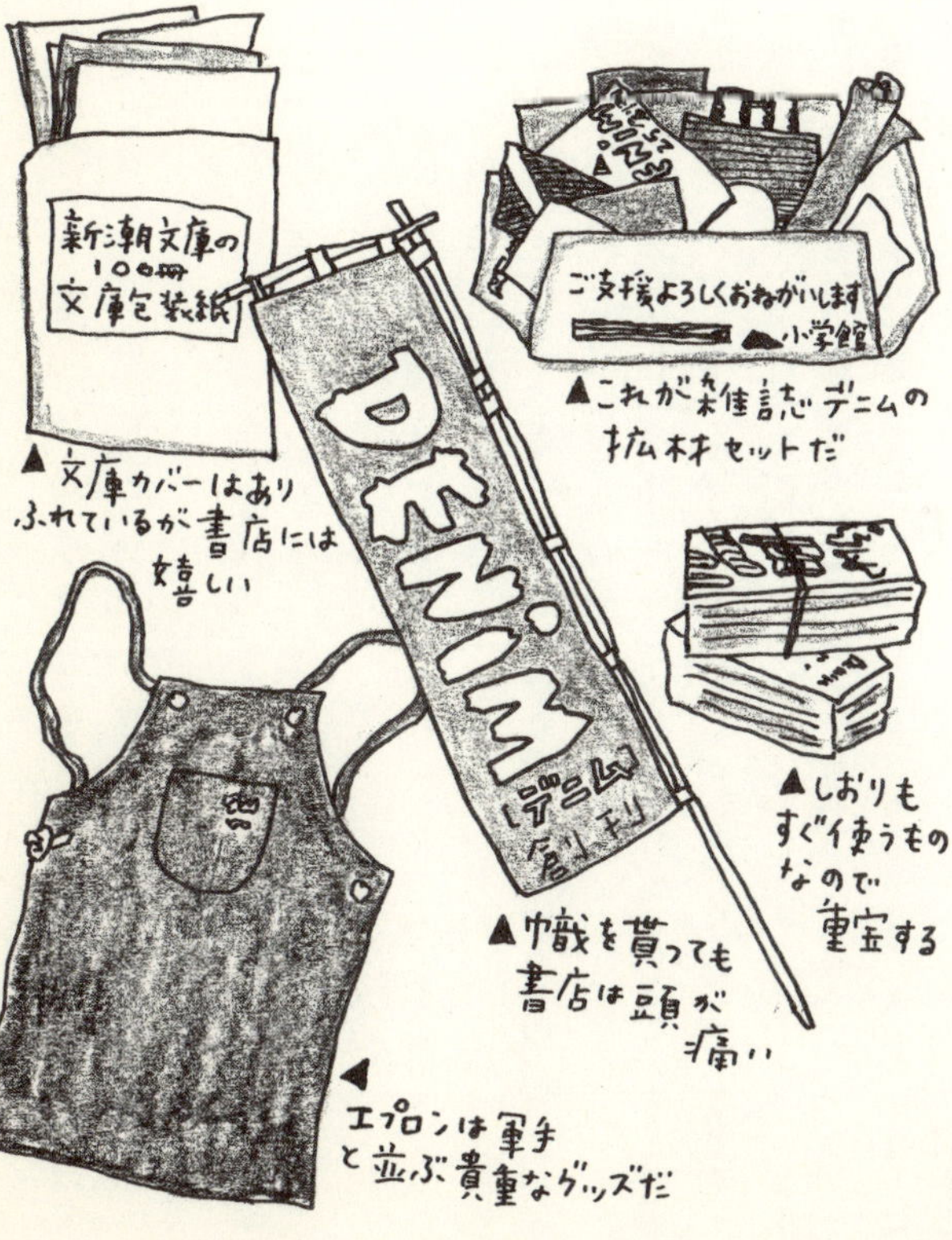
新潮文庫の 100冊 文庫包装紙
ご支援よろしくおねがいします
小学館
▲これが雑誌デニムの拡材セットだ
▲文庫カバーはありふれているが書店には嬉しい
DENiM
デニム創刊
▲しおりもすぐ使うものなので重宝する
▲幟を貰っても書店は頭が痛い
▲エプロンは軍手と並ぶ貴重なグッズだ

していた頃で、そうだ雑誌ラックを作れば置いて貰えるのではないか、と考えたのだ。本誌にもけなげな時期があったのである。

画期的名案のように思えた。

ところが業者に見積りしてもらうと、とんでもない費用がかかることが判明。やっぱり金がないと無理だよと断念していた時に、当時のメンバーの父親が自分が作ると志願してくれた。

日曜大工が趣味の人で、なんと手製で雑誌ラックを作ってしまうというのである。細い鉄を折り曲げて日曜ごとにひとつづつ作るので、目標の十数個揃うのに何カ月もかかったが、あの原価代は渡しただろうか。なんだか好意に甘えてしまったような気もする。

その父親が必死に作ってくれた手製の雑誌ラックも、書店をまわってみるとあまり歓迎されないことが判明してがっかりしたのを覚えている。

書店に雑誌ラックを持ち込むのはうちだけではなく、各社も持ち込むのである。書店がそれをすべて受け入れることは不可能だ。そういうこともまだ知らなかった頃の話だが、書店が捨てた各社の拡材を集めて整理していたら、その頃のことを思い出した。実は、今回集めた「書店が捨てるもの」の中にも雑誌ラックが十数個あった。

そうか。思い出したぞ。書店の実情にそぐわないものを送るな、そんなものは資源の無駄だ、といろいろケチをつけてきたが、送るほうからすればどこも必死なのである。少しでも自社の本や雑誌を売ってもらいたいと思って、あれこれ頭を絞って考え、これでどうだッと日夜送り出しているのである。あの頃の私たちのように。

うちは拡材を作ったのはそれ一回きりで以後は金もかかるし、とてもそんなことは出来ないと簡単に断念してしまったが（自慢じゃないが、うちは思いつくのも速いが諦めるのも速い）、普通の版元はそうもいっていられないのだろう。無駄とは知りつつもやらないわけにはいかないのかもしれない。

そう思って、書店が捨てた膨大なグッズをもう一度見ると、おお、出版社の悲しい願いがどれにも込められているではないか。

ビルの中にある書店に送られてきたあの幟ですら、なにごとかを主張しているかのようだ。文庫平台セットだって、ミニチュア鳥居だって、見ようによっては可愛いではないか。

たしかに、あまり役に立ちそうもないけれど、考えようによっては役に立つものはこざかしい。そういう実用性をきっぱり否定しているもののほうがいっそのこと潔い。

そうなのだ。そう考えると書店によしよしと歓迎されるグッズよりも、こうして捨てられるもののほうが、愛しくなってくる。

そうであったのだ。お前たちは誰にも喜ばれないけど、しかし、本誌だけはお前たちのことを覚えていよう。そのけなげな姿を覚えておこう。

でもね、今度生まれてくる時は出来れば違う形になって生まれてくるんだよ。はははは、なんのこっちゃ。

実録・店長の星

実録 店長の星

ケン46

☆それは突然だった。首都圏の中堅チェーン書店に勤めて十二年。ケン46に下りた辞令は都心から電車で一時間のA店店長。二百坪の郊外店に社員は優男の純平君のみ。待っていたのは埃とショタレ本のうず。横暴な本部と闘い、注文品と返品のダンボールに埋もれながらも、着々と売上げを伸ばしていくが、ある日、彼の目の前に一通の封筒が届いた……

イラスト・高橋知江

序章

猛暑続きの八月某日、それは突然やって来た

「ちょっと待て、コラ」

その時は、そんな言葉しか頭に浮かんで来なかった。「悪い冗談としか思えない」なんて言い回しは、きっとこういう時に使うんだろう。

異動だそうだ。

無論サラリーマンである以上、とっくに覚悟は決めている。転勤が怖くてリーマンがやれっかっつーの。ましてや俺は、そろそろ入社十二年。今の店に配属されてからでも丸三年。異動のタイミングとしては、如何にもありそうな時期である。だから異動そのものには、大して驚きはしなかった。

「おっと、来たか!」と、衝撃はせいぜいその程度だった。

ところが、だ。新しい任地はA店だと言う。ちょっと待て、コラ。

現在勤務しているB店も都会の真ん中では決してないし、他を圧倒するような大型店という訳でもない。坪数や売り上げなら、以前在籍していた旗艦店の方が遥かにデカかっ

たし、立地を言えば都心の一等地の店舗など他に幾らでも在る。が、それでもこの店は、何と言えば良いのか、お客さんは勿論、出版各社の営業マンや同業他社である様々な本屋さんたちが、見てくれている店だった。思い上がりや独り善がりも、無論ある。あるとは思うが、敢えて言う。我ながら良い店だと思う、B店は。

断っておくが、ここが完璧な店だなどと言う心算は毛頭無い。それどころか、短所や欠点を挙げつらえばキリが無い。が、それでも随分良くなったんだ、この三年で。手前ミソでお聞き苦しいかも知れないが、少々大目に見て欲しい。何しろ、お客さんが自分の好きな本のPOPを描いて持って来てくれるような店なのだ。イラストのコンテストをやれば、二百通以上も応募が来るのだ。そんな店に、三年かかって俺がした。傲慢と誇られようと増上慢だとなじられようと、そういう自負が俺にはある。

然るに、A店ときたよ。ちょっと待て、コラ。

A店が位置するA市は都心から電車で一時間、距離にしてざっと五〇キロ以上離れた地方都市だ。乗降客の少ない平日の真っ昼間など、四両編成の列車が当然のように走っており、しかもその四両編成でさえ二十~三十分に一本だ。市内で最も高い建物は駅前に在る十五階建てで、当然映画館など一館も無いし、最も広い道路でも片側二車線。つまりは地方都市と言うよりも、単に田舎なだけなのだ。

いや、待て。論点がズレてる。俺は田舎が嫌いな訳では、決してない。それどころか、舌打ちと溜め息が充満したあの満員電車から解放されると思うと、それだけで有り難くって涙が出て来る。田舎であるというそのこと自体には、さしたる不満は無いのである。

が、そんな辺鄙な所にある弱小書店など、多くの出版関係者は眼中に無いのだ、多分。何しろA店の売り上げは、金額ベースでB店の三分の一から四分の一。たとえ〝眼中にある〟としても、効率を考えるととても営業には回れまい。それが、寂しいと言う以上に不安である。《去る者、日々に疎し》と俗に言う。いずれ忘れ去られっちまうんじゃねーか、俺?

B店では、入れ代わり立ち代わりやって来る営業マン&営業ウーマンと、「あれは読んだか?」「こっちはまだか?」と文学談義に花を咲かせたお蔭で、一体幾つの名作に出逢えただろう。例えば、某大手版元のM嬢とは会う度に必要以上に盛り上がり、三十分で終われば早い方、大抵は売り場で一時間を越える長話。当然、彼女の営業予定は毎度大幅に狂っているに違い無く、流石に私も気が引けて一度詫びたことがある。「いつも長くなっちゃって悪いね」と。するとM嬢、躊躇うことなくノタマワッタ。「大丈夫です、ここには遊びに来てますから!」。〝仕事だから〟来ている訳ではなく、来たくて来ているだけなんだと、つまりはそういうことらしい。いや嬉しかったねぇ、これは。

勿論、話が弾んだのはM嬢に限ったことではなく、「今度のフェアはこんなんでどうだ？」「キャッチコピーはこうしよう」などと意見をぶつけ合ううち、思いもよらなかったアイデアがポロッと飛び出して来たことが、一体何回あっただろう。例えば、最近目立って増えてきた、発売前に書店員に向けて配られるゲラやプルーフ。あれの冒頭二十〜三十ページをコピーして店頭でお客さんに配布したのも、半分雑談のような営業さんとのお喋りがきっかけだった。これは、効果絶大と言っては大袈裟かも知れないが、何しろ未刊の作品なだけに捌けは良く、一ヶ月も配ると発売後の出足がはっきり違う。やったこと無いお店は試しに一度、出版社の担当さんに相談してみては如何だろう。

って、話が逸れた上に余計なお世話だ。要するにそういったやり取りが、いつも俺を元気付けていた。理不尽なクレームで心がザラついたり、ピントがずれた本部の指示に沸騰したり、物分かりの悪いスタッフに腰が砕けそうになったり、その他諸々折れたり倒れたり干からびたりした時に、営業さんの笑顔に救われた経験は十や二十ではきかない筈だ。ついさっき、B店は俺が良くしたなどと言い放ったばかりだが、そうじゃないことに今、気が付いた。俺のやり方や考え方を、面白がって支持してくれた大勢の営業マン&ウーマン。彼らの助太刀があったればこそ、この店は少しずつだが変わっていけた。《脱皮しない蛇は滅ぶ》と言うが、彼らのお蔭でB店は、不器用ながらも脱皮を遂げつつあったと思う。

そしてそれは、お客さんにも徐々にだが、認めて貰えそうな気配はあった。でなければ一銭の得にもならないのに、クレヨンや絵の具まで駆使して誰がPOPを描いてくれるだろう？『記憶スケッチアカデミーⅡ』（ナンシー関、角川文庫）文庫化に絡めたイラストコンテストで、〝似てないサザエさん〟や〝不気味なドラえもん〟を、何が貰える訳でもないのに誰が応募してくれるだろう？（二百通を越えるイラストはホントに笑えた）無論、接客や品揃えでお叱りを受けることも多々あった。それでも、「この本屋、ちょっと面白いかも」と思ってくれていそうな空気はあった。

それがどれだけ俺の励みになっていたか、本部よ解るかっ⁉ 無論、解るまい。棚の構成やお客さんの反応など見もせずに、恐らくは〝家が近いから〟というただそれだけで異動を決めたお前らに、「解る」などとは言わせない。解って堪るか。

大体、俺がA店に赴任してその三日後に棚卸しって、幾ら何でもそりゃどうよ⁉ 在り得んだろう、常識的に。すかさず本部に問い合わせると、受話器の向こうの第一声は「あれぇ、そんな日程だったっけ？」……。モチベーション下がるなぁ、オイ。新潮新書に『人事異動』というタイトルがあって、その帯のキャッチコピーが《なぜいつも納得いかないのか》というんだが、全く上手いことを言う。

とにかく何しろ、なぁおい本部。お前さんたちの頭でも、時間使ってじっくり考えれば、もっと適材適所ってあるだろう⁉ 会社にとって俺って駒は、桂馬なのか飛車なのか知らないが、もっと別の使い道があるだろう!? こんなんじゃ、全然納得いかねーよ! 人跡稀なA店なんかに引っ込んで、中央で活躍する多くの知り合いの書店員たちを、指をくわえて見てたくねーよ! 取り残されるの、厭だよ俺。菅原道真みたいに、きっと祟ってやるからなっ!

東風吹かば　にほひおこせよ　梅の花
　主なしとて　春を忘るな

……って、思いっきり夏なんだけどサ。

まぁ良い、落ち着け俺。こんなところで幾ら吼えても喚いても、事態が好転する訳ゃないんである。それに大体、営業なんか年に一回来るか来ないかの地方で頑張っている書店員は、恐らくゴマンと居る筈なのだ。そんな彼らから見れば、俺の言い草など「思い上がるのも好い加減にせいっ!」てなとこだろう。こう見えても、「落ち込むんなら、深く短く」がモットーだ。今、思い付いたんだけど。とにかく、だ。どうせ行かなきゃならないんなら、サッと行ってパッと売り上げ上げて、「ザマーカンカンッ!」と叫んでやる。そんで、さっさと帰って来よう、花の都、大東京に。

って言うかね、B店に異動になった時も、今回程ではなかったけど葛藤やら困惑やらが、やっぱりあった訳ですよ。何しろ、それまで居たのは旗艦店。売り上げも注目度もダントツだったから、忙しかったけど「俺って、結構凄ぇんじゃね!?」なんて、浸っていられた。「平社員のまんまで良いから、当分ここでやらせてくれ」と、本部にも希望をしっかり伝えてあった。ところが、だ。社内のどこでどういう力学が働いたのかは知らないが、昇格して管理職になって、同時に残業手当を失ってB店に異動。……嬉しくなかったねー、当時は。

だけどね、B店に来なければ解らなかっただろうってことが、沢山沢山見つかったのね。ホント、意外だったんだけど。それまで社の内外を問わずあっちこっちから、「ここの文庫売り場は凄い、愉しい、面白い」とおだてられて持ち上げられて、伸びに伸びきった鼻っ柱をポキンと折ってくれただけでも、B店への異動を感謝したい。あのまま旗艦店に居続けたら、今頃どんだけ鼻持ちならない書店員になっていたんだろう? それなら今は鼻持ちなるのかっつーと、それはそれで意見の分かれるところだろうが、少なくとも「日本一文庫を売るのが上手い書店員は、十中八九、俺だろう」などと、シャレにもならない勘違いだけはしないで済んだ。

同様に、ね。A店に行ったら行ったで、そこでしか学べないことってのが、必ずあると思うんだ。勿論、胸の中のドロドロやモヤモヤが霧消した訳ではないけれど、古来《住めば都》の言葉もありき。だから、ね。行こうぢゃないか、顔を上げて。A市の田舎者どもよ、待っていろ。近々、腰を抜かせてやるからな。目的が無くても、漫然と見ているだけでも愉しめる、そんな本屋を、見せてやるよアンタらに。

で、寝耳に水かつ青天の霹靂の内示を受けたその夜は、楽しみにしていた暑気払い。いつも助けて貰ってる営業さんや相談に乗って貰ってる書店員仲間、総勢十二名。「暑さで焼け死ぬ前に、一回呑もうぜ」と三週間も前からスケジュールを擦り合わせて、無理矢理都合をつけたのだ。陽が沈んでも涼しくなるどころか益々蒸し暑い有楽町のガード下、如何にもオヤジの吹き溜まりといった風情の店で、乾杯と同時に「都落ち」を発表。辞める訳でも業界を去る訳でもないけれど、このメンバーとこれまでのように頻繁に顔を合わせるのはちぃと無理。覚悟を決めたとはいえそれはやっぱり寂しいことで、そんな気分で飲む酒は旨いようなしょっぱいような微妙な味。……って言うのは実は嘘。気分で酒の味が変わるようなデリケートさは、生憎持ち合わせていない為、アッと言う間に酔っ払って大騒ぎ。

とはいえその夜は、不安とか不満とかやっぱり動揺してたんだろう。途中から実はまるっきり記憶が無い。どーやって帰ったのかも、正直全く覚えてない。当然翌朝は鬼のような二日酔い。それでも吐き気を堪えながら、メールチェックが習慣になっているのはリーマンの悲しさか或いは誇りと言うべきか。とにかく開いたサーバーに、つい数時間前まで一緒に飲んでいた仲間——敢えて〝仲間〟と呼ばせて貰う——からの、着信着信着信着信……。曰く、《ケン46さんに認められたくて頑張った》。曰く、《凹んだ時には、ケン46さんの店に行って充電させて貰った》。曰く、《ケン46さんの店では、仕事をしている気がしなかった》。曰く、《今の私の夢は、「A店がなんだか凄いことになってるらしい」という噂を耳にすることです》。etc、etc、etc、etc……。

内示を受けた時には、「辞めてやろうか」と一瞬マジで思った。異動当日に辞表出したらさぞ慌てるだろうと、半ば本気で考えた。だけど、辞めなくて良かった。数々のメールを見て、そう思った。多分彼らは、俺に期待してくれている。今回は思い上がりや独り善がりがどうにも多くて、我ながら好い加減にしろと言いたくなるが、本音だから仕様が無い。B店に居る頃から散々頼って当てにして来た連中に、どうやらまたまた助けられたようである。裏切れないね、この人たちは。「やっぱり私が見込んだだけのことはある」。いつかそう思って貰う為に、A市で暫く頑張ってみるよ、俺。だから皆も、これからきっと色々あるとは思うけど、何とか凌いでいずれ決勝で会おう！　決勝で会う為に、お互い途中で負けるなよ！

第一章

驚異！「プリントゴッコ」と綿埃の着任初日

つー訳でいよいよA店着任であるが、無論スムーズになど、いく筈が無い。そもそも赴任四日目でいきなり棚卸しって、本部のお偉方は一体何を考えているのだろう？

今回の異動に関しては、俺は「嫌だ」とも「嬉しい」とも、オフィシャルな場では一切口にはしていない。別に男らしくとか潔くなどと考えた訳では無く――それが証拠に、こんなところでブーブー文句を垂れている――一度口を開いたが最後不満憤懣が溢れ出て、極論暴論ｏｂｊｅｃｔｉｏｎになることを恐れただけだが、とにかく、一社員という立場では会社に対してひたすら沈黙し続けた。落ち込み傷ついているのを見抜かれるのも厭だったし、下手に励まされたりしたら余計に腹が立ちそうだったし、ね。だけど、このスケジュールにだけは異議を唱えた。ってか、唱えざるを得んだろう!?

まぁ、紆余曲折を経て予定はめでたく変更された。つまり、八月二十九日という棚卸しの日程は変えられないので、着任予定を二十六日から三十一日に先送り。……何故そんなにも焦るんだ、本部？　例えばキリ良く九月一日からだと、何か不都合でも在るのでせうか？　全く俺のような下々の者には、エライ人の考えることはよく解らん。

さてさて愚痴はここまでにして、兎にも角にも着任初日。真っ先にやらなきゃならんのは、当然ながら前任者からの引き継ぎである。事前に受けた連絡によると、何でも遠路はるばる本部からもエライ人がやって来て、前任者、エライ人、俺の三人で引き継ぎをやるという。これは頼もしい。ワガシャにしては上出来だ。何だかんだと粋がってはいても、俺は店長職は初めてだ。一からご教授頂かないと、実は右も左も分からない。多少の不安を抱えつつ、待つこと暫し……。

その間皆さんには、当A店の概況をザッと説明しておこう。立地は、前回も言った通り典型的な郊外型。地域では極太と言うべき片側二車線の道路に沿って、安さが爆発してる家電屋さんやギネスに載った紳士服屋さんを始め、焼肉屋、カラオケボックス、ガソリンスタンド、中古車屋などなどがぽつんぽつんと並んでおり、A店もその間に建っているという具合。因みに店から三十秒歩くと、一面に田んぼが広がって蛙がゲコゲコ鳴いている。その遥か向こうに視線を伸ばすと、一直線に伸びた高速道路が空と大地を分けており、昇る朝日も沈む夕日もなかなかのもの。実に開放的なこの環境だけは、都内の店舗には無い魅力。だが驚いたことに、売り場面積は二百坪。ってーことは俺がこの間までいたB店よりも広いんだけど、売り上げは三〇％って、幾ら田舎とはいえどーなんだ？　しかも、だ。勤務するスタッフの内、社員は俺ともう一人だけ。あとは全部アルバイト。まぁ全部と言っても、十人そこそこしかいないんだけどね。そこまで人件費を削っても尚赤字だってんだから、一体どんな店なんだ？　ってか、俺ってもしかして昇進ってよりも敗戦処理？

う〜む、俺は自慢するほど仕事は出来ないが、「やっかいな人物」である自覚なら充分にある。控え目に言っても、本部のお偉方に「素直な良い奴だ」と思われてる可能性は皆無だろう。こりゃあ、定年までA店・店長で飼い殺し、かな……？　知り合いの書店員の一人からは、「昇進しても傷心……」なんてメールが来たが、なかなか上手いことを言うじゃねーか。

閑話休題。八月三十一日のA店に話を戻そう。本部のエライ人と前任の店長が揃ったところで、いよいよ待ちに待った（待ってないけど）引き継ぎの開始である。

まずは、売り上げ金や釣り銭準備金など、店に在る現金の確認だ。これをしっかりやっておかないと、例えば後で俺が店の金を着服しても、「いやぁ、最初っから無かったっすよー」などと言い逃れ出来てしまうし、逆に前任者がネコババしても、「ちゃんと在った筈だ」と言い張られたらそれ迄である。無論、金庫内も含めて全ての現金に異常は無く、俺と前任者は揃って書類に判を捺す。続いて、販売用の図書カードだのCDギフト券だのといった金券の確認で、これも現金の場合と同様、後々の無用なトラブルを避ける為の措置であり、当然ながら異常無し。

とまぁここまでは言わば単純な申し送りで、これからいよいよ本格的な店長研修が始まるのかと思いきや、さに非ず。コレには俺も腰を抜かすほど驚いたんだが、「異常が無ければ我々はこれで」って、エライ人も前任の店長も、さっさと帰っちまいやんの。エライ人よ、貴方は一体何しに来たんだ？

……えーっと、何つーかこう、教育って言うか育成っていうか、店長という大役を初めて背負わんとしている有為の人材に対してさ、実習とか講習とか訓練とか、もうちっと何かあっても良かねーか？　めちゃめちゃはしご外された気分なんですけど。だって予定表見ると、「人事考課ナンタラ報告書」の提出期限が五日後の九月五日になってるじゃん。はっきり言ってそんな書類、今まで一度も見たこと無ぇーぞ。それに今日が棚卸しの翌々日ってことはひょっとして、決算関係の膨大な量の書類を九月の末にはまとめて、本部に送らなきゃいけなかったりしないっけ？　マジ全っ然、解んないんですけど……。

♪そし〜て僕は、途方に暮れる〜

なんて馬鹿を言ってるところにやって来たのは本日からのパートナー、俺以外の唯一の社員の純平君。ルックスは「嵐」の松本潤か「V6」の岡田准一辺りの雰囲気で、ちょいと線が細いがなかなかの二枚目である。そんな彼が自己紹介もそこそこに言うことには、「棚卸し漏れが見つかりました」だそうな。いきなりコレかよ。

しかも、だ。「どれだどれだ？」と純平君に案内して貰ったバックヤードで見たものは……、……。

あのサ、コレって気のせいかも知れないけどもしかして、「プリントゴッコ」とかいう家庭用印刷機だったりしなぁい？　昔々、年賀状に使った奴。所ジョージがCMやってたっけ？　棚卸し漏れって、まさかとは思うけどひょっとしてコレのこと？　っつーことは、いつどこから仕入れたんだか知らないけど、コレも歴とした商品なんだよね？　箱なんか焼けちゃって、赤が殆ど朱色になってるよ……。絶対に神に誓って何が何でも売れないと思うけど、当然、返品なんか利かないんだろーね？　しかも三台もあるように見えるんだけど目の錯覚かなぁ!?　なんか俺、初日から絶好調!?　ヒューヒューッ！

さて。

引き継ぎ（という名の金の確認）も終わった。棚卸しの手違いもクリアにした（ような気がする）。異動に伴う急務といったものは、どうやら他には無さそうである（ホントか？）。ならば売り場を見てみましょう。本屋の仕事の醍醐味は、やっぱり棚であり平台である。事務所でガチャガチャと書類なんぞ書いていても、或いはパソコンいじって数字と睨めっこしていても、ちっとも面白くないしお客さんだって喜ばない。まぁそれでもやんなきゃいけない時はやんなきゃい

けないんだけど、取り敢えずそんな鬱陶しいものは今は無い。ワイシャツの胸ポケットに名札を付けてボールペン差して、第二ボタンと第三ボタンの間にネクタイをねじ込んで、いざ出陣。

……、……。あのさ、ちょっと訊きたいんだけど、どーやったら店中こんなに埃だらけに出来る訳？　床や什器だけでなく平台に積んである商品も、撫でると指に埃が付くぞ。ストッカー開けると、その勢いで埃が舞うぞ。低い棚を整理するのにちょいとかがんで膝を着くと、そこんとこだけズボンが真っ白になっちゃうぞ。駅ビルやショッピングモール内の店舗と違って、路面店は入り口の外がすぐに道路だから、砂埃が多いと聞いてはいた。聞いてはいたが、明らかに限度を越えてるぞ。

そして俺が何より驚いたのは、さっきまでいたエライ人も、この状況見て何も言わなかったってこと。まさかこれが標準と思ってる訳じゃあるまいな。って言うかさ、「ケン46君は出版社とのパイプが太いからね。ここ、なかなか新刊とか売れ筋が入って来ない店だから、何とかケン46君の力でね、商品確保してね、売り上げ上げて下さいよ」とか言ってたけどさ、商品が入って来るとか来ないとか、それ以前の問題だろうコレ!?　前年割れだろうが赤字だろうが、俺に言わせりゃ、今まで売り上げが立ってた方が不思議だぞ。いや、マジで。

♪俺の～行く～道は～、果てし～無く～遠い～。なんだか『ちびまる子ちゃん』（さくらももこ、集英社）風に、顔に縦線入れたい気分だよ……。

なんて溜め息ついてる場合じゃねーぞ。頑張れ、俺。取り敢えず、新刊だドラマ化だ『王様のブランチ』だと騒ぐ前に、最優先でクリンネスだな。今のまんまじゃ、倉庫なんだか売り場なんだか判りゃしねえ。って言うか、むしろ倉庫の方がキレイなんじゃねーか？　因みにどうやら他のスタッフ君たちは、長年この状態で過ごしてきたから「こんなもんだ」と思っているだけで、決してやる気が無い訳ではなさそうだ（と、願う）。それだけに現状が決して普通ではなく激しく異常であるということに、気付かせるには少々時間がかかるかも知れないが、ツベコベ言ってるヒマは無い。隗より始めよで、まずは俺から。さぁ、やるぞっ!!

と張り切ったのも束の間、まともな掃除道具すら無いのは案の定。箒、見当たらず。ちり取り、分解しかかったのが二個。モップ、以前使った時の形に固まってカピカピのが一本。モップを搾るローラーが付いたバケツ、やはり見当たらず。……なんか、ウルトラ出鼻挫かれた気分……。唯一まともなのは棚や商品の埃を拭うダスキンのハンディモップ。まるで卸したてみたいにピッカピカなのは、要するに今まで殆ど使ってなかったたっちゅーことか。

ここは車で通勤している純平君に、お使いを頼むことにする。悪いけど掃除道具一式、買って来てくんない？　領収書、忘れずに。えっ、経理？　構わん。何かブツクサ言ってきたら全て俺に回せ。掃除用具が無くて掃除が出来ない小売店って、在り得ないから、少なくとも現代の日本では。

待つこと暫し。近所のホームセンターから帰って来た純平君がやけにニコニコしていると思ったら、「僕もモップとか欲しかったんですけど、なかなか許可が下りなくて」だそうだ。ヨシッ、やるぞ。これからは必要なものは遠慮無くバンバン買うぞ。その代わり、一年後には目ん玉跳び出るくらい、売り上げ上げるからその心算でいるよーに。そのとっ始め、まず今週は、店内大クリーニング週間だ！　今、思い付いただけだけど。

早速、目の前のストッカー引っ張り出して、嬉々として箒を突っ込む純平君。次の瞬間出てきたのは、よれよれのレロレロになった料理の本。しかも差さっている常備スリップは、返品期限〇三年十月（今は〇八年八月）……。

《夜は、明ける前が一番暗い》と言うではないか。負けるな、俺。

第二章

遂に突入！　A店の棚。その驚くべき全貌が今、明らかに!!　軍手とマスクは必携さ

今まで内緒にしてきたが実は俺は滑舌が悪く、例えば「打ちひしがれる」と澱み無く発音するのが少々苦手だ。しかしそんなこととは無関係に（当たり前だが）、A店勤務一日目、俺はいきなり打ちひしがれた。

その理由。まず第一に、とにかく何しろ店が汚えっ！

ってのは前回述べた。清潔な店内に比してバックヤードは意外と乱雑、なんて話は本屋に限らずどんな店でもよく聞くが、売り場そのものと、そして何より商品自体がここまで容赦無く埃まみれってのは、余り例が無いんじゃなかろうか。棚も平台も本を動かすと、「ジャリ」っと或いは「ザラリ」と、砂を擦ってるあの感触。だけならまだしも、蚊だか蝿だか知らないが、潰れたり五体がもげたりしたまんま乾燥しちゃってるのが、あっちにコロリこっちにポロリ。見上げりゃ天井の隅にはお約束通りクモの巣が張ってるし、仕舞いにゃストッカーの中でカマドウマまで跳ね回ってたりする始末。その荒廃振りは悲惨を通り越してもはや漫画的と形容すべき有り様で、「こんな店で買ってく人がよくいるな……」と、まるで他人事のようにあらぬ方向で感心したくなってしまう。

が、実はそんなことはどうでも良い。いや良くはないが、掃除をすれば済む話である。手間はかかっても難しくはない。いずれは解決出来る筈だ。えっ？　いつに無く前向きだって？　それは早合点というものである。即ち、だ。言い換えれば、店内のこの程度の汚れなど、まだまだ序の口だったということなのさ……。

例えば、だ。文庫売り場に目をやると、商品の回転が極端に悪いらしく、蛍光灯焼けして褪色しちゃってるカバーがや

たらと目立つ。それならそれで注文し直して奇麗なものと入れ替えるとかすりゃ良いのに、何しろ埃が積もってるくらいだからね。そんなマメなこと、恐らく考えたことも無いんだろう。そもそも焼けちゃうまで動かないような商品積んどいたって、スペースを無駄にしてるだけだっちゅうの。

更にその積み方も全体的にひたすら薄く、一冊で平積みなんてのもザラである(ってか、一冊だけでも平積みって言うのかしら?)。一冊しか積んでないっちゅうことはさ、その場所から売れる可能性が最大でも一冊という訳で、つまりは一面分のスペースを使っていながらその販売量は棚挿しと全く変わらないということになり、非効率も甚だしい。どうせ積むなら最低でも数冊は積むべきだろうし、逆に、積んでも一冊しか売れないような商品なら他と入れ替えるべきだろう。平積みすることのメリットは勿論在庫量だけではないけれど、五冊六冊積むことで、棚挿しのように一、二冊売れただけで店頭在庫が無くなってしまうという機会損失を防ぐ意味も大いにあると思うのだけど、きっとそんなこと全く考えてないんだろうな。

で、薄っっぺらな平台に比して棚はギュウギュウ詰めのガッチガチ。目当ての本の両隣に指入れて、「ヨッコラセ」って感じで引っこ抜かないと本が取れない。当然、戻すときは両手でないととても無理。これじゃあお客さん、面倒臭くって手に取ってくんないよ。想像するに、新刊だの本部お仕着せのフェアだのが次から次へと入ってきて、ところてん式に平台から押し出された商品を棚に入れるんだけど、代わりに何抜いて良いか判らないんだろうと俺は見た。

「足すこと」或いは「加えること」よりも、「引くこと」或いは「削ること」の方が遥かに重要で難しいのがこの仕事。例えば今日入社したばかりのド新人でも、スペースさえ作ってやれば、そこに商品を並べることぐらいどうにかこうにかやるだろう。問題はその為のスペースをどう作るかで、即ち売り場に限らずストックヤードも含めて、店が抱えていられる在庫の量には当然ながら限度があって、新たな商品が一冊入って来たら代わりに何かを一冊返品しなくてはいけない訳だ。新たな商品の為に、今まで在ったものの中から何を削るか。それを決めるのが、大事で難しくって面白い。全く同じ商品を仕入れても、何を削るかによって売り上げは変わる。「削ること」には勇気が要る。「あと一日置いておけば売れるかも」。「返品した後でお客さんに訊かれるかも」。そんな不安は、書店員なら常にある。それは解るが、だからといって判断を放棄してとにかく詰め込めるだけ詰め込むってんじゃあ、いつまで経っても判断力はつかんだろう。「失敗した!」、「とっときゃ良かった……」。そんなことの繰り返しを、恐らく経験と呼んだりするんじゃないか?

で、以上並べ立てた状況だけでも充分荒涼としているのだが、トドメとばかりに度肝を抜いてくれたのが、展開されてるフェアである。新潮文庫の棚前に並んでいるのは、夏の風物詩・黄色い帯の『新潮文庫の100冊』で、何の工夫も無いディスプレイとはいえ、八月だからこれは良い。驚いたのは、ってか殆ど我が目を疑ったのはその隣。

赤い帯に《発表！　今、読みたい新潮文庫　２００８年》って、余りに古くて俺もしかとは覚えてないが、もしかしてコレ年末年始のフェアじゃね？　それが売れずに残ってるってのも凄いし、半年以上同じ商品群並べっ放しってのも凄いし、せめて帯ぐらいは外そうとさえ思わない感覚の鈍さも凄いし、なんかもう開いた口が塞がらないとはまさにこのこと。これ読んでる皆さんも俄かには信じられないんじゃないでしょうか？　講談社文庫の棚前には桜の模様の帯が並んでてこりゃあ多分春物だし、かつて新刊台であったと思われる場所では、売れ筋が品切れしたまま放ったらかしになっているらしく、殆ど売れ残り台の様相を呈している。同じ著者の作品がアッチとコッチにバラバラで積んであるなんてのはもうザラで、東野圭吾さんの『白夜行』と『幻夜』（ともに集英社文庫）ぐらいは、せめて並べて欲しかった……。

まだあるぞ。続いてのサンプルはナツメ社の定番シリーズ「図解雑学」。『生物・化学兵器』から『古事記と日本書紀』『ハプスブルク家』『宇宙の不思議』に『オペラの名作』まで数十点出ているこのシリーズを、内容なんかお構い無しにナントまとめて棚に突っ込んである。で、棚の上の方見ると「理工書」とかって見出しが付いてる。新星出版社の「徹底図解」シリーズも日本文芸社の「面白いほどよくわかる」シリーズもやはり同様。脳だろうが大奥だろうが心理学だろうが親鸞だろうが、とにかくひたすらシリーズごと。何かもう、「探し易さ」とか「比較購入」とか「関連陳列」とか、考えた形跡が全く無い。

とここまでくればジャンルの親和性なんてものも考慮されてる筈が無く、とりわけ酷いのは、アダルト雑誌と向かい合わせの女性エッセイ。ド素人が棚作ったって、流石にこうは並べんだろ⁉　ってぐらいそりゃもうしっちゃかめっちゃかで、その無秩序振りは殆ど闇鍋。マジで「わざとか？」って訊きたくなるほどツッコミ所は満載なんだが、誇張抜きでキリが無いからここらで止める。

《千里の道も一歩から》なんて言葉も世に在るが、実際に「千里の道」を前にしたら、なかなかそんな前向きには考えられるものではない。A店の惨状を目の当たりにして打ちひしがれる俺を、一体誰が責められよう。帰宅後、ＳＮＳで「虚しい、悲しい、やり切れん」などとついつい泣き言を零したら、知り合いの書店員からメッセージ。曰く、

《大げさではなく、そういう時のために「物語」は存在するのだと思います》

かぁ〜、良いこと言うなぁ流石だなぁ。俺の仕事は、それを紹介して売ることなんだよなぁ。我ながら単細胞極まりないとは思うけど、いきなり立ち直っちゃったみたいだよ。

何か異動が決まってからこっち、誰や彼やに励まされてばっかだな。

それからの一週間はとにかくひたすら掃除掃除掃除。三十

八年間生きてきてこんなに掃除に明け暮れた日々は多分無い、ってぐらいに掃除三昧。汚れ方が余りに酷く営業時間中にはとても出来ないから、十時開店なのに朝は七時前に出社した。

さぁ始めるぞっ！　と最初十分ばかり箒を使ったら、舞い上がる埃で殆ど花粉症状態。鼻水は出るわくしゃみは止まらんわで、慌てて隣のコンビニでマスクを購入。再び箒を片手にえっちらおっちら、ストッカー引っ張り出したりレジ回りのワゴン動かしたりしてる内に、あっちにぶつけるわこっちに擦るわで、手が傷だらけの真っ黒け。またまたコンビニに走って軍手を購入。モップを洗った水を流しに捨てたら殆ど塞がってるってぐらいに詰まってて、今度は近くのスーパーで「パイプマン」ゲット……。クソっ！　ただ掃除がしたいだけなのに、こうも障害が多いのは何故なのだ⁉　俺に掃除をさせろーっ!!!

とは言えこの「パイプマン」、俺は生まれて初めて使ったのだが、文字通り目を見張る程のその効果は、余計なことだが言及せずにはいられない。説明書に曰く《髪の毛も溶かす》というその威力は絶大で、バケツ一杯の水が流れ切るのに数分はかかっていたドン詰まりの流しが、三十分後にはスーイスイ。皆さん、パイプの詰まりには「パイプマン」ですぞっ！　と、力強く推しておく。

そして赴任三日目からは、漸く掃除に集中出来るぞ。……、うわぁ〜、ゴキブリの死骸だ〜。と思ったら生きてる奴が出てきたよーッ!!!　何故ストッカーに蝉の抜け殻が⁇⁇　こっちのストッカーは奥に何かの毛がいっぱい積もってるんだけど、一体何の毛だよ、コレ？　うわっ！　今度は常備の返品漏れがぎっしりと。しかも期限は二〇〇〇年。オイオイ二十世紀かよ……。あれま、お次は去年の伝票が束になって出て来たよ。伝票をこんなところ（地図ガイドのストッカー）に仕舞った訳を、誰か私に教えて下さい……。

こうして俺のA店赴任最初の一週間は、ひたすら汗と埃にまみれて過ぎ去った。その間、ふとした瞬間に何度と無く脳裏を去来した疑問。

一体俺は何しに来たんだ？

その気持ちを喩えるならば、ゆうきまさみさんの『機動警察パトレイバー』（小学館）。機材も人員も揃わない第一話で、事務所の引越しやら草むしりやらをやらされた太田巡査が叫んで曰く、《仕事かっ⁉　これが仕事かあ⁉》。解るぜ、太田、アンタの気持ちが……。

とは言いつつも、一週間後に気付いてみれば実は結構気持ち良かった。築何年なんだか知らないが建物自体が古いため、ピッカピカとはいかないが、それでもはっきり確実に店はキレイになってゆく。しかも一歩店の外に出るだけで、都内では考えられないような広々とした空と風になびく青い田んぼが目に飛び込んで来て、開店前のひと時が清々しいったらありゃしない。周りのスタッフはまだまだ反応鈍いけど、自分が気持ち良くなったんだから良しとしよう。いやぁ、掃除って誰かの為にやるもんじゃないんだねぇ。

な〜んて柄にも無いこと呟いてみたが、これでも本屋だ。掃除だけしていた訳では、勿論無い。それが証拠に、赴任十日目ぐらいから山のような荷物が届きはじめたではないか。つまりは俺が発注しまくった商品が続々と入荷し始めたという訳で、ここから先は次回に譲る。

第三章

押し寄せる本の洪水に死屍累々たる返品の山。どこまで続くぬかるみぞ!?

平素からの生意気且つ挑戦的な態度が祟ったのか、それとも巡り合わせが悪かっただけなのか、咲く花の匂うが如き都から、哀れオイラは島流し。想像を絶するA店の惨状に打ちのめされてKO寸前にまで追い込まれたが、そこは単細胞の得なとこ、周囲の励ましと声援に実にあっさり立ち直り、まずは掃除の鬼となる。毎朝七時前に出勤し八時半までは掃除と決めて、ひたすら箒とモップを振り回し続けた甲斐あって、一週間後には〝心身両面の健康を損なわない程度〟には、店内は清潔さを取り戻したと、そこまでは前回お話しした通り。

確かにそして明らかに、店も品物もキレイになった。一週間でよくぞここまでと、我ながら思わないこともない。が、それは飽く迄も接客業としての最低条件。本屋として当たり前の状態を漸く取り戻したというだけで、本当の勝負はいよいよこれから。ってか、そもそもまともな勝負になるのかどうか、現時点では甚だ心許ないが、走り出さないことにはいつまで経ってもゴールは見えん。

唐突に思い出すのは、高校の時の体育の先生。「タコ」という綽名のその陸上部の顧問は、マラソン大会を前にして「まずは、あの電柱まで走れ」と言った。続けて曰く、「最初っから一〇キロも先のゴールを目標にしてたら、身体よりも心がもたん。まずはあの電柱まで頑張れ。電柱を過ぎたら次はあの看板まで、その次は信号まで。そうやって〝達成し易い目標〟を順番にクリアしていきゃ、いつの間にかゴールが見えてくるっちゅうもんや」と。

A店の生き残り競争も、その方式で行こうじゃないか。最終的な目標は〝通年黒字化、奇跡の復活〟ではあるが、取り敢えずは、次に越すべき山だけ見よう。まだまだ先は長いけど、それでもクリンネスというハードルを一つは跳び越えられたのだ。この調子だぞ、頑張れ俺!

それにしても、二十年も前の一言が未だに生きて響いてくるんだから、学校の先生ってのは偉いもんだと感心しつつ、閑話休題、二個目のハードル。つっても、実を言うとトホホな部分が余りに多くて、どれが二個目でどれが三個目だか皆目分からん。こういう時は下手に動かず、或る程度見極めが付くまでじっとしているのが上策であると、かの宮本武蔵も言っていた（ウソだけど）。野球に喩えれば、球筋を見るために二ストライクまではわざと見送る。而して運命の三球目、星君、大リーグボールはもう見切ったぞ！　ってな具合である。

が、せっかちな俺はそれが出来ない。プライオリティの低いものを放っておくというのがどうにも苦手で、一度気になり出すと手を出さずにはいられない。だから学生時代も、例えばテスト勉強中に突然部屋の掃除を始めてしまう。その癖、勉強出来ない状況の時に限って無性に勉強したくなる……。マズイ。このままでは十中八九、親がいなくなってから孝行したくなりそうだ。今のうちにしておかなければ……。

って言うか要するに、足りないと思った商品、気付いた時には片っ端から発注してました。

そして九月も半ばに差し掛かった或る朝に、届いた荷物を見て純平君は目を丸くする。何しろそれまでは、一日に入荷する商品の量などダンボールに二〜三箱、多い時でもせいぜい五〜六箱ってな店に、いきなり二十箱を越す荷物が入って来たんだから、驚くのも無理は無い。「当分は、毎日このぐらい入って来るからね」と言うと、驚きを通り越して不安が兆してきた様子。「こんなに沢山、どーすんですか？」って、勿論出すに決まってんだろ。そんでもって、売るんだよ。当たり前じゃんか。とは言え、純平君の気持ちも解らなくはない。何しろ二百坪近い規模なのに、社員はたった二人である。そこまで人件費削ってもまだ赤字ってな売れない店でこんなに仕入れて、これがそのまま売れてくれるようなら、そもそも赤字になんかなってる訳ゃないんである。

だけどね、例えば或る商品を百冊売ろうと思ったら、一番大切なのは〝百冊仕入れること〟なんだぜ。だって在庫が五十冊しか無いのに百冊は売れんだろう？

ってな事を純平君に言ってはみたが、それは飽く迄も〝喩え〟の話。いきなり何かを仕掛けて百冊売れると考える程、流石に俺も能天気じゃない。ならばこの分不相応な荷物は何か？

A店程度の売り上げ規模だとやはり配本が極端に少なくて、例えば宮城谷昌光さんの『新三河物語　上巻』（新潮社）は二冊、有栖川有栖さんの『火村英生に捧げる犯罪』（文藝春秋）は一冊、発売前から話題騒然、池上永一さんの『テンペスト』（角川書店）でさえ、上下二冊ずつしか入って来ない。当然〝配本ゼロ〟なんてのも日常茶飯で、大量の荷物の何パーセントかは、追加手配したそれらの新刊。

この追加手配ってのが思っていたよりも面倒で、何しろ点数が多い上に〝配本ゼロ〟だと下手すりゃ刊行されたことにすら気付かない。「新聞広告見て初めて知った」なんてのはほぼ毎日で、出版情報に関してはお客さんと殆ど同じレベルである。一つ一つの商品が自店の客層に合っているのかいないのか、平たく言えば「どれがどんだけ売れるのか」、予測するのも我々本屋の仕事だが、その作品が「出た」ことすら知らないんじゃ、予測もへったくれも無いぢゃあないか。

こういうケースは今まで経験が無かったから、初めは大いに途惑った。結局、伝票と一緒にくっついて来る「新刊のご案内」を確認するんだと気付いたのは、漸く四、五日経ってから。A5ぐらいの大きさの紙が僅かに二、三枚という「新刊のご案内」だが、そこにはその日に発売される書籍が、配本の在る無しに関わらず全て載ってる。即ちA店のような情報過疎地では、唯一無二の頼みの綱。それを端からダーッと見ながら、「何が入って来なかったのか」を確認し、必要なものは勿論すぐに注文する。とは言え、記載されているのはタイトル、著者名、出版社の他は値段とISBNぐらいだから、リスト見ただけじゃ何の本だか判らないのも多々あって、そういう場合はネットを駆使していちいち確かめなきゃならない。

こんなこと、地方の小規模店では常識なのかも知れないが、俺の場合、今まで在籍したどの店でも置いておきたいと思う本は一応一通り入っては来た。勿論、数の過不足に多少は悩まされもしたが、〝知らない内に新刊が出ていた〟なんて事態はまず無かったから、「新刊のご案内」なんて気にしたことが無かったのだ。かつての自分が如何に恵まれた贅沢な境遇に居たのか、お蔭で漸く解ったよ。都心の大型店では、潤沢にある商品を大盛り特盛りてんこ盛りしてじゃんじゃか売ってるその一方で、地方の中小は品物が入って来なくて売るに売れない。これじゃ殆ど差別じゃん。全く、こんなとこまで「格差社会」かよ。

などと唐突に誰にともなく絡んでみたが、ちょいと思い付いたから口にしたまでで、実はそれ程僻んじゃいない。そもそも配本だけで全てが間に合う店など在る訳ゃないんだから、考えてみりゃ〝程度の問題〟なだけである。全国の地方弱小書店のみんな、頑張ろうぜ。

っつー訳で、新刊配本問題についてはどうやら何とかなりそうだ。こういったことをこそ、きちんと「引き継い」で貰いたいもんだと強く訴えたい気もするが、愚痴になりそうなので止めておく。それよりも次なる試練は、これら未入荷商品が恐らくは過去数年間、殆どほったらかしにされてきたらしき我がA店の品揃え。ざっと見渡しただけでも膨大な数の必備品目が品切れしっ放しになっていて、巻数ものの歯抜けもやたらと目立つし、続編は在るのに正編が欠本してたり、資格試験の年度ものなど、去年のが残ってるのに今年のが無かったりと、まさに〝売れ残り〟本屋さん。で、それらを俺自身の記憶とかフラッシュメモリーに溜め込んである過去のデータとか各版元が作ってる目録とか注文書とか、とにかくありとあらゆる手段でピックアップして、さっきも言った通り片っ端から発注したその結果が、秋晴れの朝の二十箱という訳である。

さあ出すぞ。とは言っても今いるスタッフは皆、A店を標準として過ごしてきた訳だから、当分の間は戦力としてアテにはならない。いずれ教えてはいく心算だが、今はそんな余裕は無い。つまりは、頼むところは己のみ。勿論、ただ出すだけなら二十箱ぐらい何とかなる。キツいのは、前回触れたような闇鍋状態のカオスな棚を、修正しながら同時に品出しという、云わば二正面作戦を強いられることだ。

……だから言ったじゃん。優先順位がハッキリするまで、無闇やたらと手を出すなって。品薄な点には暫くの間目をつぶって、まずはゾーニングだとか商品分類だとか、つまりは「本」というソフトを入れるハードの方を先に固めておけば、荷物出すのも楽だったのに……。

なんてボヤいていても仕様が無い。変なとこに挿さってる商品引っこ抜いて（例えば前回の「図解雑学」シリーズね）まともな場所に入れ直したり、いつまで置いとく心算だよ的化石化した書籍を返品に回したり、こちらの仕事が増えたからって待ってはくれない新刊ラッシュのくせに、配本は何故かやっぱり極薄だから毎日チェック&発注もして、朝は引き続き掃除に充てて勿論、雑誌も出して、そんでもって続々入荷してくる商品捌いてって、二正面どころかこれじゃあ三正面、四正面作戦だ。全く、こんなに一遍に発注したのはどこのどいつだ!?　って、それは言う迄も無く俺なんだけどサ。

こういう時にいつも思い出すのが、グリム童話の『こびとのくつや』（いもとようこ絵、金の星社、他）。貧しいが働き者の靴屋のところに夜な夜な小人が現れて、仕事を手伝うっていうアレである。いいよなぁ、靴屋のおじいさんは。俺だって貧しいが働き者の本屋だぞ。毎晩なんて贅沢は言わない。週に一度で構わないから、小人よ出て来い。

で、そんな状態が三日も続くと、今度はバックヤードが返品で溢れかえった。入って来た分返さなきゃならないんだから、返品の量そのものは計画通り。問題は、俺が売り場から要らない商品を引っこ抜いて来るペースに、バイト君たちの返品作業が全く追い着いていないことで、これは完全に予想外。だからと言ってバイト君たちを責めるのは少々酷で、一日に二十箱分も返品が出る事態など、彼等だって初めてだろう。出来ることなら俺が自分でやっちゃいたいが、流石にそこまでは手が回らん。そんな状況でも荷物は毎日届くから——自分で発注してるんだから当たり前だし、届かなかったらそっちの方が問題なんだが——売り場に出さない訳にはいかず、「バックヤードが一杯だから」なんて理由で返品を控えたら、今度は売り場が溢れっちまう。

っつー訳で、只今当店、夜中にタダで返品作業してくれる小人、募集中!

第四章

A店のデッドリミットサスペンス。迫り来る棚卸し書類の提出期限に絶体絶命！　果たして俺の運命は!?

話の枕としては少々唐突に過ぎるかも知れないが、人は何故、「忘れた振り」などという無意味な行動をとるのだろう？　例えば何か面倒なことや辛いことが控えている時、「忘れた振り」をして事を先延ばしにしたところで、何の解決にもならないことは自分が一番よく分かっている筈なのだ。無論、俺も分かっていた。九月三十日という期限を前に、俺がどんなに迫真の演技で「忘れた振り」をしようとも、時の神様は忘れてくれない。仮に時の神様が忘れてくれても、きっと本部は忘れてくれない。そう、第一章でもチョロッと触れたが、棚卸し絡みの数々の書類の提出期限が、気付けばほんの数日後に迫っているではないか！

これまで何度か述べてきた通り、店長職の引き継ぎと言っても名ばかりで、俺は殆ど何の教育もされないままに着任した。その上、これまで在籍した各店舗でも棚卸しなど毎度店長に任せっきりで、自分はひたすら棚に没頭していた。そんな過去の所業が見事に祟って、初めて店舗責任者として迎えるこの度の棚卸し、はっきり言ってチンプンカンプン。総務部、経理部、営業部、商品管理部と、内容によって提出先が違う何枚もの書類を期日までに仕上げて送るなど、到底俺にこなせる仕業ではない。

マジで本気で真剣に、どうしようかと頭を抱えていたのだが、純平君がみるみる内に全て片付けてしまったのには驚いた。こと棚卸しに関しては、純平君は〝店長の片腕〟と言うよりも完全に〝両腕〟。「凄えな、オイ」、「よく解るな、オイ」、「何で知ってんだ、オイ」、「次も頼むぞ、オイ」と、恐怖の〝オイオイ店長〟と化した俺に純平君がアッサリ言ってのけるには、「前の店長も、その前の店長も、本っ当に何もやらなかった人なんで、僕がやるしか無かったんですよ」。

ウ〜ム、ここなんだよな、地方の小規模店舗の泣き所は。

棚卸しに関して純平君が一から十までやってのけたのは、ナルホド前任者が〝何もやらなかった〟お蔭だろう。が、そういう上司の下で今まで過ごしてきたからこそ、棚の作り方や商品知識について純平君は大きく出遅れたのではあるまいか？　A店の惨状が、その何よりの証拠だろう。

俺が過去に在籍した幾つかの店では、最も少ない所でも五人の社員がいたから、入社以来十二年間、何か解らないことがあっても解ってる人間が必ず居た。迷ったり悩んだりしても、訊いて回れば何とかなったし、中には何を勘違いしたか俺を次期店長と勝手に見込んで、事在るごとに〝上に立つ者の心構え〟を講義してくれた大先輩までいた。稀に誰も経験したことが無いような事態が発生しても、皆でワイワイ話し合えば、三人寄れば文殊の知恵で結構どうにかなるのが常だった。その上、比較的都心に近い場所ばかりだったから各社の営業さんや編集さんと会う機会も多く、そういった方々から思わぬ情報や知識を伝授して貰うこともしょっちゅうだった。逆に後輩の指導に関しては、〝俺一人で育てている訳じゃない〟が故に、その成長に責任を感じることなど殆ど無かった。自分のスキルアップだけ考えていればそれで良かった。

つまりは俺はこれまでの十二年間、書店員として実に恵まれた環境で育てて貰ったのだと、今更気付いた訳である。ところが、だ。A店の場合、社員は俺と純平君の二人しかいないのだ。

そういった境遇で〝本っ当に何もやらなかった人〟を上に戴いてしまった場合、本来先達の薫陶を受けて伸びてゆくべき後進が、まともな教育を受けられないという由々しき事態が発生する。本人のやる気や吸収力の問題は勿論在るが、狼に育てられたアマラとカマラは、保護されてからも遠吠えの習慣が消えなかったと言うではないか。っつーことは、今後純平君が育つか否かは、実に全く俺次第。今まで〝自分が伸びること〟にばかり一生懸命だったが、これからはどうもそれじゃマズいらしい。正直少々面倒臭いしプレッシャーが無くもないけど、十年前の俺より遥かに素直で前向きな純平君が、やっぱり今のまんまじゃ不憫である。純平君、青は、藍より出でて藍よりも青し！　頑張ろうぜ。

兎にも角にも純平君の八面六臂の活躍で、棚卸しの後始末は無事に済んだ。ホッとした。っつーか、正確に言うとホッとしたかった。せめて暫くの間だけでも。だが勿論、日々大量に届く荷物は待ってはくれず、押し出される返品は引きも切らず、棚に出さなきゃいけない商品と棚から引っこ抜いてきた商品は、バックヤードどころか遂には売り場の通路まで侵食し始めたではないか!!

はっきり言おう。この状態は、既に本屋ではない。何の秩序も法則も無く、空いたスペースに不規則に積み上げられてゆくダンボールの山、また山。どこに何があるのか誰も分からない混沌振りはもはや倉庫と呼ぶことさえも憚られ、本屋でもなく倉庫でもないとしたら我がA店は一体何だ？　と訊いたところで当然答えられる者など一人もいない……。着任当初も「酷え店だ」と思ったけれど、更に悪化させてないか、俺？

しかも、である。こんなに追い込まれているにも関わらず、どういう訳か小人さんは一人として出て来てくれず、人件費削減で返品に回れるのは、バイト君一人が一日せいぜい三時間。そして何よりキツいのは、カテゴライズもへったくれも無い支離滅裂ごった煮的棚の、修正を任せられる人材が一人もいないという現実。「俺こっちやるから、その間にお前さんあっち頼むわ」ってなタッグマッチが一切不可能な孤立無援の四面楚歌は、さしずめ〝一人リニューアル状態〟。こんなんじゃ、店が潰れる前に俺の方がくたばっちまう……。

《甘ったれるなっ！　A店を任されたからには貴様は店長なのだ！　この店を守る義務がある》

《い、言ったなぁ》

《こう言わざるを得ないのが現在の我々の状態なのだ。やれなければ今からでもサイド7に帰るんだな》

《やれるとは言えない……。けど、やるしかないんだ》

とかってガンダムごっこで現実逃避などしてみたが、よくよく考えてみると、実はこういう展開、俺は結構嫌いじゃないんじゃなかろーか？　例えば古くはウォルター・マッツー、テイタム・オニールの『がんばれベアーズ』、或いはチャーリー・シーンの『メジャーリーグ』にエミリオ・エステベスの『飛べないアヒル』、ジョン・キャンディの『クール・ランニング』に邦画だったら本木のモッくんと竹中直人の『シコふんじゃった。』。そう、落ちこぼれの独立愚連隊が友情とチームワークで困難を乗り越えてゆくストーリーが、俺は何より好きなのだ。

っつー訳で、書店界のモリス監督こと俺は、脇目も振らずに本と棚を相手にひたすら格闘し続けた。孤独な闘いであったが、そもそもは俺自身の段取りのマズさから招いた事態だ。「認めたくないものだな。自分自身の、若さ故の過ちというものを（若くないけど）」などと呟きつつ、朝から晩まで働いた。そんな折に、とある編集者さんからメールが届く。《本当に色々と大変そうで……こりゃ飲むしかないっすね!!》

ってなお誘いはまぁ脇に置いといて、目からウロコだったのは次の一言。曰く、

《自分のことを振り返ると、中学生までは三〇坪くらいの地元の本屋が私と本を繋ぐ唯一（といっていいです！）の場所でした。丸善も紀伊國屋もアマゾンも知らなくて、『りぼん』や『ジャンプ』を待ち焦がれて買いに走った本屋さんで、私は本の愉しみを知ったんですよー》

と言われてみれば、俺も確かにそうだった。家から徒歩数分のそれこそ〝三十坪くらい〞の名も無き本屋で、平気で数時間は立ち読みしてた。その店のおばちゃんは「座って読むと邪魔だから、立って読め」と、今から思えば、子供らの読書をオバちゃんなりに応援してくれていたのだろう。そこで俺は、どこの何てシリーズだったか忘れたが、例えば「織田信長」や「ライト兄弟」の伝記に夢膨らませたり、「シートン動物記」や「ファーブル昆虫記」を読んで将来は獣医になろうと決意したり、或いは当時始まったばかりの「ズッコケ三人組」シリーズ（ポプラ社）にハマッたり、気付いた時には、物語が無いと生きて行けない体質になっていた。

そして思うのは我がA店。ここは確かに田舎だ。配本も少ないし、売り上げも小さい。が、近隣の少年少女にとっては、〝生まれて初めて入った本屋〞がウチなのだ。と言うことは、だ。その子らが本を好きになるのも嫌いになるのも、俺の店作りにかかっていると、下手すりゃそういうことにならないかい？　こりゃあ責任重大だけど、俄かにモチベーションも上がってきちゃったよ。

売り場面積も売り上げも巨大な都心の店で、目を回すような数を売って注目されて、自分のコメントが帯になったりパネルになったりして全国で展開される。そういうのが書店員の醍醐味だと、いつの間にやら考えていた。幸いそういう経験もこれまで散々させて貰った。それはそれで楽しかったし、無論勉強にもなった。けどね、全く異質の、例えば旗艦店に居た頃の俺には想像も出来なかったような種類のやり甲斐も、この商売には在るのかも。こんなこと言っても、かつ

ての俺なら負け惜しみとしか受け取らなかったと思うけど、A店に来てそろそろひと月、何か、ちょっと、仕事が楽しくなってきたかも、俺。

但し、そんな気持ちの仰角と売り上げのグラフは無論何の関連性も無く、九月が終わって着任後一ヶ月の成績は、見るも無残に真っ赤っか……。そりゃあさ、いきなり一ヶ月目からV字回復するなんて、思っちゃいなかったけどさ。やっぱりちょっと凹むよな。まぁ、来月また頑張ろう。悔しいけど、僕は、男なんだな……。

第五章 三歩進んで二歩下がる。膠着状態のA店戦線に未来はあるのか!?

さて、十月だ。天高く、馬肥ゆる秋だ。食欲の秋でスポーツの秋で、そして何より読書の秋だ。個人的には、訳の分からん棚卸し漏れに唖然とした着任初日から、早くも一ヶ月が経過したということになる。その間、埃と虫の死骸を相手に箒とモップを振り回し、配本の薄い新刊や欠本だらけの定番を発注しまくり、しっちゃかめっちゃかに棚に放り込まれた作品を分類し直し、続々と入荷する本の山を忍耐と根性で一冊一冊棚に挿し、色褪せ半ば化石化した死に筋商品を返品しまくり、ｅｔｃ……。

いやはや、怒濤の三十日だった。自分で言うのもナンだが、よく頑張った。それが証拠にふと気が付くと、マスクが要らなくなっていた！　今まで何度か話した通り、ついこの間まで平台と言わず棚と言わず、商品を入れ替える度、棚板やストッカーを動かす度、もうもうと埃が舞い上がり、季節外れの花粉症患者の如くくしゃみと鼻水に悩まされていた筈が、いつの間にやらマスクを使わなくなっていた。まぁそれが当たり前っちゃ当たり前なんだが、自分の頑張りが無駄ではなかった証を見るのは、どんなに些細でもやはり嬉しいものである。

が、成果らしい成果は恥ずかしながらそのぐらい。売り上げの方は、全てのジャンルで見事なまでに前年割れ。尤もこのご時世だ。前年割れの本屋など珍しくもないし、ましてや着任当月だ。俺の責任など殆ど無いと言って良いと思う。しかし、出し切れず返品し切れず、売り場に溢れかえった商品の山は誰がどう見ても俺の責任で、積み上げられたダンボールを視界の隅に捉える度に、うんざりしたり溜め息ついたり。そして俄かに兆してきたのは、「本当に俺にやれんのか……？」という不安。

〈仕事の量〉に対して単純にビビッている、という面は、確かにある。頼りになるスタッフが周りに居らず、孤軍奮闘せざるを得ない辛さも無くはない（純平君始めアルバイトも皆、士気旺盛なのは嬉しいが、如何せん知識も経験も浅過ぎる）。が、そのぐらいの障害なら、これまでにも似たようなことは何度かあった。多少の程度の差はあれど、未知のハードルという訳ではないし、「どんなに大変な仕事でも、いずれは終わる」ってのは、体験的に知っている。だから、それだけだったら少々焦ったり苛立ったりすることはあっても、本気で不安になったりはしない。

然るに、どうしてこうも落ち着かないのか。その原因を、俺は珍しく真面目に考えてみた。思えば自らの不安を見つめ直すなど、十九、二十歳の頃以来ぢゃなかろうか。但し若い頃は、不安を感じつつもどこかで自分の未来を信じていられた。「俺、このまんまで良いのかな……」、「俺の人生、この先一体どうなるんだろう……」などと心が揺れ動いている最中にも、「なんだかんだ言っても、結局どうにかなるだろう」ってな自信を、根拠の無いままにどこかで持ち続けていられたのは、云わば若さの特権だろう。が、流石に今は、そう能天気には構えていられない。おいそれと、簡単にやり直しが利く歳では、残念ながらもはやないのだ。

とにかく、だ。生来傲慢で自信過剰気味な俺が何故にこうも不安になるのか、考えてみたら案外すぐ答えが出たよ。

〈上が居ない〉からだ、多分。

本屋さんになった十二年前から今日まで、配属された幾つかの店舗で様々なジャンルを任されてきたが、その間常に、アグレッシブな担当だったと自分自身では思っている。勿論どの世界にも上には上がいるもので、「この店には敵わねぇ」と降参したことも一再ではないのだが、それでも俺は俺なりに、〈他とは違うフェア〉、〈他とは違うディスプレイ〉、〈他とは違う仕掛け〉を、考え続けてきた自負はある。

だがそれも、「責任は俺が取るからやってみろ」と、一切を背負い込んでくれた先輩が居たからなのだ。或いは、「書店員の醍醐味は、棚！」などと嘯《うそぶ》いて俺が売り場にかかりっきりになっているその陰で、地味な書類仕事だの本部との交渉だのを、黙って引き受けてくれていた上司が居たからなのだ。そういう存在があったからこそ、俺は売り場で自由に動けた。「殺してやりたい」と思う上司も中には居たが、十二年間を四捨五入してみれば、間違い無く俺は上司には恵まれた。

ところがA店店長としてのこれからは、そういう存在は居ないのだ。その心細さだろう、この度の動揺の正体は。

加えて、本部の意向が読めないことが、更に不安に拍車をかける。即ち、本部はA店をいつまで生かしておく心算なのだろう？

A店の売り上げなど、全社的に見ればはっきり言って微々たるもんだ。と言う以上に恐らくは、在っても無くても大差無い。しかも一円でも利益が出ていればまだしも、万年赤字のお荷物店舗だ。そんな弱小店を、本部は一体どうしたいのか？　無論黒字にさえなれば、少々利益は小さくとも運営は続けていくのだろうが、そうなるまでにどの程度の期間を見込んでいるかが問題だ。流石に二ヶ月や三ヶ月ということはないとは思うが、ならば〈来期の棚卸しで不採算なら撤退〉

なのか、〈三年後の黒字化〉を目指しているのか、それとも〈半年後〉がリミットなのか、ｅｔｃ。それが分からないから、こちらもどうにも落ち着かない。

ここまでガタガタに崩れた店を、誰がやってもそう簡単に立て直せる筈がないとは思う。焦っても仕様が無いし、じっくり腰を据えて取り組んで行きたいとも考えている。が、果たして本部もそう思っているのだろうか？　実はもう既に、〈最後の審判〉への秒読みが、始まっていたりはしないのだろうか？　考えても答えの出る訳はないこんな疑問が、考えまいとしてもふとした拍子に脳裏を過《よ》ぎる。

そんな精神状態で突き付けられた〈九月前年割れ&当然赤字〉という現実は、精神衛生上やはり大変宜しくなく、悲観的かつ否定的に、どうしても思考が傾いていってしまう。「このまんま、ずーっと赤字だったらどうしよう」とか、「店舗閉鎖したら、そこの店長ってどんな扱いになるのかな……」とか、「諸々の事情なんか知らない人は、〈店、潰した店長〉ってな見方しかしないんだろうな……」とか、ｅｔｃ、ｅｔｃ、ｅｔｃ……。もう後ろ向き&ネガティブのオンパレード。

話がいきなり跳ぶようだが、マリナーズのイチロー選手の凄さを俺が実感するのは、こんなマイナス思考の時である。スポーツジャーナリストの石田雄太さんは、『イチロー、聖地へ』（文春文庫）の中で、イチロー選手の次のような言葉を紹介している。曰く、

《かつて、自分に与えられた最大の才能は何だと思うか、とイチローに聞いたことがある。彼は「たとえ4打席ノーヒットでも、5打席目が回ってきて欲しいと思える気持ちかな」と言った》

凄いよね。バランス感覚でもなく、動体視力でもなく、身体の柔らかさでも体幹の強さでもなく、《たとえ4打席ノーヒットでも、5打席目が回ってきて欲しいと思える気持ち》！　ならば俺は、「たとえ四ヶ月前年割れでも、五ヶ月目が回ってきて欲しい」と、無理でも自棄でも考えよう。そもそも店を生かすか潰すかなんて、俺に決定権がある訳じゃなし、幾ら考えても時間の無駄だ。今はただ、九月が前年割れだったら十月、十月も前年割れだったら十一月を、黙って見つめて進んで行こう。「落ち込むんなら、深く短く」だ。

と、持ち前の単純さで実にアッサリ立ち直りかけたまさにその時、商品管理部からかかってきた電話……。もう受話器からマイナスオーラが溢れ出てるのが見えるくらいに、「絶対ヱ厭な話だ」と覚悟して、「お電話代わりました、店長のケン46です」と出てみたら、先方のナントカ部長、開口一番、「A店さん、九月、逆送品多いから注意して」だそうだ。

〈逆送品〉。業界関係者以外の方の為に極大雑把に説明しておくと、〈返品出来ない商品〉を誤って返品してしまった場合、返品不可能品として送り返されてくるのである。どういったものが〈返品出来ない商品〉なのかは様々なパターンがあって煩雑になるのでここでは端折るが、その〈逆送〉され

た商品については、定価に応じた手数料を書店側が取次に支払う決まりになっている。即ち、A店は〈逆送〉された商品が多くて手数料が無駄であると、部長殿はそう仰っている訳だ。

それは認める。確かに、毎日毎日、注文品に混じって必ず逆送品が入ってた。だがな、それは全て前任者から引き継いだショタレで、俺がそれを減らすのに如何に苦労しているか、そして、どうにかこうにか返品出来てしまった死に筋も決して少なくない点を、もう少し考慮してくれても良いんでないかい？　せっかく人が、無理してモチベーション上げたのに、何故こうやって引っ張り下ろそうとするのかなぁ？　ってなことを幾ら訴えたところで、十中八九理解はして貰えないだろうから、ここは素直に謝っておく。「ハイハイ、無能でスミマセン。以後気を付けます」。

はぁ、やれやれ。「なんだかドッと疲れたぞ」などと独りごちつつ品出ししてると、「ケン46さん」と再び誰かが俺を呼ぶ。頼むよ、忙しいんだからさぁ、と内心ぶつくさ言いながら振り向くとそこに居たのは、知り合ってからかれこれ七〜八年、俺に語学書のいろはを教えてくれたD社のS氏ではないか!?　「どうしたのよ、こんな辺鄙なところまで」と挨拶も抜きに驚く俺に、「いやぁ、A店に異動されたと聞いて、いきなり行ったらウケるかなと思って」って、アンタそんなことの為にわざわざ……。恐らく会社から、軽く二時間はかかったでしょうに……。「いやぁ居てヨカッタ。これでケン46さんが休みだったら、何しに来たのか分からないとこだった」などと笑っているS氏のお蔭で、先程までのささくれ立った気分は雲散霧消。せっかく来てくれたのにゆっくり話す時間も無かったのは残念だけど、落ち着いたら久し振りに、一度ゆっくり飲みましょう！

ってな約束をして別れた直後、再び鳴り出した電話は経理部から。無論、経理部が〈誉める〉為にわざわざ電話してくる筈はなく、出てみりゃ案の定、月次報告書の記入漏れだぞうである。「あ〜もうっ、今になってガチャガチャ言うくらいなら、最初にきちんと引き継ぎしてくれよッ！」とは思ったが、大人な俺はそんな不満はおくびにも出さず、「ハイハイ、ドーモスミマセン」。

お蔭でまたまた気分をザラつかせたまま、自棄っぱちのような仕事をしていたら、おやおや、今日はなんだかいろいろあるな。今度は、かつて同じ店舗に勤めていたさおり女史の登場だ。「お疲れ様です」と差し出されたその手には、買ったばかりのハンディモップ。女史曰く、「WEB見て、モップなら幾らあっても困らないだろう」という、粋なんだか野暮なんだかよく判らない差し入れだ。だけどお蔭で塞いだ気持ちが随分晴れたぞ。そちらも何かと大変みたいだが、お互い頑張ろうではないか。史上、止まなかった雨は一度も無いのだ。

ってな感じで、我が〈A店ライフ〉は二ヶ月目も相変わらず浮いたり沈んだり、激しくドタバタしそうな気配である。

第六章

弁慶の泣き所、アキレウスのアキレス腱、そして遂に露見したケン46のウィークポイント！

などと大袈裟な章題を付けてはみたが、我が身を冷静に振り返ってみれば、俺なんか書店員として実はウィークポイントだらけであった。いや、決して謙遜している訳ではなく、例えば先日の棚卸し一つとっても、純平君がもし居なかったらなんて、考えただけでもゾッとする。つまりは《遂に露見した》と言うよりも、「数ある弱点の内の一つがまたまた明るみに出た」、「とうとう馬脚を現した」、「再びメッキが剝がれた」等などと表現する方が正鵠を射ているのかも知れないが、要するに、やったことないジャンルの棚を、どういじって良いのか分からんのだ。

これまで俺は〈文芸書〉〈人文書〉〈文庫〉の三つを代わる代わる担当し続けるという、よく考えてみれば実に偏った担当者人生を過ごしてきた。場合によって〈実用書〉や〈児童書〉を掛け持ちすることはあっても、仕事の比重は圧倒的に前掲の三ジャンルで、何故そうなったのかと言うと無論それは俺が仕事の選り好みをしたからで、要するに、これまで所属したどの店でも各スタッフの担当範囲を決める際に、何だかんだと尤もらしい理屈を捏ねては〈自分が読みたいと思う本が少しでも多いジャンル〉の担当の座を、まんまとせしめていたのである。

「このまんまではマジィよな」と、思ってはいた。「多少の得手不得手は仕様が無いにしても、どのジャンルも一応一通り出来るようになってはおかないと、将来困るぜ」と、分かってはいた。でもさぁ、楽しかったんだもん。「コレ面白ぇんだよなぁ。もっと読んでくんないかなぁ、みんな」なんて考えながらPOPを描くのが。或いは贔屓の作家の新作を、「うわっ、面白そう！読みてーっ!!」とか言いながら新刊台に並べるのが。

反面、〈ビジネス書〉なんてどれ見ても実に全くつまらなそうで、所謂〈自己啓発書〉ときた日にはどのタイトルもどのタイトルも、「そんなことはアンタに言われるまでもなく解っている。解っていても出来ないから、こっちは苦労してるんだ」ってな感想しか抱けない。ましてや〈理工・OA書〉なんて、何が書いてあるのかすら理解不能。当然、「読みたい」とか「読んで欲しい」なんて感情が湧く筈もなく、意気上がらないこと極まりない。

念の為に断っておくが、今論じているのは本の〈良し悪し〉ではなく純粋に俺の好みの問題で、即ち〈ビジネス書〉や〈理工・OA書〉を作り、売っている業界関係者各位の努力を侮辱する心算は毛頭無いという点だけは、どうか解って頂きたい。

とにかく、だ。そうやって仕事の選り好みをし続けてきた十二年間のツケが、A店で一気に回ってきた。考えてみりゃ、そりゃそうだわな。例えば寿司屋に弟子入りした見習いが、「俺は白身は嫌いだから、白身は握らねぇ」なんて言ってたら、いつまで経っても本物の職人にはなれんだろう。ノコギリは使えるがカンナはからっきしなんて大工も見たことない。セルティックの中村俊輔選手だって、左足の方がより強力であるというだけで、何も右足で蹴れないという訳ではない筈だ。省みるにこの俺は、得意分野で少々周りからチヤホヤされて己の実力を過大評価し、弱点は見て見ない振りをして〈出来ない〉ことを〈出来ない〉まままで過ごしてきた。

だって、今まではそれで結構どうにかなったんだもん……。

と言うのも、過去に在籍したどの店でも今より遥かにスタッフの数が多かったから、俺が出来なくたって出来る奴が必ず一人か二人は居たのである。加えて俺は新規店は未経験で、棚をゼロから立ち上げたことが無い。即ち、前任者が時間をかけて煮詰めてきた棚を引き継いで、それを俺なりにアレンジするというケースが専らで、今回のように棚を丸っきり作り直すという事態には、幸か不幸か遭遇したことが一度もない。

であるからして、早い話が〈ビジネス書〉と〈理工・OA書〉、全っ然分かんねーじゃねーか……。

いや俺でもね、A店の棚が決して良い棚じゃないってことぐらいは判るのよ。流石に全くのド素人じゃないんだし。って言うか余りに酷過ぎてもしかしたらド素人でも判るのかも知れないけど、本の内容に関係無くとにかくひたすら出版社ごとっていう配置だけでも、絶対変だ。コレ、恐らくは常備の入れ替えの際に、〈○○出版社　常備　ビジネス書Ａセット〉なんて箱を開けて、何も考えずにそのまま棚に放り込んだんだろうってのは想像つくが、ならばこの棚をどう治すかってことになると、正直全く自信が無い。

だからと言って、「アーしてみたら?」「コーしてみたら?」と相談できる上司や先輩は、勿論、居ない。この駄文の第四章で、〈上司に恵まれなかった純平君〉の不運を上から目線で憐れんだりしてみたが、その同じ境遇に、今度は俺自身が立たされてしまったようである。ケン46、ピーンチ!

が、しかし。《艱難は打ちひしがれる為に在るのではないのです。それは、乗り越える為に在るのです》ってのは、確かマザー・テレサだったろうか(うろ覚え)。《神は、あなたが克服出来得る試練しか与えない》とかって言葉もあったな(同)。或いは三十代四十代には懐かしい旺文社の『大学受験ラジオ講座』で、寺田文行先生はいつも言っていたではないか。《どんなに難しくても、数学の問題は解けるように出来ている》と。即ち、《求めよ、さらば与えられん。尋ねよ、さらば見出さん。門を叩け、さらば開かれん》(by『新約聖書』「マタイによる福音書」)ってー奴である。いや、解釈が正しいかどうかは知らんがね。

何はともあれ、だ。居たよ、救世主が。意外なところに。その名も天下のジュンク堂書店。

既に誰でも知ってることなのかも知れないが、ジュンク堂さんのホームページを開くと、上の方に〈本をさがす〉ってな欄がある。そこにＩＳＢＮだとかタイトルだとかを入力して検索すると、アラ不思議!?　ジュンク堂さんの池袋本店でどの棚に入っているのか、教えてくれるではないか!　これには正直、何度助けられたことだろう。

試しにちょいとやってみましょうか。例えばここに『これからはじめるＨＴＭＬ＆スタイルシートの本』(中邨登美枝、技術評論社)という本があります。俺にはコレ、タイトルから既にチンプンカンプンで、どこの棚でどんな本たちと並べれば良いのかさっぱり分からない。そこで例の〈本をさがす〉にＩＳＢＮを放り込むと、《書棚は、Ｗｅｂデザイン／サイト構築です》と、所属を教えてくれるのだ。更に〈Ｗｅｂデザイン／サイト構築〉をクリックすると、その書棚に入っている他の本がズラーッと表示されるのだから、俺のような出来の悪い生徒には願ってもない家庭教師になるのである。『ホームページ担当者が知らないと困るネット広告の出し方と集客の常識』(佐藤和明、ソシム)だとか『ネットショップの達人養成講座』(松本賢一他、翔泳社)等など並ぶ書名を見れば、「どうやらホームページ関係の本らしい」ってことぐらいは幾ら俺でも想像がつく。

大雑把と言えば大雑把だが、売り場の規模がこちらは遥かに小さいのだから、こんだけ解れば何とかなる。少なくとも、解りもしないのに自分一人の判断で作業するよりも、遥かにマシな棚になる筈だ。有り難過ぎるぞ、ジュンク堂!!

っつー訳で、棚をガサゴソいじくってはレジ横のパソコンでジュンク堂さんのお世話になり、すると他にも置いておきたくなる本がチラホラと目に付いて、その度に今度は取次のWEBで発注し、ハッと気付くと平気で三十分ぐらいは経過していて、「イカンイカン」と再び棚に向き合ってってなことを繰り返すから、能率の上がらないこと甚だしい。

そんな状態では当然全てのジャンルを俺が一人でカバー出来る筈はなく、〈コミック〉方面全般を純平君に任せる、と言うか丸投げすることにした。取り敢えず、「この店、意外とまとめ買いのお客さん多いから、一度きちんと既刊揃えてみぃ」と一言言ったら、翌日から嬉々として各社の一覧チェックをやり始めたのは上司から見て微笑ましいが、当然ながら一週間後には注文したコミックが物凄い勢いで入荷し始め、これまたてんてこ舞いになっている……。

店長と社員が揃っててんてこ舞いしているという状況は、幾ら能天気な俺でも流石に不安を感じない訳にはいかないが、幾らオロオロしたところで今更どうなるものでもない。♪焦〜ること、無いサ。焦〜ること、無いサ。自分〜に言い聞かす〜　などと文字通り自分に言い聞かせるようにして口ずさみながら動き回る新任の店長を、この店の重鎮・ヨシコさん（推定年齢五十歳）は、果たしてどう思っていたのだろう？

これまできっかけが無くて紹介しそびれていたのだが、我がA店で純平君に次ぐ存在、いや、もしかしたら純平君をも食ってしまう程のキャラクターが、このヨシコさん。何しろA店在籍は今年で丸十五年という強者で、油断すると《オームの怒りは大地の怒りぢゃ》とか言い出しそうな雰囲気があるのだが、古株のパートさんによく居るような所謂〈お局タイプ〉では全くなく、強いて分類すれば〈世話焼きタイプ〉。アニメのキャラクターで言えば、さしずめ〈ドラミちゃん〉といったとこ。それだけに細々した忠告やら助言やら、本人は善かれと思って言っているのだろうが、時に少々鬱陶しい。

が、雑誌の定期購読なんか全てのお客さんの顔と名前を把握していて、相手が何も言わなくても客注棚から商品を引っこ抜いてくるから恐れ入る。お蔭で大抵のお客さんは「そんなもんだ」と思っているらしく、レジに入っているのが俺でも、無言で仁王立ちしてしまい、着任当初は、俺もお客さんも互いに相手を見つめて「？？？」ってなことがよくあった。

そんなヨシコさんに対して俺は、無意識ながらもやはり遠慮しているところが無くはなかった。何しろ俺がまだ大学を出るか出ないかって頃から、この店で働いてきた人なのだ。遠慮するなと言う方が無理だろう。だからヨシコさんが或る日何の前触れも無く、〈自然薯〉を持って来た時には、さだまさしさん風に言えば　♪突然の自然薯には驚いたけど嬉しかった〜　ってな気持ちである。

ヨシコさん曰く「主人が昨日、近所の山で沢山掘ってきたので、店長、一本どうぞ」って、一メートル以上ある立派な自然薯だ。A店までチャリで通ってるヨシコさんの家の近所の山ってことは、取りも直さずA店の近所の山ってことで、即ち〈近所の山〉で自然薯掘れちゃうって、どんだけ田舎なんだA店!? って驚くところが我ながらちょっと違う気もするが、取り敢えず、A店のヌシ・ヨシコさんには無事受け入れて貰えたようである。

が、勿論それと店の売り上げとは全く関係無く、俺の仕事の進み具合とも関係無く、一夜明ければやっぱり膨大な量の書籍が俺の行く手に立ちはだかる……。

♪焦～ること、無いサ。焦～ること、無いサ。自分～に言い聞かす～

第七章 A店に差した〈天使のはしご〉！希望の光よ、どうか消えるな！

やったよ……。

終わったよ……。

とうとう全部片付けたよ……。

売り場の通路と言わずバックヤードと言わず店内の床という床に、さも当然のような顔をして居座っていたダンボールの山、また山。わざわざ注文して新たに仕入れたにも関わらず、何週間もお蔵入りさせざるを得なかった数百数千の本の群れ。色褪せ埃まみれになりながら、何年も棚の肥やしになっていたであろう返品予備軍。それらみーんな一冊残らず、遂に、漸く、ことごとく、キレイサッパリけりを付けたよ。

多かった。長かった。そして何より辛かった。ですが見て下さいっ！ ダンボールが邪魔をして台車が通れないなんてことは、もうありませんっ！ 体を横にして蟹歩きなんかしなくても、ちゃんと事務所に入れますっ！ お客様からのお問い合わせに対しても、〈在庫が在るのが分かっていながら、どこに在るのか発掘出来ない〉なんて間抜けな事態は、もう二度とありませんっ！ 老師、僕はやりましたァーっ!!!

つっても、表紙が焼けちゃってる商品も三、四年前の常備も沢山残ってるし、ジャンルや著者名のプレートも殆ど無いし、トンチンカンな分類は至る所で見られるし、と直さにゃならんところは実はまだまだてんこ盛り。それでもこないだまでの、「ここは倉庫か？ それとも粗大ごみ置き場か？」ってな惨状に比べれば、その差は歴然。少なくとも今のA店は、どっからどう見ても〈本屋〉以外には見えない筈だ。

いや、よくやった。よく頑張った。まさかここまで粘れるとは、俺自身でさえ思ってなかった。何しろこの一ヶ月で、残業が百時間を越えたのだ。えっ？ 残業手当？ 出ねぇよ、そんなもん一銭も。それどころか、「ご苦労さん」の一言だってかけてもらっちゃいないんだから。ああそうサ。噂の『名ばかり管理職』（ＮＨＫ「名ばかり管理職」取材班、生活人新書)、『使い捨て店長』(佐藤治彦、洋泉社新書y)とは、俺のことだよ。悪いか? 因みに、書店員仲間の一人は、俺の残業時間を聞くや即座に「大丈夫! 確か、八十時間以上なら過労死って認定される筈だから」って、頼むから死ぬこと前提に励ますの、止めてくんない?

とにかく、だ。文字通り粉骨砕身した甲斐あって、十月の下旬には、書店としての体裁をA店は徐々に取り戻しつつあった。と同時に俺は、〈地方弱小〉ならではの難しさを、漸く実感し始めてもいた。

これまで何度か話したように、〈新刊配本〉が少ない(場合によっては「無い」)点は、なるほど難儀と言えば難儀ではある。が、或る程度は事前に予想していたことでもあるし、追加発注の手間が増えはしたものの、慣れてしまえば案外どうと言うことはない。それよりも俺が困惑させられたのは、個々の商品の〈売れ数の差〉が出ないってこと。

例えば四、五年前まで在籍していた旗艦店では、動きの良い文庫なら週に三ケタ売れるのが当たり前だったから、或る商品が売れているのかいないのか、その判断は一目瞭然だった。何しろ一週間の売り上げデータを出せば、上は百数十冊から下は一、二冊のものまで〈売れ数の差〉があるのだ。〈めちゃ売れ〉〈まずまず売れ〉〈ぼちぼち〉〈不振〉〈駄目だコリャ〉ってな程度の判断なら、数字さえ読めれば誰でも出来る。数週間もデータを追えば、〈めちゃ売れ〉の中にも「たった今、〈めちゃ売れ〉になったばっかりで、これから当分は売れ続けるだろう」ってな商品と、「暫く〈めちゃ売れ〉として君臨してきたけど、もうそろそろ落ち目かな」ってな商品が、混在していることにも気付くだろう。

ところが、だ。A店の場合、週に三冊でも売れた方。週間ベストの上位三作品ぐらいが二、三冊の売り上げで、あとは〈一冊売れ〉の商品が〈四位タイ〉としてズラーっと(って程多くもないが)並ぶ。こうなると、どれが旬で、どれが下り坂なのか、見極めるのがえらく難しいってのは御理解頂けるだろうか? 即ち、〈めちゃ売れ〉と〈駄目だコリャ〉の間には、「今まさに旬の、〈めちゃ売れ〉の中の〈めちゃ売れ〉」だとか、「先週までは〈ぼちぼち〉だったけど、勢いが出てきて来週あたり〈まずまず売れ〉か〈めちゃ売れ〉になりそうだな」とか、「暫く〈ぼちぼち〉で推移してきたけど、そろそろ〈不振〉か〈駄目だコリャ〉に落ちそうだな」とか、そういった微妙なグラデーションが無数に存在する筈なんだが、その〈売れ数の差〉が一冊、二冊しか無いのである。

そもそも初回に二〜三冊しか入って来ない訳だから、ちょっと売れる本ならすぐに品切れするのは、発売前から分かり切っていることである。或る程度の〈品切れ〉は前提であり、同時に織り込み済みでもある。当然、追加の注文を出す。ここまでは良い。が、A店クラスの配本数だと、大して売れない商品も〈すぐに品切れ〉してしまうのだ。これには正直、頭を抱えた。例えば俺が大好きな山本幸久さんの『ある日、アヒルバス』（実業之日本社）という新刊が出たが、A店の初回入荷は僅かに二冊。その内一冊が翌日にはめでたく売れたのは良いとして、この一冊は果たして〈極大値〉なのか〈呼び水となる一冊〉なのか？　追加するべき数やタイミングはもとより、追加すべきかどうかという根本的な判断さえ、出来かねるケースが続発した。

「だったら、アンテナに引っかかったものは片っ端から追加発注してしまえ」という意見も、中にはあろう。全くその通りだと、俺も思う。出版各社や取次には伏せておきたいことながら、俺も十二年間、「取り敢えず取っとけ」でやってきた。注文する数を二十冊にするか三十冊にするかで迷った時は、「理屈抜きで三十冊にしろ」と、後輩やバイト君たちにも言ってきた。「幾ら余ったところで売り上げが落ちる訳ではないし、お客さんに迷惑かける訳でもないんだから」と。

が、しかし。一つにはスペースの問題から、一つには資金繰りの問題から、何かを仕入れたら何かを返品しなければならないのは、この商売の鉄則である。

ところが、だ。〈売れ数の差〉が出ないということは、云わば〈売れてなさ〉にも差が出ないということで、〈何を削るか〉こそが売り場担当者の腕の見せ所だと思っていても、どれもこれもが横一線に〈売れてない〉んでは、下げるべきものと残すべきもののボーダーラインを、どこに引いたら良いのか皆目判らん。〈差が無い〉んならどれを下げても一緒だろうと、思う人もいるかも知れない。正論である。正論ではあるが、そう簡単に割り切れるものではないのである。〈下げた翌日に『とくダネ！』（フジＴＶ）で紹介された……〉、〈返品した途端に朝日の書評で絶賛された……〉なんて経験は、書店員なら誰でも多かれ少なかれ持っているに違い無い。

そんな事情を物流が斟酌してくれる理由は勿論無く、新刊に加えて俺自身が「売れそうだ」と判断して注文した商品までもが毎日続々と入荷して来る以上、何かを下げない訳にはいかない訳で、こうなると殆ど山勘だったりもっと単純に好みの問題だったりと、我ながらとてもプロの仕事とは思えない。

まぁこの問題に関しては、これから毎日少しずつ、経験を積んで嗅覚を研ぎ澄ましていくしか無いんだろうと、半ば諦めに近い覚悟をしたものの、当然ながら打率は下がる一方で、即ち、「これは売れる」と思って追加した作品が、「案外売れなかった」というケースが増えてくる。こうなると、売り上げだとか返品率だとかのマネジメント上の問題よりも、俺自身の精神的な疲労の方が、ダメージとしては遥かにデカい。何しろ「これは売れる」と思った商品が、店のあっちこっちで売れ残っているのだから、自信を失くすのも無理は無いってもんだろう。「追加したって、どうせまた売れ残るんじゃねーの？」なんてネガティブな発想に、どうしたって傾いていく。

前任者もコレにやられたんじゃねーか、多分？　着任当時は意気軒昂としていても、配本がやたら薄いし追加して漸く入って来たと思ったら今度はサッパリ売れないし、「返品するために追加したのか、俺は？」ってな結果を毎日毎日見せ付けられる。大きく深い穴を掘らせて、掘り終わったら今度はそれを埋めさせて、埋め終わった途端に再び掘り返させて、それを延々繰り返すってな拷問が、かつてどこかに在ったらしいが、まさにそんなことの繰り返し。そうしていつの間にか、「もういいや、追加なんかどうだって……」ってな虚無に、頭の中が徐々に侵食されていく。

その気持ち、素手で摑めるほどの実感を伴って、今の俺には理解出来る。俺自身、何度と無くそうなりかけた。が、それではA店の行く末は、〈閉鎖〉の二文字しか在り得ない。ここが胸突き八丁の正念場。「どうせ……」なんて、自分で限界を決めてどうする、俺⁉

な～んてポジティブな気持ちにあっさり切り替えられたのは、実はA出版のK氏のお蔭。陰鬱な毎日を過ごしていた或る日、突然かかってきた電話口でK氏が言うには、「ケン46さん、御社だけでなく我々出版する側にとっても大切な人材なんですから、体に気をつけてなんとか頑張って」って、持ち上げ過ぎだよーっ！　仮にその九割がリップサービスだったとしても、残りの一割だけで、俺は当分やってけそうだ。今俺が疲れ果てて諦めて、例えば転職なんかしちゃったら、きっとK氏はがっかりするだろう。まだ大丈夫。少し休んだら、また歩き出せるだろ、俺。

と、どうにかこうにか立ち直りかけたところで十月が終わった。勿論、今月も前年割れ。だけどね、書籍のみは一〇〇・九％っ‼　ずーっとずーっと十年以上前年割り続けてきた店なのに、書籍だけだけど、遂に底を叩いたよっ！　雑誌は相変わらず大きく凹んでるからトータルでは結局前年割れだけど、でも、今までの前年割れとは、コレは種類が違うんだっ！

いや確かに暫く前からね、平積みしている新刊や話題書ではなくて、棚に一冊挿しておいた地味系の本が、「意外と動くけど気のせいかなぁ？」と思ってはいた。俺は本の判型や体裁で棚を分けるのが好きではなく、例えば各社の〈選書〉は内容によって各々のジャンルに振り分けてしまうのだが、〈歴史〉の棚に挿しておいた『雑兵たちの戦場』（藤木久志、朝日選書）だとか『庶民たちの平安京』（繁田信一、角川選書）なんて地味な本が、仕入れた二、三日後に売れたりしていた。「なんか、しっかり棚見てくれてるお客さん、結構居るんじゃないかなぁ」と、感じてはいたのだが、それが〇・九％につながったと、そういうことにしておきたい。

んでまぁ、書籍前年クリアしたよってなことを、書店員仲間で集まった際に報告したら、「イェ～イッ！」といきなり奇声を発したのは、瀬戸内水軍の末裔・K氏（A社のK氏とは別人です）。振り返った俺と目が合うと、まるであらかじめ決まっていたかの如く、「パッチーンッ！」と自然にハイタッチ。学生の頃はずっとバスケやってたから、好プレーの後のハイタッチなんて数え切れないぐらいしてきたけれど、今回ほど嬉しいハイタッチは記憶に無い。いや、応援してくれてるのは解ってたけど、まさかこんなに喜んでくれるとは！　社内の人間でも、ここまで嬉しがってはくれないぞっ！　ヨカッタ〜、よたよたしながらも前進して来て。途中で何度も投げ出したくなったけど、K氏を始めみんなの気持ちを危うく無にするとこだった。A店なんて陽の当たらない場所で蠢いてるけど、俺ってやっぱり、結構幸せな書店員かも。お蔭できっと十一月も、ゆっくりだけど進んで行ける。

第八章
蝸牛角上の争いもあれば、井の中の蛙も居たりして、ホント組織って面倒臭いのネ

前回、十月の売り上げが、書籍のみ僅かに〇・九％ばかり前年を上回ったからといって、思わず小躍りしてしまったが、当初の興奮が冷めた後よくよく考えてみると、「前年クリアつったって、元が悪過ぎただけじゃん⁉」ってな気がしなくもない。例えば去年一二〇％伸びた店を、今年更に引き上げるのはそりゃあ大変かも知れないが、我がA店ときたらとにかくズタボロだったのだ。むしろ「たった〇・九％しか上げられないのか、俺？」と、先日までの元気はどこへやら、疲労困憊意気消沈。

それでも、積み上げられたダンボールの山を曲がりなりにも片付け終えたことで、戦況は格段に良くなった。先月までは、圧倒的に優勢な敵を前に、どうにか退却しないというだけで精一杯。とにかく、出すべき商品を売り場に出し、返品すべき死に筋を返品するという、そのことだけにひたすら追われまくっていた。故に、不可解な分類によって不可解な場所に陳列されている本を発見しても、何しろ数が多いということもあって、その都度正しい棚に入れ直すなど絶望的に不可能だった。不本意な棚に突っ込まれたまま実力を発揮する機会も無く、戦線離脱を余儀無くされている数々の本を見かけても、俺に出来るのは「後できっと助けに来るからな」と囁いて、そそくさとその場を離れることだけだった。

そんな虚しく暗いトンネルに、遂に出口が見えたのだ。十一月からは、その日に入荷した荷物だけを相手にすれば良いのである。これなら俺一人でも何とかなる。それどころか、状況に応じて反撃に転じることも不可能ではない。

っつー訳で、滅茶苦茶テキトーな振り分け方をされていた様々なジャンルの本たちを、まずは一冊一冊分類し直す。と同時に、置いておかなきゃいけない本、置いておきたい本もまだまだ多く、それらをちまちまと注文しては、似合いの場所を探して挿していく。この作業、やればやるほど棚が自分の好みに近付いてゆくのだから、楽しい上にやり甲斐も大きく、仕事が捗る捗る。

中でも、日本文芸社の「面白いほどよくわかる」シリーズ

がまとめて放り込まれていた棚などは真っ先に解体し、例えば『面白いほどよくわかる日本の神様』（田中治郎著・山折哲雄監修）や『面白いほどよくわかる古事記』（島崎晋著・吉田敦彦監修）は、〈歴史〉のコーナーへお引越し。〈日本史〉→〈古代史〉→〈記紀・万葉〉と細分化した棚で、『もう一度学びたい古事記と日本書紀』（多田元、西東社）や『古事記を旅する』（三浦佑之、文藝春秋）なんかと並べてみる。視線をちょっとずらせば、『継体天皇と即位の謎』（大橋信弥、吉川弘文館）だの『古代史おさらい帖』（森浩一、筑摩書房）だのが目に飛び込んで来たりして、それなりに古代のロマンが漂う棚になってきた。

な〜んて一人悦に入ってる折も折、イカロス出版から『萌ゆる古事記』（鈴木ドイツ著・田中松太郎画）なる本が出た。一見したところ所謂〈萌え〉系イラストで古事記を解説した本らしく、謳い文句は《萌えながら「古事記」がわかる、全人類待望の書》。……はっきり言って、俺の理解の範囲を完全に逸脱している本ではあるが、試しに古代史だけでなくコミックの棚前にも平積みしてみると、案の定コミックの方の五冊があっさり完売。当然追加を出すと同時に調子に乗って、『元素周期　萌えて覚える化学の基本』（スタジオ・ハードデラックス編著・満田深雪監修、PHP研究所）なんて本も注文したら、アララ、こちらはコミック方面同様、自然科学の棚前からもコンスタントに売れていく。ウ〜ム、奥が深い。

或いは、売れようが売れまいが置いておきたいってな俺自身のお気に入りも、少しずつこっそりと仕入れてゆく。こちらは商売と言うよりも完全に趣味の範疇で、だから「買って欲しい」なんて贅沢は言わない。せめて「知って欲しい」「見て欲しい」ってな願いを込めて挿しておく。

例えば内田新哉さんの画集。透明感のある色使いで〈風〉と〈光〉を描く画風が昔っから大好きで、『サウスウインド』（サンリオ）や『澄んだ瞳のおくに』（河出書房新社）などはボロボロになるまで読み返した。だからその集大成的作品集『風のパレット』（愛育社）が、売れた時には嬉しかったなぁ。生憎、俺がレジに入っている時ではなかった為に、どんな人が買ってくれたのかは分からないけど、「良いもん、手に入れたな」と、思ってくれていることをひたすら祈る。

更には、イギリスの作家でリチャード・アダムズという人の、『ウォーターシップ・ダウンのウサギたち』（神宮輝夫訳、評論社）をご存知だろうか？　乱開発で故郷を追われたウサギの群れが、新天地を求めて旅をするという冒険譚で、あの『ガンバの冒険』の原作『冒険者たち』（斎藤惇夫著・薮内正幸画、岩波少年文庫）にも比肩し得る、動物文学の傑作である。が、〈絶対に無きゃいけない〉類の本かと言うと残念ながらそうではなく、むしろ都心の大型店にでも行かないとなかなか置いてないだろう。にも関わらず、愛着が強いという一〇〇%個人的な理由で外国文学の棚に挿しておいたら、売れちゃったから驚いた。但しこれまた残念なことに、お客さんの顔は分からず仕舞い。どんな人がどんな思いで今頃ページを捲っているのか、それを想像しながら再び発注。

なんて書き方をすると、まるでV字回復が始まったかの如き印象を持たれる方もいるかも知れないが、無論それは勘違いである。全体の売れ数が小さいから一冊一冊が目立つだけで、仕入れたもんが飛ぶように売れている訳では決してない。っつーか、お客さんの顔ぶれが全っ然変わらん。

過去に在籍した幾つかの店舗と違い、A店が建つのは最寄りの駅から徒歩二十分、目と鼻の先には田んぼが広がるという極めて辺鄙な場所である。故に、〈ついでに寄ってみた〉〈ふと覗いてみた〉というお客さんは非常に稀で、恐らくは九分九厘までが地元の常連さんである。その常連さんたちがこのところ、「面白い本、入ったね」とか「本、増えたね」などと、田舎特有の気さくさで誉めてくれるようにはなった。それはそれで勿論嬉しい。が、しかし……。

所謂〈一見さん〉や〈振りの客〉が居ないから、新規の顧客がなかなか増えない。最初はちょっとした気まぐれでも、一度入ってくれさえすればファンになって貰える自信が、少しは出てきた。少なくとも、「ここら辺りではマシな方だ」ぐらいには、思って貰える品揃えではあると思う。がそれは、来てくれなければ決して分かって貰えない。「品揃えが良くなりました！」なんて折り込み広告を、まさか撒く訳にもいかないし、こっちに来てから初めての、〈壁〉らしい〈壁〉にぶつかったのかも知れないなぁ。まぁ取り敢えず当面は、〈口コミ〉の効果を期待して持久戦の構えに入ろう。それまで本部が待ってくれれば、だけどね。

で、だ。兎にも角にもA店に於ける物理的な諸問題——埃、品揃え、レイアウト、その他諸々——は、俺一人でもどうにかなりそうな目処はついた。実際極めてゆっくりではあるが、良くなってるのは確かである。が、三ヶ月目に入ったこの頃から、悩みの種がも一つ増えた。即ち、どこの職場にもつき物の、人間関係のゴタゴタである。

とは言っても、俺自身がスタッフに嫌われたとか抵抗を受けたとかいう話ではない。それどころか皆が皆、俺が恐縮してしまうぐらい「店長、店長」と立ててくれる。が、スタッフ同士の仲が、どうもいまいちしっくりきてない。いがみ合って喧嘩ばっかりって訳ではないが、〈仲間〉とか〈信頼関係〉なんて状態には程遠い。実は着任直後からそれは何と無く感じてはいたが、二ヶ月以上も一緒に過ごすとかなりはっきり解ってくる。即ち、「こうだから、コイツはAさんに嫌われてるのか」とか、「Bさんは、コイツのこういうところが不満なんだろう」なんてことが、仕事中のふとした瞬間に見えてくるのだ。で、その不満を、しばしば俺に訴えてくる。

具体的な内容については、書く方も読む方も決して気分が良くないだろうから、詳述するのはやめておくが、要するに〈自己主張〉だの〈自己顕示〉だの或いは〈自己保全〉だのが絡み合いぶつかり合いした挙句の、珍しくもないいざこざである。その殆どが、俺に言わせりゃ「どっちもどっちじゃ

ん」ってなことばっかりで、まともに聞いてるときりが無い。が、面倒臭い素振りなど見せようものなら状況が一気に悪化するのは、過去の経験から身に沁みている。
　ここは我慢だ。補充品も出したい、スリップもチェックしたい、発注もしたい、明日の新刊も見ておきたい。「そんなにプリプリすることたァねぇだろ、命取られる訳じゃなし」とも言いたい。が、我慢である。なだめたりすかしたりしながら、ひたすら話を聞いてやる。こういうところで忍耐強く我慢出来るようになるなんて、数年前の俺からはちょっと想像出来なかった。偉いぞ、俺。そんでもって、相手が一通り吐き出し終わった頃を見計らって、最後にもう一度だけ持ち上げる。「まぁ、色々不満もあるんだろうけどサ、頼りにしてんだから頑張ってよ」。そうしてすっきりした顔で事務所を出て行くバイト君。後にはグッタリと疲労困憊してる俺

……。
《人の世を作ったものは神でもなければ鬼でもない。やはり向う三軒両隣りにちらちらするただの人である。ただの人が作った人の世が住みにくいからとて、越す国はあるまい。あれば人でなしの国へ行くばかりだ。人でなしの国は人の世よりもなお住みにくかろう》

ってのは言わずと知れた漱石の『草枕』（新潮文庫、他）。流石は漱石、ナルホド上手いことを言うもんだ。と同時に思い出したのは、漱石の親友だった正岡子規。その『病牀六尺』（岩波文庫）で曰く、

《余は今まで禅宗のいわゆる悟りという事を誤解して居た。悟りという事は如何なる場合にも平気で死ぬる事かと思って居たのは間違いで、悟りという事は如何なる場合にも平気で生きて居る事であった》

ウ～ム、そんな境地に俺もいつかはなりたいものだと思いつつ、相も変わらず弱音を吐いたり愚痴ったり……。そうして気付けば、あっと言う間に暦は師走。二〇〇八年も残すところあと一ヶ月。して十一月の成績は、〈書籍〉一〇〇・一%、〈雑誌〉九十九・九%。なんかこう、伸びるならスパッと伸びる、落ちるならガクッと落ちるって風にはいかないもんかね？　まぁガクッと落ちてしまっては困るのだけれど、先月に引き続いて百二十時間に迫る残業をしたというのに、かろうじて〈落ちてない〉って程度じゃ頑張ってきた俺が可哀相だと、お思いになりませんか、神様？

第九章
三ヶ月って一つの小さな区切りだし、ちょいと振り返ってみませうか

光陰矢の如しとはよく言ったもので、A店に来てから早三ヶ月。芝居で言えば、そろそろ第一幕が終わる頃。着任当時は黙っていても汗が吹き出る季節だったのに、気付けばアッと言う間の年末商戦。『このミス』だ『週刊文春』だ『本の雑誌』だと、年間ベストが百花繚乱。どこの店でもカレンダーと手帳が目白押し。雑誌の特集も、イヴだ紅白だおせちだ初詣だととにかくひたすら年末モード。

そんな中我がA店でも、冴えないながらもクリスマスっぽい飾り付けをしてみたり、乱発される年賀状ムックに途方に暮れてみたり、没個性的にどいつもこいつもカレンダーばっかりの雑誌の付録付けに忙殺されたりと、世間並みに活気溢れる十二月。加えて十月、十一月と二ヶ月連続で書籍だけは前年を越えたから、「今月こそは総合で昨対クリア！」とスタッフ一同、意気軒昂。

とは言えそう簡単にいく訳ゃないってのは、誰よりも俺が骨身に沁みている。それでもせっかく上がったモチベーションに水を差すのも憚られ、エンヤコラサッサと一応は一緒になって盛り上がってみる。が、頭ん中ではここ三ヶ月の経験

を、反芻したり整頓したりで大忙し。何しろA店に来てからこっち、毎日が嬉し恥ずかし初体験の連続で、先々の仕事に活かす為にも、ここらで一度まとめておいた方が良さそうだ。

過去十二年間の経験に照らし合わせて最もギャップが大きかったのは、やはり何と言っても売り上げだった。その低迷振りは例えば文芸書なら、三冊も売れれば週間ベストで一位になってしまうという次元。〈都落ち〉という自らの境遇を嫌でも再認識してしまうその惨めさは措くとしても、追加・返品ともにやり難いったらありゃしない。しかもそれは、数やタイミングが計りづらいってな素朴な問題だけではないってことに、漸くこの頃気が付いた。

小売の世界では、《見られなければ買われない》のは常識である。物凄く大雑把な言い方になるが、商品力が同じなら目立たないよりは目立った方が当然売れる。だからこそ我々本屋は、「これぞ」と思う作品を平積みしたり面陳したりして、即ち露出面積を大きく取ってタイトルや著者名だけでなく表紙のデザインなども使って、お客さんに見て貰えるよう工夫する。本来なら売れてしかるべき商品がお客さんに気付いて貰えなかったが故に売れなかったというケースが、陳列、ディスプレイという観点では最も忌むべきパターンである。

逆に言えば、棚に一冊挿しておいただけでは気付いて貰えず売れない本でも、平積みしてPOPを付けた途端に、嘘みたいに動き出すってなことは、決して珍しいことではなかったのである、今までは……。

然るにA店の場合は、事情が丸っきり違ってた。何しろ週ベス一位が三冊である。《平積みしたり面陳したりして、即ち露出面積を大きく取ってタイトルや著者名だけでなく表紙のデザインなども使って》も、売れるのは週にせいぜい二〜三冊。ここで念を押しておきたいのは、この二〜三冊という数字がほぼMAXの値であるという点だ。即ち残りの大半は、平積みしても一冊売れるか売れないか。

積んでも一〜二冊しか売れないようなら、棚に一冊挿しときゃ充分。そんな考え方で十二年間やってきた。それは決して間違いだとは思わないし、賛成してくれる書店員も多いだろう。が、A店でそれをやってしまうと、平積みに堪え得る商品など、殆ど無くなってしまうのだ。まさか平台ガバッと空けとく訳にはいかないし、〈一冊しか売れそうもない〉からと言って一冊で平〈積み〉ってーのも、品薄なのを無理にごまかしてる風で格好悪い。

その上、多くのお客さんは〈最後の一冊〉は敬遠する傾向があるし、仕方が無いから、「こんなにゃ売れねーだろうな」と思いつつ三冊、五冊と追加発注する羽目になる。勿論、それが予想外に売れるほど世の中甘くはない訳で、結果、売れ筋をより多く売る為の平台が、在庫過多の売れ残りを無理に売ろうとしている場所になってしまう。

A店に来るまでは、日々洪水のように溢れる新刊をどうやって売り場に出すかで四苦八苦していた。本屋の平台とは当然ながら新刊だけを積んでおけば良いというものではなく、言葉は悪いが〈下手な新刊よりも余程売れる既刊〉も少なくない。とは言え、新刊というのは当たり前だが今まで誰の目にも触れていない作品であり、〈可能性〉という点では無限大だから、やはり出来ることならどいつもこいつも積んでやりたい。毎日がこういった葛藤の連続だから、「どの新刊を平積みしてどの新刊は棚で我慢して貰って、こっちは既刊だけど動きが良いから引き続き積んで、となるとどれを外せば良かんべぇ」ってな判断が、売り場担当者の腕の見せ所になる訳だ。

しっかりと積んでPOPも付けてお客さんも気付いてくれて、それでも売れなかったというのであれば仕様が無い。「ウチの客層には合わなかったんだ」と諦めよう。だが、《お客さんに気付いて貰えなかったが故に売れなかった》というのでは、売り上げにも響くし何よりその作品が浮かばれまい。更に、お客さんというのは店頭で見当たらない商品を、〈見つけられなかった〉のではなく〈置いてなかった〉と認識するのが一般的で、即ちそれは、せっかく揃えておいても見つけて貰えなければ「品揃えの悪い店」という印象を持たれてしまうことにもなりかねない。

そんなこんなで入社以来の十二年間は、どの商品をいつ外すかに苦悶を重ねる日々だった。ところがA店の場合、事情は正反対だから途惑った。即ち、どれもこれも大して売れるとは思えない為、〈外す〉もんは幾らでも在るのに〈積む〉もんが無い。しかも、原則的に新刊配本が薄いから、積もうと思ったら自主的かつ積極的に追加の注文をしないと数が足りない。ここに、手段と目的の逆転現象が発生する。

細かい部分を四捨五入して乱暴な言い方をすれば、〈積む〉というのは要するに、より多く〈売る〉為の手段の一つに過ぎない訳だ。お客さんに見逃され売り損じるというリスクを、〈積む〉ことによって多少なりとも減少させる。ところが、だ。〈積んだ〉ところで大した売り上げが期待出来ないA店の場合、売り損じ云々よりも単に平台を空にする訳にはいかないという、実に消極的な理由で〈積む〉ことになる。〈売る為に積む〉のではなく〈積む為に注文する〉といった具合に、〈積む〉こと自体が目的化する。

加えて、そもそも「売れないだろう」と思っているから、発注するにも勇気が要る。追加した商品がいつまでも売れ残っているというのはやはり厭なものだし、追加した分ごっそり返品なんて事態は精神衛生上大変宜しくないのである（更には返品率の問題も決して小さくないのだが、煩雑になるのでここでは端折る）。自然、平台の入れ替えのサイクルは遅くなり、油断すると同じ商品を延々積み続ける羽目になる。当然売り場の変化は乏しくなって、「いつ来ても代わり映えのしない店」というイメージが強くなる。しかも郊外型の場合常連さんが多いから、振りの客よりもマンネリ感は一層強いと思われる。マンネリの店には誰だって行きたいとは思わない。自然、足が遠のく。当然店の売り上げは落ちるから、更に追加がしにくくなってマンネリ感は加速する。するとより一層の客離れを招き、同上、同上、同上……。

とまぁ、そこまで単純な図式ではないとは思うが、似たような負のスパイラルってのは確実に存在するのではあるまいか。そして困ったことに俺は、この問題に対する明確な答えを未だに見出せずに迷っている。一、二冊の在庫をちょっとした什器を使って平台の上に立ててみたり、本の下にイメージに合った柄の布を敷いてみたりと、一つ思い付く度に試しちゃいるが、今のところハッキリした効果は出ていない。それでも諦めずに実験→検証を続けていけば、いずれ思わず膝を打つような真理に到達出来るのではないかと期待して、当分は悪あがきを続けていこうと思う。

斯くの如く、今日入荷した新刊が待ってましたとばかりに売れるのは、A店の場合本当に極めて稀なケースだ。ところが、ヒマを見てはコツコツと注文し棚に一冊づつ揃えてきた定番は、地味ながらも着実に売れていくから不思議なもんだ。歴史や宗教、自然科学といった比較的専門性が高いジャンルはこの傾向が特に顕著で、値段が手ごろな選書など、入れた途端に狙い済ましたかの如く売れていく。

この売れ方が、明らかに店の実力とかけ離れているから、当初はかなり途惑った。今とっさに思い出せる範囲でも、『峠の歴史学』(服部英雄、朝日選書)、『満鉄全史』(加藤聖文、講談社選書メチエ)、『伊勢神宮』(矢野憲一、角川選書)、『仏とは何か』(立川武蔵、講談社選書メチエ)、『宇宙に果てはあるか』(吉田伸夫、新潮選書)等などが、仕入れた直後の一週間でいきなり売れた。売れてる以上文句は無いが、A店の商圏人口を考えると、幾ら安価で入門者向けとは言え、こういった本の需要がそうそう在るとは思えない。

ここで話は少々逸れる。A店が建つのは、公共の交通機関が極めて不便な田舎町。当然人々の移動手段は車がメイン。だから都心と比べると商圏がやたらと広くて、恐らくは一〇キロぐらいの距離なら平気で競合してしまう。そしてその競合店がどこもかしこも、見事なまでに雑誌とコミックと文庫だけなのには驚いた。

一応店の入り口の大きめの島が《新刊・話題の書》とかってコーナーになってて、『B型自分の説明書』(Jamais Jamais、文芸社)だとか『夢をかなえるゾウ』(水野敬也、飛鳥新社)だとか『「脳にいいこと」だけをやりなさい!』(M・シャイモフ、三笠書房)だとかが積んではあるけど、文芸もビジネスも単行本はそれっきり。既刊は全く見当たらないし、棚そのものがそもそも無い。地方では文芸書の棚がどんどん減ってると聞いてはいたが、まさかこれほど極端だとは思わなかった。

より売れるものを並べる為に、売れないものを外すのは商売の鉄則だ。単行本の棚を削るのだって、各書店が試行錯誤の末に辿り着いた戦略だろう。当然、俺がとやかく言うことじゃない。ただ同時に、文芸書や人文書の需要が、少ないながらも存在したのも確かだろう。つまり、各書店が競うようにして単行本の棚を減らしていく中、そうとは知らずに文芸・人文の在庫を闇雲に増やしていったA店の棚に、行き場を失くしたそれらの需要が集まりだしたと、そういう理屈なんじゃなかろうか？

いや、証拠なんか一切無くて全くの思い付きに過ぎないんだが、そうとでも考えないと、身分不相応な人文書の売れ方の、説明がちょっとつかんのだ。まぁこれも現在のところは答えを焦らずに、検証中ってことにしとこうか。いずれ「コレだっ！」てな事実が明らかになったその時は、真っ先に皆さんに報告させて頂きます。

とまぁそんなことをつらつらと、切り替えが下手な性格も手伝って夜となく昼となく考えていたんだが、気付けば今月、凄え売り上げ伸びてるじゃんっ！　十二月に入って丸二週間、十四日（日）が終わった時点で〈書籍一二〇％〉〈雑誌一〇〇％〉！　こりゃ遂に上昇気流に乗ったのか⁉

第十章 弱小は弱小なりに天王山。遂に成るか、念願の昨対クリア⁉

師走年末歳の暮れ。我がA店の売り上げが謎の上昇気流に乗っている。原因の一つとして、単に昨年が悪過ぎたってのはあると思う。が、それにしても書籍一二〇％は普通じゃない。一体どうしちゃったんだこの店は？　何か悪いもんでも食ったのか？

好転してる以上素直に喜びゃ良いんだろうが、何しろあの荒廃振りを知ってるだけに、快哉よりも懐疑の方が先に立つ。棚割りも品揃えも当初に比べれば格段に良くなったとは言え、まだまだ理想と言うには程遠い。の割には、伸び方が派手だ。店の実力に比べて、調子が良過ぎる。俄かに訪れたこの活況が、束の間のバブルに思えて仕様が無い。勿論そんな懸念はおくびにも出さず、意気揚がる純平君たちに合わせてはいたが、胸の中では現在の快進撃をどうも今一つ信じ切れない。

それでもこの度の好調をきっかけに、売り場創りのヒントめいたものは見つかった。

その第一が《無い袖は振れぬ》の法則だ。巷の話題を独占しているような人気商品は、A店の如き弱小店にはほんの申し訳程度にしか入って来ない。出版社だって取次だって、ボランティアではなく商売だ。売れてるところにより多く、というスタンスを責めはしない。ただその裏で、我ら地方弱小が積むぞ売るぞと気張ったところで、品物が無けりゃ売れる訳ないってのは自明の理。結果、自分の店では切らして久しい商品を、都心の大手がバナナの叩き売りの如くドカ積みしている光景を、指をくわえて見る羽目になる。

そこで第二の法則。《明日の鯛より今日の鰯》。即ち、いつ入って来るんだか解らない売れっ子を当てにするよりも、確実に仕入れることが出来る商品を、きちんと売っていこうぢゃないか、と気が付いた。

《先の百より手前の五十》ってな言葉が在る。《聞いた百文より見た一文》なんて言い方もする。今が食べ頃お年頃の人気者たちがなかなか入って来ないからと言って、しょげてるだけじゃ始まらない。主役が無理なら脇役がある。クラス一の美人には手が届かなくても、一歩退いて見渡せば、〈そこそこレベル〉なら結構居たりするではないか。ってーのは喩えが悪かったかも知れないが、要するに、爆発的に売れる訳ではないけれどきちんと揃えておけばしっかり売れるという商品が、斜陽店舗復興の一つの鍵ではないかと思うのだ。

ミステリーを中心とした所謂文芸書は、昨今文庫化がやたらと早いから確かに売り難くはなっている。が、もっと専門性が高いもの、例えば歴史、宗教、哲学、心理、自然科学、映画・演劇、伝統芸能ｅｔｃは、前回もお話しした通り、仕入れた俺自身がビックリするほどよく動く。考えてみればこの手のものは、〈出版社別、著者名五十音順〉に並んでいる文庫より、内容に依って棚が分けられている単行本の方が、探し易いし類書との比較もし易いだろう。著者名なんかろくに知らない入門者なら尚更だ。

で、これらの書籍の大半は、端数を丸めて乱暴に言い切ってしまえば、勢いは無いが息は長い。文芸の人気作家の新刊のように、発売と同時に大量に売れる訳ではないから、配本が少なかったり下手すりゃ無かったりした場合でも、慌てず騒がず、改めて注文すれば何とかなる。大量の注文が一気に殺到するというケースも稀だろうから、実績など無いに等しい弱小店でも必要な量を確保し易い。即ち、配本数の多寡がそのまま売り上げに直結する文芸書と違って、品不足による売り逃しが相対的に少なくて済む。

仮に新刊時の追加が上手くいかず一時切らしてしまっても、商品自体のライフサイクルが長いから、挽回のチャンスは幾らでも在る。テレビで紹介されたり書評で取り上げられたりした話題書は、漸く追加が入ってきた頃にはとっくにブームは去っていて、積もうが盛ろうが見向きもされないなんてことがよくあるが、専門書の場合そもそもブームに乗じて売れてる訳じゃないから、〈ブームが去る〉という事態が在り得ない。やや暴論じみた言い方になるが、昨日今日少々切らして売り損ねても、来年の今頃だってきっとそこそこ売れている。

但し、これらのジャンルで勝負するには、やっぱりそれなりに手はかかる。

これまた随分と乱暴な言い方になるが、所謂一般文芸書の場合、余程のもの以外は、文庫化してしまえば置いておかなくても何とかなる。逆に言うと、ここ二〜三年の作品だけ集めてしまえば、或る程度のものが揃ってしまう。ましてや売れ筋の人気作家の作品は出版社の数も限られてるから——恐らく十社から二十社程度じゃないか？——品揃えは案外楽だ。

それに対して、かなりの年数を遡っても、売れるものはしっかり売れるのが専門書。例えばヴィクトール・E・フランクルの『夜と霧』（みすず書房）などは、池田香代子さんの新訳でさえ二〇〇二年の発行だが、ちょっとした〈心理〉の棚が在る本屋なら大抵置いてあるんじゃなかろうか。となると、だ。こういったジャンルの棚を作る場合、どれを置いてどれは諦めるといった判断の難しさは、とても文芸書の比ではない。

また小説などは商品の配列も、せいぜいミステリーとそれ以外を分けるとか男性作家と女性作家を分けるとかいった程度で、基本的には著者名五十音順だから、正直余り頭も使わない。ところが専門書の場合は極端な言い方をすれば、『A』という本を『B』という本の右に挿すか左に挿すかという次元から、モア・ベターを考え続ける羽目になる。当然手間もかかるし、一朝一夕には完成しない。

が、しかし。だからこそ、やってて面白いし担当者による個性も出る。今日実行して明日効果が現れるような手軽なもんでは決してないが、続けりゃきっと武器になる。「配本が無い、追加が来ない」と不満を募らせているよりも、持ってる武器を最大限に活かした方が絶対賢い。

そうやって無い脳みそ酷使して作り上げた棚から、ゴソッとまとめて五〜六冊買ってくれるケースが、最近ポツリポツリと出始めた。それは売り上げだの前年比だの利益率だのっていう電卓の上の話ではなく、月百時間も残業しながら試行錯誤してきたことが、どうやらそう大きく間違ってはいないらしいという安堵感。自信が無くて恐る恐る提出した宿題に、思いがけず〇を貰えた小学生の解放感。

だもんだから、調子に乗って分類の見出しを一気に作製（本屋さんや図書館の棚に挿してある、著者名やジャンルを示すプレートね）。何しろかつてのこの店は、分類もへったくれも無く無秩序に放り込まれていただけだから、当然そんな洒落たもんが在る筈もなく、思い切ってラミネーターを買ってみた。ペラペラの透明なプラスチックに紙挟んで圧着させる、〈パウチ〉とかって呼んだりする奴。

で、エクセルで枠作って文字入れてプリントアウトして切り抜いて、ラミネーターでパウチして、って作業を、休日も使って何時間やったかなぁ？　例えば棚三本使ってる〈日本史〉のコーナーだと、〈日本史概論〉だとか〈古代史〉〈中世史〉だとかっていう中見出しが十二個。〈記紀万葉〉だの〈戦国武将〉だの〈江戸庶民事情〉だのっていう小見出しが三十個。

これが我ながら素晴らしい出来で、写真を載せられないのが悔しいぐらい。言葉で説明するのは困難ながら、右から見ても左から見ても正面から見ても、著者名なりジャンルなりがはっきり読める。トータルで何百枚になったんだか数えてないが、店中に見出しを付け終わったら流石に壮観。お客さんにも「随分頑張ったねぇ」なんて言われて、久し振りにほっくほく。

ところが、だ……。

♪人生～楽ありゃ苦～もあ～るさァ～　今度はとあるバイト君に対するクレームが、直接本部に行っちゃった。更には資金繰りの問題から、問答無用の返品指示が……！

第十一章

今、そこにある危機！非情の返品命令に、四ヶ月の苦労も水の泡!?

この数ヶ月驚き呆れる要素には事欠かなかったA店だが、唯一点、お客さんからの苦情が皆無だったのは有り難かった。つってもスタッフの接客が格別優れていたり、CSの意識が高かったりということは、ちっともない。むしろそこら辺は見ていてヒヤヒヤする事もしばしばで、他の店だったらヤバかったって場面が何度もあった。にも関わらずクレームに繋がらなかったのは、ひとえにお客さんの大らかさに因るところ大である。

例えば……。人件費をトコトンまで切り詰めているA店の場合、スタッフの休憩を回す昼時などは、レジに俺が立ってる以外店内に誰もいない、なんて状態が珍しくない。これだけでも都心の書店員には信じ難い話だろうが、お客さんのリアクションを聞けば更に驚くに違いない。そんな状況で会計中に電話が鳴ると、「電話終わってからで良いよ」なんて当たり前の顔をして言ってくれたりしちゃうのだ。お問い合わせを受けてレジを抜けた時も他のお客さんは文句も言わずに待っててくれるし、お取り寄せなんかも大抵は「いつでも良いよ」ってな感じ。

察するに、A店のお客さんは大半が家まで車で十分とか十五分っていう地元の人。電車で一時間かけて帰宅しなきゃいけない都心のお客さんと比べると、時間的にも体力的にもきっと余裕があるんでしょう。加えて、下手すりゃ屋号で呼び合ってるぐらいな田舎だから、近所の八百屋や魚屋に買い物行くのも、書店に本を買いに行くのも、感覚的に全く一緒。語弊を恐れずに言ってしまえば、本屋ごときに端っから高度なサービスなんか期待しちゃあいないのだ。

そんな訳で、苦情クレーム抗議談判方面ではかつて無いほど平穏無事に日々が過ぎ、そういった揉め事は二度と無いんじゃなかろーかと錯覚し始めた今日この頃、やはり、そうは問屋が卸さなかった。前回チラッと予告した通り、一人のバイト君に対する批判が直接本部に届いてしまった。

美紀嬢というそのバイト君、A店でコミックを担当してはや十年。自分の持ち場に関しては商品知識も豊富だし、一生懸命なのは確かである。がその反面、ベテランバイトにたま～に見かける、「私の棚は、私の城」って頑迷固陋な部分が無くもない。実際棚をいじってると、レジには入りたがらない電話は取らないお問い合わせにもつっけんどん……。「いずれどうにかしないとなぁ」と俺も考えてはいたのだが、何しろこういう問題は、本人が「自分は仕事が出来る」と自覚しちゃってるだけにデリケート。下手にプライド傷付けちゃうと、こんがらがって修正が利かなくなってしまう。その内、その内と手をこまねいている間に、面倒な事態になっちゃった。

クレームそのものは大意「もうちょっと愛想良く出来んのか」という趣旨で、解り易いしご尤も。これこれこうだと説明してちょいと雷落とせば、普通は済む。が、美紀嬢の場合、俺がA店に来る前にも似たようなことがあったらしく、本部の印象がすこぶる悪い。はっきり「辞めさせろ」とは言わないまでも、「指導するだけ無駄じゃない?」ってな雰囲気がありありだ。とは言え、拾ってきた猫だって三日も居れば情が移るもんである。いわんや一緒に働いてきたバイト君をや、だ。

こういうの、ホント苦手なんだけど仕様が無い。俺は事務所に美紀嬢を呼ぶと、本部が半ば呆れ返っていることも含めて、事実を洗いざらい打ち明けた。これで彼女自身が「辞める」と言うなら止むを得ないと思ったが、コミックが好きだから続けたいと言う。ならば態度を改めろよってことになるのだが、そんなことは言われるまでもなく解っちゃいるのだ、彼女にも。解っちゃいるけど止められないから、スィスィスーダララッタなのである。

俺自身、十年前は似たようなもんだったからよく解る。「あれも出さなきゃ、これもやらなきゃ」と仕事に追われまくっている内に、お客さんよりも何よりも、目の前の仕事を片付けるのが最優先になってしまうのだ。無論それでは、丸っきりの本末転倒である。が、自分でもいけないと思ってはいても、忙しくって体力的にも精神的にも余裕が無いから、感情を理性で抑えることが出来なくなる。注文だって陳列だって、最終的には〈お客さんに買って貰う〉為なのに、注文の為の注文、陳列の為の陳列に、いつの間にかなってしまう。

こういったケースは、間違っていることを当人が自覚しているだけに厄介だ。解っていなくて出来ないのなら、一から説明して解らせればそれで良い。が、解っていても犯してしまう過ちは、上司や同僚が助けてやれることなど殆ど無い。

俺は美紀嬢に、ただ一つのことを言葉を変えて言い続けた。

「せっかく十年も頑張ってコミックの棚作ってきて、こんな下らないことで評価下げちゃったら、今まで頑張ってきた自分が可哀相じゃん」

三時間の話し合いで俺が言ったのって、ホントそれだけだったなぁ。だって、本人も自分が悪いってのは解ってんだから、他に言うこと無いんだもん。

で、結果。まだほんの十日かそこらだからハッキリしたことは言えないが、良くなってきているようには見える。少なくとも、「変わらなきゃ」と思って努力はしている。それが証拠に、他のバイト君たちの見る目が変わった。「最近美紀さん、接客が明るくないっすか?」って、学生バイトの裕作君でさえ言ってきたから、きっと俺の贔屓目じゃないんだろう。まぁいつまで続くか解らんが、取り敢えずはめでたしめでたし。
ってな調子で相変わらずバタバタしてる内に、クリスマスがロマンチックの欠片も無くアッと言う間に過ぎ去って、店の売り上げは〈書籍一二〇%〉〈雑誌九十九・九%〉と大健闘。但し、〈CD七三・〇%〉。そう、実はウチの店、いつからなのか知らないがCDまで扱っているんだな、よせばいいのに。これがまた厄介なことに、発注からディスプレイまで本部指示。入ってきたもんを売り場に出しゃ良いだりだから、頭も使わないし楽っちゃ楽だが、そもそもCD販売のノウハウを本部がどのくらい持ってるのかが激しく疑問。その上、俺たちが手を出せるのは客注品の発注ぐらいで裁量権がまるで無いから、改善も修正もあったもんじゃない。

そしてここ数年。〈何でもかんでもダウンロード時代〉でCD専門店でさえ悪戦苦闘してるのに、知識も技術も後ろ盾も無いウチみたいなとこが、まともな商売出来っこない。CDの落ち込みで、本屋の売り上げがみんな吸い取られてしまう。それでも一週間を残した時点で、店全体で一〇〇・五%を維持してる。首の皮一枚ってところだが、凹みまくったCDを本屋部門でカバーし切れるかも知れない! 純平君やヨシコさん始め、全てのスタッフが大晦日に向けて気合を入れ直す中、しかしまたしても障害が……。

しかも今度は、A店だB店だって次元の話ではなく、なんとワガシャそのものが資金繰りに四苦八苦していると言うではないか。結果どういうことになったかと言うと、店の規模によって多少の差はあるが、金額にしてざっと数百万円分の在庫を各店至急返品せよと、まぁそんな趣旨の御達しが来た。まぁ八百屋さんや魚屋さんの目には甘やかされた商売に見えるかも知れないが、返品すりゃあ当然その分のお金が返ってくるって寸法だ。

一口に数百万円分と言っても、この業界にお勤めの方以外には余りピンと来ないかも知れない。文庫を例に採った場合、一冊七百円として一万冊で七百万円。じゃあ一万冊ってのがどのくらいかってーと、例えば新潮文庫で(絶版にならずに)現在稼動している作品総数が、恐らく三千点前後じゃないかと思う。即ち、仮に新潮文庫を全部返品したとしても(あくまでも仮の話ね、仮の)、指定された金額にはまるで足りない。

或いはごく平均的な書店の場合、棚一段で文庫はおよそ五十冊。ってことは、文庫二百段分でやっとこさっとこ数百万円。こんどヒマを持て余した時に、近所の本屋で棚を数えてみてたもれ。文庫二百段揃えてるとこって、名前言えば一発で通るような大型店ばっかりの筈だから。

とにかく、だ。そういう膨大な金額を捻出する為に不要在庫を一掃しろと言うんだが、そんなに返品出来る訳ゃねーっつーの。A店みたいな売り上げの小さい店に仮に数百万も不要在庫があったとしたら、絶対そっちの方がどうかしてるよ。ってか正確には十数年の間溜め込まれてきた返品不可能品――コレを業界では〈ショタレ〉と呼ぶ――が、ストッカー二十杯分ぐらいどっさりと在るんだが、これは文字通り返品不可能な為、このまま眠らせとくか決算時に損失として計上するか二つに一つ。当然、どっちにしても金にはならない。無論、売れてくれれば一番良いが、売れる見込みがまるで無いからこそ〈ショタレ〉な訳で、例えば漢検の問題集の二〇〇〇年度版など、泣いて頼んでも誰も買うまい。

ではどうするか？　一言で言えば「ツベコベ言わずに返品しろ」とさ。しかも店長の責任で厳守って期限まで切られちゃって、どんな形で責任取らされるんだか知らないが、こうまで厳命されちゃあやるっきゃないわな……。結果、この四ヶ月黙々と作り上げてきて漸く見られるようになってきた棚から、一段あたり何冊ってなドンブリ勘定でガバガバ商品引っこ抜いてガンガン返品するという、殆ど拷問に近い仕打ちを受ける羽目になった。稲作農家の青田刈りって、もしかしたらこんな気分？

その上更に本部が言うには、「十年も十五年も前の商品がゴロゴロしてて、A店は一体どういう管理をしてるんだっ！」って、俺に言われたって知らねーよ。むしろこうなるまでほったらかしといた本部の責任じゃないんかい？　温厚なること春風の如しと言われた（ウソだけど）俺も流石に黙っていられずに、「四ヶ月前に着任した私に、解る訳無いでしょう」と抗議せずにはいられなかった。すると奴さん「おや、そうでしたか」って、オイオイオイオイ。アンタらが決めた人事じゃねーのかよ……。なんか、思いっ切りうろたえてるのが見え見えで、端から見ててみっともねーぞ。っつーか本部のお偉方、凄え頼り無ぇんだけど、このまんまこの会社に居て大丈夫なのかねオイラ？

ってな具合にドタバタ度はいや増して、二〇〇八年の十二月が終わった。売り上げ金額、対前年でマイナス十二万円。一日当たり、あと四千円売ってれば、昨対プラスだったのに……。悔しいと言えば悔しいが、堂々と九〇％割ってた着任当初に比べれば、遥かにマシになっている。この調子なら夜明けは近いと思ったが……。

第十二章
遂に出た単月黒字!?　そして流れ出す崩壊へのプレリュード

年が明けた。明けた途端に、何故か客足が遠のいた。松の内はずっと天気も良くて散歩や買い物にはもってこいだと思ったが、逆に好天に恵まれ過ぎて皆どっか遠くに出掛けちゃったのか？　それとも天気に関わり無く、この不況下お金をかけずに寝正月を決め込んだのか？　とにかく先月の活況はただのまぐれか冗談か、嘘のようにヒマになった我がA店。

そんな中唯一の救いは、例の美紀嬢の頑張りだ。無論元が元だけに、例えば新人のお手本にするのはとても無理だが、それでも一ヶ月以上も続けているのは大したもんだ。彼女がピリピリしなくなったから、他の気弱系男子バイト君たちも実に仕事がやりやすそうで、前とは明らかにテンションが違う。朝の挨拶一つとっても、声が一オクターブ高いもん。

こういう場合、明るくなったこの雰囲気を利用するにしくは無い。即ち、「こんな俺たちだって、やってやれないことは無い」と乗せてしまえと企んだ。具体的には、先月も引き続き前年割れだったことをまず伝える。そして直後におもむろに、

「だけど割ったのはたったの十二万円だぜ。ウチの店、社員とバイト君合わせて十二人だろ。要するに一人あと一万円売りゃあ、クリア出来んだよ昨対なんか。例えば美紀さぁ、お前さん先月の出勤二十日だろ。一万円を二十で割ると五百円。っつーことはだよ、コミックあと一、二冊ずつ売るだけで何とかなっちゃう数字なんだぜ」

と、口で言うほど簡単じゃないのは言ってる俺が重々承知。だけどウチのメンバーの場合、長年の右肩下がりで「売り上げなんか上がる訳無い」と思い込んじゃってるから、「そんなことねーよ!」ってーのをまずは実感させないと。仕事に限らずスポーツだって、「勝てる訳無い」と思ってやってたらいつまで経っても勝てないし、そもそも面白くないだろう。受験勉強だって「合格《う》りたい、合格るかも」って気持ちがどっかにあるから頑張れる。初めは勘違いでも構わない。自分たちでも何とかなると錯覚して一生懸命やってるうちに、本当にどうにかなっちゃうことも、結構あるんじゃなかろーか。

かくして、諦めていた前年クリアが意外に手の届く範囲に在ると錯覚（?）させられて、無邪気なバイト君たちは悔しがるやら喜ぶやら。俺にとっては案の定っつーか思う壺。そんなところに更なる朗報。ナント我らがA店の十二月の収支が、単月ながら黒字になったというではないか!? 確かに先月は、シフトをあっちゃこっちゃいじくったお蔭で人件費は随分低く押さえられた上に、割ったとはいえほぼ前年並みの売り上げだったから、過去最小の赤字だろうとは思っていたが、黒字になるとは嬉しい誤算。

但し、今月以降も黒字が続くほどきっと甘くは無いだろう。とは言え吉報には違いないから、「ほら見ろ、言った通りだろ」的にちょっと得意気に皆に報告。ワーッと拍手が湧いたのは流石に恥ずかしく、「オイオイこれが普通っつーか、本来こうでなきゃいけないって状態に、漸く追っついただけなんだから……」などと、汗をかきかき再び兜の緒を締めさせる。

ってな感じで、相変わらず売り上げは厳しいながらもスタッフ一同意気盛ん。今月もなんとかやってけそうだと思った矢先、どーしてウチの会社の本部ってーのは、現場の士気を挫くことしかしないんだろう?

或る日電話で「A店さん、『ハリー・ポッター』の四巻(買い切り・返品不可)、なんでそんなに抱えてるの?」っ

て、A部長に報告連絡したことが、B部長やC部長にはどうやら一切伝わってない……。だから俺がこっちに来たのは去年の夏だって、何回言えば分かるのよ!? で『ハリー・ポッター』の四巻出たのは二〇〇二年の秋でしょう? 当然、俺が知る訳無いでしょ。

それに最近、偉い人たちが急にバタバタ浮き足立って、現場の人間を責めたり吠えたりなじったり。売り上げ不振店の店長はその責任を自覚せよみたいな通達がやたらと増えた。こんなこと、書いても読んでも面白くないだろうからこれ以上は止めとくが、本部の偉い人たちの言い分をまとめると、「会社が苦境に立たされてるのは、現場がだらしないからだ」と、早い話がそう言いたいらしい。

とにかく、だ。せっかくここまでやってきたけど、最近俺はやたらと不安で仕様が無い。断っておくが、不満なのではなく不安なのだ。勿論不満に思うことも数々あるが、会社に限らず学校だろうと町内会だろうと、何一つ不満が無い組織なんてある訳ゃ無い。「ウチの会社のここが嫌だから」と言って転職しても、次のとこではまた別の不満がきっと幾つも出てくる筈で、だから少々の不満はあって当然と受け流す。

何度も言うが、不満ではなく不安なのだ。但しそれは、「クビになるかも」とか「会社が潰れるかも」といった類の不安ではない。どう言えば良いんだろう、上手く言葉には出来ないが敢えて言えば「自分を無駄遣いしてんじゃねーか、俺?」って感じ。う〜ん、なんつーんだろうなぁ、「俺、ここに居て大丈夫なのか?」ってか「ここに居ることがプラスにならないだけならまだしも、マイナスになってねーか、ひょっとして?」ってか、もっと言えば本部お偉いさん方からの数々の電話から察するに、俺がここに居ることすら知らない奴がきっと何人かは居る筈で、そんなとこで必死こいてやってても、レベルアップとか飛躍とか絶対有り得ないんじゃなかろーか?

って、文面凄ぇ陰鬱になっちまったじゃねーかよ。だけどこんなの実は序の口で、二〇〇九年一月遂に崩壊へのプレリュードが始まった。

一通の封書が本部より届く。「またなんか文句つけてきたか」と思いつつ開封してみるに《希望退職者募集のお知らせ》だと!?

とうとうここまで来ちゃったよ……。どうする、俺?

第十三章 三十六計逃げるに如かず!? 突然の総員退去に真っ青だよ

いやぁ、実際に体験する羽目になるとはこれっぽっちも思わなかったよ。例のリーマン・ショック以降、テレビや新聞でちょくちょく目にするようにはなったけど、まさか自分の身に降りかかって来るとは、思わねぇーわなぁ普通。何がって、だから希望退職だよ希望退職！　早い話が、「会社が潰れそうだから人件費の負担を減らしたい。退職金を余分に払うから、誰か辞めてくれ」と、そういう通知が本部から届いたという訳だ。

幾ら俺が能天気とはいえ、流石にこれにはびびったよ。しかも、だ。募集の期限は僅かに二週間後って、ちょっと急過ぎね？　更に、応募が百人に達したらその時点で募集を締め切るって、じゃあ不幸にも百一人目になった人間は、退職の意思表示をして忠誠心が薄いことを自ら暴露したにも関わらず、その後も会社に在籍し続けなきゃならないってことかい？　それって、針のむしろじゃんか……。

無論奴隷じゃないんだから、希望退職の募集を締め切った後でも、自分の意思で退職するのは自由だろう。しかしその場合、自己都合での退職になる訳だから条件は格段に悪くなる。細かいことは知らないが、失業手当なんかも下手すりゃ差が出たりするんじゃねーか？　それが嫌ならさっさと応募すりゃ良さそうなもんだが、超売り手市場だったバブルの頃ならいざ知らず、このご時世に失業するってかなりの勇気が必要だぜ。ましてや俺は、何の資格も技術も無い四十目前のおっさんだ。次の働き口が、そう簡単に見つかるとは思えない。

ならば会社にしがみついてりゃ良いかっつーと、勿論そう単純な話ではない。何しろ経営が傾いているからこその今回の措置だ。今後の推移によっては、退職金どころか給料の未払いだって無いとは限らん。仮にそういう最悪の事態は避けられたとしても、希望退職で百人も社員を減らしたら、その後の店舗運営はどうなるのか？　当然残った人数でやりくりせざるを得ないから一人一人の負担は急増する。そうなると残業百二十時間どころか、殆ど店に住んでるのかって状態になったりしないか？　要するに、だ。「辞めるも地獄、残るも地獄」だなんて、そんな言い方したら大袈裟かなぁ？

えっ？　悩んだかって？　そりゃあ悩んだよ、一晩だけ。で、翌日。朝イチで応募書類を提出しました。ええ、辞めますよ、辞めますとも。幾ら何でも、急転直下過ぎるだろうって？　いやぁ全く仰る通り。何しろ、当の本人もびっくりしてるくらいですから。

未練は無いのかって？　無い訳ないじゃんっ！　数ヶ月散々苦労した挙句、ついこないだ漸く黒字が出たんだぞっ！　ゾーニングや棚割りはほぼ完了して見出しも付けて、品揃えも日増しに良くなって、後は日々の仕事の中で少しずつ精度を上げていこうと、漸くそこまで漕ぎ着けて、何で放棄しなきゃならんのだ!?　埃と虫の死骸にまみれた、あの怒濤の掃除バトルは一体何の為だったんだ!?　バイト君たちだって、一人残らず意気盛んだっちゅーのに、未練が無い訳無かろうが……。

或いは、不安は無いのかって？　だからぁ、不安じゃない訳ないだろ、フツウ。さっきも言ったけど、出版社さんから少々ちやほやされてきたからって、資格や免許がある訳じゃなし、簡単に再就職出来るほど世の中甘かぁないでしょう。不安でしたよ、思いっ切り……。

とにかく、俺は一晩じっくり考えて、募集開始の翌日には希望退職に応じていた。その後数日経っても本部からは梨のつぶてなもんだから、仕様が無くこっちから確認の電話を入れると「届いてます。受理されてます」って、だったらウンとかスンとか言って寄越せよ……。

希望退職の場合、退職日は当然任意ではなく、「いついつを以て」と会社が定めている訳ね。具体的には二月の末日なんだけど。で、「残っている有給休暇を消化するなら二月の末までに」ってなことも言われた訳だ。どういうことかと思ったら、二月末まで精一杯出社した後に有給休暇を使って退職を三月以降に延ばすことは出来ません、という意味らしい。

それは構わないんだけどさ、俺、有休休暇が四十日目一杯残ってるから、全部消化しようとするともう明日から休みだよ……。それでA店に残されたスタッフがどーなるとか、きっと全然考えてないんだろうな。だからと言って流石に明日から有給って訳にはいかんから、半分の二十日だけ取らせて貰うとしましょうか。今年の二月は二十八日で四週間。週休二日で週五日勤務だから、二月末退職に合わせると丁度二月一日からが有給消化だ。ここまで一緒に頑張って来た純平君に、言わない訳にはいかんわなぁ。

ま、サラリと話したよ、ありのままを。「失業することよりも、この会社に居続ける方が俺には不安だ」ってことも含めて。純平君自身は会社に残ると決めた上で、俺の決断には「それぞれの人生ですから、それぞれの選択を否定は出来ませんね」と、一応納得はしてくれたようだけど、本心はどんなもんなんだろうな。黒字の報告なんかしてなまじ希望を持たせない方が良かったのかも知れないが、まさかこんなことになるとは思ってなかったしなぁ。まぁここまで来ちゃったら俺に出来ることなどまるで無い。ジメジメと変に感傷的にならずに、ただ純平君たちの健闘を祈ろうと思う。

ってな訳で、インド人もびっくりの急展開だが、後任には、俺の前任者が再び舞い戻ることに決まって、それなら純平君はじめスタッフたちとも気心知れてるだろうし、まぁ一安心。そして一月三十一日、俺の最後の出社の日。午後六時頃だったかな、今月も書籍は前年クリアが確定して、十月から四ヶ月連続で書籍は昨対をクリアした。ホント、あと一年、時間があれば、結構良い勝負が出来そうだったんだけどなぁ。

そして最後に、今まで散々応援してくれた業界各社の皆さんに、これまでのお礼と退職の報告を兼ねて、一斉メール。これでオイラの仕事、全て完了。明日からどうやって食って行こう?

（初出・WEB本の雑誌）

「あれから五年」

あれから五年。当時の文章を久し振りに読み返してみると、思い上がりやら独り善がりやら泣き言やら八つ当たりやら、立派な社会人の文章からは程遠く汗顔の極みでございます。

でも、当時はあれが精一杯でした。

連載を始めるにあたって本の雑誌社さんと決めたのは、「とにかく、陰鬱な文章にするのは避けよう」ということでした。救われない現実をそのまま公開したのでは、書く方も読む方もシンドイから、と。だから、文章の中ではかなり無理をしてテンションを上げていました。本当はもっと泣きたかったし、腹立たしかったし、何よりも不安で不安で仕方が無かったけれど、どうにかして「笑い」に転化出来ないものか、ということに無い文才を搾る日々でした。

結果的に、それが私を救ってくれました。出口の見えないA店ライフで、何度も何度も折れそうになる度に、それをネタにしてウケを狙おうとするもう一人の自分が、私を支えてくれました。「眉間にシワ寄せて深刻ぶっても、何かが変わる訳じゃねーだろ。だったらいっそ笑っちまえよ。笑う門には福来たる、だよ」と。

そして、次の掲載で報告出来るような何か――成果と呼べるほどはっきりしたことではなくても、こんなことをやった、あんなことにチャレンジしたといった何らかの変化――が無いと連載が続かないというプレッシャーに背中を押されて、曲がりなりにも店頭の活性化に取り組んでいけたのだと思います。あの連載が無かったら、生来怠け者の私があそこまで必死になって行動出来たかどうか。

またやれ、と言われたら断固辞退したいところですが、貴重な経験だったとは思います。今ならもっと上手くやれるような気もしますが、多分、勘違いでしょうね。多くの方の助太刀のお蔭で、今もいっぱしの書店員ヅラして売り場に立たせて貰っていますが、日々、不満憤懣ではちきれそうになるのはあの頃と殆ど変わっていないような……。人間、なかなか成長しないもんですね。

A店は、今でも健在です。実は一、二ヶ月に一度は、車で出かけた折に回り道してA店の前を通ります。中には入りません。見捨てたと言うか、逃げ出したと言うか、そんな後ろめたさがあるので、横目でチラッと眺めながら通り過ぎるだけです。あのスクラップ&ビルドの嵐をよくぞ乗り越えたもんだと、心中で拍手を送りながら。

本の雑誌傑作選

棚と平台が人生だ！

〈特集〉

書店員・浅沼茂の研究

☆今月は一人の書店員にスポットをあててみる。彼はどうして書店員を志したのか。何を考えているのか。書店の現場でどういう生活を送っているのか……。

▼92年8月号

浅沼茂は穏やかな好青年である。いつも微笑を絶やさない。身長一六〇センチ、体重六五キロ。四角な顔に太い眉。けっして美青年ではない。だが、レジに立っている彼の穏やかな笑顔を見るだけでこちらの気持ちが安らいでくる。

彼が働いている書店は、都心の路面店。店舗面積約十八坪の小書店だが、朝早くから夜遅くまで客が絶えない。社員は店長のほかに彼だけ。あとはアルバイトだ。

客としてその店に顔を出していても、書店員の彼がどんな仕事をしているのか、見えるのは表面的なことだけで、その実態は外からではわからない。まして私生活は、どんな生活を送っているのか、まったく見当もつかない。穏やかな表情の彼は、一日をどんなふうに過ごしているのだろうか。

そこで唐突ながら、書店員・浅沼茂三十歳の生活を研究してみることにした。書店員の生活と意見を、その実態を、本誌は知りたい。

浅沼茂は毎朝六時半に下高井戸のアパートで起床。腕立て伏せ三十回のノルマをはたしたあとに、パンと牛乳で朝食。朝は牛乳を飲むようにしているとのこと。ちなみに彼の部屋の冷蔵庫にはジュース、牛乳、ミネラル・ウォーターなどの飲み物類が収納されているだけ。あとはアイスクリームのみ。彼は自炊しないのである。毎日が外食だ。食事のとき目は朝日新聞を追う。情報に遅れないために書評欄には必ず目を通すという。顔を洗ってから七時十分にアパートを出て八時五分前には店に入る。以前は多摩霊園の風呂なし三万五千円のアパートに住んでいたが、一年半前に現在のアパートに引っ越してきた。おかげで店までは約四十分。

本来の勤務時間は八時半からだが、その時間に行ったのでは開店の準備が出来ない。数年前に自分から言い出して八時出店ということにしてもらった。

まず、早朝に取次から届いている、その日発売の雑誌のダンボールを開け、所定の位置に配置。それが浅沼茂の一日の仕事の始まりである。店内を掃除してから、前日に売れたコミックのスリップを集計し、補充すべき商品のスリップを仕分けするのも彼の仕事。

そうこうしているうちに八時半の開店時間になると、当日発売のマンガ雑誌を買いに大学生や会社員が次々にやってくる。

その応対をしているうちにアッという間に十時になり、ようやくその日のアルバイトが来る。そこでバイトにレジをまかせて、彼は書籍の荷物を開けて整理。朝は忙しくて雑誌の荷物しか開ける暇がないので、新刊の荷物を開けるのはこの時間になる。ここまでが午前中の彼の仕事だ。

昼頃やってくる店長と打合せをしてから十二時四十五分にやっと昼食。彼の昼休みは一時間。二時少し前に店に戻ると、三時までいるバイトにレジをまかせて今度は返品の荷物をつくり出す。

三時にバイトが帰ると五時までは一人でレジに立つ。この間にもう一回、新刊の荷物があるからまたダンボールを開けて整理。

五時からはまた別のバイトが来るのでレジをまかせて、彼は前日に売れた商品の補充。店長が取次から仕入れてきた文庫やコミックをどんどん棚に入れていく。

浅沼茂の勤務時間は六時までだが、このあとまた返品の整理をすることがあるので、仕事が終わるのはいつも六時半、時には七時になったりする。

というのが、浅沼茂の平均的な一日である。もちろん、毎日が同じではなく、アルバイトが休んで目のまわるほど忙しい日があったりするかと思うと、イヤな客に絡まれて不快な一日もあったりする。それでも彼の一日はだいたいこんなふうにすぎていく。

下に浅沼茂の一カ月の支出を表にして掲げたが、これが平均的な書店員の一カ月間の支出かどうかは別として、彼はけっして贅沢はしていない。

もっとも、本代が少ないのはこの月の例外で、いつもはコミックをいれて三万円くらいは使うという。酒はあまり飲まないのでビール代もこの程度でおさまってしまう。シャンプーとリンスはいつも使っているものの新製品分。レジに立つ前はなるべく使うようにしているリステリンも新製品をこの月買う。クリーニング代はセーターやダウンジャケットをまとめて出したもの。コミック雑誌代はスピリッツとモーニング。CD代はローリング・ストーンズの昔のCDが安くなったのでまとめて買ったもの。

この支出表を見ていると、浅沼茂が慎ま

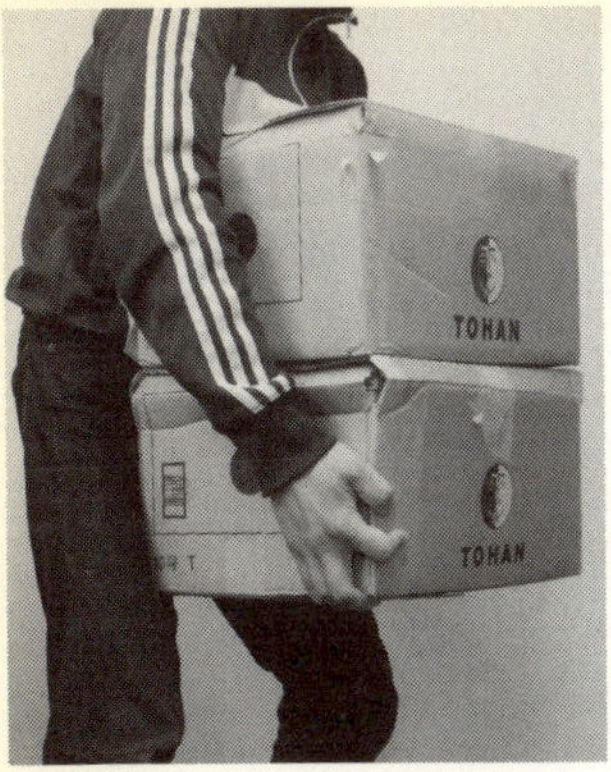

浅沼茂はダンボール二つくらいは平気で持ち上げるが、この中にどんな新刊が入っているのかと想像するのが愉しい

〈浅沼茂・5月の支出〉

内　訳	金額（円）
家　賃	42,000
食　費	（約）60,000
ビール	3,000
アイスクリームまとめ買い	2,500
クリーニング代	4,000
ボタン・ダウンのシャツ1枚	5,000
シャンプーとリンス	1,200
リステリン（口臭防止用うがい薬）	1,700
シーブリーズ（全身ローション）のボトル	2,500
書　籍	3,900
コミック雑誌	1,800
CD	7,200
支出合計（約）	134,800円

しい生活をしていることがうかがえる。それは書店員としての給料が少ないから贅沢を我慢している、ということではない。たしかに書店員の給料はその労働量に比して多くはないが「書店のマージンが少ないんだから仕方ないですよ」と彼も言う。したがってそのことに不満は持っていない。

慎ましい生活は、我慢の結果ではなく、浅沼茂の性格ではないかという気がする。彼の趣味はコミックを含めた読書とCDを聞くこと。酒はあまり飲まず、ファッションにも興味はない。

平日は夕食をすませてから八時半には帰宅。ステレオを聞きながら本を読み、テレビのニュースを見て風呂に入り、十一時半に就寝。寄り道するのは二日に一回、レコード店に顔を出してCDを覗いていく。それでも寄り道に一時間もかからない。

休日は昼頃まで寝ていて、あとは洗濯と掃除をすませてから読書。浅沼茂はあまり外に出たくないのだという。

こういう浅沼茂の性格は、子供時代から変わっていない。彼は一九六一年十二月二十八日青森県に生まれたが、父親の転勤に伴って二歳の時に仙台に引っ越し、以後二十五歳で上京するまで杜の都で育つことになる。

浅沼茂がよく食べる下高井戸さか本の肉野菜炒め定食

東七番町の荒町小学校時代は第二次大戦オタクで、学校の図書館にいりびたっては図鑑などを眺めるのが好きだったという(ちなみに小学五〜六年生の時は図書委員を務める)。

親が本なら何でも買ってくれたので、子供向けの世界文学全集や日本文学全集、さらには子供向けのSF短編集を読みふけったのもこの頃。今でも覚えている作品にハミルトンの「フェッセンデンの宇宙」がある。自転車に乗って遠くまで行ったり、釣りに出かけたり、そういう野外の遊びもしたが、小学校時代の浅沼茂はなによりもまず読書する少年であった。

そういう浅沼茂の性格は中学に進むといっそう顕著になっていく。五橋中学に進んだ彼は一年生の時にエラリー・クイーンを読み(この創元文庫は学校のそばのマツオ書店で買う)、「レンズマン」や「キャプテン・フューチャー」を読む。自分の小遣いで買うので、月に一冊しか買えないのが淋しかった。

ほかに覚えているのは、中学二年生の時に、国語の先生がマクリーン『ナヴァロンの要塞』を徹夜で一気に読んだという話を授業中にしたことがあり、それを読んでみたら面白かったこと。さらに中学三年の時にビートルズを知り、音楽に目覚めたこと。浅沼茂少年は読書と音楽の世界にひた進んでいくのである。

この内向的な性格は、仙台第一高等学校に進んで、モーム『世界の十大小説』をきっかけにバルザックなどを読み、並行してフォーサイス、マクリーン、山本周五郎を読み、ますます進行していく。

その後の二年間の浪人時代にはドストエフスキー、モームの大半を読破。ブラッドベリを読み、アラン・シリトーを読む。

　宮城教育大学に入学してからも読書三昧の生活は変わらず、予備校教師と家庭教師のバイトで得た金でステレオを買い、読書と並行して本格的に音楽を聞く生活に入る。

　彼の内向的性格は、この頃ピークに達した感がある。大学二年目からすでに教員になるつもりはなく、学校にもあまり行かなくなっていた。将来なにをするという計画もない。本を読み、音楽を聞く。大学を卒業もせずにそういう生活を彼はだらだらと続けていく。

　その浅沼茂の生活を変えたのは一本の電話である。大学六年目の秋、東京に行った高校の同級生からかかってきた電話が彼の運命を変えてしまう。無駄話をしているうちに、友人の通っている大学近くの書店が社員募集の貼り紙を出していたことを、彼はそのとき聞くのである。

　書店員の募集が実に新鮮に思えた。客として仙台の金港堂本店や高山書店本店によく顔を出していたが、仕事として書店員を考えたことはそれまでない。そうか、書店で働くというのもいいかもしれない。

　それでも次の週にピンク・フロイドのコンサートを聞きに上京する予定がなかったら、その店に電話はかけなかったろう。彼は東京に行きたかったわけではない。そもそも外に出かけるのが面倒なタチだから、東京への憧れもない。そして書店で働くなら仙台でもいいのだ。つまり、ピンク・フロイドが彼を東京の書店に呼んだ、ということになる。

　浅沼茂はそのとき二十五歳になっていた。コンサートの帰りに寄った面接で採用が決まり、好きな本に毎日触れられるなら面白い、と思って上京したのが昭和六十三年の春のことである。

　もっとも、書店員の仕事がそんな甘いものでないことにはすぐ気付く。


〈資料／書店員の実態調査〉

●書店員の休日
　日販が、90年11月に発行した「書店の労務と給与体系」によると、完全週休二日制をとっている書店は５・５％、隔週休二日制が12・８％、月一回週休二日制が20・２％、週休一日が61・５％、つまり週に二日休める書店員は、約20人に一人というわけである。週休二日を最初に導入した書店は、横浜・有隣堂で、74年から。ちなみに同調査によると、就業規則を作成していない書店が41・１％もあったそうだ。

●書店員の労働時間
　新文化通信社発行の「新文化」による第３回書店員の労働実態調査（全国７２０書店、書店員８８３人を対象）では、平均労働時間は９時間26分（前回調査より11分増）、最長労働時間は30代の管理職の男性で一日平均15時間だった。さらに平均労働時間が10時間を越える書店員が、４割近くおり、しかも年々増えているという。日書連平成３年３月に実施の全国小売店取引経営実態調査（１万２０１９店対象）では、一日平均８・７時間（男性）、７・９時間（女性）という数字が上がっている。

●書店員の賃金
　新文化調査によると、平均月例賃金は、20代で20・5万、30代で25・5万、40代で31・1万円、また前記の日書連調査では、高卒男子の初任給の平均が12万８１００円、女子が11万６７７６円、短大・大卒男子が14万９００６円、女子が13万８６３５円となっている。

□浅沼茂論

書店員浅沼茂のいい所は、目先が利くこと。「ちびまる子ちゃん」は、ブームになる前から面白い、面白いって言ってたしね。ただ、まる子が可愛いという、それだけの理由で（笑）。要するに、直観的なんだよ。でも、その直観は、書店員にはすごく大切なことだと思う。いわば天性のものだから。その点で、浅沼茂はいい人材だと思います。それに彼の直観というのは、極めて平均的な感性なわけ。それがいい。僕にとっての浅沼茂のイメージは、〝日本人の平均値がちょっと肥満して服を着て歩いている〟、そんな感じかな。平均的な感性というのは、誉め言葉です。念の為。と、ここまでは書店員浅沼茂のいい所。逆に、書店員浅沼茂の限界は、これはもう、「育ちがビンボー」（笑）、これに尽きます。それがよく分かるのは、彼は長編小説の悪口を言ったことがない、ということ。せっかくお金と時間をかけて読んだんだから、という気持ちからだと思うんだけど。長編小説だって、つまらないものはつまらない。それを、投下した資本と時間のために悪く言えない、というのは、ひとえに育ちがビンボーとしか思えない。あと、最後に一言。浅沼茂は、すごく腰の低い青年なんですね。ただ、僕の経験上、かつて腰が低かった人間ほど、自分が偉くなるとイバる傾向にあるようなので、浅沼茂はくれぐれもそんなふうにならないでね、と。まぁ、余計なお世話なんだけどね。

（祥伝社営業部　近藤誠）

まず、雑誌とコミックの量に驚き、肉体労働が多いことも予想外だった。外から見ているのと中の仕事はまったく違うのだった。

だが、浅沼茂は何があっても一年はやってみようと思っていたので、そのことに音は上げなかった。

そして一年がたってみると、どうすれば自分の労働が節約できるかわかってきて、さらには新刊の荷物を開けるのが面白くなっていた。

いちばん驚いたのは、レジを打ったり客を相手にすることが自分に合っていたことだ。

読書と音楽の好きな内向的少年の中に、商売人の適性が隠れていたとは、人の運命はわからないものである。書店に勤めて五年たった彼は今、書店員が自分にとって意外に天職ではないかと思っている。

金を放り投げる客に（中年の会社員が多いという）腹の立つことはあり、取次の配本にも不満はあり、さらに給料も安く、けっしてすべてが満たされているわけではないが、なによりも書店員の仕事にはやりがいがある。浅沼茂はそう考えている。

あるいは、彼は平均的な書店員ではないのかもしれない。きわめて特殊な書店員なのかもしれない。しかし、子供時代の環境は違っても、全国の書店には彼のように本を愛し、客と接することが面白く、そしてその仕事がやりがいのある生活だと考えている書店員は少なくない。おそらく書店の現場はそういう無数の浅沼茂が支えている。

「将来もずっと書店員であり続けたいですね。出来れば自分の店を持ちたいけど、それはただの夢ですよ。書店を取り巻く状況を考えるとそれは現実的には無理ですからね」

最後に、浅沼茂はそう言って、あの穏やかな微笑を浮かべるのだった。

○本屋さん春秋

書店員が思わずカーッとなるとき……

◉田口久美子（リブロ渋谷店）
▼88年9月号

「えっ、あなたそんなことしたの、なかなか根性あるじゃない」

「違うの、根性じゃなくて、単に頭に血が昇ったの。もう会社を辞めてもいいと思ったの」

「それで、そのお客さんは、どうした?」

「口からアワを吹いて、体を震わせて帰った」

「何もいわずに」

「そう、何もいえずに」

　友人のKは、中年の女性に本を尋ねられ、探したが見つからず、お断わりした。「あなた、紀伊國屋にも、旭屋にもあったわよ」という返事。それなら、そこで買えばいいじゃないか――という言葉を呑み込みながら、「すみません、注文は出しているので、何日かすれば入ると思います」と愛想笑いを浮べた。

「大体、おたくの百貨店ともあろうものが、このような有名な本をおいていないで――」と始まった。「いや置いていないわけではなく、たまたま売り切れで――」「だってあなた、その態度はないでしょ――」と大変な見幕で怒りだした。怒りは百貨店の他の売場のことにまで及んでいる。気の短いKは、いきなり胸の社員バッチを外して、（本人に言わせると、一人の人間として同等になりたかったのだそうだ）「うるせえ、このクソババア」と叫んだ。

「この話の一週間位後に、部長に呼ばれたの。その時しまったと思ったんだよね、冷静になって考えれば、そんなに怒る程のことじゃないんだし――」

「それで、そのお客さんから、クレームの手紙が来ていたの?」

「ううん、違うお客さんから、お礼状が来ていて、店長表彰されることになったの」

「同じ日に、あるお客さんから本を聞かれて、やっぱりなかったんだけれど、一所懸命探してくれてありがとう、というお礼状が来たんだよ」

　色々なお客さんがいる。基本的には、自分がこう言われたらいやだな、ということは言わない。こう言われたら嬉しい、ということを言う――という自分の感性に根ざした基準を持つ。ごくごくあたりまえのことだ。時に基準の違う人や、感情の波をつき破る人がいる。接客する側にもされる側にも。でも普通の感性なんてどこにもないのかもしれない。販売員の立場は弱いので、すぐ波をかぶる。考えてみれば、自分の生活基盤のお客さん＝お金と毎日顔をつき合わせるというのも、しんどい仕事だ。事務職のようにはいかない。

　でも時には面白いお客さんもいる。これは書店の話ではないが、

「ここの売場は大変面白いところですね。ところで、あなたは僕の名前を御存知ですか」

「申し訳ありません、存知あげないで」

「そう、僕の名前は、一番始めが、う、一番終りが、う、です。もうお分りでしょう」

「はあ……（浦島太郎かなあ、まさか――）」

「ウルトラマン・タロウです。僕は毎日地球を防衛するために戦っているのです」

　ウルトラマン・タロウ氏は意気揚々と引き上げたそうです。こんな楽しいことも「売場」という現場にはあるわけです。

「吉本隆明」黄金配列之図

▶井狩春男（イラストも）

▼85年45号

本屋さんを五、六軒回わった帰り、電車の中で目を閉じると、それぞれの店の棚や平台の本が写真のように浮かびあがってくる。

どこの本屋さんのどの棚のナン段目には、左端からなんという本が並べられているか、ほとんど判る。

取次という本の問屋のようなところに二十年も勤めていると本屋さんの店頭に並べられるべき本の顔を自然に憶えてしまう。それは、装丁のイメージから書名と出版社を結びつけてしまうのと、実際に本を持った時の手ざわり、重さ、軽さ等と、つまり、目と手で本を記憶するのである。顔見知りの本達が、回わった本屋さんに並べられていれば、それらはおのずと目のうしろの陰画紙にスムーズに焼きついてしまうのである。とは言え、多い日に単行本が一日三○○～四○○点も出版されるのであるから、とても全部はお目にかかれない。当然、知らない本が沢山出てくるのである。したがって、常に〃顔見知り〃の追加が行なわれる。本屋さんが、本を憶える場合もたいがい同じような方法を取るのである。

本屋さんは大変なのだ。これから出る本についての情報を集めなければならないし、新刊を次々に憶え、本の並べ方をいつも研究していなければいけないのである。

〃物を並べて売る〃ことに関しては、本屋さんが一番優れている、ということを以前に聞いたことがある。これは、まず間違いないところであろう。あれだけの量の新刊や既刊の本や雑誌を（店頭では）〃並べる〃だけで売ってしまうのである。並大抵の知識や努力ではできないことである。

仮に、ズブの素人が一○○点の新刊を店頭に平積みしたとする。同じスペースに同じ新刊を本屋さんが並べると、売れ行きに圧倒的な差がついてしまう。

本は、ある程度並べる順番が決まっている。また、本によって置く場所が決まる。（これは本屋さんの立地条件や店内の棚のレイアウトに合った並べかたとなる）例えば、赤川次郎の本は、店内で一番明かるく、人がよく集まる場所に自分の店の得意とする内容のものを真ん中に並べれば良いし、逆にポルノ小説は、一番暗く人が集まらないコーナーでなければ売れない。

一番むずかしいのが、人文書の並べ方である。ガチガチに堅い専門書もさることながら、比較的に多くの読者を得ている著者達の本ですら関連づけて並べ、売り上げるには幾通りもの方法を使わなければならない。

ここで、一例として、二十年もの間、出せば必ず売れる著者として有名な吉本隆明の本の並べ方をご紹介しておく。

まず「黄金配列之図」を見て頂きたい。これは入口（店あるいはフロアの）を左下と仮定した場合の配列図である。読者が入口から入ってきた時に一番目につくのが平台の左端である。読者は店内に入ると視線を棚よりも平台に向ける。どういうわけか、みんな下を向きながら店内をウロつく。そして、出来る

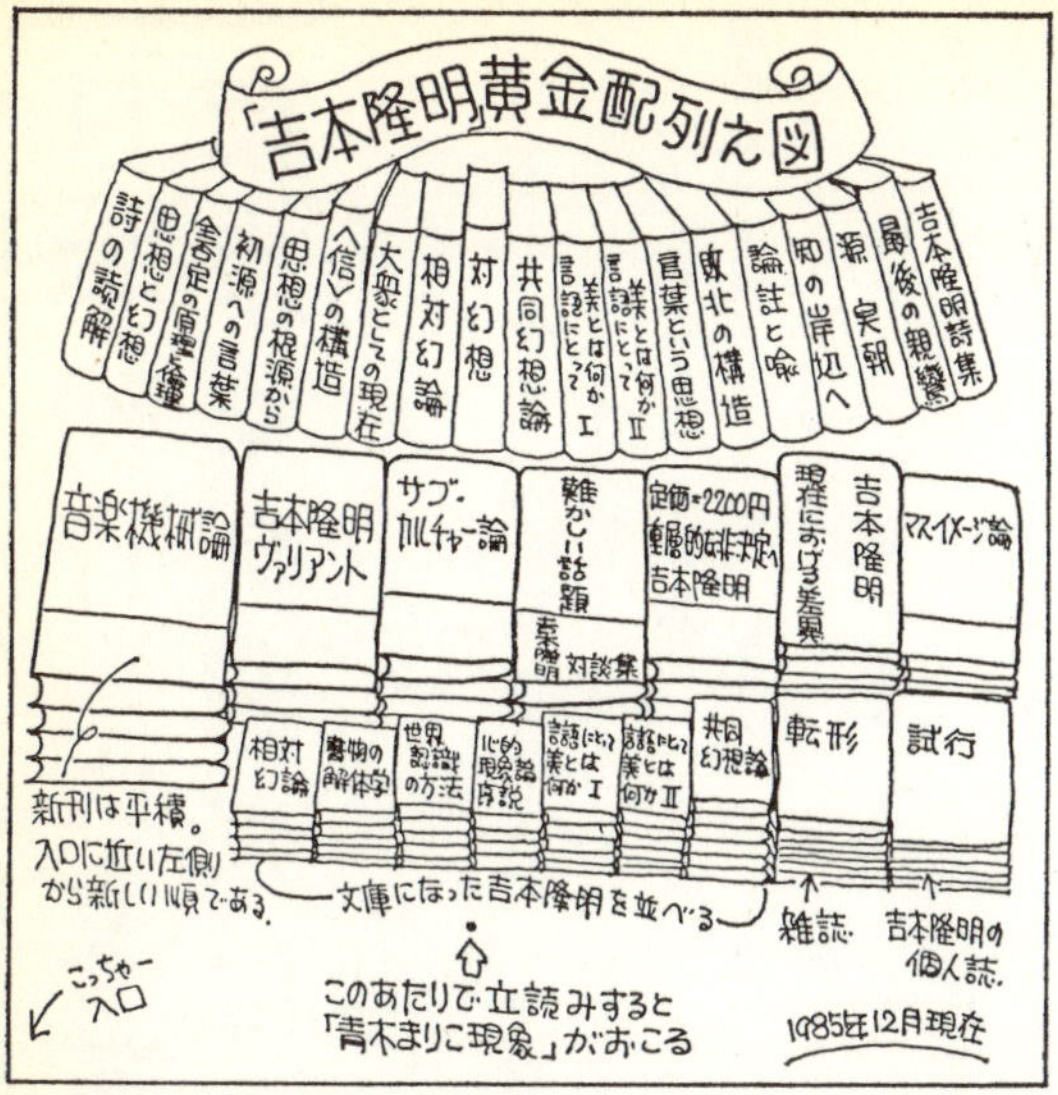

だけ店員さんの顔を見ないようにする。

読者は、本屋さんに入ると本しか見てない。だから、立読みしている隣りに友達が同じように本を読んでいても最後まで気がつかなかったりする。もちろん、本屋さんとしてはそれで構わない。周りに誰がいたかも判らないほど平台や棚に読者を引きつければ成功である。

平積みは、最初に目が行く左側から新しい順に右に並べる。やはり、本は新刊が一番売れる。吉本隆明の新刊の場合は、約一ケ月ぐらいで予定の部数を売り切らなければならない。それを過ぎると、急に売れなくなる。それは信じがたいほどの落差がある。

単行本の平積みの前には、文庫になった吉本隆明を刊行の新しい順に左から右に並べる。文庫は定価が安い。棚に一冊づつ並べても売上げに寄与しない。それと、〃文庫になる〃ということは吉本隆明の著書の中でも代表的な本、ということを意味する。新しく吉本隆明を読む人は、安くて、内容のよい文庫から入ると良い。

この文庫の真ん中にある『心的現象論序説』は、吉本隆明の中でも後に残る本であるが、文庫でしか読むことが出来ない。最初、単行本が北洋社という所から出ていたのだが、北洋社は途中、出版社を辞めてしまった。倒産したのではない。廃業したのである。『心的現象論序説』は版権が買われ、文庫として世に残っている。

文庫の隣りには、吉本隆明が寄稿している雑誌や氏の個人誌を並べると良い。出来れば、吉本隆明の評論などが載った、入手しにくい小冊子などを集めて積むとなお良い。棚の吉本隆明に行くと、まず、一番初めに視線の行く真ん中には、吉本隆明への入門書として最適な『共同幻想論』を置き、右隣りに次に読むべき『言語にとって美とは何か』といった按配に右側に順に配列する。

左隣りからは比較的に良く売れるものをまとめておく。棚の左側から三番目は、比較的目の行く位置なので、棚の中では新刊を差しておく。

棚に並べることで重要なのは、全体としてのバランスである。展示して買ってもらうのであるから、棚が美しく見えなければならない。色彩的には、白っぽい本は両端に、その間にカラーの背の本を置くとよい。したがって、吉本隆明の本を配列する場合、ある程度順番が決まってしまうのである。本屋さんは、その配列の中に、自分の考えを織り込んでいくのである。

日本初!? 天文台のある書店が東京東久留米にあったぞ！

東京都東久留米市の小林美恵子さんから「近所に変わった書店があります」というハガキが届いた。その書店は一見普通の郊外型書店なのだが、入口を入って、すぐ横に天体望遠鏡が置いてあり、しかもしかも屋根の上には、なんと天文台があるという。

おお、天文台！　天文台というと、半球形をしたドーム状の建物のことではないか。天体望遠鏡が置いてあるというのもすごいが、天文台があるときたら、これはもうタダ事ではない。それにしても、なぜ書店の屋根の上に天文台があるのか。本当に本物の天文台なのか。いったい誰が天体観測しているのか。

というわけで、活字探偵団は天文台のある書店を目指したのである。

噂の書店はマガジンショップ滝山といい、都下東久留米市の滝山というところにあるという。地図を見ると、西武池袋線の東久留米駅と西武新宿線の花小金井駅の真ん中あたりで、どちらの駅から歩いても三十分はゆうにかかりそう。番地を頼りに歩いて行くと、あったあった「本」の看板が見えてきた。

中華のファミリーレストランと同じ敷地にあるようで、ファミレスの派手な電飾看板の向こうにひっそりと「本」の看板が並んでいる。だだーんと広い駐車場もファミレスと共有のようで、典型的な郊外型書店の立地である。

どれどれ、天文台はどこだ?と、平屋建ての書店を見上げると、曇り空にウルトラマンの頭のようなものがぽっかり浮かんでいる。おお、あれはまさしく天文台！　想像していたものより小さいけど、白い半球形のドームは天文台そのもので、青と黄色の二色に塗り分けられた外壁によく映えて、誇らしげに立っているのである。ええと、あれは、入口横の外階段から上るのか。しかし、鍵のかかった鎖が渡してあって、うーむ、これでは上れません。

マガジンショップ滝山の野崎陽一社長によると、この天文台は毎週第二、第四の土・日に開放しているそうで、本日は開放日ではなかったのである。おまけにまだ陽が高く、星も出ていないのに、鍵を開けて案内までしてくれて、社長、どうもすみません。

社長自ら案内してくれた天文台は直径

▼99年1月号

約二メートル五十センチ。小さいドアから腰をかがめるように中に入ると、五、六人も入ればいっぱいのスペースの真ん中に反射式の大きな望遠鏡がどーんと鎮座している。半球形の上の方の一部がスライドして開く仕組みになっていて、そこから望遠鏡で星を眺めるのである。本格的なのである。

　と思ったら、社長が「で、これを回すんです」と、半球形の上の部分をよいしょと動かし始めたから、びっくり。手でぐりぐりと回転させて開口部を目的の星の方へ向けるようになっているのだ。おお、手動なんですね。

　野崎社長によると、マガジンショップ滝山はブックセンター滝山チェーンの六店舗目として九七年の五月に開店したとのことで、六店舗目ともなれば、多少は余裕もでき、そろそろお客さんに愉しんでもらえる遊びの要素も入れてみよう、と考えたという。

　その遊びの要素が、なぜ天文台なのかというと、社長が天文を趣味としているからなのである。野崎社長は小学生のころから天体観測が大好きで、大学時代は地学研究会の責任者を務めた本格派。現在も年に数度は、車に愛用の望遠鏡を積んで、十一時の閉店後に星を観に出かけるという。

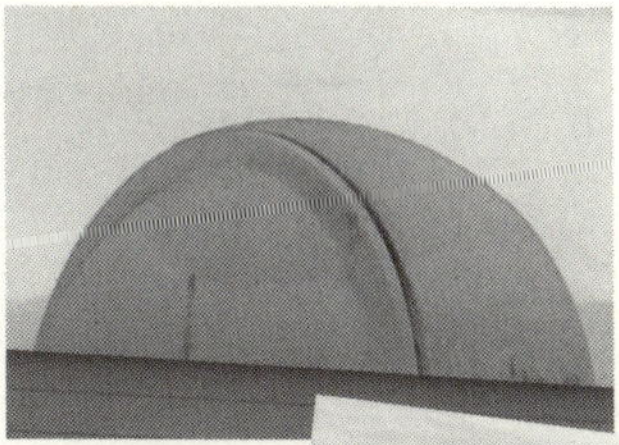

これが噂の天文台。周囲に高い建物がなく視界は絶好。360度の星空が広がるのだ

「実際に星を観てもらって、その面白さを知ってもらいたかったんです」

　趣味が高じて作ってしまった天文台だが、開放日はあくまでお客さんが優先。暗くなってから閉店の十一時までの開放時間には毎回十五人ほどの見学者が来るという。天文台に設置した望遠鏡だけでは足りず、店内に置いてある望遠鏡を駐車場に出して観てもらうこともしばしば。意外にも大人の見学者が多いそうで、孫を連れたお祖父さんから、子供を抱いた夫婦にカップルまで、いろんな人が来ては望遠鏡の向こうに観える土星の輪や木星の衛星に感動していくらしい。定期的に来る人も四、五人いて「そういう方は天文雑誌も買っていただいていると思います」と野崎社長は笑うのである。

　ところで、この天文台の設置費用は望遠鏡も含め、約六十万円。隣のファミレスのような電飾看板は七十万から百万円ぐらいかかるそうで、その看板代を回しただけと野崎社長はいう。広告塔代わりなのである。

「あれ、なんだろう？　と思ってもらえますからね。無駄じゃなかったと思います」

　天文関係の本はチェーン他店の二割増しの売上げがあるというから、天文台は文字通り同店の看板なのである。それにしても天文台がある書店とはすごいよなあ。いやいや、うちの近所にはもっと変わった書店があるぞ、という人がいたら、どしどし報告して下さい。書店の人からの報告も待っているぞ！

（２０１４年現在、この建物は他業種）

有隣堂アトレ恵比寿店では恥ずかしい本が買えない!?

東京のトレンディスポット、恵比寿に昨年十月にオープンした有隣堂アトレ恵比寿店で本を買い、おつりとレシートをもらっていざ帰ろうとした途端、ありゃりゃと目が点になった。

「族長の秋　¥695」

なんとレシートに書名が入っている!

書店のレシートといえば、文芸とか文庫とか新書などのようにジャンルや判型の分類が表示されているケースが多いが、もろに書名が入っているのはとても珍しい。しかも漢字まじりである。こういうの初めて見ました。

そういえば、スーパーで買い物をすると、ナガネギ258円とかトリニク480円なんて、商品名がレシートに入っていたような気がする。改めて確認すると、有隣堂アトレ恵比寿店のレジはスーパーのように、バーコードを機械でピッと読み取る方式で、おお、バーコードの中には書名まで入っていたのか!

しかし、同じようにピッとやっている書店でもレシートに書名が入っているのは見たことがない。あの便利一辺倒のコンビニエンスストアのレシートでさえ、雑誌や文庫を買っても、雑誌・文庫と入るだけで、誌名も書名も表示されないのだ。どうして有隣堂アトレ恵比寿店だけ書名が入るのか。

さっそく同店の書籍課課長・永島和男氏に聞いてみたところ、「そういうシステムなんです」とのこと。つまり、有隣堂アトレ恵比寿店のレジで使っている機械は最新式のシステムで、書名がレシートに出てくるソフトが入っているのである。どういう仕組みなのかよくわからないが、とにかくそうなっているのである。

そもそもこのシステムは単品管理――書籍一点ずつ売れ行きを把握し、必要なものは迅速に補充したり、そうでないものは棚から外して返品したり――を、より効率的にするためのもので、レシートに書名が表示されるのはシステムのおまけのようなものらしい。意図して書名を表示するようにしたわけではない、と永島課長はいうのである。

うーむ、そうですか。それにしても、レシートに書名が表示されるなんて、便

▼98年8月号

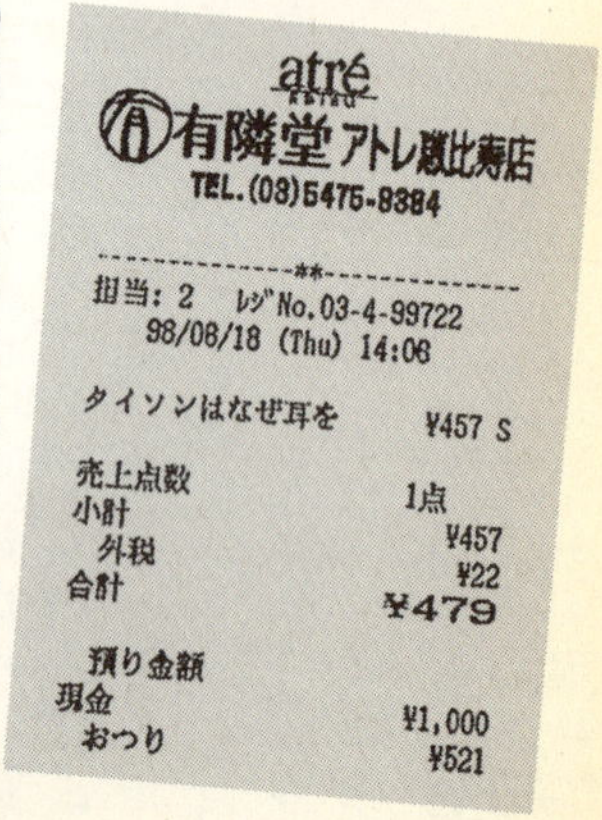

10文字以上の書名はこうなってしまう。正しい書名は、さあ何だ!

利ではないか。同じ本を二度買ってしまうあわてんぼの人でも、レシートをいつも財布の中に入れておいて、あれ、この本買ったっけと思ったときに、レシートの束を確認すればそういう過ちはおかさずにすむだろうし、購買書ノートをつけている人は、レシートを見れば自分が買った本がひとめでわかるから、いつでも思い出したときに記録でき、三日坊主になる心配はない。なにせ、日付も定価も書名もレシートには表示されているのだ。

しかも、このレシートに表示される書名は一冊だけではない。二冊買えば二冊、三冊買えば三冊、十冊買えば十冊の書名がぜーんぶ表示されるのである。メモをするのが面倒なら、レシートをノートに貼り付けてしまえばOKなのである。

書店にとっても、たとえば落丁本などを取り換えに客が来た場合は、書名で確認できるのだから、間違いのない対応ができる。定価が一緒の本を持ってきてこっそり違う本に換えてもらおうという不逞の輩には丁寧に断ることができるのである。おお、いいことばっかり。

しかし、レシートに書名が入るということは、自分が何を買ったか記録に残っちゃうわけで、人にいえないような恥ずかしい本は買いづらいような気もします。

だからなのか、有隣堂アトレ恵比寿店では領収書の発行件数が多いそうだ。

「プライベートの本を買って会社に請求する方がいるのかもしれませんね。そうすると書名が入っているレシートではまずいということでしょう」

永島課長は笑いながら分析するが、同店のレジシステムはボタンひとつで領収書も出てきて、手間いらず、恥ずかしい本を買うときはどんどん領収書を発行してもらおう。

とまあ、いいことずくめのシステムなのだが、残念なことに、このレシートに表示される書名は九文字まで。十文字以上の長い書名はアタマから九文字までしか表示されないのである。

つまり当社刊の『もだえ苦しむ活字中毒者地獄の味噌蔵』は『もだえ苦しむ活字中』という書名になってしまうのである。『キムラ弁護士大熱血青春記』は『キムラ弁護士大熱血』で、ええと、大熱血なんだっけ、奮戦記？　弁護帳？　遺書帳？　と頭を抱えることになるかもしれないし、『これもおとこのじんせいだ！』は『これもおとこのじん』で、おお、じんって何だ？　と天を仰ぐことになりかねない。

『岸和田少年愚連隊』はともかく、続く二作が『岸和田少年愚連隊血』と『岸和田少年愚連隊望』では、まあ、区別はつくか。

では、最近のベストセラー『他人をほめる人、け』はどうだあ。「け」の後に「なす人」がないと、意味がまるでわからないぞ。

永島課長も「もっと文字数が入ればいいんですけど」というが、早急に改善される見込みはなさそうで、まあ、システムのおまけだから仕方ないですよね。

というわけで、右ページの写真は有隣堂アトレ店で長〜い書名（十六文字）の本を買った際のレシート。某文庫の新刊だ。さあ、あなたはこの書名が何かわかるか！

早朝の取次トラック便を追跡して都内を駆け巡る

夜食のラーメンを食べているときに突然ピカリとひらめいた。早朝の新刊便を追跡しよう！

その日に発売される新刊は、ダンボールに詰められて各書店に配送されるのだが、そのダンボールを山と積んだトラックが取次からわんさか出ていくのは早朝である。

まだ大半の人が寝静まっているときに、新刊を載せたトラックが都内を走りまわって、毎日毎日、各書店にどんどんダンボールを降ろしていくのである。

出勤してきた書店員がそのダンボールを開けて、その日の新刊をよいしょと取り出し、それを綺麗に店内に並べてようやく我々の目に触れるわけだが、その段階にいくまでに毎日毎日、朝早く新刊がトラックで運ばれている事実を忘れてはなるまい。

おお、それではそのトラックはどのように早朝の都内を駆け巡っているのか。ここは一度、実際にこの目で確かめておきたい。出版流通最前線の姿を生に見ておくのも決して無駄ではないぞ。

ということで、急遽、本誌探検隊が出動することになった。いつも入稿のときは編集部の面々が泊まりこんでいるので、こういう時は便利。すぐ探検隊が結成できる。ソファで横になって寝ている一郎をたたき起こし、カメラを持たせて、本社マスク少年号（車のドアにマスク少年のマークが描かれている箱型バンを内部ではこう呼んでいる）いざ出発。時あたかも六月十七日朝五時十五分のことである。

▼92年8月号

ところが、新宿から四ツ谷に向かう新宿通りには順に宮子書店、ブックスセラー、加藤書店、中央出版書店とあるが、どの店もシャッターが降りたままで、店の前に新刊のダンボールもないし、近くに取次のトラックらしい姿もない。

四ツ谷駅を越え、麹町から市ケ谷に向かう。しかし市ケ谷駅前のブックマート市ケ谷、パイオニアブックスも同様で、新刊ダンボールなんて知らんもんね、とひっそりしている。いったい新刊ダンボールはどこにあるのだ。トラック便はどこを走っているのだ。

早朝都内を走りまわる取次のトラック

はもちろん一台ではない。なにしろ一年間に刊行される単行本が新刊だけでも十四億冊。雑誌が月刊誌週刊誌合わせて四十六億冊である。これは全国的な数字だが、都内だけでも書店に運びこまれる単行本と雑誌は毎日大変な数になるはずで、それを配るということはトラックの数だって相当数必要になる。だったら一台くらいすれ違ってもいいではないか。

と思っていると、ついに五時三十二分、取次のトラックと遭遇した！

「いました！」カメラをかまえた一郎の叫び声に目を上げると、市ケ谷駅近くの山脇ブックガーデンの前に、取次トーハンの2トン車が停まっているではないか。

人影のない朝6時32分の神田すずらん通り

おお、いたか。靖国通りのこちら側で観察していると、運転手が一人で黙々と台車に新刊ダンボールを積み、店の中に運び込んでいる。中からはおそらく返品なのだろう、また荷物を持ってきてそれを2トン車に積み込む。それを何回も繰り返す。大変な作業だ。しかも彼は一人きりで助手はいない。

待てよ、店の中に運び込むということは運転手が鍵を預かっているということだ。新刊ダンボールは店の前に落としていくのかと誤解して、新宿通りをダンボールダンボールと探していたが、考えてみればそんなことをするわけがなかったのだ。

だって店の外に新刊を積んで心ない誰かに取られたら困るし、雨降りの日はびしょ濡れになってしまう。なるほどね。

しかしこれは一時間後、御茶ノ水の書店で違うパターンがあることを知る。その店の前に取次のトラックが到着すると同時に、店のシャッターが開いて中から宿直らしき青年が出てきたのだ。トラックの運転手は店の鍵を持っていない。ということは二階が住居になっている書店も、主人が自分で店のシャッターを開ける場合が多いと推察される。

ところで、取次のトラックとはその後ひんぱんに遭遇。面白いのは、飯田橋駅をはさんだ二軒の書店では担当のトラックが違っていたこと。どういう区分けになっているんでしょうか。

しかし、御茶ノ水で六時二十八分に遭遇したトーハンの2トン車を最後に、神田、虎ノ門、新橋、赤坂、もう一度四ツ谷に戻って今度は甲州街道を初台から幡ケ谷まで行ってもその後は一台も遭遇せず、甲州街道が渋滞してきた七時四十六分、ついに早朝便の追跡調査を断念した。

それにしても、この日はまだ晴れだったからいい。雨の日は想像するだけでも大変だ。書店のすぐ前にトラックをつけられないところは雨の中をずっと台車で運ばなければならないのである。おお、そうであったか。我々と新刊の幸せな出会いも、こういう人たちの力が日々支えているのであった！

書店カバーをかけない客はえーい、13％である！

▼92年7月号

しばしの休息をとっていた本の雑誌探検隊に3カ月ぶりの出動命令が下った。

今月、探検隊に与えられた使命は書店の客はカバーを必要としているかどうか、の徹底調査。つまり書店で本を買うとき、カバーをかけてくれという客と、かけなくていいという客が、各々どれぐらいいるか、を調べてみることにしたのである。

本誌誌上でも書店カバー不要論が展開されているが、はたして書店カバーを断る客は多いのか。

さっそく探検隊は新宿の紀伊國屋書店に向かった。目指すは2階一般書売場のレジカウンター。ここは幅一間半ほどのカウンターがレジを挟んで背中合わせに二つ並んだ格好になっている。この二つのカウンターが今回の調査対象である。

探検隊は客のじゃまにならず、かつ観察に支障をきたさない地点として、各々のカウンターの角から二メートル程度離れた四カ所を観測ポイントに選び、4人一組で観察調査を進めることにした。万全を期すため一つのカウンターを2人が担当し、右と左の斜め前方から観察できるようにしたわけである。調査日は5月19日、調査時間は午前10時から午後7時まで。すなわち紀伊國屋書店の開店から閉店までの全時間帯をカバーするフル調査だ。

よし調査開始。おっと、その前にひと言お断りしておかなければいけない。紀伊國屋書店では原則として1冊、2冊の購入客には「カバーをおかけしますか」と聞かないでカバーをかけるようにしている、とのこと。これは、1、2冊の場合、袋よりもカバーの方がリーズナブルであること、客が外で本を持ち歩くときにも便利であること、裸のままだと店員のチェックが入り、客に迷惑がかかる可能性があること、などの理由による。

それでは改めて調査報告に入りたい。

午前10時。驚いたことに開店前から1階のエスカレーターの前に客が並んでいる。それもなぜか会社員風が多い。

開店早々は1冊購入の客が多く、店員が黙々とカバーをかけていく光景が続く。しかし10時13分、ついに文庫本1冊を購入した20代の女性がカバーをかけようとした店員を「あ、いいです」と制した。続いて30代のＯＬ風が「カバーは結構です」と文庫本5冊を輪ゴムでとめてもらっている。なるほど書店カバー不要派もけっこういるではないか。

11時5分。バックパックを背負った30代の男性がカウンターに単行本を19冊積み上げ消える、と思ったら、さらに本を持って現れる。結局24冊購入。カバーは

〈カバーをかけた客・かけなかった客－全調査〉

調査日：92年5月19日

時間帯＼客年齢		10代以下 カバーをかけた客(%)	10代以下 カバーをかけなかった客(%)	20代		30代		40代		50代以上		計	
10:00～12:00	男	0.23	0.09	2.21	0.28	1.47	0.32	1.29	0.09	2.90	0.14	8.10	0.92
	女	0.05	0.05	2.35	0.37	0.41	0.28	0.32	0.14	0.28	0.09	3.41	0.93
12:00～14:00	男	0.09	0.05	4.19	0.69	3.78	0.23	2.30	0.32	2.35	0.51	12.71	1.80
	女	0	0	2.86	0.37	0.88	0.31	0.46	0.28	0.46	0.05	4.66	1.01
14:00～16:00	男	0.18	0.05	4.79	0.60	3.82	0.83	1.75	0.28	3.13	0.14	13.67	1.90
	女	0	0	4.75	0.69	1.38	0.41	0.65	0.05	0.37	0.14	7.15	1.29
16:00～19:00	男	1.06	0.09	9.91	0.78	4.97	1.15	3.62	0.60	2.86	0.69	22.42	3.31
	女	1.24	0	10.17	1.24	1.83	0.09	1.14	0.55	0.46	0	14.84	1.88
小計	男	1.56	0.28	21.10	2.35	14.04	2.53	8.96	1.29	11.24	1.48	56.90	7.93
	女	1.29	0.05	20.13	2.67	4.50	1.09	2.57	1.02	1.57	0.28	30.06	5.11
合計		2.85	0.33	41.23	5.02	18.54	3.62	11.53	2.31	12.81	1.76	86.96	13.04

要りませんといいつつバックパックに本を詰める。わざわざ本を入れるためにバックパックを背負って来たのか。だが、入りきらず紙袋をもらっていた。

ちなみにこの24冊を筆頭に、調査当日10冊以上買った客は3人いたが、いずれもカバーは断っていた。集計結果をみても、3冊まではカバーをかけてもらう客が圧倒的に多いが、4冊以上になると断る人が増え、5冊以上では半々。冊数が増えるにつれカバーを断る人が増えるのは、やはり書店員の手間を考えてのことなのでしょうか。

正午。昼休み突入とともに混み始める。20代前半の会社員風の男性が「スペンサー・シリーズ」を3冊購入。店員が1冊めの『晩秋』にカバーをかけ終わったところで「あ、カバーいらない」という。かけてる途中で「やっぱり、いいや」といい出す客は想像以上に多く、中には一度つけたカバーをわざわざ取らせた30代の女性のような強者もいた。

一方、午後3時には『ゲームの達人』を買って「カバーは二枚重ねにして」という40代のビジネスマン風を目撃。二枚もどうすんの？　そういえば、これはかけて、これはいらない、と本によって指定する客が30人もいた。

5時。店内の混雑もピークを迎え、肩を触れずには歩けないほど。その中で黙々とカバーをかける書店員の姿が印象に残った。

さて、その調査の結果が上の表である。客年齢は本人に確認したわけではなく、あくまで探検隊の推定。表中の数字は当日調査対象となったカウンターにおける全購買客を時間帯、年齢、性別にわけ、カバーをかけた客かけなかった客の割合を示したもの。太い線で囲んだところは、年代別にカバーをかけない客がいちばん多かった時間帯である。

つまり、カバーをかけなかった客がいちばん多かったのは夕方の、20代の女性である。他の年代も、かけなかった客の最多時間帯は夕方。やはり混んでくるとカバーを断るということなのでしょうか。

そして、全体の13％の人がカバーはいらない、と断っていた！　この数字が多いのか少ないのかはわからない。しかしとにかく書店カバーはいらない、という人は10人に1人以上いるのである！

2010年 カバー掛けの旅！

●杉江由次
画・鈴木先輩

☆最近はエコだの急いでいるからだのと断る客も多いようだが、400円の文庫を買っても「カバーお掛けしますか」と訊いてくれるのは書店だけ（当たり前か）。その書店カバーの掛け方の変遷を炎の営業がレポートする！

▼10年6月号

営業中、とある書店で本を買った。「カバーをお掛けしますか？」と訊かれたので「お願いします」と答えた。

いつもはカバーなんぞ掛けず、袋に入れてもらうか、レシートを挟んでカバンにしまうかなのだが、このときはまだこの先、多くの書店を訪問することになっていた。そこで剝き出しの本がカバンに入っていると、いらぬ勘違いをされそうなので、カバーをしてもらったのである。

さてと次なる訪問書店がある駅へ向かった。そこまで電車で二駅。買ったばかりの本を開いてさっそく読み出すが、なんだか集中できない。内容のせいではない。手触りだ。書店でつけてもらったカバーが上にずれ、その下の本来のカバーもまたずれ、本が抜け落ちそうなのだ。うーむ、これでは集中して読めないし、十二単の襟元みたいで気持ち悪い。着物は脱げていいんだが、カバーは脱げてはいかんのだ。

電車に揺られながら私は少年時代を思い出していた。そこは実家から歩いて一分のときわ書店。三方の壁際と中央の島に両面の棚があるだけの、十坪ほどの本屋さんだった。小さな小さな町の本屋さん。そこが私の本屋さんだった。

当時、私は原田知世を愛していた。その知世ちゃんが可愛く写っている表紙の筒井康隆『時をかける少女』（角川文庫）を買おうとしたのだ。母親から「あら珍しい。本を買うなんて」と言われつつ、手に入れた五百円札をレジに差し出すと、頭の真っ白なおじさんが、「カバー掛ける？」と訊いた。知世ちゃんの顔をいつも見ていたい私だったが、友達にバレるのが恥ずかしく、「ハイ」と答えた。

おじさんは、レジの下から茶色い紙を取り出すと、銀色の大きなハサミで、切り込みを入れた。そしてあれよあれよという間に、文庫本にピタリとするカバーを掛けてくれたのだ。手に馴染む、どころかずれることも剝がれることもない、しっかりしたカバーで、後に私の知世ちゃんを日焼けから守ってくれたのであった。

そういえば最近、ああいう由緒正しいカバー掛けを見ていない。どこの書店で本を買っても、表紙に両端を折り込むだけの安易なカバー掛けだ。二十一世紀になった現在、もしや絶滅してしまったのだろうか。

　こうして私の「2010年カバー掛けの旅」は始まったのである。

銀座・教文館　タイプⒷ

　やっぱり営業中のことだった。担当の吉江美香さんと話をしていると、お客さんが『親鸞（上・下）』五木寛之（講談社）を持って、レジにやって来た。

「ありがとうございます」と吉江さんはレジに戻り、お客さんから本を受け取る。「ピッ」とバーコードを読ませ、カバーを掛け始めた。それはいわゆる一般的なカバー掛けに見えたのだが、最後のところが何だか違ったのである。

「うちはね、その折り込んだところに本の表紙を入れるようにしているの。そうすると取れないでしょう。もうずっとこのやり方だし、スタッフみんなやってるよ。カバーの紙は下の部分だけ折ってレジに用意しておいて、お客さんが本を持ってきたら、上の部分を折るのね。このとき指先で本の表紙の厚みを判断して、その分の余裕を持って折るのがポイントかな。その余裕がないと本にハマらないからね」

　私が求めていた掛け方ではないが、これは神技だ。

「そんなことないのよ。慣れれば誰にもできるって」

　とてもそうとは思えないのである。片側はスライドさせて差し込めばいいが（旭屋書店は片側だけ入れて反対側はただ折っていた）、反対側を同様に差し込もうとすると表紙を無理に曲げることになる。吉江さんの指の動きをよく見ていると、片側をはめたあと、反対側のカバーの両端を指で袋状にして、表紙にハメ込んでいた。

　私もカバーをもらって挑戦してみたが、うまくいかない。

「カバーっていえば、うちで珍しいのは『文藝春秋』専用のカバーがあるって

Ⓐ一般的な掛け方
本の高さに合わせて折る。
本の表紙に合わせて折る。
折るだけ。
反対側も同様に折る。
OX BOOKS
※最後，本のカドに合わせて折りクセを付けると，一層キレイに見えます。
カバーの裏面
本の表紙
山折り
谷折り

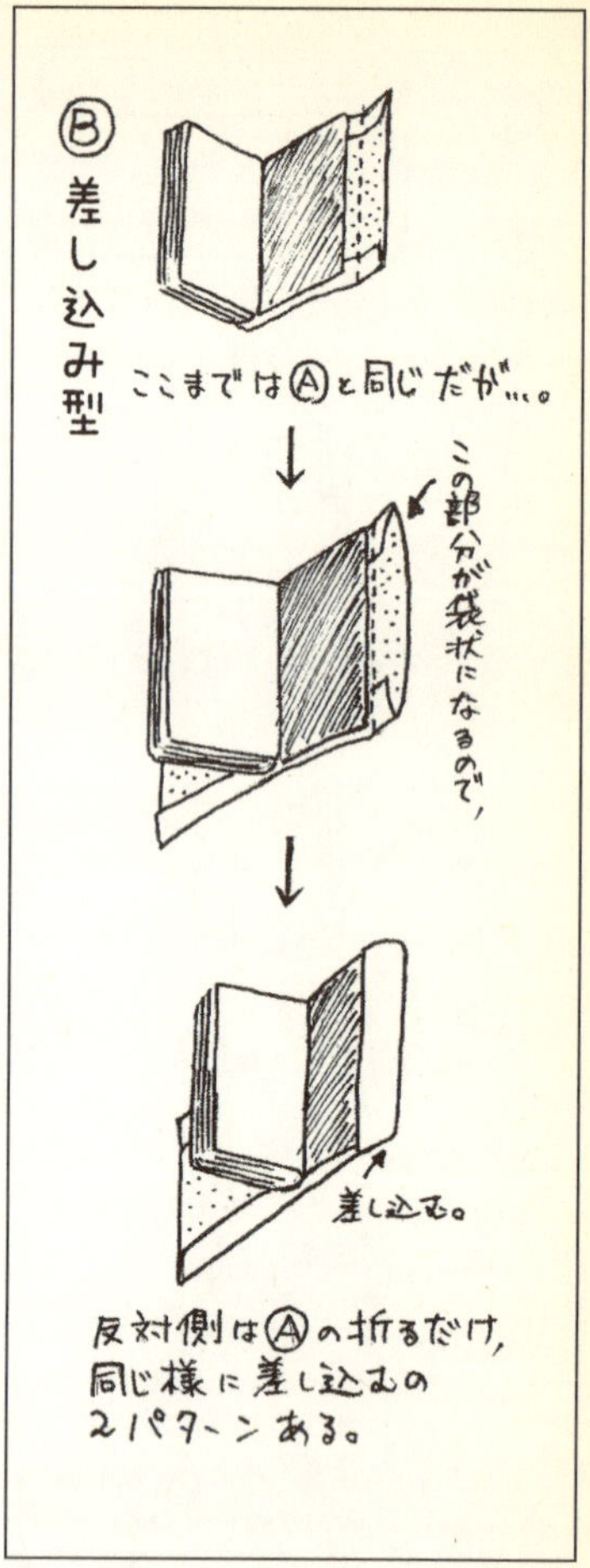
Ⓑ差し込み型
ここまではⒶと同じだが…。
この部分が袋状になるので！
差し込む。
反対側はⒶの折るだけ、
同じ様に差し込むの
2パターンある。

ことかな。だから『文藝春秋』が入荷した日は大変なの。バックヤードで、みんなでカバー掛けている」

専用カバー？　しかも雑誌に！　言われてみればレジカウンターに、カバーつきの雑誌が積まれ、一番上にカバーのされていない「文藝春秋」が鎮座しているではないか。なるほどお客さんはみんな知っていて、下のカバーつきのを持って行くのだ。しかもそのカバーはいつも使っている絵柄とは違い、まさに専用感漂うのであった。うーむ。「文藝春秋」は「本の雑誌」と同じA5判である。吉江さん、「本の雑誌」にもつけてくれませんか。

中井・伊野尾書店　タイプⓒ

由緒正しいカバー掛けのお店はどこかにないか訊いて歩くが、返ってくるのは閉店したお店ばかり。四谷の文鳥堂や銀座の近藤書店。一歩遅かったか。

そんななかひとつの情報が飛び込んできた。しかもあまりに身近なところからだ。本誌で「街の本屋はカウント2・9」を連載している伊野尾宏之さんの伊野尾書店が、由緒正しいカバー掛けをしているというのだ。

さっそく伊野尾さんに電話をすると「由緒正しいかはわかりませんが、ハサミで切り込み入れるやつ、やってます」と言うではないか。灯台下暗し。早速、中井に向かったのであった。

「こういうやつでしょう？」

伊野尾書店には謎の地下室があるのだが、そこの小さなテーブルを前に、伊野尾さんはカバーとハサミを取り出した。シャキ！っと紙の中央部から一センチほど離れたところに斜め内側に向けて切り込みを入れていく。天地の四カ所だ。

そして本を真ん中に置くと巻き付けるように幅を合わす。その際、折り込んでいた

カバーの天地にハサミで切り込みを入れる

天地を開く。その耳のような部分に指を差し込んで、表紙とカバーの間に折り紙を折るように中に入れるのだ。そのときばかりは伊野尾さんのごつい指がピアニストの指のように繊細に動く。

それは、まさしく私の記憶にある、ときわ書店のおじさんがしていたカバーの掛け方であった。東京の、しかも新宿からこんな近いところに残っていたなんて……。

「この掛け方は、親父が本屋を開業する前日に『そういえば本屋ってお客さんが買った本にカバーを掛けるよな』って思い出して、当時中野坂上にあった本屋さんに行って習ったんですって。まあ習ったっていっても本を一冊買って、それにカバーを掛ける姿をじーっと見て、あとは家に帰ってから分解して、練習しただけなんですけど。だからうちは開店以来このカバーの掛け方をしていますよ。新しく入ってきたアルバイトさんにも教えています。慣れれば簡単ですよ。ただ折るだけですから。そうそうこの掛け方をしていたら、お客さんから声をかけられたことがありますよ。『銀座の近藤書店を思い出すなあ』って」

これにて一件落着……かと思ったら伊野尾さんが変なことを言い出したのである。

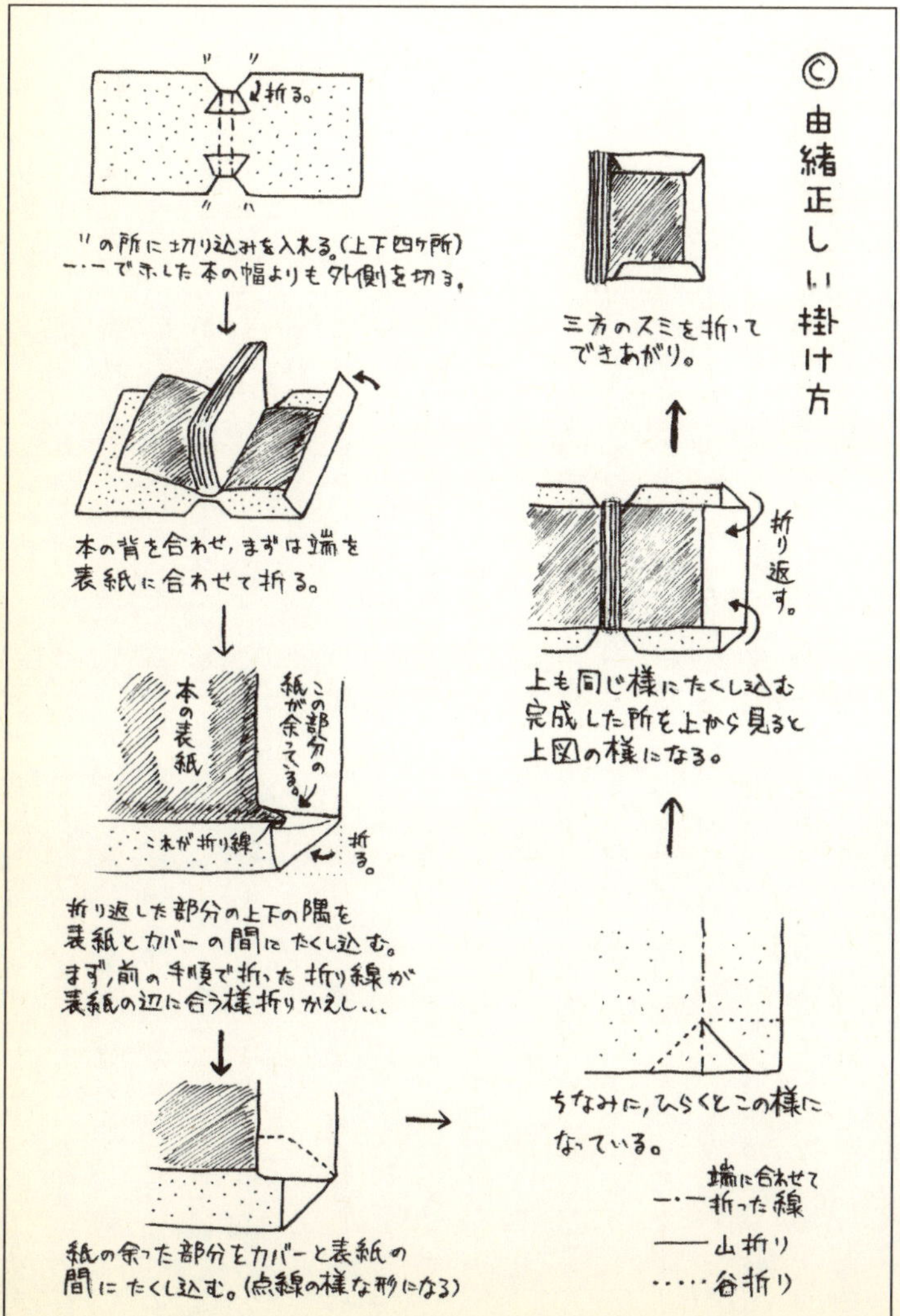

Ⓒ由緒正しい掛け方
折る。
〃の所に切り込みを入れる。(上下四ヶ所)
一・一で示した本の幅よりも外側を切る。
本の背を合わせ、まずは端を表紙に合わせて折る。
本の表紙
この部分の紙が余ってる。
これが折り線
折る。
折り返した部分の上下の隅を表紙とカバーの間にたくし込む。まず、前の手順で折った折り線が表紙の辺に合う様折りかえし…
紙の余った部分をカバーと表紙の間にたくし込む。(点線の様な形になる)
ちなみに、ひらくとこの様になっている。
一・一 端に合わせて折った線
—— 山折り
…… 谷折り
上も同じ様にたくし込む
完成した所を上から見ると上図の様になる。
折り返す。
三方のスミを折ってできあがり。

「うちに営業に来る、あさ出版の内沼さんって人のカバーの掛け方が独特なんですよ。一回見させてもらったんだけど、乱暴なんでビックリしちゃった」

乱暴なカバー掛け？　しかも営業マンが？　なんだそれは。

旅はまだまだ終わらないのであった。

あさ出版・内沼香織

さっそく連絡を取り、営業活動後の夜、渋谷で落ち合う。パーラー西村のテーブルの上には、生クリームののったホットココアと、前日、松戸の良文堂書店でもらってきた新品のカバーがある。

ちなみに良文堂書店も数年前までは伊野尾書店同様の、由緒正しいカバー掛けをしていたそうだが、お客さんから「時間がかかる」とクレームがあり、やめたそうだ。

ただその掛け方を店員の高坂浩一さんにしてもらうと、伊野尾さんとは若干異なり、最初に天地を折らずに本にくるりと巻き付け、上と下のカバーのはみ出た部分に一気にハサミを入れた。なるほどこれだと二回切るだけで、四カ所に切り込みを入れることが可能なのだ。

さて、由緒正しいカバー掛けの次は、乱暴なカバー掛けである。

今まで書店店頭での取材だったから気付かなかったが、喫茶店のテーブルで本にカバーを掛けるという行為は異様なのであった。しかしそれどころではない。内沼さん、カバー掛けてください。

「ああ、多分、紙を切る音が乱暴にみえるんですよ。私、以前、横浜の栄松堂で働いていたんですが、そのとき教わったのがこのカバーの掛け方です」

そう話しながら動かす手つきは、伊野尾さんのカバー掛けと変わらない。おかしいなあと思っていたそのとき店内に「ビリリッ」と紙を破く音が響いた。そうなのである。伊野尾さんや高坂さんは本の天地の幅までハサミで切り込みを入れていたのであるが、内沼さんの方法は切り込みを一センチ程度までしか入れず、その後は本の幅に合うまで手で引きちぎるのであった。だから音がするし、乱暴にみえるのだ。

「そうですよね。紙を大事に扱う書店という場で、この音は目立ちますよね。お客さんにもビックリされたことがありますが、でもこうやっておくとどんなサイズの本が来ても対応できるんですよ」

栄松堂書店では、ちょっとだけ切り込みを入れたカバーをレジにどんと用意して、本が購入されると、そこから折り始めたそうだ。

しかしよく観察してみると伊野尾書店との違いは、それだけではなかったのである。四隅の止め方がまったく違うのだ。伊野尾さんが袋状にして表紙とカバーの間に折り込んでいたのに対し、内沼さんは、角を四十五度に折って、また重ねるように折り込んだのである。

「これで充分外れないし、中には『テープもらって行くよ』って、レジに置いてあるセロハンテープで四隅を止めていかれるお客さんもいました」

一見同じような折り方でも細部は微妙に違っているんだなあと内沼さんが掛けたカバーを眺めていると、内沼さんは衝撃的な一言を漏らしたのであった。

「私が栄松堂に入社したときに研修で教わったんですが、『本に一番初めにカバーを掛け始めたのは栄松堂だ』って」

おお！　いつの間にか「シルシルミシル」のお初店探しになってしまったではないか。私は、ＡＤ堀くんか。これは行かねばならない。

しかし今はカバー掛けだ。お初店探しの真実は次回に譲って、ひとまずこれでやっと「２０１０年カバー掛けの旅」は終わりである。意外と大変だったとココアをごくりと飲み込むと、さらにさらに内沼さんは衝撃的なことを話すのであった。

「私、栄松堂のあとに啓文堂で働いたんですけど、啓文堂もちょっと変わったカバー掛けしてましたよ」

啓文堂書店笹塚店　タイプⒹ

というわけで翌日、本の雑誌社の最寄り駅にある啓文堂書店笹塚店を訪問。

村田教之さんにお話を伺う。

「うちのはカバーを掛ける際に、いったん元からついているカバーを外すんです。それでカバーを包み込むように天地を折って、改めて本につけ直しているんです」

なるほどこれは丈夫というか、もう絶対取れない。何せ本来のカバーと書店のカバーが一体になっているのだ。完全一体型。

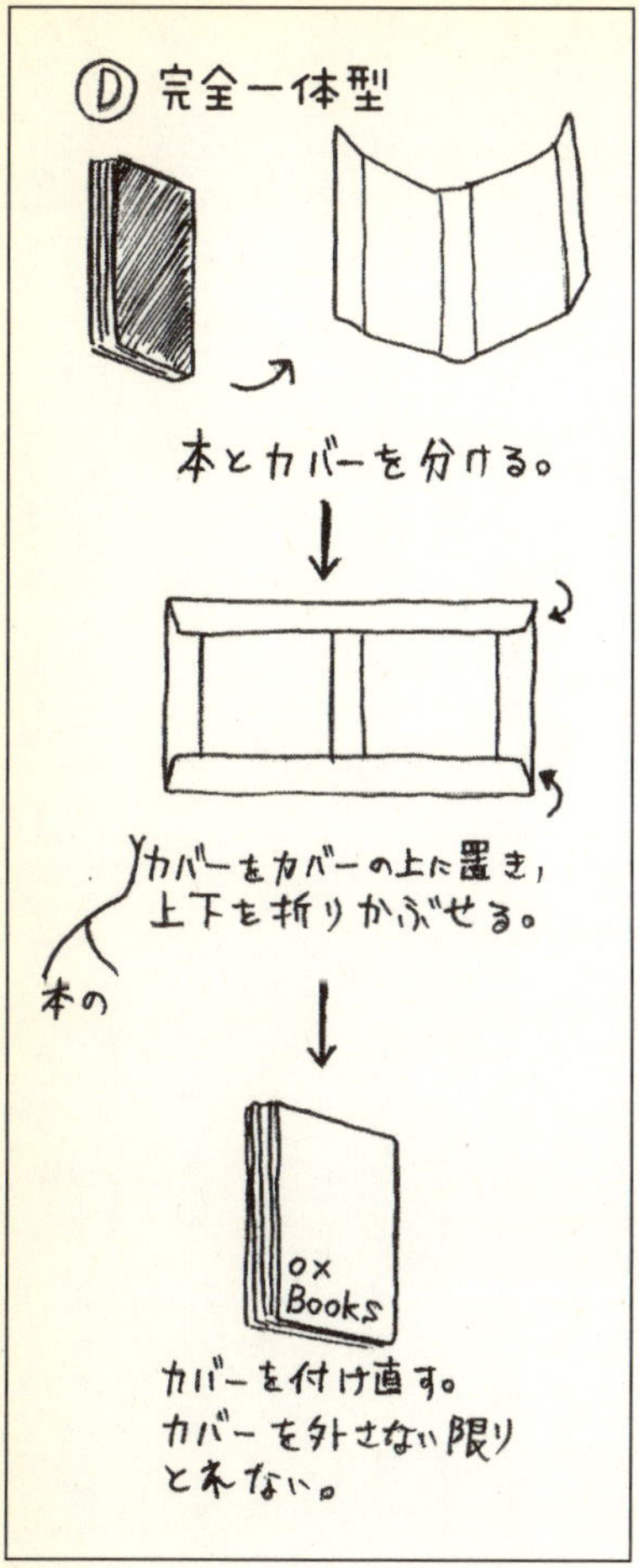
Ⓓ完全一体型
本とカバーを分ける。
カバーをカバーの上に置き、上下を折りかぶせる。
本の
OX Books
カバーを付け直す。カバーを外さない限りとれない。

「ただやっぱりお客様を待たせてはいけないということで、だんだん簡略化した左右を折るだけのカバー掛けになっていってます」

二〇一〇年二泊三日のかけ足カバー掛けの旅で私が採取できたのは以上のパターンであったが、この間、デパートの古書市で本を買ったところ、薄い紙をくるっと巻かれ、パチンと輪ゴムをとめて渡されたものがあった。あれは家に帰ったらカバーに使えという意味なのか、それとも袋の代わりだったのか、判断に悩む。

いずれにしろ私は家に帰るとその紙を使って由緒正しいカバー掛けをし、読み始めた。それはやはり手にしっくりくる掛け方であった。

たかがカバー、されどカバー。現在主流は左右を折り込むだけの簡易カバーになっているが、それは先を急ぐお客さんの要望のようだ。現代人よ、そんなに急いでどこへ行く。カバーをかける数秒ぐらい、深呼吸して待とうじゃないか。それは本屋さんが本を大事にしてくれている証拠なのだから。

各地の書店を見る

◉中村文孝（西武ブックセンター池袋店）

▼84年36号

此頃、各地に出かける事が多い。その度に町の本屋を覗くようにしているが、どうしても買う立場ではなく売る立場で見てしまうのがちょっと寂しい。習性になってしまったのかも知れない。そういえば札幌のK書店を見させて頂いている最中に、お客さんに〝この本どこですか〟と紙切れを示されたのにはびっくりしたし、〝いや、あの……、確かこの辺にありましたよ〟とそっと指さした自分自身にもあきれたものだ。手を後で組んで見るようになって以来、書棚の整理はしなくなったが、それでも同じ本が何冊もバラバラに入っていたりするとまとめておいてみたり、明らかに異なるジャンルに差されていたりすると棚の上部に抜いて置いたりしてしまう。

それでも伊那市のある本屋の書棚の最上部に「赤彦全集」の端本があったりすると、地元とは云え感激してしまう。〝岩波って偉大だなあ〟と思いながらその本を手に取り、その本の置かれていた位置による暖かさをじっと感じている。その横をみると品切、絶版になってしまった本がズラリ。じっとみるとその殆んどはショタレ本なのだが、その間々にビックリする本があったりすると、思わず小脇に抱えてしまう。店の人はようやく売れたという顔でニコニコしてくれるし、こっちもニコニコ顔で千円札を出すと、ニコニコになってお茶を出してくれたりする。こうなるとこっちも本屋とは云いにくくなるから、本好きの観光客みたいな振りをして周りの山の名前を聞いてみたりするのである。……あの時の本屋さんゴメンナサイ。

※　※

大都市の地元書店は概してつまらない。東京に居るような気がするのが最も大きいのだろうが、そのようにさせて東京の顔つきをするのがあたかも最も先鋭的と思っている本屋の姿勢が何故か許せないような気がする。坪数が大きければ大きい程そのようになってしまっているのが現実のようだ。量が拡大すればする程、質の低下をまねくのはある程度迄はやむを得ないが、それも程度もののはずだ。ひどくなると量があればいいだろうと考えるのだろうか、常備や長期品で棚を埋め、棚の上、間などに所狭しと量をつめようとする。売場を倉庫と勘違いしているような書店さえあるのだ。何を買って欲しいのか、何を売ろうとしているのかがさっぱりわからない。それでいて……いや、その先はやめておいた方が無難だ。コワイコワイ。大体がこのような書店の中で仙台のY書房、山形のH書店、長野のH書店本店は必見に値する。その売場づくり、売る姿勢は充分読者の共感を呼ぶはずだ。書棚に並んでいる一点一点の本が何かしら生き生きと見えるのである。

※　※

その土地の出版物にめぐり会えるのも楽しい事だ。地方・小出版流通センターが地方の本を中央に持ってきた功罪の是非などという大それた事をいうつもりはさらさらないが、楽しみの幾分かを奪った事は確かなようだ。勿論採算云々などと云われるとゴメンと項垂れるしかないのだが、何故かしら都内に並んでいる時の地方出版物は借りてきた猫みたいにオドオドしている顔つきをしている反面、その土地の書棚にある時は実に堂々として、晴れ晴れとした顔をしているのだ。地方文化はその結果のひとつとしての出版物のみならず、その環境や周辺によってその出版物が本当の意味を問われている気がする。東京や大阪を意識した何々県の本など本当に必要なものなのだろうかとも考えさせられるのである。

例えば神戸のJ堂やK堂に並んでいる神戸の本はその殆んどがつまらない。観光神戸を訴えるのは良いのだが、その姿勢に何故か媚びを感じるのは私だけではあるまい。確かに株式会社神戸市が音頭を取っているからとも云えるが、それにしてもである。しかし数少ない中でもその意気を感じる出版物もある。これらをどのようにして育てて行くかはその地元の書店の義務であり、使命であるはずだ。展開の仕方に一考を望みたい。

それにしても東京に来ている地方出版物はわずかなものだなあと思う。見たこともない本がズラリと並んでいる町の書店に行くとやはりスゴイと思う。岩波や人文会の本がコーナー化されているよりも、その書店の力をずっと信じたくなる。

※　※

大阪・梅田と云うとすぐK書店やA書店を思い浮かべるが、阪急ファイブにあるS書店を忘れてはなるまい。コミック中心に商品構成を行なっており、その事の是非とは別にその徹底した姿勢には思わず打たれるものがある。オジンやオバンにとっては殆んどビョーキの店だろうが、その売場にあふれる熱気と読者の目の輝きは通常の本屋に見られないものである。担当者の勉強ぶりが店頭に生かされている数少ない書店のひとつである。コミックだけを並べるならばどこの書店でも出来る事だが、客層の欲求の核をコミックに合わせ、その周辺のジャンル、商品群を徹底集積するというのは並大抵の力量で出来得るものではない。なおかつ顧客の組織化を図り、新人作家の発掘、育成を行なっているとなると〝出版社さんよ何をやってるの〟と云いたくもなる。強いて欠点をあげるとすれば照明の問題と売場の整理状況が悪い程度。もっともテナント全部がそうなので、この店だけを云うわけにも行かない。

※　※

出版社よりも今や書店の方が面白い。勉強している一部書店は出版社の水準を遥かに凌いでいる。メーカーから小売の時代に変わっているのはアパレル関係のみならず出版界でもその流れが始まっている。棚に並べる本もどうやって入れるかから、今ある本をどうやって除いて行くかの時代になっている。そしてどうやって括り直すかの時に来ている。再編の時期が書店に編集感覚を要求していると云えるのではないか。

その土地のマーケットを考えて、数多くある本の中からの編集技術の修得——これがこれからの書店を判断する基準になるはずだ。前述した書店だけではなく、他にもあるならば是非とも教えて欲しい。

何故か今回は真面目に終わる。当ブックセンターはどうかと云うとまだまだの感がありいろいろな書店から数多くの事を学び、読者子の欲求にこたえて行きたいと思っている。乞御期待と云ってしまっていいのかな?

〈特集〉立ち読みの研究

☆立ち読みの特集なんて、おいおい、いいのか、と思われるかもしれないが、書店はすべての立ち読みを否定しているわけではない。もちろん立ち読みを勧めるつもりはないが、どうせやるなら、マナーを守って歓迎される気分のいい立ち読みをしようではないか。というわけで、書店員が教える立ち読み十二か条から座り読みの実態報告まで、正しい立ち読みの方法を研究する特集だあ！

▼05年12月号

●かしまし書店員匿名座談会

立ち読み十二か条をつくる！

☆まずは女性書店員が三人寄って、立ち読みの現状とその対処法を大いに語る座談会からスタートだ。非常識な輩に正しいマナーを教える立ち読み十二か条も作るぞ！

A　最初に言っておきたいんですが、私は立ち読みするなと言っているわけではなくて、むしろ立ち読みはある程度書店になくてはならない存在だと思ってるんです。自分だって仕事が早く終わったときは自分の店で立ち読みしてから帰るし（笑）、立ち読みで勇気づけられることもあるしね。

B　嬉しい立ち読みもあると。

A　そう。でも、まず嫌な人からいきますね。私が今までいちばんむかついたのは、宮城谷昌光の全三巻を立ち読みで読破しようとしたおばさん。毎日一時間か二時間ずっと読んでて、

C　一回も買ったことがないの。いますよねえ、読破する人。

A　買え、せめて最後の一巻でもいいから買ってくれ！　バレてないと思ってるかもしれないけど、丸わかりですから。その時は本当にむかついて、中巻が終わりそうな頃に下巻を返品しました。そこまでしなくてもよかったんだけど、私もまだ若かった（笑）。

B　耽美系小説の棚で、土曜日になると必ず同じ場所で八時間立ち読みしていく人がいたなあ。途中一時間はいないんです

よ。お昼の休憩で（笑）。
A　いるよね、超ロングな人も。
B　髪の毛長くて壁を向いてるから顔は一度も確認されてないんだけど、背中だけは覚えてる。
A　あと許せないのは、やっぱり座り読み。
B　ウンコ座り迷惑ですよねえ。最近は背中からパンツ見えてる子が多いし。
A　だらしないよね。
C　うちは本を選んでもらうために椅子を置いてるんですけど、椅子の上に裸足であがる人がいる。大の大人なんだけど、すっかりくつろぎモード。
B　くつろがれすぎると、本当に座って選びたい人が座れなくなってしまうよね。
A　ただ眠い人とか、一冊読破する人とかが占領しちゃう。
C　日参して、ここは俺の場所状態になってる人もいるし、一日中いる人もいる。一回十円でも取ればすごい金額になるかも。
B　自分の椅子持ってきて読んでる人もいるよ。携帯用の小さい椅子をがしゃんと広げて座ってる。
A　通行の邪魔じゃない。
B　「邪魔ですよ」って言うと別のところに移動するんですよ。そういう問題じゃない！って思うんだけど、邪魔って言っちゃった手前なんとも言えず。
A　ああ言えばこうするっていう対応がむかつくよね。
B　最初から気をつかって邪魔にならなさそうな場所に座る人もいて、もう何を言ったらいいものやら（笑）。
A　迷惑をかけてるって意識がないんだよね。実際、じゃあ迷惑かって言われると、目障りなだけの場合もあるし。ただ、本を選ぶ場所という前提を乱すようなことはやめてほしい。うちの店はすごく親子連れが多くて、一回見たのは、ガキ1が床に本をひろげて寝っ転がって読んでて、ガキ2が床に座り込んで読んでるんですよ。その横で母親もウンコ座りして読んでて、三人で道をふさいでるの。まず子供に「ごめんね、ここは他の人が通るから」って注意したら、母親が「あ、ごめんなさい」って立ち上がった。座って読むと邪魔になるってことに気がつかないんですよ。社会常識がなさすぎる。
B　学参とかに線を引いちゃう人もよくいる。それはお前の本じゃないだろう！って。
C　本を丸める人や広げる人もすごく多いよ。
A　うちは児童書が多いから、絵本のシールを貼ってしまう子供が後を絶たないんですよ。親は立ち読みしてて子供を放置状態。パパかママは？と聞いても埒があかない。またむかつくのが、シールが正しい位置に貼ってあるの。それだけの知能があるなら店のものを勝手に貼ってはいけないとなぜわからない！
B　大人も子供も、自分のものとそうでないものの区別がついてないんですよ。自分が買おうと思ったときに初めて「汚い本は嫌だから、他の本ありませんか」となる。
A　お前が立ち読みしてたその本を買えっての。
B　自分が立ち読みした本は買わないんですよ。他の人が買うかもしれないって意識もないも

姿勢は正しくがポイントだ

んだから、鞄は置くわ飲み物は置くわ子供は置くわ。あの子供置くのだけはやめてほしいよねえ。

A　いるいる。荷物どころの騒ぎじゃない。

B　レモンを置かれるなんて風

情のあることは今やまったくなくて、コーヒーの飲みがらとかが平気で置いてある。

A　なんにせよ本を傷めるのはむかつくよね。その心の奥には自分のものじゃないから別にいいって感覚があるのかもしれない。「ごめんなさいうちの子がシールを貼ってしまって」って言ってきた人は今まで一人もいないもん。

B　こっそりメモをとっていく輩も後を絶たないし。

C　情報系のコーナーだと、お店探して、その場で電話かけたりとか。以前、朝早くに男性の二人組が「お前、電話番号覚えろ。俺は住所を覚える」と大声で言い合っていたことがある。「写真撮っちゃいけないんだよな、撮ったら犯罪だから覚えなきゃ」って（笑）。

A　ダメだとわかっているだけエライ。こっちはデータを売ってるわけですからね。「店内メモ、撮影はご遠慮ください」って貼り紙をしたり、撮られがちな本のところに書いておいたりするけど、相変わらずいるから。

B　そういえば店の近所のコンビニで、いきなり「ねえ、君あの本屋の人？　あのさ、この雑誌返すよ」と話しかけられたことがあるんですよ。「この号の必要なページはコピーしたから、もういらない」って。

A　それ思いっきり万引きなんですけど。

B　盗んだ意識はないんだろうけど、店外に持ち出してコピーしてるんだから万引きだって。

A　いるよね。「すみませんこれ、一ページだけなんでコピーとってもいいですか」って言う人。メモをとってる人に「メモはやめてください、その紙も返してください」って注意したら「あと一ページだけだから」。はあ？ですよ。

C　情報系や実用書のコーナーはメモされることが多いのでわりと厳しく言いますよね。でも、うちの場合、専門書系はゆったり選んでくださいっていうスタンスで、うるさくないんですよ。そうすると、専門書のコーナーに実用書を持っていってメモする人がいる。

A　移動するよね。エロマンガがトイレの中で発見されたこともありました。泣きそうですよ。

B　耽美ノベルスとか、そのコーナーで読むのは恥ずかしいから他の場所に行ってコソコソと。で、そこにそのまま置き去り。

A　立ち読みは元に戻さないのが多いよね。スポーツ誌と男性誌、若い女の子雑誌の移動は本当に激しい。

B　でもたまに「ここに差す手もあったか！」と気づいたり。

C　うちは椅子があるでしょ。座ると自分の世界に入りやすくなっちゃうんですよ。平気で本の上で寝るし注意すると逃げていく。どんなにダメですって言ってもイタチごっこだから、本当にむなしい作業ですよね。座読コーナーって両刃の剣だと思う。

A それで買ってくれるの?

C そんな人は絶対買ってくれないですよ。一度なんか、ご飯を食べながら読んでいる人がいて、もう怒り心頭!

A ご飯!? お菓子なんかはよく落ちてるけど。

C 「商品が汚れたら取り返しがつかないからやめてください」って注意したら、はいはいって今度は軟膏を塗りだすの。

A 全然わかってないじゃん。

C そのまま読もうとするから、「お客様、今、軟膏ぬりましたよね!?　軟膏って油ですよね!」と必死で止めて。極めつけは「じゃあ手洗ってくればいいんだろ」って、なんと読んでいた本を伏せて立ち上がったんですよ!

A 完全に公共の施設、くつろぎ場あつかいだね。

C 座り読みOKって書いてあるんだから、何をやってもいいんでしょ、みたいな。あと、これは言っていいかわからないんですけど、おじさんがペロって指に唾をつけてページをめくるのは…。

B 癖なんだろうけどねえ。うちもライトノベルはシュリンクをかけたんですよ。耽美小説は読者が女の人だからまだ手が汚れてることも少ないし、そんなにひどい読み方もしないけど、ライトノベルはひどくて。

A そんなに手の汚れた男が多いの?(笑)

B 笑いごとじゃないですよ。ほんとに脂染みになるんですよ。人間の脂というのはこんなに出るものなのかと驚きました。

C 一部の常連でひどい人がいると、この店はそれがOKなんだって思われちゃうんですよね。「いつもいるから帰って」とは言えないし、本は両手で持ってね、というところから教えないといけない。

B ハタキをかけるみたいな昔ながらの嫌がらせをするか、友達になるかですよ。「お名前はなんておっしゃるんですか」から始まって、「いつもいらっしゃってますよね、新刊こんなのがありますが」とか話しかけて、あなたのことはよく見てるぜって圧力かける。

C もうそれが効くレベルじゃないんですよ。眼をずっと合わせたり、急に不自然に近くで棚入れを始めたり、手をこまねいてるわけじゃないんだけど。多少にらまれようが、とりあえず追い出されることはないってわかってるみたいで。

B うちは全店員がすごい修羅モードに入るからなあ。たとえばお客さんがシュリンクのないコミックを手に取った瞬間にピピッてスタッフ間に電波が走って、「言ってきます」とか、注意する体制ができている。でも、結局立ち読みって万引きと違って目に見える被害があるわけではないから。

C 立ち読み自体じゃなくて、立ち読みで何がまずいのかってとこにずらして責めないと伝わらないですよね。

A だから宮城谷を読破したおばさんには文句の言いようがないわけですよ。ウンコ座りの人にはやめてくださいって言うし、シールを貼ったら買い取ってもらうか親に気をつけてもらうかするし、椅子で寝てる人は即起こす。でも宮城谷読破のおばさんに、あそこでぴあを見てる子はよくて、私はなぜいけないのって言われたら、つまってしまう。

B　私たちは情報を売ってるんだから、全部読まれたら困りますとしか言いようがない。それでもダメなら、全部シュリンクしなきゃいけないって話になる。

A　それじゃさみしいよ。私もやっぱり立ち読みが好きなので、新人の本なんかは立ち読みしなくても目に入るように中を展示したり見本を置いたりしてるし、むしろ立ち読みを歓迎する場合だってある。でも、やっぱりダメなものはダメ。

B　まず他の人への迷惑とその本へのダメージは言語道断。ここは絶対やっちゃダメ。

A　情報を見るためだけの立ち読みもNG。地図を確認するだけとか。シュリンクやエロ雑誌の袋を勝手に破くのも不可。青木さやかの写真集なんか何度破られたことか。買うのは嫌だけど見たい人が多いんだろうなあ。

C　見たいなら、ちゃんと言ってくれれば開けるのに。

A　前、すごく濃厚なエロマンガを堂々とレジまで持ってきた二十代の男の子がいたんですよ。「すみません、中身がどういうものかチェックしたいんですけど、よろしいですか」と。で、見せたら「思っていたのと違うようなので」と去っていった（笑）。そこまでやれば天晴れだよね。「どうぞどうぞ見てください、あなたのお好みのエロマンガに出会えるまでいくらでも開けますよ」って気になる。

C　内容に関係ないですよね。ちゃんとそうやって言ってくれればエロ雑誌だろうと何だろうと。

A　嬉しい立ち読みの話をすると、フェアをやったのに案外反応が薄かったりするじゃない。そこでたとえば「あのお客さんよく見かけるな」って人がすごく熱心に立ち読みをしていて、結局その本は買わなくても、別の本を買っていったりすると、次のときに「あのフェアから何かヒントをつかんで別の本を買ってくれるかも」という想像ができる。そういう立ち読みは嬉しいよね。動物本のフェアで親子が「かわいいね」なんて話をしていて、それで買うわけじゃないけど、今度来たときに「かわいかったからプレゼントで買ってこう」ってことがありうるじゃないですか。

B　「ここにあった本を探してるんだけど」って言われると、ああ見てくれてたんだって思う。立ち読みする人の印象って悪いものしか残らなかったりするけど、あとあとになってそういう形で出てくれると嬉しいですよね。

A　動きの遅い店にいると、立ち読みで気づかされることも多いわけ。「あ、すごくたくさん見てる、追加したほうがよくないか」って気になるぐらいの勢いだから。もちろん情報誌で映画チェックくらい誰だってしたことあるでしょう。ただ、それだけの場所って考えてる人には来ないでほしい。

B　実は、私もこの仕事をするまでは、本を買うことで作者を支えてるって意識がなかったんですよ。お金なかったし、自分が読めればよかった。結局その意識が立ち読みしている人にはないってことじゃないかなあ。

A 私も学生時代は、ハードカバーを買うってのは滅多にできなくて、本当に好きな作家のものだけだった。だから短編集とかだったら、店頭で一話くらい読んでもいいかとは思う。いずれ読者になってくれると思えばね。

C そこまで規制してるわけじゃないんだから。

A 規制してないのは、そんな人はいないっていう性善説に基づいてるわけでしょ。

C それなのに、予想もつかないことをする人がいるっていうのは本屋に入って初めて知りました。だってトイレに本を持っていって読む人がいるんですよ。大体の人は「え、そんなことあるんだ」って驚くんですけど、いるのっ！ すごくすごく悲しくて、呪いに頼りたくなる（笑）。

〈立ち読み十二か条〉

一、立ち読みの前に手を洗う
一、座らない、寝転がらない
一、本は両手で持って丸めない
一、目を開けて読む
一、カバンや子供を本の上に置かない
一、飲食は不可
一、筆記用具、携帯電話の使用は禁止
一、長編小説の読破は禁止（巻数ものは一巻まで）
一、売り場以外への本の持ち出し禁止
一、立ち読み後に関連書を三冊以上探し、自分の興味を喚起するものがないか確認する
一、周りに怪しい人がいないかどうかチェックしながら読んで、万引き対策に協力する
一、立ち読み書店と購入書店は分けない

A そういう思いを込めるための呪いの塔をつくってほしい！

B つくろつくろう！

A 短冊を置くんですよ、その塔に。「あそこでこの本を傷めたシールを貼った人が転びますように」とか。「本を傷めていった客があとで深い穴に落ちて戻ってこれませんように」とか書いて。

C 夢枕に立たせてもらえるなら私立ちますよ。「ねえ、なんか思い出すことない？」「昼間何をしたの？」って（笑）。

A 私たちにできることはそれくらいしかない。

B じゃあマナーを正すために、立ち読みの十か条をつくろう！

A いいねえ。まず「姿勢を正しく」。

C「本を読む前には手を洗いましょう」

A「背中はすっと伸ばし…」

B とりあえず「座らない、寝転がらない」。

C「本は両手で持って丸めない」「目を開けて読む」

A 寝るなってことね。あと、「カバンや子供を本の上に置かない！」（笑）。これマジね。「飲食は不可とする」

B「棚の本は他人のもの、自分の本は買いましょう」

C「筆記用具使用禁止」（笑）。携帯電話も。

A 冗談みたいだけど（笑）。

B 本気ですよ！

A「長編小説の読破は禁止とする。ただし巻数ものの場合、一巻はよしとする」

C「売り場以外への持ち出し禁止」

A それは万引きといいます。

C「読んだ本がどんなに面白かったかを他の人に伝える」

B 声に出して伝えるの？ 売り場とかで。

C　いや、家に帰ってから、あの本面白いんだよね、みたいな。
A　「自分が買わない場合は、三人以上にその本の魅力を伝える」ってのはどうですか。
B　必須ですね。
A　あと「立ち読みをした人は、必ず関連書籍を三冊以上探し、自分の興味を喚起するものがないかを確認すること！」。
B　すごいなあそれ。すごくハードル高いですよ。
A　その本を立ち読みするほど気に入ったのであれば、もしかしたら似たような本を買いたくなるかもしれないでしょ。
B　「出世したら本を買え」「立ち読みは出世払い」「読んだことは忘れない」
A　立ち読みした書店で買えと。あ、そうだ、「立ち読み書店と購入書店は分けるな」。これ、大事ですよね。
C　大事！
A　評判いいのにつぶれる店とかありますからね。それから、「立ち読みのときは周りに怪しい人などがいないかチェックしろ」。万引き対策にご協力ください（笑）。
C　懲罰編もつくりたいですね。「本を傷めたら、自分の顔に傷が付く」とか。
B　呪いの塔で呪われる（笑）。
A　立ち読み印をつけて、全国の書店にマークされる。どの書店に行っても、あの人は立ち読みしたうえに買わないし本を傷めるよ、とわかるように。
C　手の甲に烙印を押される。
A　「床で本を読んだ人は、以後どんな本を買っても汚れが付いてる」。一生、汚れた本しか買えない！
B　完全に妄想の世界に入ってるけど（笑）。
C　じゃあ「一冊、長編を読みきる人は、この先読むすべての本の最後三ページが真っ黒い」。
A　それくらいしないとわからないよね。
C　いっそ本が悲鳴を上げてくれたらいいのに。
A　「やめてー、いたいー」
B　三十ページ読むと、「はいここまでです！」（笑）。

座り読みの人は何を読んでいるのか!?

☆昨今は店内に椅子を置く書店が増えているが、そこに座る人は本を買うのか、それとも前項の書店員座談会にあったような蛮行に及ぶ輩ばかりなのか。その実態を探るべく久々に本の雑誌探検隊が集結。ジュンク堂池袋本店で座り読み者たちの動向を調査したのだ！

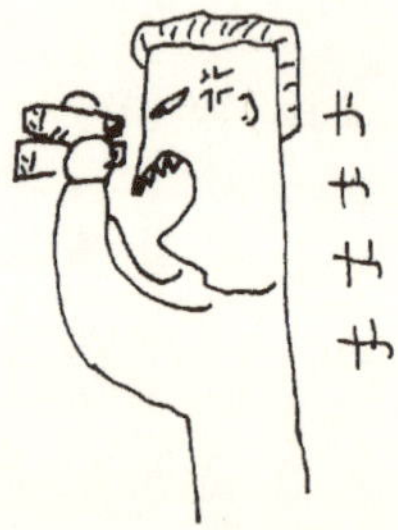

前項の書店員座談会でも座読コーナーに座る客（なの?）の実態が明かされていたが、一日中居座るわ靴を脱いで裸足でくつろぐわ眠るわ食事はするわ軟膏は塗るわ、想像を絶する蛮行の数々。いやはや本当にそんな輩がいるのか。この目で確認しないと、とても信じられない！

というわけで、10月18日火曜日、本の雑誌探検隊がジュンク堂書店池袋本店に集結。三階の文芸書売り場へと向かったのである。

同店の三階にはエスカレーターの横に一つのテーブルを挟んで七脚の椅子が用意されている。いうまでもなく購入する本をじっくり選ぶための椅子だ。天野慧、鈴木浩平、関口鉄平、立野公彦の探検隊四名に与えられた使命は午後1時から5時までの4時間に、この七つの椅子にどんな人が座り、どんな本をどのように読んでいるかを観察すること。さあ、ジュンク堂では座読コーナーの椅子は本を選ぶためのものとして機能しているのか。

●ジュンク堂書店池袋本店三階椅子配置図

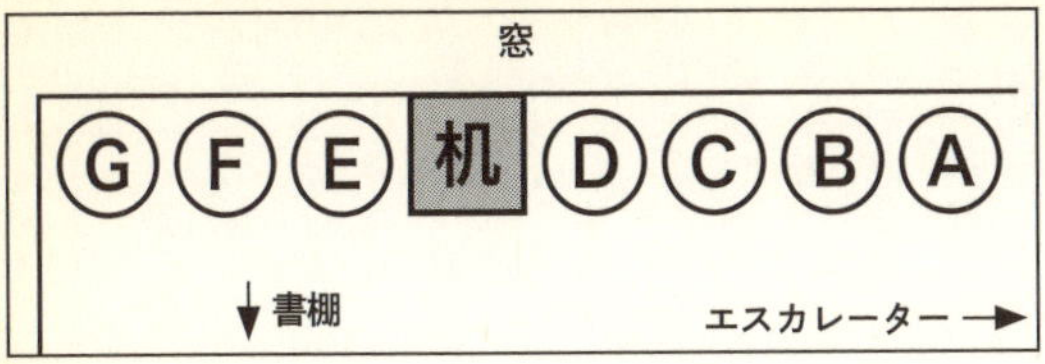

では、さっそく調査結果の発表！

午後1時。調査開始時点で、座読コーナーに着席しているのは五人。便宜上、エスカレーター側の椅子から順にA～Gとすると（上の図を参照のこと）、利用者は、

A＝五十代の中年サラリーマン風
B＝坊主頭に眼鏡の浪人風
C＝二十代後半のサラリーマン風
F＝破れたジーパンにジャージの学生風
G＝黒いジャケットにブラックジーンズのおしゃれな大学生風

で、いずれも男性。Aの五十代サラリーマンは本を三冊持ち、膝に置いたカバンの上に載せて熱心に読んでいる。一冊は『現代家相学』、ほか二冊も類書のようだが、その種の本は二階の実用書売り場に置いてあるはずだから、わざわざ二階から持ってきて三階で読んでいるらしい。たしかに二階には座読用の椅子はないんだけど、それは二階の本は座って読まないでほしいという店側の主張なのでは？　おじさんは22分後に、三冊抱えてエスカレーターで下りていったが、二階売り場の棚に戻したのか、一階の集中レジ（同店は地下一階、地上九階まで売り場があるが、レジは一階にしかない）に持っていったのかは残念ながら不明。

Bの若者が読んでいるのは、『燃えよ剣』（文庫）下巻。上巻を脇に置き、抱え込むように読んでいる。1時18分には読了。おお、上下を完読って、いったい何時から読んでいたのか。しかも読み終わると、文庫コーナー（同じフロアだが、座読椅子からはもっとも遠い。徒歩3分くらい）に行って、本を戻すついでに、今度は『竜馬がゆく』第一巻を手にして、椅子Eに移動。足を組み、その上に本を載せて片手でページをめくっているが、そのうち眠気が襲ってきたようで、2時から1時間ほどは寝る起きる寝る起きるを繰り返し、ペースは一向にあがらず。4時20分、店員に何か声をかけられて立ち上がる。本を文庫の棚にきちんと戻してエスカレーターで下階へ（後をつけて確認した）。

ところがその30分後、坊主君は、またまた『竜馬がゆく』第二巻を持って、椅子Eに着席。おいおい、ここはお前の図書館じゃないぞー。結局、調査終了の5時を過ぎても足を組んで読み続けていたのである。うーむ、ここで全八巻を読んでしまうのだろうか。

Cの青年は本は持たず、携帯を手にしたまま仮眠中。1時25分に、メールがきたのか、携帯の震えで目を覚まし、画面を見て立ち去っていく。

Fのジャージ学生はU・K・ル＝グウィンの『さいはての島へ』を熟読中。おお、ゲド戦記か。集中して読んでいるので、買うかと期待するも、途中まで読んで40分後、棚に戻してエスカレーターへ。

Gの大学生が読みふけっていたのは『坂の上の雲』第一巻。池袋の若者は司馬遼がお好きみたい。調査開始のずいぶん前から読んでいたらしく、ページはすでに三分の二以上を経過。尻が痛いのか何度も座りなおしながらも読み続け、1時間後に読了！一巻を棚に戻し、二巻をざっと立ち読みし、去っていく。明日も来るつもりかもしれない。

その後、空いていたDで、三十代の男性が本は持たずにぼおーっと5分間休憩。坊主君がEに移動して空席になったBには、二十歳くらいの黒服学生が『壬生義士伝』上巻を手に着席。背筋を伸ばした正しい姿勢で読みだし、1時間読書。きちんと本棚に戻す姿も丁寧で好感度大！（といってもタダ読みなんだけど）2時22分に本を閉じて席を立ったこの学生は4時40分に再び椅子Bに出現。2時間前と同様に『壬生義士伝』上巻を姿勢よく15分間読み、元の棚へ。下巻の背も眺めて、買おうかどうか迷っているそぶりを見せていたが、ポケットから財布を出し、中身を確認すると、あきらめて帰っていったのである。

膝に載せた荷物の上で本を開くのは座り読み者の定番スタイルだが、本は両手で持つように！

一方、五十代サラリーマンが立ち去ったAには、『ダウンタウンのガキの使いやあらへんで!!』を手にした二十代前半の学生風が7分、文庫一冊を持った三十代カジュアルな男性が6分、『菊花賞十番勝負』を広げた六十歳過ぎのサンダル履きのおじさんが6分と慌ただしく座ったあと、2時40分から二十代のお兄ちゃんが、三冊の本を持って着席。『運が開ける姓名判断』を読みながら頻繁にメモをとっている。おいおい、メモはダメだって。だいたいほかの二冊を下敷き代わりにしたら、本が傷むでしょ。ちなみに下敷きの二冊は『アロマと月の占星学』と『人はなぜ生まれいかに生きるのか』で、三冊とも二階実用書売り場の本。さらに、いったんエスカレーターで下りていったと思ったら、また『姓名判断』を手に上がってきて、椅子が空いてないのを見るや、四階の座読コーナーを目指して（だと思う）上の階へ上がっていったからびっくり。そこまでするなら買ったほうが早いのでは。

結局、この日の調査中、椅子に座った人は四十人。うち女性が五人で、平均着席時間は31分。もっとも長かったのは、調査時間中ずっと司馬遼太郎本を読んでいた坊主君で、おそらく開店から閉店までいたのでは。最短は、Aに一瞬、腰を下ろした六十代のおじさん。手ぶらで座ってすぐに移動したが、なんだったんでしょうか。ほかに携帯仮眠青年、踵にバンソーコーを貼っていった黒いスーツにハイヒールの女性、そして4時からCで30分間熟睡していた眼鏡の中年サラリーマンと、四人が本を持たずに座っていたが、熟睡サラリーマンが「起きてください」と、店員に注意されていたことはつけ加えておきたい。

では、座読コーナーの本来の目的である購入本をゆっくり選ぶという機能は果たされていたのか。結論からいえば購入が確認された座り読み者はゼロ！ といっても、調査終了時に読み続けていた四人を除き「本を読んでいた」三十一人中、本を元の棚に戻した人は二十人。残る十一人は本を持ったまま階を移動しており、前述したようにジュンク堂池袋本店は一階集中レジ方式をとっているため、十一人のうち何人かは一階で買った可能性もないわけではない。探検隊は基本的に席を離れた座り読み者の後を追い、四人については購入せずに店外に出たことを目撃したのだが、七人の行方は確認できなかったのである。ただし七人のうち五人は二階の実用書売り場から本を持ってきていたから、階を移動して元の棚に戻したとも考えられるだろう。

実は、今回の調査でいちばん驚いたのは座り読み者たちの多くが、きちんと元の棚に本を戻していたことで、しかもほとんどの人がカバーや表紙が折れないように丁寧に本を扱っていたのには感心。読了された（と思われる）『坂の上の雲』も『竜馬がゆく』も新品そのものなのだ。つまり座読コーナーで座り読みをする人は読んだ本は買わないが、意外にも丁寧に読んで元の棚に戻す！ というのが探検隊の調査結果なのである！

村上春樹『東京奇譚集』立ち読み完全読破に挑戦

☆立ち読みで一冊まるまる読了してしまう強者が世の中にはいるらしい。しかしそんなに長いこと読んでいて疲れないのか、書店員は注意しないのか。それを実際に確認するため、あえて立ち読み完読に挑戦！ 悪いことなのは承知の上なので、関係各位は赦されたい。

座り読み者たちの実態は把握した。しかし長時間立ち読みする人の気持ちはいまだにわからない。だいたい一日何時間も立ち読みしていたら、書店員の目が気になって落ち着いて読めないだろうし、足は疲れるし腰は痛くなるし手はぶるぶる震えるのではないか。

そこで、本の雑誌探検隊が再び集結。実際に立ち読みをしてみることにした。新宿周辺の書店に行き、村上春樹『東京奇譚集』を立ち読みで読了してしまおうという大胆不敵な試みだ。『東京奇譚集』を対象にしたのは、立ち読み完読が作家に対する（出版社、書店にも）営業妨害にほかならないからで、村上春樹クラスの作家なら、一作くらい立ち読みで済ませても、許してくれるのでは、と勝手に判断させてもらったからである。

ただし一書店で一冊の本を完読するのは、いくらなんでも迷惑をかけすぎるので、はしご形式とし、いくつかのルールを設けた。

①一書店での立ち読み時間は15分以内とし、椅子があっても座らない。

②店の人から注意されたら、即刻立ち読みを中止し、詫びをいれて辞去する。

③本のページを折ったり汚したりしない。

④一度立ち読みした書店では二度立ち読みしない。

⑤飲食、休憩、仮眠は可だが、店外で行う。

このルールに従い、新宿の街に散ったのは天野慧、関口鉄平、立野公彦の三人。つまりジュンク堂で座り読み者の行動をチェックした面々が、今度は立場を変えて立ち読みに挑戦するのである

真っ先に笹塚に戻ってきたのは立野公彦二十二歳。このメガネ男子は、13時半に京王百貨店の啓文堂書店に到着。15分間で49ページ（ちょうど最初の一編分）まで立ち読みしたのを皮切りに、紀伊國屋書店新宿南店（13時55分〜14時10分／Ｐ52〜81）▼南口ルミネ１のブックファースト（14時18分〜14時33分／Ｐ83〜１２３）▼東口マイシティの有隣堂（14時42分〜14時57分／Ｐ１２３〜１６１）▼三越のジュンク堂書店（15時15分〜15時30分／Ｐ１６１〜２００）▼紀伊國屋書店新宿本店（15時35分〜15時38分／Ｐ２００〜２１０）と無駄なく歩き、なんと六店で読了！　しかも六店めの紀伊國屋書店本店では3分間で10ページ読んだだけ。正味78分で２１０ページの短編集を読み切ってしまったのだ。

続いて戻ってきたのは天野慧十九歳。演劇青年の天野は、紀伊國屋書店新宿南店▼小田急百貨店の三省堂書店▼ルミネ１のブックファースト▼有隣堂▼紀伊國屋書店新宿本店▼ジュンク堂書店と、立野と似たコースをたどり、ぴったり90分で読了したのだが、四店めの有隣堂を終えたところで足が疲れて一服。たばこが吸える場所を探しているうちに、腹が減ったと飯まで食ってきたものだから、全所要時間は3時間半。小田急の三省堂書店から隣のビルのブックファーストに着くまで15分もかかっているのが不思議だが、本人は「立ち読みのはしごは健康、ダイエットにいいかもしれません」と言っているのである。道に迷って歩きすぎたんでは。

そして最後に戻ってきたのが関口鉄平十九歳。立ち読み歴僅少で免疫のない鉄平は、ジュンク堂書店（15分間で31ページ）▼紀伊國屋書店新宿本店（15分間21ページ）▼博文堂書店新宿店（9分間17ページ）▼くまざわ書店新宿住友ビル店（15分間26ページ）▼ルミネ１のブックファースト（15分間31ページ）▼京王百貨店の啓文堂書店（15分間24ページ）▼有隣堂（15分間26ページ）▼三省堂書店（14分間16ページ）と八店を渡り歩き、正味１１３分で読了。普段の読書速度が１分六百字（約１ページ）というから、１分間に平均１・９ページを読んだ今回の立ち読みは倍に近いスピード。立ち読みに罪悪感があり、早く読み終えたいという気持ちが働いたため、ペースがあがったらしい。

ちなみに鉄平は最初に目に入った『東京

奇譚集』を読む、と自らにルールを課したとのことで、紀伊國屋書店本店では歩道に面した店頭販売の大きなワゴンに多面積みされていたものだから、さあ、大変。人の往来が激しい新宿通りを背にして15分間立ち読みするはめになるわ、正面から若い女性店員が見つめてくるわ、10分経過したころにはその女性店員が『東京奇譚集』めがけピンポイントではたきをかけてくるわ、ナイーブな青年の心臓はどきどきばくばく。紀伊國屋書店本店でのペースが遅いのはそういう事情がある。

しかも博文堂書店では入口を入った瞬間に女性勧誘員に英会話教材のビラを手渡され、えとあの、急いでますんで、と断ったものの、『東京奇譚集』がその女性から丸見えの平台に積んであったから、激しく動揺。切りのいいところまで9分間読んで、早々に退店することに。自動ドアから外に出るとき、鉄平の耳には女性の笑い声が聞こえたらしい。自意識過剰の年頃なのである。

というわけで、全員無事に完読に成功。平日（水曜日）の昼下がりということもあり、紀伊國屋書店本店以外は人影もまばら。思ったよりも集中できた、というのが三人の感想だが、ここでは「立ち読みは短距離走のようだと思いました」という鉄平の感想をつけ加えておきたい。要点だけとらえていいとこ取り、この性格を考えると小説には向かない読書形式です、と鉄平は主張するのだ。

休憩をはさむと腰痛持ちでも立ち読みで読了は可能。一店15分程度なら書店員から咎められることもない。しかし、やっぱり立ち読みで一冊まるまる読むのは万引きといっしょ。心が痛むので、もうやらせないでください、と鉄平に言われて深く反省。おお、すまなかった。探検隊も二度としないので、読者のみなさんも、まねしないように！

ハチクロ応援団

「自腹'S」登場！

▼03年4月号

☆二月のとある寒い日、新宿駅ビル・マイシティ六階の山下書店本店を覗いたら、なんだか様子がおかしい。いつもと店員の服装が違うのだ。普段はワイシャツにネクタイ姿の男性店員もエプロン姿の女性店員も本日はお揃いのTシャツを着ているのである。それも背中に「ハチクロあります」と、どかーんとプリントされているTシャツだ。おっと、いったい何が起きているのか。

近くに寄ってよくよく見ると、「ハチクロあります」の左側にも小さく文字がプリントされていて、「羽海野チカ私設FC／書店連合／メガネ部」とある。ええと、FCというのはファンクラブの略でしょうか。だとしたら書店連合とメガネ部ってどういうことっ? あんまりじろじろ見ていたもので、視線に気がついたのか、振り返った女性店員の襟元を見て、ありゃ、と驚いた。なんと「だんちょう」と赤でプリントされているではないの。おお、だんちょうってもしかして「団長」か。

そうなのである。実は山下書店本店では集英社のコミックス『ハチミツとクローバー』(略してハチクロ・羽海野チカ著)第四巻の発売に合わせ、コミック担当の永嶋理恵子さんを団長にした「ハチクロ応援団」を結成。応援団のユニフォームとしてTシャツを作製したのである。それも出版社からの提供ではない、まったくのオリジナルで、製作費は各人の自腹。それゆえ応援団も「自腹'S」というらしい。

それにしても、またどうして自腹の応援団なのか。永嶋団長によると、「ハチクロ」はとても面白く書店員として販売意欲をそそられる作品なのに、出版社在庫は常に品薄状態、一巻と二巻は置いてある書店も少なく、なんてもったいない!と常々歯がゆい思いをしていたとのこと。そこで、こころで過激に仕掛けて出版社にもどかんと増刷させてやろうと思い立ったらしい。自腹のTシャツは一枚二千百円だそうだが、なんと山下書店本店の社員、アルバイトのうち十五人が賛同、お揃いのTシャツに身を包んでこの日を迎えたというからすごい団結力なのである。

しかも山下書店本店だけではない。団長が知り合いの書店に声をかけた結果、「ハチクロ応援団」の輪はどんどん広がって、山下書店のチェーン各店はもとより、北は盛岡のさわや書店　COMIC☆MOMOから南は福岡の福家書店福岡店まで、全国十六書店で自腹Tシャツが着用、もしくはディスプレイされることになったというのだ。いつの間にやら全国縦断の応援団が結成されていたのである。それが「書店連合」というわけだったのだ(ちなみに「メガネ部」は著者がメガネ好きだからというだけの理由らしい。ようするにシャレですね)。

もちろん応援団だから新刊発売と同時に大々的なフェアを開催中で、各店には著者直筆のポップ(直筆だから各店ごとに違う!)や一コマ劇場が飾られたりもしているが、なんといっても「応援団」というネーミングがいいではないか。ひと昔前に流行った勝手連みたいで、思わず参加したくなるでしょ。

おお、そうか。全国の書店のみなさん、「本の雑誌応援団」というのはどうでしょうか。団長はご存知、浅沼茂で、さあ、どうだあ(ダメか)。

池袋ジュンク堂書店単独完全登攀記

そこに書店があるから登るのだ！

☆今月号の「業界卍固め」にあるように、東京池袋のジュンク堂書店が三月一日リニューアルオープン、日本一の大型書店に生まれ変わった。本屋はデカけりゃいいってもんじゃない、と永江氏も書いているとおり、たしかに身の丈にあった書店がいちばん。しかししかしジュンク堂の売場面積は二千一坪！　地下一階、地上九階建てのとんでもない大きさ、店員ですら全フロアをくまなく歩くのは不可能なのではないかと思えるほどなのだ。おお、そうか。ならばいまだ誰も成し遂げていない（はずの）ジュンク堂単独登攀に挑戦しよう！と本誌炎の営業・杉江由次が立ち上がった。以下はその汗と涙と苦闘の報告である！

＝杉江由次と本の雑誌特別取材班

▼01年5月号

二〇〇一年三月三日ひなまつりの日の午前十時、杉江は池袋駅東口に降り立った。眼前にそびえ立つのはガラス張りの巨大な書店。これから人類初の偉業に挑むのだ。先刻から足がガクガクするが、なに、武者震いだ。三十を目前にして、人生を賭けた挑戦が始まるのである。よおし行くぞ。

腰のベルトに付けた歩数計のカウンターが「0」なのを確認。記念すべき第一歩を踏み入れる。一階店内は、まだ早い時間帯のため空いているようで、これなら客のじゃまにもならない。絶好のコンディションといえるだろう。

まずは、エスカレーターで地下一階へ。おいおい、エスカレーターかよ、という批判もあるかもしれないが、ジュンク堂には一般客向けの階段がないのである。重い鉄の扉の向こうに非常階段があることはあるらしいのだが、いちいち店員に頼んで開けてもらうのでは迷惑をかけるし、仕方なく、エスカレーターを使うことにしたのだ。そんなの登攀とは言わないぞと言う人もいるとは思うけど、勘弁願いたい。

というわけで、地下一階に降りた杉江を迎えてくれたのは大ベストセラーコミック『バガボンド』の主人公宮本武蔵の大型看板。おお、なんという力強いイラスト。武蔵よ、オレもこれから闘いに挑むのだ、健闘を祈ってくれと看板相手に思わずつぶやく。フロアをぐるりと見渡すと、圧倒的な広さ、棚数に思わず目を奪われる。首をいくら振っても棚、棚、棚、棚。それも首が痛くなるくらい背の高い棚がフロアを埋め

ガラス張りの巨大な書店を前に思わず
武者震い。さあ、いよいよ挑戦だ！

尽くしている。あればラクになるはずの平台はほとんどない。

今回の挑戦の目標はすべての棚のすべての本を見ること。つまり向かい合った棚は、間の通路を通り過ぎれば済むわけではなく、両面をしっかり見るために往復しなければならないのだ。しかもジュンク堂に置いてある本はなんと百六十万冊！　頭を使わないと無駄が多くなるばかりである。そこで、入口に置いてあった「フロアガイド」で、コースを検討。まず壁棚からとりかかり、その後、島になっている中の棚へ移行するというルートを採用することにした。目にした棚を「フロアガイド」に赤ペンで書き入れていけば見落とすこともないだろう。よおし、これで準備は万端。改めてスタートだ。

いきなり壁棚で不朽の名作『ドラえもん』を発見。もっと長いと思っていたのに意外や意外、四十五巻。その隣りに並んでいた『あさりちゃん』は六十四巻。おお、『あさりちゃん』の方が長いのか。それにしても少女コミックの背表紙はどうしてこんなにつまらないのだろう。タイトルの字面もみんな一緒だし、デザインもほぼ一緒。上から下の棚へ視線を移動していくがタイトルと数字（巻数）ばかりで少し飽きる。しかしそこで思わぬタイトルに遭遇。『ケイリン野郎』。いったいどんな漫画なの？　少女漫画の主人公が競輪選手なのだろうか。謎だ。しかし本日はそんなことを確かめている時間はない。

軽々と地下一階を終え、一階へエスカレーターで移動。（地下一階三百九十二歩）

噂の集中レジを目の当たりにして、うひゃあと驚く。長い長い、端から端まで四十五歩だから、一歩八十センチとして、ええと、三十六メートルもあるのか。すごいなあと圧倒されつつ、奥の雑誌売場へ。「としま区いちにっさんぽ」と「池袋15'」というタウン誌を発見してホッとした気分になる。が、手をつないだカップルが結婚雑誌を立ち読みしている姿を目撃し、早くも怒りを、いや、疲れを感じる。うーむ、障害は思ったよりも多そうだ。（一階三百九十一歩）

エスカレーターで二階に上ると、いきなりアジアの雑貨が目に飛び込んできた。本に飽き始めていたところだったので、救われる思いで、お香や布地を手に取る。「釈迦牟尼仏」（十万円）の銅像に手を合わせ、本日の成功を祈る。

続いてまた本と格闘。この階は実用書が並べられているのだが、同じ様な本が実にたくさん出ていて、びっくり。原付免許取得のマニュアル本だけで棚二段あるのだ。しかし、そんなことで驚いてはいけない。結婚式のスピーチ本はなんと棚ひとつ分、堂々七段。占い本に至ってはなんとなんと棚八本を占めているのだ。うーむうーむと唸りつつ、『すぐ効く・よく効く即効

ツボ』で、目と足のツボを研究。ぐいぐい押して疲労回復をはかり、いざ、三階へ。（二階八百十三歩）

　見慣れた文芸書の売場にやっと到着。目の前に椅子があったのでひと休み。まだ半分もいっていないのに、すでに一時間三十分が経過。空腹を覚えるが書店内は飲食禁止なのでぐっと我慢する。『三角寛サンカ選集』からスタートし、文芸書の棚としばらく格闘した後、文庫の棚へ。じっくり見ていると、文庫売場もあまり面白くないことに気づく。コミックと同様、単調な背表紙が続くもんで飽きてしまうのだ。なんだかばかばかしくなってきた。そんなとき、『自分を超えよう』を発見。ぱらぱらめくってみる。ひとつひとつの言葉が重い。（三階七百九十歩）

　空腹のまま四階へ。『エジプトファラオの世界』が迎えてくれる。金色に輝くファラオの微笑みが優しく心に響く。しかしこの階から上は専門書のフロアだから、身近な本や興味のあるものがぐっと減ってくるのだ。これがかなりつらい。『國譯一切経』って何？　二百四十冊ほど出ているようだが、まったくわからない。しょぼしょぼする目、空腹、そして難解な書籍。おお、この先、大丈夫か。とりあえず空腹を癒すため、トイレに入り水を飲んで、五階へ。（四階四百八十四歩）

9階エスカレーター脇の窓からは遠くに山並みも見え、一瞬、ハラのすいたのも忘れるほどの絶景が広がる

　ビジネス書コーナーに大ベストセラー『チーズはどこへ消えた?』がどかんと並んでいるが、チーズが食えない杉江は何の興味も起きない。肩にかけた鞄が異様に重く感じられてきた。右肩が痛い。左肩へ持ち替えてみるが、今度はバランスが悪く歩きづらい。こんなことなら手ぶらでくればよかったのに。バカバカ。並んでいる本は相変わらず理解不能。『擬制資本論の理論的展開』『最高裁判所判例解説』。うーむ、何なのか誰か教えてくれぇ！（五階五百五十五歩）

　六階にたどり着いた時点で、空腹は限界。視神経の疲労は頂点に達しているようで、涙が止まらなくなってきた。看護婦試験の問題集が『デルカン』とか『ここポイ』なんていう変なタイトルだということを初めて知るが、空腹のため、まったく興味がわかない。（六階六百八歩）

『不況だから元気だ』に迎えられて七階へ。ビジネス書ではなく農業の本だ。農業本はグリーン系の背表紙が多く、疲れた目にはありがたい。壁棚を移動していたら、いきなり視界が開けた。初めてフロア奥の窓が見え、代々木ゼミナールの大きな看板に励まされる。受験生も頑張っているのだろう。それにしても気づかぬうちにずいぶん高いところへ来たものだ。のどは渇き、空腹は限界を超え、先ほどからハラが鳴り続けてうるさい。挑戦する時間帯を間違ったのかもしれない。あるいは挑戦前にしっかり食事をとっておくべきだったのだ。バカバカ。空腹のあまり意識朦朧となりなが

ら七階をどうにかクリア。残るは二フロアだ。（七階五百三十九歩）

三階の椅子で休んで以来、一切休憩をとっていなかったのを思い出し、八階に上がるや、絵本売場の子供向けスペースに横になる。いまさら先を焦っても仕方がないのだ。ところが、横になっていたら知らぬ間に眠ってしまっていたようで、ハッとして、時計を見ると二十分も進んでいる！　いけないいけない。気を引き締めなおし、ストレッチしてから、さあ、いよいよ最後の闘いだ。（八階四百四十六歩）

ついに最上階へたどり着いた。ハラが減りすぎて立ちくらみがするが、エスカレーターの脇からかいま見える遠くの方のきれいな山並みが一服の清涼剤のように感じられる。もうすぐだ、あと少しで頂上だ。『新訂標準音楽事典』全2巻という高額本がこの快挙を静かに見守ってくれているようだ。一歩また一歩ゆっくりと踏みしめる。

壁棚から島棚へ移動し、いよいよ最後の棚、美術書の棚にたどり着いた。『BURST』という雑誌の裸の美女に祝福され、やった、やったぞ。ついにジュンク堂池袋店を完全踏破したのだ！　歩数五千五百二十七歩。所要時間三時間五十八分。

躍り上がって喜んでいると、田口久美子副店長がやってきて、おお、グッド・タイミング、と快挙達成の話をすると、「ふーん。それはそれはご苦労様」と笑われてしまった。あれ、感動してくれないんですか。ま、いいか。とにかくやったのだあ。

「どうして書店に登るのか？」人に聞かれたら、杉江由次二十九歳はこう答えたい。

「そこに書店があるからだ」

書店員匿名座談会
新・買い切り制のすすめ

▼87年57号

A　お客さんからさ、この新刊出たら一冊とっておいてくれって言われるじゃない。いわゆる新刊予約。ところがそういう本にかぎって、注文出しても入ってこない。

B　そうなると信用問題だから、結局図書券持っていって大書店に買いに行く。足代使ってね。

C　大書店に行くと山のようにある（笑）。八方手をつくして一冊も入んなかった本が何面も積んであったりね。

A　オレ、時々大書店に見に行くことあるよ。本当にあるのかなあって（笑）。なさけない（笑）。

C　村上春樹の『ノルウェイの森』を98面積んだ大書店があるんだって。多面積みの記録らしい。一冊づつでも98冊だもの、すごいね。

B　盗んでやりたくなる（笑）。

A　配本待ってたらこないから、取次の店売行って、神田村かけずりまわって、それでもゼロ。いやになるよ。こないだ、アレッという本が版元の店売に16冊あったの。しめたって差し出したら、8冊よけるんだよ。これだけにして下さいって。仕方ないからレジのおじさん交代するの待ってさ、結局残りも買っちゃったけど、現金持って8掛けで買うんだぜ。どうしてかくれておじさんの交代を待たなくちゃいけないんだよ（笑）。

B　そのおじさんは客注用にとっておきたかったんだよ。

C　そう、正しいおじさんだ。

A　じゃ店売に出すなよ（笑）。

B　そういうふうに努力して、やっとお客さんの注文にこたえているというのが、中小書店の現状だよね。

A　頭にくるのはね、新聞広告を持ってきて「これないの？」ってバカにした顔で言う客がいるんだよ。広告には〝全国書店で発売中〟って書いてある。あれをさ、主要書店で発売中としてほしいな。

C　どうなるんだよ？

A　「うちは主要書店じゃありません」って断わる口実になるじゃないか（笑）。たまたま本があったら「主要書店ですから」って威張ればいい（笑）。

B　努力しないから本がないんだと錯覚している客がいるからな。

A　冗談じゃないよ。注文出してもこないんだぜ。

C　だったらさ、広告を打つときに初版刷り部数を入れればいい。全国に本屋は2万5千軒もあるんだから、初版7千部なんて本は置いてない本屋がたくさんあることがわかる。小さい本屋にないのは無理もないって。

B　著者が気を悪くするんじゃないの。渡辺淳一が10万部なのに、どうしてオレは7千部なんだって怒る作家がいるよ。

A　いいよそんなの。売る方がこれだけイヤな思いをしているんだから、書いてる方だって少しくらいイヤな思いをしてもいい（笑）。

C　「この本は100坪以上の本屋さんでお探し下さい」ってのは？　明確でいいと思うな。

B　結局ね、5千部とか7千部の本は問題ないんだよ。結構小書店でも拾うことができる。そういう本は大書店だって実はそれほど配本されていない。10万部とかさ、そういうやつが大書店に集中してこっちにまわってこないんだ。

C　限られた本だよね。中小書店が手に入らなくて現実に困っているのは。

A　だからね、そういう本だけ買い切り制にしちゃえばいい。

C　いいね。結局さ、客注短冊使って注文出しても本が入ってこないのは、出版社もあれを信用してないからでしょ。

A　書店も嘘書くし（笑）。本の雑誌の「本屋さん読本」が出てからなぜか11部という注文がふえたんだって（笑）。

C　だから、一部の商品にかぎっては嘘なし。本当の買い切り。

B　買い切りで返品できなくても、確実に手に入るなら仕入れの苦労は半分になるしなあ。

A　一部の商品にかぎらなくて、全部買い切りでもいいよ。
B　そこまでいくと話が大きくなるから現実問題で考えようよ。すぐ実現できそうなやつ。
C　たとえばね、村上春樹の『ノルウェイの森』を10万刷ったとするだろ。そのうち2万部を買い切りにする。そうなると、委託では8万しかまかないことになる。いくら待ってもこない書店は、そこで買い切りでいいから10部くれって注文を出す。買い切りだから版元も満数出す。
A　いいじゃないそれ。
B　委託をうすくするのね。
A　いいよ、どっちみちこないんだから（笑）。
C　講談社のコミックは満数出してくれるだろ。本当に注文通りくるなら、そんなにすごい数字は出さないよな。結局、自分の店の実力を考えて注文出すようになったじゃないか。あれは買い切りというわけじゃないけどね。意味は同じだと思う。いくら注文出しても減数につぐ減数で、ひどい時にはゼロ。そういう状態だから書店も余分に注文出すし、版元も信用しないという悪循環になったわけで、注文通りにくるならそこで初めて信頼関係が成り立つし。
A　ただ注文通りの数をくれってわめいているんじゃないんだよ。その分は買い切りでかまわないって言ってるの。
B　講談社のコミックで出来るんだから、書籍で出来ないわけはない。
C　問題は商品の一部を買い切りにする場合どう区別するか。
A　ハンコを押す！
B　帯に買い切りマークを刷り込む。
A　帯とれたらどうするの？
C　カバーに買い切りシールを貼る？
A　ハンコがいいな、オレ。
C　現実問題は残るけどさ、何らかの方法は考えられる。
B　読書週間もサン・ジョルディの日もいいけどさ、我々は一年中商売してるわけだからね。根本的な問題を解決したいよ。
A　あんなものに金をかけるならさ、今度から出版界では一部買い切り制度に変りました、つきましては本屋さんで買い切りマークの本を見かけたら大切にして下さい、その本は返品は出来ませんからって、テレビでスポット打ってさ、読者に知ってもらった方がいい。
C　百歩ゆずって、この新制度が出版社にたとえメリットがなくても、莫大な損はしない。多少手間がかかるところも出てくるかもしれないけど。
B　版元もメリットあるんじゃないか。
C　いや、オレは言いたいんだ。本の売上げの8割は、2割の大書店で売ってるかもしれないけど、その2割の本屋で売ってくれればかまわないって言うならいいんだよ。でも残りの8割の書店のことを少しは考えるなら、出版社も協力してくれと言いたいね。
B　でも一部でも買い切り制が導入されれば、8割の書店からつぶれる店が出てくるね。
A　いいんだよ、努力もせずに何も勉強していない店は（笑）。
B　お前、過激だなあ。
A　いや本当にあるんだよ、そういう店が。淘汰された方がいいよ（笑）。

乙女派書店員レポート／本屋特集8誌読み比べ！

「ミスター本屋特集」は幅允孝氏だ！

●高頭佐和子

　本屋を愛する皆さん、お元気ですか。本屋で本を買ってますか？　電子書籍がなにかと話題の今日この頃、書店員歴十ウン年の私も、親族や知人から「本、売れないでしょ？」「これから大丈夫？」とストレートに心配されたり気の毒がられる日々です。同情するなら本を買いにきていただきたいものだわ…。そんな中だけど、雑誌の読書特集は定番の売れる企画と言われているの。本屋の特集もよくあって、2010年から11年にかけて発行されたものが、店内をうろうろ探しただけで8冊も見つかっちゃいました。ラーメン屋とか京都の特集ほどじゃないにしても、結構な冊数じゃありませんか。書店員としても一人の本屋好きとしても、単純に嬉しさはあるわね。こういう雑誌によって書店が栄え、書店員の生活が少しは楽になることを祈り、今回は本屋特集の雑誌を読み比べてみたいと思います。

▼11年9月号

　まずは女子向け街ネタ雑誌『oz magazine』（2010年11月号）から。特集名は「そこは、きっともう物語　本屋さん」。私も敬愛する萩原葉子さんの本を手にしたモデルさんが微笑む乙女度の高い表紙に期待が高まります。メインで取り上げられている書店はギャラリーやカフェが併設された書店やアート系の書店、雑貨を扱っている店など。夢見がちなコピーがこの雑誌らしいわね。「本屋さんのある町さんぽ」や名物書店員の選んだ本の特集もあり、本に関係する雑貨の特集ページもあり…、夢見がちなコピーでほっこりといろいろな書店を紹介していくのが特徴。「本LOVERSのブックストア対談」という固めの企画も。「ブックストアの仕掛け人」BACH代表の幅允孝さん、UTRECHT代表の江口宏志さん、book pick orchestra代表の川上洋平さんの3人が登場し、本屋の未来を語ります。（この3名とnumabooksの内沼晋太郎さんはさまざまな本屋特集に登場します。本屋特集四兄弟って感じかしら。）タレントの蒼井優ちゃんと岡田将生くんのかみ合わない対談が意外と強烈。最近読んだ本が『死亡フラグが立ちました！』（七尾与史著　宝島社文庫）という岡田くんに、谷崎潤一郎や哲学書を愛する優ちゃんがお勧めしたのは、なぜか『悪童日記』（アゴタ・クリストフ著　ハヤカワ文庫）。「ブラックな話」というところが共通点とのことで…。書店員なら絶対できない斬新なおススメに感動したわ！

　同じ街ネタ雑誌でも、読者層がグッと渋いのが首都圏の情報誌『**散歩の達人**』（2010年1月号）。特集名は「刺激いろいろ、『本』欲がとまらない　本屋さんが面白い！」。最初のページで紹介されているのは松岡正剛プロデュースの松丸本舗。写真の構成のユニークさが迷路のような店の雰囲気をよく出していてカッコイイです。「誰でも楽しめる専門書店」の紹介では、格闘技から政府刊行物まで、本屋好きの私もチェックしたことのない意表をついた専門書店が次々登場します。本屋のフリーペーパーやＰＯＰの紹介など、書店への営業力を生かした誌面がイキイキしてます。個人的に注目しちゃったのは『立ち読み』にいいたい！」というミニコラム。立ち読みのお客様に対する本屋の気持ちが書いてあります。元書店員による4コママンガにも、本屋のホンネが…。書店員の気持ちに寄り添ってくれてありがとう。癒されました。

	コメント
	ステキな本屋でほっこりしたい女子に
	個性的な写真と本屋への優しさに感動
	京阪神書店員のキャラの濃さに圧倒される
	インパクトある名物店主が魅力的
	本屋好き初級者にオススメ
	電子書籍からブックカフェまで、守備範囲が広い
	本屋魂が刺激される写真にウットリ
	あふれる本屋愛と書店ウンチクが堪能できる

　西の情報誌、『Meets Regional』（２０１１年7月号）は、「京阪神の書店が本気だ。本屋の逆襲！」という挑戦的なタイトルの特集。京都・大阪の本屋好きの私としては、永久保存したい1冊ね。まずはスタンダードブックストア茶屋町店の開店準備への密着取材。「人がやってないことをやらなあかん」という総帥（社長）の熱い言葉にシビれました。「街に進撃するヤバい本屋。」では個性的な棚作りを紹介したり、見た目はあっさり系だけど結構過激な発言をする若手の書店主たちの対談があったり、「本の熱血ロビイスト」（！）が現れたり…。とにかく、登場する本屋、および書店員のキャラが首都圏より確実に濃い！東京も負けちゃいられないわ…、と妙なライバル意識がわきます。「すごい本屋を作る2人のスペシャル対談。」では、和歌山県イハラ・ハートショップの井原さんとともに、あの幅さんがまた登場。「日本一のヤッホーポイント」に立ち、「イハラ・ハートショップ、最高でーす！」と、メガホンを手に叫ぶ幅さんの写真が…。やっぱりさっきよりキャラが濃いわ…。

　気分を変えて、絵本とキャラクターの雑誌『ＭＯＥ』（２０１１年6月号）の「絶対おすすめの１００店！　絵本屋さんに行こう。」をチェック。ゆったりとした誌面で、1店1店丁寧に紹介されています。綴じ込み付録「全国の絵本屋さん１００」が絵本屋好きにはありがたい。私が気に入ったのは、「名物店主をたずねて」というコーナー。「ＭＯＥ」期待の大型新人・なかざわくみこさんが独特の視点とイラストで書店をレポートしています。「ただ者ではないオーラ」があるというたんぽぽ館の店主・小松崎辰子さんは83歳。「防空壕でも本を読んでいた」という筋金入りの本好きです。他の書店員とは全く違う種類のインパクトだわ。一度お会いしてみたいものです。

　次は、ムック『**本屋さんへ行こう**』（２０１１年3月発行）。雑誌の特集と違って丸ごと1冊本屋と本がテーマ。どんなマニアックな書店がでてくるかしら？と期待していましたが、案外初級者向けな内容。全国の大小書店の店員が「Ｍｙ本屋大賞」としておすすめ本を紹介しています。『散歩の達人』同様、日頃の書店への営業力が生かされているわね。「本屋はアミュー

雑誌名	特集タイトル	頁数	登場書店数	癒し度	マニアック	ビジュアル	知性
『oz magazine』 2010年11月号／スターツ出版	そこは、きっともう物語　本屋さん	64	89	★★★★★	★	★★★	★★
『散歩の達人』 2010年1月号／交通新聞社	刺激いろいろ、「本」欲がとまらない 本屋さんが面白い！	53	122	★★★★★	★★★★	★★★★	★★★★
『Meets Regional』 2011年7月号／京阪神エルマガジン社	京阪神の書店が本気だ。本屋の逆襲！	55	70	★★	★★★★★	★★★	★★★
『MOE』 2011年6月号／白泉社	絶対おすすめの100店！　絵本屋さんに行こう。	45	100	★★★★	★★★	★★	★★
『本屋さんへ行こう』 2011年3月発行／枻出版社	書店はみんなのパラダイス	162	82	★★★	★★	★★	★★
『男の隠れ家』 2010年12月号／朝日新聞出版	本のある空間、本とある時間。	73	59	★	★★★	★★★★	★★★★★
『ブルータス』 2011年6月1日号／マガジンハウス	本屋好き。	66	180	★★★★	★★★★★	★★★★★	★★★★
『ケトル』 2011年4月号／太田出版	本屋が大好き！	46	105	★★★	★★★★★	★★★★	★★★★★

ズメントパークだ。」ということで旅、アート、絵本などをテーマにしたセレクトショップや専門書店が登場。POP、書皮（ブックカバー）、装丁文学賞などのページもあり、きちんとしていますが、全体的にあっさりした印象。第2弾を出すことがあったら、もう一歩踏み込んだ企画で勝負してほしいものです。

次は年齢層を上げて『**男の隠れ家**』（2010年12月号）を読んでみましょう。特集名は「本のある空間、本とある時間。」と言うことで、本屋、古本屋、図書館、電子書籍、ブックカフェと守備範囲の広さが魅力。巻頭インタビューは『散歩の達人』にも登場した松丸本舗の松岡正剛氏。「本で遊ぼうと。もっと遊べばいい。遊ぶって字は、道（未知）の先に旗を掲げて向かうこと。」書棚に囲まれてカメラを見上げ、詩的な言葉を発する松岡氏。眼鏡男子好き乙女派書店員も胸キュンです。そして、先ほどから何度も登場するブックディレクターの幅さんが、紀伊國屋書店新宿南店から池袋駅の文庫本自動販売機まで、さまざまな書店で本を選ぶという企画が。「小さい頃、本代が小遣いと別会計だったんです。月末に母がまとめて払うからツケで買う（笑）。」う、うらやましすぎるっ！　将来子どもに本にかかわる仕事をさせたい親御さんは、ぜひこの教育を実践して下さい。ジュンク堂への密着取材、書皮の特集なども読み応えがある内容です。気になるのは「あの有名書店をヒトに例えると、こんな感じ?!」というコーナー。どの書店もいい感じに書かれてるのに、私が勤める丸善にだけ「なんとなくスノッブな印象」というホメ言葉とは思えない一言が添えられているのはなぜ?　軽くカチンと来たわ…。

『**ブルータス**』（2011年6月1日号）は、「本屋好き。」というシンプルな特集名とシロクマのイラストが涼しげな表紙。洗練された印象の1冊です。都心の有名セレクトショップ、ブックディレクターの仕事の紹介という本屋特集の定番もおさえつつ、「この100ジャンルに強い100書店」でマニアックな専門書店や面白いコンセプトの棚がある書店を取り上げています。本の背表紙がしっかり見えるように棚に迫って撮影した写真は、本屋好きならきっと好きだと思うわ。私も本屋魂が刺激されました。世界の書店を大胆な構図で撮影した「美しすぎる本屋」が素晴らしすぎる！　もっと見たい…、そして行ってみたい。ページ数が少ないのが残念！

『ブルータス』の中で京都の有名書店・恵文社一乗寺店店長の堀部篤史さんと熱く対談していた編集者／クリエイティブディレクターの嶋浩一郎氏が創刊したのが『**ケトル**』（2011年4月号）。特集名は「本屋が大好き！」。表紙では、女優の麻生久美子さんがエプロン姿で笑ってます。こんなにかわいい書店員がいたら私も常連になるわよ。この雑誌の特徴の1つは、他がまず取り上げない書店を独特すぎる着眼点で取り上げるところ。日本一高い（低い）位置にあるとか、岩波文庫の隣にエロ本の棚があるとか、店内にカメがいるとか…。そして、もう1つは有名人があちらこちらに登場して、コメントを寄せていること。本屋に行くとなぜかウンコがしたくなるというあの「青木まりこ現象」について藤田紘一郎氏がコメントをしていたり、「書皮選手権」の審査員としてなぜか女優の内山理名さんが登場したり…。極めつけは、戦場カメラマンの渡部陽一氏。「日本一入りづらい本屋」について「もし、足を運ぶ、機会が、あったら、世界情勢を、分析した、書籍を、探したい、です」と3行だけコメント。他誌にはマネできない（っていうかしない）無駄な豪華さ（笑）。欄外の本屋をネタにした1行ウンチクにも本屋への溢れる愛を感じます。

全誌のチェックが終わり、行ってみたい本屋も増え、すごい棚を作る同業者たちのがんばりにライバル意識が全開になったところで、最も登場件数の多い書店はどこだろう？と数えてみました。8誌中6誌にも登場する恵文社一乗寺店が、ページ数の多さからいっても圧勝ね。ユトレヒト、往来堂書店、BOOKS246の追い上げにも目覚しいものがあるけれど、東京の出版社にとっては取材しにくい京都にあるにもかかわらずこの強さ！　まさに、「キング・オブ・本屋特集」の名に相応しいと思うわ。人物で目立つのは、BACH代表の幅允孝氏と松丸本舗の松岡正剛氏。一冊の本から広がる世界を言葉と棚で表現できるという点で、本屋特集には欠かせないお二人です。8誌中5誌、合計で約10ページに登場という偉業？を成し遂げた幅さんを「ミスター本屋特集」に勝手に任命したいと思います。

最後に、私が最も気になった書店を。『ケトル』で紹介されたその店の名は、「ほんの森いいたて」。福島県飯舘村にある日本初の村営書店で、震災の2週間前に取材を行ったのだそうです。専門書がしっかりそろった園芸実用書の棚。温かい笑顔でレジに並ぶ3人の書店員。毎日レジを打ったり、お客様と話をしたり、棚を作ったり…。私と同じ仕事をしているこの人たちは、今どうしているんだろう？　村にとって憩いの場であったこの書店が、いつか営業を再開できますように。その時は、私も本を買いに行きたいです。

本の雑誌傑作選

レジカウンターの向こうから

〈特集〉
本屋さんに行こう！

☆トーハンの「書店経営の実態」平成十三年版によると、書店の売上高は六年連続のマイナス成長だという。書店の実態は相変わらず苦しい。特に町の本屋さんは大変だ。オンライン書店は便利かもしれないが、本を探す楽しみはやっぱりリアル書店にはかなわない。というわけで、今月は本屋さんにエールを贈る特集だ。書店の復権はまず客が行くことで始まる。さあ、みんなで本屋さんへ行こう！

▼01年11月号

僕が本屋をやめたわけ

インタビュー●渡辺富士雄

☆まずは昨年、開店した書店をたったの二カ月足らずで閉店してしまった元書店主のインタビューから。その二カ月の間にはいったいどんなドラマがあったのか

――渡辺さんは去年の九月まで「ブッククラブ萃」という書店を東浦和でやっていたんですよね。

渡辺　ええ。九月二十日で閉店しました。

――オープンしたのは？

渡辺　去年の八月一日。だから二カ月もやっていないんだよね（笑）。

――すごい短期間で閉店したわけですね。

渡辺　だって、目論見の売上げに全然届かなかったから。

――思ったほど売れなかったと。

渡辺　もう、びっくりするぐらい（笑）。

――「萃」を始める前はジュンク堂大宮店の店長だったとのことですが。

渡辺　そうです。実は僕、青山ブックセンターに十年ちょっといたんですよ。ジュンク堂に入ったのは池袋店がオープンする時で、池袋店には二年近くいたのかな。その後、大宮店のオープンに伴って、店長として異動になったんです。半年くらいで辞めて、「萃」を始めちゃいましたけどね（笑）。

——つまり十数年も書店経験があったわけですよね。大変な商売だということは重々承知の上だったんじゃないですか。

渡辺　利幅が少ないということは、もちろんわかっていました。だから「萃」の商品構成は本を半分にしたんです。あとの半分はアジアのグッズとサッカーのグッズ。

——ほお。

渡辺　エスニック＆フットボールというコンセプトだったんです。洋服も置いていたんで、試着ルームまであったんですよ。へンな店でしょ（笑）。サッカー関係のビデオやレッズ応援グッズも置いたし、ワールドカップのオフィシャルグッズも仕入れる段取りになっていたんですけど、仕入れる前にやめてしまった（笑）。

——浦和だからサッカーと。

渡辺　いや、そもそもサッカーのせいなんですよ、書店を始めちゃったのは。

——は？

渡辺　僕、サッカー狂いなんですよ。それで実は、九八年のワールドカップ・フランス大会の日本対クロアチア戦を観に行く予定になっていたんです。ところが例のチケット問題のせいで、試合の数日前に急遽、行けなくなっちゃった。ワールドカップを生で観るというのが長い間の夢だったのに、それがそういう形で頓挫してしまったでしょう。急に何もかもイヤになっちゃってね、突然、引っ越しをしたくなった（笑）。

——引っ越し？

渡辺　サッカーのある町に住んでみようかなと思い立っちゃったんですよ。それで浦和に引っ越したんですね。

——レッズのファンだったんですか。

渡辺　いや、レッズファンというわけじゃなく、サッカーが好きなんで、そういうところに引っ越してちょっと気分転換をはかろうかなと。その頃、池袋に勤めていたから、通いやすい地区っていうと、浦和なんですね。それで、部屋を探したら、たまたまレッズの本拠地の駒場スタジアムの真横という部屋が見つかった。五階だから部屋から試合が見えるんですよ（笑）。

——駒場スタジアムって駅から歩いて二、三十分かかりますよね。

渡辺　そう。ところがね、試合当日になると、朝からレッズのファンがすごいんですよ。横にサブグラウンドがあって、朝からめちゃくちゃ並んで待ってる。地面が真っ赤になってるわけ。夜の試合なんですよ（笑）。それを見て、浦和っていうのはすごい町だなあ、と。この町なら何か面白い本屋さんができるんじゃないかなあ、と思いだしたわけですよ。

——それで実際に始めてしまったと。

渡辺　単純だよねえ（笑）。たまたま青山ブックセンター時代の後輩が辞めるという話も聞いて、じゃあ、二人でお金を出し合ってやってみようかと、急にそうなった（笑）。

——開店までの準備期間はどれくらいだったんですか。

渡辺　後輩が辞めてから開店するまで、せいぜい半年くらい（笑）。だから、ほんとに突発的なんですよね。

——若い時からいつか自分の店をやりたいという夢があったわけではないんですか。

渡辺　いや、それはないです。青山ブックセンターもジュンク堂も、僕は大好きなんです。不満があって辞めたわけじゃない。ただ、どちらかというと大きすぎるところはあんまり向かないみたい。たくさん人を使うとか、そういう器じゃないんでしょうね。だからこぢんまりした書店を上手くできたらいいなとは思っていました。

――「萃」は何坪の店だったんですか。

渡辺　売場は三十坪かな。置きたい本、売りたい本だけを置いたんです。注文書を全部見て、これはいる、これはいらないってチェックしてね。アジア関係、サッカー関係のコーナーも作ったし。

――関連雑貨も並べたし。

渡辺　そう。ただ、恥ずかしいんだけど、雑貨を置いたのは本だけで三十坪をいっぱいにするだけの資金がなかったという事情もある（笑）。借金は一切しないでやると決めていたから、とにかく資金が足りないんですよ。だからいい場所に出すこともできなかったしね。

――商店街じゃないんですか。

渡辺　全然（笑）。最寄り駅の東浦和から歩いて二、三十分だもん。でも車の便はいいし、向かいに大きなスーパーマーケットがあるから、買い物に来た人が寄ってくれるんじゃないかという期待はあったんです。それでコンセプトが徐々に認知されればいいなと思ったんですけど。

――浸透しなかった？

渡辺　そうですね。このタイプの書店をやるんだったら、もっともっと宣伝しなければいけなかった。でも、広告を打つのにもお金がかかるんだよね（笑）。

――逆にそういうコンセプトの書店だから、条件的に厳しい立地でもやれるだろうと考えたわけですよね。

渡辺　そうですね。もちろん、立地がいいにこしたことはないけど、それは資金的に無理だと。ならば内容的な面でどうにかお客さんをつけていけないかと思ったんだけど、甘かった（笑）。今回のことで自分は経営者には向いてないってことはわかりましたね。はっきり言って度胸ないし（笑）。

――いや、この時代に独立して書店をやろうというのもすごい度胸なら、二カ月でやめるというのもすごい度胸ですよ。

渡辺　うん。やっぱりこういう店だから二年や三年はかかるだろうと予想はしていたんですよ。でも、三年かかるにしろ、もう少し売れないと無理だった（笑）。借金までして続けるのはイヤだったしね。逆に借金がなかったから即やめられたのかもしれないけど。

――なけなしのお金をはたいたのに。

渡辺　客観的に見て、だらしないとは思うよね。深い考えもなしに始めて、すぐやめちゃって（笑）。でも、僕個人としては後悔してはいないし、懲りてもいないんですよ。やっぱり本屋の本質っていうのは売りたい本を売っていくことだと思うんですよ。売りたい本を売れる努力をする。もちろん自分が売りたい本がいい本かどうかはわからないけど、そのスタンスだけは変えたくない。それは今でもそうですよね。

――今は神保町のタトル商会「東京ランダムウォーク神田店」に勤めているわけですね。

渡辺　アルバイトですけどね（笑）。一月から勤め始めて、もうすっかり自分の店って感じでやっています（笑）。もともと洋書の店だけど、三カ月前から和書も置き始めて、面白い店を作ろうとしているところです。ペンキも自分たちで塗ったし、「萃」で使った棚とかカウンターも持ってきたし（笑）。結局、「萃」は二カ月で閉店したわけだけど、貴重な勉強をしたと思うし、何らかの形でこの店につながっているはずなんですよ。つまり「萃」は僕の中では終わったと思ってはいない。大げさかもしれないけど、夢の続きをタトルでやっているんです。

「全日本最優秀書店賞」の選考基準を考える

☆いい書店とはどんな書店なのか。その真実を追究すべく全日本最優秀書店選考委員会が立ち上がった。侃侃諤諤の議論の結果は？

（選考委員）
A＝さすらいの文庫営業マン
B＝田中真紀子系書店員
C＝ヴィジュアル系営業マン
D＝超遠距離通勤書店員

――本日は「全日本最優秀書店賞」の選考基準を作ってみようということで、書店員二氏、版元営業二氏に集まっていただきました。ようするに「いい書店」とは何かをそれぞれの立場から話してもらおうというわけです。まず、版元営業からすると、いい書店というのはどういう書店になりますか。
A　それはやっぱり自社の本をたくさん置いてくれる本屋さんですね。どんどん売ってくれて、注文をいっぱいくれるところ。あと、しっかり管理してくれるっていうのも大事なポイントです。たくさん売るけど管理はボロボロという店はちょっと。
B　でも、売るにこしたことはないんでしょ。
A　売上と管理がイコールであれば一番いい。あとは棚卸しを手伝わせないところがいい書店かなあ（笑）。毎回招待状が届く書店もあるんですよ。自社の棚をやる分にはラクなんだけど、雑誌なんかやらされたりすると、もう悲惨。お弁当が出るところが多いんですけどね（笑）。
C　社員食堂で食べさせてくれるところもありますよね。
A　東京駅前の某Yブックセンターは、お弁当が出て最後にお酒とテレカがもらえる。日当が出るところもあるし。
C　いいなあ。オレ、行こうかなあ（笑）。
A　あと、大出版社ばっかりにヘコヘコする書店は嫌ですね。
C　営業同士が並んでいると、態度が変わるんですよね。
A　送別会なんかに行くと、店

長が講談社や新潮社の営業にはすごく丁寧に挨拶していて、こっちには「おう」だけ。コノヤローって思いますよ。

C　出版社の大小じゃなくて本の良し悪しや売れ方で見てほしい。

A　うん。僕の場合、書店はどうしても人なんですよ。営業をやってると、品揃えもありますけど、やっぱり人の部分が大きい。担当者がいい人だとか、威勢がいいとか、優しいとか、かわいいとか（笑）。

C　行きたくないような書店もありますからね。

B　版元の営業もどこにでも行くわけじゃないもんね。やっぱり選んでるわけでしょう。売れてる店でも二度と行かないってこともあるかもしれないし。

A　それはありますよ。僕たちも書店の人にいろいろ教えてもらうわけだし。お互いに情報を交換できるのがいい営業だし、いい書店だと思います。

C　ということは、いい書店には話好きが必要なんだ。

D　客として行っても話しかけやすい書店員がいるというのはいいですよね。

――でも、話好きの店主に「今日はいい文庫が入ってるよ」とか言われたら嫌ですよ。

A　客から話しかけやすい書店であって、逆はお断り。あの女性店員さんかわいいから、この文庫どこにあるのかちょっと聞いてみようかな、と気軽に思えるような書店（笑）。

B　そんなヤツ嫌だなあ（笑）。

C　それを進めていくと、モデルみたいな書店員がいっぱいいるお店がいいってことになっちゃうじゃないですか。

A　いやまあ、そういう人がいてもいいんではないかな、と（笑）。

数字に強いのは書店員の最低条件だ

B　その店、そもそも本がいらないんじゃないの（笑）。

――ええと、もう少し、〝書店は人である〟というのを掘り下げていきたいんですが。商品知識や管理能力があって接客が上手などが一般的ないい書店員の条件ですよね。それ以外に何かありますか。

B　記憶力がいい。

D　計算が速い。

C　昔は自動でお釣りが出てくるレジなんてなかったから、計算は大変でしたよね。たとえばレジ一台にキャッシャー一人とサッカー四人が入る店があったんですよ。

――サッカーって？

C　本を受け取る人です。それが四人いて、レジ打ちは一人。だからもう千手観音状態で、次から次へと小計切ってレシートを出していく。お釣りは全部暗算。

D　その上トイレの案内とかもしちゃうんですよね。

B　計算の合間に「あっちです！」とか言ってる（笑）。

――書店員は数字に強くて耳がいい上に、手先も器用じゃなきゃいけない。

C　字がキレイというのも必要かもしれない。POPを書かなきゃいけないし。

B　えーっ。POPについてはちょっと言わせてもらいたい。大っ嫌いなんですよ。汚いし、独りよがりだと思う。

D　押しつけがましくなっちゃ

うと嫌ですね。

C　でも、『白い犬とワルツを』の件があってから、POPを持ってくる出版社が増えてるんじゃないですか。

A　すみません、うちです(笑)。

B　目を引く効果は否定しないけど、あんまり多すぎるとうるさいよね。本に立てる以外の工夫がないかなあ。

D　本が傷まないようなつけ方が欲しいですね。

C　どっかの版元で看板を作ったら吊す穴がなかったっていうのもありましたね。

A　すみません、うちです(笑)。いやもう、「穴があいてない!」「ヒモが入ってない!」と文句が来て大変でした(笑)。

C　とにかくPOPは特に必要ないと。じゃあ、字が上手くなくてもいいんですね。

D　でも字は領収書を書くときに大事ですよ。

B　汚くて読めない人もいるからね。

D　すみません、私です(笑)。書き直してくれとか言われたりするんですよ。

A　そんなにひどいんですか。会社名が読めないとか?

D　いえ、数字が読めないって(笑)。

C　勤続二十年以上の書店員がいるっていうのはどうですか。

B　それはすごいねえ。今、勤続二十年の人っているのかな。

A　そのハードルは高いね。せめて十五年ぐらいにしてほしい。

B　たしかにある程度経験が必要な職業だから、長いっていうことはプラスになるよね。

C　十五年いれば、一担当三年として五分野担当できるじゃないですか。

D　部門は三つぐらいやってないと駄目という話は聞いたことがあります。

A　でも、僕はエキスパートのほうがいいと思ってるんですけど。

B　うん。一ジャンルを長いことやってるとだんだん見えてくるからね。専門書担当でも文庫の様子まで何となくわかるようになる。

A　やっぱりある程度長いほうが安心できる。文庫担当の中だけでもコロコロ変わる書店があるんですよ。全部覚えるためだっていうんですけど、その前にみんな辞めちゃう(笑)。

C　異動がないのがいい書店の条件であると。

書店員ゼッケン制という画期的な案はどうか!?

A　あと、営業としては、いつ行っても担当者がいるというのは安心できますよね。今日はこの話をしようって行って、急にお休みだったりするとガクッとする。出張のときは特にそう思いますね。

D　それじゃ書店員は休みがとれませんよ(笑)。

C　いい書店には休みがない!

A　いつ行っても会えて、お茶を飲んでくれる。

B　それは営業とは違うような(笑)。

C　お客さんにしても、あの店にはいつもあの人がいるって常連になるかもしれない。

D　それは良し悪しですよ。たいしたことしていないのに、気に入られちゃって名前を覚えられて、いつも指名されて、この本どこって、ぜんぜん関係のないジャンルの本を聞かれたりってこともありますから。

C　それで、実は提案があるんです。書店員が本を知らないっていうクレームがよくあるじゃないですか。でもそれはちゃんと担当者に聞いてないからなんですよね。だからこれからは〝書店員ゼッケン制〟をぜひ導入してほしい。制服の前と後ろにでっかく「文芸書」とつけるんです。

B　それは恥ずかしいよ（笑）。

C　サンバイザーに「理工書」とか入れてもいいですけど。そうしたら間違いなく担当者に聞けるわけですよ。

――頭の上にもなんかつけたほうがいいね。棚の向こうからでもわかるように。

A　風船とか（笑）。

C　いや、これから書店に絶対必要なアイテムだと思いますよ。書店員は女性が多いから、胸の名札は見づらいんですよ。

B　名札にはジャンル名も入ってないしね。

C　そう。担当ジャンルを公表するのがポイントなんです。

B　でも、よっぽど大きい書店じゃないと意味ないんじゃないの。

C　いいんですよ、町の本屋さんだったら「店内ぜんぶ」って書けば。

A　「何でもオレに聞け」（笑）

D　入ってきたばっかりの新人は「ちょっと不安」「聞かないで」とつける（笑）。

C　そういうのを書店側からアピールしていくべきですよ。でないと、ちょっと聞いただけで、あの店の奴は何も知らないって思われちゃう。

D　お客さんが納得してくれるといいんですけど。「あんたに何がわかるのよ」となると、双方、嫌な思いをするかもしれない。

B　担当だって詳しいとは限らないもんね。

D　それでよけいにクレームが増えるとつらい。

C　いや、答えられないとまずいって、担当者が責任をもつようになるんですよ。そこで導入されるのが僕の画期的なアイデア第二弾〝書店チップ制〟。

D　何ですかそれ。

C　書店員に質問するのに五十円払うんです。書店員の仕事ってお客さんへの対応がすごく多いじゃないですか。ある書店員さんが計算したら、一日二時間分ぐらいあるらしいんですよ。つまり、書店に行って本を探さないお客さんがあまりにも増えている。それはあまりいいことじゃないでしょう。自分で本を探して、その隣にある本にも気づいてほしい。だからチップ制にすればあまり聞かなくなるかなと思って。

――「当店では書店員に聞くときは五十円払ってください」とか入口に書いてあるわけ？

B　それなら何でも答えちゃうなあ（笑）。

A　オレも答えるよ（笑）。横から「ハイハイ、それ知ってる」って手を挙げる（笑）。

C　「すみません、○○って本はどこにあるんですか」って五十円払うでしょ。それですぐパッと本が出てきて、感動したらもっと払っていいわけ。

A　上乗せしてもいいのね。

C　それで、気に入った書店員がいたら年間契約する。ホストと一緒で人気店員はひっぱりだこ。そうすれば働く人と働かない人の差もちゃんと出てくる。

A　さっき言ってたモデルばかりの書店とあんまり変わらない気がする（笑）。

C　いやいや、商品知識のある人じゃないと人気ナンバーワンにはなれないんですよ。

A　オレ、かわいい子だったら知らなくてもいいなあ。五十円払ったら相手してくれるんでしょ。年間契約しちゃうよ（笑）。

B　「五十円なんて安いもんだ

ぜ」って（笑）。

C　画期的なシステムだと思ってずっと温めてきたのに、どうしてそうなっちゃうんですか（笑）。

D　本を見つけられなかった場合は返すんですよね。

B　え、返すの？

A　返さなくてもいいよ。その代わり相手をしてもらう。「お前の一時間買った」とか（笑）。

C　そういう客はつまみ出しましょうね（笑）。

A　昔、本の雑誌で、入口で金を払う書店を作れみたいな話があったでしょ。

――「本屋入場料30円説」ですね。

B　万引き防止のために、入場料を取って出るときに返すっていう店があったんだけど、結局やめちゃったよね。

A　万引きもあるけど、本って傷むでしょう。今は椅子を置いて、高額書をゆっくり見られますって書店が増えているけど、みんなの手垢がついたような本は買いたくないじゃないですか。だったら入場料を取ったらどうかなあって。

C　そもそも書店に机と椅子はいらないですよ。買う人は基本的に最初から買うって決めてるんだから。あるいはパッと見て「あ、これ買おう」って思う。長くいる奴は結局何も買わないんですよ。

A　でも、実用書なんかは中が見たいときがありますよ。だから僕はネット書店は実用系は駄目だろうと思ってるんです。リアル書店のいいところは、『手紙の書き方』なら、こっちはこんな文章が載ってるけど、こっちにはない、って比べられることでしょう。

B　豪華本だってそうだよね。印刷の具合とか組み具合とか見たいもんね。そうするとだんだん例外が増えちゃうなあ。一頁だけなら三十円で見せるとか。

A　椅子はダメだけど、個室を借すというのがあってもいいと思うんだけど。

B　何、それ？

A　寝転がって本が読めるところが欲しいんです。たとえば個室を一時間五百円ぐらいで借りて、本を十冊ぐらい持ってゴロゴロしながら読む。人目をはばからずエッチな本もゆっくり選べる（笑）。

B　ダメダメ。それは書店じゃないよ。

A　個室本屋。いいと思うんだけどなあ。洋服や靴みたいに本のフィッティングルームがあってもいいじゃないですか。この本は私に合うかなあって（笑）。

D　モニターつけないと危ないですよ。中身を取り替えられちゃうかもしれない。

B　シャツに入れて万引きする奴も出てくる。

A　そういうふうに言われると弱いんですが（笑）。

D　買った人だけ入れて、いらない場合は返品できるとか、一回お金を払うシステムにすれば万引きの心配はなくなりますよ。

A　個室入場料を取るとか。

B　書店員が同行する。

C　よけい危ない（笑）。チップ制の二の舞いじゃないですか。

客も営業もドキドキの明日返す本コーナーが欲しい！

A　検索機も個室にしてほしいなあ。ちょっと触ろうとするとすぐ後ろに人が並ぶから、全然落ちつかないんですよ。在庫があるか、類書は何階のどの棚に行けばあるのか、とゆっくり見たい。で、その個室に本を持ってきて、一冊ずつ選べれば最高。

D　でも、うちの検索機でいう

とそんなに精度が高いわけじゃないんですよ。一回お店に入ってきたものは取り扱いがあったと表示されるので、あると出るけど、在庫はない場合もあって、なんでないんだってトラブルになっちゃう。

棚の整理は営業時間後がいい!?

B　在庫があると思われちゃうんだ。

D　ニッコリ笑って「売り切れました」って言っても、「そんなすぐに売れるわけないだろ」って怒られる（笑）。

C　期待されない程度の検索機がいいんじゃないですか。「たぶんあると思うけど、どうかな」とか出る（笑）。

B　それいいなあ。たしかに検索機って断りやすいんですよ。「ほーら、機械にもないって出てるでしょう」って言える。担当が言っても嘘つけ、って言うくせに機械が「ない」って言うとスッと帰る人が多いんだよね。

C　いつも「ない」って出す機械を作ればいいんじゃないですか。秘密のボタンを押すと、でっかく「在庫なし」って出る（笑）。

A　ヤな書店だなあ。

C　全然、いい書店に話がつながらない（笑）。そうだ、制服はある方がいいと思いますか。

D　あった方がいいんじゃないですか。

B　えー、着替えるのが面倒くさいよ。それに、制服っておおむね動きにくいよね。

D　そうか。働きやすい制服ってないですもんね。

B　書店員って、接客と作業員の両面があるから、接客の面を見れば、制服があってどこから見ても従業員ってわかるほうがいいんだけど、作業には不便。結局、営業時間中は作業をするなっていうことなんですよね。接客一辺倒。

C　わかった。最優秀書店は二十四時間体制なんですよ。それで、営業時間内の店員と営業時間後の店員がいて、営業時間後はみんなずっと棚差ししてる。

D　それ、どっちがお給料いいんですか。

B　それは夜のほうでしょう。

C　営業は大変ですよ。昼間は誰も相手にしてくれないから、夜、行かなくちゃいけない。版元営業はこれから夜の仕事になる。

A　九時ぐらいから書店まわり（笑）。ゆっくり話ができるからいいかもしれない。でも、どうやって電車乗り継げって言うの？　終電がなくなっちゃうよ（笑）。

D　書店に仮眠室がある。

A　バスツアーが出るとか。

C　「池袋方面どうぞー」（笑）

B　そこまでいくなら、こういう書店はどうかな。来た本を来た順番に並べちゃう（笑）。

A　それは探しにくいでしょう。

B　探さないの。意外性を楽しむだけ。

D　この本の隣にこんな本が！　という驚きを楽しむ。

C　町の古本屋さんに行って楽しいのって、ジャンル分けしてないことなんですよ。だからじっくり棚を見ていくと、たまに「お、こんな本が」っていう驚きがある。それを書店にも導入していいかもしれない。

B　そのためには三百坪を店長

一人でやんなきゃいけない。あまりキメ細かいことしちゃいけないから。

C　三百坪を店長一人！

B　あとはアルバイトが四人ぐらい。

C　担当は変わらないし、休めないし。いい書店の条件は満たしてますね（笑）。大変そうだけど。新しい本はいつもここって場所が決まってるわけですよね。

——朝からずっと順番に動かしていかなきゃいけない（笑）。

C　そうか、一直線の本棚にすればいいんだ。新しい本を端からどんどん入れていくの。

A　売れると、注文分が新しく入ってくるからまた入口のほうに戻る。

C　動かない本は端から下に落ちてっちゃう。全部返品。

A　自然に高回転の本しか残らない。

B　すばらしいね（笑）。

C　イヤな本屋だなあ（笑）。

A　管理は楽ですよね。死に筋はどんどん返っていくし。

D　淋しいなあ。

——「今日入った本」っていうコーナーがある書店があるじゃない。あれはつい見ちゃうよね。

C　「今日即返の本」っていう棚もあっていいですよね（笑）。

——どうせなら「明日返す本」ですよ。

鹿児島の熱い夏

▼向原祥隆

先月号の「回覧板」に載っていた、鹿児島の出版社の〝AP戦略〟。出版社が経費を負担して書店のチラシを作り、新聞の折込み広告として配布するという、地域書店の復活プロジェクトである。その仕掛け人、南方新社発行人の向原祥隆さんに聞いてみた。

「今年は圏内の書店全体に売上があまりよくなくて、また、大型書店の攻勢で、うちの新刊を百冊単位で仕入れてくれていた老舗の書店が閉店したり、他にも小さいお店がぱらぱら閉店したりしましてね。このまま指をくわえていてはいかん、と思ったんですよ。書店さんが駄目になったらこっちも干乾しですし…。

店長さんも高齢化が進んで、最近は自分から打って出るということが少ない。ここはやっぱり自分たちで働きかけようと、県内で付き合いのある書店さんの中から、とりあえず十三店にお願いしました。八月一日に広告を配布して、お店のほうには広告に掲載した三

各店の手書きメッセージ入り

十アイテム二百セットのコーナーを一カ月作ってもらったんです。

ところが、今年の夏はやたら暑くて、二十日ぐらいまではお客さんが来なくてさんざんでした。二十五日ぐらいからようやく涼しくなって、お客さんも動いてくれたんで、収支はなんとかとんとんになったんですが。

でも、書店さんの反応はよかったですよ。来年からもまたやりたいというところがほとんどでした。半分のお店が売上が伸びたって言うんです。うちの本は売れなくても、お客さんが足を運ぶきっかけになったんですね。きちんと地域の本屋さんという構えで続けてこられた、元気な書店さんでよく動いたと思います。

まあ蔵が立つほど儲かってもらったというわけにはいきませんが、書店さんにも喜んでもらえたし、プラスになったと思います。

今回は七月上旬に思いついたので、あまり時間がなかったんですが、今後は南九州の出版社同士が合同してやるなど規模を広げてやっていきたいですね」

地元出版社と地域書店の共同作戦はこれからもどんどん展開していくのである。

〈優秀書店の条件十箇条〉

① 版元営業に棚卸しを手伝わせない
② 出版社の大小で態度が変わらない
③ 話し好きの書店員がいる
④ 字がキレイな書店員がいる
⑤ 勤続十五年以上の書店員がいる
⑥ いつ行っても担当者がいる
⑦ 名札に担当ジャンルが入っている
⑧ 期待されない検索機がある
⑨ 明日返す本コーナーがある
⑩ 頻繁に模様替えをしない

D　それいい！
B　お客さん、ドキドキしちゃいますよ。
A　今日買っとかなきゃもうなくなっちゃうんだもん。
D　意外に売れるかもしれない。
C　営業だってドキドキしますよ。大変ですよ。情報を交換しあわなきゃ。「○○書店でお宅の本が明日返す本の棚に入ってたよ、早く行ったほうがいいよ」って。
A　「えっ！　どこどこ」って走りまわらなきゃいけない（笑）。
C　あそこは何時に返品だからそれまでに急がなきゃって。
A　「お、間に合ったな。じゃあまだ置いておいてやろう」とか店長が言う（笑）。
C　質屋みたいだ（笑）。
B　でも売れるよ。私だったら毎日見るな。入ってくるのは意志がないけど、返品っていうのは、その人が返そうと思った何かがあるわけじゃない。気になるよ。いっそ全部の本棚がそうなっちゃえばいいんじゃない。店名が「明日返す本屋」（笑）。
A　あとね、すぐ模様替えする書店があるじゃないですか。棚場所変えたり、上にあったものを下に置いてみたり。どうかと思いますね。百坪ぐらいの本屋さんなんかも半年スパンぐらいで棚を変えちゃうんですよ。あれは版元としてもつらい。
C　客としても困りますよね。
A　あまり模様替えをしないというのは大事ですよ。
B　お客さんが本当に棚につくまでには時間がかかるんだよね。でも、経営者や店長が替わったりすると、何か「変えた」っていう形が欲しいもんだから、やりがちなんだよね。目に見える変化って人事か棚替えでしょ。動かすと、「こういう手を打ったんだけど駄目だった」っていうふうに営業報告書的にはストーリーができるから嬉しいんじゃないの。
A　どこでも文庫の棚がガチっとあるわけじゃないんで、じゃあ、まず棚を作りましょうって相談してやるんですけど、半年ぐらいで効果が出ないからやっぱり戻すよって言われちゃう。半年じゃ無理ですよ。
B　そうですね。半年じゃあが

ってこないですね。ただ、今はだいたい辛抱しないよね。長いスパンで見るっていう頭がトップにないから、下手すりゃ当月中に目に見えるような成果がないと、「どうしたのあれ」って来る。

A　その点、神田の某書店は絶対に変わらない。あれはいい本屋だと思いますよ。

D　あそこは社員旅行があるらしいんですよ。毎年何日間か、軽井沢かどっかにみんなで避暑に行くらしい。

A　それ、楽しくないと思うけど（笑）。

B　私も会社で旅行なんて嫌だなあ。

――社員旅行があるのがいい書店なんですか。

D　いえ、ただ休みが欲しいだけなんです。

C　休みがないのがいい書店なんですよ（笑）。

A　いつ行ってもいなきゃいけないんですから。

D　二泊三日ぐらいでいいんです。旅行じゃなくても。ただ、仕事をみんなで休みたい（笑）。

――じゃあ一年でまとめて五日間とかみんなで休めばいいんだ。

本日の新刊コーナーはよく見るが…

B　取次も休みじゃなきゃ駄目なんですよ。荷物も止まってもらいたい。何の憂いもなく休める日が欲しいよね。いない間にクレームとかが来てないような。

D　そうそう。取次が休むだけじゃなくて、書店も心おきなく休めるようなシステムがどうにかできないかなあと思うんですよ。

C　それは業界全体で休まなきゃダメですね。出版業界お休みの日。あと僕があればいいなあと思うのは、働く人たちのための託児所。長く勤められる一助になるんじゃないかと思うんですけど。

D　子どもを連れてくるのが大変ですね。

C　じゃあ、みんな店の近くに住めばいいじゃないですか。二階に住み込み可とか。

B　いいねえ。夫婦可とか。

C　夫婦二人で働ける職場です（笑）。奥さんは日勤で接客して、旦那は夜勤で棚に本を差してる。

D　一緒に住んでる意味がまるでない（笑）。

――でも、町の本屋さんって店の上に住んでたりするわけでしょ。それと一緒じゃないんですか。

A　社員食堂はどうですか。紀伊國屋とか八重洲みたいな。社食があったらお金かからなくていいだろうなあって思うんですけど。

B　あんまり関係ないですね。

C　でも日本一の書店にはせめて社食くらいあってほしいですよ。

D　社食じゃなくても賄いのおばさんがいるとか。

――それを言ったら、町の本屋さんは自分の家でご飯食べてるわけだから、賄い付きみたいなもんですよ。

B　住み込みで。

C　なんか今の話だと、町の本屋さんが一番いいってことになってくるなあ。

D　休もうと思ったらまとめて休めそうだし（笑）。

A　実際は一番大変なのが町の本屋さんなんですけどね。

田中店長の行方不明と怖い客

杉江由次

☆続いては本誌炎の営業が東京・練馬の中村橋書店で聞いたあっと驚くエピソードを初公開。町の本屋さんと客との間には棚を通じた心温まる交情があるのだ！

　中村橋書店は、その名の通り西武池袋線中村橋駅にある。駅前のズラリと並ぶ商店街の一角に店を構え、広さ四十坪の店内に、昼は主婦や子供、夜は学生やサラリーマンを迎える典型的な町の本屋さんだ。

　しかし町の本屋さんといって侮ってはいけない。無類の本好き塙靖沖社長と田中康雄店長が日々細かく新刊をチェックし、発注をかけ、通常小さな書店には入ってこないような話題の本も出来る限りお客さんに届けられるよう努力しているのだ。そのことはギッシリ詰まった棚を見れば一目瞭然。どおーんと新聞広告を打つようなベストセラーもしっかり積んでいるし、晶文社や青土社、みすず書房といったピリリと効いた出版社の新刊も並んでいる。ついつい手を伸ばしたくなる本が「ここにあるぞ」と自己主張している、まさに「生きた棚」を形成しているのである。

　田中店長の秘策は、名づけて「一本釣りの棚」だ。

「町の本屋さんだからできるんだけど、あのお客さんはこんな本が好きだったなと、新刊案内を見ていると思い浮かぶわけ。平積みするほど売れない本でも一冊は注文をかけて棚に差して置く。そうするとそのお客さんがやって来てじっくり店内の棚を見ていくんだよね。もちろん失敗することも多いけど、予想通りのお客さんがその本に手を伸ばして、レジに持ってきたときは本屋冥利に尽きる」

　そう言って、ニッコリ微笑む田中店長はひげ面の一見強面五十三歳。しかし話すと東北出身の木訥な口調と優しさのこもった言葉がにじみ出てきて人間味たっぷり。笑ったときの目も魅力的なおじさんだ。

　六月のある日。僕は田中店長に会うのを楽しみに中村橋書店に向かった。今日はどんな話が聞けるのか、こんなことを話そうかなどと考えながら店内を一瞥する。ところがその姿が見あたらない。てっきり、仕入れに行っているのか、それとも奥の倉庫で作業しているのかと思い、レジにいた女性アルバイトに所在を確認すると「えーっと今いないんです…。えーっと、えーっと、ちょっとしばらくお店に来ません」と口ごもるではないか。え？　しばらく来ない。

　この出版不況下で営業をやっていると、突然の閉店や退職なんて日常茶飯事。もしや田中店長も何か決断してしまったのか。不安がよぎる。だが、それならば退職したと言われるだろう。いったいどうしてしまったのか。レジで言い淀んでいる女の子に詳細を聞くのも何となくはばかられ、その日は悶々としたまま会社に戻った。

　そして九月。再び中村橋書店を訪問する日が来た。もっとマメに通いたいが、なにせ零細出版社のひとり営業である。二、三カ月振りになってしまうことも少なくない。書店のみなさん、すみません。とにかく田中店長もそろそろお店に出ていることだろう。

　そう思って、外から店内を伺ってみるも、田中店長の姿はない。おかしい。やっぱり何かあったのだろうか。一瞬、入るのを躊躇するが、いじいじしていても仕方ない。ええいと踏ん切りをつけて店内に入る。そして怖々確認すると「来てますよ！　奥の倉庫にいると思います」嬉しい言葉が返ってきた。

「実は、オレ、病気になっちゃって、二カ月半入院していたんだ」

　倉庫のイスに座っていた田中店長は開口一番、そう切り出した。なんだ、病気だったのか。退職などではなかったことにひとまず安心。いや、安心している場合ではない。二ヵ月半も入院なんて大変な病気ではないか。

　詳しく聞いてみると、外科的な病気で生死に別状はないものの、かなり大がかりな手術をせざるを得なかったらしい。笑って聞いちゃいけないのだろうけど、田中店長は持ち前のユーモアで明るく話してくれた。本屋仕事に支障がないらしいのも救いだ。

「二カ月半は長いよねえ。その間の新刊が気になるんだよ。入院して初めの頃は、新聞広告やら新刊案内を見て、これは何冊、これは何冊なんて注文部数を思い描いちゃってさ。もう気になって仕方ないから、一切見るのをやめたよ（笑）」

　たくさん読めるだろうと山のように本を抱えて入院したらしい。しかしなぜか読書は進まない。病院の明かりが弱いせいなのか、仕事のことが頭から離れなかったせいなのか、八冊しか読めなかったと悔しがるのだ。司馬遼太郎の『坂の上の雲』四巻を読み終えたところが、ちょうど退院の日だった。

「今は、だいぶ良くなったからお店に顔を出してリハビリ中。でも、レジに立つのが怖いんだ。社長とオレの棚の差し方が違うわけ。それぞれ本に対する思いや考え方があるからいつもケンカしながら差していたんだよね。で、入院している間、社長が棚を作ってきたから、どこにどの本が入っているかわからない。だからお客さんに聞かれて答えられないと思うと怖くてね。もう何十年も本屋やってるけど、こんな怖いのは初めてだよ」

　そう言いつつも言葉の端々からやる気が伝わってきて、嬉しくなってくる。これからも社長とケンカをしながら田中店長は棚を作っていくのだろう。

「棚っていえばさ。いつも怖いお客さんがいるんだ。いわゆる『怖い』人じゃなく、ものすごく本を知っているお客さんでね。新聞の新刊広告をくまなくチェックしているし、各出版社が出しているPR誌もしっかり読んでいて、この本は入ってないのか？って聞かれるんだ。なければないで、注文してくれるんだけど、ないっていうのが悔しくて。こっちもしっかり注意して、これは!って本は先に仕入れておくようにしたりね」

そのお客さんは年の頃にして六十歳過ぎ。週に何度か顔を出し、棚をじっくり徘徊していくという。とにかく本が好きで、あまりに増えた蔵書を町の図書館に数千冊寄贈したこともあるらしい。店内に本をぞんざいに扱うマナーの悪い客がいると、注意までしてくれるというのだ。もちろん本屋さんという仕事柄、ベタベタ話をするわけでもなく、本と棚を通して会話する関係でしかなかった。

「そしたら、オレが入院しているときにそのお客さんが来て、本の並べ方が変わったって気づいたらしいんだ。それで、オレの顔をしばらく見てないってことにも思い当たって、聞いたんだって、レジの子に。それでね……そのお客さん……。わざわざ見舞いに来てくれたんだ、オレのところに」

田中店長はそう言って、Tシャツの袖で涙を拭った。しばらくしてハッと顔を上げ、言葉をつけ足した。

「オレ体を壊して、本屋も辞めようかって考えたよ。でも辞められないよね。こんな嬉しいことがあるんだから」

ネット21の挑戦

▼田中淳一郎（恭文堂書店）

ネット21は、中小書店が戦略的に組織化するための共同出資会社です。四年間グループで活動して、今年から「有限会社ネット21」になりました。現在の構成員は栃木から岡山まで十一法人二十七店舗。

目的は第一にPOSデータの配信で、各店の販売データが翌日にはインターネットで見られます。また同時に、出版社にも売上データが送れるようになっています。

そして、この秋から本格的に共同仕入れが始まります。各店の注文をまとめて、ネット21が出版社に送る。店ごとにいちいちやらなくても、ネット21全体で千冊入れて八百冊売れたから、五百冊追加して下さいと言えるようになるわけです。

それと同時に進めようとしているのが、店舗間移動です。本って出版社→取次→書店と縦に流れてますよね。それを書店から書店へ動かすようにする。自分の店にない本を、在庫のあるお店から送ってもらうわけです。ゆくゆくは二十七店舗で持っている商品すべてを活用できるようにしていきたい。中一日ぐらいで届けられるので、客注一冊にしても出版社に送ってもらうより早くなる。全体の返品率も下がっていきます。

ネット21を核に、共同仕入れと店舗間移動という縦と横の流れをうまく作っていきたいですね。どの程度の規模でやるかはまだまだこれからですが。

あとはコストとの戦いです。システムの端末、維持費、店舗間移動の費用と、すごくかかります。出資金や出版社の報奨金でまかなえればいいんですが、ほとんど持ち出しですよ。でも、一括仕入れや買い切り交渉など、組織だからこそできることがあるでしょう。その可能性をみんな信じてるんじゃないかと思います。

フェアなんかにしても、一店だけだと難しいけど、全店舗対象であれば、統一帯にしてもらったり、洋書を入れるとか、いろんな企画ができるかもしれない。自由価格本フェアを常設して、もっと気軽に自由価格本が買える状態を作ることも考えています。

将来的には、書店経営やコンサルティング、人材の派遣などもやりたいと思ってるんです。あと、専売書ですね。出版社主導ではない、書店の立場からあったらいいなあと思う本を「ネット21文庫」みたいにして出したい。

本当に、やりたいことはたくさんあるんですよ。今後それが売上につながっていけばと思います。

【まんが専門店「わんだ〜らんど」は7年目を迎えました】◉南端利晴

▼87年52号

まんが専門店を始めて七年。七回目の正月を初めて〝休む〟ことができた。とはいっても3日から営業はしている。例年、1日と2日くらいは休んではいるのだが、年末でシメたデータ・その他の集計作業があるので、正月1日と2日にそれらを片付けることになって、休みらしい休みをとれたためしがないのだ。今年は、だから年末の29日で早々と店を閉め、30日と31日でサッサとそういった仕事を終え、1日・2日を完全に休みにすることができた。快挙だと思っている。

思えば、最初の正月なんてひどいものだった。何も知らなかったといえばそれまでだが、税金の申告に必要な年度末の棚卸しをマトモに12月31日、しかも閉店の時間ちょっと前から始めたものだから、除夜の鐘が鳴り終ってもまだ本を数えてるといった有様で、近くの神社へ初詣に行った帰りの人達が、不思議そうに前を通り過ぎていったり、中には夜店に立ち寄るような感じで店の中へ入ってきたりで、想い出してる分には面白いけど、やっている分にはナサけなくて仕様がなかった。

それ以来、棚卸しは年末、26〜28日くらいの間の1日をあて、アルバイトを5〜6人動員して一気にやっている。去年は26日にやり、27日にはもう棚卸し額の集計まで終えるという、これも快挙だった。だんだんと要領が良くなってくる、と、ひとり満足している。今にもっと要領良くなって、冬はスキー休み、夏は海へ…なんてことも可能になるかも知れない、と、考えたりするのだが、実現の可能性は、やっぱりゼロに近い。

学校を出てから5年間、サラリーマンだった頃には休みなんていくらもあった。無理矢理一カ月余りの休みをとってアメリカへ行って、帰ってきてもクビにはなっていなかった。今、そんなことをすると、エラクややこしいことになって、そのあげく店を閉めることになるだろう。そのややこしいことを処理するのもぼくだ。人に迷惑をかけるのもイヤだけど、自分にかかる迷惑もじゃまくさい。それよりは、仕事だってホラこんなに楽しい、といった部分をつむぎ出していく方がワリがいい。仕事を丸ごと〝遊ん〟でしまおうという、気持ちの切り替えは、本屋仕事特有の、難しいことはひとつもないのに次から次へとやってくる〝雑用〟を片っ端からこなしていかねばならない、という、そのあたりへの対抗措置でもあるのだ。

かくして只でさえ少なくない雑用の中へ、過剰な自主雑用を注入し、雑用同士のヨコのつながりを確保し、仕事全体を有機的なものにする、という試みが始められる。

具体的には、現在のところ「わんだ～らんど新聞」というのがその役割の中心にある。Ｂ４判ウラ・オモテの月刊紙でこの2月号で30号と、結構続けることができている。かつて出していた「わんだ～らんど通信」は6号で休刊だから、やはりこれくらいの簡易なスタイルの方が、本屋仕事には合ってるのだろう。

しかし、この「新聞」ですら、日常業務に割り込んでくる作業量はというと、決して少なくはない。毎月、最初の一週間で前月分の販売データをまとめ、取次や各出版社へ発送し、ホッとしたのもつかの間、翌月の「新聞」の内容を考え始める。第三週には、その内容に応じて、お客さんにインタビューしたり、原稿を書いたり、新刊紹介をあげたりといったことを済まし、文字を書いてくれる人間写植機の光城（旧姓・橋本）鈴代さんに原稿を送らねばならない。そして第四週には版下を作り、あとは、いしいひさいちさんの四コマが〆切通りに着くように電話で催促することを忘れなければ、めでたく完成となる。いしいさんの原稿はめったにオチない。が、2～3日のズレは〝神頼み〟の領域にあるので気は抜けない。ちなみに、ウチの「新聞」におけるいしい四コマの主人公はなぜか文鳥堂Ｐａｇｅ１の木戸さんであることが多い。ぼくや女房は出てきたことがない。たぶん、木戸さんのところで「新聞」を作ってくれて、いしいさんが四コマを描くことになったら、きっと主人公はぼくになるに違いない…と、ひそかにその日を待っている。

それだけやってる分には「新聞」作りの作業量なんてたいしたことはない。年に何度か手を出すイベントにしてもそうだし、こうして書いている原稿だってそうだ。本屋の日常業務の合い間を盗んでやるから、時に〝たいへん〟になる。しかし、本屋の日常業務というのが、先にもいったように、〝雑用〟の集積の体をなしているから、それだけを順に片付けているだけだと、ついつい全体が見えてこなくなったり、本屋でありながら、本のことがわからなくなったりもしがちになる。本屋のオッサン・オバサンというのは〝現場作業員〟なのだ。同時に、本屋をプロデュースする視点を自分で用意しないと、お客さんに負けてしまう。お客さんに負けるということは、つまりは自分が扱っている本についていけなくなるということだ。すごくエラソなことを言ってるが、それくらいを自分に言い聞かせてホドホドなのだ。そのホドホドがウチの場合「わんだ～らんど新聞」という形になっていて、そのおかげでぼくは自分の店を手中に収めている——つもりになっている。

本屋で誰が一番エライかというと、それはお客さんだ。なぜなら、お客さんは買った本を全部読む。本屋をやってる側は、売った本を全部読むなんてことはできない。しかし、本というモノは、モノである以上に本であるから、本屋だって

筆者は2014年2月をもって「わんだ～らんど」経営から身を引き、現在は小学館第三コミック局にアドバイザーとして勤務している。

本の中身にたどり着く努力はしなければならない。端的に、本をたくさん読んでる本屋の人はエライと思う。ぼくはあまりエラクないので、なるだけエライ人に近づける手段を考える。お客さんに近づくのが最も近道ではないかな、といまのところそう思っている。

去年11月に、新文化通信社から『遊ぶ本屋——まんが専門店わんだ〜らんどの記録』という本を出させてもらった。買い切り扱いの本なのであまり本屋さんの棚には並ばなかったけど、なんとか初刷りの四〇〇〇部はクリアできたみたいでホッとしている。（買っていただいた皆さん、どうもありがとうございました）女房の南端裕子との共著なので、そう多い原稿量ではなかったが、本屋仕事のいくつかの局面について、考えをまとめさせてもらえる機会になった。本屋仕事の主役クラスである〈仕入れ〉〈販売〉についてはこの単行本で。ヨロシク！

ところで、この本が出て以来、本屋さん、あるいは本屋さんになりたい方から電話がよくかかってくるようになった。しかし、なぜか若い人がいない。若くして（20代で）本屋になりたい人って少ないのだろうか。ぼくは本屋になりたかった。本屋という仕事について〝迷ってる〟人が年輩の人ばかりだというのは少しさびしいような気がする。

来週返す本の棚を新潟で発見

▼02年3月号

☆新潟市の馬場京子さんから「駅ビルの書店に返品コーナーができました」という情報が届いた。なんでも新刊コーナーの一画に「来週返品される本のコーナー」という案内プレートがどかーんと立っていてそれはそれは色んな本が並んでいるという。

おお、「来週返品される本のコーナー」だって!? どこかで聞いたことがあるような気がするではないか。

さっそく新潟駅ビル・セゾンのセゾン・ド・文信堂に問い合わせてみたところ、広木正弘店長は「もちろん本の雑誌をヒントにさせてもらいました」と明るく答えるのである。おお、そうであった。本誌十一月号の特集「本屋さんに行こう！」の座談会中に「明日返す本コーナーが欲しい」という提言（というより要望か）が出てくるのである。それを読んだ広木店長が面白いではないの、と返品コーナーを作ってしまったらしい。いや、まさか本当にやってくれるとは。嬉しいではないですか。

「書店員って一度入ってきた本はもったいなくて返せないんです。心を鬼にして返品しているのが実情で、返品する本にも、もうひと花咲かせてやりたい（笑）」

ということで、返品コーナーを設置したのは昨年の十一月。本誌の提言と異なり「来週返す本」になったのは「明日返す本」では棚一段作れるだけの供給量がないという事情らしいが、とにかく返品する本ばかり集めてしまったんだから、すごい。それもレジの目の前、新刊平台の横という一等地の棚の最上段を一段まるまる使って「厳選 来週返品される本のコーナー」と案内プレートまで立てた上、「このコーナーの本は来週返品されます もう二度とめぐり逢えないかも」というキャッチィなコピーまで添えているのだ。力が入っているのである。

しかも感心するのは、このコーナーに並んだ本は売れても絶対補充しない！と決めていることで、基本的に一冊ずつしか並んでいないから、売れてしまったら文信堂では本当に二度とめぐり逢えないかもしれないのだ。たとえば、ただいま評判の『サプリメントで40歳からの肉体増強』といった本も並んでいるが、「積めば売れるんでしょうけど、一度返品コーナーに入れてしまった以上、もう追加も出さない」と広木店長は言い切るのである。潔いのである。

では、ほかにどんな本が並んでいるのか、というと、毎日変わるという面展示の一冊は金森敦子の『関所抜け 江戸の女たちの冒険』。あとは若桑みどり『皇后の肖像』に種村季弘の対談集『東京迷宮考』、おっと新潮クレスト・ブックスの『パイロットの妻』に永沢光雄の『すべて世は事もなし』まであって、おお、こんな本まで来週返品されるとわかったら、見ているうちに買っておいたほうがいいのでは、という気になってくるのではないか。

ちなみに「来週返品される本のコーナー」に並ぶのは、返品期限（約三カ月）間近の本の中から、広木店長が独断でこのまま返すのが惜しいと思った本。つまり返品される本のすべてが並ぶわけではなく、選抜された本だけしか並ぶことができないのである。「並ぶのは名誉なんですよ」

とのことだから、返品コーナーに並べられた著者も出版社も決して怒ったりしないように！

全日本書店員が選ぶ賞を作ろう！

▼02年5月号

☆都内のある書店をぶらぶらしていたら、児童書のコーナーで思わず足が止まった。

あすなろ書房の『オリビア』（イアン・ファルコナー作／谷川俊太郎訳）という絵本に、「全米書店員が選ぶ２０００年度売ることに最も喜びを感じた本賞受賞！」というポップが立っていたのである。

おお、「全米書店員が選ぶ売ることに最も喜びを感じた本賞」って何？　本をぱらぱら見ても、どこにも書いていないし、あすなろ書房の広告でも「全米60万部突破！」と謳っているものの、この賞については何も触れていない。うーむ、いったいどんな賞なのか。

　仕方がないので、つたない英語を駆使してインターネットで調べてみたところ、この賞は「BOOK SENSE BOOK OF THE YEAR AWARD」という名称で、毎年アメリカのＢＥＡというブックフェアで発表されるらしい。そもそもは九一年に「ABBY AWARD」（アビー賞）の名でアダルト向けのフィクションを対象にした賞としてスタートしたが、九三年に児童文学部門を新設、二〇〇一年からはアダルト向けノンフィクション部門と児童向け絵本部門も加え、都合、四部門四作品に授与されているという。『オリビア』が受賞したのは二〇〇一年に新設された絵本部門（二〇〇〇年に出版された本が対象）。つまり絵本部門第一回の栄えある受賞作に輝いたのである。

　ちなみに「BOOK SENSE BOOK OF THE YEAR AWARD」は直訳すると、「年間で最も意義深い本だったで賞」くらいの意味だが（本当？）、賞の説明に「全米書店員が去年、売ることを最も楽しめた本」「お客さんにすすめるのを最も楽しめた本」とあるから、まさしく「全米書店員が選ぶ売ることに最も喜びを感じた本賞」なのだ。

　それにしても「書店員が売ることに最も喜びを感じた本賞」とは、素晴らしいではないか。本にとって、ある種、最大の賛辞、最高の賞といってもいいだろう。これはもう日本でもぜひ創設してもらいたい。ずばり「全日本書店員が選ぶ売ることに最も喜びを感じた本賞」だ。なに、賞状も副賞もいらない（って当社の本がもらえるわけじゃないんだけど）、名誉だけでいいのである。インターネット投票なら全国から投票が簡単に集まるし集計だって簡単ではないか。全国の書店関係者は、さっそく検討していただきたい。

　よし、これでお終い！　と、ひと息ついて机の周りをぶらりと眺めたら、理論社の大ベストセラー『スター★ガール』の帯に「全米書店員が選ぶ『２０００年いちばん好きだった小説』」というコピーがあることに気がついた。ありゃ、これは「全米書店員が選ぶ売ることに最も喜びを感じた本」とは違う賞なの？

　理論社の担当者に問い合せたところ、こちらは「パブリッシャーズ・ウィークリー」誌上で発表されるまったく別

の賞とのことで、つまりアメリカには書店員が選ぶ「売ることに最も喜びを感じた本賞」と「いちばん好きだった

書店発、驚異のベストセラー

☆新潮文庫の『白い犬とワルツを』が全国各地でバカ売れしていることをご存じだろうか。新刊ではない。九八年三月に文庫化された、すでに発売から三年以上を経過した既刊本である。初版三万部。なんとこの本がここ二か月で十五万二千部！も増刷、累計二十万を突破したというのだ。いったい何が起きたのか。

　実は千葉県は津田沼の昭和堂という書店の木下さんとい

本賞」のふたつがあったのである！　おお、そうだったのか。ならば、えーい、日本でも両方の賞を作ってくれい！

▼01年9月号

う書店員がきっかけなのである。親本を読んで感動していた木下さんは、文庫化されてもあんまり動かない『白い犬』を見て、もっと売れるし売れるはずの本だと思い、この三月に、

〈妻をなくした老人の前にあらわれた白い犬。この犬の姿は老人にしか見えない。それが、他のひとたちにも見えるようになる場面は鳥肌ものです。何度読んでも肌が粟立ちます。〝感動の1冊〟。プレゼントにもぴったりです!!〉

　という手書きのポップを立て、文庫の棚前で平積みを開始。その途端、一日で五冊が売れるようになったかと思ったら、日が経つにつれどんどん売れ行きが加速するものだから、店内の一等地でどかーんと十二面積みを展開。四月に百八十七冊売れて、いや、すごいねえと言っていたのが、五月、六月にはなんと四百七十冊を売って、全書籍でトップの販売数にしてしまったのだ。

　これを伝え聞いた新潮社も、おおっと驚いたのでしょう。さっそく木下さんの了承を得て、木下さんが作ったのと同じ文面のポップを手書きで作成、書店に配布して、『白い犬』を強力プッシュ。その結果、全国の書店でどかどか売れているというのがことの真相なのである。

　つまり一書店の一書店員が全国規模のベストセラーを、それも三年前の文庫で、生み出してしまったのである。いや、『白い犬とワルツを』は単行本が九五年に出ているから、邦訳以来、正確には六年めにして火がついたことになるのだ。なんともすごい話ではないか。

「ベストセラー、話題作ではない本の中にも面白い本があるという棚作り、平積みをしている」と木下さんは言うが、まさかここまでいくとは想像していなかったんでしょう。「普通、売れる本というと、宣伝がすごいとか、あるいは映画化テレビ化といった外からの要因がありますけど、この本の場合、外の力を借りずに、純粋にうちの店の力だけで売れたというのが嬉しいですね」と喜びを隠さずに話すのである。書店発のベストセラーということで、新潮社営業部も浮かれ騒いでいるらしい。

　本が売れない売れないと嘆きの声ばかりが聞こえてくるが、嘆いているばかりでは始まらない。どこにベストセラーが眠っているかわからないのだ。全国の書店の皆さん、本を選ぶ目に自信を持って、どしどし仕掛けてみてはいかがか。たった一枚のポップで、次のベストセラーを生み出すのはアナタかもしれないのだ！

改造案スペシャル

書店員の給料を3倍にせよ！

▼90年2月号

☆業界人による画期的な書店改造のすすめだ。役に立たなくても怒るな！

A　新しい専門店の方向を考えたいね。

C　どういうこと？

A　今の専門店は本のジャンル別だろ。児童書専門店とかミステリー専門店とか。そうではなくて、客で分ける。

B　それは、三〇代サラリーマン専門店とか四〇代の人専門店とかいうこと？

A　うん、年齢で区切るのもひとつの方向だろうね。

B　客の年収で分けるのはどう？

C　年収一〇〇〇万円の人専門店。

A　いいねえ、高い本はまったくなくて、安い本ばかり（笑）。

C　雑誌が読者に合わせてこれだけ細分化しているんだから、書店も客に合わせて細分化するのは、いい発想だよ。

B　名古屋出身者専門店。

A　いくらでも考えられる。

C　恋人のいない人専門店なんて、いいんじゃないの。

B　その店には入りづらい（笑）。

C　浮気している人専門店（笑）。

A　そういう店には見栄で入ったりする（笑）。

B　ただむずかしいのは、本をジャンルで分けるより、品揃えが大変なことがある。たとえば、おたく族専門店を作った時に、おたく族が買い求めるような本をあらゆるジャンルから探してこなければならない。書店員に大変な知識が要求される。

A　現実にはそうだね。

B　そこで、現実的な案をひ

とつ。本をキープ出来る書店を作る。
C　キープ?
B　飲み屋でボトルをキープするみたいに、代金を払うと書店で本をあずかってくれる。それでカードを出すと、奥から持ってきてくれる。
C　よその人に出しちゃいけないのね。
B　でも、「××が来たら、ぼくの本を出してもいいよ」って言うの（笑）。
A　そのかわり、読み終わったら新しい本を入れておいて貰う（笑）。
B　そのキープ本を奥にしまうのではなく、棚に並べておくのはどう?　で、本にキープした人の名前が付いている。そうすると「おっ、あの渋谷って奴、いい本を読んでるなあ」って、結構ステイタスになるの。
C　でも、それ、何の意味があるのよ（笑）。
A　そんな本ばかり棚に並べたら、売る本がなくなるじゃないの（笑）。
C　やっぱり書店員のやる気を出すために何か考えたほうがいいね。結局、書店は書店員でもっているんだから。
A　どうするの?
C　表彰する。
B　エールを送るわけだ。
C　たとえば島根県下の書店すべてに目安箱を置いてベスト書店員を投票してもらう。で、「今年度の島根県のトップ書店員はこの人でした」って表彰する。
B　たしかに書店員のやる気は出るだろうけど、島根県の読者が県内のすべての書店に顔を出すわけではないからね。自分の知ってる店だけでしょう。そうしたら客の多い書店が有利じゃないか。
A　Gメンが出動すればいい。書店員表彰Gメンが全国を回る。
B　なんだか現実的ではないね。
C　でもさ、サン・ジョルディ・キャンペーンに二億円もかけるなら、全国の都道府県ベスト1書店員に四百万円ずつあげるほうが、長い目で見た場合、書店業界にとっていいと思わない?
A　表彰するだけでなく、書店員の資格審査をするってのはどう?
C　書店をよくするためには、飴と鞭の両方が必要というわけだ。
B　調理師の免許みたいに。
A　ただ、この資格は一回とれば永遠にいいというものではなく、毎年試験を受けなければならない。
B　きびしいのね。
A　この試験を通ったら大変なんだよ（笑）。待遇は最高で、引く手あまた。書店を辞めても恩給がつく（笑）。
C　そうすると、もぐりの書店員も出てくるね。無免許店員。
A　そういう不届きなニセ店員を摘発するためにGメンがいる（笑）。
B　Gメンが好きだね（笑）。
C　その試験には全国で一〇〇人ぐらいしか受からない。
B　それじゃ、全国の書店がやっていけないよ。

C　そうか、じゃ一〇〇〇〇人。で、そういう資格を持った書店員が二〇坪単位に一人はいなければならない。だから二〇〇坪の書店には資格持ち書店員が一〇人必要になる。あとはバイト店員でもいいけど。

A　その免許にも種類があって、文学二級とか実用三級とか、法経一級とか。それで、免許のある人しか売れない。「ちょっと待って下さい。その本を売る免許を持った奴が今日は休みなんで、すいません」なんて（笑）。

B　だったら客の審査もしたいね。最近また本を病的にチェックする客がふえてるだろ。そういう奴に限って、自分の選んだあとは平積みをガタガタにしても平気なんだ。あの無神経さに腹が立つから、ああいう客をなんとかしたい。

A　客も試験を通らないと書店に入れない。これがまた難しい試験で（笑）。

B　筆記試験は通ったけど面接で落ちちゃった（笑）。俺、まだ免許持っていないから代わりに買ってきてくれないか、なんて。

C　駄本は誰でも買えるのね。

A　うん、駄本屋は免許なくても入れる。ところが文芸書を売っている店には免許持っていないと入れない。

B　その免状がカードになっていて、それがステイタスなわけ。六本木に行くともてるもてる（笑）。

C　飲み屋でわざと落としたりして、「おっといけねぇ、このカードがないと、明日、本屋に行けねえんだよなあ」（笑）。

A　そのくらい客を選別したほうがいい。あとは客の意識変革を図る。

C　どういうこと？

A　書店にとって一番いい客は、来るなりパパパッと買って「カバーはいいよ」って、サッと帰っちゃう客だろ。

B　おまけに「釣りはいいよ」って言う客なら最高（笑）。

A　だからね、本を病的に選ぶのは恥ずかしいことで、いちばん粋でしゃれているのは、パッと来て「釣りはいいよ」ってサッと帰る客であると、そういう風潮を作る。サン・ジョルディの費用を使ってそういうキャンペーンをやればいい。

C　そうかねえ。どうも現実的ではないような気がするなあ。

B　あのさあ、最後に真面目な話をすれば、いちばん簡単なのは書店員の給料を三倍にすることだよ。そうすれば書店は確実によくなる。書店員が無愛想だとかいろいろ言う人がいるけど、劣悪な労働条件と低賃金で書店員は働いているわけだよ。もともと本が好きでも、これでは新しい情報を仕入れようとか、仕事の意欲が湧いてくるわけがない。

A　でも、それは書店改造計画ではなくて、書店員給料改造計画じゃないの。

C　それに現実的じゃないよ。

B　そうかなあ。これがいちばん現実的な案だと思うんだけど。

書店観察学

■ 斎藤一郎

悠々たる時間《とき》が流れる大阪の〝異色〟書店、文雅堂のこと

▼89年4月号

大阪東区備後町に、明治三十六年創業の、文雅堂という書店がある。地下鉄の堺筋本町を降りると、すぐ船場の繊維衣料品問屋街があり、北に向かって歩くと、南本町、本町、安土町とめまぐるしく町名が変わる。この一帯は、道路一本ごとを境にして、横に長い小さな町が続いている。東西に走る道を二本過ぎると、備後町である。さらに行き過ぎると、瓦町、淡路町、南北の道を越えると豊後町、内本町橋詰町、南新町、徳井町と並んでいて、慣れぬ人間には、とても覚えることができない。

あたりには、銀行、商社、証券会社などの巨大なビルが立ち並ぶ。そういう中の、あるビルの階段を降りて行くと、文雅堂という老舗にたどり着くのである。

ビル内の通路に面した文雅堂は横に長い書店である。通路側はガラス張りなので、店内が全て見渡せる。木製の棚の色はセピアだ。店内の通路は、横に一本だけである。入口をくぐって真正面の壁には、高い棚がずらっと並んでいる。ガラス側には、腰の高さほどの平台が続き、平台の下も全部書棚である。そのやや高い平台に五ケ所、丸い鉄柱に支えられて、幅三尺、四段の回転棚が突き出している。手でちょっと押すと、棚は軽快に回転して裏返しになるが、そこにも本はぎっしり詰まっている。この回転棚は、文雅堂のあるビルが建って以来十四年も経つが、どの棚も今だに音ひとつ立てない。五つある回転棚のうち一個は、絵本のラックなどによく見られるような、カラー文庫を面出しで見せる形になっているが、この棚も静かに回転する。回転することを知らぬ読者が、首を伸ばして反対側を覗こうとする時に、思わず棚に手をかけると、その微かな力だけで動き出すので、ようやく回転棚ということに気がつくと言う。回転しないかのように見えながら、楽に回転するというこの造りは、数ある回転棚の中でも特にすぐれている。

十五坪の店内は、足元まで棚でいっぱいである。文雅堂では、派手な表紙の雑誌を見ることができない。ここ

は時間が静かに漂っている。政治、経済から、古典や能・狂言などや、出版社で言えば岩波書店、青蛙房といった、いわゆるカタイ本ばかり置いてある。小分類として、文学、人文などと普通に分けられはするが、書店全体を構成する大分類は何なのだろう。それは文化といったようなものではないか、と店主は言う。最近、書店はまるで倉庫のようになっていて、読者すらその雑然さに慣らされているように見えると言う。書店には、読者の眼の遊び場所が欲しいと言って、奥に藍染めののれんをかけ、時折、絵画や書を飾る。カバーに中川一政の書を使う。

本が大好きで、読書範囲が広く、店内の本のほとんどに目を通すという店主は、祖父の代から数えて三代目になる。四代目の子息は、文雅堂を継がないと言うが、三代目はそれを気にする風もなく、あごひげのある優しい顔で本を包みながら、にっこり笑うのである。

▼88年11月号

書店の棚にはさまざまな工夫が凝らされている

地震があると普通の家にある本棚はすぐグラグラと揺れて、かなり危険な感じのすることが多い。それでは、棚だらけの書店はどうなのかというと、壁面の棚はしっかりと壁に固定されているから、ちょっとやそっとの揺れではびくともしない。通路側にある棚にしても、下の部分が広がっているか、平台やストック用の引き出しがオモリの役目を果たしていて力学的にも安全な設計になっている。

設計といえば、書店の棚は以前に比べれば、ずっと低くなってきた。資金回転上、在庫を少なくする必要があることや、万引き防止のために、見通しを良くすることが主な理由だが、実質の在庫は減っても、それほど本の量が少なくは見えないという、書店の陳列の工夫と、棚や室内のデザインの向上も見逃がせない。

新しい考案の棚には、たとえばアコーディオン棚というジグザグの棚があって、これは棚の端の本の表紙と背が同時に見えるようになっている。また、リブロで採用している回転棚は、四方が棚になっていて、その柱状になった棚が、手で押すと丸い台の上で回転するしくみになっている。新所沢のパルコＢＣには、二重の棚の前の棚がスライドする棚もある。

大阪の地下鉄四ツ橋線の難波駅前にある駸々堂湊町店では、まるで忍者屋敷のような棚が出現した。これは、からくり棚とでも呼ぶのだろうか。奥にある三本の棚が、全部裏返しになるのである。その棚の後は事務所になっている。書店の客層というのは、時間帯によって、夕方になるとビジネスマンが多くなったり、かなり違ってくるものなので、書店ではそれぞれの客層に合わせた本を、一冊でも多く揃えたい。吉祥寺・松和書店の松崎氏のように、時間帯によって平台を変えてしまうスゴイ人がいるが、ここでは棚全体がぐるりと入れかわってしまう。限られたスペース内での最大効率の販売が目的の棚だが、表裏両方の棚の売れ行きのバランスを良くするためには、相当に濃密な品揃えが必要になる。昼間は、海外文学、心理、からだ、絵本というプレートの付いた棚だが、夜になると何が出てくるか、というわけで何だかワクワクする棚である。

新しい棚には、このように様々な工夫が凝らされているが、棚というものは高価だから、どの書店でもそうひょいひょいと変えるわけにはいかない。書店は開店時に、その時の一番新しい棚を入れ、変えることも少ないから、棚の高さ一つとっても、自分の行きつけの書店の歴史を垣間見ることができる。棚の材質で言えば、木製から始まって、スティール、化粧板に変化してきている。形式では、固定棚から、高低の変化できる自在棚が多くなってきたし、色も木目の茶色から、白や黒や緑になった。

古い棚にも手作りの工夫があって、並んだ本の向こうに、奥行きを調整するために、木やダンボールや発泡スチロールが置かれていたりする。本の重さで弓なりになってしまった棚板には、まん中に当て木が打たれていたり、書店業務には結構大工仕事が含まれていることがよくわかる。書店で本を見るのに飽きたら棚の表情に目を止めてみてはどうだろうか。

本屋さんの裏側には何があるか

▼88年10月号

書店の裏側——というと何やら大変な秘密が隠されているような期待を持たれてしまいそうだが、別にフツーの裏側のことである。

読者は書店の入口からはいり、平台や棚の本を見て、それで帰ってしまう。よほどの常連か万引きで連行されない限り、裏口から出て行くことは、まずない。普段、なかなか見ることのできない書店の裏側だが、何があるかというと第一に事務所である。大型店では他の会社の事務所とそう変わらないが、たいていの書店では、ストックの棚に囲まれている。入荷した本の検品や、返品の荷造り、雑誌と付録のセッティングなどの作業台があったり、出版社から送られてくるＰＯＰ広告やパネルなどの販売拡材の物置にもなっている。

書店では、売場を少しでも多く取りたいから、事務所はどこでもとても狭くなってしまう。物置や倉庫も兼ねながら、その上に電話や、ファックス、電卓があり、その上に数々の書類やスリップの山があって、書店の事務所はすごくにぎやかである。

中には事務所の入口まで書棚になっている書店がある。中野区野方にあるはた書店では、事務所の入口のドアが棚になっている。棚をじっと見つめていると、ちょど腰のあたりにトッテが二つ付いている。それを手前に引くと、棚がまるごと開いて、事務所が現われる仕掛けになっている。

吉祥寺の弘栄堂書店には、高さ1・5メートル、幅1メートルくらいの大きさで、手前にすっぽり抜けてしまう棚がある。これも秘密の通路で、奥にはストックを置く棚と、簡単な事務をとれるほどの、第二事務所といったスペースが隠されている。大型店などでよく見かける、棚と棚の間のドアは、裏側は大体ストック棚になっていることが多い。こういう部屋は、店内の冷暖房の快適さに比べて、夏は暑く、冬は寒い。

書店の裏側の第二は、エレベーターである。一階建ての書店には、もちろん無用だが、二階、三階建ての書店には、本だけを運ぶ小さなエレベーターが付いている。本の詰まったダンボールをかついで運ぶのが基本だが、スペースの許す書店には、このエレベーターが付いている。今はもう閉店してしまったが、所沢にあった東亜ブックスでは、エレベーターのドアの前が棚になっていて、営業時間内にエレベーターを動かしたりすると、二階では、ただちにドアの前の本をどかさなければならないという、あわただしさであった。

裏側の第三はトイレである。客用トイレと従業員用と両方完備している書店もあるが、従業員用のみ完備している書店の方が多い。それも、昔ながらの雪隠《せっちん》という言葉がふさわしいような、片隅に位置している。それはスペースの問題が大きいが、その従業員用トイレを「ここにトイレあります」と積極的にPRしないのは、そういうふうに裏側にあることが多いので、金庫やストックなどを見せることになり、あまりよろしくないという空気があるためだろう。

書店の裏側には、オモチャ箱をひっくり返したように、いろんな面白いものが転がっているのだ。

書店は万引き防止にあれこれと対策を考えているのである

▼88年7月号

書店と万引きとの戦いは、それこそ書店というものができた時から、すでに始まっていたのではなかろうか。小さな書店から大きな書店まで、不思議なほどまんべんなく万引きは出現している。

大きな書店では、特にレジから見ることのできない死角が多い。かつて、売場と事務所の境にあるドアのつなぎ目に、ぴったりガムテープを貼った書店があった。よく見ると、ガムテープを貼った目の位置に、ボツボツと穴が開けてあり、その穴から交代に万引きを監視しているのであった。なるほどガムテープは、万引きの方からは人目を隠していたが、いかにも監視するほうがくたびれそうなやり方だった。くたびれるかどうかわからないが、その後、売場と事務所の境のドアには、マジックミラーがとりつけられている。

マジックミラーと同じように、よく見かけるものでは、他に鏡がある。ワゴン車の前や後についている、ボールを半分に割ったような丸い鏡を思い出してもらえばよいと思う。また、見通しの悪い交叉点に立っている巨大な丸い鏡をそのまま天井の角にとりつけている書店もある。しかし、運転をしたことのある人なら知っていると思うが、これらの丸い鏡は、それほどはっきり見えるわけではない。はっきりは見えないが、ベテランになると、チラリと見ただけで万引きかどうかわかってしまうらしいから、鏡は、書店員の能力にたよった道具といえるだろう。

明確に見えるという点でいえばなんといってもビデオカメラだ。これは銀行の自動支払機の上にも必ずついている、本格的な盗難防止用品である。最近では、カメラで写す角度も広くなり、映像を見るモニターテレビも一つや二つではなくなってきている。

さらに監視するために、ガードマンを配置している書店も多い。警備保障会社も、初めは制服を着た人を派遣して、見せかけからも万引きを防止するという方法をとっていたが、万引きとの知恵くらべ、近頃では、私服の、それもまるっきりお客さん然としたスタイルに変わってきている。

その上に、本の中にも、ある場所にとりつけてある万引き防止用品がいくつかある。詳しく書くと、万引きがこれを読んで、ひょっとしてお礼のハガキなどよこすといけないので、あまり詳しく紹介できないが、その本を持って外に出ようとすると、いきなりベルが鳴って、御用となるしくみになっている。けたたましいベルでは、事を荒立てすぎるというので、ベルのかわりに有難うございます、などというやさしいアナウンスが流れる場合もある。

このように書店では、ずっと万引きと戦ってきている。日本書店連合組合の報告にあるように、50坪未満の書店でも、年間250万にものぼる被害があるのだ。面白半分で、本を持っていかれてはたまらない。万引きは、必ず、もしかしてバレた時のために、きっちり現金を持っているという、セコイ犯罪なのだ。書店に行けば、誰でも勝手に本を見ることのできる自由さを逆手にとった、ズルイ盗みなのだ。万引きが後をたたないから、書店では、この他にも万引き防止のあの手この手を、どんどん考え出している。

書店の現場では変型本の扱いに困っているのである

▼89年2月号

書店にある基本的な棚を古典的に呼ぶと、三尺棚、六尺棚などと言う。三尺というのは約90センチだから、六尺というとその二倍、約1・8メートルという長さである。これは書棚の幅を言ったもので、棚は習慣的に幅の広さによって呼ばれている。棚の高さについてもさまざまだが、棚は高さでは呼ばない。

では奥行きと棚一段の高さはどうかというと、どれも大体、それぞれ20センチ余である。

こういう普通の棚に並べられるのは、文芸書に代表されるような四六判、B6判とやや大きめのA5判の書籍である。大部分の本がこの普通の棚で間に合う。（小さめの文庫や新書は、これは別。それぞれ点数が多いので、特別仕様の文庫棚、新書棚というのがある。）

本の大きさは普通、A判、B判、四六判、菊判などといろいろある規格サイズの書籍用紙をもとにして決められるので、これらの本棚に大体おさまってしまう。規格サイズの本でもハードカバーや箱入りの本になると、ひとまわり大きくなってしまうが、その違いはわずか数ミリなので、問題はない。

ところがよく見ると、書店泣かせの本が結構ある。書店の棚は、下の方の部分が、高低の調節ができるようになっているが、それにもかかわらず、棚からポツンと一冊はみ出している本が、どこにも必ずあるのだ。

これが、変型判と言われる本である。小さく変型している分には棚にはいるのだが、大きく型の違う本というのは、その一冊のために棚を広げるわけにもいかず、書店の現場では、実に困ったヤツなのだ。変型判が多いのはどのジャンルかというと、大体決まっていて、児童書に美術書、なかでも写真集、イラストやデザインなどの作品集に、特に規格はずれの大判が多い。

一般書の中にも、本の高さより、のどから小口まで幅が長い本（つまり極端に横長の本）があるが、こういう本は、読者が隣りにある本を引き抜こうとする時に、下に落ちてしまうことが多い。

毎日一〇〇点を越える本が出版されている中で、いちばん書店を悩ましているのが、この大きい変型判なのである。棚に入れにくいし、さらに落下しやすい。それではと平台に置けば、何冊分かの面積を占領してしまう。だから、置き場所に困って書店から嫌われ、いきおい返品されるサイクルが速くなってしまうのも、ある意味ではやむを得ない。

変型判は、紙を裁つ際にたくさんの無駄が出て、出版社もそれだけコストがかかる。そういう幾つかのリスクがあるのに、変型判が相変らず出版されているのは、絵や写真を出来るだけ大きく見せたいという著者の意向や、特色ある本を作りたいという編集者の情熱によることが多い。その事情もわからないではないが、その時に残念ながら書店の棚のことまで考えていないことも、またたしかだろう。

書店ですら閉口する変型本が、普通の家の書棚に収まるはずはないのだから、一体家に持ち帰ってからどのように保存しているのだろうかと、売った書店の方が不思議がっているのである。

書店員匿名座談会

こんな出版社はキライだ！

A　この間、某出版社の営業が新刊の注文を取りに来たの。売れ筋の本だったから、喜んで注文出したわけ。ところが発売日になっても入って来ないんだ。わざわざ注文取りに来たんだから、入って来ると思うじゃない。ダブったら困るなと思って、取次の店売に出てても取らなかったのよ。でも、いつまでたっても本は来ない。いい加減ガマン出来なくなって、電話したら、「すいません、注文書なくしました」だって（笑）。バカヤロウ！って電話切ったけど、あれはアタマにきたなあ。

B　事前に注文出しても、新刊と同時に入らないことってよくあるけど、困るよね。1カ月ぐらいたってから入って来たってさ、売りどき逃がしちゃうじゃない。

A　注文取るときは勢いがいいんだけど、その後の出荷の態勢が全然出来てない。

B　じゃあ、最初から注文取りに来るなっていうの。

C　来なきゃ、来ないでほかで手に入れるようにちゃんと手配するんだからね。

▼92年2月号

B　こっちはそう思ってるから、「新刊の配本があったら、様子見て注文しますよ」と言うのに、食い下がる営業がいるでしょ。注文欲しいから帰らないの。

A　押し切られちゃうのもある。昨日もあったんだよ。絶対置きたくないような本だったんだけど、「明日、私が直接持って来ますから」って食い下がられて。

C　持って来るという出版社がいるの？

A　うん。

C　うちには一度もない（笑）。

A　それが「僕、この本屋が好きなんです。ここに置かせていただきたくてしょうがないんです」って言うわけ（笑）。そうかあ、と思って「じゃあ、10冊」って注文出しちゃった（笑）。

C　それは上手い（笑）。

A　ところが、明日持って来ますって言ったきり、持って来ないんだ（笑）。調子いいだけなの。ああ、あいつはどこに行っても「僕、この本屋が好きなんです」と言いながら営業してるんだろうなあ、と思ったね。

B　同じ日に別々に営業が来る版元があるんだよ。それもしょっちゅうなの。どうやって区割りを決めているんだろう。

C　それは同じ本の注文を取りに来るの？

B　そう。「さっき誰それさんが来たから出したよ」と言うとガッカリして帰っていく（笑）。

A　とにかく売上げを上げるために、一冊でも多く注文をとらなきゃいけないっていう営業をしているところが多すぎるね。会社の方針なんだろうけど、注文取りに来るだけなら来ない方がましだよ。

B　でも、会社の方針だけじゃなくて、営業の人のキャラクターもあるよね。上手いヤツはやっぱり話が上手い。

A　来たら、お茶を飲みながら話をしたい、と思わせるような人はいるね。

C　ただ、そういう人は単に注文取りに来るだけじゃなくて、情報を持って来る。

B　さりげなくね。別に今日はこういうお話を持って来ましたっていうことじゃないんだけど。何となく忙しいときでも、ふっと話に入れるとか、そういう人はいる。

A　そういえば、顔を見るのもイヤなヤツに限ってなぜか忙しいときに来るなあ（笑）。

C　忙しいのはわかってたんですけど、この時間しか来られませんでした、って前置きして入って来るヤツもいる。わかってんなら来るなよ（笑）。

A　オレは変にへりくだって来るヤツがキライ。「忙しいところを本当に申し訳ありません」とか言いながら、すごくペコペコするところがあるでしょう。

C　某情報誌系でしょ。情報誌系は、どこもそうだね。

B　低姿勢でやれって、会社に言われてるんだろうけど、あんまりへりくだられるとバカにされてるような気がするんだよな。

A　まあ、そんなつもりはないんだろうけど、対応に困っちゃうわけよ。こっちはただボーっとしてるだけで、忙しくもないのに「貴重なお時間をすみません」とか言われてもさ（笑）。

様々な出版社の営業が来るが……

C　拡材いっぱい持ってね。

A　あれも迷惑といえば迷惑だよな。差し出されたものを無下に断るわけにもいかないから、もらうじゃない。すると、「ところで」って注文取り始める（笑）。

B　もらっちゃった以上、いらないよ、とも言えないしね。

C　それでいて、あんまり役に立つものもない。

A　ティッシュなんかあんなにもらって、どうするのよ。お客さんに配るだけじゃない。

C　お客さんに配れるようなものならまだいいよ。大手出版社が持って来る企画もののパンフレットなんか、誰も持って行かない。しばらくすると捨てちゃうもんね。あれは資源のムダだ。

A　大手ってたまに営業が来たと思えば、必ず企画ものだもんな。そういうときしか来ない。仕方ないとは思うけど、あまりいい気はしないよね。

C　電話しても横柄だしな。

A　版元としては、売れる本はどこに置いたって売れるんだから、別におたくで置いていただかなくてもいいんですよ、という気持ちがあるんだよ。それはそれでいいけどさ。

B　大手出版社はもう露骨にやってるよね。特約店っていうのは全国のそれこそ50店なら50店で売ってもらえばいい、という発想だもんね。

A　確かに読者に渡るのは同じなんだから、その方が効率はいい。

C　管理だってしやすいし。

A　だから、それはいいの。特約店から漏れた書店としては、いや構わないですよ、と言うしかない。

C　腹は立たない？
A　もう腹立つのは通り越しちゃった。最近はそういうところの本はハナから出なかったものとしてあきらめてるもの。
B　大手といえば某文庫版元の営業がメジャーを持って書店を回っている、という話は知ってる？
C　え、何それ？
B　文庫の棚をメジャーで計っていくわけ。「うちの文庫の棚はあっちより何段、何センチ少ないじゃないか。一緒にしてくれないと困る」って。唖然としちゃうよね。うちの店の棚なのに、なんで出版社に何センチだからどうのこうのと言われなきゃならないの。
A　それは上から命令されたんだと思うけど、バカだよね。論外だね、今どきメジャーで計っていくという感覚が。ようするに、占有率さえ拡げれば売れると思ってるわけでしょ。雑貨屋さんとかだったら、そういうのもあるかもしれないけど、本は違うってことがわかっていない。
B　たとえばどこそこの文庫は何冊で、うちは何冊だけど、これと同じくらい売りたい、それにはこういう努力をするから、こうしてくれ、とデータを持ってきて言うんならわかるけど、ただ売り場面積、棚の数を増やせ、という発想が貧困だよな。
C　だったら売れるものを出せ。
B　そうなんだよ。売れないからどんどん棚が縮小されていくんであってさ。
A　確かに全国一律に棚を増やせば出荷は増えるから、版元の売上げは上がるかもしれない。でも、それは店の個性をつぶそうとすることでもあるわけだからね。怒るよりあきれちゃうよ。
B　あきれたといえば、「文京区ではおたくの書店を読者にお知らせしています」みたいなことを勝手にやる出版社があるんだよ。ようするに、お客さんから出版社に問い合わせがあったときに、どこそこの書店にありますって答えるでしょう。知らないうちにそのどこそこにされてるわけ。ありがたいようで、大きなお世話なんだよな、あれ。
C　「お近くの書店からお届けします」という広告があるでしょう。あれも大きなお世話だな。
B　そうそう。外売をやっていない書店はどうするんだ。
A　あと「全国主要書店で絶賛発売中」っていう広告もあるじゃない。そういう本に限ってうちには入って来ないの。どうせうちは主要じゃないけどさ（笑）、やっぱり寂しいから止めてもらいたい。
B　あと発売日の前に新聞広告を打つ出版社。いい加減にしてほしいよね。お客さんが来ちゃうんだから。
C　最近よく創刊号コンクールとかあるでしょ。でも、うちの店は売れないから、たとえば30部入ったとして、発売3日目、4日目ぐらいで10冊ぐらいしか売れないわけ。そうすると残りの20冊を誰かが買い取っていくんだ。
B　版元が。
C　版元か依頼された人間かはわからないけど、結局、それで完売するわけでしょう。そこの版元のヤツが「おめでとうございます」って来るんだよね、さもおたくの努力で売っていただきましたって顔してさ。あれ、イヤミだよな。
A　そう？　オレだったら嬉しいけどなあ（笑）。苦労しなくて売れるんだし、そういう版元にはどんどん来てもらいたいね（笑）。

出版営業匿名座談会

こんな書店はキライだ！

▼92年6月号

本誌ではこれまで客や出版社に対する書店員の言い分を掲載してきたが、たまには攻守ところを変えてみたい。そこで今月は出版社の営業マンに集まってもらい、書店について言いたいほうだい語ってもらうことにした。立場が変われば見方も変わるもので……

A　今日、取次の店売に本を納品に行ったんだけど、おれが本を並べている横から、書名を覗き見たり、本を抜いていく書店員がいるんだ。早く見たい気持ちはわかるけど、あれは照れくさいからやめて欲しい。

C　そういえば店売に来ている書店員の中には時々マナーの悪い人がいるよね。

B　梱包はびりびり破くし、平台の山を崩したってそれっきり、手に取った本をそのへんに置きっぱなしにする書店員までいる。

A　客が平台をぐじゃぐじゃにしていくって怒るくせに、取次の店売ではその客と同じことをしている書店員がいるんだよね。

B　もちろん一部の書店員だけど、かなしいね。

C　書店からかかってくる電話にもけっこうひどいのがある。

B　びっくりすることに電話をかけてきて、いきなり、いまあんたのとこ何が売れてるのって横柄に聞く書店員がいる（笑）。一面識もない相手だよ。

A　うちもあるよ。前にベストセラーを出した時、おたくで売れてる本あるでしょ、売れてる本って毎日電話がかかってきた。

B　それは単に書名を思い出せないだけだって（笑）。

C　でも、何が売れてるか聞くのは、ある意味では情報収集をしていると言えるんじゃないの。

B　いや、知らないことを責めてるんじゃないよ。電話のマナーが問題なんだ。おまえんとこって平気で言うよ、そういう書店員は（笑）。

A　マナーもそうだけど、商品知識に欠けている書店員もたしかにいるよ。

B　でもさ、それは書店労働の現状を考えると、無理もないんじゃないか。

A　そうは思うけど、それにあぐらをかいて開き直ってる書店はイヤだ。

C　開き直るといえば、何の本でも必ず同じ数の注文を出す書店があるでしょ。あれは困るよね。

A　中規模以上の店にそういう発注をするところがあるね。

C　アバウトなんだ。

B　いや、そういう店には事情があるんだからアバウトというのはかわいそうだよ。たとえばある書店の場合、平積みは必ず30冊とか50冊の単位なわけ。坪効率がすべての店だから、どおーんと積まなきゃ商売にならない。だから注文は30冊か50冊しかありえないんだよ。そういう書店は同情の余地もあると思うけど。
C　それはわかるけど、10冊しか売れないとわかっている本を30冊か50冊で注文出されたらやっぱり困るよ。
A　それに、そういう書店の中には、積む本がない時に、なんでもいいから10点みつくろって各50冊送ってくれって電話をかけてくるところもある（笑）。
C　あるね、そういうの。はっきりいってキライだ！
B　そお？　押し込めるじゃない。
A　たしかにおいしい面もあるけどさ、やっぱりイヤだよ。
C　平台の戦略とか棚の戦略というのがあるはずでしょ。だから平台がそうでも棚は違うよ、というところがあればいいんだけど、そういう店に限って棚も版元別に分けてるだけなんだよね。
A　あと、おれがキライなのは担当がころころ変わる書店。ようやくうちの本を覚えてもらったと思ったら変わってるわけ、がっかりするよ、あれ。
C　中規模以上の書店になると半年くらいで変わるところもけっこうあるでしょ。
A　うちなんか読みにくい著者名が多いでしょ。覚えてもらうだけで時間がかかるのよ（笑）。
B　どうしてあんなに頻繁に変えなきゃいけないのか、理解できない。
C　売場全部を覚えてもらうという方針だろうけど。
A　でも、実際には全部回る前に辞めてたりする（笑）。
B　女性の場合、頑張っていても認められない書店というのもあるでしょ。
C　女は棚埋めだけやってればいいんだ、みたいな時代錯誤な書店もないことはないね。
B　書店って細かい仕事が多いから、神経のこまやかな女性の方が効率を上げる職場ともいえるんだよね。そのわりに女性が冷遇されてる書店が少なくない。
A　あのさあ、せっかくこっちがおいしい話を持っていってるのに全然聞いてくれない書店員もいるだろ。
C　顔も向けてくれない。こっちがチラシ出して説明してるのに棚に本を埋めながら鼻でふんふんって（笑）。
B　どうせ売れないと思われてるんだよ、おたくの本は（笑）。
C　たしかに売れない本もあったけどさ、最近は売れる本もあるんだから（笑）、この本だったらぐらいの勉強はして、こっち向いてくれてもいいと思うんだよね。
B　回ってくる出版社だってタチのいい営業ばかりじゃないから、痛い思いをしたこともあるんだろうね。もちろん過激に忙しい中でだんだんそうなっちゃうっていうのもあると思うけど。
A　出てこない書店員もいるからなあ。いるのわかってるんだよ。レジの女の子が呼びに行ってぼそぼそやってるんだもん。で、戻ってきたら、いま外出してます、だって（笑）。
C　気が弱いのかもしれない。顔が合ったら、注文を出さないでいる自信がない、とかさ（笑）。
B　まあ、事情はあるだろうけどね。基本的に忙しいんだし。
C　でも、いま忙しいから、と言ってたくせに、大手の版元が来ると飛んで出てくる書店員もいる（笑）。
A　可愛い女性の営業が来た時とかね。最近多いでしょ。某出版社は担当が男の書店には女性が、女性が担当の書店はナイスミドルが行くんですよ。で、ある書店で僕が女性の担当者と話してるところにその彼が来たことがあるの。そしたらその担当者、急に態度が変わって、ナイスミドルの方によろよろっと行っちゃった（笑）。

C　それがキライなの？

A　いや、そういう態度をとられると……。

B　それは頭にくるわな。その時は（笑）。

C　でも、それは仕方がないよ。おれだって可愛い女の子が来たらそっちに行っちゃうもん（笑）。

A　となるとやっぱり一番キライなのは威張る人かな。大書店に行くと、版元がぺこぺこするのを自分の力と勘違いしてやたら威張ってる人がいるでしょ。

C　まあ、そういう人はごくひと握りだけどね。

B　威張るといえば、出版社って会社が小さいから偉くなるのが早いでしょう。だから書店に何年もいると、駆け出しのころ現場で付き合った人が版元では部長とかになってるわけ。そのコネを強引に利用する人もいる。

C　でも、コネを使うっていうのはその人の財産なんだから悪いわけじゃない。

B　そうだけど、そういう人たちの中には、出版社に注文した時に若い営業が出て、自分の思い通りに注文が通らなかったりすると、部長のだれだれ君を呼べ、とか横柄な態度に出る人がいる。もちろん一部の人だけどさ、おれはこれが大キライ。

C　結局、人間の付き合いなんだからマナーの問題なんだよ。

A　そういう威張ってる人に限って売れる本が出ると、急に低姿勢になることも多いね。おれ、消費税導入の時にある店でひどいことされたの。全部新定価に入れ替えて欲しいと言われて、ダンボールで持っていって入れ替えたわけ。それも常備で出した。ところが消費税が一段落して他の版元の本が新定価に変わって棚が埋まり出したら、すぐ返品してきたんだ。

B　えーッ。常備というのは一定期間置いておくという約束だから、返すのは契約違反だろ。

A　それなのに一言も謝りもしないしさ。もう頭にきて、上司に担当はずしてもらったんだけど、そのすぐ後にうちからすごい売れる本が出たら、おれのとこに電話してくるわけ。頼むから持ってきて下さいって。

B　反対に、あの出版社はいま売れてる本を出しているから頭下げてるだけだっていう書店員もいるね。あれは聞いていて気分のいいもんじゃない。

C　あと困るのは、企画ものとか婦人誌の新年号なんかを買ってくれ、という書店。あれはいい加減やめて欲しい。

A　あれ、買わないと今後注文もらえないかなあ、と思っちゃうから、辛いよねえ。

B　うちは社の方針で買わないことになってるって言うよ。

A　あんたのとこは大手だからそう言えるんだよ。

C　そうそう、書店の棚卸しだって行かないんでしょ。

B　そういえば棚卸しの手伝いを強要する書店もあるね、おれは社の方針で行かないけど（笑）。

C　辛いよお。日曜日が多いし朝は早いし。

A　おれは棚卸しはキライじゃないな。日曜日なら代休が取れるし、少ないながらバイト代も出るし、ビールに美味い飯も付くしさ。あれで可愛い女子店員と組んでできれば何も言うことないよ（笑）。

立ち読み客はどのくらい本を買っていくか

▼94年9月号

●通勤電車の読書事情から駅のゴミ箱に捨てられている雑誌まで、だれもが知りたい（?）が、だれも調べない出版界の疑問解明に邁進する本の雑誌探検隊が今月は書店の立ち読み客の動向を徹底調査。立ち読み時間から本を買う割合まで立ち読み客の実態に鋭く迫る！

今月の本の雑誌探検隊は書店の立ち読み客の動向を徹底調査することにした。

書店に行くと、立ち読みしている人がうじゃうじゃといるが、彼らはいったい何分ぐらい立ち読みしているものなのか。そして立ち読みした結果、本を買っていくのか、それともそのまま置きざりにしていくのか。そのあたりの真実に鋭く迫りたい！

というわけで、探検隊は新宿の紀伊國屋書店本店に向かった。目指すは2階の文学書・新刊書売場。新宿でいちばん立ち読み客が多いと想像されるこのフロアを舞台に、立ち読みしている人が何分ぐらい立ち読みしているのか、また、彼らのうち読んでいるものを買っていく「客」がどの程度いるのかを実際に観察することにしたのである。

調査日は6月9日木曜日。時間は夕方の混雑をさけて、午前11時から4時までの5時間とした。また、ジャンル別の立ち読み動向を把握するために、

①文芸書の新刊コーナー
②文庫の棚の一部
③新書の棚の一部
④ビジネス・社会科学の新刊コーナー

の4カ所で調査を進めることにした。なお、②の文庫棚の一部というのは角川文庫と講談社文庫が向かい合って並んでいる棚の両側、③の新書の棚の一部というのは講談社現代新書、中公新書、日経文庫などが並ぶ棚のこと。

ちなみにこの日は関東地方が梅雨入りした日で、朝からあいにくの雨模様。紀伊國屋書店の小見山直三次長によると、雨は書店の敵で、一日の途中から雨が降った場合は雨やどりの人で店はいっぱいになるが、購入目的客の比率が下がり、朝から雨の場合は入店客数そのものが減少する傾向にある。つまり本日は入店客数が少ない日に当たるわけだ。

という事情を聞いたところで、調査開始。

調査場所／立ち読み時間	文芸書新刊		文庫		新書		ビジネス書		合計	
	立ち読み客数	買った(推定)客数	立ち読み客数	買った(推定)客数	立ち読み客数	買った(推定)客数	立ち読み客数	買った(推定)客数	立ち読み客数	買った(推定)客数
30秒未満	129(人)	11(人)	235	24	94	13	132	11	590	59
30秒〜1分	34	6	49	8	23	1	19	1	125	16
1〜3分	63	1	66	14	30	2	55	7	214	24
3〜5分	20	0	15	1	12	2	28	3	75	6
5〜10分	19	1	14	4	5	2	31	3	69	10
10分〜	14	0	8	0	8	2	23	1	53	3
合計	279	19	387	51	172	22	288	26	1126	118

まず、11時ちょうどに文芸書の新刊コーナーで、30代後半のネクタイ姿の男性が『もの食う人びと』を立ち読みし始める。どうやら最後の部分を読んでいるようで、その間、約4分30秒。買うかどうか迷っているのか、本を閉じてからもしばらくじーっと待っていたが、結局、元の位置に戻した。

同じころビジネス書の新刊コーナーでは大学生ふうのカップルが、ぴたあっとくっついて、男『小沢一郎覇者の履歴書』、女『採用担当者のホンネ』を読み始める。そのままべたーっと8分間。こらこら、いい加減に離れなさい。隣で『こんな会社辞めたろか!と思った時に読む本』を読んでいるサラリーマン風のお兄さんが迷惑そうではないか。しかし、いずれの人も買わずに去っていく。

一方、文庫のコーナーは、午前中のこの時間からすでに立ち読みの人で混雑気味。といっても30秒以上読んでいる人は少なく、ほとんどがパラパラ開いては次の本に移るといった次第で、何冊かの本を眺めている。3冊の本をぱぱっと開いて戻した30代のサラリーマン風男性、角川文庫を6冊次々と手にとって全部棚に戻した学生風の男性、3冊立ち読みしたあげく、1秒も立ち読みしなかったコクトーとバタイユの文庫を棚から抜いてレジの方に持っていった学生風の男性など、短時間に何冊かの本を見ていく人が多いようだ。

この傾向がさらに顕著なのが新書のコーナーで、一人3冊、4冊は当たり前、なんと20分間に13冊を、棚から取り出しては戻し、取り出しては戻していた20代の女性がいた。この女性の13冊というのが、今回の調査中の輝く立ち読み冊数ナンバー1。ただし1冊も買っていかなかった。

ほかにも12分間で6冊を立ち読みした20代前半のボディコン女性がいたり、約30分にわたって9冊立ち読みしながら1冊も買っていかなかった40代のサングラス男性がいたり、と一人当たりの立ち読み冊数がダントツに多いのが新書コーナーの特徴。また本を手にとらずに棚をじーっと眺めている人が多いのもこのコーナーの特徴で、前述のボディコン女性も、まず平台の本の上に荷物を置き、棚の本を2分ほどじっくり選んでから1冊めを手にしている。

新書のコーナーでは目録を熱心に見ている人の姿も目立ち、いかにも選んでいるという人が多いようだ。なかでも圧巻だったのは20代の学生風の男性で、彼はわずか15分の間に、まず中公新書を2冊見比べて、うち1冊の立ち読みを開始。その本を読みつつ現代新書1冊、中公新書3冊を棚から抜いてパラパラ眺めたあと、その4冊とも棚に戻したので、しばらく読んでいた中公新書を買うのかなあ、と思ったら、これも棚に戻し、代わりに棚から現代新書を1冊抜いてレジの方に持っていったのである。しかも、あらら、また戻ってきて、3冊の中公新書を棚から抜いて、さんざん悩んだあげく、1冊持ってレジの方に行ったが、おお、今度はその本を持ったまま戻ってきて、それを2分ほど読んだあと、またまたレジの方に持っていく、というまったくもって複雑な行動をしたのだ。それでも2冊買ったみたいだから、あんたはエライ！

午後になると立ち読み客もどっと増加。ヘッドホンステレオを聞きながら鼻歌まじりで立ち読みする20歳ぐらいの女性はいるわ、読みながらポケットに手をつっこみ、お金を確かめるそぶりをしたあと「よし！」と本をとってレジに向かった50代の男性はいるわ、かと思えば『南仏プロヴァンスの12か月』を読みながら、本に向かって大きなくしゃみをする60代ぐらいのおじさんはいるわで、探検隊も大忙し。読んでいるうちにどんどん棚から外れていく人、同じ本を3冊手にとってどれを買うか悩んでいる人、さっき買っていったのと同じ本を立ち読みしている人など、もういろんな人が次から次に立ち読みをしにくるのだ。おいおい、そこで『痴漢日記』を立ち読みしている学生、さっきから隣で彼女（だよね）が困った顔をしているぞ。

14時も近くなると、常連と思われる人もちらほら見受けられるようになる。文庫のコーナーでしゃがみこんで読んでいる30歳前後の男性も常連のようで、その後、ビジネス書の新刊コーナーに移動して『台湾に三巨人あり』を同じスタイルで20分にわたり集中して読んでいた。こうなるとほとんど立ち読み（しゃがみ読みだけど）のプロといっていいだろう。

しかし、これぐらいでビックリしてはいけなかったのだ。上には上がいるもので、14時15分にビジネス書の新刊コーナーに現れた20代後半のスーツ姿の青年は、まったく迷わず『地球を救う大変革』を手にすると、まるでしおりでも挟んでいたかのように一発でページをパッと開いたのである。しかもそこから一心不乱

〈立ち読み時間の内訳〉

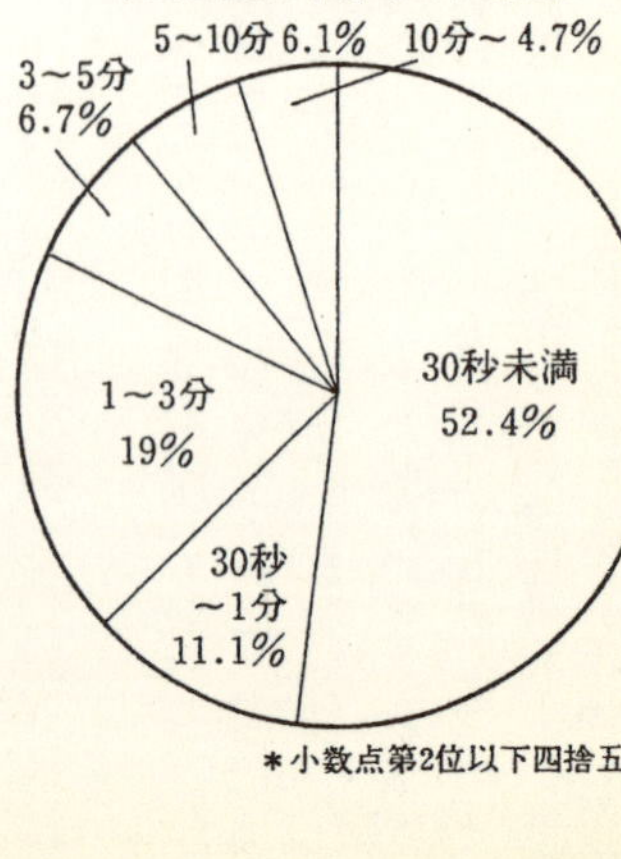

＊小数点第2位以下四捨五入

に読み続け、50分後にはなんと奥付まで辿り着いたからすごい！　本を元あった場所にきちんと返して平然と去っていく姿はまさにプロを感じさせるものであった。

ちなみに今回の調査における最長立ち読み時間はこの青年の50分で、第2位は『ワールドカップの真実』を読んでいた30代男性の48分。以下、『FBI心理分析官』の30代女性＝33分、『スーツの下で牙を研げ！』の30代男性＝29分、『ジャンボ・ジェット機の飛ばし方』の20代男性＝25分と続くが、実はこのベスト5中、『ワールドカップの真実』が文芸書の新刊コーナーの本である以外、すべてビジネス書の新刊コーナーの本。つまり長時間立ち読みする客はビジネス書コーナーに多いということが判明したのである。ついでにいえば、このベスト5の人たちは一人も買っていかなかった。

そして長時間立ち読みして本を買わなかった人はこの5人だけではない。2ページ前の表を見ていただければわかる通り、今回の調査中、立ち読みしていた本を持ってレジの方に向かった人（つまり買ったと推定される人）は118人だが、そのうち59人は立ち読み時間が30秒未満。10分以上立ち読みした53人のうち本を買っていった人はたったの3人にすぎない。91年12月号で「客は本を見つけてから何秒で買うか」という調査をしたときも63％の人が30秒未満で買っていくという結果が出たが、あれから2年10カ月、それは不動の真実であったのだ。すなわち本を買う客はさっと見てさっと買っていくのである！

書店員緊急座談会
「本屋さん大賞」を作ろう！

▼03年9月号

A　出版界はとにかく不景気で、売れない元気がない、と言われ続けてるわけだけど。

B　ほんとに売れないからなあ。元気が出るはずがないよね。

C　なんとか盛り上げたい！

A　でしょ。そのために今日は集まったんだよ。

D　元気がない書店業界に元気の出るアイデアを出そうと。

A　そうそう。いまはそれぞれの書店で、それぞれが元気の出るような企画をやってはいるわけだよ。でも、個々の店で頑張っていても業界全体としては打つ手が見えてこない。取次も出版社も何もしてくれないしね。だったら書店の現場でお祭りのようなイベントをやってやろうじゃないか、と言いたいんだ、オレは。

D　お祭りというと？

A　それをいまから考えるんですよ（笑）。

E　お祭りとして盛り上がるにはお客さんにとって面白い企画じゃないとしょうがないですね。出版社も取次も巻き込んで業界全体で盛り上がらないと。

A　そうはいっても、出版社は自分のところの本以外の本を売ろうという発想はしづらいし、取次にはそういう発想自体がない。自分のところの売上げしか考えていないからダメなんだよ。だから現場の書店員がやるしかない。お祭りは滅私奉公、これが基本なんですよ（笑）。みんなが手弁当で騒いで楽しむ。本来、お祭りって誰かが儲かるもんじゃないでしょ。

D　ただ町が活性化するんですよね。

A　いいこと言うねえ（笑）。そこを狙っていこうよ。

C　たとえば伊坂幸太郎がいま、盛り上がってるじゃないですか。直木賞はとれなくても『重力ピエロ』が話題になったことで、伊坂幸太郎の他の本も売れている。そこで、伊坂さんどうもありがとう、と書店員が賞をあげるというのはどうですか。

A　ほお。書店員賞か。

B　それなら、いっそ、その年いちばん盛り上がった本に賞をあげるほうがいいんじゃない？

E　アメリカに全米書店員が選ぶ賞というのがありますよね。一年でいちばん売ってよかった賞とか、読んで面白かった賞とか。

D　それは誰が選ぶの？　エライ人だけじゃなくて、書店員なら誰でも投票できるわけ？

B　具体的にはわからないけど、たしかネットで投票するんじゃなかったかな。

A　アメリカにそういう賞があるんなら、日本でも「本屋さん大賞」を作っちゃえばいい。ただ、アメリカをそのまま真似したんじゃ面白くないから、日本は日本で独自の賞を作りたいな。

E　片山恭一の『世界の中心で、愛をさけぶ』にあげるとか。

A　えっ、そういう賞なの？

C　あの本は絶対、何かの賞には選ばれないでしょ。でも、あれだけ売れてるわけですよ。だから今年黙っていても売れて、書店員としては嬉しかったという賞をあげたい。

B　感謝賞（笑）。お世話になったで賞みたいな。

D　三年も前の本があんなに売れてるんだからねえ。でも、どうせなら、他の人に賞をあげたいな。リリー・フランキーとか（笑）。

C　それはアナタが好きな本でしょ。

A　いや、それでいいんじゃないかな。お祭りとしては一本芯が欲しいじゃない。そうなると、やっぱり「本屋さん大賞」は書店員がいちばん売りたい本でしょう。自分が読んで面白かった本の中でいちばん売りたいという一冊を選んで、みんなが投票するんだよ。それで大賞を決定する。
E　どうやって投票するわけ？
A　それはこれから考える（笑）。とにかく公平かつ透明、ガラス張りの中で選んで、不正も組織票もない、誰もが納得するような形で決める。
B　全国の書店員で応援してあげたい一冊を選ぶということね。
C　応援したいとなると、面白いというのはもちろんだけど、期待値みたいなものが入るじゃないですか。作品の完成度になると、私たちは素人だから、わからないけど、これが発端になって、他のものも売れるんじゃないかって気配を感じる本がある。それは売りたい、応援したい、と思うんですけど、そういうのはダメ？
D　売りたいとなると、完成度よりも、これからすごいのを出しそうでわくわくしたぜ、っていうのを一位にしちゃうな。
A　それはかまわないんじゃないかな。だって面白いから売りたくなるわけでしょ。つまんない作品はどうやったって売れないし、売りたくならないよ。結果としていい作品にあげることになる。
B　ただ、応援したい本を投票するにしても、最後に大賞を決めるときは、みんなで候補作を読んで、この中では何がいちばん面白いかという形で決めていったほうがいいんじゃないかな。単なる人気投票になってもね。
A　そうだね。それに投票するにしても、ジャンルが多岐にわたりすぎるとどうしようもなくなる。たとえば書店員だって趣味は多岐にわたっているわけで、コミックに強い奴もいれば、アート関係に強い奴もいるし、純文に強い奴もいる。そういう人たちがそれぞれ好きな本を選んできたら、まず重ならないよね。百人が投票したとして、十票くらいで大賞が決まったりするんじゃ、やっぱり重みがなくなってしまう。別に権威はいらないけど、公平さがなくなっちゃうような気はするから。
C　ある程度ジャンルをしぼったほうがいいね。
D　とりあえず、日本の小説でやるのがいいんじゃないかな。
B　うん。日本人にあげたほうがいいね。
D　受賞者がいたほうが盛り上がる。お祭りなんだから。
C　じゃあ、日本の小説でその年の一月から十二月に出た作品を対象にする。
A　うん。ただ、それだけでも膨大な候補作数になっちゃうから、もうちょっと絞ったほうがいいんじゃないかな。つまり、本屋さんが売りたい賞なんだから、もう売れてる作家はいいでしょう。
D　そうですね。
A　もちろんお世話になってるから感謝の気持ちはあるけど、いまさらわれわれが賞をあげなくてもベストセラー作家は十分売れてるわけだし、すでに直木賞を受賞しているような作家に賞をあげるということ自体、おこがましいような気がするし（笑）、読者にとって、新しい発見でもなんでもないわけですよ。現場の書店員がせっかく選んで、第一回の受賞者は浅田次郎でした、重松清でしたじゃ、驚きも何もない。
C　でも重松清でも、こんどの新刊はすごかったたっていうのがあるじゃない。そういうケースだったらいいと思うな。
A　いや、つまりこれは現場の書店員が応援してるよ、という賞でしょ。いくら世間が評価しなくても、いくら本が売れなくても、現場では一生懸命売りたい、売ってますよ、と。そういう作家に与えたほうが、その作家がわっと盛り上がってくれるし、読者にとっても、え？ こんな面白い作家がいたんだ、こんな作品が直木賞の対象にもならず埋もれていたんだ、という発見になる。

B 功なり名を遂げた作家という基準を決めればいいんじゃない。直木賞とった人はダメとか。

A 賞はとっていてもいいんですよ。直木賞でも。ただそれが売れ行きに結びついていない人。

C それも難しいんですよ。売れ行きは店によって違うでしょ。

A じゃあ、たとえば刷り部数が単行本で初版一万五千部以上出ている作家はダメとか（笑）。

D それで賞をもらった作家はかわいそうかも。初版で一万五千部以下というのがバレバレ（笑）。

B いや、いま文芸書で初版一万五千部も刷ってる作家なんて数えるほどしかいないよ。いかに大変な数か。

A 応援しなくても売れる作家は除外すると考えておけば、いいんじゃないの。応援しなければ売れないけど、いい作品を書いている作家が対象。

D それ、言い方としてちょっとマイナスだなあ。応援すれば絶対売れると言い換えましょう。

C そうだね、せっかくの「本屋さん大賞」なのに、もらっても嬉しくないかもしれない（笑）。

B なんだか大賞だけじゃ面白くないような気がしてきたな。

D 部門賞がいくつかあったほうがいいかもしれない。

A それは今後の課題だね。「本屋さん大賞」が軌道に乗ってきたら、賞を細分化して、物故者にも功労賞、お世話になりました賞でもいいけど、そういう賞をあげていく。亡くなった人でも、ほんとに世話になったなあって作家がいるじゃない。たとえば、司馬遼太郎や池波正太郎は、いまだに延々とお世話になり続けてる作家で、「本屋さん大賞」が根付いていった折には、なんらかの賞をあげないと申し訳ないと思うよ。読者としても書店員としても、ずっとお世話になりっぱなしだもん。恩返ししておきたいじゃない（笑）。だいたい司馬遼太郎にはこれから先、なんの賞も出ないんですよっ！

D 勢い込んでますねえ（笑）。

A 対象になる賞がないんだから、作ってあげないと。

C そういう形でいろいろ作っていけば面白くなる。ただ、いっぺんに何もかもは作れないから。

A そう。最初は大賞だけのほうがインパクトがあるんですよ。

E うーん。いまさらだけど、僕は書店員賞って、どうも違和感があるんですよね。書店ってやっぱり各々別の個性があってしかるべきだし、無理やり統一の賞を作って、同じ本をみんなが店頭に並べるのには抵抗がある。書店全体で何かお祭りをやるっていうのはすごく重要だと思うんだけど、それぞれの書店がお互いに売りたい本を、たとえば三冊発表して、それを店頭で展開する。そこに何か統一の帯をつける、というほうがいいんじゃないかなあ。

B いや、オレだって、そんなみんなで決めたものなんて売れるかよ、って気はあるよ。まして自分が投票した本が大賞に選ばれなかったりしたら、なんだよ、と思うかもしれない（笑）。でもね、こんなに売れない時期ってなかったわけよ。ここまでくると、いっぺんみんなで何か一緒にやってみないと本当に盛り上がらない。何か花火をあげないと、どん底に落ちていくような気がするんだよね。個々にすすめたい本をすすめるというのはすでにやってるんだから、目新しくはないし、それだとお祭りにはならない。やっぱりここは、ひとつ大賞を決めて、全国で選ばれたのはこれ、だけど、うちの店ではこれだよ、と合わせてやるような期間にするのがいちばんいいんじゃないかな。

E　ただ、いま片山恭一が売れてるのは口コミで誰々さんがいいって言ったからみたいな、ものすごく小さい世界の中で自分で見つけた本っていう感覚で買われているからだと思うんですよ。そういう風潮の中で、書店員がこれを売ります！と店頭でやっても、お客さんに喜ばれるのかなあ。

A　それはね、他業種で考えてみればいい。たとえばレンタルビデオの世界には、よく店長のおすすめって書かれているのがあるじゃない。そのレンタルビデオの店長がみんな集まって、レンタルビデオ業界店長おすすめ大賞を決めるわけだよ。アダルトなんかでそれができた日には、これは借りるしかない。絶対見るよね（笑）。同じことなんだよ。書店だって、書店員が投票して、ひとつの作品が決まったって言ったら、これはやっぱり手に取りますよ。われわれは現場で仕事をしているから、果たしてそんなものがお客さんにどれだけアピールするのかと疑問に思うかもしれないけど、レンタルビデオ業界に置き換えて考えれば、これは明らかですよ。

E　すごくわかりやすい（笑）。

B　日本の小説はアダルトビデオだっていうことだ（笑）。

C　好きな人しか見てない（笑）。

B　よく知らないから、これがおすすめって言われたら、そうか、と思っちゃう。

A　本屋に来る客の心理として、そういう部分ってあるでしょ。だって我々がすすめるような本は、ほんとに好きな人はもう読んじゃってるわけ。本を好きな人を対象にしていたら、こういう企画ってやっても意味がないんだよ。

D　めったに本を買わない人が来て、全国の書店員が選んだ売りたい本大賞はこれだ、っていうのを見て買ってくれればいい。

A　そう。だからこそ賞を選定するのは意味がある。普段、本を読まない人たちを対象にしなきゃ、十万部も二十万部も売れっこないわけだから。五千七千の世界で騒いだって、お祭りにはならないんだよ。

B　毎年、ひとりずつ送り出していって、それこそ五万部から十万部の作家がどんどん誕生していったら、長い目で見ると業界全体はとんでもなく活性化するなあ。

A　その可能性だってあるわけ。だから賞の選定の仕方は重要だよね。いかに公正で透明度の高いものにするか。それさえ出来ていれば、参加した書店員は仮に自分の意にそぐわない作品が選ばれたとしても納得すると思う。

D　うん。納得するしないは別として、一位になったのは厳然たる事実なんだから、これが一位になりましたと展開することに何のためらいもない。ただ、私はその横に「私はリリー・フランキーがいちばんだよ！」と書いて売るけど（笑）。

B　そうそう。それでもオレは違うんだという人は、自分が推した本を隣に並べて、こっちも読んでくれ、とアピールすればいい。

A　お祭りなんだから自由にやってほしいよね。だから、うちはそんなのに参加しなくても右肩上がりで売上げも伸びてるから、オマエらで勝手にやってろ、と参加しない書店員がいてもぜんぜんかまわない。それはそれでひとつのスタンスだからね。

B　でも、何かしなきゃ、という危機意識を持っている人たちにはぜひ参加してもらいたい。

A　やってマイナスになることはないんだもん。成功するにしろ失敗するにしろ、誰もリスクを負うわけじゃない。ただ手間暇かかるくらい。

E　リスクを負うのは増刷する版元だけだ（笑）。

A　いや、仮に参加する書店員が少なくて、いまここにいる五店舗だけでやったって、それはそれで面白いんじゃない。

C　二百冊は売れますよね。

A　いやいやもっと売れるよ。全部あわせたら千冊はいく。

D　そうなれば版元も喜んで増刷するだろうなあ（笑）。

本の雑誌傑作選

至福の明かりが灯るころ

特集

町から本屋が消えてゆく!?

☆大都市やショッピングモールにナショナルチェーンの大型書店が出店する一方で、郊外の駅前にあった町の本屋はどんどん閉店している。われわれが子どものころから愛してきた本屋さんは一体どこにいってしまうのか。神戸海文堂書店の最後の一日を追う密着ルポから町の本屋ファンが語る応援座談会まで、書店と本屋のあり方を問い直す総力特集だ！

▼13年12月号

最終日密着ルポ

海文堂書店の長い一日。

●青山ゆみこ

☆1914年、港町として発展した神戸で、船舶や港湾などの海事関連書の専門店として創業。1970年代に品揃えを広げて総合書店となって以来、書店員によるこだわりの棚やギャラリーを展開。2013年9月30日、経営不振を理由に99年の歴史に終止符を打つことになった。最後の一日の書店風景には、海文堂らしい濃密な時間がぎっしり詰まっていた。

【9：30】朝礼

――切なくなるほど秋晴れの朝。13人のスタッフが1階の中央カウンター回りに集合、いつもの時刻に朝礼開始。

●最後までこだわる海文堂の棚。

「最終日であってもお客様がこの店の主役。いつも通りにお迎えしましょう」

岡田節夫社長のそんな言葉を受けて、簡単な業務連絡を終えると、福岡宏泰店長をはじめスタッフはそれぞれの持ち場で開店の準備にかかる。これまでもそうだったように、紙とインクの匂いに包まれて、海文堂書店の一日は淡々と始まった。

1・2階の2フロア、ギャラリーが併設された250坪ほどの空間には、約11万冊が並ぶ。「従業員は担当する棚の社長」。福岡店長は、よくそんな言葉を口にする。海文堂では、担当する棚に並べる本を、書店員が自分の責任で発注し、在庫管理する。小さい版元とは、取次と呼ばれる流通ルートを通さずに、直接やり取りすることもある。という背景を知らなくても、この日に幾度となくお客さんから耳にしたように、海文堂の棚の並びは何かが違う。

本はどこにあっても同じはず、ではない。妙にでこぼこ感じる棚の並びに、自分の本棚にもある一冊を見つける。でもまるで、教室で見慣れたはずの異性の同級生と、街で私服姿でばったり会ったような新鮮さを感じるのは、本の並びが面白いからだ。

例えば、9月頭のある日、新刊書コーナーで盛力健児著『鎮魂』と後藤忠政著『憚りながら』が隣合わせて並んでいた。一見、神戸ノワールな括りで宝島社刊という共通点はあるけれど、後者は少し前の発行なので、新刊コーナーには今さらという感もある。しかし、エピローグなどを目にして驚いた。実はこの2冊、インタビュー・構成の担当者が同じで、それも地元神戸の人間だった。だからか。こ、細かい…。という話をすると、黒い軍手をはめた手で、最終日といっても変わりなく人文書の棚を整理していた平野義昌さんが「あはあは」

人文書担当の平野さん（右）と芸能書担当の北村さん

児童書担当の田中さん

いよいよ最後の日が始まる

と笑った。

田中智美さんは、最終日の朝礼前に、「忘れてしまわないように」と、担当する児童書の棚をひとつずつ携帯のカメラで撮影しておいたそうだ。閉店のニュースが流れてから、海文堂の売り上げは4～8倍になったと聞く。在庫が減って、余白ができた棚を前に、「これを顔出ししてあげようかな」と田中さんが本を並べ替える。すると、どこか寂しげに見えた絵本が、一冊ずつその手触りや風合いを主張する。

そろそろ最後の朝のシャッターが上がる。店内のあちこちで、ぎりぎりまで「自分の棚」に張り付いている書店員たちを、新聞記者が撮影していることだけが、いつもとは違った朝の風景だろう。

【10：30】開店

――元町商店街に面したシャッター前、30人ほどの客が待機。開店と同時に、客が店内に散らばる。

●海事書専門店であり、地元に愛される〝街の本屋さん〟。

「やっぱりいつもよりお客様が多いですね」と、北村知之さんが担当する芸能書の棚の前で、背伸びをするように店内をぐるりと見渡す。混雑とまではいかないが、開店直後から、どのコーナーにも数人の客が立っている。

入るなり、船の木製ハンドルや大漁旗が飾られた店内階段を、迷わず駆け上がる客もいる。2階には海事書コーナーがあり、航海士を目指す人のための参考書や航海記、気象や無線などの専門書など約千種類が並ぶ。海事書担当の後藤正照さんの発案で、数年前より文具などのマリングッズを多種扱っている。

「あの便せん、もうないんだ…」。30代後半の女性が、すっかり様変わりした元のマリングッズ売り場前に立ちすくみ、残念そうに呟いていた。

海運が盛んだった頃は、航海に出る船のために船具店より注文が入り、雑誌・書籍をその都度、指定金額分（何百万単位）出荷したとお聞きした。いかにも港町の神戸らしい話だ。

1階のレジ付近で目にする手ぶら姿の客は、どうやら同じ元町商店街の店主たちらしい。忙しいお昼時を外して、開店早々に挨拶に訪れたのだろう。また、すぐご近所に家があり、20年来、毎週のようにテレビ情報誌を買いにくるという年配の女性は、馴染みの書店員を記念撮影していた。〝街の本屋さん〟として親しまれてきた長い時間が、朝の風景からも浮かび上がる。

【11：15】

――店の表では、足を止めて外観の撮影をする人が後を絶たない。店内も賑わいを見

入れ替わり訪れて、立ち話をするご近所さん

せ始める。

オーバーオール姿の男性が、目元を潤ませて、新刊書の棚に見入っている。思わず「今日までだなんて、寂しいですね」と声を掛けると、ご近所で働いているという植田晃弘さんが、こんな話をしてくれた。

「本屋に行くことは、複数の書物を視野に入れたり、手で触るという身体的行為だと思うんです。とくに海文堂のような、ここでしかありえない棚の構成を持つ書店だと、棚からは息遣いさえも感じます。便利なネット書店に慣れてしまうと、本屋さんでの身体的体験なんて煩わしくて無駄に感じるかもしれません。でも、こうして空間に身を置いて、〝非合理な余剰〟を楽しむことを、僕たちは文化と呼んできたんじゃないかなあ。海文堂の閉店は、街場の魅力がひとつ消える寂しさ以上に、神戸には余剰を楽しむ余裕のない人が増えた。つまりこの街の〝文化的体力〟が低下しているという事実を突きつけられた気がするんです」

この10年ほどの間にも、神戸では15店舗以上の新刊書店、古書店が廃業。でも、海文堂は、フリーペーパー『海会《カイエ》』を毎月発行したり、2007年にはその別冊『ほんまに』（くとうてん編集・発行、海文堂書店協力、通巻14号で休刊）も発刊。2010年には「元町・古書波止場」と銘打った常設古書ゾーンが2階に登場。その独創的な展開に勢いを感じていた。でもそれ以上に、神戸にいつでも海や山があるように、「海文堂は昔からずっと元町にあるもの」という思い込みがあったのかもしれない。

【11：45】お昼時

――昼休憩を利用した制服姿の女性や、ベビーカーを押す親子連れの客なども増えて、レジが混み始める。

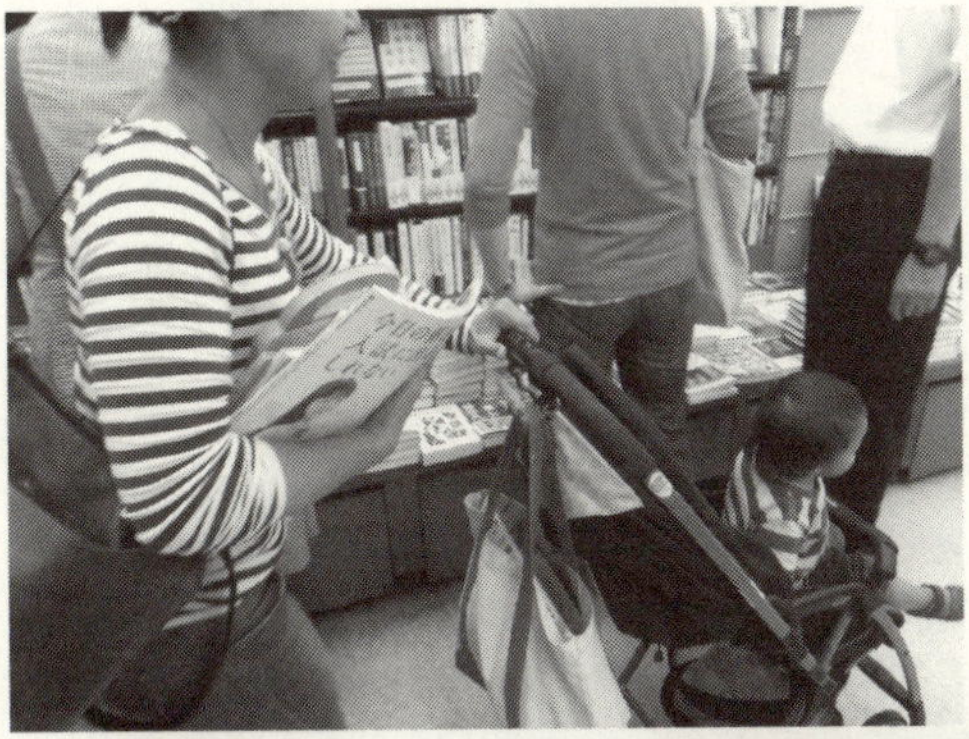

お洒落なママさんが、散歩がてらに立ち寄るのも日常

福岡店長を訪ねて、旧知の顔ぶれが続々と

「普段からこんなに、いや、この半分でもお客様が来てくれていたら」と嬉しいような悲しいような表情の福岡店長。

●世代を超えて海文堂ファン。

どこかのんびりとした空気感の海文堂には、普段から親子連れの姿が多い。小さな息子さんとレジに並んでいた南原洋子さんは、ご自身も親に連れられたのが最初だそうだ。

「大きな書店に比べて数は限られますが、

ここの児童書コーナーは、田中さんが素晴らしい選択眼で厳選されているので、一冊ずつが特別なんです。何時間もかけて絵本を選びに選ぶ。その時間が私にとって本当に幸せで…」

バギーを押しながら、片手に大量の絵本と雑誌を抱えてレジに向かう西島陽子さんは、幼少期をこの界隈で過ごし、最近になって再びご近所に住み始めたそうだ。元町の隣町、新開地でまちづくりＮＰＯのメンバーとして活動してきた経験がある西島さんは、「街の変化がまるで見えてなかったことが悔しくて…」と言葉を詰まらせた。

最終日の海文堂では、いくつもの涙に遭遇した。顔なじみの書店員に目元をおさえながら挨拶する人、レジでオリジナルのブックカバーを纏った単行本を手にして思わずこみ上げる人。寂しさ、残念さの後に続く、自分の街の書店を顧みなかったことを悔やむ言葉を、どれだけ耳にしただろう。

【15：00】昼さがり

――店内を撮影する人も増える。レジには常に5～6人が並び、書架には空白が目立ち始める。

●小さな出版社と〝街の本屋さん〟の関係。

1階階段下のラック棚が空になる。朝一番に、夏葉社の島田潤一郎さんが東京から手持ちした60冊の写真集、『海文堂書店の8月7日と8月17日』が完売したのだ。

長く勢いのない出版業界だが、ここ10年ほどの間に小さな出版社がぽつぽつと誕生している。手掛ける本は思い入れも個性も強く、そんな自社本を扱ってくれそうな書店を絞りこんで、直に営業して思いを伝えることで、従来の版元と書店とは異なる関係性が生まれている。１９７６年生まれの島田さんが、吉祥寺でひとり営む出版社、夏葉社もそのひとつ。

島田さんが、最初につくったマラマッドの『レンブラントの帽子』を手に、海文堂書店を訪れたのは２０１０年の春のこと。その時のことを、海文堂の北村さんは、地元の神戸新聞でこんなふうに紹介した。

「夏葉社は若い人がひとりで始めたばかりの出版社で、これが刊行1点目だそう。いま、外国文学の復刊で本を作るのはとてもたいへんだろう。それでも営業に来たとき、『好きな本を出版していきたい。結婚とかはできないかもしれないけど…』と言っていた。これほど本屋の心を打つ営業文句を聞いたことがありますか。」

次第にごった返す店内

閉店の報を受けて、島田さんが海文堂への思いを形にした写真集は、9月20日発行。10日で１０１０部が完売。重版予定はない。

混み合うレジを待つ列で大量の書籍を抱えるご夫婦が、ここで出会った一冊が、夏葉社の『昔日の客』だったと教えてくれた。

「大きな書店では小さな出版社の本って目に入らないでしょ。でも、ここは無名の出版社でも、お勧めならレジ近くのすごくいい場所に平積みしてあるんですよ」

中央カウンターの横には、関西にゆかりのある出版社のコーナーがある。最終日の新刊コーナーに積み上げられていた、大阪の小さな出版社140B発行の『内田樹による内田樹』を手に取った人がいた。

「子どもの頃から通っている海文堂の、最後の一冊。それはファンである内田樹先生の、この出版社の本に決めて待っていました」

長蛇の列には、大量の本を抱える人の姿も

春日野道にあるギャラリー「神戸天昇堂」の店主である井上太郎さんは、会釈して本を手にレジに向かっていった。

【16：45】閉店までラストスパート

——ごった返す店内、レジは大混雑。御礼の言葉とともに、書店員に贈り物を手渡す客も多数。店に来られない常連客から、ひっきりなしに電話が鳴る。

●被災地の書店であること。

ファンが多い帆船デザインの海文堂オリジナルカバーは、折った先からレジから消えていく。探している本の案内、棚の整理と息つく暇なく店内を駆け回るスタッフ。合間に、福岡店長によるアナウンスで、海文堂関連冊子のバックナンバーや、青山大介さんによる『港町神戸鳥瞰図』・『海文堂書店絵図』の案内とともに、仙台の出版社「荒蝦夷《あらえみし》」の本が紹介される。

1995年1月、阪神・淡路大震災で被災した海文堂は、床に散乱した約15万冊の本をスタッフ総出で棚に戻し、8日後に営業再開。店は、知人を捜すために神戸の地図を求める人、参考書を手にする受験生などであふれた。もともと海文堂名物だった郷土関連書籍の棚とは別に、震災後は復興に関連する書籍やDVDなど「阪神・淡路大震災を語り継ぐ棚」を設置。

2011年3月11日、東日本大震災が起きた。「荒蝦夷」から連絡が入るや、「激励の言葉より本を売る」とフェア開催を即決。被災地の神戸の書店だから、東北の出版社に対してできることはそれしかないと感じたと、人文書担当の平野さんは当時を振り返る。

閉店時間が迫る店内を、名残惜しそうに何周もしていた前田真里さんも、震災を経験している。六甲のご自宅は全壊。周辺は被災が激しく、復興に時間がかかった。

「でも、南天荘書店がすぐに店を開けてくれたんです。生活は大変だったけど、本屋さんがあるだけで、なんだか大丈夫という希望が生まれたような。南天荘もなくなってしまったけど…。本屋さんって、私たちにとっていったい何なんでしょうね」

【19：00】閉店時刻

――閉店時刻となり店内の明かりが一部落とされるが、この日200人が並んだというレジは、まだまだ長蛇の列。

●消えゆく本屋は何を残すのか。

今にも降り出しそうな曇天のように、店内は奇妙で重苦しい緊張感に包まれていた。19時を過ぎ、福岡店長が区切りの挨拶をアナウンスすると、店内に拍手が起きた。

最後まで客を丁寧に送り出す

ふと目があった青木真兵さんに、海文堂で出会った一冊は？と訊ねると、『Get back, SUB! あるリトル・マガジンの魂』の名が返ってきた。1970年代の神戸北野で発刊された伝説の雑誌『季刊サブ』、これを編集していた小島素治さんの人生を追いかけた北沢夏音さんのルポルタージュだ。青木さんご夫妻は、2階ギャラリーで開催されたトークイベントにも参加、それが縁となり、昨年には、青木さんが勤める大学に北沢さんを招いてイベントを開催、その後「サブ研究会」を結成したそう。

「こうした街の本屋さんって、顔が見えるじゃないですか。棚も、書き手も、お客さん同士だって。顔が見えるから、つながるんだと思います。海文堂は閉まるけど、僕がもらったこのパスをどうつなげるか考えていきたいです」とちょっと寂しそうに、でもにっこり笑った。

通りを埋め尽くすファン

そういえば、福岡店長は、農協関連団体に勤めていた20代の頃、当時はまだ神戸で扱う書店が少なかった『本の雑誌』を目当てに、海文堂に通っていたそうだ。その後、本好きが高じて海文堂の採用試験を受けた

大きな拍手が鳴り止まない

際、『本の雑誌』の話題で盛り上がり採用されたのだと聞いた。日中、京都から駆けつけた『関西赤貧古本道』の著者、山本善行さんは、海文堂で行われたイベントがきっかけで、後に連載が始まる雑誌編集者と出会ったそうだ。今や人気作家の髙田郁さんも、子どもの頃に海文堂に親しんでいたそうだが、そのご縁を利用した福岡店長の豪腕で、棚卸しまで手伝われたことがあるという（どんな本屋や…）。

海文堂で話を聞いていると、本屋は本を売るだけの場ではないと気づかされる。本を媒体に、人がつながり、広がる。海文堂という「場」が、なにかの生物のように増殖し、運動体として膨れあがっているようにも感じられた。

そして、最後の一人がレジを終えた。

【19：35】営業終了

――30分以上前から集まっていたファンが、商店街の広い通りを埋め尽くしている。その数300人以上。

●海文堂書店からのひとつのお願い。

急遽、福岡店長がスタッフを集めて、挨拶をすると告げる。聞けば、前日の閉店時もファンが集まり、感謝を伝えるゲリライベントが開催されたとか。

スタッフ全員が店先に並ぶと、商店街のアーケード内に大きな拍手の音が響く。元航海士らしき制服姿の男性が銅鑼を鳴らす。福岡店長が丁寧に御礼を述べたあと、こんな話をされた。

「街から、どんどん本屋がなくなっています。皆さんに最後にお願いしたいのは、確かにネットは便利ですけれど、街にまだ残って頑張っているリアル書店を使ってあげてください。でないと、この国から本屋というものがなくなってしまうかもしれません」

ありがとうの声が飛び交う。銅鑼が鳴り響く。長い間、大きな拍手が鳴りやまない。そして、30秒ほどかけてゆっくりとシャッターが下りた。

●取材の後で。

海文堂書店の周辺には、若い店主が営む店が多くある。なぜこの場所に？と訊ねると、港町らしいハイカラな気配が色濃く残っている地域であること。そして「海文堂もあるし」と何度耳にしただろう。この日も、海文堂帰りによくしていたように、近所のパブ「ケネス」でビールを飲んだ。海文堂の新刊コーナーに並ぶアウトロー本の話題が、ここでビールのアテになった夜も数え切れない。店の隅には店主の北秋さんの読みかけなのか、海文堂のブックカバーを纏った本が置かれていて、インテリアのように馴染んでいる。海文堂は閉店したけれど、なくなってしまったわけではない。

海文堂書店の皆さん（敬称略、順不同）

後藤正照	海事書、理工書、美術書
平野義昌	人文書、法経書、ビジネス書
田中智美	児童書、教育書、コミック
樋口淑子	文庫
熊木泰子	日本文学、外国文学、新書
柿本優子	実用書、地図、ホビー
北村知之	雑誌、芸能書
笹井恭	学参、資格、語学
石川典子	1Fレジ担当
吉井幸子	1F中央カウンター担当
早川明	外商
山田芳彦	外商
福岡宏泰	岩波書店単行本

かつてそこに本屋があった

本屋地図の変遷
銀座・飯田橋・町田

●杉江由次

改築工事中の銀座旭屋書店跡

営業ついでにかつて本屋さんのあった場所をまわってきてくれと言われ、ふらふらと出かけてきました。よく考えてみるとそこに本屋さんがあったときには毎月のように訪問していたのに、本屋さんがなくなったとたん訪れることもなくなり、たとえお店の前を通ったとしても、閉店後にどうなっているかなんてまったく興味がわかないもんですね。

　というわけで、私が本の雑誌社に入社した頃（１９９７年）にあった本屋さんをまわって、現在そこが何になっているか、そして当時と現在を比較する書店地図を作ってみました。まわった場所は、都内中心部（銀座）、ビジネス街（飯田橋）、郊外ターミナル（町田）の３ヶ所です。

　まずは銀座。なんといっても近藤書店と旭屋書店は、いま目をつむっても棚の配置やお店の人たちの息づかいが聞こえてくるような気がします。

　かつて近藤書店のあった場所は現在高級ブランドの「Dior」に様変わりしてました。ドアマンが立っていたりして、写真を撮る私を不審な顔をして見つめておりましたが、私からしたらそこが「Dior」になっていることのほうが不審です。旭屋書店のあった数寄屋橋阪急は、改築工事中でにょきにょきとクレーンが立っています。新しく建つビルには本屋さんが入るんでしょうかね。もし入るならまた旭屋書店さんに入って欲しいものです。そして大量に積まれ

近藤書店跡にそびえる「Dior」と山下書店跡の「mikoa」

〈銀座1997年〉

〈銀座2013年〉

福家書店は「23区」に

た女性誌が懐かしい山下書店と芸能人のサイン会が多かった福家書店は、ともにアパレルショップになっていました。銀座らしいといえば銀座らしい変貌でしょうか。

　さてその代わりに銀座・有楽町地区に新しくできた書店は、三省堂書店、ツタヤ、HANDS BOOKS。歌舞伎座のほうには改めて山下書店がオープンしていますが、有楽町駅周辺の出店が目立ちます。三省堂書店のある交通会館は駅前なのに妙に存在感が薄く、オープン当時「あそこで本屋は難しい」と陰口を叩いていた営業マンがたくさんおりました。実際オープン当初の売上は低迷し、人員も減らしたそうですが、そこからまさかの倍返し。いまやレジの列が途切れることのない、日本有数の売行き良好店になりました。また入れ替わりの激しいなかで、ずっと銀座で本を売り続けているのが教文館です。あるだけで安心する本屋遺産といえるお店です。

　次いで、ビジネス街の飯田橋。かつては駅の四方とその真ん中に本屋さんがある書店大激戦区でありましたが、いまや駅ビルの芳進堂フムラ店を残すのみ。大合併で社名をアルファベットに変更したKADOKAWAをはじめ、たくさんの出版社と取次店があるにもかかわらず、なぜ飯田橋で書店業が成り立たないのかは出版業界の七不思議です。

　飯田橋書店があった場所はドラッグストアに、松田屋はコンビニに変わっておりました。本誌読者にはお馴染みだった深夜プラス1は、「熱烈中華食堂　日高屋」になっていました。思わず入店して「野菜たっぷりタンメン」を食べましたが、かつて雑

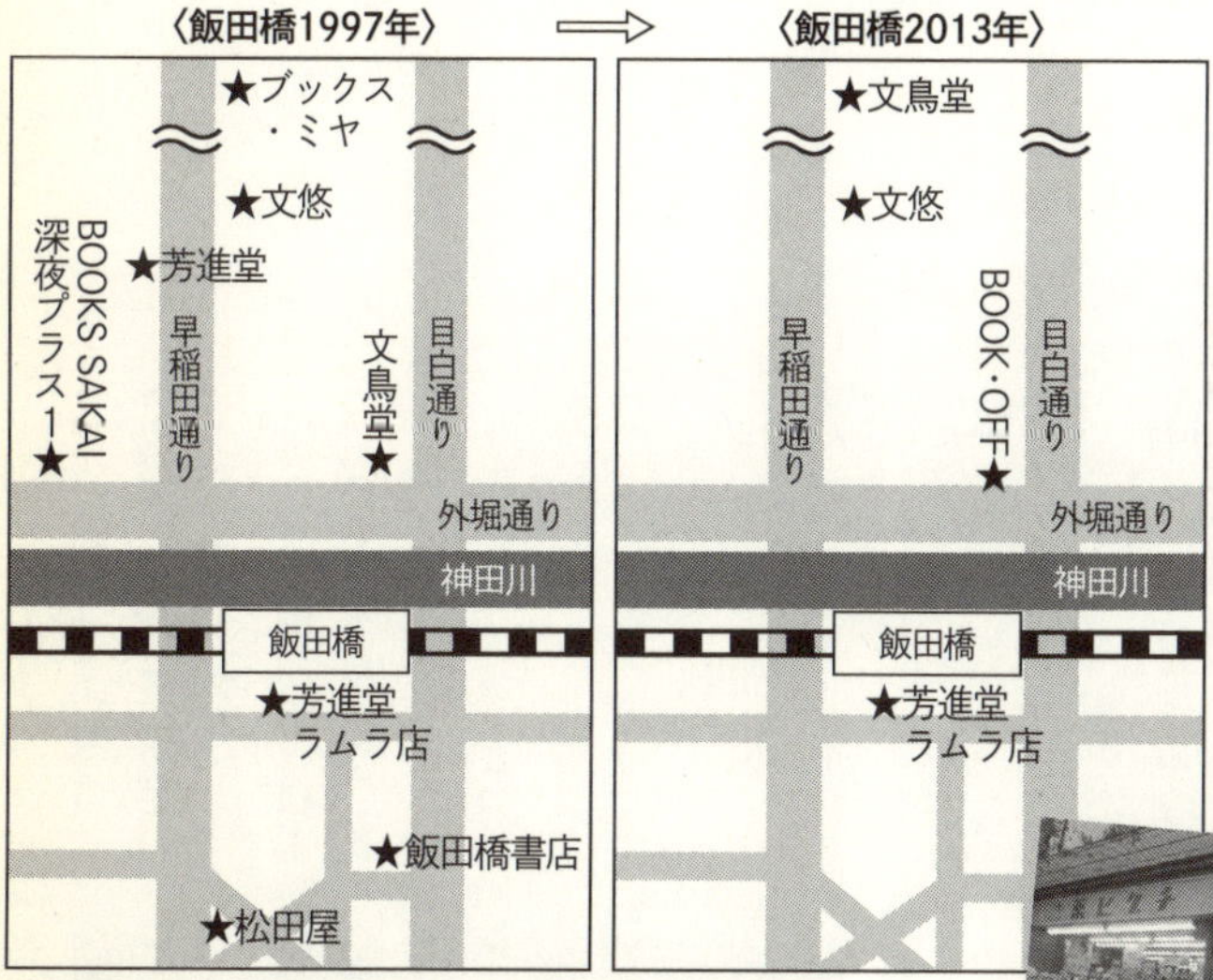

飯田橋書店はドラッグストアに

文鳥堂→ブックオフの衝撃

松田屋はコンビニに

深夜プラス1跡でタンメンを

ビル改装で閉店した文教堂書店

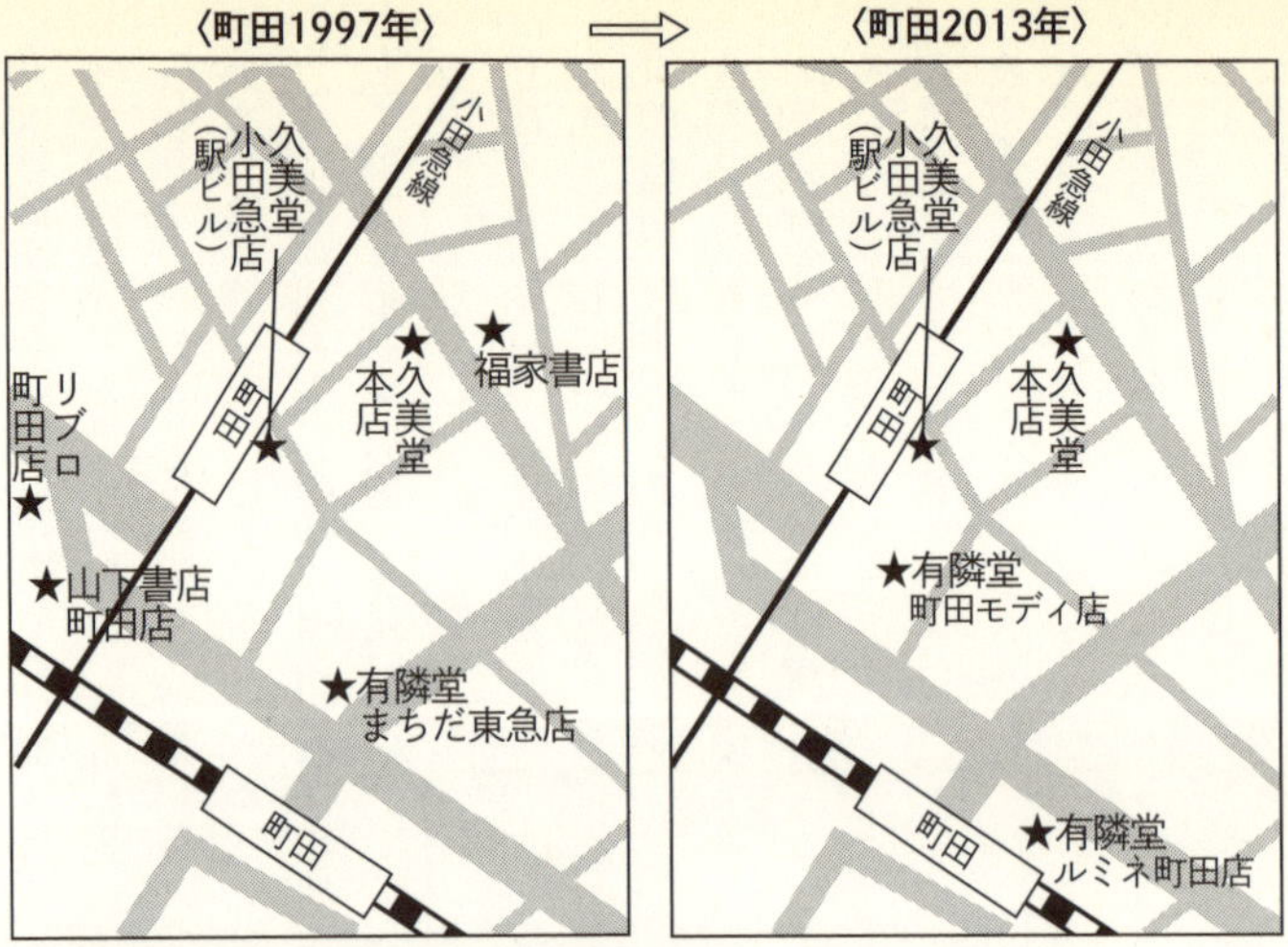

誌が面陳されていた一角で食べたその味は、妙に塩味がきいちゃいました。まあ文鳥堂跡地のブックオフに比べたら、まだマシですか。ちなみにその後オープンした文教堂書店は、ビル改装のため今年八月に閉店。飯田橋はビルドよりもスクラップが目立ちますが、ただいま駅周辺に超高層マンションの建設ラッシュなので、そのうち新しい本屋さんができるかも。

そして町田。小田急線と横浜線の交わるこちらの駅は乗降客も多く、若者が街を闊歩するやんちゃな街でもございます。

山下書店はカメラ屋に、西友7Fのリブロは閉店、福家書店のビルは改築

この地図は1997年と2013年の定点ですからその間のことは記しておりませんが、三省堂書店やジュンク堂書店のコミック専門店、あおい書店が出店し、閉店していった歴史があります。また現在ルミネとモディと2軒ある有隣堂もかつてさいか屋（ジョルナ）→東急へと流浪した時期がありました。

のちに『盛岡さわや書店奮戦記』を出版された伊藤清彦さんがガンガン文庫を売っていた山下書店は、カメラ屋さんになっていました。今年6月で閉店となったリブロの跡はまだ何もオープンしておらず、コミック売り場が人気だった福家書店はビルの建て直しを待っているようでした。

営業マンにしてみたら訪問店舗が減って楽になっただろうって？　とんでもないことです。本屋さんって不思議なもので、同じ地域にあっても、近藤書店で売れない本が旭屋書店で売れたり、旭屋書店で売れない本が福家書店で売れたりしていたんですね。そうやっていろんな本が生き延びてきたんだと思うんですよ。

たとえ看板は変わっても建物の作りは同じわけで、今回お店を覗けば在りし日の本屋さんの姿を思いだし、ついつい涙があふれてしまいました。記録よりも記憶に残る、はスポーツ選手にはいいですが、本屋さんは記憶に残るよりも、いつまでもそこにあって欲しいものです。いまある本屋さんが一軒でも末永く街にあり続けますように。

「町の本屋はむしられっぱなし」

=永江 朗

この30年、町の本屋はむしられっぱなしである。

まずは80年代、コンビニが日本中に増えた。7時から11時までどころか、いつのまにか年中無休24時間営業となり、雑誌や文庫も扱うようになった。小さな本屋では雑誌とコミックが売上の柱だ。この打撃は大きかった。

80年代は郊外型書店も増えた。ロードサイドで広い駐車場のある本屋である。多くはチェーン店で、売場も広かった。主力商品は雑誌とコミック、そして文庫。クルマを買ったけど行くところのない若者は、夜中にドライブする口実ができた。

80年代は家庭用ビデオデッキやＣＤプレイヤーが普及した時代でもある。郊外型書店の多くはレンタルとの複合店になった。レンタル店は来店者数が倍になる。客は借りるときと返すときに来店するからだ。

町の小さな規模の本屋は、そうした流れから取り残されていった。

ついで90年、ブックオフが相模原市で誕生した。最初は「古本が売れるわけない。本はやっぱり新品がいちばん」と甘く見ている人も多かった。でも読者はそう考えなかった。ブックオフはいつのまにか全国に広がっていった。いまや「町でいちばん大きな書店はブックオフ」というところも少なくない。ブックオフは町の本屋からコミックスや文庫の売上を奪っていった。

そして２０００年、旧大店法が廃止され、かわって大店立地法ができた。大都市や中堅都市には売場面積が１０００坪を超えるようなメガストアがどんどん出現した。その多くはチェーン店だ。ほぼ同じころ、アマゾンが日本でのサービスを始めた。「本は実際に手にとって見なけりゃね。ネット通販が日本で成功するわけがない」と甘く見ている人も多かった。でも読者はそう考えなかった。ぼくの推定では、いまや日本の書籍の5冊に1冊はアマゾンが売っている。

メガストアとアマゾンは町の本屋から書籍の客を奪った。もともと町の本屋は専門書の扱いが少なかったが、取り寄せして買う人がいた。でもメガストアにいけば現物が並んでいるし、アマゾンなら自宅まで届けてくれる。

ここ数年は書籍の発行部数が少なくなっている。高止まりしたままの返品率に音を上げた取次が総量規制を行い、出版社も対応せざるを得なくなった。人文書など専門的な本だけでなく、文芸書でも初版3千部なんていう話を聞く。3千部ということは、それが店頭に並ぶ書店はせいぜい数百店舗。町の本屋には配本されない。

町の本屋が立地する「町」そのものが、この30年で激変した。地方の中堅都市はほとんど例外なく駅前商店街が寂れてしまった。消えたのは本屋だけじゃない。レコード屋も文房具屋もなくなった。定食屋は牛丼や餃子のチェーン店になり、喫茶店もチェーン店になった。独立系の小売店や飲食店という業態そのものが、小さな町では存続できなくなってきたのだ。

ぼくたちの生活様式も変わった。以前取材した元書店主は、「配達ができなくなったので店を閉めた」といっていた。共稼ぎが増え、配達しても留守の家が多くなったのだ。定期購読の雑誌はポストに入れればいいけど、代金の回収は留守では困る。そもそも配達を望む客が少なくなった。

90年代のバブルのころは、廃業して不動産業になる本屋も多かった。町の本屋は立地がいいので、飲食店やケータイショップに転用したいという話が殺到した。ある元書店主は「本屋をやめてよかったよ。経済的にも肉体的にも精神的にも楽になった」と笑っていた。町の本屋がなくなるというと、悲しい、淋しい、残念だというトーンで報道されることが多いけど、やめてハッピーになった人も少なくない。本屋さんの苦労も知らずに「やめないで」なんていうのは身勝手だ。だいたい「やめないで」という人に限って、その店でめったに買わないじゃないか。今だってそう。やめてほっとしている元書店経営者は少なくないと思う。

毎日新聞社の読書世論調査を見ていると、日本人の読書率（「本を読んでいる」と答えた人の比率）は、戦後一貫してそれほど変わっていない。年によって増えたり減ったりはするが、10年、20年の尺度で見るとほとんど横ばいだ。だから町の本屋が経営不振で閉じていくのを読書ばなれのせいにはできない。

町の本屋がむしられっぱなしの30年を読者から見るとどうだろうか。読者からすると便利になった。都心のメガストアに行けばマイナーな本や高額な本も手に入るし、ネットで在庫状況を確認できる。ネット書店に注文すれば、翌日か翌々日には届く。品切や絶版の本も、たいていは古書で見つけられる。ブックオフにいけば１０５円でいろんな本が手に入る。公共図書館の蔵書の有無もネットでわかる。チェーン店の多くは年中無休で夜遅くまでやっているし、本を探して疲れたらカフェでコーヒーを飲める本屋も増えた。熱帯夜が寝苦しかったらコンビニに行ってアイスクリームとファッション雑誌を買って帰ることもできる。

しかし、便利になったといえるのは、ぼくがまだ元気な中年で、都会に住んでいて、クレジットカードを持っていて、パソコンやスマホが使えて、という条件がそろっているからだ。この中のひとつでも欠けてしまったら、たちまち不便を強いられる。便利と不便は紙一重なのだ。

町の本屋に生き残り策があるとしたら、その紙一枚分の隙間かもしれない。入り口で老眼鏡を貸してくれる本屋とか、手押し車でも入りやすいゆったりした売場とか、パソコンやスマホのかわりに調べ物を手伝ってくれる店員とか。お金がなくてもツケにしてくれる店長とか、孤独な老人のおしゃべりにつきあってくれる店員とか。たぶん品揃えや注文取り寄せのスピードではないと思う。

「北書店の三年半」

＝佐藤雄一

これから新しく本屋をやろうと動いているのだから、もう少し前向きになれそうなものだ

冒頭から暗い調子ですいません、「本の雑誌」読者の皆様はじめまして。新潟市で「北書店」を営んでおります佐藤と申します。このたび「本の雑誌」編集部様からご指名いただき、この原稿を書いているわけですが、特集が「町から本屋が消えてゆく!?」ということで、これはなかなか穏やかではありません。どう書き進めていいのか正直よくわからないので、この3年半のことを自己紹介を兼ねてそのまま書いてみます。

北書店は新刊書店です。１９０年続いた老舗書店「北光社」が２０１０年1月末に閉店しました。そこで使われていた木製の什器が、3月半ばには壊されてしまうというのが、北書店開店を急いだ理由です。それがなかったら資金的にも新たに本屋を作るということは難しかったでしょう。北光社があった古町という繁華街に拠点を探しましたが、これも資金的な理由で断念し、場所はさほど離れてはいませんが、商店街とはいえない、新潟市役所前に少し広めの空き物件を見つけました。古町を離れるこ

「本の雑誌」２０１０年4月号、ということは、その年の3月に発売されたことになるがそこに掲載された新潟市在住の男性からの読者投稿を読むのは、発売後1年ほど経ってからのことだった。なぜそのときに読めなかったかといえば、当時私は「北書店」開店準備で忙しく、もっと言えば何に忙しくしているのかすらもわからなくなるような有様で、本屋に立ち寄る時間的な余裕がなかったことと、行ったら行ったで新刊を手にするものだから、そうすると今はそれがかなわないことだと知りつつも、何冊仕入れ、どう並べるかなんて妄想が勝手に働き、同時に外観をブルーシートに覆われた「北光社」の姿が頭にチラつくので、それが嫌で意図的に新刊書店を遠ざけていたのだと思う。

が、14年間在籍した北光社が今はもうないのだという現実は圧倒的で、あの馬車馬のように働いていた日々のリズムを拭い去るには、まだまだ日が浅すぎた。そんな調子で、時間を逆回転させるような後ろ向きな気持ちはそのままに、開店までの準備は敗者復活戦の様相であったが、2カ月半でこの北書店を始めた。書店を取り巻く状況を伝えるときによく使われる「ネット書店や郊外大型店の進出が経営を圧迫し云々……」というおなじみのフレーズは北書店には適用しない。もしもこの店が閉店したとしたら、「ネット書店や郊外大型店の進出を百も承知で始めた店主の計算不足によって……」と書かれても何も言えない時代にはじめたのだから。２０１０年4月に開店し、今3年半が過ぎたところだ。

とが、最初は少しばかり不安でしたが、後々この場所に決めたことが功を奏します。新刊書店といっても、いわゆる配本はありません。取次店の新刊情報を元に発注し入荷を待ちます。なので事前注文の利かない出版社の本に関しては、ほぼ発売日には店頭に並びません。「選んで発注」なんて書いていますが、その方法しか選択肢がないだけです。いざ始めてみると、発売日に新刊が来ないということは、こんなにも心許ないものなのか、ということをひしひしと感じます。ただその一方、大きな書店では埋もれがちな本を、目に付きやすく配置することで、それを喜んでくださる方もたくさんいらっしゃる訳です。在庫数に全く見合わない、少し広めの物件を借りることによって好転したのが、店内イベントのときにかなりの人数を収容できることです。本の発売記念や、地元の画廊と提携しての展示にあわせて、開店当初は思いもしなかったほど多彩な顔ぶれの作家さん達をお呼びしてトークイベントを開催することができています。イベントでいうと、この場がきっかけとなって、一昨年から年に2回のペースで「一箱古本市」を開催しています。これはお店の経営にどう影響するのかは未知数ですが、ここで商売させてもらっていることへの感謝という気持ちが強いです。言わずもがな、これらの数々の事柄にはきっかけを与えてくれたり直接手を貸してくれる多くの人たちが関わっています。以上駆け足すぎますが、実際に北書店の3年半はまさに駆け足で過ぎていきました。ザックリすぎて申し訳ないですが、もう少し聞いてみたいという方がいらっしゃいましたら、ぜひお店にいらしてください。話をしましょう。本と本屋の話を。

冒頭の読者投稿の男性は、北光社の閉店に際し棚のことについて触れ、その仕事はいつか甦る、と書いてくれた。その記事を読むことが出来たのは、他ならぬ書いた当人が、今は北書店のお客様だからだ。買っていかれる本のラインナップから、こちらも興味を持って話しかけたのが最初だったと記憶する。

開店当初より北書店を支持してくださった女性がこの夏亡くなられた。彼女の膨大な読書量から察するに、この店の在庫数は物足りなかったことだろう。それでも「北書店は楽しい」と通い続けてくださった。最後に注文された、青柳いづみこの新刊を、「妻は具合が悪いから」と、ご主人が引き取りに来られ、その後、お会いすることは叶わなかった。

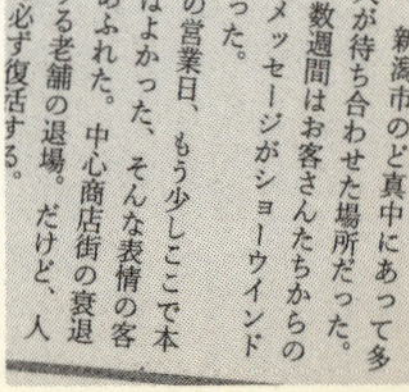
光社」。新潟市のど真中にあって多くの人が待ち合わせた場所だった。最後の数週間はお客さんたちからのお別れメッセージがショーウインドーを飾った。
最後の営業日、もう少しここで本を買えばよかった、そんな表情の客店はあふれた。中心商店街の衰退象徴する老舗の退場。だけど、人仕事は必ず復活する。

本誌2010年4月号
三角窓口の投稿

誌面も尽きるので、これ以上は書かないが、北書店以前、以降で明らかに異なっているのは、お客様と直接関わる時間の濃密さだ。自分で看板を掲げたことの、不安や喜びといった感情と背中合わせに過ぎていくのだから、そう感じるのは当然のことのように思う。なので、「町の本屋はどうなのか?」という問いはどこか漠然として答えようがない。それは私にとっては、「君はどうなのか」という質問と同じで、「まあどうにかします」とでも言うしかなく、明確な答えなどないからだ。

「くすみ書房の挑戦!」

＝黒田信一

町の書店が閉店に追い込まれる理由ははっきりしている。地域住民の減少。消費税増税や不況や活字離れによる売り上げの落ち込み。ネット書店に大型書店チェーンの進出。流通の構造的欠陥に資金不足に後継者不足。

理由がわかっていても対処できないのは、どれか一つだけが問題だからではなく、すべてが問題だからだ。子づくりにはげみながら右手で屋根の雨漏りを修理し左手でピザを作ってタンゴを踊れといわれているようなもの。札幌にあるくすみ書房も、同じくこの問題群に投げ込まれた。次のようにだ。

地下鉄延長によって人の流れが激変し、売り上げが落ちて歯止めが利かなくなったのが1999年。2007年には近隣に大型書店が相次いで出店する追い討ち。そして2013年6月には、取次に債務の一挙返済を突如迫られる絶体絶命。その間にも国内の書籍売り上げは下降し続けて、アマゾンの進出やら出口なき不況にデフレにリーマンショックもありで休みなき台風状態である。

「2003年には閉店を考えました」

久住邦晴社長（62）はいう。

当時のくすみ書房は、札幌市の中心部から地下鉄で約15分の琴似という地域に店を構えていた。1946年創業の老舗である。

「そんな中で思いついたのが『なぜだ!?売れない文庫フェア』。いつか儲かったらやってみたいと思っていた企画なんです」

窮余の一策。名作だが売れ筋ランク外で、出版社にも読者にも忘れられている文庫本を集め売ろうというもの。売れ筋本をいかに多く仕入れさばくかを追いかける、当たり前とされる書店経営の真逆の発想だ。これまでの方法で売れないなら、逆にかけるしかない。

久住社長は手書きのチラシを作って新聞社、テレビ局、ラジオ局に送った。面白いと全メディアが食いつき報じた。

大あたりだった。客が殺到した。本好きの琴線にみごとに触れたのだ。仕入れた〝売れない文庫本〟は完売。続けて組んだフェア第2弾も完売した。さらに第3弾では揃えた文庫から一冊を選び朗読する時間を設けた。朗読者は久住社長。フェアに変化をもたせ、マスコミに取り上げてもらうためだった。これが反響を呼んだ。古くて新しい本と本屋の楽しみ方。だれもが参加できる朗読会へと発展し定期開催の名物イベントに育った。

しかし書店継続には、まだ頑張りが必要だった。考えをめぐらせた。店に来ない客層に気がついた。中学生たちである。

来ないなら来させよう。札幌市内の書店に声をかけ、中学生向けの本棚を作って合同でフェアを開催した。題して『本屋のおやじのおせっかい「中学生はこれを読め！」』。本は久住社長が選んだ。話題沸騰。後に小学生、高校生、大学生向けも加わってくすみ書房の常設書棚となった。

2005年には店の地下にブックカフェを開き、定期的に作家や大学の先生の講演、落語会などを開くようにした。書店では珍しい友の会を作り会報も配布を始めた。地域の〝場〟としての書店活用。コミュニティデザイナーの山崎亮が提唱した『新しくモノを作ることよりも〝使われ方〟を考える』方法論は、地域再生における重要なワードの一つとなっているが、くすみ書房は当時からそれを実践していたことになる。

しかし新たな問題が起こった。近隣に大型書店が相次いで進出してきたのだ。伸びていた売り上げが再び下降線に。

落ち込んだところに出店の話が持ちかけられた。店のある琴似と反対側、札幌市東部郊外にあるショッピングセンター。近隣に大型書店もない。しかも地下鉄直結。運ではない。話題を提供し続けていたからこそだった。ブックカフェと外商部は琴似に残し、出店ではなく移転を決断。2009年だった。すると客数も売り上げも約3倍まで伸びた。

ところが2013年に入って再び問題が。取次の決済方法が突然変更されたのだ。経営合理化も徹底したが提示された条件での支払いは不可能だった。期限は6月。

「今度こそほんとうに閉店を考えました。それまでの債務もあり移転費用の返済も終わっていなかったですし。でも娘が有志を募ってくすみ書房危機のWebを立ち上げ、友の会入会という形で資金集めを始めたんです」

くすみ書房とつながりを得ていた作家や大学の先生や、なによりも客たちが、〝自分たち〟の本屋をつぶすまいと友の会に続々入会してくれた。直接くすみ書房を知らない地方の人たちも多くいた。くすみ書房は、町の本屋をなくしたくないという人々の思いの象徴となっていた。資金は集まり危機は逃れた。

「店に来て声をかけてくれた人もいました。うれしかったです。でもね、うちに限らず、町の中小書店はこれまでも大変だったしこれからも大変だと思うんです。ちょっと何かあれば終わってしまうぎりぎりにいる。だからこそ新しい何かを形にしなければならない。これまでのあり方にとらわれない書店。店の作りも経営の方法も流通のあり方もそう」

ひとまずの危機を脱した久住邦晴社長は早くも行動に移している。『中学生はこれを読め！』の棚を完成形にするプロジェクトを立ち上げ、ネット上のクラウドファンディングで300万円の資金集めを始めたのだ。資金が足りなければ皆から募る。これも新しい書店経営のかたち。かたちは実り、8月29日から一カ月後には調達に成功した。さらにこれからは一口株主やスポンサー企業を募集するなどの試みも視野に入れながら、知り合いの建築家と一緒になって驚きの本屋に改装してゆく予定だという。

くすみ書房を見ていると、小さいが自由な町の本屋だからこそできることが、意外にたくさんあるものだと気づかされる。

久住社長はうなずいた。

「来年は面白くなりますよ」

本屋さんが好きだ！座談会

井上理津子
島田潤一郎
朴　順梨

――本の雑誌では、このところ本屋さん特集はしてなかったんですが、神戸の海文堂さんが閉店するという話を聞いて、びっくりして、さすがにここはちゃんと特集を組まなきゃいけないだろうと。で、島田さんは『本屋図鑑』、井上さんは『名物「本屋さん」をゆく』、朴さんは『離島の本屋』と、「本屋」にこだわった本を出してるみなさんに、本屋さんの魅力や本屋さんの場所としての意味を語っていただこうと集まっていただいたわけです。

朴　海文堂さんの最後の日はシャッターが閉まってからもお店の前にたくさんの人がいましたよね。みなさん別れを惜しんでいた。

島　僕、最終日は開店前から閉店後までいたんですけど、本屋さんにあんなにひっきりなしに人が入るのを見たことがなかった。レジに並んでいる人が百人近くいましたから、最後尾はこちらですって案内係をやらせてもらって。「あの本はどこ？」なんて問い合わせも受けて。

井　一日書店員状態。

島　夏葉社で『海文堂書店の8月7日と8月17日』という写真集を出したんですけど、海文堂だけで十日で千冊も売れたんです。

井　すごい。でも、その本屋さんでこそ買いたい本ってありますよね。

朴　ありますね。井上さんは飛田新地の本も出してらっしゃいますけど、ああいう本はあべの界隈で買いたい。海文堂さんは神戸新聞の本をちゃんとしたボリュームで置いてあって、それもすごく買いたくなる。島の本屋さんにもそういう本があるんですよね。都内の大型書店でも売ってないような、それこそ島の古老が書いた島の歴史とか。

島　『離島の本屋』で朴さんも書かれてましたけど、石垣島の郷土本を買う人は旅行者や学者さんなんですよね。今回『本屋図鑑』を作るにあたって、四十七都道府県の本屋さんを取材したんですけど、最北端に行っても那覇に行っても売れてるのは百田尚樹さんの本で、地元の人たちは普通に「ためしてガッテン」とかを買ってる。

朴　たしかに一時は『体脂肪計タニタの社員食堂』シリーズばかり売れてましたよね、島の本屋さんに行っても、売れ筋はタニタ。

島　あとはシルバー川柳とかナンクロとか。旅人としては最北端に行ったら最北端ならではのベストセラーがあってほしいという気持ちがあるんですけど、ほとんどない。どこへ行っても、本屋さんの九割を占めているのは生活実用書だったりコミックだったり雑誌だったりするんですよね。

井　そういえば私、ずいぶん前ですけど、スーパーマーケット協会の機関誌の仕事をしたことがあって、いろんなスーパーの経営者にインタビューして回ったんです。その時も地方地方で食べたいものの嗜好が違うだろうと想像して行くわけですよ。でも行ったら有名メーカーが全国CMを流してる普通のものが、まず求められている。

朴　有名商品を。

井　地元の漁港で上がった魚とか、地の利を活かした海産物も入るんだけど、それは地元の人にはあまり魅力的ではなかったりして、普通に加工してパッケージされたものがまず売れる。

島　本とすごく似てますね。

井　本屋さんにしてもスーパーにしても、多くの人が目にするものを提供するという面がすごく重要になる。一部の通の人が行くところじゃないから。

朴　たしかに島の本屋さんのお客さんを見てると、都会とのタイムラグがないことにこだわってる。自分たち独自の文化というよりは、東京で売れてるものは私たちだって欲しい、という、それが普通の感覚なのかなと思いますね。

――ただ、町の本屋にはそういう本が行かない流通システムになってますよね。結果的にネット書店が伸びることになりませんか。

島　ネットに押されて、というよりも、もうちょっと大きな話で、町が変わりつつあるんだと思います。どこの町も郊外化して、人の流れが外周に向かってるでしょう。

朴　たしかに海文堂のあった神戸の元町商店街にしても、平日なんか歩いている人の年齢層が高い気がします。都会なのに、まったりした空気で。

島　今は商店街より、イオンのような郊外のショッピングセンターに、ものすごい数の人が集まってますからね。日本にはこんなに子どもがいたのかっていうくらい。

――でもイオンって、たいていは車じゃないと行けない距離にあるじゃないですか。子どもたちだけじゃ行けない。そうすると子どもの頃に本屋さんに行くのが特別なことになっちゃうんじゃないかなと。

島　それが一番大きな問題な気がする。つまり、本屋さんが親に車で連れていってもらうところになってるわけですよね。

朴　私は出身が群馬なんですけど、子どもの頃は駅前に本屋さんがあって、近かったから、よく行ってたんですよ。だけど高校を卒業してしばらくしたら、その店はなくなってしまって、あとは駅前にユニーっていうスーパーがあって本屋さんが入ったんです。で、地元の中高生はユニブラ、ユニーをブラブラすることですけど（笑）、ユニブラがてら一緒に本を買ってたんですけど、数年前にイオンができてユニーも閉店してしまった。でもイオンは町の中心からは遠いんですよ。となると、地元の中高生はどうやって本を買うのかってことは考えますね。

井 買う買わない、読む読まないは別にしても、本が目に入る環境かそうじゃないか。その環境がなくなってしまうってことですよね。

朴 常に生活の中に本屋があるかないかって大きいですよね。

井 滅茶苦茶大きいですよ。うちの息子が高校に入った時に、当時、偏差値の低い大阪の男子校だったんですけど、先生が、この子たちを本を読む子に育てるのが目標だみたいなことをおっしゃったんですね。とにかく教室を本棚で囲みたい、だから余ってる本を持ってきてくださ

い、家の中でも本を閉じ込めないで、リビングや共有スペースに出してくださいって。それがよかったのか、息子は本を開くと一ページで頭が痛くなる子だったんですけど、それなりに読むようになった。駅前や繁華街から本屋さんがなくなるということは、その逆がどんどん進行するってことでしょう。

朴 そうですね。視界から本が消えてしまう。あればつい手を伸ばしたくなるんですけどね。

井 本屋がなかったら、そのチャンスすらないですからね。その先生は、またいいことを言ってくれるんですよ。通学電車の中でゲームをやってるよりも本を開いて読むふりだけでもしといたほうが、隣の女子高の子に声をかけた時に、ＯＫになる確率が高いよ、とか（笑）。

――モテる！

朴 素晴らしい。やっぱりあって大事なんだなあ。

――井上さん自身は小さい頃に町に本屋があったんですか。

井 いっぱいありました。『本屋図鑑』に奈良のベニヤ書店が載ってますけど、私、あそこが行きつけだったんです。小学校のすぐ近くで、親のつけで買えたんですよ。

朴 お得意様だったんですね。

井 お得意様というか、学校の帰りに寄り道しちゃいけないって言われる中で本屋さんだけは学校からも親からも黙認状態だったんですね。だから毎日のように立ち読みして散らかして、もとに戻しなさいってお店の人に怒られたり（笑）。

朴 つけで買えるのはうらやましいですけど、何を買ったかご両親にバレてしまう（笑）。

井 そうですね。だからベニヤさんで買ってたのはせいぜい中学の前半くらいまでかな。その頃、スーパーの中に大きい本屋さんが出店してきたので、そちらで買うようになりましたね。

島 昔はちょっとずつ大きい本屋というのを知っていきましたよね。歳とともに。

井 そうそう。行動範囲が少しずつ広がって。

朴 島田さんは東京出身なんですか。

島 生まれは高知なんですが、育ちが東京の世田谷で、団地だったので、団地の商店街の小さい本屋さんにずっと通ってました。高校くらいまでは基本的に漫画しか買わなかったんですけど、それでも自転車で行ける本屋が十軒くらいあったんですよ。そうすると十軒の中で、子どもながらに、ここはこういうものがあるとか、何となく使い

分けるんですよね。青年漫画を買うならあっち、ヤンマガ系はあっち、ジャンプ系はこっちが揃ってるとか。

朴　さっき言った駅前の本屋は、実は本店が別の場所にあって、本店は二階建てだったんですよ。

島　それは大きいな。

朴　本店は親に車で時々連れていってもらって、うわぁ～と思いながら買ってたんですが、ある時、初めて前橋の煥乎堂に連れていってもらったら、うわぁ～が倍くらいのうわぁ～になって（笑）。

島　煥乎堂は人文系の堅い本が多いんですよね。

朴　そうですね。子ども心にもびっくりするくらい教養度が高くて、ちょっと敷居が高い感じはしました（笑）。で、小学生の時に親に池袋の西武デパートの本売場に連れていってもらったら、あまりにも広くてあまりにも在庫があるので、すごい、都会の本屋さんって何でも売ってるよ！と感動して、その時、都会に住むと決めたんですが（笑）。ただ、あらためて考えてみると、広すぎる本屋って疲れるなというのが実感としてあって、普段の生活の中では二階建ての地元の本屋の本店、くらいがちょうどいいんですよ。海文堂さんもちょうどいいサイズ感ですよね。そんなに広くはないけど二階建てで、二階には海図とか専門書があって。

島　同じような構成になりますよね。二階は理工とか専門書があって、一階は雑誌、文芸。でも、そういう二、三階建ての規模の本屋さんが一番大変な気がします。駅前の小さい本屋さんはまだ身近な本屋さんとしてやれるけど、ある程度専門的な棚もある本屋さんが苦労してる。揃ってるんだけど、全部あるわけじゃなくて、そうするとジュンク堂さんと対比されるし。

井　満遍なくあるけど、足らないと。

島　ちゃんと基本書は置いてあるんですけど。

井　個人的には、そのくらいの規模のほうが気が合う本屋さんがありますよね。三十坪くらいで気が合う本屋さんを見つけたら嬉しくなりませんか。

島　そうですね。通いたくなる。

朴　ある程度セレクトしてくれていて、大型店に行く手間が省けるくらいの。欲しいものは全部あります、みたいな（笑）。

井　目的なしでぶらっと行くときは大きい書店が好きなんですよ。ずっと半日遊びますみたいな。だから目的買いで行く気が合う本屋さんと、目的買い以外に行く本屋さんの両方が、一つの町の中にほどよくなきゃいけないような気がする。

朴　それが理想ですよね。

島　ある意味、昔のほうが豊かだったと思うのは、五島列島に行ったらフェリー乗り場に二百冊くらい本が並んでる売店があったんです。で、これから二時間フェリーに乗らなければならないのに、たまたま本を持っていなかった。その二百冊の中で本を選ぶのはすごく楽しかったんです。昔はネットもなくて情報も少ない。町の小さい本屋さんで限られた中から本を選ぶっていうのは、やっぱり幸せな悩みだったと思うんですよ。

朴　それで持っていった本が面白かったりするとすごく嬉しいですよね。

島　そうそう。取材に行った際

は基本的に町の本屋で一冊必ず買うようにしてたんですけど、買うものが無くて、魚の図鑑とか、ああいうのを買って電車の中で読むとすごく楽しい。これが原点な気がするんですよね。ほかに本屋さんがない、ここしかないとしたら……。

朴　この中から選んで的な。

井　そのワクワク感。

島　結局、膨大なネットの世界からすると町の本屋って、どこまでいっても不便なものではあると思うんですね。三千坪あっても四千坪あっても、何かが足りないのは間違いなくて、今後どうしていくべきかということになると、それはサービスとしての何かじゃない気がします。たとえば『離島の本屋』を読んで、いいなあ、と思うのは読者と店主との幸せな関係があるように感じられるからですよね。

朴　お客さんが限られているから、おのずと顔がわかるというか。

島　すごいのは、あの本はあの人が持っているみたいな、話が出てきて。

朴　あの本はあの人が持っているから、あの人から借りなよっていう（笑）。売らなくていいんだっていうのはちょっとびっくりしましたね。もちろんどこの本屋さんも、経営的には大変で、多角的な商売をしたり親戚に手伝ってもらったり、なんとなく周りの人との助け合いができているから、なんとかなっているのかもという気はしますけど。

島　やっぱり、いい本屋さんというか、お客さんの入っている本屋さんというのは、そういうコミュニティができあがっている。鳥取の定有堂さんとか。NHKの人とか新聞記者とか、いろんな知識層が集まってる地方の本屋さんってありますよね。コミュニティが書店を中心に成立しているようなところに一つヒントがあるような気はしてたんです。でも海文堂もそういう店だったので……。

朴　店員さんとのおしゃべりって、大手書店だとほとんどないじゃないですか。でも離島の本屋では当たり前だし、私が通っていた駅前の本屋でも、中学生の頃は音楽談義をしていたんですよ。テクノが好きな店員さんがいて、音楽雑誌を買うと、なんとかのアルバムがいいよとか、いきなり話しかけてくるんです。そういうのがあると行きたくなるし、この特集がいいよとかって言われるとやっぱり買いたくなるんですよね。

――井上さんは居酒屋の取材もされてますが、居酒屋と本屋って共通項がないですか。

井　構ってほしいオーラを出したら構ってくれて、構ってほしくないオーラを出すと構ってくれない、というのが理想だと思うんですけど、それは居酒屋さんも本屋さんも、まったく一緒ですよね。都内でも千駄木の往来堂さんくらいの三十坪クラスの本屋さんには、一つ聞いたらわーっと答えてくれる店長さんがいますよね。幸福書房とか。

島　代々木上原の。
井　無口な人なのかなと思っていたら、何か聞けば教えてくれるし、読んでない読んでないと言いながらめちゃくちゃ読んでますよね。同じ値段だけど、ちょっと得してるみたいな感じ。そういう感じで、本ならここで買いたいっていうお客さんがいて、そういうやりとりがしっかりある本屋さんがステキな本屋さんだと思いますね。居酒屋さんも一緒。どこで飲んでも同じ瓶ビールだけど、一杯目を女将さんが注いでくれると美味しかったりするじゃないですか。同じビールであっても、注ぎ方で味って本当に変わるでしょ?
朴　わかります。すごくおいしい注ぎ方ってありますよね。
井　それと同じように、『離島の本屋』っていう本はありますか。はいはいここにありますよだけじゃなく、なにか一滴、僕も読んだけど、何ページがおもしろかったよとか、プラスアルファをつけてくれる本屋さん。それはグラスを上手に磨いていたりする居酒屋と同じじゃないかなと思うんですね。
——そういう些細な積み重ねは買う側からするとうれしいですよね。
朴　ビール愛がある。本もどこで買っても同じ本ですけど、この売り方じゃかわいそうって思うことがある。それも大きいのかなと。
井　でも私、すごく熱く本を薦められる本屋さんは苦手。
朴　わかります。もっとさらっとしててほしい感じですよね。
井　そう。えっ、こんな本も知らねえのかみたいな態度がちょっとでもみえると、ごめんなさいもう来ませんみたいな気持ちに（笑）。気が弱くなる。
朴　お客さんのセレクトをじーっと見て、フッと鼻で笑うようなな。さすがにそれやられたら、もう二度と来たくなくなる。
井　オールジャンル得意な人なんていないわけだから、鼻で笑わずに受け入れてくれて、それで、ちょっとしたところで感度がぱちっと合う本屋さんが好き。
島　新刊本屋って自分の興味がないものも余分にあるのがいい点ですよね。僕はサッカー雑誌がないと嫌だし、買わないけどアイドル写真集もあってほしいし、漫画もあってほしい。それが本屋さんの重要な部分。自分が欲しいもの以外のものがたくさん揃ってるのが本屋さんの魅力な気がする。
井　私、待ち合わせを本屋さんでするんですよ。
——本屋さんって待ち合わせのメッカでしたよね。無料で時間がつぶせる場所だから。
井　いつの間にか減ってますよね、待ち合わせする人。待ち合わせの仕方が変わったから。
朴　着いたらメールする的な。
島　携帯の普及で遅刻がすごく増えたらしいですよ。
朴　でも本屋さんにいれば、待つのも苦痛じゃないと思う。
——そうか。本屋さんで待ち合わせをしよう運動をすればいいんだ！
朴　デートの待ち合わせを本屋さんでして、読めもしない難しい本、例えば私ならハイデガーとかを開いて、「こういう本を読むんだ」と思われたい。そんな小癪な手も使える（笑）。
——いいですね。モテたければ本屋さんで待ち合わせしよう運動に変更（笑）。

●実録ルポ
浜本茂、一日書店員になる！

町の本屋の現状はわかった。では、町の本屋では日々どんな仕事がなされているのか。そのあたりをおじさん三人組が検証しよう！　と思ったのだが、ただでさえ町の本屋は忙しいのに三人も行ってうろうろしたら邪魔になるから、という杉江の助言を受けて、今回はおじさん一号・浜本がひとりで一日書店員を体験することにした。

研修先は東京新宿区の伊野尾書店。西武新宿線の中井駅から商店街を歩いて二分、都営大江戸線の中井駅なら、A２番出口の真横という文字通りの駅前書店だ。売り場面積は十七坪と広くはないが、雑誌、文庫を始め、文芸書から実用書まで、なんでもあるような気にさせるピシッとした棚づくりの、いいお店である。

というわけで、十月十日午前九時、おじさん一号が伊野尾書店に到着。半分ほど開いたシャッターの下から覗くと、店長の伊野尾宏之さんがすでに作業中。伊野尾書店は午前十時から午後十時までの十二時間営業だが、店長は毎朝八時半に入店するという。早起きなのである。

入って左手の平台の前にダンボール箱が大小合わせて七箱。中央の通路にはビニールで包まれた雑誌の束がいくつも積まれている。深夜のうちに届いた、この荷物を開けるのが開店までの仕事だ。

店長が用意してくれたドラえもんのエプロンをつけ、「見習い　浜本」と書かれた店長手製の名札を下げたら、いざ、スタート。まずは雑誌の開梱に取りかかる。店長、アルバイトの鈴木さんとともに、通路に積まれた雑誌をビニールから出して平台の適当なスペースにどんどん載せていく。ひとつの包みに「LaLa DX」と「サピオ」が一緒に入っていて、ありゃ、と手が止まるが、性別も世代別もジャンル別も無関係に梱包されているというから、おお、何が出てくるかわからない宝の箱みたい！　じゃない。わかりづらくて困るのである。

伝票の誌名の前に「・」があるのは付録がついているよ、という印で、「・・」は付録が二つの印とのこと。「ニュータイプ」の付録はポスター二枚なので、本体の真ん中を開いて挟んで輪ゴムをかければ一丁上がり！　のはずなのだが、不器用なおじさんにはけっこう面倒。付録組みには輪ゴムで留めるケースと透明なビニール袋に入れるケースがあるそうで、「ビーパ

ル」のキッチン燻製キットのようにサイズも違って分厚いものは、いったん仮組みの形で輪ゴムで留めて開店に間に合わせるが、あとで改めてビニール袋に入れてテープで留めるとのこと。手間が二倍になるのである。しかもせこい話だが、輪ゴムもビニールも書店持ち。出版社はせめて輪ゴムとビニール袋を同梱しよう！

それにしても世の中にはこんなに付録のついた雑誌があったのか。入荷した雑誌のほとんどに付録がついてるのでは、と訝るくらいの数で、ぜんぜん終わらない。黙々と付録を組んでいるうちに十時の開店時間に。付録組みはいったん中断して、絵本塔を店頭に移動。さらに児童書のワゴン、週刊誌の棚などを次々店頭に運んで店を拡張していく。入口にマットを敷けば開店準備は完了。「いらっしゃいませ」「またお越しください」と脳内で復唱しながら店の周りにほうきをかけていると、お兄ちゃんが「もうやってますか」と言いながら、さっと入っていって「コンプティーク」を買っていった。おお、さっきオレが付録を輪ゴムで留めた雑誌じゃん。なんだかうれしい。

掃き掃除のあとはコミックのシュリンクパックに挑戦。都内の大型店でがちゃこんと機械がパックしているのを見たことがあるが、伊野尾書店では一冊ずつ手でかけるのである。シワにならないようにと注意されつつ、二十分かけて完了。続いてはダンボール箱の書籍の検品だ。

新刊の箱を開け、伝票と中身を照合していくのだが、伝票の書名は出版社ごとに印字されているのに、箱にはバラバラに詰め込まれているので、意外に時間がかかる。ちくま文庫を伝票でチェックして、あと二点だ、と思うと、幻冬舎文庫ばかり出てきて、ちくま文庫は底のほうでムックの下に隠れていたりするのである。いつもこうやってバラバラに入っているそうだが、どうして、版元ごとに分けないの？

注文品の箱はさらに大変で、基本的に一冊ずつなので、伝票順に本を探すのがひと苦労。文庫ばかりか、雑誌のバックナンバーから絵本まで、大きさも版元もばらばらに入っていて、作業は亀状態。ああ、目がちかちかしてきた。その間にも店長が

伊野尾店長と雑誌の開梱

絵本塔を出す

新刊の文庫を取りに来て、どんどん積んでいく。さすがプロは手際がいいのぉと感心しつつ、空いたダンボール箱を畳んでいると、そろそろやってみますか、との指令が。

おお、いよいよレジに立つ時がきた！

店長にバーコードのスキャンの仕方、レジの使い方、カバーのかけ方、正しい接客法を丁寧に指南される。お客さんがいらしたときはまずいらっしゃいませと頭を下げて、商品のバーコードをスキャンして、小計というところを押す。合計金額を伝えて、お客さんがお金を出してる間に、雑誌だったら袋に入れて、書籍は「カバーをおかけしますか」と聞く、などなど。

何度か練習した後、鈴木さんの隣でドキドキしながら客を待つ。なにせおじさん一号はレジに立つのは生まれて初めてなのだ。雑誌を持った男性客がレジの前に立ったので、スキャンと代金受け渡しの係を担当。レシートと釣り銭を渡すタイミングがよくないとダメ出しされて、しょぼん。次いでコミックを手にした女性客が来るが、カバーいらないレシートいらない四百五十円ぴったりでお釣りなし。鈴木さんがさくっと対応して出る幕なしだったが、なんと売れたのはさきほどおじさん一号がパックした本日入荷のコミックだ！　うれしい。

生まれて初めてレジに立つ！

正午を回ったが、ビジネス街じゃないので、昼休みの客がどっと来るわけでもなく、ぽちぽちと人が入ってくる。鈴木さんが休憩に入り、レジにひとりにされて、ますますドキドキ。三文判はありますか、という女性客が来てまごついていると、店長がすばやくやってきて、文房具屋の位置を丁寧にご案内。駅の隣だけあって、道案内は交番並らしい。

その後、十数人のお客さんとやりとりをして十三時半から休憩。領収書をと言われ、宛名を書くのに精一杯で、但し書きは書籍代でよろしいですかと聞くのをすっかり忘れたり、小計を二回押してしまってやり直したり、見習いならではのミスをさんざん繰り返したせいか、十五時までの予定を繰り上げて、打ち止めにしましょうかと店長に提案される（笑）。

朝から立ちっぱなしで腰も痛くなってきたし、精神的にも疲れたので、ありがたく申し出を受け、店長と遅めの昼ご飯。いやあ、町の本屋の仕事はハードだ。半日も持たなくてすみません。でも、パックしたコミックが売れたのはうれしかったですね、と言うと、店長は「自分が発注した本が売れたらもっとうれしいですよ。自分が好きな本が売れても楽しいし棚に並べてるのも楽しいんです」と本当に楽しそうに言うのである。なるほど、それが町の本屋さんの喜びであるのだ。そうか、本日入荷した「本の雑誌」十一月号がばしばし売れていたら腰の痛みも吹き飛ぶくらい楽しかったんだろうなあ、ひとりくらい買ってほしかった……と思いつつ半人前の半日書店員体験は終了！　みなさん、ご迷惑かけました。

理工書の売り場から

◉ 矢寺範子

▼13年2月号

理工書は楽しい。

私の勤める書店では、就職して店舗に配属されるとまず、文芸書、実用書、人文書などの一ジャンルの専任者となり、その分野内で仕入れから返品、売り場づくりや接客まですべてを行うことになる。理工書では土木、建築、電気、機械、化学、数学、物理、地学、生物、環境、農業、獣医学などの幅広い自然科学専門書を扱う。これらは一般の本好きにはすこし疎遠に見えるだろう。文系だった私もはじめはとっつきにくかった記憶がある。しかし例えば昨年の地形ブームの火付け役となった『凹凸を楽しむ　東京「スリバチ」地形散歩』（洋泉社）を読めば、近所のなんでもない坂道を歩くのもワクワクするようになる。また『虫の卵ハンドブック』（文一総合出版）は、いままでにない斬新な切り口で、虫の卵はとてもかわいいのだと知ることになる一冊だ。世界の森羅万象は理工書にある。未知の世界が広がっていることを教えてくれる。まさにレイチェル・カーソンの『センス・オブ・ワンダー』である。

理工書では、文芸書やビジネス書のように、大量に売れる話題書を手をつくして確保するというような華やかな事態は悲しいかな年に数えるほどしかない。コツコツと一冊一冊を単品管理して販売する地味なジャンルなのである。棚に並べているのは古典、名著など、そのジャンルの基本書であり、その分野のお宝本でもある。数年にやっと1冊売れるという本も多いので、売上データを見て、一定期間売れていないからと返品してはいけない。『日本農書全集』（農文協）や『江戸初期和算選書』（研成社）などは、この本を置いているから品揃えのいい書店だとお客様に認知していただける。それによって、棚に一緒にならぶ他の本も手に取っていただける可能性がでてくるのだ。このような基本書を把握してつねにお客様にご提供できるよう棚に欠かさないのが、理工書担当の仕事の基本だ。昔から専門書の棚作りは三年は修行が必要だと言われるのもこれが故である。

理工書の面陳書籍は新刊もあるが古くからの定番が多い。丸善出版の自然科学データ集『理科年表』は大正14年創刊、共立出版の『現場必携建築構造ポケットブック』は昭和38年初版である。いずれも私が1992年に社会人になる遥か以前からのロングセラーだ。また実務系必備書は「日本機械学会」「日本建設機械化協会」など、特殊な専門団体が発行している場合があり、発注してから入荷まで非常に時間を要し、かつ買切返品不可であることが多い。年度版の『建設機械等損料表』は税抜7334円。年間数十冊売れるが、山のように売れ残ってしまう悪夢にうなされる理工書担当者は私だけではないはずだ。

大きな災害や事故があると、関連実務書の需要が高まる。震災時には「日本建築防災協会」の仕様書が大至急必要だった。エレベーター事故のときには「日本建築設備・昇降機センター」の照会が増えた。現場の実務書なので緊急性がじかに伝わってきて、使命感に燃える。さまざまなお客様が求める一冊を必死でさがし、流通に乗らない本ならば団体や著者と直接交渉する。その結果、品揃えがだんだんと充実してくる。理工書の棚は担当者がつくるのではない。お客様に育ててもらうのである。

理工系学部の教科書は洋書が採用されることも多い。池袋本店には専門洋書棚が無いので、理工書フロアで単品で仕入れて、和書と一緒に並べる。例えば『*Classical Mechanics*』(Addison-Wesley) は、和書『古典力学 上・下』(吉岡書店) と並べて面陳販売しているが、相乗効果でどちらも売れる。また和書の発行点数がすくない分野やマニアのいるジャンルも洋書の問い合わせが多いのは当然だろう。鳥の洋書図鑑は、さいきん定年後に海外へ野鳥を見にゆく一般愛好家が増えており、研究者以外にもよく売れるようになった。また「不完全性定理」で有名なゲーデルの集大成『*Collected Works*』(Oxford) は、邦訳が無いので、たまにごっそり購入してくださる方がいらっしゃる。そういうときは飛びあがるほど嬉しい。

ここのところ理工系同人誌や個人誌を棚に置くことが増えた。Twitterで存在を知り仕入れたものが多いのが特徴だ。たとえば建築系で挙げると、東北大五十嵐研究室有志による『ねもは』、個人編集の『建築と日常』『建築趣味』から、ダムマニアが執筆した全国の崩壊地と砂防ダム『崩壊地ブック』まで。著者もお客様も私たちも一緒になって盛り上げていくという、理工書ではこれまでに無かった新しいかたちだと思う。

新規の出店があると、私の勤務する池袋本店のジャンル担当者たちが中心となって選書をおこなう。このとき出店する土地や地域について固有の風土や産業などを可能なかぎり調べるのだが、作業の途上でその土地ゆかりの本に出会えるのがまた楽しい。とくに北海道や沖縄は地方出版がたいへん盛んで、もう大興奮。それが魅力で転勤してしまった同僚もいたほどだ。昨年弘前店の準備のときに出会った『アオシシ』(かもしか工芸)には驚かされた。ニホンカモシカの写真集なのだが、地元の写真家が下北半島で数十年追い続けてきた記録で、見たこともない貴重な生態写真が満載、しかもそのどれもが見事な出来だ。凄い本である。これまで県内だけの流通だったようで、これは手を回して池袋本店でも販売させてもらっている。

昨年は、自然科学の良書を出版してきた「どうぶつ社」が廃業されてしまった。残念でしかたがなく、年末に最後のフェアを大きく開催させていただいた。研究者から一般の方まで、また、地方からもわざわざ大勢の方が詰めかけてくださった。最後だからなのだろう、お客様が口々にどうぶつ社への想いや、初めてここの本と出会ったときのエピソードなどを語ってくださる。ほんとうに貴重な仕事をされてきたのだと痛感した。そして、私たちの仕事はお客様と一冊の本とのかけがえのない出会いをお手伝いさせていただくことなのだと、改めてしみじみと噛みしめた。身の引き締まる思いである。

〈特集〉
発症から二十八年「青木まりこ現象」を再検証する！

☆書店に行くと便意をもよおします！　青木まりこさんからの一枚のはがきが世界を震撼させてから二十八年、活中者の七十七パーセントが感染していると言われる謎の症状を、本人とともに再検証する！

「青木まりこ現象」とは何か⁉　ジャーーン、「書店にいると突然便意をもよおしてしまう」という、なんとも奇異な症状のことである。

この名称が世に出たのは、いまを去ること二十八年前。一九八五年四月発行の本の雑誌四十一号にて、この現象が大々的に取り上げられた時にさかのぼる。その特集のタイトルこそ、〝いま書店界を震撼させる「青木まりこ現象」の謎と真実を追う〟。つまり、何を隠そう本誌が名づけ親なのだ。

きっかけは四十号に載った青木まりこさんの投稿であった。もう二十八年も前のことだから、知らない読者も多いと思われるので、その投稿の全文を載せておこう。

●発言

私はなぜか長時間本屋にいると便意をもよおします。三島由紀夫著の格調高き文芸書を手にしているときも、高橋春男のマンガを立ち読みしているときも、それは突然容赦なく私を襲ってくるのです。これは二、三年前に始まった現象なのですが、未だに理由がわかりません。

私の身体がこんなになる前、親友の一人が同じ症状を訴えました。そのときは「へ〜っ、どうして？　変なの！」なんて思っていた私が、その後まもなく同病になってしまいました。

長時間新しい本の匂いをかいでいると、

▼13年8月号

森林浴のように細胞の働きが活発になり、排便作用を促すのでしょうか。それとも本の背を目で追うだけで脳が酷使され消化が進むのでしょうか？　わからない！　誰か教えて下さい。

最近、私はこの現象を利用するようになりました。便秘気味のときは寝酒をした翌朝本屋へ行くのです。でも成功しても街の小さな本屋にはトイレはありません。だから本屋から十メートルほどの駅構内のトイレを使うため、定期券とチリ紙は必ず携帯するように心がけています。

（青木まりこ・会社員29歳・杉並区）

この投稿を読んで、ハッとしたり、おお、と唸ったりした人が相当数いたようで、四十号の発売と同時に全国の同病の士から共感の声や告白、感想が本誌編集部にどどっと寄せられたのである。大量に届く苦悩のメッセージを前にし、同様の症状が蔓延していることを憂慮した編集部は、この症状がなぜ起きるのか、どうすれば抑えることができるのか、改善策はあるのか、独自に調査をすることにした。その結果、恐るべき真実に辿り着いたのである！　以来二十八年、テレビ、ラジオから新聞、週刊誌、はたまたレディコミまで、ありとあらゆるメディアに取り上げられ、「青木まりこ現象」は「書店に行くと便意をもよおす」症状の呼称として広く認知されている。そして「青木まりこ」という名前も「トイレ」と深く結びつけられて全国津々浦々まで語り継がれていくこととなったのであった。

ためしにGoogleで「青木まりこ現象」と打ち込んでみると、四万件以上の検索結果があがってくる。トップはインターネットの百科事典ウィキペディアで、その解説ときたら、スクロールしてすべてを見る気にはならないほど膨大な分量。冒頭の「歴史」には、「青木まりこ」以前、「本の雑誌」の特集記事と命名など、五つの見出しが並び、２０００年代－インターネット時代という項によると、二〇〇〇年以降「インターネットの発展とともに、青木まりこ現象はさらによく知られるようになった」そうで、二〇一二年六月には「ＴＨＥクイズ神」というテレビのクイズ番組で、「本屋に長時間いると便意を催す現象を一九八五年にこの現象について雑誌に投稿した女性の名前から一般になんというか」といった問題が出題され、正解したのは二十人中十人であったという報告もされている。なんと正解率五十パーセントだ！　さらに「本の雑誌」発行人の浜本茂が、二〇一二年になってもテレビや雑誌から時折問い合わせが来るといっている、とも書いてあって、「浜本は、この現象が話題になったのは一時的なものではなく、今後も連綿と語り継がれるものであろうと述べている」のである。ずいぶんエラそうだが、そういえば、この時期、某新聞から「青木まりこ現象」についての問い合わせがあり、浜本が電話で応えていたような記憶が。

本の雑誌41
書店界を
震撼させる
「青木まりこ現象」の
謎と真実を追う
41号で大々的に特集が組まれた

ほかにもウィキペディアには疫学、臨床像といった医学的研究から、青木まりこ現象と社会、人類論における青木まりこ現象といった社会学的研究まで、いったい誰が調べているのか、とにかくものすごい数の検証結果が載っているので、「青木まりこ現象」について、知りたいことがあればそちらを見てください、でいいようなものだが、しかし。

巷間伝えられるように、ウィキペディアの情報は完璧からはほど遠い。たとえば『青木まりこ』本人をめぐって」という項には「真偽不明の怪情報によると、青木まりこはその後結婚したという。日本では嫁入りした女性は、自分の姓を夫のものに改めるのが一般的である。しかし青木まりこは奇しくも、『青木』という同姓の男性と結婚したため、結婚後も本名は『青木まりこ』のままであるという」とあって、出典『最強の都市伝説3』百八十九ページと出典が明記されているが、おいおい、怪情報って……違うでしょ。青木まりこさんが青木さんと結婚して結婚後も「青木まりこ」のままだったというのは本誌が九三年四月号で独占スクープしているのである！　本人に取材までしているのだ。怪情報どころか厳然たる事実なのである。

本家青木まりこ現象の症状

- 一時間以上本屋にいて、本棚のまわりをぐるぐる歩いているうちに突然トイレに行きたくなる。
- 本の内容には関係がない。
- 図書館、古本屋では大丈夫。
- 小さいころからではなく、最近（二十九歳当時）の現象。
- 紙の匂いもインクの匂いも無関係。
- 家族に同様の症状を持つ者はいない（ただし、家族の中に長時間本屋にいるという者もいない）。

こういう重要な情報ですら未確認なのだから、ウィキペディアの情報の精度には疑いを持たざるをえず、まあ、ひと言でいうと残念ながら、まったくあてにならない！

となると、「青木まりこ現象」の名づけ親にして、この現象を世に広めた張本人である本誌が、いま一度、この怪現象を再検証し、全世界の同病の士が平安に過ごせるよう新たなる改善策を提示すべきなのではないか。いまだから白状するが、二十八年前の特集では原因すら特定できなかったのだ。二十八年も放置してすまなかった。しかし、われわれだって反省し、奮起したのである。そうだ、全世界の青木まりこたちよ、いまこそ時は来たのだ！

というわけで、本誌特別取材班は「青木まりこ現象」再検証のため、東京都内某所の青木家を突撃訪問した。まず青木まりこさん、本人に取材を敢行することにしたのである。一九八五年当時、二十九歳独身であった青木まりこさんは二十八年の時を経て、五十七歳二児の母と変身していた。案内された居間にずずいっとお邪魔すると、おお、ガラス戸の棚にトロフィーがずらり！　二人の娘さんたちが書道の大会で受賞したものだという。青木家には大学生と高校生の二人の娘がいるが、二人とも小学校の二、三年から書道を習い始め、現在も師範免許取得を目指しているという。

テレビの上にゴジラとモスラが並んで鎮座しているのも目を引くが、こちらはご主人の趣味とのこと。「二階の寝室にはキングギドラもモスラの成虫もいるし、屋根裏には箱入りのフィギュアがごろごろ。マニアは全部二体ずつ買うし、出した箱も必ず取ってあるから、邪魔で邪魔で」と冷ややかに言うが、実は青木夫妻のそもそものなれ初めはゴジラ本。同じ年のご主人は当時もいまもフリーのデザイナーで、編集プロダクションにいた青木まりこさんが担当するゴジラ本のデザイナーとして呼ばれ、知り合ったらしい。

数々のトロフィーとテレビの上のゴジラとモスラ

「まさか青木って苗字の人と結婚するとは思ってもいなかったんですけどねえ」

　そういえば、青木さんと結婚した際、「本名が変われば、青木まりこ現象という名前は残っても、それは私とは別のものよ、っていう顔もできたんですけど。これで一生逃れられないんですよねえ」と、青木まりこさんが独り言のようにつぶやいていたのを思い出す。たしかに本誌の特集から二十八年、自分の名前が〝書店に行くとクソがしたくなる〟症状の呼び名として広く伝わっていくのは忸怩たる思いもあったろう。やるせなくて枕を濡らした夜も一度や二度ではあるまい。まったく本誌も罪なことをしたものである……ごめんなさい。と心の中で頭を下げていたら、どうやらそういうわけではないみたい。

「ユーミンは苗字のかっこいい人と結婚するって言って、松任谷さんと結婚しちゃったわけでしょう。私も伊集院とか白鳥とか、美しい苗字の人と結婚したかった。青木って、普通だしつまらないなあと思っていたんですよ。出席番号一番だし（笑）」

　そう考えるに至ったのは初恋の相手が青木だったことも要因のようだ。

「三、四歳かな。近所に青木タカナオ君っていう、色白で可愛い男の子がいて、幼心にタカちゃんのお嫁さんになりたい、と思ってたんですよ。でも、タカちゃんと結婚しても苗字が変わらなくてイヤだなと」

　だから、ご主人と知り合う前に付き合ってきた人は全員、違う苗字だったにも関わらず、行きついた先は「青木」。青木姓とは離れられない運命だったのだろう。

「まあ、便利でしたけどね。通帳もパスポートも変えなくてよかったし、離婚したとしても子どもの苗字も変わらないし（笑）」

　ポジティブな性格の人なのである。結婚から二十一年、青木まりこの名は変わらないまま生きてきたが、近所の人にもママ友にも「青木まりこ現象」の青木まりこであることは一切内緒（笑）。ごく親しい一部の人しか知らない。それゆえ、特に迷惑を被ったこともなければ得をしたこともないという。ご主人はもちろん二人の娘には教えたそうだが、「お母さんってほんとにぃ」と大笑いされたらしい。

「それとは関係なしに、娘の友だちに変な

お母さんとか面白いお母さんとか、よく言われるんですよねえ。私は普通にしてるんですけど」

　普通にしていても面白い、明るいお母さんなのだ。ちなみに娘さんは二人とも書店は好きで、長時間いることもしばしばだという。

「平気で立ち読みしてるみたいです」

　おお。長時間立ち読みしていても便意はもよおさないのである。つまり、「青木まりこ現象」は遺伝しないという事実が、この証言で明らかになったのである。同様の症状で悩んでいるお父さんお母さん、安心してください。

　青木まりこさん自身は、相変わらずの本好きだが、在宅ワークや家事で忙しくてなかなか読む暇がなく、最近は寝る前に少し読む程度。未読の本や雑誌が積んであり、しかも日々増える一方で、死ぬまでに読みきれるのだろうか、と危惧しているらしいが、三日に一度は近所の書店を買い物ついでに覗くとのこと。さらに月に数回は家族を置いて飲みに行ったりライブを観に行ったりするそうで、繁華街に出た時は大手書店やブックオフをじっくり探索。長時間いるとお腹が……ということも時折起こるという。出産で体質が変わることもなければ、自然に治癒するものでもなかったのである。

廊下の本棚には手塚治虫作品がずらり

「まあ、年のせいでトイレが近くなり冷えやすくなっただけかもしれませんけど（笑）。最近、エアコンが下腹部にくるんですよ。喫茶店などで座ってる分にはそうでもないんですけど、本屋で立っていると足が冷えてくる。そのせいかなあ」

　と分析しているが、発症当時に比べ、最近の書店はファッションビルや駅ビルにあるケースも多いので、事前に確認しておけば長時間の滞在も安心とのこと。

「トイレがあっても、女性のファッションフロアの階だったりすると、混んでて間に合わない！（笑）という危険性もあるから要注意。常に場所を確認しておくことが何より大事です」

　いまだに原因もよくわからないし、あの現象が自分にとって何だったのか、真剣に考えたこともない。あまり人生や自分の生き方について深く考えない、失敗したりうまくいかなくても延々と悩まない。毎日が楽しければいいという、能天気で超ポジティブ人間なので、と自己分析するが、そういう人が「青木まりこ現象」の主となるのだから、人生は面白い。

「だいたい、あの投稿自体もあまり考えもなくサラッと書いたものなんですよね。まさかあれが二十八年も引きずる話題になるなんて、思いもしませんでした」

　もうびっくりですよね、あははは、と豪快に笑うが、ここまで引きずらせてしまったのは他ならない、本誌の責任である。よおし、青木まりこさんがゆっくり眠れるように以下のページで、その原因と改善策をあらためて究明するのだ。さあ、待っておれよ！

識者の意見

☆果たして「青木まりこ現象」の原因とはいったい何なのか。脳科学者、精神科医、書店員、寄生虫学博士の四人の専門家の意見を聞いてみたぞ！

便意という「拘束」からの「解放」。

＝茂木健一郎（脳科学者）

なぜ、書店にいると便意がこみ上げてくるのか。本とトイレは匂いが似ているという「嗅覚原因説」や、トイレで本を読むという体験が想起されるという「連想記憶説」など諸説ある中で、ここでは、脳の「高次認知機能」に着目したい。

便意は原始的な衝動である。しかし、そこには自分の置かれた状況をどのように認識し、理解するかという世界モデルが絡んでくる。つまり、余計なことを考えちゃうから、トイレに行きたくなるのである。

筆者は、「青木まりこ現象」に似た便意がらみの生理現象を確認している。すなわち、「講演前にトイレに行きたくなる」のだ。

脳科学者としての職業柄、講演をする機会が多い。そして本番前に、なぜかトイレに行きたくなる。それが、あまりにも毎回なので、仕方がないから、「トイレに座ってこれから何を話すか考える」という習慣が出来てしまった。

実際に講演中にトイレに行ったのは、今までに一回しかない。会場に向かう前に、駅で立ちぐいそばを食べた。いつものように生たまごを落としたが、夏の盛りだったし、具合が悪かったのだろう。話しているうちに、ぎゅるぎゅるしてきた。数百人の聴衆に、「あの、トイレ行ってきます」と言ってから、走って演壇を降りた。あれは、恥ずかしかったな。

実害は一度きりなのに、毎回講演前にトイレが気になる。あれはどうも、これから90分、逃げ場のない自分になる、という「拘束」への恐怖じゃないかと思う。

飛行機の離陸や着陸も苦手で、「これから何分間か、トイレに行けない」と思うと、便意を催したらどうしようと心配になってしまう。だから、離着陸時はだいたい寝たふりをしている。

つまり、便意は「拘束」からの「解放」なのではないか、というのが脳の「高次認知機能説」。もしこの仮説が正しければ、凛としたたたずまいの、緊張する本屋さんでこそ、「青木まりこ現象」が起こりやすいことになる。

ここまで書いて気になったのだけれど、今でも「青木まりこ現象」は健在なのだろうか。書店で本の背を一覧した時の、人類文化の精華を前にしているという緊張感。びびっている自分から、便意を通して逸脱したいという、罪深くもフロイト的欲望。脳の前頭葉はビンビンに酷使されていたはずだ。

最近の書店が、のんびりゆったりで、便意とは無縁の場所になっているとしたら、ちょっと寂しい。

「大便禁止モード」を考察する

＝春日武彦（精神科医）

確かに青木まりこ現象を呈する人はいますね。でも、書店という空間ないしは大量の新刊書が積極的に便意を催させるべく働き掛けてくるというふうに考えると、どうも説明が難しい。説得力のある「力強いメカニズム」を想定するのは、容易ではありません。

ちょっと視点を変えて考えてみましょう。我々の多くは、外出時において、大便が出たくなっては困るというふうに思うのではないか。自宅で（大便の）便意を催すのは構わないしむしろ歓迎だが、外ではマズイという方向に心理は働くのではないでしょうか。

というわけで、外出時には自律神経は交感神経優位になりますし、意識レベルでも無意識レベルでも「大腸よ、おとなしくしていてくれ」というモードになっている筈です。そのような大便禁止モードが、書店に赴くと、解除とまではいかなくとも緩むと想像してみてはどうか。

なぜそうなるかといえば、既にいろいろな人たちが指摘しているように、書店内で我々が受ける種々の心理作用や刺激の総体なのでしょうね。

とにかく大便禁止モードがキャンセルされる方向に書店は我々を導いていく。すると一部の人たちは青木まりこ現象に陥ることになる。

なぜそのように考えるのかと申しますと、青木まりこ現

青木まりこ現象、それは私にとって長年の憧れです。出勤しただけでスッキリ気分になれたら、どんなに毎日が快適かしら。そんな幸せを享受している書店員がいるならば、ぜひコツを知りたい！ ということで、首都圏に勤務する20代から40代の女子書店員、10名にアンケートを取ってみました。

まず聞いてみたのはこの質問。「あなたは青木まりこ現象を知っていますか？」はい、いいえが半々に分かれました。いいえと答えた人たちも、説明すると「ああ、あれね」と、すぐに反応してくれたわ。書店員には相当広く認知されている現象のようです。

でも、「出勤すると青木まりこ現象が起きた、という経験は？」という質問に対しては、ほぼ全員が「ない」とい

尿意も忘れるな！

＝T頭S子（書店員）

う回答。「職場ではいつも緊張しているのでムリです。」深く賛同するわ。中には、「過敏性腸炎にかかっているので、その現象とは関係なくもよおす」という気の毒な方もいました。書店員になる前に青木まりこ現象の恩恵を受けていた人（2名）も、「図書館では起きる」という人（2名）も、自分の職場ではムリとのことでした。書店員ってみんな繊細なのよね。一人だけ「う○こくさい本の匂いをかいでしまうとその気になる」と答えた人が！　入荷したとたん異臭を漂わせる本、時々あるわね。今後は積極的にクンクンしてみます！

驚いたのは次の証言。「入店するなりオナラをするお客様がいる。これも青木まりこ現象の一種では？」賛同者も結構いてびっくり。「強烈な臭気で他のお客さまが困っていることも。オナラ回収ボックスがあったらよいのに」という斬新（？）なアイディアもいただきました。書店の匂いは、やはり腸を刺激するのかしら？

ここからは余談です。多くの書店員から「便意がこみ上げるどころか、尿意を我慢している」という証言が。「トイレに行こうと思っても、次々に問い合わせがあったりレジが混んだりして、ふと気がつくと終業時間に……。」

これ、実は私もなの！　迫りくる尿意を無視して仕事するのは、むしろ当たり前のことになってるわね。「従業員トイレが遠く、休み時間以外には行きにくくて辛い」「膀胱炎が悪化し、腎盂炎になってしまった」という深刻なケースもあり、心が痛みます。真面目に働くことは大事だけれど、体を壊しては元も子もないわ。これを機会に、仕事熱心な女性書店員が、ついついトイレを我慢してしまうことを、「乙女派書店員症候群」と名付け、啓蒙活動に努めたいと思います。乙女のみんなも乙女じゃないみんなも、尿意には忠実に従い、くさい本を見つけたら迷わず顔を近づけて便意を待ち、体の中から美しい書店員を目指しましょうね！

象に積極的かつ単一の誘因を見出そうとしてもそれは難しい。「かもしれない」という程度の弱々しげな誘因の合わせ技とせざるを得ず、だがどうもそれでは説得力に乏しい（おそらく閾値《いきち》の問題）。でも、禁止モードを緩める要因というふうに想定していくと、所詮は気分の問題ですから、合わせ技が有効になってくるのでないでしょうか。個人差が大きいことも理解しやすくなるのでは。

本好きの我々にとって、書店は副交感神経優位に作用する空間でしょう。適度にリラックスさせてくれる。そのことに加えて、ある人にはトイレで本を読む習慣が大便禁止モードを無効にさせるのかもしれない。食後に書店へ立ち寄りがちとか(胃・大腸反射との関連)、姿勢や動作や記憶や、あるいは紙やインクの匂いや、そういった複数の要素が重なりがちな人がいて、すると彼らが便意にそわそわすることになる。
青木まりこ現象は、①特定かつ単数の原因に帰すことは無理、②積極的に便意がもたらされる現象ではなく「大便禁止モード」が複数の誘因で緩むことに由来する、と推測する次第です。

六年生が古い書店で催すようになったわけ

＝藤田紘一郎（寄生虫学博士）

「なぜ書店にいると便意がこみあげるのか」について私の考えをまとめて下さい、と『本の雑誌』編集部の松村眞喜子さんより依頼がありました。「ウンコ研究」の数少ない医学者である私が答えないわけには行きません。

実は私も書店に行くと便意を催した時期が確かにありました。ただし四〇代前までで、今は便意を催すことはなくなりました。しかも便意は古本などを扱っている、そうきれいではない書店に限られていました。新刊書を売っている立派な清潔な書店では催しませんでした。

この「書店に行くと便意がこみあげる」という青木まりこ現象については昔から知られていました。それで「ウンコ博士」である私は学問的にその原因を探究すべくいろいろな学者に聞いたことがあるのです。

理学博士の竹内久美子さんは、昔から動物は木の下でウンコをしていた、そのウンコが木を育てるための栄養を与え、大きな実をつけさせた、その実を動物が食べて子どもを生んだ。つまり動物が木の下でウンコをすることで生命の循環が回っていたので、木の匂いがする新刊書の匂いで便意を催すよう、私たちのＤＮＡに刻み込まれているのだと解説していました。

慶応大学の内科学教授の伊藤裕医学博士とお会いした時、この話をしましたら、伊藤先生は書店に入ってホッとしたからだろうと語っていました。ホッとして副交感神経優位になると便意を催すようになるというのです。確かに、旅行に出かけると便秘になる人が多く、この場合は交感神経優位になるからです。

しかし私の場合はホッとして便意を催したわけではありません。「緊張感」でした。そして、木の匂いがする新刊書でなく、むしろ古い本が置いてある書店でした。

私は三重県のど田舎にある明星村立明星小学校にかよっていました。その六年生の担任だった堀口伸作先生はちょっと変り者で、一つのテーマについて一週間内容の違った作文を生徒に書かせていました。ある時「女」というテーマで一週間毎日内容の異なる作文を書かされることになったのです。私は三回目ぐらいから書くことがなくなって、村に一軒あった古びた書店に「女のネタ」をさがしに行ったのです。その時、店の片隅にあったエロ雑誌を見てしまったのです。それからは用もないのにその書店にかようことになったのです。それ以来、書店に行くと便意を催すようになったというわけです。

●二十八年目の真実

おじさん刑事三人組、謎を解明！

識者の意見を拝聴したが、残念ながら「青木まりこ現象」の原因が特定されたとは言い難いだろう。高次認知機能なのか大便禁止モードなのか、はたまた緊張感なのか。『青木まりこ現象』の謎が近々解明されると三角窓口にあったので楽しみにしています」というハガキをくれた新潟市の西沢有紀子さんを始めとする全国八千万読者の期待に応えるためにも、原因の特定はなされなければなるまい。それができずして、なんの名づけ親か。

というわけで、いよいよ真打登場！　長さん（浜本）、クールビズ（杉江）、のびパン（宮里）の、本誌おじさん刑事三人組（年齢順）が真相究明に立ち上がった。捜査の基本は足を使った地取り、鑑取り。聞き込みを進めるべく三人は、埼玉県戸田市の中央精版印刷株式会社に向かったのである。

杉　普通に考えれば、要因になるのは、文字の量、インクの匂い、紙の匂いの三つでしょ。印刷の現場でそれぞれを担当している人に聞いてみればいい。

宮　頭いいですねぇ。

浜　俺たちにかかれば、どんな難事件もたちどころに解決しちゃうな（笑）。

さっそく聞き込み開始。

まずは平台印刷担当H・Nさん四十二歳。トラックドライバーから十年ほど前に転職したとのことだが、青木まりこ現象については名称を聞いたのも今回が初めてで、いまの仕事に就いてから、仕事中に便意をもよおす頻度が増えたといった現象はないという。また同僚にもそのような症状を訴えている人はいないらしい。

調色担当のT・Hさん五十五歳も、八年前に製版からインクを混ぜる現職に異動したが、同僚も本人も便意に変わりはないという。青木まりこ現象については存在も知らなかったとのこと。うーむ、文字の量もインクの匂いも無関係なのか……。

ところが、平台製本担当の大浦俊一さん三十七歳は、十二年前にトラックドライバーから転職して以来、仕事中に便意をもよおす頻度が増えたうえ、同じ症状を訴える同僚もたくさんいるというのである。しかも現職に就いてから、書店に行くと腹がグルグルなるようにもなったという。おお、それはまさしく青木まりこ現象ではないか！　以前から青木まりこ現象の名も知っていたという大浦さんは、自宅よりも職場のほうが大便はしやすく、職場から徒歩五分のイオンはさらに出やすいらしい。製本担当になって、家にいる時より会社にいる時のほうがトイレの回数が多いような気がするとまで言うのである。

浜　紙の匂いだった！

宮　あっさり判明しましたね。

杉　待て待て。糊の匂いという

線はない？
浜　ああ、糊はあやしいかも。シンナーだって糊の一種だからな。中毒性がある（笑）。
杉　まあ、犯人が紙なのかどうか、確認に行きましょう。

　そこで三人が目指したのは本の雑誌社から徒歩二分にある竹尾の見本帖本店。紙の専門商社、竹尾のショールーム兼ショップで、三百銘柄二千七百種類の紙が在庫されている紙ばっかりのスペースだ。ジャズが低く流れる店内は若い女性客ばかり。真っ白で、ものすごくオシャレな空間になっている。

オシャレ空間に聴き込みに行くぞ

宮　くんくん。紙の匂いはそんなにしませんね。
浜　だね。アポなしだけど、取材しよう。すみません、私、こういう者なんですが。

　近くにいた男性店員にいきなり話を聞き始める浜本。

浜　青木まりこ現象をご存じですか。
竹尾　はい？
浜　紙は影響ありますかね。スタッフの方は勤めてから何か変化はありませんか。
竹尾　とくに……すみません。
浜　ないですか。トイレの案内表示がありませんが、お客さんから問い合わせはないですか。
竹尾　そんなに頻繁にはないですね。日に何人かという感じでしょうか。スタッフ用のトイレをご案内しています。

　二階も展示ショールームになっているが、やはり案内表示はない。トイレ自体はあるらしいのだが、教えてもらわないと存在すらわからない。だからといって、二階の受付に座っているのは若い女性なので、すごく聞きづらいのである。

浜　異質な空間だよね。うんこなんかしちゃいけない感じがする。
宮　トイレの場所なんて聞けないですよ。ハードル高すぎ。
杉　紙じゃないってことだね。
浜　となると糊か。
杉　製本の糊ってチップだったよね。ビニールっぽい匂いがしてた。
浜　ああ、ビニールかも。
杉　そうか！

　杉江がひらめいたのは他でもない。杉江は仕事柄、普通の日本人の十倍くらい書店にいる時間が長いはずだが、過去に一度も書店でうんこをしたことがないのだ。ところが、毎週日曜日に新聞の書評欄を見るために通ってる地元の図書館では行くたびにしているのである。

浜　それは書評を読むとしたくなるってことなんじゃないの？
杉　新聞のインクのせいかもしれない。でも、俺は図書館のビニールを疑ってるんだよね。コーティングの。

浜　よし、図書館へ確認に行こう！

というわけで、三人組は千代田区役所にある区立千代田図書館へ。有線LANが利用できるデスクタイプの閲覧席やAVブース席がある最新鋭の図書館である。九階でエレベーターを降りると、ワンフロアが全部図書館。平日の午後三時だというのに、さぼりに来てるのか休憩に来てるのか（一緒か）、若者からおじさんおばさんまで人がいっぱい。出版に関する本棚があるのは神保町を有する千代田区ならではか。出版社のPR誌や社史も並んでいる。どれどれと眺めていたら、「ダメダメ」と顔をしかめながら杉江がやってきた。我慢できなくなったらしい。表示を見て、そこだよと教えてやると、こそこそ入っていったが、すぐに出てきて、「いっぱいだった」とうなだれている。しかし限界らしく、またトイレに引き返していった。

杉　ふう。無事に（笑）。

浜　よかった、間に合ったか。図書館でもよおす人は、どこの図書館でももよおすってことはわかった（笑）。

杉　男子トイレには個室が三つあったんですよ。それが満室。三時半ですよ。やっぱり青木まりこ現象の亜流で図書館系があるんじゃない？　誰でもトイレも使用中だったんだから。

宮　あらま。

杉　ちょっと古い紙の匂いとビニールの匂いが僕の腹に悪さしてる感じがしますね。

浜　毎回だからね。何かあるのは間違いない。

杉　新聞見てないのに。

浜　新聞が原因じゃなかったことは判明（笑）。

ちなみに国会議事堂の近所にある日本でいちばん大きい図書館に勤務している二十九歳のS君によると、いまの仕事に就いてから仕事中に便意をもよおす頻度が激増。同じ症状を訴えている同僚こそいないものの、みなが似たタイミングでもよおすのか、どこのトイレもふさがっていて困るという事態には何度か遭遇したことがあるという。職場にいる時にもよおすことが多いため、時間帯が一定になったこと、以前より便秘をしなくなったことは、図書館に勤めて以降の変化ではないかとS君は分析している。杉江の例もあることだし、図書館には便意をもよおす何らかの要素があるのだろう。はたして、それはビニールの匂いなのか。

浜　便意の原因ばかり考えてたら、腹が痛くなってきた（笑）。

杉　神保町界隈だと、俺は出版健保によく行ってるよ。

浜　ああ、あそこのトイレは穴

図書館のトイレは混んでいる!?

場だよね。あんまり知られたくない（笑）。

宮　神保町はトイレ事情がかんばしくないですからね。

浜　そうそう。本の雑誌が引っ越す時に、すずらん通りの脇のビルを見に行っただろ？

杉　ああ、ビルの共同トイレに暗証番号式の鍵がかかってたとこ？

浜　うん。あれはトイレを使いに勝手に入ってきちゃう人が多いからだって、不動産屋のおばちゃんが言ってた。それくらい逼迫する人が多いんだよ。

杉　「青木まりこ」化した人がうじゃうじゃ（笑）。

浜　だって、青木まりこさんが発症したのだって、神保町の編集プロダクションに勤めている時だったしね。

杉　あ、高田さんだ。

千代田図書館からの帰路、集英社インターナショナル出版部の高田功編集長五十四歳に遭遇。青木まりこ現象の取材をしているのだと言うと、目を輝かせて話し始めるではないか。

学生時代の青木まりこ現象を語る高田氏

高田　僕、大きな声では言えないんですけど、昔、神保町の書店で急にもよおして、トイレに入ったら、トイレが詰まってたらしいのに気がつかないで流してしまって、床を水浸しにしちゃったことがあるんですよ。まだ学生時代で内気だったものですから、お店の人にも言えなくて、そのまま逃げました。本当に申し訳ございません。

浜　その時は書店に入るまでは平気だったんですか。

高田　ぜんぜん平気でした。本の匂いを嗅いだ瞬間にもよおしたんです。それからしばらくして本の雑誌に青木まりこ現象の特集が載って、一読、これは俺が経験したものと一緒だ！と。昔は暇だったから、書店にいる時間が長かったんですよね。

杉　会社で本を作ってるときは大丈夫なんですか。

高田　それは、日常的に毎食後（笑）。

浜　えっ、一日三回？

高田　はい。出すぎだって言われます（笑）。

浜　出すぎ体質が影響したのかもしれないですね、その時急にもよおしたのも。

高田　でも、やっぱり本の匂いを嗅ぐと、という面はあると思うんです。トイレで本を読むことが多いので、本というとトイレ、みたいなパブロフの犬現象があるんじゃないですかね。だから、面白そうな本、買いたい本があればあるほど、もよおす度は上がるような気がします。

浜　古本屋はどうですか。

高田　古本屋はないです。最初からあきらめてるんじゃないですか。ここにトイレはないと。

浜　図書館は？

高田　図書館はあります。

　貴重な体験の持ち主であった高田さんの話には「青木まりこ現象」の謎解明の重要なヒントが隠されているのではないだろうか。すなわち「図書館はあるが古本屋はない」。青木まりこさんは二十八年前、本誌の取材に対して古本屋、図書館はなく、新刊書店のみでの現象と答えて

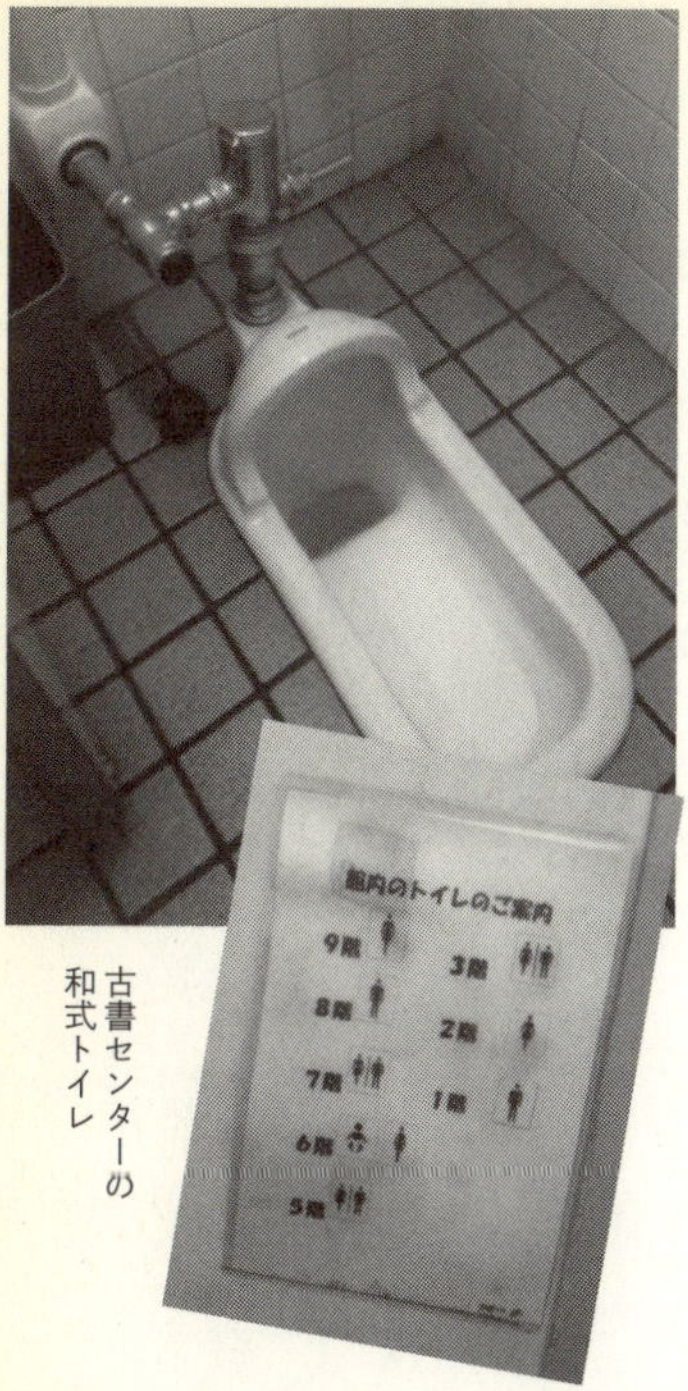

古書センターの和式トイレ

いたが、二十八年の時を経て、図書館は明るく親しみやすく変化したからか、すでに図書館に行くともよおす、という「青木まりこ亜流現象」の存在が杉江によって証明されている。では古本屋はどうなのか。

　西荻窪の古本屋「音羽館」の店主・広瀬洋一氏四十八歳によると、トイレ貸してくださいと言ってくる客は年に数えるほどだという。つまり、古本屋でもよおす客は少ないのだ。

　古本者として知られる北原尚彦氏五十歳も「どちらかというと古本屋より新刊書店でありますね。神保町だと、どこにトイレがあるかチェックして有事に備えてました」と語っている。圧倒的に古本屋にいる時間のほうが長くても、もよおすのは新刊書店なのだ。ここに謎を解く鍵があるのではないか！　おじさん刑事三人組はさっそく神保町の古書センタービルを目指した。カレーのボンディが入っているいる古書センタービルにはトイレがあるのである。

　ところが、三階の鳥海書房に行き、中央エレベーター横のトイレに行ってみると、なんと故障中につき使用禁止。男性は一階のトイレ、女性は二階のトイレに行けとある。あらためて一階のトイレに潜入。

浜　おお、和式だ！

宮　あやしい（笑）。でも、汚れてはいないですね。トイレットペーパーもあるし。

浜　腰が痛いから和式は無理なんだよ、俺は（笑）。

宮　もらしちゃうかもしれない（笑）。

杉　それはやばい。汚レシミって書かれるよ（笑）。

　何軒かの古本屋に入ってみるが、とくに変化はないので、比較のため新刊書店の岩波ブックセンター信山社に入ってみる。おお、冷房がけっこうきつい。

　続いて書泉グランデにも入店。ここも寒いくらい。新刊書店は冷房が強い傾向があるようだ。

杉　そうか、冷房もあるな。

宮　夏場のほうが出やすいような感じもしますよね

杉　出やすいんじゃない？　長時間いるし。でも、そうするとデパートは？ってことになる。

浜　そうだね。でもデパートはトイレがあるっていうのがわかるじゃん。その安心感が。

杉　それはなに、スリリングなほど出やすいってこと？

浜　そうそう。精神的にドキドキしたほうが（笑）。それが腸にシグナルとして発信する。

　実は書泉グランデには四階と五階にトイレがあるのだが、表示がわかりづらいのである。

宮　案内図がありますよ。

浜　ああ、こんな奥か。おお、ここも和式だ。相当前からあったんだな。

杉　神保町界隈だと東京堂がいちばん新しいのかな。

浜　たぶんね。誰でもトイレもあるし、心温まるよ。

杉　三省堂は？

浜　三省堂は、小便はできてもうんこは、よっぽど切羽詰まらない限り勇気が出ない。人の出入りが多いから。落ち着いてできないし、入ったところを見られて、十分後に出てきたら……万引きかと思われそうじゃない。あ、そうなんだよ、万引きをしてると思われそうだから、書店のトイレは入りづらいんだよ。

杉　たしかにそうですね。しかしやばいなあ。このままではホシを捕まえられないじゃないですか。捕り逃しますよ。

宮　新刊の匂いかもしれないから、三和図書の人にも聞いてみませんか。

　三和図書は本の雑誌社が入っているビルの一階を占める取次店である。いわゆる神田村の取次で都内近郊の書店が毎日仕入れに来ている。ここで日々大量の新刊を扱っている大山敏輝課長四十五歳は「毎日新刊に触れているせいか、普通の人よりトイレの回数は多いかもしれません」と照れくさそうに教えてくれた。三和図書に入って十八年、その前は出版社に十年勤めていたそうだが、転職してから明らかに回数が増えたという。「お酒の飲みすぎとか、そういう影響もあるのかもしれませんけど（笑）」

浜　犯人は新刊だ！

宮　何が原因なんだろう。古本のへたった感じの紙じゃ、こないってことは、新刊のピカピカした感じがポイントなんじゃないですか。むずむずさせるというか。

三和図書の大山課長に突撃インタビュー

杉　新刊の緊張感のある匂いが関係ありそう。

宮　新刊書店で白いピカピカの本がいっぱいあると、トイレットペーパーを連想させるとか。

杉　おまえな（笑）。

浜　クールビズ、ほかに何かないか。

杉　なんだろう。インクって、油分含んでる？

浜　含んでるよ。最近は大豆油インクとか植物系の油も使われている。

杉　俺は油じゃないかと踏んでるんだけど。

宮　そうか。古本屋の油は飛んじゃってますよね。

杉　枯れてる（笑）。ぱさぱさだもん。図書館はビニールの油があるんだよ。

浜　なるほど、油か。それは神保町に来ないと突き止められなかったな（笑）。

宮　キッチン南海とかカレーのまんてんとか、油がすごいですからね（笑）。

杉　宮里潤も油まみれだし。

浜　よおし、一件落着。逮捕だ、潤（笑）。

杉　誤認逮捕かもしれないけど。

浜　誤認でもいいよ。検察に送ることが俺たちの使命なんだから（笑）。

【そのとき本屋はどうなるか】

◉児玉憲宗

▼10年7月号

電子書籍がナンボのものか。本は紙で読んでこそ本。電子書籍なんて、うまくいくわけがないし、紙の本は絶対に無くならない。

と、そんな主張をする人は、わたしのまわりにも少なからず存在する。しかし、冷静に考えてみると、電子書籍は、実に便利が良い。たとえば、夜、観たテレビ番組で紹介された本が読みたくなる。ひと昔前なら、どんなにせっかちな人でも「明日、本屋に寄ってさがしてみよう」となった。今は、自宅からアマゾンとかに注文しておけば、うまくいくと、一、二日で届く。それが、電子書籍になると、テレビを観終わった時点でダウンロードし、すぐに読み始められるというわけだ。この違いは大きい。

高校生のころ、教科書の他にも指定の参考書、単語集、辞典を鞄に詰め込んで、毎日通学していたが、あれは、鉄アレイを何本も入れて持ち歩いていたようなものだった。鍛えられたのが頭脳でなく、筋力だったことが残念でならない。ところが、すべて一つの電子書籍端末に収まるのだとしたら、なんと素晴らしいことか。「なんだ、杉江。また教科書忘れたのか」と先生に叱られることもないし、「じゃ、隣の児玉に見せてもらえ。児玉は机の中に入れたまま、持って帰らないから忘れる心配がない」と嫌味を言われることもない。

電子書籍で良い思いをするのは、読者だけではない。出版社にとっても、在庫はいらない、返品はない、流通コストもいっさい必要なしの良いことづくしだ。

ある出版社の営業担当が、出版社にとって電子書籍が、いかにメリットが多いかをあまりに嬉しそうに話すものだから、「そうそう、そのとおり。電子書籍なら出版営業は必要ないから、人件費も削れる」と、付け足してあげた。

これほど、メリットが多いものが普及しないわけがない。より使い勝手の良いものに改良されながら、存在感をどんどん大きくしていくに違いないとわたしは確信している。わたしの分析は今のところ、加賀恭一郎並みの切れ味だ。

調子が出てきたので、さあ、本題。

石川幸憲著『キンドルの衝撃』（毎日新聞社）に興味深い記述があった。「キンドル経由の新聞購読者の半分は、今まで新聞を購読したことのない人たちで、４分の１が紙の新聞をキャンセルしてキンドルに乗りかえ、そして残りの4分の1は紙とキンドル版の両方を購読している」

キンドルの登場で、紙の新聞を読む人は減ったが、新聞購読者は増えたという事実。紙の新聞を扱っている販売店にとってはマイナスだが、新聞社にとってはプラス効果をもたらしたことになる。

新聞を本に置き換えると、書店は、紙の本だけを扱っているかぎり、苦しい立場に追いやられる。かつて日本人は日常的に下駄を履いていた。その時代に比べれば、今、下駄屋は減った。かわりに靴屋が増えたが、下駄屋がまったく無くなったわけではない。同じように、いくつかの書店が存在し続け、新しいスタイルの書店が誕生するかわりに、多くの書店は廃業、転業を余儀なくされる。

生き残るための方法はいくつか考えられる。先ほどのキンドルの新聞購読の例ではないが、キンドルで、新聞の発行元は潤ったのだから、本の作り手側にまわることも一つの手だ。幸いなことに電子書籍によって、誰でも本を出版しやすくなるだろう。読者に最も近い場所にいて、顧客の情報を持っているのは、他でもない書店である。書店だからこそわかるニーズをさぐって本を作り、自分で売るのだ。

または、本といっしょに本ではないものを扱う。存続した下駄屋には、下駄といっしょに靴を売った店もあるが、下駄と足袋や着物を売りはじめた店もあった。本当は、電子書籍端末が売れると一番ありがたい。

そして、おそらくこれが最も重要で効果的な方法だと思うが、本の需要自体を引き上げていくということ。電子書籍の登場で、読書は、紙の本と電子書籍に二分されるが、それでも、全体の読書需要を上げることで、結果的に紙の本の減り幅を少なくさせようという作戦だ。

冒頭に、電子書籍は読者にとって便利で良いことばかりと言ったが、それでも読者の不満や悩みがすべて解消されたわけではない。あまりに本が多過ぎて、自分に合った本、おもしろい本になかなかたどりつかない、欲しい本が見つからないという読者は多く、これは、現在のリアル書店、ネット書店が抱える共通の課題だ。電子書籍が普及したからといって解決しない。

滅多に売れない恐竜の尻尾まで迅速に届けてくれるアマゾンや広大な売場を持つメガ書店、さらに電子書籍によって、さがしている本が、何でも簡単に手に入るようになるが、わくわくするような本を見つけるための場としての書店の役割は残る。キヤノン電子の酒巻久社長が、著書『朝イチでメールは読むな!』(朝日新書)の中で、わたしたちを勇気づけるメッセージをくださっている。

「本を買うときはなるべく書店で実際に手に取って、中身を確認してから買うようにしている。新聞の書評などを見て、面白そうだと中身も確認せずに買うと失敗することが多い。書店は時代を映す鏡でもあり、平積みされている本を眺めるだけでも意味がある」

これから書店がやるべきことは、まさにこの言葉の中にある。

POS化や検索などのシステム化が進み、書店におけるシステム料の比率はどんどん高まったが、売上げは著しく伸びたわけではない。一方、システム化は、書店員の質や能力の低下をもたらせ、労働環境を悪化させた。かつて、マニアにとって聖地とされた個性派書店も、職人のような書店員がいなくなった途端に残骸のような売場になった。人件費を落とすことで経営を成り立たせようとする書店では、人を育てるという意識も低く、どんな書店員でもとりあえず運営できる仕組み作りに力を入れた結果、書店から職人は消えていったのだ。

読書指針を失った読者はベストセラーに集中し、販売データを重視する書店はベストセラーだけを追いかける。出版社は書店の販売データをもとに重版し、宣伝し、書店に営業をかける。こうして、あの書店でも、この書店でも同じ本が売場の一等地に顔を並べるのだ。これでは電子書籍に勝てる要素は何もない。電子書籍が普及するにつれて、書店の数は減るだろう。生き残っていけるのは、読者にとって役に立つ、魅力的な書店であり、居心地の良い書店だけだ。

ここまでくれば、さすがに危機感を感じた書店業界は、思い切った策を講じるに違いない。それは、書店員の質向上のための資格の導入である。免許といっても良いだろう。今に、国家試験に合格しなければ書店員になれない日がやって来る。こうして、ネット書店、電子書籍に対抗できる、棲み分けのできる書店が生まれるのである。

●実録社史

【幸福書房の三十四年】

◉岩楯幸雄

▼11年9月号

初めまして、幸福書房の屋号で書店を営んで、三十四年になります。現在は小田急線代々木上原駅前で朝八時から深夜一時まで、年中無休で営業中。二十坪ほどの広さで店売りだけの街の本屋さんです。私、幸雄六十二歳、弟五十九歳、兄弟で始めて、今はそれぞれの奥さんと私の息子、合わせて五人で、ヨロヨロ、モタモタしながら、まぁ頑張っている訳です。

今や全国で急速に消えつつある、街の本屋代表として、店の歴史をズウズウしくも書いてみる事に致しましょう。しかし、特別な事も自慢出来る様な所もない。本当に山も谷もなく、例えれば、なだらかな丘の様な店の歴史、退屈されたら、ごめんなさい。

一九七三年、書店を開業するには、どこかの店で見習修業をと考え、葛飾区新小岩の「第一書林」に飛び込みでお願いに上りました。運良く採用されました。

幸福書房社史

1949年	幸雄、江戸川区で生まれる
1952年	敏夫生まれる。農家の男ばかり5人兄弟の三男坊、四男坊でした
1973年	兄、書店修業の為葛飾区・第一書林入店
1975年	弟、北千住・西書店入店
1977年	9月　豊島区南長崎ニコニコ商店会南長崎店オープン
1980年	9月　渋谷区・小田急代々木上原駅南口 代々木上原店オープン
1996年	3月　南長崎店閉店
1996年	4月　代々木上原駅北口店オープン
2002年	2月　北口店閉店
2010年	9月　南口店、賃貸契約更新

大正解でした。私の人生最大の幸運は「第一書林」で働けた事でした。何から何までお世話になりました。

一九七五年、ある会社で経理の仕事をしていた弟を一緒に本屋をと説得し、足立区北千住の「西書店」（現在廃業）に送り込みました。

弟と一緒に開業出来た事は、二番目の幸運でした。一九七七年、豊島区南長崎三丁目のニコニコ商店会に幸福書房南長崎店（十五坪）オープン。

叔父が煎餅店を営んでいた場所で、後釜にどうか、と言う話になり、商店街の賑わいを目にし、飛びついたのです。しかし、すぐに大型スーパーの出店があり、あっと言う間に店も商店街も寂れてしまいます。ただこの場所は、手塚治虫が仕事場をかまえ、その縁で赤塚不二夫、藤子不二雄などが住んだ、あの伝説のトキワ荘の真ん前。月日が流れ、今は看板だけの路地も、休みともなれば、マンガの聖地を巡る人々で賑わいを見せています。

一九八〇年、代々木上原駅前店（二十坪）オープン。

兄弟長く一緒だと必ず喧嘩が起きる、早く別々の店を持って別れるべきだ、と第一書林さんから紹介された物件でした。以前も本屋で、経験も無く始めたオーナーが一年足らずで放り投げた店とのこと。

良く売れました。小さな本屋にもバブルの恩恵があったのでしょう。わずか二十坪で年商も二億に届こうか、という所まで売り上げも伸び、いい気分になっていた時、「文教堂」が百坪を超える規模で出店してきました。兄弟喧嘩どころではなく、力を合わせねば廃業の危機目前となったのです。

一九九六年三月、南長崎店閉店。

十九年間続けたものの、一日の売り上げが上原店の二時間にも及ばないほどになってしまい、これ以上続けられなくなりました。暇な店に居るのは辛いものです。それが嫌でアルバイトに一日中、店番をさせると、悪循環で、ますます売れなくなる。閉店の日は、感傷的になるどころか、清々としたものでした。

一九九六年四月、代々木上原北口店（五十坪）オープン。

世間のバブルは弾けても、書店業界の出店ラッシュは続いていました。南長崎店閉店と並行して、北口に出店の機会を伺っていました。駅前に空き店舗を見つけ、家賃の下落を目の当りにした時、生き残りのチャンスだと考え、出店を決意。大学生のアルバイトから、そのまま社員になってもらった二人の雇用も守れると考えたのです。

売り上げは順調でした。幸福書房の売り上げが一番良かった時期だったでしょう。ただ、お金は残りませんでした。出店費用の返済と月々の出費などで、トーハンへの支払いが、だんだんと苦しくなっていきました。書店の利益では、出店費用全額借金は無謀だったのです。六年の短かい命でした。社員の二人にも辞めてもらいました。一番辛い思い出です。

二〇一〇年九月南口店、賃貸契約更新。北口閉店から八年、この契約の更新には悩みました。借金も返し終え、それぞれの子供達も独立し、私には三人の孫まで出来たのです。今が辞め時なのは良く判っていました。

ところが、その頃からです。

急に街の本屋さん応援キャンペーンが起き始めたのです。私の所にも、頑張っている本屋さんとして、「月刊文藝春秋」、トーハンの「書店経営」、各雑誌の本屋特集、ある会社の社内報などの取材が続々と。さらになんと岩波新書の「本はこれから」の原稿依頼まであり、何だか辞めた、とも言えない雰囲気になってしまったのです。

急激に減り出した書店に業界全体が、これはマズイと考えたのでしょうか。それとも、消えゆく街の書店へのオマージュなのでしょうか。

さて、この先どうなる事でしょう。三十五年前、独立して店を持つのは、今よりハードルは低く容易でした。場所を用意出来れば取次の後押しもありました。毎日の様に仲間が増えてゆき、活気がありました。そんな時代はもうこないのかもしれません。

本音を言えば、昔、私達が独立した様に、今、大型店で働いている「本の雑誌」を愛読している若い書店員達が続々と店を持ち、それが人生の希望を開く道になる事が、今出版界で一番望まれる事だと思います。もう今となっては、今いる我々仲間達で、この出版界を守っていくしかないのでしょうか。

【オンライン書店奮戦記】

◉平林享子

▼03年7月号

2000年にオンライン書店「クローバーブックス」(http://www.cloverbooks.com)をオープンした。きっかけは1冊の本。高橋恭司さんの写真集『THE MAD BROOM OF LIFE』の発売後まもなく版元である光琳社出版が倒産、あまり流通しないまま倉庫に眠っていることを高橋さんから聞き、「それはアカン。何か私にできることはないか」と、とりあえず在庫30冊を購入。全財産をはたいて30冊というのがなんとも情けないが、ともかくそれを販売するためのホームページをつくった。世のなかにはオンライン書店というものが登場しはじめ、そのまねごとをしてみむと思った。同時に自分のなかで「インディーズ出版をしたい」という野望というか妄想がだんだん大きくなってきていて、出版物を売るための場所づくり、という気持ちもあった。ちょうどその頃、北尾トロさんが雑誌「ダ・ヴィンチ」でオンライン古書店を開業する過程をレポートされていて、大いに参考にさせていただいた。

そうしてひっそりとオープンしたものの、まさか注文があるとは思わなかった。「1年に1冊売れたら30年で完売。あせらず、まあせいぜい長生きしよう」と思っていた。ところが結果は2年で『THE MAD BROOM OF LIFE』は売り切れた。宣伝もしていないのに、なぜ注文があるのか不思議だったが、理由は簡単で、検索サイトという便利なものがあるからだった。本を探している人は著者名やタイトルで検索して飛んでくるので、別に宣伝しなくても欲しい人はちゃんと見つけてくれる。それで調子に乗って自分が編集した本や気に入った新刊、友人知人から譲り受けた古本などを少しずつ仕入れては細々と販売するようになった。これがまた不思議と注文してくれる人がいるのでビックリする。売っといてこんなこと言うのもなんだが。しかも「ずっと探していた本がみつかりました。ありがとう」とお礼を言ってもらえたり、「面白かった」とか「これからもがんばれ」といった感想や励ましのメールまでいただける。本屋さんがこんなに嬉しい仕事だったとは知らなかった。これまでおもに雑誌の編集の仕事をしてきたが、人様から感謝されることなんてなかったし、また読者から直接に感想を聞けることもなかったので、これには感激した。たまに悪意のこもった嫌がらせのメールも来るが、そういうメールにはこちらも激怒メールを返信し、気色悪い返事が来たらさらに罵倒メールを送りつけ、そのやりとりを日記に公開して楽しませてもらっているので、これはこれでそう悪くない。

面白いメールといえば、滝本誠氏の『きれいな猟奇』(平凡社)という本を編集して以来、「ボクの本をつくってください」というメールや手紙がときどき来る。作品が同封されていることもある。出版社に番号を聞いて電話をかけてくる熱い人もおり、ある若者などは「小説を読んでほしい」と電話してきた。「読むだけなら読みますから、どうぞ送ってください」と言うと、「直接会って渡したい」と言い、さらに「今、ボクに会っておかないと、後でキミが後悔するよ」と自信満々におっしゃった。その人は現在は役者などをしており、初めての小説を執筆中とのこと。丁寧にお断りして電話を切ったが、久しぶりに「椎名桜子 小説家(処女作執筆中)」を思い出した。そもそも私のようなダメダメ編集者に売りこんだって、華々しいデビューなんてあり得ないのだが。

それはさておき、個人のオンライン書店は古本屋がほとんど。新刊本は薄利ゆえにものすごく多売しないことには経営が成り立たないから資本力のない個人では新刊本のオンライン書店はムリ。『ブックストア』(晶文社)を読むと、こんなに有名な書店でもつねに赤字で、実家が裕福な女性経営者がずっと私財で補っていたことが書かれている。ましてや貧乏人をや。それでもなるべく新刊本を扱いたいので、うちも当然ながら赤字。「儲けなくては」と思うと逆にストレス大なので、「これは趣味だから赤字はオッケー。大赤字は避けよう」と自分に言い聞かしている。

そんなふうに新刊中心のクローバーブックスだが、古本も少しは扱いたい。最近は出版社もなかなか本を増刷せず新刊本がアッという間に「出版社で在庫切れ」=古本になるので、新刊本も古本も一緒に扱ってこそやっと本屋という感じ。というわけで開業にあたり古物商（書籍商）の許可をとった。警察に何度も足を運ぶのは面倒くさかったが、まじめな一般市民が警察署のなかに入れる機会というのもあまりないことであり、なかなか貴重な体験だった。行ってみてわかったのだが、古物商の許可手続きは、銃刀所持、風俗営業の許可と同じく防犯課（現在は生活安全課）が担当で、防犯上の理由から免許制なのであり、要するに古物商は知らないうちに盗品売買に関与する恐れがあるから警察が管理するということだった。なので、古物商の申請に防犯課に行くと、そこには銃砲刀剣を所持したい方々や風俗業を営みたい方々も来ている。で、区役所のように淡々とした事務手続きかと思ったらそうではなく、防犯課の刑事さんたちが忙しい合間を縫って対応してくれるのだった。あるときは補導したのか制服姿の女子たちに囲まれて刑事さんがデレデレッとなりキャバクラ状態のこともあった。また、「今日は人が少ないな」と思っていると、留守番の人が誰かに電話で「今、みんなガサ入れなんすよ〜」と言っていて、「ガサ入れって本当に言ってる」と思っていると押収したダンボール箱をもってドヤドヤと刑事さんたちが帰ってくるドラマのような場面を見ることができた。まるで歌舞伎町、『新宿鮫』の世界。実際にはここは亀有警察署でありムードは『こち亀』に近いのだが。だいたい刑事さんたちはみんなパンチパーマでガタイがよくて人相が悪く、その筋の方々と外見上は判別がつかない。警察官の不祥事がしばしばニュースになるが、警察署内で実感したのは、警察官は犯罪者と日々接し、犯罪の至近距離にいる人々であり、逮捕する側とされる側がはずみで入れ替わり得るデンジャラス・ゾーンの苛酷なお仕事なのである。

そんなことを考えさせられるほど何度も警察に通ってやっと免許が交付される日が来た。免許証をもらって帰ろうとしたら、防犯協力会に加入したほうがいい、と刑事さんに言われた。入会金と年会費が高かったので「検討します」と帰ろうとしたら、「強制じゃないよ。でも、みんなに入ってもらってるんだよね」と口調は優しいが怖い顔で入会するように繰り返し言われ、結局「入ります」と言うまで帰してもらえなかった。こうして人はやってない犯行も自供してしまうのだということがよくわかった。

ちょっと話はシリアスな問題にそれたが、そんなわけで、私はオンライン書店を楽しく営んでいる。

（２０１４年現在、クローバーブックスは休業中）

ネット書店員匿名座談会

もっとプロモーションに使ってくれえ！

▼02年11月号

A　ネット書店はリアル書店よりも分業化が進んでますね。仕入れをする人、本を選ぶ人、POPを書く人、売る人が別で、やることが限定されているのが一般的。うちは全部やってますけど（笑）。

B　ネット書店では、見出しや惹き文句、おすすめページがPOPになるので、書くのはサイトの編集者なんですよね。

C　あとはメール担当やシステム担当、本のデータベースだけを作ってる人もいる。カタログ情報自体の修正のほうが多いみたいだけど（笑）。誤字の指摘もよく来ます。

A　作品名や著者名はよく間違いが出るんですよね。

C　「うちの先生の名前は旧字です！」とか、こだわる人はかなりこだわる。カスタマーサービスには、お客さんや著者から「こんな評価はけしからん！」って来たり（笑）。

B　読者のコメントやこちらでつけたレビューに対してクレームはありますね。

C　すごいですよ。事実無根であるとか、法的手段をとるとか、かなり強硬なものもある。

B　うちはプロのレビュアーに対して著者が何か言ってきた場合は、もう「ケンカしてください」ってやっちゃいますね。ページ上に同じだけのスペースを用意するので、投稿し返してくれと。

C　うちは言わせないですよ。一回始まるとかなり激しくなるので、基本的に一切無視です。

A　いいなあ、うち、来たことない（笑）。

C　読者レビューはいわば本に挟んである読者カードのようなものですね。それがもっと手軽に書けるので、山ほど集まってくる。うちは毎日数百のレベルで来るらしいです。

B　うちはいま百五十ぐらいかなあ。レビューの効果をどう測るのかは難しいですけどね。読者の書評は「読んだ、面白かった！」というのが即座に返ってきて、本当にPOPのような効果になるときもあります。

C　その読者書評が参考になったかならなかったかを、また読者が投票したりする機能を備えているサイトもいくつかありますよね。すごい数を書いていて、なおかつ得票も多いという書評マニアもいる。
B　それで売上げが変わるほどのカリスマではないですが、ファンがついてる人もいますよ。アイドル写真集の新刊が出るたびに書いてくる方もいる（笑）。
C　そういう意味では、みんなの書店というか、自分が書店員のような立場になって書評を書いてくれている。
B　そこはリアルの書店さんと全然違いますよね。私が書店に行って、「この本よかったらPOPを立てたいんだけど」って言ってもお店の人は困っちゃう。
C　立ち読みができないから、その代わりの機能を果たしている。書名と値段だけ見て買う人ってなかなかいないでしょう。読者の視点で書いてるっていうのはひとつのすごいバリューですからね。プロのレビューは、売りたい本、いいと思う本にだけつけてあるけど、カスタマーレビューは何でもいいんですよ。だから酷評もガンガン出てくる。
B　文字数も特に決まっていないから、二千字以上書いてくる人もいる。もはや小論文（笑）。
C　ある程度の取捨選択はあるけど、ガイドラインに沿っていれば何を言おうと自由。酷評でも、ちゃんと本のことがわかったほうがいい。
A　つまらない本を面白いって書かれるほうが困る。買ったけどつまんなかったって書店にまで悪印象をもつ人もいますから。
C　もうひとつリアル書店と違うのは、いろんな数字がすぐに出てくることでしょうね。
A　毎日の売上げがリアルタイムで全部見える。
B　注文はやっぱり夜中が多いですね。
A　十一時から二時ぐらい。
C　地域としては首都圏が多い。当初オンライン書店は書店がない地域のためになるって言われましたが、全然逆。
B　開店するまではそう信じていたんですけどねえ。
C　もちろん、地方のニーズはあると思うんですけど、それ以上に都市部のほうがインターネットの普及率が高かったり、とにかくすぐに買いたいって人が多い。
A　うちは割と全国に散らばってるほうかもしれない。北海道は多い気がします。
B　うちも半分ぐらい東京です。時間がないときには、リアル書店で探すより速いってことなんでしょうね。
A　あと、重いからとか、恥ずかしいからっていうのも多いですよね。『サティスファクション』はかなり派手に売れた。
B　フランス書院や二見書房も結構売れてますよ。
A　出版社ランキングでは上位に来ますよね。
B　『サティスファクション』のレビューは結構真面目に書いてくる人が多いですね。五十代の男性が「この本によって妻との関係がうまくいくようになった」とか。
A　『不倫の恋で苦しむ男たち』もすごいですよ。「どうしたらいいんでしょう」ってカスタマーサービス宛てに来る（笑）。こっちは著者でも出版社でもないのに。
C　カスタマーサービスには

いろんなメールが来ますからねえ。

A　いきなり写真が送られてきて、「こんな僕ですがどうですか」とか（笑）。

C　出会い系サイト状態（笑）。

A　フレンドリーになるとそれはそれで問題が出てきますね。ビジネスライクに、問われたことにだけ答えるようにしないと。

B　それでも、ウェブ上で売っているのみだと、お客さんがアクセスしてくるのを待ってるだけになってしまう。だから、攻めていく方法として、お客さんたちにメールを送る。

A　メールって、年配の方のほうが買ってくれませんか。女の子の名前ですすめると絶対買ってくれる（笑）。徹夜でカスタマーサービスをやってると、「女の子がこんな遅くまで頑張って大変だね、僕がこれを買ってあげるよ」とかいうメールが来たり（笑）。

C　キャバクラに近い（笑）。

B　まあ、読者カードを送ってくれた方に、ダイレクトメールを出すのと同じですね。

C　しかも比べものにならないほど効率がいい。『ザ・ゴール』を買った人に、『ザ・ゴール2』が出ますとメールを出すと、一気に注文が来る。売上げを上げるいちばん簡単な方法だから、つい出したくなっちゃうんですよね。

A　メールの本数も今は飽和状態ですよね。

C　お客さんもメールをもらいすぎると、スパムメールの感覚になって、何もよこさないでくれってなっちゃう。だから一定の基準を超えないものは駄目って言われる。

A　うちは担当の趣味重視で書いてますけど（笑）。

C　ぼくも昔はそうだったんですけど、思いを込めたメールほど売れないんですよね（笑）。

A　そうそう（笑）。件名がいちばんのポイントですよね。メールを開かなくても見えますから。

B　件名に「安い！」「お得！」って入ってるだけで本文を見てもらえる率が全然違う。

A　時間をかけるのがむなしくなる（笑）。

C　うちは、一人が一時間にカスタマーサービスを何件さばくかが数字で全部出てきちゃうんですよ。まだ返事を出していないメールがどれだけあるか、という情報もグラフで出てくる（笑）。

A　うちも何分で返信したかは全部わかるようになってます。

B　クレームは、やっぱり本の到着時間に関することが多いですね。

C　書店の店頭に並んでるものが何日もかかるとまずい。

A　予約品が発売当日に届かなくて、もう書店で買っちゃいましたっていう人はいますね。

C　昼に店頭で見た本を、家に届いてると思って買わずに帰ったら、届いていなかった。これは怒られますね。

B　あとは「注文を受け付けておいて、取り寄せられないとは何事か！」っていう怒りの声。

A　出版社が言ってくるまで正確な在庫がわからないんですよね。問い合わせても返事がなかなか返ってこないし、頼んでもいつ入ってくるかわからない。

C　根本的にこの業界がおかしいんですよ。注文を受けたのにありませんでしたっていうのは最悪ですよね。在庫があるかわからないものを扱うのは嫌ですね。

A　在庫僅少という言葉も疑わしい。リアルの大型書店には出すけどうちには出さないという例が結構ある。

B　ネット書店に対してはあまり売る気がないですね。あるもないもいい加減なこと言われるし。

A　ネット書店は返品がほとんどないのに。

B　たしかに返品率はリアル書店に比べて異様に低いですよね。

A　百冊仕入れて五十冊行ったり来たりさせてる人たちと、うちが同じマージンでやらなきゃいけないのかって思いますもん。

C　予約も、もっと長期間受け付けられるようにしてほしい。発売三週間前ぐらいにならないと決まらないじゃないですか。

A　価格もギリギリになって結構変わりますもんね。タイトル変更もしょっちゅうですし。

C　著者が変わることだけはない（笑）。

A　定価が変わると、お詫びのメールを出して、予約をそのまま継続していいか確認しないといけない。

C　ハリー・ポッターなんかは異例で長くとってますけど、予約という発想がない出版社が多いですね。

B　プロモーションを兼ねつつ今後の売行きを予測できる機会なのに、もったいないですよね。もっとネット書店を使ってほしい。

A　パブリシティのひとつですしね。意外なものに予約が来るし。

B　予約だけで増刷が決まっちゃうこともありますからね。そういうことをアピールして、他の出版社さんがうちもやりたいって言ってくるようにしたい。

C　結局みんな、必要な情報だけ欲しいわけじゃないですか。それができるのがネット書店なんですよ。顔はわからないけど、何を買ったのかは全部わかる。個人差はあるけど、こういう本を買った人はこんな本を買っているっていう事実は出ますよね。それを元に、トップページに人によって違うおすすめ本を出しているネット書店もある。そこから買われる率は高いんじゃないですかね。

B　それ、うちはまだやっていないんですが、喉から手が出るほど羨ましい（笑）。

C　リアルの書店さんが、馴染みのお客さんに「これ入ってるよ」って言うようなものですね。本職の人から見れば、「いやいや、やっぱりこっちでしょう」っていうのはあると思います。ただ、機械が誰の負担もかけずにやってることだから、ビジネスとしての効率はいいはずですよね。

B　売れ方としては、やっぱり三、四冊のまとめ買いが多いですね。

A　送料が無料になるラインにのせるってことでしょうね。それを引き上げてくれないから大変なんですけど(笑)。

B　今は千五百円ぐらいがなんとなくスタンダードになりつつあって、だいたい単行本一冊買うと送料がタダになるみたいになってますけど。

C　送料が有料になったとたんに注文の数がガクンと落ちましたね。一冊一冊バラバラで買っていた人がまとめ買いするようになったから。

A　通販で普通の物を買う場合は送料を取られるのにお客さんも抵抗はないんですよね。だけど、本に関しては、同業者で一種のたたき合いをしてしまったのがいけなかったのかもしれない(笑)。

B　ただ、ネット書店では万引きがないというのは大きなメリットですね。リアル書店で万引きが2%ぐらいと言われてますが、2%もとられちゃったらビジネスのモデルが全然違ってくる。

C　その代わりウィルスはありますけどね。サイトを落としてやれ攻撃(笑)。排除する仕組みはちゃんとあるけど、たまに通り抜けることもある。

A　よそが落ちてたりすると嬉しい気分になったりして(笑)。

C　やっぱり互いのサイトは見ちゃいますからねえ。

A　リンク切れを発見したりね。一日中他店のページが開きっぱなしですから。朝は各店を必ずチェックします。何か変わったことやってないかって。

B　キャンペーンとか新刊の並べ方とか。

A　この本はよそで売ってるから、トップページに入れるのはやめようとか。リアル書店と同じで、自分が気に入った本、売りたい本をいちばん目立つところ、トップページに置いてます。

C　立ち上げ当初はうちもそうだったけど、トップページは貴重な不動産なんですよ。一ピクセルいくらの世界。だから部署間ですごい争奪戦になる(笑)。あと、最近は出版社からマーケティング費をもらって、トップページをいろんな形のプロモーションに使っているネット書店もある。

B　要は広告なんですけどね。広告っていうと、出版社も出し渋るので、共同マーケティングって素敵な名称をつけている(笑)。たしかにウェブ上だと、データがとれるとか新しい販促方法を試みるとか、いろいろなことができる。それを出版社に理解してもらいたいですね。

A　いいなあ。うちもお金もらってやりたい(笑)。

今日も、明日も、ここにいる

本屋の歴史

永江 朗

一九六四年、東京オリンピックの年、現在の紀伊國屋書店新宿本店が落成した。ちょうど五十年前だ。このあたりから日本の本屋の現代史が始まる。もちろん紀伊國屋書店はそれまでもあったし（一九二七年創業）、丸善や三省堂書店は明治時代からあった。京都・西本願寺近くの永田文昌堂のように江戸時代から続く書店もある。でも、戦前・戦中、そして敗戦後の混乱を経て、現代につながる本屋の体裁が整うのは、このあたりからではないかと思う。

その二年前、大盛堂書店の旧本店が東京・渋谷に開店。同店は二〇〇五年に閉店したが「本のデパート」のキャッチコピーで覚えている人も多いだろう。六九年には大阪・梅田に紀伊國屋書店梅田本店が開店した。

このころに大型総合書店のひとつの型ができあがった。大型といっても、当時は三〇〇坪からせいぜい五〇〇坪程度の売場面積だったけれども。年間新刊発行点数がせいぜい一万数千点しかなかったので、それで充分だったのだ。大都市・中都市の繁華街には大型総合書店が、商店街には一〇坪から三〇坪程度の中規模書店がという、なんとなくの棲み分けもできてきた。

もっとも、一九五八年に生まれたぼくは、これらの書店を自分の目では見ていない。六四年のぼくは、北海道旭川市に隣接した当麻町に住んでいて、町に本屋はなく、本屋といえば旭川市の中心部にあった冨貴堂だった。旭川冨貴堂はことし創立一〇〇年を迎えた。六四年は三省堂書店が初の支店、自由が丘店を開店した年でもある。一一年後の七五年には旭川駅前に西武百貨店が開店し、三省堂書店がテナントとして入った。六〇年代というのは、紀伊國屋書店や丸善や三省堂書店など大型総合書店が全国に店舗展開していく時期だったのだ。また、北陸の勝木書店、山陰の今井書店、神奈川の有隣堂など、ローカルチェーンも店舗を増やしていく。

七二年、「ブック戦争」が起きる。これは書籍販売のマージンが少ないことに反発した書店組合が、販売拒否の「スト」に出たもの。ストは一二日間に及び、マージンが二％アップした。

七五年、名古屋の三洋堂書店が支店、東郷店を出店する。広い売場と広い駐車場をそなえた、日本で初めての郊外型書店だ。それまでは人のいるところに出店するのが小売業の常識だった。ところが三洋堂書店東郷店は道路と田んぼしかない郊外に出店した。これが見事に当たった。日本では急速にクルマ社会化が進んでいた。自分のクルマを持つことが若者の夢だった。クルマを買ったものの、それを運転して出かける目的地がない若者にとって、郊外の本屋はちょうどいい場所だった。郊外型書店はあっというまに全国に広がった。

開店当初の三洋堂書店東郷店は人文書を中心にした専門書の多い店だったという。しかし全国のあちこちにできた郊外型書店は、雑誌とコミック、そして文庫を主力の商品にするようになっていった。本棚は低く、通路は広く、蛍光灯の照明は明るくなっていく。本棚を低く通路を広くとるのは、少人数のスタッフでも管理しやすいように、そして在庫量を抑えるためである。

名古屋は新しい形態の書店が生まれる町で、七三年には日本で初めての子どもの本の専門店、メルヘンハウスが本山にできている（いまは今池）。その後、四日市のメリーゴーランドや東京・原宿（いまは青山）のクレヨンハウスなど、全国に絵本の専門店、子どもの本の専門店が登場するようになった。後で触れるように、ヴィレッジヴァンガードが誕生したのも名古屋である。

一九七五年という年は、いろいろなことがあった。たとえばリブロの前身である西武ブックセンターが西武百貨店池袋店の中にできた。同時にオープンした西武美術館の脇にはミュージアムショップである和洋芸術書専門店のアールヴィヴァンができた。

吉祥寺の弘栄堂書店がシュールレアリスムをテーマにしたブックフェアを開催したのもこのころ。いまでは珍しくないが、作家ごとや出版社ごとではなく、ひとつのテーマに沿ってさまざまな出版社、著者の本を横断的に集めておこなうブックフェアはこれがさきがけだ。このころ、書店界には、学生運動を経験した世代の若者たちがどんどん店員として入ってきていて、チェーン店や大型店ではさまざまなブックフェアやトークイベントが企画されていた。八〇年代の出版界で、ポストモダン、ポスト構造主義の人文書を中心としたニューアカデミズム・ブーム（ニューアカ・ブーム）が起きるけれども、それは浅田彰や中沢新一が出現したからだけでなく、七〇年代からの本屋の店頭の変化（全共闘世代の流入）が下地をつくっていたのだ。

七〇年代前半の年間新刊発行点数は二万点から二万二千点ぐらいだった。

七八年、八重洲ブックセンターが売場面積七五〇坪で東京駅八重洲口に出現する。総合書店の大型化を象徴するできごとだった。「どんな本でも手に入る」というので、開店前から新聞や雑誌で大きく取り上げられた。当初は流通している新刊書すべてを陳列する方針だったが、書店組合が猛反発、その結果、売場を大幅に縮小し、扱いジャンルも絞った。それでも読者の期待は大きく、遠方から本を探しに来る人が絶えなかった。それを追うように八一年に東京・神田神保町の三省堂書店本店が新築開店した。

なお、八重洲ブックセンターは鹿島建設系、弘栄堂書店は鉄道弘済会（キヨスク）系、啓文堂書店は京王電鉄系、そして西武ブックセンター（リブロ）はかつて西武百貨店系だった。異業種を背景資本にした大型店やチェーン店が登場するのもこのころから。

セブン－イレブンの第一号店開店が七四年。経産省の商業統計で「書籍・雑誌」部門にはコンビニや駅売店も含まれている。つまり書店界では本屋だと思っていないかもしれないが、世間ではコンビニもキヨスクも本屋なのである。

八〇年代に入ると、家庭用ビデオデッキが普及した。レンタルビデオ店が登場し、それと複合する本屋も増えた。複合型に転換する郊外型書店も多かった。TSUTAYAの前身、レンタルレコード店のLOFTが大阪府枚方市に開店したのが八二年、姉妹店の蔦屋書店を開店したのが八三年である。この会社がやがて紀伊國屋書店を抜いて販売額日本一の書店チェーンになるとは、いったい誰が予想していただろうか。レンタル店との複合は本屋にこれまでと違う客層をもたらした。しかもレンタル客は貸出時と返却時の二度来店する。多くの客は返却と同時に次のビデオやCDを借りたから、おのずとリピーターになった。

八〇年代は専門書店の時代でもある。大阪府堺市のわんだ～らんど（現在は大阪市難波）、新宿・渋谷・吉祥寺などに展開した白夜書房系のまんがの森などの漫画専門店、愛知県日進市の自動車専門書店、高原書店、そして前述の絵本・児童書専門店などが登場した。本の雑誌とも縁の深い、ミステリ専門店のブックスサカイ深夜プラス1が神楽坂下に開店したのも八一年だった（二〇一〇年閉店）。象徴的だったのは八〇年に増床・リニューアルした西武ブックセンター（リブロ）である。それまでもあったアールヴィヴァンや思潮社系詩の専門店ぽえむぱろうるに加え、演劇書のワイズフール、児童書のわむぱむを開設し、大型書店の中に専門書店を配置した。

八六年、先にも触れたヴィレッジヴァンガードが名古屋市の郊外に誕生する。最初からいまのように大量の雑貨があったわけではなく、サブカルやホビー系の書籍、同人誌コミックなどが主体だった。やがてVANチャケットのシャツなどアパレルやパーティーグッズ的な雑貨を扱うようになり次第に多店舗化していった。これまでも文具店やレコード店などとの複合はあったけれども、本と雑貨を混在させた「遊ぶ」空間を作ったのはヴィレッジヴァンガードが最初だった。

ISBN（国際標準図書番号）の導入は八一年から。一部には「本の総背番号制」と批判もあったこのシステムが、やがてPOSシステムやネットと組み合わされて、本屋の仕事を変えていく。

振り返ると、八〇年代は本屋が多様化していった面白い時代、黄金時代だった。八一年から八八年まで本屋で働いていたぼくは、そんなことちっとも感じていなかったけれども。

九〇年からの四半世紀は、さまざまなことが同時進行的に起きているので、編年体的な記述が難しい。とりあえず思いつくまま書いておこう。ちなみに九一年の新刊発行点数は四万点弱である。

九〇年、神奈川県相模原市にブックオフが誕生する。新刊書店ではないので本稿の主題からは外れるが、本屋への影響は多大だ。たとえば新刊書籍の推定販売部数がいちばん多かったのは一九八八年の九億四三七九万冊で、二〇一二年は六億八七九〇万冊、つまり二億五五八九万冊減った（数字は全国出版協会・出版科学研究所『出版指標年報』による）。年度はずれるが、ブックオフの二〇一三年の販売部数は二億七五二五万冊。数字だけ見ると、新刊書の売上げが減った分がそっくりブックオフに移ったようなものだ。

本屋のサイズは超大型化していく。九五年に神戸三宮の駸々堂（一〇〇〇坪）、九六年に紀伊國屋書店新宿南店（一四〇〇坪）、ジュンク堂書店難波店（一一〇〇坪）、そして九七年のジュンク堂書店池袋店（一〇〇〇坪、のちに二〇〇〇坪）が開店。やがて二〇〇〇年に旧大店法が廃止されて出店の規制が緩和されると、超大型化は全国の大都市・中都市で進んでいった。ぼくの郷里、北海道旭川市は、人口が三十数万人しかいないのに、超大型店が二店もある（コーチャンフォーと丸善ジュンク堂書店）。

ジュンク堂書店の登場はいろんな意味で衝撃的だった。まず「図書館よりも図書館らしい」というコンセプトである。平台よりも棚を重視したつくりは、それまでの本屋のトレンドとはベクトルが逆だったし、椅子とテーブルを設置して「座り読み」を奨励するやりかたは「立ち読み」と書いて「タダよみ」と読む従来の本屋にはない発想だった。

大型化、超大型化は、熾烈な書店間競争を生んだ。二〇〇〇年、京都の老舗、駸々堂が破綻したのは象徴的なできごとだった。

アマゾンが日本でサービスを開始したのも二〇〇〇年だった。当時は、アマゾンのシェアがこんなに大きくなるとはぼくも予想していなかった。同社は細かい数字を発表していないのでさまざまな数字から推測するしかないのだけれど、いまや新刊書籍の二割近くをアマゾンが販売しているのではないか。

二一世紀に入ると、出版界・書店界の再編が進んだ。大日本印刷は、丸善とジュンク堂書店、図書館流通センター、文教堂書店を傘下におさめた。丸善とジュンク堂書店はひとつの会社になり、それぞれのブランドを使い分けて出店するようになった。また、ブックファーストは阪急電鉄のもとを離れて取次のトーハン傘下となった。

書店の数は減り続けている。書籍・雑誌の売上額がピークだった一九九六年ごろの書店数はわからないのだが、一九九二年の『ブックストア全ガイド』（アルメディア）に掲載されている書店数が二万二四六五店。九六年ごろは二万三千店ぐらいだろうと聞いていた。それが二〇〇一年には二万一千店になり、二〇一三年には一万五千店を切った。一七年のあいだに三割以上減った。一方、年間新刊発行点数はいまや八万点弱。半世紀で約六倍に増えた。

書店員人生すごろく

富容久

ふりだし

入社おめでとう!!
まず本店研修から
スタート!!

配属初日が忙しい日に当たり「平台の整理と掃除お願い」と言われ一日掃除で終わる。

書店レジ初体験。カバー掛けが上手くいかずあたふたする。

文芸書の棚出し。著者名順に棚に入れるのだが帚木蓬生の読み方が分からず苦労する。

レジで領収証を書いたら「字がきれいだね」とお客様に褒められる。 **2マス進む**

レジで「anan」を持っているお客様に「カバーお掛けしますか？」と言ってしまう。

返品作業。気になる本を見つけ軽く読むつもりが熟読してしまい「作業が遅い」と怒られる。 **1回休み**

初の給料日。明細を見ると書籍購入代で半分近くが飛んでいて涙する。明日から昼食は菓子パン1個だよ。

STOP!!① 研修終了

サイコロを振って
偶数なら支店勤務（上）。
奇数なら本店勤務（下）。

学生アルバイトの卒業シーズン。新規アルバイトを募集するもなかなか来ない。時給が安いのかなぁ…

店長が異動になり自分が店長に。頑張るぞ!!

初店長の緊張からか就任5日後にダウン。気が張ってたんだね。

本好きな飲食、服飾系の店長におススメ本を聞いてフェアをやったら成功。 **2マス進む**

売り場リニューアルを提案するも、「このままで良いと思う」とスタッフに反対される。

異動で来た社員が年上だった。年上の部下ってやり難いなぁ。

「前の店とやり方が違う」、「会社の考え方と違う」など年上の部下に反発されストレスが溜まる。 **1回休み**

店長が突然退社。異動半年で店長をやる事に。防火管理者資格や伝票処理はこういう事だったのか!!

近くに競合店がオープンする、しかも売り場面積が倍らしい？

競合店オープンで売り上げが落ち込む。人件費を抑えて守りに入るか、思い切りリニューアルするか悩む。

思い切ってリニューアルを図る。徹夜作業で皆疲れ切っているが妙な結束感が生まれる。

競合店の影響を受けるもリニューアルが功を奏して思ったほど売り上げが落ち込まない。良かったぁ～

STOP!!③ 人事異動

サイコロを振って
偶数なら本店勤務。
奇数なら STOP②まで戻り反対のルートへ。

本店

支店と比べ出版社営業マンの来店の多さに本店勤務であることを実感する。支店にも行ってあげてね。

支店での功績が認められ本店副店長に抜擢される。

出版社の販売会議や夜の付き合いが増えて店にいる時間が少なくなる。陰で外交官と言われているらしい。

糖尿病になり食事制限をする。夜の付き合いをほどほどにすればよかったのか？ **2回休み**

大型ショッピングセンターにオープンする新店に準備から携わる。イチから売り場を作るのが楽しい。

SC店

オープン初日。晴天で大盛況!!「もっと良い売り場、売り上げを」と閉店業務をしながら店長と話す。

「お前の店で不快な思いをした」とクレーム。よくよく聞くとウチのことじゃなかった。グッタリ。 1回休み

夏場に空調故障で店内が暑くなる。コミックのパック機の周りは45度を超える。外より暑いよぉ〜

ショッピングセンターのポイント5倍キャンペーンで激混み。 3マス進む

STOP!! ② 人事異動

サイコロを振って2・4は上の支店へ。3・5なら右の支店へ。1・6はSTOP①まで戻り、本店なら支店、支店なら本店と、前回と反対のルートへ。

昔自分が通った実家近くの駅前店に店次長として配属。懐かしいなぁ〜

駅前店

学生アルバイト同士が恋愛関係になり店の雰囲気が怪しくなる。恋人探しに来てるんじゃないぞ!!

店長から「防火管理者資格取っておけ」と言われ消防署で講習。伝票処理も教わる。

出版社から新レーベル新創刊の話を聞く。うちの文庫売り場いまでも飽和状態なんだけどなぁ…

万引きを捕まえ、その後調書作りで警察署で4時間費やす。万引きは許しません!!

販売新システム導入のため説明を受けるもサッパリわからず。スリップで管理していた時代が懐かしい。

売り上げ不振の店舗に閉店の知らせを伝えに行く。こうならないように指導してきたつもりなのだが…

支店総括部長になる。糖尿病だから地方の美味しいお酒を飲めないのが残念。

「上に立つ者が率先して動かないと!!」と段ボールを2箱持ったら腰に衝撃…ぎっくり腰になる。 2回休み

棚がごっそり空いていて万引き？と思ったら『ドラゴンボール』のまとめ買いだった。嬉しい。 2マス進む

「検索機なしでどこに何があるか担当は把握してた」などの昔話で煙たがられる。 1回休み

あがり

夢があった

定年でゴール!!

リストラ、閉店の苦難をのりこえハッピーリタイア！
店始まって以来2人目だってよ！

自分のお店作る
自伝書いちゃう？

上司が異動になりメインの文庫担当に。大丈夫か？

コミック担当になる。ただ、パートやアルバイトの方が店の売れ筋に詳しいので補佐っぽくなってしまう。

最後の仕事は部長職の引き継ぎ。取りあえず地方で飲み過ぎないように指導する。

雑誌の書店特集で依頼が来る。写真載るから髪切りに行かないと…の前に紹介する作品決めないと!!

学生アルバイトの試験休みでシフトが厳しくなる。

歓迎会をしてもらう。店長を中心にアットホームでまとまりがある感じに自分が馴染めるか不安になる。

パートさんたちに「ウチの子より若いのね」とお子様扱いされる。

配属初日。社員通用口から売り場までの道を迷う。

郊外店

出版社の新刊説明会に参加。懇親会で他の書店員さんと親しくなる。

大量仕入れで多面展開をしていた作品がテレビで紹介され大ヒット!! 4マス進む

「新刊の事前注文を明日までにやるように」と言われたのを忘れ入荷数が大幅減で怒られる。 1回休み

初の担当は文庫補佐。「まずは品出しをして売り場と売れ筋商品を覚えて」と言われ品出しマシーンになる。

配属後、先輩が「これからは本気で仕込むよ!!」と鬼の形相。あの優しさは…

本店

書店員匿名座談会

理想の本屋を作ろう！

オープンに向け、コンセプトを考える！

C　理想の本屋さんを作るって話ね。

B　まっさらなところから？

C　そう。書店員目線でってことですね。お客様目線ではなく。

A　書店員にとっての理想の本屋ね。

B　儲かることは考えなくていいんですか。

C　それによって全然違うもんなあ。

A　お金はいいんですよ。スポンサーがいるから（笑）。

B　いるんですか⁉

C　8億円政治家に渡す人もいるくらいですから、本屋のためにたくさんお金を出してくれる人もいるでしょう（笑）。

A　うん。ひとまずお金のことは考えなくていいことにしましょう。だってお金のこととか考えてたら、理想の本屋なんてできないじゃないですか。

B　世知辛くなっちゃいますからね。

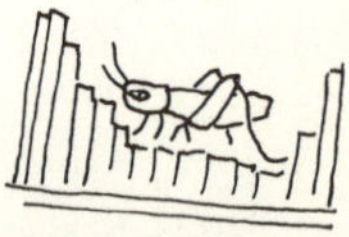

C　そうそう。

A　まずコンセプトを決めましょう。

C　コンセプトっていうと場所とか？

A　そうじゃなくて我々はこういうお店を作りたいというモヤッとしたコンセプトでいいんですよ。例えば、お客様が来店されたときにこういう気持ちになってほしいみたいなのを考えて、それに合わせて作っていく。普通の出店だと、まずは立地があってとか儲けがあってとかってなるんですけど、理想の本屋はまずコンセプトを作ってそれに合う場所に出店する。

B　それはすごい。書店の出店って場所ありきですからね。

C　確かに駅前だからとかショッピングセンターの中だからと考えていきますもんね。

B　では理想の本屋はどんなコンセプトにします？

A　私がコンセプトを作るならば、お金をたくさん持っているような、あっ、お金のことは考えなくていいのにお金が頭から離れない（笑）。だけど、まずは本が好きなお客様に心ゆくまで素晴らしい環境の中で本が選べる、そういう本屋さんを作りたい。

B　ゆったりと本を選べるようなお店ね。

A　そうそう、ゆったりしてもらいたい。

B　サロン的なイメージかな。

A　でも立地は便利なほうがいいじゃないですか。
C　それは新宿とか渋谷とかやっぱり便利なところがいいですよね。
A　だからまず木を植える。
B　木?
A　駅前に森を作るんですよ。
C　森を作る!?
A　巨大な森を作って、小径を三分くらい散歩すると、理想の本屋に行き着く。
B　木漏れ日を受けながら本屋に行く。いいですねえ。
C　しかも都心で!
B　すごいお金がいるなあ。
A　大丈夫、スポンサーいるから。
B　そうだった(笑)。
A　鳥のさえずりが聞こえて、あれ? 本屋さんがあるって感じです。
C　それ、お店は小さいんですか?
A　いや、それが人きいんです。千坪くらいあったりするわけ。だけど客数は思いきって絞る。
B　ものすごく儲からなそうですね(笑)。
A　いや、儲かるんですよ、これが。少人数のお客様にたくさんお金を落としてもらえばいいんです。
B　一人で何百万も貰うお客さんに来てもらうんだ。
A　そう。そういう土侯貴族みたいな人が来るの。
C　会員制も検討しましょうか。
A　ありですね。会員以外の人たちには見学ルートを用意しておいて、楽しんでもらう。ただその見学ルートの雰囲気は売場には伝わらないようにしないといけません。
C　ずいぶん上から目線の本屋だ(笑)。
A　それはすべて百万円ぐらい落としてくれるお客様のためです(笑)。
C　でも店員はヒマそうですね。
A　つねにお客様の視線に入らないところに立っていて、なにか言われたらすぐに取りに行く準備をしている。あと大事なこととしては、そうなると店員が見苦しいとかはダメじゃないですか。
B　似合いませんもんね。
A　だからエステや美容室代が全部会社の経費で落ちる。
C　そんな本屋聞いたことないよ(笑)。制服は?
A　制服もやっぱりダサかったりすると興ざめなので、スタイリストをつけましょう。毎日同じっていうのもお客様にとって味気ないから種類もいっぱいある。その日の天候とかに合わせてコーディネイト。
C　サッカーの日本代表みたいにダンヒルとか。
A　いいですね。理想の本屋というならそこまでやらないと。
B　木を植えるところから始まってスタイリストがつくと。遠大だなあ。
A　あとね、月に四日は読書の日っていう勤務日があるんですよ(笑)。
B　勤務日ってことはお給料をもらいながら本を読んでられるんだ?
A　そう。商品知識を身につけるために勤務として本を読む日っていうのが必要です。
B　商品知識を深めるための日。映画を見たりとかそういうのもね。
A　それも勤務の一つとして考えたいですよね。やっぱり私たちが幸せじゃないと、お客さんを幸せにはできないっていうコンセプトのもとに、全部経費で(笑)。
B　ところで理想の本屋の受注

体制はどうなの？
A　送り込みは一切なし。但し重要な本はちゃんと送ってくる（笑）。私が見逃してもちゃんと送ってきてって。
C　理想の本屋の向こうに理想の取次がある。
B　その先には理想の出版社がいる。
A　あとは私のプライベートも充実させるために理想の彼氏も必要ですね（笑）。
C　これでどうやって店が成り立つのかが…。
A　毎日百万円買ってくれるお客様が十人くらいれば。
B　一日十人で一千万。
A　一千万あれば全然いけるでしょ？　しかも千坪あっても店員は三十人も四十人もいらないし。
B　全然儲かりますよ。コンセプトは森で、本屋さんに行くのに自然を感じるっていうのはすごくいいですよ。
A　うるさいのイヤですよね。本を静かな環境で選んでほしい。
B　僕はビルの中とか外が見えない本屋でしか働いたことがないので、そういう自然とか環境に触れられるっていうのはすごく憧れます。
C　路面店の経験、ないんですか。
B　ない。天気すらわからないところばかり。だから外の光とか鳥のさえずりを感じられるのは理想かもしれない。
C　路面店は砂埃がすごいですよ。平台なんか砂でジャリジャリって感じになっちゃう。だからすぐ掃除しなきゃいけない。
B　埃は厄介ですよね。
A　じゃあ安藤忠雄さん設計で地下に千坪。直島の地中美術館みたいなの。
B　それはいいかも。全面森で地下に本屋。
A　でも一番のポイントは店員のエステ代（笑）。
C　森の本屋さんは何時間くらいやってるんですか。
A　理想だから24時間営業でいいんじゃないですか。
B　夜は森でフクロウが鳴いている。
A　お客さんに疲れた雰囲気を出さないように、一日五時間くらいしか働かない。週に三日、一日五時間くらいでいい（笑）。
B　ということは、五×五＝二十五だから、五交代制くらい？
A　そうです。でもお給料はいいの（笑）。
C　チップとかもらったりしてね。
A　チップは当然。
B　理想の本屋はチップ制の導入ですね。
A　うん。百万円買ったら一万円くらいはチップくれますよね。それが五人来たら、チップだけで一日五万円ですよ。
B　指名制も導入してほしい。私はあなたから本を買いますと。まあ今の店舗でも必ず指名してくる方はいらっしゃいますが。
A　いますよね。あと、あの店員はイヤだって言われるのもありますね。
C　それもありますよね。
B　じゃあ、理想の本屋さんは指名もできる。
A　指名するからには、店員のことを考えてやっぱりチップを（笑）。
C　ははは。やっぱりお金のことにこだわっている。書店員もホストみたいに電話やメールして、最近いらっしゃってないですけどいい本入りましたよって（笑）。
B　あってもよさそうなのに、そういう本屋ってないですね。最近いらっしゃってませんね、みたいに連絡する本屋。

C　そういうのが町の本屋じゃないですか。家族構成も知っていて、そろそろご入学ですねとか言ってオススメしたり。

A　配達したりね。私が子供の頃通っていた本屋さんは配達も頼んでいたので、おじさんが持ってきてくれるとまた来てねとか挨拶していました。その本屋さんももうなくなっちゃいましたけど…。

B　町の本屋がなくなって、その土地からラブコールがあってオープンしたお店がありましたね、三省堂書店留萌店。

A　それは上手くいっているんですか。

B　いろんなバックアップがあって損をしない仕組みになっているみたいです。しかも本屋の運営を町の人が手伝ってるとか。

A　町の人が手伝ってくれるんですか!?

B　ボランティアで朝の品出しとか手伝ってるそうです。

A　必要とされてる本屋なんだなあ。

B　それって一つの理想形ですよね。町の人に愛されているというか。絶対この店で買うんだっていう。

A　アマゾンではなくて、町の本屋で買うと。

B　そう。リアルな本屋が大事なんだって根づいている。

C　それは本当に理想の本屋かもしれない。何坪くらいなんですか。

B　文具もあって百坪くらいかな。

A　百坪あれば十分ですよね。

C　書店員としては百坪から百五十坪くらいが理想の気がしますよね。

A　全体を把握できるのがそれくらいですね。

B　本も人の動きも見える。

A　二百坪を超えるとやっぱりもう違うんですよね。私はここについてはタッチしないっていう部分をどうしても作っていかざるを得ない。

B　目をつむる部分が増えてきちゃう。

A　私も百五十坪以下がいいなあ。それで話の通じるスタッフたちでお店はできますね。それ四、五人でやるのが一番いいか以上増えると話の通じない人が出てくる（笑）。

B　そう。意思の疎通が利かなくなる。

C　聞いてないとか、言ったけど忘れているとか、そういうスタッフが必ず出てくる。それとお店はワンフロアのほうがいいですね。多層階は人件費ばかりかかっちゃうからあんまりよくない（笑）。お客様も慣れないと探しにくいしね。

B　分かれれば分かれるほど複雑になっちゃうし、見えない部分が増える。

A　広すぎたり、多層階になると、お店の中に自分は関係ないっていうところがどんどん増えていくんですよ。それが一番よくない。

C　その限界が百五十坪くらい。

B　百五十坪までならきちんとフォローしあえる。

A　二百坪を同じ人数でフォローしあおうとすると、広すぎて万引きされる。

棚陰にゴルゴ13の姿が!?

C　おれ、理想の本屋って言われて最初に思ったのは、万引きのない本屋だった（笑）。

B　森の本屋とまったく逆の意味で、確かに理想の本屋ですね。

A　万引きしようとすると頭痛がするみたいな電波とか出せたらいいのに。

C　そうそう、孫悟空みたいにね。

A　あるいは刑法を改正して、万引きをした人にセンサーを埋め込んで、店の中に入ると警報が鳴るようにしてほしい。

B　毎日毎日本当に不毛ですよ。

A　そこで我々の心が荒廃してくんです。

B　本屋って色々なことを教わるっていう啓蒙する場所でもあると思うので、僕はハタキでバタバタする本屋のオヤジの復活があってもいいと思います。

A　うん。さっき話した私が子供の頃によく利用していた町の本屋は、店の名前は忘れちゃいましたけど、店主が薄毛だったから町の子供たちは「ツル本屋」って呼んでたんです。でもツル本屋の店主はそう呼ばれることについてはまったく怒らなかった。ただ、ずっと立ち読みしたり、悪さする子供がいるときちんと叱るんです。それダメだよって。

B　本屋でマナーやモラルを覚えるっていうのがありましたよね。

A　宮城谷昌光さんの長い小説を通って読破する人がいたんですよ。

B　立ち読みで？

A　そう立ち読みで読破ですよ。

C　それはハタキでパタパタしたくなりますね。

A　途中で隠しちゃった（笑）。

C　あるある。うちはそういうときにパックしたことありますよ。そしたら来なくなりました。

B　理想の本屋は、やっぱり教育の場ということでハタキと本屋のオヤジを復活させましょう。

A　マナー違反の立ち読みはハタキでもいいですけど、店の中で平気でうんこして逃げるやつとか本の上に荷物置いたりするやつは、シューって音がしてオヤジ部屋に送られるっていうのはどうですか。

C　再教育の部屋があるんだ？

A　そう。私たちがやると疲弊するから専用の部屋を用意しておく。そして見学ルートでオヤジ部屋見せる。

C　見学ルートまだあるんだ？

A　ありますよ（笑）。見学ルートで、荷物を本の上に置いたり、立ち読みするときに本を傷めたりすると、ああやってオヤジ部屋に送還されますよって紹介するんです。

B　そういえば万引きしたらお店で働かせていた本屋を知ってますよ。汗を流させるって。

A　万引きは問答無用で警察です。それ以外は、オヤジ部屋があってもいいかもしれない。マナーを学んでもらう。

B　人生に大事なことはすべて……

C　本屋のオヤジ部屋で学んだ（笑）。

A　あと最近は盗撮が多い。絶対ダメ。もう全部オヤジ部屋に送るぞって感じです。

B　店頭で三日続けて見つけて、全部違う盗撮犯でした。

A　えー！　最低。

C　オヤジ部屋じゃ甘いよね。

A　甘い甘い。地下で返品を一日中作ってもらうっていう。

C　今後一生。

B　もっと辱めるために、なにも着ないでとかね。

C　全裸で返品（笑）。

B　盗撮するくらいだったら自分が全裸でいろと。見学の人にはそれが見えるんですよ。

A　気持ち悪い。全裸の男が返品って。でもやっぱり万引きと盗撮は根絶してほしい。

C　もう、上からレーザービームみたいなもので撃っちゃうとかね。

B　理想の本屋には天井にセン

サーがある。

A　理想の本屋にはゴルゴがいる（笑）。

B　まだハタキのオヤジくらいなら可愛いもんですよ。

A　残念だけど理想の本屋を追求していくと、どんどん管理社会になっていく。ハタキのオヤジくらいにとどめておきたい。それくらいの世の中になってほしいですね。

本屋の一番の醍醐味とは……

B　そういうのは忘れて、森の本屋の話に戻りましょう。複合商材として食べ物はどうですか？　最近はブックカフェが増えて、ビールを出したりとかいろいろあるじゃないですか。僕はこれからはスイーツだと考えているんですけど。

C　本とスイーツってことですか。

B　パンケーキとかね。

A　でもやっぱり買ってない本を持ち込んで食べ物を食べるのはどうかなと思うんですよ。実際にそういうお店もあるけど……。

B　そうね。本屋にあるうちは商品ですからね。買ったあとで入れるお店を用意しておきましょうか。

A　それだったら疲れた目を休ませるマッサージとかあってもいいんじゃない？

C　それは今までにないアイディアですね。

A　癒しの空間が欲しい。

B　本屋にスパを併設。

A　いいですねえ。買った本を読む場所があって、宿泊施設も作ってほしい。

B　一気に読み明かしたいっていうときは泊まりに来る。

A　買ったらすぐそこで読める。

B　ゆっくり温泉に浸かってから。

A　朗読サービスもつけましょう。会員はマッサージされながら隣で朗読してもらえる。

C　朗読する人を選べるといい。イケメンとか。

B　それはすでに本屋を超えるなにかですよ（笑）。

A　私ね、いつも思うんだけど、お客さんにはほんと申し訳ないんだけど、私が本当に好きなのは閉店後の本屋なの。閉店後ってよくないですか。

B　一番いいですね。

C　僕も好きです。

A　閉店後の本屋ってなんでこんなに楽しいんだろうってスタッフ同士で話したことがあるんですよ。なんかこう全部の本が私のものみたいな感じがするって。

B　昼間ずっと見てるんだけど、やっぱりビジネスだから。

A　そうそう。でも閉店後の本屋は、今度これを買おうみたいな読者としての目線になれる。しかも静かな環境で。こんなに楽しいことはないですよ。

C　最高の贅沢かもしれませんね。夜一人で全部貸し切れるなら、百五十坪と言わず大きくていいね。

A　二千坪でも五千坪でも（笑）。

B　大きければ大きいほどいいかもしれない。独り占め感たっぷり。

A　道に迷うくらい広大で。

B　まさに迷宮ですよね。

C　それ、お客さんサービスとして本当に面白いかもしれないですね。閉店後に人数限定でやったらいい。家具のイケアは、定期的にお泊まりがあるんですよ。実際にディスプレイしているベッドで寝てみたらどうかっていうのを体験できる。

B　以前、クレジットカードの会員相手に閉店後に入店させていた本屋がありましたね。
A　水族館もお泊まりがあるじゃないですか。ああいう感じで本屋にもお泊まりがあってもいいかもしれない。
B　じゃあ、森の本屋は毎月一回お泊まりの日を。
A　書店員としては根本にお客さんにゆっくり選べる場所を提供したいっていうのはあるんですよね。
C　ならばお店を忙しい人とそうでない人用に分けたほうがいいかも。
A　出張所みたいなのがあればいい。森の本屋入口店と奥店。
C　入口店は十坪くらいでベストセラーと雑誌。
A　ただしあれが欲しいって言うとわざわざ奥店から持ってきてくれる。だからけっこう売上もいい。
C　僕の理想の本屋はその入口店に近いかも。やっぱり路面店ワンフロア、駅前がいいなと。入口店の大きさを百五十坪にしてほしい。
A　私、以前、駅にほど近い二百坪のワンフロアの本屋にいましたけど、やっぱり忙しいですよね。忙しさの質が違うっていうか…。
B　人をさばいているような感じになっていきますね。
A　疲弊しますよね。まあ駅ナカはもっと疲れますけど。
C　駅ナカは本屋目的じゃないお客さんが多いですからね。やっぱり本を求めてくるお客さんを相手に商売したいっていうのは理想としてありますね。
A　あと大事なのは、やっぱり競合店がいっぱいないことですよ。
C　それはありますね。競合店なし。
B　地域一番店。
A　あってもエロ本専門店みたいなのが近くにある。
B　役割分担ができる。
A　うん。私ね、けっこうお客さんと喋ったりするんだけど…。
C　僕も好きです。おじいちゃん、おばあちゃんが多いですけど。
A　時代小説の話がしたくて私を待ち構えているおじいちゃんとかいて、私は時代小説のことがなにも分かってないから、逆に教えてもらってる。
C　あれが面白い、これが面白いって教えてくれますね。
B　いろいろしゃべって買っていってくれる。
A　そう。ちゃんと買ってくれるし、毎月来てくれるし、楽しみにしてくれてる。で、私が「予約しますか？　電話しますよ」って言っても、「いいのよ、いいのよ。しょっちゅう来てるんだから」って。
B　やっぱりそういうパーソナルな付き合いができたほうが楽しいです。
A　そういうのもやりたいですよね、森の本屋では。
B　本屋の醍醐味の一つです。そしてそんなおじいちゃんおばあちゃんはその後、病院に行ったりするわけですから（笑）。
A　じゃあ、もう森の本屋の隣に病院作っておきますか。
C　そうですね。お見舞いに本を買っていく人もいるから。
B　薬を待ってる間に一冊。
A　私がやりたいのは、病院に行って注文を取ってくるの。
B　個人営業！
A　病院からアマゾンで注文しても看護師さんに迷惑かけちゃうとか、頼める人がいなかったりする人も多いと思うの。売店があれば雑誌は読めたりするけれど、なかなかそれ以上の本は手に入らない。だから私が病室まで届けてあげて、かつ「これは面白かったよ」って言われたら、「じゃあこういうのもあるんですよ」って、紹介できたらいいんじゃないかなって。

C うちのお店は病院の売店に納品してるけど、話題の文庫を適当に二十冊とかって感じ。注文取って病室に持っていったら喜ばれるかもなあ。

B それ病院だけでなく普通の町なかでも要望が増えているんですよ。うちの支店も周りに年配の人が多くなって、配達してほしいっていう個人のお客さんの要望が増えてきました。

A 高齢化していくとなかなか外出もできなくなるし。

B 通えていた人が通えなくなっている。それで届けるとすっごく喜ばれて次の注文をリストでくれたりする。

A 最近スーパーマーケットとか配送していますもんね。

B それを武器にしてるんですよ。

A これからは本屋も配達をやっていかないといけないかも。で、隣にある病院に御用聞きにうかがうと。

B いいですね、地域に貢献。

A でも、病院に行くときはいちいち服を着替えたいよね。病院に行くとき用のファッションで行きたい。

C ははは。スタイリストは大忙し(笑)。

B まあでもコミュニケーションを取れるのが、本屋の一番の存在価値だと思います。

C 問題はコミュニケーション取る余裕が、なかなか本屋にない。

A よく「忙しいのにごめんね」って言われますよね?

C 言われますね。こっちが申し訳なくなっちゃう。

A そういうふうに言わせてる時点で、私の表情とか動きとかに問題があるんだよね。やっぱりお客さんとしては、暇な自分がアタフタしてる店員に声かけちゃった、みたいな気持ちがあるのかもしれない。

B 森の本屋はとにかく話しかけやすくする。

A 結局、本屋の一番の理想はお客さんとコミュニケーションを取りながら共鳴しあえるってことだと思うんです。

C どんなに良い棚作っても、一方通行じゃ独りよがりだもんね。

A そう。お客さんの反応を我々も売場に活かすし、売場を見てお客さんも自分の新しい希望や願望、読んでみたい本に気づくっていうのをお互いに育てあっていく感じ。こんな本を買おうと思って来たんじゃないけど、この店に来て買ってしまったよっていうふうにお客さんは思っていて、我々は我々で、お客さんはこういうのを好きかなと思って置いてみたら売れたよって。それじゃあ今度はこういうのはどうって並べてみて。

B これは無理だろうと思って置いてみたら売れていったときの喜びに勝るもんはありませんね。

A そういう共鳴しあうことができるっていうのが本当の理想。理想というかそれが本屋の一番の醍醐味だから。

C そうですね。

A それは大型店でも二十坪の小さい書店でも同じだと思うんですよ。自分の好みを押しつけるとかではなくて、お客さんはこういうものが好きじゃないですかっていうのを投げかけて、それに対して答えが返ってくるみたいな。そういう本屋が一番いいと思う。

C なので、まず新宿駅に木を植えに行きましょう(笑)。

1990年頃、ビデオカメラはすんごく高かった

ちょこっと呪いをかけてみたりします。

小一時間では すみません

マンガコーナーを見て帰られました

大澤先生のこと

忍書房◆大井達夫

口が悪くて、ぶっきらぼう。坊主頭で顔が怖い。違うかな。言い直し。語り口が砕けていて振る舞いは鷹揚、ユニークな顔立ちで、とっつきは悪いが愛嬌あり。特に若い女性患者には。東京都台東区で開業する三ノ輪歯科の大澤正夫先生のことである。私がそう言うのではない。口コミサイトに書いてあるのだ。

インターネットだから毀誉褒貶あるのだが、おおむね評判はいいみたい。いや、いいどころじゃないな。ホームページで緊急なら二十四時間対応する、と宣言している。患者の苦しみを除くのが歯医者の仕事なら、当然のことだというのが大澤先生の矜持なのだろう。いやはや、頭が下がる。

大澤先生は昭和三十年生まれ、埼玉県行田市で生まれ育ち、高校卒業後いったん大手量販店に勤めるものの、医者になる夢への思い断ち難く、三十路過ぎてからの一念発起、受験結果から歯科医になることを決意、四国の大学に進み、東京で開業した。

大澤先生は歯科医になるまでの経緯をご自分でブログにまとめておられる。これがなかなか読ませるのである。それに比べるとオレなんて、流されるまま生きてきたんだな、とため息が出る。

その大澤先生が、年に何回か当店にお越しになる。こないだなんか、妙齢のおばさま方三人をお連れになってやってきた。聞けば小学校のときの恩師なんだという。半世紀前の恩師なら、大学でたての新任先生でも、そりゃあ結構な塩梅に練れてくる。大澤先生は、今日は僕のおごりですから、何でも好きな本を選んでください、なんて宣言する。

教え子に本を買ってもらえるなんてアナタ、教員やってよかったわ。私に向かって先生方は、感極まったような面持ちでつぶやく。私は商売なので、いい機会ですから大澤先生にたくさんおねだりしてくださいよ、なんて軽口をたたくが、気持ちだけでありがたいわ、それに最近老眼が進んで、ご本もたくさん読めないの、なんておっしゃる。オレこういう話好きだなあ。ホントは沢山売りつけたいんだけど。

昨年六月、その大澤先生からお電話を頂戴した。週刊ダイヤモンド六月十五日号を百冊所望する。歯医者ビジネス特集で、なかなか鋭い記事が載っているから、患者さんたちに配りたい。ついては、いつ入手できるか教えて欲しい。版元とトーハンに連絡すると、一週間後に東五軒町に取りに行くのが最短納期という返事。その旨お伝えしたが、それじゃ遅いという。もっと早くできないのか。

困り果ててトーハンの別会社ブックライナーにアクセスしてみると、ちょうど百冊在庫があるではないか。喜び勇んで連絡すると、電話口に出たおねえちゃんは一瞬絶句し、明らかに不審な声色で「埼玉北部の書店さんが東京台東区へ百冊宅配ですか」とこちらの注文を繰り返す。「担当者の一存ではお答えできませんので、こちらからご連絡差し上げます」まあ、冷静に考えれば異常な注文だということは私にもわかる。わかるがでも、注文は注文なのである。最終的には三日後に無事納品することができて一安心するのだが、トーハンに発注した百冊分のキャンセルに行き違いがあって、一時は二百冊の週刊ダイヤモンドがウチのために動いている、という恐ろしい事態が進行していた。

なんでもそうだろうけど、試練を乗り越えると仕事をした気になる。一仕事終えてオレ本屋さんなんだなと実感するのは、まあ一言でいえば悪くない気分なのである。どんな注文でもかかってこいや、てなもんである。あ、でも、お手柔らかにお願いしますね。

初めて大澤先生にお会いしたときのことを覚えている。かれこれ十年前、父が死に母が亡くなって書店が残り、姉と二人で店を続ける決意をしたものの、誰も来ない店に佇んで、返品の荷物をつくる以外に、何をしたらいいのかわからず呆然としていたころのことだ。

いやあ、変わってないなあと、かなり大声で独り言を言いながら、坊主頭で銀縁めがねの大澤先生が入ってきた。おじいさんいたよね、おれ、お世話になったんだ、などという。小学生の頃万引きをしようとして、祖父から咎められたのだそうだ。祖父は叱るだけ叱ったあと、もういいよ、またおいで、立ち読みするのはいいけれど、万引きはダメだよ、と許してくれたのだという。祖父がいいそうなことだと孫は思う。それ以来本屋といえばこの店を思い出すんだよ。ああ、懐かしいなあ。

先生は店を一回りし、両手に一抱えの本をお買い上げ下さった。お釣りと引き換えにいただいた名刺を、私は仏壇にお供えした。祖父ちゃんやるじゃん、今日一番の売上だよ。

明治二十五年生まれの祖父は、小学校を卒業したあと浅田飴に奉公、その後上野御徒町に洋品店を出し祖母と一緒になる。常磐津や都都逸が大好きで、芸事にうつつを抜かす祖父の思い出話を、苦笑いしながら語る祖母の姿を思い出す。その後、三河島でカラス天狗型マスクの製造販売を行うが、関東大震災で焼きだされ、生まれ故郷のこの町に家族で移り、シベリア帰りの父が書店を開いて以降、平成二年に九十五歳で亡くなるまで帳場係を続けた。明治生まれらしく、最後まで頭も体もしっかりしていた人だった。なにしろ彼は、前年に祖母が衰弱死したことを儚んで、自死することを選ぶのだから。

大澤先生が来店されなければ、祖父のことを思い出すこともなかったかもしれない。永六輔さんが言うように、人は二回死ぬ。肉体的に死んでも、誰かが思い出すうちは、思い出の中でその人は生きているのである。

生まれた街を離れるのにさしたる理由などないのだから、戻ってくるのに理由が必要な道理がない。むしろ、街を離れるために数え上げた言い訳が色褪せた頃、戻ってみようか、と思うのではあるまいか。強がる気持ちはやがてほぐれる。ほぐれた心はなじみあるものを探すだろう。帰ってきた人たちに、懐かしいといってもらえる当店は幸せだ。店を開けててよかったと思う所以である。

書店員の日々

正文館書店本店◆清水和子

赤味噌が美味しい名古屋で書店員をしています。教科書や参考書がメインの店ですが、ご近所さんが多い所謂『町の本屋』です。現在最寄駅から徒歩10分弱掛かる場所にあるのは、昔市電が走っていて店の真ん前は電停だったからだそうな。建物も一度では覚えきれない複雑な造りなのは、昔寮があったり何代も前の社長宅が併設されていた名残だそうな。なので未だに階段から落ちそうになってお客様を驚かせたりしています。

基本的に全員がレジ応対新刊出し発注検品補充返品フェア企画等やっています。プラス、イベントでの外部販売、外商部の高校への教科書販売手伝いなどです。いきなりですが、本棚は畑だと思う。毎日肥料や水やりをして育つ畑と本棚は同じじゃなかろうか〜。せっせと愛情を込めて目を掛けてヨシヨシと世話をしていると本達が、そして棚全体が、ウス！オレらもがんばろ〜と、何か応えてくれている気がするのです！

自分のジャンル担当の仕事をしている時、そう、畑を耕している時が一番好きです。すんごい本を読んでしまった時、これは世の中の皆様に知ってもらわねばナラヌ〜！とゴゴゴゴ〜と使命感に燃えアドレナリン大放出でPOPを描いたり棚を作っていると嗚呼生きてるなぁ〜と思います。POPを眺めてる方には「読んでくれい〜」と念力を送ります。そんな本を買って下さるお客様には同志ここにありけり！心が通じ合っておる！と勝手に親近感を抱きつい話し掛けてしまいますが、いかんせん私は大変口下手で説明下手でして、内容をあまり喋ってはこの方の読書の歓びはどうなるのだ和子よとかこの方は実は今お急ぎで時間がそんなにないのではなかろうか和子よとか、途中で様々な事を考えてしまい好きな本であればある程結局しどろもどろな興奮だけを伝える事になります…。いつの日か素晴しいプレゼンテーションが出来るようになりたいです。

しかしお勧め本を訊かれる事もあるので張り切ります。どんなジャンル（ミステリーとか恋愛小説とか）でどんな気分か（爽やかとか楽しいとか）をよく訊いて、脳内で今迄の読書走馬灯ノートをシュパパパ〜と高速で捲って何点かお勧めします。MY統計ではお買い上げ率＆お礼率が高いのは、その作家の各々最高峰だと密かに思っている『白夜行』東野圭吾（集英社文庫）と『階段途中のビッグ・ノイズ』越谷オサム（幻冬舎文庫）である事をここに発表したい！「僕達にも読める小説ありますか〜？」と訊いてきた中学生男子：ヤンキー10段階の多分4段目位を登っている2人も『階段途中〜』をお買い上げで嬉しかったなぁ。入院中の友達のお見舞いに持って行く、と教えてくれてヤンキーでもいいよ、これからも本読んでね〜と日本の将来に何だか希望が持てました。

個人的に大好きなノワール小説も「ハー

ドボイルドより更にすんごくて」「えげつないけど何故か心に来て」「小説は無限大！」等自分の持てる言葉を駆使して熱弁を奮って同時に念力も送っていますが、こちらのお買い上げ率はイマイチ…。何故だ…。ノワールよ、力になれなくてスマヌ…。

リターン作業も大好きです。本を箱に詰めて、取次（問屋）ごとに出版社に返品する作業です。ハンディで本のバーコードをピーピコ読んでいくのですが、数時間ピーピコやっていると心が穏やかになり段々無我の境地になります。もしやブッダもこんな気持ちだったのかしら？悟りを開くなら是非リターンで！と声を大にして言いたいです。

本ってたまにあっちから「読んで〜」と言ってきませんか？　オッ！と思って読むと心にズバシコン来る大当たりな本率がかなり高いのですが、ピーピコ中も裏表紙から この読んで〜&ズバシコン率が高く「救出！」したりしています。そこも楽しみのひとつです。

嬉しいのはフェアをして反応が良い時。『詠美ちゃん（山田詠美）フェア』をした時はご高齢の方よりお葉書で、『ロールがなくちゃ！ロックンロールフェア』をした時は子連れ男性の方からお誉めの言葉をいただきました！『居酒屋フェア』では色付きダンボールで提灯を作ったり、本物のジョッキにオレンジの色紙&ティッシュで生ビールを再現してみました。この時はブコウスキーが完売して嬉しかったなぁ〜。

高校への教科書販売もとても好きです。この時期は休みが全然無いハードな日々になるけど、普段立ち入る事が出来ない様々な高校へ行きます。学校ごとに色んなカラーがあるなぁ〜としみじみ感じたり、内緒ですが今迄読んだ学校ミステリーの校舎見取図もついつい思い浮かべてサスペンスフル的展開を思わず想像したりもします。教科書を濟す時お礼をよく言われるのですがいつも何かじぃんとしてしまいます。

『本の雑誌』を創刊号から定期購読されているお客様がいて、本や音楽や映画のお話をするのも楽しいです。あまりお会いできないので、伝えたい事が沢山あり過ぎてご来店時に私の口がペラペラと止まりませんが、いつもニコニコして聞いて下さっています。

頻繁にはありませんが、出版社や作家の方のご来店はとても嬉しいです。ある営業の方が本当にその本を好きで語っていて、その人を通じて作家の方と触れ合えた気がした事があります。その人がいなければ面白い本が存在するという事も知らなかった訳で、『営業』という仕事の真髄を垣間見た気が。その姿勢に大変心を打たれて私もゴゴゴゴ〜と力が湧いてきたのでした。

世の中の様々な出来事と本は密接に関わりを持っているのだと思います。内容も動きもとても左右され易い。良い面でも悪い面でも。でもそれは本を扱っている書店だけじゃなく、全ての職業がそうで、職業同士交差したりまたしていなくても混ざり合いながら世の中は進んでゆくのだと思います。一見無関係に見えても全部繋がっているのでしょう。

と思いつつ、当面の目標はとりあえずもっとおっさんげな棚作りをする事&ノワール顔を極めて、説得力のあるノワール書店員になりたいです！

私の本屋履歴書

新元良一 ■ ニューヨークの思い出

人は本を求めて、本屋へ行く。書籍や雑誌を購入し、立ち読みをする。だが、それだけではない。憧れの人を間近に見て、心ときめかせる場所であるし、偶然の出会いが忘れられない記憶になる、言わばマジカル・スペースのようなところが本屋にはある。

ニューヨークに移る30年前まで、神戸に住んでいた僕も本を買ったり、立ち読み以外の目的で書店を訪れたことがない。三宮のジュンク堂書店あたりで、サイン会みたいな催しもあったのだろうが、当時はさほど興味が湧かなかった。

書店へのまなざしが変わったのは、ニューヨークに居を構えてから。『サーカスの息子』の出版直後だから、1994年頃か。マンハッタンのアッパー・ウェストサイドにあるシェイクスピア書店に初めて、〝著者を見る〟目的で出かけた。米映画『恋人たちの予感』にも登場する、今はなきこの本屋の一番奥、背表紙が美しい本がずらりと並んだ書棚の前に椅子があった。しばらくすると満員の客の拍手に迎えられ、ジョン・アーヴィングが登場し、そこへ座った。

アーヴィングの出世作『ガープの世界』は、「この国のことをもっと知りたい」と、ある意味で僕をアメリカに向かわせるきっかけを与えた作品であった。当時は全米レベルでヒーロー的な存在だった本人を間近で眺め、しかも生の声が聞けるとあれば、このチャンスを見逃すわけにはいかない。

さてその朗読だが、これが予想以上にうまい。極端な抑揚をつけず語りが自然で、聴衆はガープならぬアーヴィングの世界に引き込まれていった。

ジョン・アーヴィングで〝味をしめた〟僕は、これ以降かなりの数の朗読会に出かけた。幸いニューヨークでは毎日どこかで、こうした本関連のイヴェントをやっている。しかもその多くが書店で催され、新刊のプロモーション目的だから入場も無料。ティム・オブライエン、イアン・マキューアン、ニコルソン・ベイカー、ジョナサン・レセム……。買ったばかりの本にサインをしてもらったのを千載一遇のチャンスと、その場で作家に取材の交渉をした経験もある。

イヴェント以外にも書店で作家を見かけたのは、ある意味でニューヨークという街に住む特権だったのかもしれない。

たとえば、僕が住んでいたマンハッタンのダウンタウンには、90年代から00年代初めにかけて個性のある書店が目白押しだった。セント・マークス・ブックショップ、タワー・ブックス、ダウンタウンのシェイクスピア書店、バーンズ&ノーブル、そして古書のストランド。週に一回はこうした店を巡る、言わば〝ひとり書店ツアー〟みたいなことをやっていた。なかでも、セント・マークス・ブックショップは一番自宅から近く、しかもヒップな品揃えだったので頻繁に足を運んだ。

そんなある日、いつものようにこの店で立ち読みをしていると、表通りからショウ・ウィンドウに飾ってあった本を発見し、表情を変えた男性がいた。次の瞬間には、入口のドアを勢い良く開き、店内に入ってその本を摑むや、目を皿のようにして彼は読んだ。どこかで見たことのある顔だと思ったら、レオナルド・ディカプリオ主演で映画化もされた『マンハッタン少年日記』の著者ジム・キャロルだった。本のタイトルは忘れたが、読み終わるとこれまた疾風のごとく立ち去って行った。

作家を見かけたと言えば、タワー・レコードの書籍部門、タワー・ブックスでの体験もインパクトがあった。10数年前、先のひとり書店ツアーの途中に寄ったが、週日の午後とあって店内は閑散とし、客は僕一人しかいないようだった。

階段近くの目立つ場所にあった新刊コーナーで、メボしい本をチェックしていると、スーザン・ソンタグの最新長編小説『In America』(1999年)が目に留まった。評判になっている本だったので手に取り、ぱらぱらとページをめくっていると、右斜め後方に立つ人影が視界に入る。こちらをじっと見ているから、何だろうと思い顔を向けると、相手は視線を逸らした。

それが誰あろう、当のスーザン・ソンタグであった。さてこんな時、あなたならどんな行動を取りますか? 考えられる行動パターンとして——(1)彼女の本を急いで買い、その場でサインしてもらう。(2)笑顔を作り握手して、「あなたのファンなんです」と照れながら言う。(3)手持ちのiPhoneで自分と一緒にツーショットを撮る(あっ、まだスマホはこの時代なかったっけ)。

ところが僕ときたら、本を元に戻し、無言でそこから立ち去ってしまったのだ。『火山に恋して』や『写真論』、『隠喩としての病い』など小説、評論を問わずソンタグの本は読んでいたし、批評家としての彼女の言動はいつも注目していた。今振り返っても、何でそんな行動を取ったのか不思議で仕方がない。蛇に睨まれたナントカで怯んでしまったのか、あまりに突然の事で、動転しわけのわからぬ行動に出たのか、それくらいしか理由が考えつかないが、ちょっぴり苦いながら懐かしい思い出である。

そんなニューヨークの書店も、僕が2006年にこの街を離れてから減少の一途を辿る。米国タワー・レコードは倒産し(日本のタワー・レコードは別会社なので、ご安心を)、その煽りでタワー・ブックスも閉店、バーンズ&ノーブルもチェーンの店舗数をかなり減らし、セント・マークス・ブックショップの書棚もスカスカで、以前の賑わいはない。ネット書店の勢いに押されたのもあるが、マンハッタンにおける地価高騰の影響で店の維持が困難になり、新しい書店を出すにしても、多くが市内でもブルックリンで物件を探すと言う。

自分が通った書店が姿を消すのは寂しいが、これも時代の流れ。メランコリックな気持ちからではないけれど、ならば自分で人と人が出会える空間を作ろうと、近々日本のどこかの書店で、朗読イヴェントをやろうかと思っている。

私の本屋履歴書

浜本茂■森文化堂と佐藤泰志

小学校を卒業するまで、書店とはとんと縁のない生活を送っていた。父親が青函連絡船の乗務員で、乗客が読み捨てていく漫画雑誌を土産に持ち返ってきていたので、マガジンもサンデーもジャンプもチャンピオンも買わなくても毎号読めたし、読みたい本は小学校の図書館にすべて揃っていた（だって、ほかの本を知らなかったんだから）。それで十分だった。学研の科学と学習を定期購読していたが、それは書店で購入するものではなく、学校の向かいにある小間物屋が扱っていて、毎月発売日になると同級生たちが列をなしていた。卒業間際に中学に入ってからの学年誌を中一時代にするか中一コースにするか迷いに迷い、中一時代を定期購読することにしたのも、その小間物屋のおばちゃんの「中一時代の万年筆のほうがいいんでないかい」というアドバイスが決め手となったように記憶している。

中学に入学しても行動範囲が広がらなかったのは、小学校のグラウンドを挟んで隣が中学校だったからで、逆にグラウンドの横幅の分だけ通学路は短くなった。そんなわけだから、父親の土産に欠号が出た際に私がジャンプを買いに行くのは、相変わらず科学と学習の小間物屋で、中学二年から買い始めたりぼんと別冊マーガレットの購入先は小間物屋の並びの化粧品店だった。

一九七〇年代の前半、北海道函館市の新興住宅地に暮らす私の周囲にはとにかく書店がなかった。町の本屋さんもなかった。市街にはそれなりの書店があったが、そこは家族で出かけた日に寄るハレの場で、年の瀬に松風町の棒二森屋に正月用の洋服を買いに行くときだけ、店内の書店（大正堂という名だったと思う）で好きな本を一冊買ってもらえた。その本を抱え、函館駅前の五島軒支店でお子様ランチを食べるのが年に一度の至福のコースだったのだ。

初めて自分の意志で文庫を買ったのも棒二森屋の書店で、小学六年生のときだった。戦記物に熱中し、加藤隼戦闘隊とか撃墜王坂井三郎とかいった本を学校図書館で借りまくっていた覇権主義の軍国少年だった私は『戦艦武蔵』というタイトルに惹かれ、吉村昭を初めて読み、転向することにした。

日常的に書店に入り浸るようになったのは、高校に入学してからで、通学途上にある五稜郭電停前の大文堂には毎日のように顔を出した。ちょうど筒井康隆の著作が角川文庫に入り始めたころで、出るたびに買ってはむさぼるように読んだ。大文堂では筒井康隆のほかに、小松左京や星新一の文庫が平積みになっていて、なけなしの小遣いを工面して買っていた。

書店が悪場所であると知ったのもこのころだ。B6判時代の「宝島」には大麻の栽培法のような記事が載っていたし、「ニューミュージック・マガジン」からは不良の匂いがぷんぷんしていた。リンゴ・スターが出演した「キャンディ」の原作の角川文庫を大文堂で見つけたときは、おお、こんなエロ本まで！と大興奮で家に帰り、家族に見つからないように隠れて読みふけった。本屋にはなんでもあるんだと認識を新たにし、ますます書店に入り浸るようになった。

高校二年のとき、楽器店のスタジオで知り合った大学生が松風町でロック喫茶店兼飲み屋を始めることになり、週に三日はその店（グリーングラスといった。いかにも七〇年代のネーミングだなあ）に顔を出していたので、必然的に松風町交差点の森文化堂にも通うようになった。森文化堂は三階建てで函館でいちばん大きい書店だった（といっても三フロアで百坪もなかったと思う）。春先には三階の学参売場で教科書ガイドのフェアが開かれ、市内の高校生が殺到していた。大学の入学願書もそこで買った。高校生なら知らない者はいない店だったから、待ち合わせのメッカでもあった。東京の若者が新宿の紀伊國屋書店で待ち合わせをするように、函館の若者は森文化堂で待ち合わせて大門に映画を観にいったり、フタバ屋のソフトクリームをなめながらグリーンプラザを散歩したり、和光デパートで輸入レコードを探したりしたのである。

函館出身の作家・佐藤泰志は『海炭市叙景』で森文化堂から和光までの道のりを次のように書いている。

「平日の繁華街は、思ったより人が少ない。三階建ての本屋があり、帽子専門店があり、ゲーム・センターがあった。どれも客は少ない。ここはまだメインストリートの外れにある場所だ。デパートの建物が三つ、ひときわ高く見える。駅のロータリーに一番近いデパートが目ざす場所だ」

このあとに続く、グリーンプラザから見る函館山方面の風景は、そこに育った者ならセンチにならざるをえない美しい描写で、読むたびに私は森文化堂と和光のレコード売場を思い出すのだが、それはさておき。当時、森文化堂の一階の右奥に晶文社のコーナーがあり、そこに並んだ本は私にとってカルチャーそのものだった。金があればあれもこれも買うのになあ、と思いながら立読みを繰り返した日々が懐かしい。

三十歳のときに父が亡くなり、実家を失くした私にとって、函館はもはや遠い存在でしかない。実家が失くなってからの二十四年間で訪れたのは一泊二日の競馬旅と祖母が亡くなった冬の二回だけで、どちらも十五年以上前のことだ。私が函館を離れてから、西武百貨店が繁華街のはずれに開店し、リブロができたが、その店は函館の新しい文化の拠点となることもなく閉店した。高校生のころに通いつめた大文堂も森文化堂も今世紀に入って閉店したと聞く。

二〇一三年の暮れに函館市の郊外に蔦屋書店がオープンした。代官山蔦屋のコンセプトを踏襲したおしゃれな大型店らしい。そのような店がはたして函館の街になじむのかという疑問もあるが、なんとしても成功してほしい。高校生がデートの待ち合わせに使えるような書店が一店もないような街はあまりに寂しいから。

私の本屋履歴書

浅生ハルミン■別所書店のこと

津は日本でいちばん短い地名の市。私はそこに生まれて十八歳まで住んでいた。三重県津市。三重県は北部は愛知県と岐阜県に、南部は和歌山県と接していて、「三重って琵琶湖のあるところでしょう?」なんて滋賀県と間違われやすい県だ。惜しい、滋賀は隣だ。津はそんな県の県庁所在地で、私の住んでいた町はその海沿いにある。海抜三メートル、旧伊勢街道、国道二十三号線、キャベツ畑、町はずれ。

昭和四十年代の終わり頃、私は小学生。町で活気があったのは競艇場だ。開催日は家の前の道が観戦帰りのひとで賑やかだった。競艇場は近隣の奥様の働く場所でもあり、競艇場のパートタイムと松下電機の工場は人気があった。

子どもの私には面白くもなんともない町だった。まわりにはくすんだ色しかなかったし、楽しいものといえば田んぼの用水路のわきに生えた木だけ。その小さな場所を『大草原の小さな家』の舞台に見立てて物語にひたった。競艇場から海岸を北へいくと、岩田川の河口に出る。川にかかる岩田橋を渡ると、私の大好きな本屋さんのある繁華街である。

私の記憶にある最初の本屋さんは、別所書店。二階建てで、繁華街の大通り沿いにある。決まって日曜日に父と母は「主婦の店」というスーパーに食料品の買い出しにいく。私はひとり、魚売り場の前で買い物かごの見張りをさせられる。心細く、置き去りにされたと思い込んで「わたし迷子です」と、みずからお店のひとに申し出ていたものだった。いつもつらかったが、その修行のような買い出しを終えると、別所書店という、花の原野に解き放たれるのだった。

別所書店は色とりどりだった。新しく出た雑誌、お料理の本、編み物やホームソーイングの本、いろいろな国の地図帖。ぴかぴかの本が積まれ、並べられ、私の瞳孔は全開になる。ここは当時、津でいちばん栄えていた新刊書店だ。奥に長い店はコの字型に本棚があり、たしかコの中央にもう一列本棚があった。入って左手奥に階段があって、二階には児童書や辞書、絵本を並べた一画がある。大人になってから仙台のアーケード街にある金港堂に入ったとき、お店の隅にある階段や、茶色い本棚、おそらく建った時代も扱う本の種類も別所書店と似ていて、初めて訪れたのに既視感があった。

別所書店に入るなり、二階に駆け上がり、ごはんの容器を目の前に置かれ「ヨシ」と合図をされた飼い犬のように、本棚を一心不乱に、べろべろ舐めるように嗅ぎまわった。ポプラ社の怪盗ルパンシリーズは読みたい本がありすぎて、選べなくて、いつもおしっこをもらしそうになる。「読みたいんやったら全部買うたらええ」と父が言うので、厚くて固い本を三冊も抱えた。子どもが飛びつく楽しそうなものはいかがわしい娯楽だと思っているらしき家族が、どういうわけか本にだけは、ふんだんにお金を出してくれるのだった。といっても本屋さんにある本だけ。ときたま校門の外に売りにやってくる行商の本屋さんで買うのにはお金を出してくれない。そのちがいは、野外で買うことを家族は娯楽的だと感じていたのだろう、と思っている。

この二階で私は本を選ぶことにものすごく真剣だった。好きなものを買ってもらえる、ただひとつの機会を無駄にすることはできないのだ。児童書は、金色のまあるいシールが貼りつけてあるものを読むと学校で褒められるらしいが、その通りにするのがつまらなかった。本を開いたとき、ひらがなと漢字の比率で本が白っぽく見えたり黒っぽく見えたりしますが、私は白っぽいのが好きだった。見開きの文字から受ける印象は、ちくちくしないセーターの肌触りみたいに、読み心地において大切だったのだ。一行の文字数が長い組み方の本も、ギスギスした感じがするのでそっともどす。文字の並んだ黒さが、あまり押してこない本が好き。記号やふりがなの少ない平穏な文字組が好き。

棚に並んだ本の背に指をかけて、つるつると右から左になぞってゆく。石井桃子、岡野薫子、椋鳩十、浜田広介。背のタイトルも重要。いかにも面白そうにみえるものはそっと戻し、「奇巌城」とか「七つの秘密」のほうがこうなんというか、寡黙で押してこないし、なんだろうって興味をひかれる。これは読むしかないと体中がしびれる。そして読後は、「ああ、ルパンに会いたい」と、たまらなくなる。小学館の入門シリーズも選ぶのが楽しい本だった。『おしゃれ入門』は憧れのライフスタイルがおおく載っていて、片田舎に祖父母と両親と暮らし、自由に使えるお金を持たぬいち小学生には、「こんな暮らしがあるんだな。どうして私の家の朝ご飯はフレンチトーストではないんだろう」と悲嘆にくれさせるものだった。

本を読むと現実と憧れの境を越すことができる。地面を掘り続けると地球の反対側のブラジルに出るそうですが、勉強机のひきだしの奥に秘密の出入り口があって、そこから朝食にフレンチトーストが出てくるかの世界にするりと入っていけそうだった。私は勉強机に秘蔵の可愛いシールをぺたぺたと、祈年のお札のようにめちゃくちゃたくさん貼りつけた。

いま津に何軒の本屋さんがあるのか、私はよく知らない。市町村合併が進み、私が住んでいた頃より面積が大きくなったし。移転した本屋さん、閉めてしまわれた本屋さんもある。若いひとが新しく始めた本屋さんもあって、そこなんかはきれいな珍しい本を選りすぐって置いている。「だいたて」というアーケード街の、三坪ほどの小さな本屋さんはもうずいぶん前になくなっていた。子どもの頃、遠い親戚のおじさんに、「本買いに行こか。連れてったるわ」と手を引かれて行った。平台の、オートバイの写真集のとなりに、へんなものがあった。丸裸の子どもの写真集。ちっちゃな女の子が白い小菊の花畑で、腋の下をうんと見せて寝そべっていた。

あの店で何の本を買ってもらったんだろう。とても奇妙なものを見た、という記憶しかない。

坪内祐三■あの頃、高田馬場の新刊書店

私を取り巻く新刊本屋情況が大きく変ったのは昭和四十九（一九七四）年春の事だ。

もちろん私は本屋大好き少年だったから、地元と言える（世田谷線）松原、下高井戸、経堂、豪徳寺、明大前の書店をよく利用した（数えてみれば十数軒あるが新たに出来た書店を加えても今はその四分の一ぐらいの数か――しかし四分の一だとしてもそれはそれで大したものだ）。渋谷や新宿、有楽町の書店も通った（映画少年だった私は有楽座や日比谷映画で新作を見た帰りにその映画館の斜め前のブロック［三信ビルの隣り］にあったビル二階の紀伊國屋書店を覗くのが好きだった――数多くある紀伊國屋書店の中でも私はあの有楽町店の空間がベストだったと思っている）。

しかし昭和四十九年春、新刊書店との付き合いが変った。

その年四月、私は私立早稲田高校に入学した。

当時世田谷区の赤堤に住んでいた私は、京王線の下高井戸駅から新宿に出て、国鉄山手線の高田馬場で降り、そこからスクールバスに乗り、「馬場下町」（バスの駅名）にある同校に通った。

だから帰りはたいてい高田馬場界隈の書店を覗いた。

その界隈には新刊書店が六軒あり、私が主に通ったのは早稲田方向から国鉄のガードに向って手前にあった四軒で（ただしガードのむこうにあった東京書店で『本の雑誌』を初めて見つけたことは『私の体を通り過ぎていった雑誌たち』で述べた通りだ）、すなわち芳林堂、三省堂、ソーブン（創文）堂、未来堂だ。

私はこの四軒を使い分けて利用した。

一番よく利用したのはもちろん芳林堂だ。

芳林堂は池袋本店が有名だが（目黒考二さんは何度も池袋店のことを書いている）、池袋は（特に芳林堂のあった西口は）、私の動線になかったから、それまで無縁の本屋だった。つまり紀伊國屋書店や三省堂（共に渋谷にも新宿にもあった）とは違った。

だから新鮮に驚き、高田馬場に通うのが楽しみになった。

芳林堂は高田馬場における私の基本書店となった。

話は横道にそれるけれど、芳林堂は洋書コーナーも充実していて、のちに（私が大学生の頃）、同書店の四階にビブロスという独立したコーナーを持った。当時東京には洋書の専門店（や大書店の洋書コーナー）がたくさんあって、例えばペイパーバックは銀座のイエナ書店がベストだと思われていたが、ビブロスの品揃えはそれ以上だった。一九八〇年代終わり頃から日本で現代アメリカ小説のブームが起こるが、それらのブームの作家たちに一九八〇年半ばの段階で出会えたのはビブロスのおかげだった。

高校時代の私は学習参考書オタクだった。

参考書のコーナーを眺めていると、よし、この参考書を使えば成績が上るぞ、とワクワクし、何種もの参考書や問題集を購入してしまうのだ（そんな移り気だったから成績は上ることはなかった――むしろ下っていった）。

その種の参考書が充実していたのは、芳林堂ももちろんだが、三省堂書店だった。

三省堂は出版部門（別会社だったかもしれないが）で教科書を出していたから（ちなみに私の通う早稲田高校でも英語の教科書は三省堂のクラウンだった）、サイドリーダー的な問題集が売られていた。

また、当時の三省堂書店高田馬場店は雑誌コーナーが見やすかった。

三省堂はその年にオープンしたBIGBOXの二階にあって、同じフロアにレコード屋があったから（輸入盤は芳林堂の入っているF1ビルの隣りのビル二階の「ムトウ」の方が充実していたが日本盤はこちらの方が揃っていたから良く利用した）、そのレコード屋のあとで三省堂に入り、音楽雑誌（『ミュージック・ライフ』や『ニューミュージック・マガジン』）を買った。『日本版ローリングストーン』のボブ・ディランが表紙の号（ディランの何曲かの歌詞と訳詞が載っていた）もその三省堂で買った。

高田馬場駅に向って早稲田通りを歩き、早稲田松竹を越えて少し行った所にあったソーブン堂ではよく文庫本を買った。

確かその前年（一九七三年）中公文庫が創刊され、その年文春文庫が創刊されたと記憶している。

この二種の文庫はその少し前に創刊された講談社文庫と並らんで新鮮だった。

というのは、従来の文庫本は、岩波や新潮、角川をはじめ、文庫独自の装丁だった（それはそれで味があったが）。

それに対して講談社、中公、文春の文庫の装丁は単行本のそれと同じだったのだ（サイズを小さくしただけ）。

だから単行本が安く買える感じがしてお得に思えたのだ。

ソーブン堂には中二階の部分があり、それが文庫本コーナーで、平積みされている文春文庫や中公文庫の新刊に私はいつもそそられた。庄司薫と東海林さだお、つまり二人の「ショージ君」の文庫本を私はソーブン堂で購入した。

その書店を愛用する理由の一つにカバー（書店カバー）問題があるが、ソーブン堂のカバーは高田馬場界隈の書店の中で一番好きだった。

買う本や雑誌のジャンルによって書店を使い分けていたわけだが、早稲田通りを早稲田に向って左側、地下鉄出入口のすぐ上にあった未来堂書店を私（と同級生でマンガ好きのT君）は、マンガを購入する時に利用した。

四軒の中で一番マンガ本が充実していたからだ（芳林堂は当時まだ硬派な書店でマンガにはさほど力を入れていなかったように記憶する）。ちょうど小学館や講談社がマンガを文庫化し始めた頃で、小学館文庫のつげ義春（『ねじ式』と『紅い花』）を私は未来堂で購入した。

本屋の一年

●児玉憲宗（啓文社）

一月

大晦日の閉店後、レジカウンターに飾ったミニ門松を眺めながら開店準備をする元日の朝。年中無休の書店にとって、昨年最後の営業からわずかな時間しか経過していない。

にもかかわらず、すっかり新鮮な気持ちにさせてくれるのが元旦の魔力である。

一月は、一年で最も資格試験の問題集が売れる。新しい年を迎えたのを機に、新たな目標を持つ人が多いからだろう。実は、赤ちゃんの名づけの本も一月が一番売れる。売れていく本をたどっていけば、お客さんがこれから過ごす一年が見えてくる。

新しい年の始まりといえば、新年度のダイアリー手帳がよく売れる。前年の九月から店頭に並べているのだけれど、年末が押し迫ってからでないとなかなか売れなくなってきている。そして、最近では、年が明けてからがいっそう売れる。

毎年一月と七月に芥川賞、直木賞が決定する。その前に候補作が発表される。かつては、候補作から受賞作を予想し、その作家の作品を事前に確保したこともあった。受賞が決まってからでは、確保に苦労するからである。しかし、今ではそれもやめた。全然、当たらないのである。

二月

バレンタインデーに合わせ、一月から特設コーナーをつくる。百貨店などのチョコレート売場を見ると、毎年、あの手この手と工夫を凝らしているのがよくわかる。本命チョコ、義理チョコに留まらず、友チョコから自分へのご褒美チョコへとそのアイディアは留まることを知らない。書店のバレンタインコーナーといえば、手づくりチョコの本が中心で、続いて、ラッピングの本が売れ筋だが、少しずつ売れなくなっているような気がする。そこで、近年では「チョコレートといっしょに本の贈りものはいかがですか？」といったギフト提案をしたり、恋愛小説にハートのPOPを付けて置いてみたりする。どろどろ愛を描いた小説は避け、甘い甘い純愛小説を選んで並べるのがコツだ。

三月

かつて三月、四月は、参考書がいちばん売れる時期だったが、その山は年々低くなっている。新学期が始まれば、新しいお客さんが参考書売場にやってくるので、見やすい、さがしやすい、品揃えが良いという印象も持っていただける売場をつくることが大事だ。これから一年ずっと参考書売場に通い続けていただくための重要な売場づくりである。

「どの参考書が良いか」というお問い合わせをよく受ける。最良の参考書は、その人によって異なるので、このお問い合わせに応えるのはとても難しい。どれが売れているかというのはお伝えできる。それからいっしょに中を開いて、使いやすそうかを確認していただく。どんなに優れた参考書でも使わなければ効果は生まれない。結局、内容を見た時の感触で判断していただくのが一番だ。

四月

全国書店員の投票により決まる「本屋大賞」が発表される。文学賞は星の数ほどあるが、受賞によって本の売れ行きが明らかに伸びる文学賞は数えるほどしかない。その責任は書店にもある。売れる、売れないにかかわらず、しっかりと紹介し続けていくことは書店にとっての責務だ。

話がそれたが、本屋大賞は、最も反響が大きい文学賞であり、売場展開にも力が入る。力が入る理由は、自分たち書店員の一票で選んだ賞だからということもある。半素、小説を読む習慣がない人さえ、書店員が薦めるなら読んでみようと手にとってくださるのだとすれば、それ以上の喜びはない。

それから、私たちの地元でいうと、五月には、島田荘司選ばらのまち福山ミステリー文学新人賞の表彰式や、広島本大賞の授賞式など楽しみなイベントも待ち構えている。

五月

その年のゴールデンウィークが長期休暇になるか、飛び石になるかで、旅行ガイドブックも売れる本が異なる。間に平日がはさまると、家族で日帰りドライブといった近場のガイドブックが売れる。長い連休の年なら海外も含め、遠方のガイドをしっかり揃える。

飛び石連休の年であれば、「遠出はあきらめて読書で過ごしてはいかがでしょう?」と提案する手もある。こういう時は、気軽に読めて、教養や知識も身につく雑学本が良い。お盆休みや年末年始も雑学本は売れる。「フェアのネタに困ったら雑学本」は書店業界の合い言葉だ。

六月

NHKテキスト『きょうの料理』で最も売れる12月号のおせち特集に次いで、二番目に売れるのが6月号の梅干し・漬け物特集だ。この時期、料理書売場に、梅干し・漬け物の本は欠かせない。

冷え性に効くしょうがの本も売れる。冷え性の人にとっては、寒い冬より冷房が使われる夏の方が要注意らしい。

夏が近づくと肌の露出が増えるのでダイエット本がよく売れるというのは間違い。ダイエット本は年中いつでも売れる。

書店の六月は、夏に向けた準備が忙し

い。キャンプをはじめとするアウトドアやマリンスポーツ、浴衣の本などの新刊と毎年欠かせないロングセラーの発注。そして、年賀状素材集やカレンダーなど年末商品の打ち合わせもこの時期である。これから暑くなるというのに既に年末年始の売場をどうするかなんて、頭が混乱する時期なのである。

七月

夏休みに向け、図鑑や自由研究、工作の本を揃え、夏らしい飾り付けをして売場をつくる。課題図書や読書感想文の書き方の本もよく売れる。

読書感想文といえば、この時期、啓文社では毎年恒例イベントとなった「日本一短い感想文コンクール」を開催している。誰でも参加でき、本は何でもOK。唯一のルールは「三十文字以内にまとめること」という読書感想文コンクールだ。全国各地からいろんな年齢層の人が参加してくれること、地元では、毎年参加してくれている高校、中学校があることが何よりうれしい。お客さんといっしょにつくるイベントや売場はもっともっと増やしていきたい。

八月

お盆までで夏向け商品はひと段落。八月後半戦は、秋の行楽シーズンに向けた提案の時期になる。とはいえ、自分の胸に手を当ててみれば、だいたい予想がつ

くが、八月もいよいよ終わる頃になって、工作など夏休みの宿題ものが再び山場を迎える。

そうそう。「夏休みが勝負」と謳ったた参考書売場のポスターも「夏休みが終わった秋からが勝負」に変えなくては。

九月

来年度の手帳、ダイアリーが続々入荷してくる。出版業界は右肩下がりというけれど、毎年着実に伸びているのがダイアリーだ。というのも、カレンダーと同じで社員や取引先に渡すための手帳をやめている企業が増えていて、その影響で個人の購入が伸びているという図式だ。

まず、動きだすのは女性向けダイアリー。男性向けが売れ始めるのはもっと後だ。女性の方が計画的ということだろうか。そして女性は複数のダイアリーを持ち、使い分けする人が多い。例えば、プライベート用と仕事用とか。最近のヒット作は、家族のスケジュールが管理できるファミリーダイアリー。ダイアリーの使い方も多様化している。

十月

十月は一年の中でも比較的売上が低い。にもかかわらず、支払い金額は最も多い。年末商品が大量に入ってくるからというのが主な理由だ。

読書週間が始まるのもこの時期。読書週間になると、書店の売上が上がるかというとそんなことはない。読書の秋に、たくさんの小説が売れるかというとそん

なことはない。あまり悔しいので、読書週間に合わせ、「啓文社イチ押し大賞」を創設した。というより、読書週間に本が読まれないのは、書店の怠慢だと考えた。「啓文社イチ押し大賞」は、全スタッフによる投票と選考会で、その年の一番すすめたい本を小説部門、ノンフィクション部門、文庫部門、絵本・児童書部門で各1作品ずつ選考し、全店でキャンペーンを展開する。書店員は平素、売れる本を仕入れ、並べるが、自分のお気に入りの本を売場で大きく展開することはあまりやらない。自分たちが決めた賞ということで予想以上の盛り上がりがあった。お客さんより書店員の方が盛り上がっていたかも。そういえば、最近は、広島本大賞、静岡書店大賞など、地域単位、書店単位のいろんな賞が増えている。テーマや受賞作を比べてみるととても面白い。

十一月

空前のカープ本ブームといわれた二〇一三年の前後あたりで、多くの広島カープ本が売れている。出版社の話では、プロ野球十二球団の中でも最も関連本が売れるのが、広島カープだそうだ。だから毎年、各出版社が競ってカープ本を刊行する。

出版社には、カープ本を出すなら、シーズンオフにするよう勧めている。シーズン中は、試合に夢中で、本どころではない。シーズンが終われば楽しみも減るので、本でも読みながら、来シーズンの躍進に期待を膨らませるのである。シーズンオフというなら十月発売でも良いのだが、その年、カープの調子が良ければ、クライマックスシリーズや日本シリーズで十月も戦っている可能性がある。出版社の皆さん、カープ本を出すなら十一月にどうぞ。翌年三月までは売れ続けます。

十二月

子どもへのクリスマスプレゼントは、オモチャやゲームでなく本であってほしいというのが書店の願いだ。ギフト商戦といっても、特に絵本、児童書に力が入る。クリスマス絵本は、新刊よりもロングセラー定番が売れる。『まどから・おくりもの』『あのね、サンタの国ではね…』（ともに偕成社）といったクリスマス絵本に限らず、『ぐりとぐら』（福音館書店）『いない いない ばあ』（童心社）など、いつの時も人気の超ロングセラーが贈りものとしてよく選ばれる。親が読んで育った絵本と同じものを子や孫がまた読んで育つ。なんと素晴らしいことか。

ラッピングが集中する二十三日の書店はもう戦争である。シフトやカウンター、包装紙、番号札など事前の準備や確認を慎重におこなったつもりでも、当日はてんやわんや。しかし、クリスマスに本が子どもたちの手に渡るのだと思うと、疲れも一気に吹き飛んでしまう。

クリスマスが過ぎても、年末の慌ただしさは終わらない。

そして迎える大晦日の夜。精算業務や清掃のかたわら、レジカウンターの上にミニ門松を飾る。来年も、すてきな本との出会いのお手伝いをし、一冊でも多くお役に立てますようにと願いを込めて。

書店員はPOPを破り捨てる勇気を持て

坂本両馬

開店の二時間前。店の裏にある通用口から入館して、事務室へ行きタイムレコーダーに打刻。机の上には、前日の売上日報が置かれている。消費税増税直後から比べると客数は戻ってきているが、客単価が上がってこない。

パソコンに前日の単品売上データをダウンロードして、エクセルで開く。POSが導入されて15年になるが、売上スリップで売上を管理していたアナログ時代と考え方は、変わらない。

まずジャンル別に並べ替える。次に出版社別にソートし、単品ごとの売上をチェックする。前日売れた冊数を7倍にして、現在庫で割ると、在庫が何週もつかが一目瞭然となる。ここで数値が1以下の商品は、今の調子で売れ続けると在庫は1週間もたないことを意味している。

再びエクセルの表をソートして、在庫が切れそうな商品順に並べ替え、プリントアウトし、追加の手配を担当者に指示書をつけて、連絡BOXに入れる。

売場主任のSさんが出勤してきた。

「昨日の来店客調査は、どうだった?」

来店客調査は、毎月実施している。男女別年代別時間帯別でカウントして、POSデータと照合することで、自店の客層を分析する。実際に本を購入した人数を来店の人数で割ると購買率が算出される。

Sさんは表を僕に手渡して

「全体の購買率は先月とあまり変化はありませんが、年代別で見ると、30代男性の購買率が落ちています」と報告した。やはり消費税増税の影響が、この年代にでているのか。

「スポーツ雑誌コーナーの横に展開している仕掛けを変更しよう」

スポーツ雑誌の売場は、昼の休憩時間には、男性の立ち読み客でいっぱいになる。その近くの商品を、30代の男性客が好むアイテムに並べ替えることで、購買率が上がるか試すのだ。

売場に降りると、今日発売の雑誌の品だしは完了していた。開店30分前に朝礼を終わらせ、あとは開店まで、ひたすら棚整理をする。

開店後は、朝入荷した注文品の品だしをして、補充注文の手配をする。複数注文をする場合は、直接出版社に電話をして、注文するようにしている。大手出版社は、ネットで発注もできるが、担当者に直接お願いしたほうが、その場で満数出荷が可能かどうかも確認できるので、これもアナログ時代と変わらないやり方だ。

前日の単品データを見ながら、売場を点検していると、某出版社のT氏がやってきた。昼飯を食べる約束だったが、もう少し売場を点検したいので、T氏と一緒に各売場をまわった。

「食指が動かないなぁ」

売場を見てまわっていると、POPが乱立して、いったい何をお薦めしたいのか、伝わってこない。

「食欲ないんですか?」と隣にいたT氏が心配そうに尋ねてきた。

「いや、そういう意味じゃないよ。売場にある商品が、どこの本屋でも押している商品が多くて、お客様も食傷気味なのではと思ったから」

「POPが五月蝿いということですか?」

「このPOP全部外したら、売上は落ちるかな」

「こわいこと考えますね」

実は、他の店で実験したことがあるので、答えは、わかっていた。

話題を変えるようにT氏は「そろそろ昼飯でもどうですか?」と言った。

午後の検品までまだ時間はある。「そうしますか」と答えて、店の近くにある飲食店街に行くことにした。ちょうど昼時で、いつも利用している店は満席だったが、隣にあるパスタ専門店をのぞくと空席があった。

「ここでいいか」と言って、テーブルに座って見開きのメニューを見ると、そこには50種類のパスタが写真つきで載っていた。僕は、その中から適当に一品選んだが、向かいの席に座るT氏は、なかなか注文が決まらない。「こっちにしようかな。こっちもいいかな」と悩むこと数分間。最後は店員に促されて「あぁ〜もうこれでいいです」とT氏が選んだのは、どこの洋食店でも食べることができるパスタだった。

その様子を見ていて僕は「ジャムの法則」のことを思い出した。「ジャムの法則」とは、アメリカの「ドレーガーズ」というスーパーマーケットで、「豊富な選択肢は売上を上げる」という店の方針を証明するために行われた実験だ。

まずスーパーの入口付近にジャムの試食コーナーを設け、はじめは、そこに24種類のジャムを並べて試食してもらい、数時間後に今度はジャムの種類を6種類に絞り、各々の売上を比較する。試食コーナーに立ち寄った客には、24種類の時も、6種類の時も1ドル引きのクーポンを手渡している。ところが、レジでクーポンの利用者数を集計したところ、店側の予想に反する結果が証明されてしまった。6種類の試食コーナーに立ち寄った客の30%がジャムを購入したのに対し、24種類の場合は、ジャムを購入したのは、わずか3%だったのだ。

その話をT氏にすると「選択肢が多いことが、かえって仇になったんですね」と言うので、僕は本屋でも同じことがあると、都内の本店で実際にあった話をした。

本店の1階入口付近の売場で、他の店から転勤してきたベテラン書店員が自身の腕前を披露しようと自ら企画したフェアを開催した。この売場は、それまで新刊の仕掛け販売を実施していたコーナーで、四六判のハードカバーが50面置ける場所だった。その場所にベテラン書店員が自ら選んだ１５０タイトルの本を並べたところ、テーマも面白く、来店客は、そこで足を止め、人だかりができるようになった。

ところが、そのフェアの売上は、タイトルを絞って仕掛け販売していた時の1割程度になり、その周辺の新刊コーナーの売上も落としてしまった。入口という人通りの多い場所は、最も目につきやすい場所であるが、そこに人だかりができてしまうと客導線をふさぐ形になる。周辺にあった新刊コーナーの売れ行きが落ちたのは、その影響と考えられる。タイトルを絞って仕掛けをしていた頃よりも1点1点吟味した商品が細かく陳列されていると客は足を止めてくれるが、種類が多すぎることが売上の増大には、つながらないと言える。

「なるほど」とT氏は言って「この店のメニューも、もう少し工夫したほうがいいのに。おすすめのパスタの写真は大きくするとか、人気ランキングをのせるとか。どれも同じ大きさの写真だから迷ってしまった」とぼやいた。

「飲食店は、選択に迷っても、注文しないで店を出る人はいないからいいけど、本屋は選択に迷ったら、購入を見送って帰ってしまう人もいる。いかに来店した人を手ぶらで帰さないようにするか、購買率を上げることが重要なんですよ」

「購買率ですか。具体的には、どうやって上げるんですか？」

「うちの店では、毎月来店客調査をやっていますが、年代別で見ると40〜50歳代の来店客が最大で、購買率も40％を超えています。続く20〜30歳代の来店客も多いのですが、購買率は、20％程度です。一方、60歳以上の高齢者は、来店人数は少ないのですが、購買率は50％を超えています」

「高齢者は、上客なんですね」

「そうですね。ただ高齢者の場合、店内にある検索機を使えない方も多いので、声がけして探しているものを見つけてあげると、さらに購買率は伸びますね。しかし、高齢者も重要ですが、まずやらなければならないのは、メインターゲットである40〜50歳代向けのMDを強化することです。同年代の販売履歴を分析してレコメンドしていますが、メインの通路に面している平台やエンド台では、その年代を意識した商品を展開しています」

「いろいろ計算して売場を創っているのですね」

「本屋の売場には静と動が混在しています。やたらお薦めが多いとバランスが崩れて、売上を落としてしまうのです。本店のように」

「それでPOPを外すとか言ってたのですね」

僕は「そうです」と言って、食事を終えるとパスタ専門店を出た。

午後の検品を終えて、地下倉庫から売場にあがると、文庫売場のリーダーであるOさんが血相を変えて僕のところにやってきた。「新潮文庫の棚が……」と言うので、Oさんと一緒に文庫売場に行くと、「これですよ。これ」と新潮文庫の面陳を指している。

この店の文庫の棚はレーベル別で、著者名の「あ」から順番にならんでいる。新潮文庫の売場は、棚が10列あり、1列の棚段数は8段ある。8段ある棚の、ちょうど目線の位置の2段だけ売れ行き良好のロングセラーを面陳列で置いていた。商品の展開として「あ」行の作家の列の面陳は、当然同じ「あ」行の作家の本を置くのがルールとなっていた。

ところが、「あ」行の列の面陳に、「あ」行とは違う作家の本が、たくさん並んでいたのだ。隣どうしの本は、よく見れば関連があるようにも見える。松岡正剛にでもなったつもりなのだろうか。

「担当のY君は、どこにいるのかな？」と聞くと、Oさんの隣にいたSさんが答えた。

「さっき休憩に出ていきましたよ。そう言えばY君、先月雑誌で紹介されていたブックコーディネーターがプロデュースした本屋を見に行って影響を受けたと言っていましたよ」

　棚の選書、棚の編集を生業とするブックコーディネーターという職業がある。業界でも話題になり、後学のために店を訪ねることもあるが、ひと言でいうと「残念な棚」が多い。編集の意図するところが見えてこない棚もあるが、何よりも残念なのは、メンテナンスができていないことだ。

　編集棚は、隣に何を置くかが売りである。しかし、そこから本が売れていくと編集そのものが成り立たなくなる。補充が入った頃には、また違う本が欠本になっているので、営業を続ければ続けるだけ最初に設計したコンセプトは再現されない。

　ブックコーディネーターが、どんなに素晴らしい選書や棚の編集をしても、実際に棚を管理しているのは、別のスタッフなのだ。編集棚は創るよりも、維持することのほうが大切なんだと思う。

　丸善丸の内本店にあった松丸本舗の失敗でわかるとおり、編集棚は、ビジネスとしては成り立っていない。現在、編集棚を売りにしているセレクトショップは、本の売上ではなく、併設しているカフェや雑貨、イベント収入などが利益の源泉であって、本屋のビジネスモデルとは違うものだ。

　ところが、マスコミに取り上げられる時は、本屋として同じように扱われるから困ったものだ。雑誌などで紹介されることが多く、その影響を受けて、自分も棚の編集がしたいと思う書店員がいてもおかしくない。

　しかし、下手な編集をするよりも、誰にでもわかりやすいシンプルな棚のほうが、多様な読者のニーズに対応できるので、売上もとれるんだけどなぁ。

　Oさんが言った。

「これ困るんですよね。ちゃんと検索機にある棚番の場所に本がないと、お客さんは探せないし、私たちも探すのに時間がかかって、さっきも待たされたお客さんが怒って帰っていきました」

「わかった。担当のY君には僕が話をするので、早急に棚を直そう」

　新潮文庫の棚を直していると、そこに大手出版社のH氏がやってきた。

「今、お時間とってもらってもいいですか」

　H氏は営業鞄からチラシとPOPを取り出し、僕に見せ「この本なんですが、A駅のB書店で仕掛け販売をしたところ、ものすごく動きがいいんですよ」と言って、B書店の担当者が描いた手書きのPOPを僕に手渡した。

　最近の出版社の販促は、どうなっているの？　自分たちでキャッチコピーを考えずに、書店員が描いた手書きPOPをスキャンして印刷したり、書店員のコメントを新聞宣伝に流用したり、少し安直になっていると思うのだが「それで、どうして欲しいのですか」と聞くと「この本を、ここでも仕掛け販売してもらえませんか」ときりだした。「僕はＢ書店に何度か行ったことがありますが、Ｂ書店ってファッションビルの中にあるお店で、女性客が多い店ですよね」と尋ねると「僕は担当じゃないので行ったことは、ありません」ときっぱり。

おいおい。大丈夫か、売れてる店のことを知らなくて営業してるのか。

「この本の読者って女性ですよね」と聞くと「はい。ＰＯＳ店のデータを見ると女性がほとんどです」と答える。

「うちの店は、男性客が８割なんですよ。知ってましたか?」

「そうなんですか。でもＢ書店のほかにも何店舗かで仕掛けをしたところ、動きがよかったので」と、ひく様子ではない。

仕掛け販売と言うからには、それなりのスペースに多面で商品を陳列すれば、何もしていない時よりも売れてあたりまえ。どこかで火のついた商品を横展開していくのは、出版社としては、正しい考え方なのはわかるけど、うちの店のメインターゲットではない商品をプッシュされても、こちらにはメリットがない。

「質問ですが、この本は、Ｂ書店の担当者が自分で発掘したのですか? それとも御社から薦めたのですか?」

「Ｂ書店の女性担当者が、自分で読んで面白かったから仕掛けたと聞いています」

そこだよ。そこが重要なんだよ。仕掛けというのは、人に頼まれて、やるものじゃない。本屋が自ら自店の客層を考慮し、何を仕掛けるか決めるから売れるのであって、そこが一番楽しいところでもある。自分で決めたからには結果をだそうと粘るけど、他人から薦められた場合は、結果がでないとすぐに店頭から外して返品してしまうのだ。

出版社の営業は「仕掛けませんか」とお願いするのではなく、商品の説明と読者ターゲットを、きちんと情報として提供してもらいたい。そこを抜きにしたまま、他店での結果だけ知らせて、ここでも、あそこでもとお願いしまくるのは、いかがなものか。立地や客層や規模に関係なく、金太郎飴セールスするのは、やめてもらいたい。

Ｈ氏には、こちらの仕掛け販売に対する考え方を伝え、帰ってもらった。

仕掛け販売は、どこの本屋に行っても目立っている。書店員自ら読んだ本をお薦めしている風景をたくさん目にする。悪いことではない。しかし、書店員が自分で読める本の数には限界がある。本屋は、実際に読んでいる本よりも、圧倒的に読んでいない本を売らなければならない商売である。

仕掛け販売も重要であるが、それ以上に重要なのは、棚の商品なのだ。

これが欲しいという目的客を迷うことなく売場へ誘導できる商品配列であり、欠本のない棚管理の徹底が基本なんだと思う。

「１枚のＰＯＰからミリオンセラーが誕生するという奇跡」を信じていないということではない。ただＰＯＰの効用は、検証するべきだ。本屋の売場は仮説検証の場であり、試行錯誤を繰り返すことで売場は構築される。ＰＯＰの検証は、簡単だ。外せばわかる。外した時と、付けた時の売上を比較すればよい。外しても売上が変わらなければ、そのＰＯＰには意味はない。ただの自己満足の紙切れだ。すぐに破り捨てる勇気を書店員は持たなくてはならない。プロの書店員であるならば。

社食バンザイ！

ランチ一週間in八重洲ブックセンター

◉宮里 潤（編集部）

都内の大型書店・八重洲ブックセンターには社員食堂がある。書店に社食!? これは行かねば。

書店員さんって体力使いそうだし、やっぱりガッツリ系ランチ？ それともこじゃれたワンプレートランチとか？ 実態を調査すべく、普通は外部の人間は利用不可ですが、お店にお願いして特別に一週間、お昼を食べてきました。

まずは裏口にまわり入館手続き。入館証をゲットして、いざ食堂へ。社食があるのは地下二階の一角。十坪くらいか。三分の一ほどのスペースは壁で仕切られて休憩室として使われている。食堂部分には四人掛けの机が七つと、八階建ての大きな店舗のわりにこぢんまりした印象だが、意外に混んでいない。シフトごとに各社員の休憩時間が分かれているからだ。

入口を入ってすぐの左側に、その日のメニュー見本が並ぶ。そのまま進むと左手が食事を受け取るカウンターと厨房で、右手が食堂だ。壁に沿って大型テレビと自動販売機が設置されている。

メニューはA、Bの定食二種と麺一種の計三種類から選ぶ方式（土日祝日は定食と麺類各一種から選択）。焼き魚や煮魚もあるが、コロッケ、カツ、チキン南蛮等、揚げ物系が目を惹く。特に人気が高いのはカニクリームコロッケ。対応してくださった事業推進室の高杉さんによると、「毎週少しずつ各曜日のメニューを入れ替えているので、いつも違う組み合わせで食事ができます」とのこと。

アルバイト学生の中には、ここで一日分の食事をとる猛者もいるとか。なにしろご飯はセルフサービスでおかわり自由（えらい！）。高杉さん曰く、「社食がなくなったら、それだけでうちを辞める人間がいるかもしれない（笑）」。ふむふむ。そもそもなぜ社員食堂を作ったんですか？ 「八重洲ブックセンター

いただきま～す

は日本で初めての大型書店だったので、お手本になるものがなかった。だから、開店する時にこの店がどうあるべきかを自分たちでいろいろ考えた結果、福利厚生として社食を設置したんです」。ちなみに開店当時（一九七八年）ビルの上層階には別の会社が入っていたが（現在は全て八重洲ブックセンター）、社食はそこの人たちも利用できたという。太っ腹です。

＊

◉3月17日（月）＝一日目　一口チキンカツ

「遅い時間だとなくなるメニューもある」と聞いていたので、オープンする十一時半きっかりに出動（営業は十四時十五分まで）。

　事前にメニュー表をもらい、何を食べるかじっくり検討してきた。今日は一口チキンカツ一択。これにご飯と味噌汁、漬け物、選べる小鉢が付いて五百三十円（社員は半額の二百六十五円）。安い！　小鉢はスパゲティサラダ。メインはほどよいサイズのカツ三つ。衣がサクサク。いい感じだ。「うちは開店の時から社食はずっと同じ業者さんなんです」と高杉さん。おすすめのメニューは「卵とエビのオイスター炒め」だそうだ。今週のメニューにないのが無念。なんと年に何度かは鰻などのサプライズメニューまであるとか。いいなあ。

　おかずがボリューミーなのでご飯を多めに盛ってしまった。

◉3月18日（火）＝二日目　ハンバーグ

　今日も十二時前に駆けつける。ほかには二人しか人がいないので、落ち着いて食べられてありがたい。メニューは迷わずハンバーグ。美味いハンバーグはたくさんあるけど、不味いハンバーグってあんまりないですよね。小鉢で選んだキンピラはちょっと味濃いめ。ハンバーグ&キンピラだとけっこうノドが渇くな。選択ミスかも。せっかくのハンバーグが……小鉢は冷や奴にしとくべきだったと反省。

　帰り際にふと入口のあたりを見上げると、神棚が祀ってあるのに気がついた。そういえば街中の定食屋でもよく見るな。

◉3月19日（水）＝三日目　黒五目チャーハン

　今日は何を食べるか迷ったが、名前に惹かれて黒五目チャーハンに。小鉢は菜の花の胡麻和え。チャーハン、しっとりし

てて美味いよ！　厨房のコックさんに「チャーハンおいしいですね」と伝えると、「そう？　明日の油淋鶏もいいよ」とのお答え。チャーハンが黒いのは「ラーメンのスープを入れてるから」。それであのコクなのか。納得。

　テレビには「笑っていいとも」が映っていた。「いいとも」、今月でお終いか。

3月20日（木）＝四日目
◉油淋鶏

　中華料理店以外で食べたことのない油淋鶏（甘酸っぱいタレのかかった鶏のから揚げ）。白湯ラーメンも気になるけど、昨日の話を聞いたらこれ食べるしかないでしょ。小鉢にはカボチャの煮物をチョイス。油淋鶏を一口かじると……よし！　口の中に油がジュワ〜。アゴがジンとした。心の中でガッツポーズ。甘酸っぱいタレとご飯の相性も最高だ。ビールがほしい。

　テレビのチャンネルは今日も「いいとも」。小沢健二が久々にテレビで歌っていて、女性の書店員さんがじっと画面に見入っていた。

3月21日（金）＝五日目
◉カニクリームコロッケ

　春分の日。メニューは定食一種と麺のみ（カニクリームコロッケと肉うどんそば）。当然今日はカニクリームコロッケで決まり。小鉢は冷や奴。注文後、コックの戸室浩三さんからなんと「今日はサービス。小鉢もう一つとって」とのお言葉が。昆布の千切りをありがたく頂戴する。なんて豪華なランチ。久々に人に優しくされて嬉しくなり、思わずご飯をおかわりしてしまう。

＊

……というわけで、食事は美味いし人は優しいし、八重洲ブックセンターは素晴しいお店でした（社食しか行ってないけど）。


「また来てくださいよ。サービスで一品つけてあげるから」と、戸室さんは最後まで優しかった（涙）。

　ご飯食べ放題だし、野菜系の小鉢で栄養バランスもバッチリだし、社食っていいことずくめです。ここで食事していたら、健康診断も怖くない。こんな仕事なら毎月やってもいいです。というか、早くうちの会社にも社食を作ってください！

利用者は毎日40～50人。「昔はもっと来たけど、最近は外へ行ったり弁当の人が多いから」と戸室さん

盛り放題のご飯ジャー

本屋が好き、空虚が好き

■北條一浩

ほぼ毎日、本屋に行く。駅前に出たからといっては行き、仕事が一段落したのを機に行き、他に行くとこないし、と思いながら行く。では、しょっちゅう本屋のことばかり考えているのかというとそんなことはなく、だいいち自分にとって本屋ほど何も考えなくていい場所はない。本屋は足りないモノを仕入れるところではなくサバサバした気持ちになれるところであり、「こんなにおおぜいの人が考えたり書いたりしてきたのだから、自分1人で悩んだってしゃーない、あーよかった」と思うための場所なのではないか。そうしたサラサラした、空虚にも似た気持ちが前提としてあるから、「あ、おもしろそう」と感じる1冊の本がフワッと自分に着地する瞬間が生まれる。本屋は探し求めていた本を買いに行く場所ではない。知らなかった本を手にする場所なのだ。

ここ数年、雑誌の本屋特集が多くなり、「本屋本」と呼ばれる本の出版点数も増えた。本と読者の中間にある透明な通路みたいだった本屋が、それ自体語るべき対象になってきたのだ。では、いかにして語るのか。個々の本にあたって見ていきたい。

『本屋図鑑』は、記憶と記録を等価にしようと試みた本である。47都道府県すべての本屋を紹介することも、写真ではなくイラストを採用することも、記録性の重視から来ていると思う。雑誌の本屋特集の写真のほうがはるかに美的で、この本の得地直美のイラストは記録的である。にもかかわらず、不思議と記憶の匂いが漂う。この匂いは信用できる。なぜならそれは、取材者と回答者が（たとえ無意識であっても）、いつのまにか結託して落としどころを探ってしまった物語とは別のことが描かれてあり、書かれているからだ。

その得地直美のイラストが、背をまたいでカバー全面に配されている**『書店の棚　本の気配』**。本の業界全般にわたる深い知識と経験から送り出される言葉には、背筋を伸ばしたくなる強さとしなやかさがある。状況論として、本質的な読書論として、思想書として、エッセイ集として、またビジネス書としても読める。東京堂書店という、神田神保町にしか存在しえない本屋の店長を長年勤め上げた著者だけに、時に客として、またトークやサイン会のために訪れる作家たちのポートレートには、さながら神保町紳士録の趣がある。

『善き書店員』は、書店員7人に取材したインタビュー集。この本を際立たせているのは、1人の書店員にあてられる分量の多さである。1人の話を丁寧に採録することで、その人がだんだん裸になっていき、書店員としての相貌の向こう側に、素顔が見えるような気がする。誰にインタビューするかについては当然、選択があったはずで、そこでは「良き」書店員、つまり秀でた人が選ばれる。しかしインタビューが終わって本になる時、その人は「良き」の前に「善き」書店員となってここに現れる。

本屋好きが読む〈本屋本15冊〉

- **『本屋図鑑』得地直美／本屋図鑑編集部**（夏葉社）
- **『書店の棚 本の気配』佐野衛**（亜紀書房）
- **『善き書店員』木村俊介**（ミシマ社）
- **『書店風雲録』田口久美子**（ちくま文庫、単＝本の雑誌社）
- **『街を変える小さな店** 京都のはしっこ、個人店に学ぶこれからの商いのかたち。**』堀部篤史**（京阪神エルマガジン社）
- **『ぼくは本屋のおやじさん』早川義夫**（ちくま文庫、単＝晶文社）
- **『わたしのブックストア』北條一浩**（アスペクト）
- **『コルシア書店の仲間たち』須賀敦子**（白水社）
- **『ああ、懐かしの少女漫画』姫野カオルコ**（講談社文庫）
- **『書店はタイムマシーン 桜庭一樹読書日記』桜庭一樹**（創元ライブラリ、単＝東京創元社）
- **「ミツザワ書店」角田光代**（『さがしもの』所収・新潮文庫、単＝メディアファクトリー『この本が、世界に存在することに』を改題）
- **『昼田とハッコウ』山崎ナオコーラ**（講談社）
- **『きみの鳥はうたえる』佐藤泰志**（河出文庫、クレイン『佐藤泰志作品集』）
- **『赤頭巾ちゃん気をつけて』庄司薫**（中公文庫、新潮文庫）
- **『ぼくの大好きな青髭』庄司薫**（中公文庫・新潮文庫）

『書店風雲録』は、現在はジュンク堂書店池袋本店副店長を務める著者が、自ら経験してきた熱いシーンを描いた本。その主役はズバリ、リブロである。リブロという本屋がいかに前例のない本屋として出発し、それが何をめざし、何を変えようとし、そしてどう時代の波に飲まれていったかが明らかにされる。何よりも80年代がどういう時代だったかを知るには最適だ。いま、80年代はあまりにも遠い。若い世代は当然知らず、通ってきた世代は、疲労感の中にいる。『書店風雲録』で80年代を再び呼び出すことは重要である。

もう少し小さな本屋からの声を聴こう。**『街を変える小さな店』**は、恵文社一乗寺店店長が書いた本。「京都のはしっこ、個人店に学ぶこれからの商いのかたち。」という副題からおおよその内容が理解できる。この本がユニークなのは、恵文社の説明よりも、近隣の店の紹介や係わりのある人物とのやりとりのほうに重点が置かれているところだ。ここで言う「個人店に学ぶ」とは、読者が堀部篤史店長に学ぶということではなく、まさにその店長が、個人経営がしっかり成立しているこの地域と、そこで商いをする人々に学ぶことを意味している。

　30年以上に渡るロングセラーで最近文庫化もされた『**ぼくは本屋のおやじさん**』は、23歳の若さで音楽を引退、「個人店」を始めた早川義夫が、「本屋ってなに？」を自問自答する本だ。そのタイトルと藤原マキによるカバー絵から安易にほっこり系を期待すると裏切られる。これはゆるやかなようでいて痛烈ななげき節である。「ものの売り買いだけの関係ってステキだ」なんて言われると、ちょっと冷や水を浴びせられる感じ。それでも著者は書く。「しかし、本が好きであればいいのではないかと思う。好きであるということが一番大事なのだ」。

『ぼくは本屋のおやじさん』は、晶文社の名物の1つになった「就職しないで生きるには」シリーズの最初の本である。そう、本屋とは「就職しないで生きる」ための手段でもあったのだ。23歳の早川青年の遺伝子は今も生きている。その遺伝子が飛散したその先を訪ね歩いたのが、手前味噌ながら拙著『**わたしのブックストア**』。店と同等に「人」（店主）の語り口を重視して作った本です。

　さてここまでは、本屋そのものを主題にした本を挙げてみた。以下に紹介するのは、もう少し違う仕方で本屋にさわっている本たちだ。

『**コルシア書店の仲間たち**』は、ミラノ大聖堂の近くにあったコルシア・デイ・セルヴィ書店と、そこに集う人々の物語。本屋であると同時にささやかな版元でもあったコルシア書店は、カトリック左派と呼ばれた人々の運動体の中心であり、著者の興味はそこに参画する人、距離を保ちつつ変わらぬ友愛を持ち続ける人などを素描することにある。生活者でありながら同時に異邦人であることを免れない須賀敦子の見た書店は、あまりに商売っ気がなく、理想主義が勝ちすぎ、しかしまるっきり青春そのもののような場所だった。

　須賀敦子のコルシア書店が遅くやってきた青春の苦さを基調にしているとしたら、本屋に行くことがどれほどの歓びになり得るかを教えるのが『**ああ、懐かしの少女漫画**』。著者にとって深い思い入れのある少女漫画家の作品に触れていくエッセイ集である。そしてこの本で度々登場する、大川本屋さん。現代とは違って、東京近郊よりも漫画を入手できるのが4〜5日も遅れる地方の小さな町に住む小学生にとって、お目当ての本や雑誌がようやく届いた日に本屋に足を踏み入れることの重大さは察して余りある。何度も大川本屋が登場することで、「この人はここに書いてある少女漫画をみんな大川本屋で買ったのだ」という思いに胸が震える。

　桜庭一樹の読書魔っぷりはファンならずとも有名だが、タイトルに本屋が出てくるのが『**書店はタイムマシーン**』。まあ実によく本屋に行っている。面白いのは書店員に対する信頼で、「静岡の書店員さんの三人もお薦めしていたので」とか、「いないとなると、なんだか物寂しい」などの言葉が散見されること。「書店はタイムマシーン」、そのココロはこうだ。「本屋という場所には思い出が詰まっていて、だから内部だけ時空がゆがんで、あの頃の自分とも、本棚の前でふとすれちがうような気がする」。

ここで小説に目を転じよう。桜庭一樹が言うところの、「あの頃の自分とも本棚の前でふとすれちがう」場面が、角田光代の短篇「**ミツザワ書店**」（新潮文庫『さがしもの』に収録）にある。子どもの頃は熱心に通ったものの、ある出来事をきっかけに16歳以来ずっとミツザワ書店を避け続けてきた「ぼく」はいま27歳。新人文学賞を受賞し、初の単行本が出たのを機に書店を再訪する。ここでも本屋は、「タイムマシーン」よろしく、別の場所に行くための出発点として現れている。「だってあんた、開くだけでどこへでも連れてってくれるものなんか、本しかないだろう」とは、店主のおばあさんの一言。

山崎ナオコーラ『**昼田とハッコウ**』は、オフビートな書店再生の話。いとこ同士でありながら兄弟同然に育った2人は、いっぽうはソツなくIT企業に入り、いっぽうは書店の店長でありながら社会に適応せず半ひきこもり状態にある。それが、「嘘でしょ?」と言いたくなるような出来事を引き金として、共同で本屋の継続にあたるようになる。サリンジャーを91歳のひきこもり作家と規定し、店でサリンジャー・フェアをやろうと企画した際、「きっとサリンジャー自身は、こういうの嫌がるだろうけどね」「でも、日本のこんな小さな本屋でやることだったら、気にしないんじゃないの?」と、半ば本気で懸念しているのが可笑しい。

『佐藤泰志作品集』と映画『海炭市叙景』の封切りをきっかけに、この数年で文庫化、映画化の波が続いた佐藤泰志には、書店で働く「僕」を主人公にした『**きみの鳥はうたえる**』がある。「僕」は「持ち場は婦人図書」で「親切な店員でもなかったが、格別無愛想でもなかった」。「僕」は従順でもなければ反抗的でもなく、勤務に対して熱心でも不熱心でもない。その感情や態度をどこかのカテゴリに分類されることを徹底して拒否しているかのようである。象徴的なのは万引きを黙ってやりすごした後、同僚から「なぜ追わないんだ?」と詰め寄られた際のセリフ。「見逃したわけじゃない。あんたが追いかけて行くと思ったまでさ」。

最後は、「本屋小説」と呼ぶにはいささか無理のある庄司薫の2冊を挙げたい。『**赤頭巾ちゃん気をつけて**』のラストは、数寄屋橋交差点近くにあった旭屋書店のシーンである。主人公の「薫くん」は当初、山積みされた本に吐き気すら憶えるのだが、そこに5歳くらいの小さな女の子が現れ、彼女にグリム童話の赤頭巾ちゃんを選んであげることで回復する。また、「薫くん」シリーズの完結篇『**ぼくの大好きな青髭**』では、冒頭とエンディングが紀伊國屋書店にあてられている。１９６９年7月、「開店直後の新宿紀伊國屋のエスカレーター昇り口のわきのところ」から出発するこの小説は、「エスカレーターの前に並んで突っ立っていた小林と由美の方に近づいていった」ところで幕が下りるのである。

庄司薫の小説にとって本屋とは何か?「薫くん」シリーズを再読、三読するにあたって、これはなかなかに気になる入口になり得るのではないだろうか。

何回でもリセットできる。空白になれる。どこへでも飛べる。それが本屋だ。

あんまり役に立たない
本屋用語集

内田剛（三省堂書店神保町本店）

■ア行

【ＩＳＢＮ】＝アイエスビーエヌ▼これがわかっているとピンポイントで本が探せます。新聞切り抜きの際にご注意ください。

【芥川賞】＝アクタガワショウ▼純文学は嫌いではないが「これからの可能性を感じる」尖った作品がやや多い。作品内容よりも受賞者が個性的であればあるほど売れる。

【アベノミクス】＝アベノミクス▼多くの出版関係者には無縁の経済現象。業界的には不景気風を全身に浴びて壁に向かってひとり飲む（カベノミクス）が流行。

【アマゾン】＝アマゾン▼①仮面ライダーシリーズの異端児②熱帯雨林のジャングル③ペリーの乗っていない黒船。

【隠語】＝インゴ▼企業秘密。

【エプロン】＝エプロン▼チェーン書店は会社支給、個人書店は版元提供。最近はおしゃれなデザインも増えている。

【お客様】＝オキャクサマ▼「昔は神様、今は王様」と言った人がいるが僕が出会ったお客様は例外なく天使のような存在だ。

【帯】＝オビ▼最近流行は全面（新しくてもフルカバー）帯。ＯＢの方に多いが「腰巻」と呼ぶ人も。

■カ行

【買切】＝カイキリ▼返品不可の商品。（**反対**）委託（**用例**）「買切なんて痛く（委託）ないわけない。」

【海賊】＝カイゾク▼不況下の業界を支える荒くれ者たち。ドル箱。主に文芸書とコミックジャンルで大活躍中。

【カバー】＝カバー▼書籍にかける紙のこと。熱心に集めるファンもいるが家の書棚に並べると見分けがつかず同じ本を何冊も買ってしまう。なので書店員はなるべくカバーをかけるべき。

［関連］**【カバー折り】**＝カバーオリ▼レジ内での重要な作業項目。職人も多い。

【キャラクター】＝キャラクター▼ゆるキャラブーム以前から存在する出版社のイメージ戦略を具現化した物体。その風貌が愛らしいほど権利関係が複雑らしく短命に終わる傾向。見かけなくなったキャラの話題はご法度である。（**用例**）「あのパンダのキャラクター、中国に帰ったのかなぁ。」

【ゲラ】＝**ゲラ**▼刊行前の著者原稿をコピーした紙の束。ここ数年で増殖中。

［関連］**【プルーフ】**＝**プルーフ**▼ゲラを製本した見本。最近はこれに色をつけたり著者直筆メッセージが書かれていたりして油断ならない。

【客注】＝**キャクチュウ**▼お客様からの注文品。その店に期待してのご依頼であるため逆にトラブルのもととなる。とにかく慎重に。まれにアマ●ンの世話になり損をすることも。

【クレーム】＝**クレーム**▼お客様からのご意見。期待なければ無言となる。愛情のしるしでもありありがたく頂戴。

■サ行

【サイン会】＝**サインカイ**▼灼熱あれば極寒もあり。サクラ咲くほど身が縮む。

【サン・ジョルディの日】＝**サン・ジョルディノヒ**▼「世界本の日」である4月23日に開催される遥か遠い異国・スペインのお祭り。

【栞】＝**シオリ**▼本のページに挟みこむしるし。紙製であることが多く、宣伝物や特典品としても使われる。

【重版】＝**ジュウハン**▼売行き良好により増刷すること。まれに発売前の重版があるが、よほどの話題作か出版社の計画違いのいずれかである。

［関連］**【重版出来】**＝**ジュウハンシュッタイ**▼出来を「デキ」ではなく「シュッタイ」と読めるのは素敵なコミックファンと正統派の出版関係者である。

【シュリンク】＝**シュリンク**▼おもにコミックにかけるビニール袋のこと。その機械はシュリンカーと呼ばれ高熱を発する。真冬でもコミック売り場は暑い。

【ショタレ】＝**ショタレ**▼様々な理由によって販売不能となった商品。店頭の商品はきれいに読んでね。（**用例**）「あ、間違って本に塩タレ（ショタレ）つけっちゃった。」

【書店人】＝**ショテンジン**▼「旅行者はカメラを持ち、旅人は哲学をもつ」（原田宗典）のごとく、単なる販売員ではなく哲学を持った書店員のこと。

【書店くじ】＝**ショテンクジ**▼九時に閉店する書店のことではなく日本書店商業組合連合会が行っているくじのこと。一度でいいから見てみたい、一位の商品当たるとこ。

【初版】＝**ショハン**▼初版本マニアも多数。大きな文学賞の受賞作は初回入荷が2刷の可能性もあり。痛い目にあうことも。

【書評】＝**ショヒョウ**▼東野圭吾『超・殺人事件』（新潮文庫）に登場する「ショヒョックス」は自動的に書評を書いてくれる優れもの。甘口・辛口、自由自在。

【新古書店】＝**シンコショテン**▼そのうち「古新刊書店」と呼ばれる店が出現するはず。

【新書】＝**シンショ**▼文庫より細長いタイプの軽装本。「新刊本」と間違われることが多い。かつては教養系が主流だったが新レーベルの創刊が相次ぎ雑多なジャンルに。

【スリップ】＝**スリップ**▼書籍に挟んである売上カード。「しおり」ではありません。

【接客用語】＝**セッキャクヨウゴ**▼「いらっしゃいませ」からはじまり「ありがとう

ございました。またどうぞお越しください」まで店舗により八大用語、九大用語を使い分け。「恐れいります」や「左様でございます」は慣れないと「かたじけない」や「ご無礼いたす」などの素っ頓狂な武家用語になりがち。

【即返】＝**ソクヘン**▼あいさつもそこそこにお別れすること。

■タ　行

【棚卸】＝**タナオロシ**▼定期的に行われる在庫在高と帳簿チェック。昔は自力、今は業者。しかし、その前後の緊迫感は変わらない。

【タワー積み】＝**タワーツミ**▼「置かれた場所で売れなさい」が書店員の合言葉であるが、やはり置く場所と積み方によって売行きは変化する。某書店名物の螺旋状に積み上げた構造物はあの大震災にも揺らぐことのなかった伝説を持つ。

【段ボール】＝**ダンボール**▼書籍流通には欠かせない箱。タイトな日程での開店・リニューアル準備期にはベッドにもなる。

【著者来店】＝**チョシャライテン**▼おもに新刊発売日に販売促進の一環として著者が拠点となる書店を巡回するケースが増加。編集者や営業担当者の同行が基本であるが著者単独行動と「いくらでも書きますよ」の一言は要注意。サイン本は買切です。

【電子書籍】＝**デンシショセキ**▼友達のようなライバル。

【トークイベント】＝**トークイベント**▼近くでやってもトークショー。まれに作品以上の感動を呼ぶこともある。

【図書券】＝**トショケン**▼カードになって久しい。百円券、五百円券が懐かしい。（**用例**）「そういえば、僕の知《トモ》カード覚えていない？　角●ミニ文庫で使っちゃったかな？」

【取り置き】＝**トリオキ**▼大きい鳥のことではありません。

【取次】＝**トリツギ**▼出版界の物流を支える問屋のこと。ガリバー的存在の二社が鎬を削っているが、その役割は果てしなく大きい。書店とは共存共栄の関係。よろしく頼みます。

■ナ　行

【直木賞】＝**ナオキショウ**▼誰か『該当作なし』という書名で受賞してもらいたい。

【ノーベル文学賞】＝**ノーベルブンガクショウ**▼予想するのはよそう。

【ノベルティ】＝**ノベルティ**▼かつて売上不振の特効薬だったおまけのこと。その薬も効きにくくなってきた。

■ハ　行

【ハタキ】＝**ハタキ**▼昭和のマンガで立ち読み客を追い払うために使用された清掃道具。町の本屋が極端に少なくなった現在では、店頭のホコリをはらうという本来の役割を取り戻し活躍中。（**類語**）ホウキ、チリトリ、モップ、ダスターなど。

【番線】＝**バンセン**▼久世番子さんの傑作コミック。

【販促物】＝**ハンソクブツ**▼パネル、POP、しおり、帯、DVDなどの拡販材料のこと。たまに大きすぎたりデザインが残念な「反則物」も混入されている。作家の等身大パネルに気を付けよう。

【版元】＝ハンモト▼出版元の略。メーカーのこと。零細から大手まで千差万別。良書をたくさん世に送るべく頑張ってほしい。

【BGM】＝ビージーエム▼店頭にさりげなく流れる環境音楽。時として雑音になる場合もあり注意が必要。（**用例**）「モダンジャズは音の暴力だから、今すぐにバロック音楽にしなさい。」（実話）

【プレゼント包装】＝プレゼントホウソウ▼新学期やクリスマス時期にとくに行列。（**用例**）「急いでいるから、早くしてちょうだい。キャラメルでいいわよ。」

【付録】＝フロク▼本来あるべきコンテンツに自信がないために付けたおまけ。一時の雑誌売り場で乱れ飛び担当者を悩ませた。最近ようやく落ち着き気味。（**間違った用例**）「これは付録の域を超えています！」

【返品】＝ヘンピン▼さようなら。

【POP】＝ポップ▼本を探すときに役にたつ道しるべ。素材は基本的には紙が多いが立体物や本の内容に即した実物などバリエーションは無数。

［関連］【POP王】＝ポップオウ▼①（日本では）残念なPOP職人②（世界的には）マイケル・ジャクソン。

【本屋大賞】＝ホンヤタイショウ▼毎年4月上旬に開催される書店員のお祭り。大賞本だけでなくノミネートの10作品すべてが面白い。もちろん「発掘部門」も見逃せない。詳細は発表会と同時に刊行の本の雑誌増刊「本屋大賞」を必読。

■マ 行

【万引き】＝マンビキ▼生ぬるい名称であるが窃盗罪。書店の最大の敵。許しません。かつてあまりにも見事な土下座をみて余計に腹が立った。携帯カメラによるデジタルマンビキも立派な犯罪。乞う、モラルアップ。

【ムック】＝ムック▼①ガチャピンの相方で赤色のほう②本（ブック）と雑誌（マガジン）の間に生まれた不肖の子。

【モンスター】＝モンスター▼店頭でみかける怪物。一般常識を超越した理不尽な要求を発する。春先に増殖するが年間を通じて出現する。

■ヤ 行 〜

【ヤングアダルト】＝ヤングアダルト▼死語＋桃色のようで、この名称が微妙ですね。

【腰痛】＝ヨウツウ▼「活字中毒」と並んで書店員の職業病のひとつ。腰痛ネタなら鉄板。激痛自慢に花が咲く。人から勧められた改善法は、その人が熱心なほど効き目がない。激痛との闘いの模様は高野秀行著『腰痛探検家』（集英社文庫）に詳しい。

【読み聞かせ】＝ヨミキカセ▼これからの読者を育てるための書店内イベント。おもに児童書コーナーで開催される。本を好きになって買ってね。

【領収書】＝リョウシュウショ▼金銭受領の公式証明書。年始や月初はとくに書き損じ多発。（**用例**）「お客様、宛名はいかがいたしますか？」「ブランク（空白）で。」「ブランク様、書籍代でよろしいでしょうか？」

本屋の雑誌　別冊 本の雑誌17

2014年5月30日　初版第一刷発行

編　者　本の雑誌編集部
ブックデザイン　金子哲郎
発行人　浜本 茂
印　刷　中央精版印刷株式会社
発行所　株式会社 本の雑誌社
〒101-0051
東京都千代田区神田神保町1－37　友田三和ビル5F
電　話　03 (3295) 1071
振　替　00150-3-50378

定価はカバーに表示してあります
ISBN978-4-86011-256-1　C0095

本の雑誌の再録ページについては、すべての執筆者に連絡を取り、再録許可をいただくべく努力しましたが、連絡が取れない方も数名いらっしゃいました。お心当たりの方は編集部までご一報ください。